春秋演绎

上册

徐济芬 著

东南大学出版社·南京

图书在版编目(CIP)数据

春秋演绎：全二册／徐济芬著． — 南京：东南大学出版社，2023.7

ISBN 978-7-5766-0512-9

Ⅰ.①春… Ⅱ.①徐… Ⅲ.①中国历史-春秋时代-编年体②《左传》-研究 Ⅳ.①K225.04

中国版本图书馆 CIP 数据核字(2022)第 241878 号

责任编辑：张新建　责任校对：子雪莲　封面设计：顾晓阳　责任印制：周荣虎

春秋演绎：全二册
Chunqiu Yanyi: Quan Er Ce

著　　者	徐济芬
出版发行	东南大学出版社
社　　址	南京市四牌楼2号　邮编：210096　电话：025-83793330
网　　址	http://www.seupress.com
电子邮件	press@seupress.com
经　　销	全国各地新华书店
印　　刷	南京艺中印务有限公司
开　　本	880 mm×1230 mm　1/32
印　　张	27.375
字　　数	734 千字
版　　次	2023 年 7 月第 1 版
印　　次	2023 年 7 月第 1 次印刷
书　　号	ISBN 978-7-5766-0512-9
定　　价	60.00 元（全二册）

(本社图书若有印装质量问题，请直接与营销部联系。电话：025-83791830)

自 序

《左传》作为一部历史著作,包含了春秋时期的多种思想,上承《易》《书》《诗》,以及现已不存的早期多种思想著作,下启战国诸子百家,是诸子思想的来源之一。《左传》内容丰富,有齐桓、晋文,有管子、晏子、孔子,有大家熟知的郑伯克弟、曹刿论战、宋襄假仁、楚庄问鼎,有最早的空城计,围魏救赵之计则反复出现,《孙子兵法》里的很多内容可在其中找到具体原型。

《左传》让我对春秋那段历史时期的文化有了新的认识,比如春秋时期并无株连九族,而是"父子兄弟,罪不相及";也不流行人殉,偶有人殉或人祭,即招致谴责;春秋时期,妇女改嫁也很正常……鲁迅先生作品里各种"吃人的礼"跟春秋时期的礼毫无相似之处。

《左传》还贡献了近三百个成语,我们习以为常的很多四字成语即出自《左传》,如度德量力、量力而行、相时而动、聪明正直、救患分灾、知无不为、表里山河、厉兵秣马、相敬如宾、过而能改、筚路蓝缕、从善如流、居安思危、叹为观止、不可逾越、童心未泯、宾至如归、多难兴邦、除旧布新、民和年丰……每一个成语都包含一段历史故事。

2005 年夏,笔者为解释《论语》章句而在《左传》里反复寻找论据时,常想,《左传》里如此多而有趣的故事,却被包裹在令人畏惧的"经"的面纱里,很是可惜。某日,忽生一念:何不用章回形式表现《左传》？为区别于多构想内容的文学体裁的演义，而取名《春秋演绎》，所谓演绎，乃是推演铺陈。

很欣赏一些传统名著以诗结束每一回，可自己是诗盲，为此苦恼多年。情急之下，想到以孔子语录作为每一回的结束，随后又加入《诗经》《老子》等，接着，又用名句间隔上下文，然后，想到与《论语探源》反道而行，在《论语探源》中作为材料使用的地方，在《春秋演绎》里引用《论语》原文……从而，渐渐地有了现在的形式。

我是一名工科生，学业结束时，对传统文化所知甚少。工作之余学管理学，学了一点之后，想到学管理需要了解社会，便去听社会学的课，结果，兴趣完全被社会学吸引。又想，若要研究中国的社会问题，需要了解一点我们自己的文化，便去听传统文化的课，继而对先秦经典发生了兴趣。

《春秋演绎》得以成形，不仅感谢母校老师们的悉心教导，也感谢东南大学和南京大学（按笔者听课先后），彼时的两校秉持开放精神，允许外人旁听学校的课程，感谢两校的老师有教无类、对旁听者和对在册学生一视同仁地尊重、答疑。衷心感谢对我的学习给予帮助和提出建议的老师和朋友。

承蒙东南大学出版社的厚爱，《春秋演绎》得以付梓，衷心感谢！

笔者水平有限，文中缺点错误在所难免，敬请读者不吝赐教。

前 言

周朝时，史官有左史、右史、内史、外史等，各司其职。史官对天子、诸侯的一言一行皆做记录。

《春秋》是鲁国史书之一种，专记王侯大事，每个记录只有简单的一句话或几个字。鲁国人孔丘，字仲尼，史称孔子，选取鲁《春秋》部分内容作为教材教授学生，所取内容始自鲁隐公元年（前722年），止于孔丘去世之年（前479年），亦名《春秋》。

至于为什么孔子取材始自隐公，对此，有不同的说法。笔者认为，西周时期，诸侯间交往是局域性的，大范围的政治事件比较少，并且，隐公是周平王东迁后的第一位新任鲁君。

与孔子同时期的鲁国史官左丘明，为使后人读懂提纲式的《春秋》，收集史料作为《春秋》注释，史称《左传》。

《论语》里，孔子说："巧言、令色、足恭，左丘明耻之，丘亦耻之。匿怨而友其人，左丘明耻之，丘亦耻之。"有一种观点据此认为孔子所推崇者必定比孔子年长，因而否定《左传》为左丘明所作。《左传》是否为左丘明所作可以继续讨论，但若认为孔子不可能推崇比自己年轻者，这恐怕有点以小人之心度君子之腹。

《左传》二十多处引用孔子对史事的评论，应该是作者跟孔子有过很多直接交流，曾一起读史讨论，故笔者倾向于认为《左传》作者是与孔子同时期而比孔子年轻的鲁国史官。也有可能，孔子在世时，左丘明还不算正式史官，而是史官之子，在跟着史官父亲学习。在记录孔子言行的《论语》中,多个章节与《春秋》所包含的历史内容有关。

《春秋》三传之《穀梁传》与《公羊传》,其经文均止于鲁哀公十四年春鲁国西狩获麟,而《春秋左传》的经文止于哀公十六年四月孔子去世。孔子不论是取《春秋》,还是作《春秋》,均不可能取到或写到自己去世,故孔子所取《春秋》也许止于哀公十四年,而《春秋左传》经文最后的内容,可能是左丘明所补。麟被猎获,大概在孔子看来意味着自己之道穷,故《春秋》止于此。

《春秋》专记王侯之事,藏于秘府,供王侯公卿借鉴,而孔子用于公开教学,故"孔子曰:'知我者,其惟《春秋》乎;罪我者,其惟《春秋》乎。'"(《孟子·滕文公下》)

一

《春秋左传》以年记事,一件事常被分割成几段,中间夹杂了各国同时发生的事,读起来前后难以相接,少了趣味。

《春秋演绎》则把《春秋左传》《国语》内容以章回形式来表现,把相关联的事放在一起,把原作中分散于多个时段的零碎内容整合成一个个完整的历史故事。如《昭公七年》记孟僖子相昭公如楚而不能相礼,返回后习礼,并言及其临终前嘱其二子师事仲尼;《昭公十一年》述及孟僖子二子出生;《昭公二十四年》记孟僖子卒。《春秋演绎》则将二子出生、临终遗言移至孟僖子卒。

《左传》里的很多内容情节较少,尤其是前期,大多数事件只用一两句话叙述。这些内容是取还是舍呢?若取用,会使结构显得凌乱;若舍弃,又丢掉好多历史事件。取了又舍,舍了又取,如此反复多遍,最终,为了尽可能多地呈现当时的历史事件,遂选取了其中一部分。某些章回含有较多此类事件,因而内容显得杂乱。

　　为方便读者溯源,《春秋演绎》详细记录每件事发生的时间。《春秋》《左传》为鲁国史官所写,以鲁国国君纪年,周朝以农历十一月为正月,鲁史用周历。《春秋演绎》直接用《春秋左传》里的月和日,年份则采用当今国际通行纪年。

　　《春秋演绎》力求原汁原味地呈现当时的文化和思想,故保留了现今看似有违科学的内容及其他。

　　《左传》《国语》里的赋诗只有篇名,而无诗文内容,《春秋演绎》根据现存《诗经》补充诗句。原著中未说明赋某章,则用诗的首章。现《诗经》所无的诗,若孔疏中有诗句,则据此录入。

　　春秋前期,楚国号为"荆",后改为"楚",本书均用"楚"。楚自熊通自称为王,史书里多称楚王,《春秋演绎》不称楚君为"王",而与其他诸侯一样称"公"。

　　2006年,《春秋演绎》曾登记版权,其后,做了四大改变。

　　第一是增加了二十回,且标题大多作了改动,章回内容、顺序也有很大调整和补充。

　　第二大改动是:为保留原意和原文韵味,把人物对话由登记版权时的白话译文改回《左传》《国语》原文。为便于理解,对一些字做了替换,也有补充省略的成分,某些语句成分也稍有调整,也有部分内容用译文。

　　对于《左传》《国语》里的叙事内容,基本采用白话译文。涉及军事编制的内容、星象的内容等则保留原文;笔者不理解的其他内容也保留原文;已作为成语使用的词语也保留原文。

　　在《左传》等文献里,如今只做名词的一些字在当时不仅用作动词,还用作使动词,这些用法,在对话里基本保留,叙述部分也有保留。

字词替换和译文主要依据《十三经注疏》。

第三大改变是增加了引文:从《周易》《尚书》《诗经》《论语》《老子》《孙子兵法》《孟子》《荀子》《庄子》《韩非子》《礼记》等经典里选择内容作为引文,或烘托情节的气氛,或情节作为引文的注释,或表明思想的相承关系……也有些引文与情节内容并无关系,只为放置名言,并间隔上下文。

引文里的某些字,各家均无异议、一致认为是当今的某字,文中做了替换。如《易经》里的"取女",引文里用"娶女";《诗经》《论语》等文献里表示第二人称的"女",改用"汝";"岂弟",改用"恺悌";表婚姻的"昏",改用"婚"等等。

因全书称"子"的人很多,为表明《论语》中的"子"是孔子,在引用《论语》章句时,每次引用的第一个"子曰"改用"孔子曰"。

依照春秋时期的习惯,以"某之某"指称变卦。

第四,对不常见或易读错的字标注读音,基本上采用《汉语大词典》里的读音。注音字为不包含在 8105 个通用规范汉字之内的字、通用规范汉字中的三级字,以及部分二级字。注音的二级字主要是多音字,以及同声旁而读音不同的字。

本书使用国家确认的规范汉字。因本书涉及多种先秦典籍原文,其中有不少未列于《通用规范汉字表》和《现代汉语词典》的传承字,如"獂""昫""陿"等;也有一些《现代汉语词典》未收录的繁体字,如"寫""鱒""檜"等。对于繁体字,字库里有类推简体的则一律用简体,部分字库里无简体的字,参照已有类推简化,由排版人员造字。

依据《中华人民共和国国家通用语言文字法》第十七条,下列情况未使用简化字:

（1）某些字在古文中的某种含义，未包含在其简化字的字意里，则该字用繁体字。如"蓺"，为种植之意时，不用"艺"。

（2）某些姓、名、古地名保留繁体字。

（3）易混淆之处，如"贾余馀勇"之"馀"，用繁体。

（4）因《春秋演绎》直接引用典籍原文，且未对所用典籍原文作注解，为便于读者利用网络查找字意，对《现代汉语词典》里有类推简化，而字库里无简体，且繁体笔画不太多的一些字，本书使用繁体字，如"輗""騑""錞"等。

使用繁体字时，以正体字为主。

二

《春秋演绎》不仅仅是换一种形式表现《春秋左传》的内容，其中还包含了笔者的原创性观点，举例如下：

第四回，笔者提出"天子用八"的八人方阵可能源自周易八排八列的八卦方阵，提出八卦方阵也许暗含周朝政治制度。

第三十一回，"其同姓者，二人而已，唯青阳与夷鼓皆为己姓。"《国语》韦昭注认为青阳与夷鼓为己姓。笔者认为此句意指"唯青阳与夷鼓用黄帝自己的姓"。

第四十四回，根据《春秋》经文所记叔仲惠伯与叔孙得臣的为卿时间等，提出叔仲惠伯不可能是叔牙之孙。

第六十五回，君子说："忠为令德，非其人犹不可，况不令乎？"前人认为此句暗指郑成公非善人。笔者提出，此句重点在"不善之事"，忠是善德，表现忠，应做善事。

第七十三回，根据《左传》和《古本竹书纪年》证明《国语·周语》之《单襄公论郤至佻天之功》里"先大夫荀伯自下军之佐以政"之"荀伯"当为原轸，而非荀林父。

第七十六回，根据太康、仲康、少康之名，及夏帝无谥而称名，提出夏朝的少康或许是太康、仲康少弟，而非仲康之孙。

第七十九回，根据对出土数字卦的统计分析，提出晚商至战国筮法为：天地之数五十五，为筮卦用总策数，挂一、分二、揲四、置余、五变而成卦。中间三变各挂一，喻日、月、星；分二、置余、五变喻五岁再闰；揲之以四喻四时。五变后，左、右揲得四策之组数和为筮数，可得六个筮数：九、八、七、六、五、四。详细推论在笔者已登记版权的《卦易初探》和《卦易再探》里。

第一百二十二回，提出《左传·昭公十二年》中的老阳子很可能是传说孔子向其问道的老聃族人。

以上观点的具体推论内容均已发表于笔者的博客和微博。

三

《春秋演绎》还尝试以《左传》里的史实注解经典里的章句。

（一）注《易经》卦辞，如：

第九回，郑高渠弥杀郑昭公，后被齐襄公车裂，以此注"何校灭耳，凶"。

第十四回，以楚文灭息娶息妫注"勿用娶女，见金夫，不有躬，无攸利"。

第三十三回，以卫文公伐邢注"不富，以其邻，利用侵伐，无不利"。

第三十六回，卫成公返国，其弟叔武被先驱所杀，以此注"鼎折足，覆公䌛，其形渥，凶"。

第四十九回，赵盾出亡未越境，赵穿杀晋灵公，赵盾立即返回。以此段情节注"屯，元亨利贞，勿用有攸往，利建侯"。

第八十三回，以吴季札拒绝为君注"潜龙，勿用"。

第八十八回,子革受子孔牵连,奔楚,为右尹,以此注"丰其蔀,日中见斗,遇其夷主,吉"。

第九十回,以董叔娶范氏女之事注"女壮,勿用娶女"。

第九十回,叔向受其弟牵连而被囚,很快被释,以此注"介于石,不终日,贞吉"。

第一百零一回,以宋向戌召集诸侯会盟注"憧憧往来,朋从尔思"。

《易经》卦辞里有很多"贞吉",意为守正则吉。"贞凶"意为即使持正也没有好结果。"凶,无咎",指当事人虽遭凶,但错不在他,不会受到指责。

(二)注《尚书》选句,如:

第七回,臧孙达劝谏鲁桓公,说:"国家之败,由官邪也。官之失德,宠赂彰也。"以此注"惟治乱在庶官"。

第十回,以楚屈瑕之败注"能自得师者王,谓人莫己若者亡"。

第二十三回,周惠王挑唆郑伯背晋,导致诸侯伐郑,以此注"一人元良,万邦以贞"。

第一百三十九回,以齐景公与晏子的对话及楚人论国之宝注《尚书》中"惟辟作福,惟辟作威,惟辟玉食",并提出"玉食"是讲玉与食的关系。

(三)注《论语》章句,如:

第十二回,以鲁庄公与曹刿的对话注"君子怀刑,小人怀惠"。

第二十九回,中原诸侯因宋襄公暴虐,而思齐桓之德,会盟纪念齐桓公,以此注"骥不称其力,称其德也",提出孔子提倡力与德相辅相成。

第四十七回,鲁襄仲假借君命,召惠伯入宫,惠伯不听家宰劝说而遭暗杀,以此注"井有仁焉"章句。

第九十回，以祁奚救叔向注"德不孤，必有邻"。

第九十八回，以晋师旷对晋平公之言注"君子怀德，小人怀土"。

第九十九回，以宋太子内师害太子，注"鄙夫可与事君也与哉"章句。

第一百零五回，宋郑饥荒，公卿大夫拿出积蓄救济民众，以此注"去食"。

第一百零八回，以子产毁晋馆之垣，注《论语》中棘子成与子贡关于质与文的对话。

第一百三十回，以晏子与齐景公的对话注"君子和而不同，小人同而不和"。

其中加"笔者释"的解释多不同于汉以来各家之注释，具体论述大多在笔者于2006年登记版权的《〈论语〉探源》里。

（四）注《老子》章句，如：

第八回，周公黑肩要杀周庄王而立王子克，未及事发，得以解决，以此注"其未兆易谋"章。

第三十三回，以鲁国展禽回应齐孝公注"天下之至柔"章。

第三十七回，以晋文公与郭偃的对话注"多易必多难"。

第四十二回，以贾季论赵衰和赵盾注"方而不割"。

第四十七回，以季文子答鲁宣公注"天下皆知美之为美"章。

第六十二回，以晋荀罃与楚共对话，注"不可得而亲，亦不可得而疏……"。

第八十六回，以宋子罕言行注"知其雄，守其雌"。

第九十五回，晏子打断盟辞，说"婴所不唯忠于君、利社稷者是与……"，以此注"孔德之容，唯道是从"。

（五）注《孙子兵法》选句，如：

第四回,以郑人绕道敌后击败燕师,注"乘人之不及,由不虞之道"。

第五回,以郑人战戎师,注"能使敌人前后不相及,众寡不相恃"。

第六回,以郑庄公反击周桓王之战注"进而不可御者,冲其虚也"。

第十二回,以曹刿胜齐论战之言,注"避其锐气,击其惰归"。

第三十九回,以秦人劳师袭远,注"卷甲而趋,日夜不处,倍道兼行,百里而争利,则擒三将军"。

第一百二十七回,以晋灭陆浑,注"出其所不趋,趋其所不意"。

全文约有九十处引用《孙子兵法》,选用《论语》内容约占半部《论语》,涉及《诗经》约三百首之半,引用《易经》卦辞占四百五十条卦辞总数的五分之四多。

笔者尽量保留不同的观点,如关于"共和",有司马迁之说和竹简新说。也吸收了最新的考古成果,如数字卦的内容、清华简《系年》里有关周携王的内容、出土铭文等,所引《老子》内容即参照出土帛书本和竹简本而定。

笔者认为,《老子》未必出自与孔子同时期的老聃。因老氏之人皆可尊称为"老子",《老子》可能出自战国时期之老氏,并经后人不断补充,形成最终的版本。不排除有些内容源自老聃。根据春秋时期氏的来源,老聃的后代完全可以是李氏,笔者曾以《老子其姓其名其人推测》将推论发于网络。

《春秋演绎》以《左传》内容注诸子,表明治国涉及各种思想。以《易》《书》《诗》开始,历春秋,而以诸子结束,表明思想的传承。

四

战国时期为什么会出现诸子思想？原因可能很多，笔者认为，其中一个原因是大量的贵族失去地位、失去资源。这主要是由贵族内部的壮大、贵族之间的争权、诸侯间的兼并所导致。

贵族内部的繁衍导致一些人越来越远离贵族核心，还有家族之间以及家族内部的争权，导致一批批贵族沦为平民，如《左传·昭公二年》："栾、郤、胥、原、狐、续、庆、伯，降在皂隶。政在家门，民无所依。"

诸侯间的兼并，则导致被灭之国的贵族不仅失去政治地位，也失去原有的资源。早期，被灭国的贵族很容易到别国得到食邑，得到任用。春秋后期，失去家园的贵族更多，这些人重新获得地位和资源的机会就很少。

据《左传》和《国语》可知，贵族子弟需要学习《书》、《语》、《春秋》、《诗》、《礼》、《乐》、射、御、数等等。

孔子选编的《尚书》就是取自《书》，大多是虞夏商周帝王们的教诲言论。《左传》里多次引用《虞书》《夏书》《商书》《周书》《书》。

各诸侯国有《语》，现存《国语》有《周语》《鲁语》《齐语》《晋语》《郑语》《楚语》《吴语》《越语》，也只是一点残留吧。《语》是公卿大夫的言论。

《书》和《语》都是记言为主，而《春秋》则是记事。不管是言，还是事，都是史官记录下来的。

据传，周公制《礼》《乐》，《左传·文公十八年》季文子说："先君周公制《周礼》"，"作《誓命》"（《誓命》为《周书》之一篇）。

《易》是史官掌握的，并非贵族子弟必学内容，但在贵族中也很流行。

《左传》《国语》里除了大量引用《易》《书》《诗》《礼》《乐》《春秋》，还涉及多种现已不存的文献。

《左传》里有：《周志》《前志》《军志》《夏训》《虞人之箴》《志》《仲虺之志》《郑书》《谗鼎之铭》《三坟》《五典》《八索》《九丘》《象魏》等。有关乐的有《肆夏》《桑林》《象箾》《南籥》《大武》《韶濩》《韶箾》等。

《周语》另有《先王之教》《夏令》《周制》《秩官》《先王之令》《谚》等。

《晋语》另有《西方之书》、《瞽史之纪》(也作《瞽史记》)、《谚》、《礼志》等。

《郑语》另有《童谣》《训语》等。

《楚语》之《申叔时论傅太子之道》提及教太子学《春秋》《世》《诗》《礼》《约》《令》《语》《故志》《训典》，另一篇提及《祭典》。

周公和周王室公卿制定贵族的学习内容，是为了培养全能完美的人，然后，这些完美的人成为完美的治国者。

在西周和东周春秋时期，没有文臣武将之分，贵族平时处理国事家事，学文习武，战时披甲上前线，没有专门的学者，圣人就在贵族内部。《左传》里有很多有思想的人物，比如鲁国的上卿臧文仲当时就被称为圣人，他的言论一直流传。郑国的子产学识渊博，在执政、外交、率军各方面都游刃有余。

孔子也是学习了当时各方面知识，诗书礼乐射御，无所不能。如果孔子能有子产那样的执政机会，估计也能像子产一样，成为一个治国、外交、率军各方面都能的政治家，但上天要使孔子成为周文化的传承者。

春秋后期，公室资源减少，对贵族的培养也缺少重视，所以，一些贵族也向私教学习。

孔子以后很少有人全面掌握周文化，战国时期的一些人，每人从周文化中取其一偏,推崇至极,从而有了诸子思想。

孔子的学生已是各人偏于一隅,"德行:颜渊、闵子骞、冉伯牛、仲弓。言语:宰我、子贡。政事:冉有、季路。文学:子游、子夏"(《论语·先进》)。孔子的学生也互相攻击,故孔子说:"攻乎异端,斯害也已矣。"(《论语·为政》)攻击不同的观点,这是有害的啊。"鲁君子左丘明惧弟子人人异端,各安其意,失其真,故因孔子史记具论其语,成左氏春秋。"(《史记·十二诸侯年表》)

孔子的目的还是培养理想的统治者。孔子希望社会恢复秩序,希望统治者不要为了争夺土地而发动战争,不要横征暴敛,"施取其厚,事举其中,敛从其薄"。

但是,孔子的愿望未能实现。很多人不想控制自己的欲望,所以,诸侯国内贵族间的权力和资源争夺以及诸侯间的兼并都愈加激烈,以至于三国分晋、田氏代齐,及至秦嬴政兼并了周王室及其所有大小诸侯。

秦建立专制政权后,李斯向秦始皇上书:"臣请史官非秦记皆烧之。非博士官所职,天下敢有藏诗、书、百家语者,悉诣守、尉杂烧之。有敢偶语《诗》《书》者弃市。以古非今者族。吏见知不举者与同罪。令下三十日不烧,黥为城旦。所不去者,医药卜筮种树之书。"(《史记·秦始皇本纪》)

而后,秦朝被推翻,"项羽引兵西屠咸阳,杀秦降王子婴,烧秦宫室,火三月不灭"(《史记·项羽本纪》)。

于是,简牍与烟尘共尽,几千年的文明记录荡然无存,几乎让我们断了文化的根。

幸而孔子选编了《书》《诗》《春秋》等,私下传授,我们才得以一窥两千年前我们祖先的些许文明样貌。

下图为《孔子思想(周文化)体系图》。

孔子思想（周文化）体系图

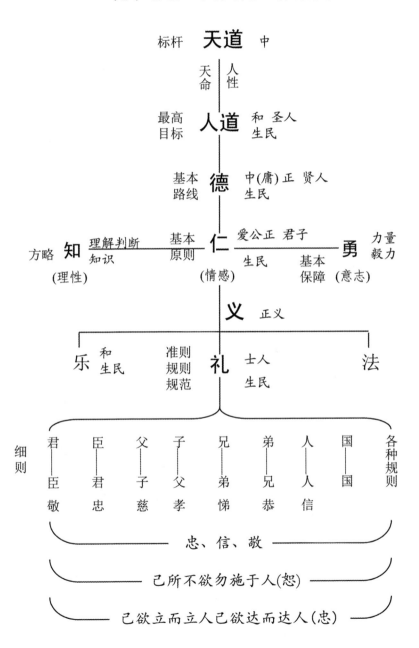

目 录

自序 / 1
前言 / 1

第 一 回　鲁隐公摄位奉弟　郑庄公掘地见母 / 001
第 二 回　周平王交质郑伯　宋穆公归位兄子 / 010
第 三 回　鲁隐公盟戎和莒　卫石碏除恶灭亲 / 019
第 四 回　陈桓公盟郑求婿　鲁众仲论氏说族 / 024
第 五 回　盟齐僖宋郑释怨　朝鲁侯滕薛争长 / 031
第 六 回　宋庄公贿邻定位　周桓王伐郑中箭 / 036
第 七 回　晋穆取名埋乱根　鲁桓生子问命名 / 040
第 八 回　楚武公侵随示弱　周庄王即位除逆 / 046
第 九 回　郑昭公身无大援　齐襄公主大欺客 / 052
第 十 回　楚邓曼未卜先知　卫宣姜鱼网鸿离 / 059
第 十 一 回　欲求无厌虞公奔　瓜代失期齐桓立 / 064
第 十 二 回　荐管仲鲍叔无私　用曹刿鲁庄败齐 / 069
第 十 三 回　萧叔救亳立宋桓　齐桓会盟尊周王 / 074
第 十 四 回　楚文灭息夺美妫　陈完奔齐辞卿位 / 079
第 十 五 回　曲沃伯取翼主晋　周惠王避乱居郑 / 084
第 十 六 回　鲁庄公饰庙迎亲　臧文仲如齐告籴 / 089
第 十 七 回　齐桓救燕伐山戎　晋献迁都灭耿魏 / 094
第 十 八 回　郑人楚语空城计　鲁庄季友固本谋 / 099
第 十 九 回　晋太子金玦衣尨　卫懿公轩车载鹤 / 104
第 二 十 回　女弟作诗唁卫侯　齐桓逐狄安邢卫 / 110
第 二十一回　失东夷徐子取舒　风马牛齐桓征楚 / 115
第 二十二回　狐裘龙茸兄弟奔　唇亡齿寒虞虢灭 / 121

1

第二十三回	周惠王密召郑文	齐桓公安定襄王 / 128
第二十四回	晋献公托孤荀息	子夷吾贿秦河外 / 132
第二十五回	秦穆公纳晋惠公	王子带伐周襄王 / 137
第二十六回	秦穆公救饥泛舟	晋惠公背施获擒 / 142
第二十七回	穆夫人履薪救弟	晋太子质秦替父 / 147
第二十八回	楚成公灭弦取黄	齐桓公迁杞救徐 / 152
第二十九回	梁国君拓土益秦	宋襄公假仁纵敌 / 157
第 三 十 回	秦晋东迁陆浑戎	重耳流亡狄齐宋 / 162
第三十一回	秦穆公助立晋文	介之推拒贪天功 / 169
第三十二回	周襄王德狄伐郑	晋文公勤王拓疆 / 176
第三十三回	群龙无首卫灭邢	有恃不恐鲁犒齐 / 182
第三十四回	觊中原楚成练兵	图称霸晋文谋帅 / 187
第三十五回	晋文公退避三舍	楚子玉不知利害 / 192
第三十六回	襄王策命诸侯伯	卫成哭弟君臣讼 / 197
第三十七回	郑烛武智退秦师	晋赵衰三辞卿位 / 202
第三十八回	卫成公卜迁帝丘	鲁僖公复作閟宫 / 208
第三十九回	秦穆公劳师袭远	晋襄公墨经从戎 / 214
第 四 十 回	楚成公请食熊蹯	鲁文公贱迎夫人 / 218
第四十一回	秦穆败晋霸西戎	楚穆灭江并六蓼 / 223
第四十二回	鲁季文备豫不虞	晋赵盾始料未及 / 229
第四十三回	周顷王继天子位	秦康公受晋人气 / 235
第四十四回	宋昭公乱中即位	楚穆公宋泽田猎 / 240
第四十五回	郦太子安逸失国	鲁文公劢劳安邻 / 244
第四十六回	郐文公迁都养民	周匡王为鲁请齐 / 249
第四十七回	齐惠公受贿定鲁	季文子违命逐客 / 253
第四十八回	楚庄公遭劫灭庸	宋文公贿晋平乱 / 258
第四十九回	郑穆公亲楚伐宋	晋灵公厚敛雕墙 / 263
第 五 十 回	楚庄公问鼎中原	郑公子染指于鼎 / 268

第五十一回	晋成公西和白狄	楚庄公东盟吴越 / 273
第五十二回	刘康知季孟必久	单襄料陈国必亡 / 277
第五十三回	申叔说牛复陈国	郑襄牵羊迎楚君 / 282
第五十四回	晋救郑师出无律	楚请和入垒执俘 / 286
第五十五回	晋三军舟指可掬	逢大夫忠慈难全 / 291
第五十六回	楚庄公论武灭萧	卫孔达舍身保国 / 295
第五十七回	楚围宋筑室反耕	晋灭潞结草败秦 / 299
第五十八回	范武子在周听礼	晋郤克如齐征会 / 303
第五十九回	鲁宣公乞楚求晋	卫穆公出师救鲁 / 307
第六十回	鲁卫晋擐甲执兵	齐顷公灭此朝食 / 311
第六十一回	周定王拒收齐捷	宋文公始用厚葬 / 315
第六十二回	楚共悉师侵卫鲁	荀首求子归楚俘 / 319
第六十三回	许灵公如楚诉郑	晋景公迁都新田 / 324
第六十四回	晋巫臣联吴疲楚	赵庄姬灭族留孤 / 329
第六十五回	莒子恃陋失三邑	郑成获释杀智谋 / 333
第六十六回	晋景得病入膏肓	华元弭兵合晋楚 / 338
第六十七回	鲁穆姜嫁女赋诗	周简王厚赏孟孙 / 342
第六十八回	秦桓公师败麻隧	曹宣公身殒西土 / 346
第六十九回	卫定姜忧叹天祸	宋华元治理桓族 / 350
第七十回	晋联盟首会吴人	郑子罕偷袭宋境 / 355
第七十一回	苗贲皇楚才晋用	楚共公中箭伤目 / 360
第七十二回	鲁成公设守赴会	叔声伯鞠躬尽瘁 / 365
第七十三回	晋郤至如周献捷	单襄公察言观行 / 370
第七十四回	晋厉公任宠作乱	晋悼公选贤举能 / 375
第七十五回	齐国佐直言招祸	晋联军救宋伐郑 / 381
第七十六回	晋祁奚举仇举子	忠魏绛诛贵和戎 / 387
第七十七回	莱共公倚齐失国	莒犁比败鲁灭鄫 / 394
第七十八回	陈哀公进退维谷	郑简公跋前疐后 / 398

3

第七十九回	秦景公乞师伐晋	鲁襄公借祧束冠 / 403
第八十回	吴寿梦北会诸侯	晋联盟东灭偪阳 / 409
第八十一回	卫定姜卜御郑寇	晋楚师往来郑土 / 413
第八十二回	鲁季武三分公室	郑简公厚赂晋侯 / 417
第八十三回	楚共公熟习诗礼	吴诸樊推让君位 / 421
第八十四回	戎驹支伸冤赋诗	秦景公毒泾御敌 / 426
第八十五回	周王叔败讼奔晋	卫献公弃国居齐 / 430
第八十六回	晋师旷答君疑问	郑师慧过宋朝廷 / 434
第八十七回	诸侯会歌诗辨类	齐大夫逃盟伐鲁 / 439
第八十八回	晋联盟伐齐益鲁	楚康公攻郑遇雨 / 444
第八十九回	齐灵公改立太子	鲁季武重赏外盗 / 449
第九十回	晋栾氏祸起萧墙	祁大夫急救叔向 / 454
第九十一回	郑子张临终诫子	楚叔豫生死肉骨 / 459
第九十二回	官奴杀寇焚丹书	齐庄伐晋取朝歌 / 464
第九十三回	鲁孟季弃长立幼	臧武仲斩关奔齐 / 468
第九十四回	晋范宣听谏轻币	楚康公伐郑救齐 / 473
第九十五回	齐太史前仆后继	晋君臣有隙自天 / 478
第九十六回	楚灭舒鸠射吴子	郑入陈都朝晋侯 / 484
第九十七回	卫子鲜助兄复位	孙林父失守求晋 / 490
第九十八回	晋叔向智救小臣	胥梁带计擒乌馀 / 494
第九十九回	宋平公悔杀太子	晋平公释归卫侯 / 498
第一百回	伯州梨上下其手	蔡归生班荆道故 / 503
第一百零一回	弭兵会衷甲争先	赵文子闻诗观志 / 507
第一百零二回	宋子罕削简存僚	鲁襄公朝楚安国 / 512
第一百零三回	齐崔杼据于蒺藜	惠公孙铲除庆氏 / 518
第一百零四回	太子晋谏周灵王	羊舌肸论单靖公 / 523
第一百零五回	晋联盟含怨城杞	宋郑君去食济民 / 528
第一百零六回	吴季札观乐论政	诸侯卿合会弃信 / 533

第一百零七回	郑罕虎择善而举	鲁襄公如愿而安 / 539
第一百零八回	子产毁晋馆之垣	子皮弃美锦学制 / 544
第一百零九回	卫文子论说威仪	楚令尹迎亲赴会 / 549
第一百一十回	鲁穆叔临患图国	晋赵武救善请楚 / 554
第一百一十一回	晋魏舒毁车败狄	郑徐妹隔房择夫 / 560
第一百一十二回	秦医和视病究因	楚令尹弑侄自立 / 565
第一百一十三回	晋韩起在鲁观书	齐陈氏登量贷货 / 570
第一百一十四回	齐晏婴一言省刑	楚郑许三君田猎 / 576
第一百一十五回	楚灵公合会灭赖	晋平公嫁女归楚 / 581
第一百一十六回	穆叔应悔撑天梦	季孙四分鲁公室 / 586
第一百一十七回	晋叔侯辨礼别仪	越大夫会楚伐吴 / 592
第一百一十八回	子产救世铸刑鼎	公孙安民论魄魂 / 597
第一百一十九回	齐景请晋伐北燕	鲁昭赴楚贺章华 / 602
第一百二十回	梦筮显兆建卫灵	石头出言戒晋平 / 608
第一百二十一回	兄弟阋墙陈国灭	栾高削姜齐陈大 / 613
第一百二十二回	拔本塞源晋伐周	衣寒食饥费归鲁 / 618
第一百二十三回	楚灵公诱骗灭蔡	右尹革摩厉以须 / 625
第一百二十四回	晋昭灭肥会诸侯	子产争贡哭子皮 / 631
第一百二十五回	楚平即位复陈蔡	吴人败楚灭州来 / 636
第一百二十六回	鲁惠伯请晋释主	晋籍谈数典忘祖 / 642
第一百二十七回	韩子闻诗观郑志	晋顷设计灭陆浑 / 647
第一百二十八回	郯子云鸟论官名	彗星孛辰火四国 / 652
第一百二十九回	楚平公北置太子	伍子胥东耕吴鄙 / 658
第一百三十回	仲尼哭子产之逝	晏子答齐景之问 / 663
第一百三十一回	郑庄公尽归鄎俘	卫灵公越在草莽 / 669
第一百三十二回	吴楚师援助华氏	晋联盟救守宋公 / 674
第一百三十三回	蔡太子懈位失国	莒老妪结绳报仇 / 679
第一百三十四回	周景王铸无射钟	单穆公立周悼王 / 683

回目	上联	下联	页码
第一百三十五回	郕庄公状告鲁国	孟懿子师事仲尼	689
第一百三十六回	周敬王避居狄泉	王子朝号称西王	694
第一百三十七回	叔孙诺聘问宋公	鲁公子谋逐季氏	699
第一百三十八回	鲁昭公逊位居齐	王子朝奉典入楚	703
第一百三十九回	宋元公为鲁奔走	齐景公叹室难久	709
第一百四十回	楚夫人开城投吴	吴姬僚伐楚失位	715
第一百四十一回	晋祁盈一意孤行	魏舒臣一食三叹	721
第一百四十二回	鲁昭公改立太子	晋史墨细说龙史	726
第一百四十三回	晋定公谋纳鲁侯	吴阖闾水淹徐国	731
第一百四十四回	周敬王请城成周	魏献子田猎大陆	736
第一百四十五回	季孙氏择立鲁公	楚孙圉论说国宝	741
第一百四十六回	蔡昭侯玉裘招祸	卫祝佗盟会争长	746
第一百四十七回	阖闾伐楚入郢都	申胥绝食请秦兵	751
第一百四十八回	楚昭公迁都定国	周大夫平乱安王	756
第一百四十九回	鲁师过卫伐郑土	家宰发令劫鲁侯	762
第一百五十回	晋执宋卿战齐卫	郑杀邓析用竹刑	768
第一百五十一回	孔仲尼智争失土	鲁定公堕毁三都	774
第一百五十二回	知韩魏伐范中行	卫灵公逐太子党	780
第一百五十三回	晋赵鞅转战王侯	鲁孔丘周游列国	786
第一百五十四回	吴夫差拒谏盟越	楚昭公灭胡救陈	794
第一百五十五回	齐陈乞改立国君	鲁哀公俘获邾子	800
第一百五十六回	宋景公灭曹伯阳	鲁有若与救国团	805
第一百五十七回	吴人沟邗通江淮	冉有率众御齐师	811
第一百五十八回	子贡担当鲁国器	吴晋争主黄池会	818
第一百五十九回	鲁颜渊不贰其过	齐简公噬脐何及	825
第一百六十回	子路愚勇卫出奔	仲尼辞世鲁哀诔	831

尾　声 / 838

主要参考文献 / 839

第一回　鲁隐公摄位奉弟　郑庄公掘地见母

《尚书》云：

惟天地，万物父母；惟人，万物之灵。

天佑下民，作之君，作之师，惟其克相上帝，宠绥四方。

皇天无亲，惟德是辅。民心无常，惟惠之怀。

德惟善政，政在养民。虽有周亲，不如仁人。

惟上帝不常，作善，降之百祥；作不善，降之百殃。

《易经》云：

君子终日乾乾，夕惕若，厉无咎。

谦谦君子，用涉大川，吉。

《诗经》云：

父兮生我，母兮鞠我。窈窕淑女，君子好逑。

夙兴夜寐。兢兢业业。畏天之威。用赐尔祉。

话说天下大势，顺民心者昌，逆民心者亡：

夏桀弗克顺天，流毒下国，力行无度，播弃犁老，昵比罪人。淫酗肆虐，臣下化之，朋家作仇，胁权相灭。无辜吁①天，秽②德彰闻。成汤克齐圣广渊，抚民以宽，除其邪虐。皇天眷佑，乃命成汤，降黜③夏命，放桀于南巢。

商至纣王，弗敬上天，降灾下民。沈湎冒色，敢行暴虐，罪人以族，官人以世，惟宫室、台榭、陂④池、侈服，以

---

①吁 xū　②秽 huì　③黜 chù　④陂 bēi

残害于万姓。焚炙忠良,刳①剔孕妇。皇天震怒,以命文武,肃将天威。一戎衣,天下大定。释箕子囚,封比干墓,式商容间。散鹿台之财,发钜②桥之粟,大赉③于四海,而万姓悦服。

周至厉王,暴虐侈傲,国人谤王。王怒,得卫巫,使监谤者,以告,则杀之。国人莫敢言,道路以目。周人相与叛,攻厉王,厉王出奔于彘④。

周幽王取妻于西申,生平王,王又取褒人之女,是褒姒⑤,生伯盘。褒姒嬖⑥于王,王与伯盘逐平王,平王走西申。幽王起师,围平王于西申,申人弗畀⑦,曾人乃降西戎,以攻幽王,幽王及伯盘乃灭,周乃亡。邦君、诸正乃立幽王之弟余臣于虢⑧,是携惠王。立廿⑨又一年,晋文侯仇乃杀惠王于虢,逆平王于少鄂,立之于京师。三年,乃东徙,止于成周。

周平王东迁,王室势力衰退,历史进入诸侯争霸时期,史称春秋。

周武王灭商后大封诸侯,《左传》云:"其兄弟之国者十有五人,姬姓之国者四十人。"《荀子》云:"立七十一国,姬姓独居五十三人,而天下不称偏焉。"《吕氏春秋》云:"周之所封四百余,服国八百余,今无存者矣。"

荀子所说为周朝新立国,含武王所封国和周公所封国,多为姬姓。其中周文王之子的封国十六:管、蔡、郕、霍、鲁、卫、毛、聃⑩、郜、雍、曹、滕、毕、原、酆⑪、郇。武王之子的封国四:邢⑫、晋、应、韩。周公之子的封国六:凡、蒋、邢、茅、胙⑬、祭⑭。另有文王

---

①刳 kū　②钜 jù　③赉 lài　④彘 zhì　⑤姒 sì　⑥嬖 bì　⑦畀 bì　⑧虢 guó
⑨廿 niàn　⑩聃 dān　⑪酆 fēng　⑫邢 yú　⑬胙 zuò　⑭祭 zhài

兄弟、文王叔伯父后人的封国。

鲁是周文王第四子、周武王之弟周公旦的封国。周平王东迁时，周公七世孙姬弗湟在位，史称鲁惠公。鲁惠公的嫡配孟子无子，次妃声子继室，生公子息。宋武公之女仲子出生时，有文在其手，似"为鲁夫人"，故仲子长成后嫁于鲁惠公，生公子允。

周朝诸侯有五个爵位：公、侯、伯、子、男。鲁是侯爵，宋为公爵。至春秋之时，各诸侯皆尊称"公"，故有"鲁惠公"之称。鲁惠公之"惠"、宋武公之"武"为国君去世后，群臣根据国君生前作为所谋之谥号。诸侯之子称公子。

"孟子""声子""仲子"之"子"皆为父姓，三人皆宋公之女，子姓。"孟""仲"为排行，"声子"之"声"是谥号。

鲁惠公在位四十六年，于前723年去世。周朝礼制规定，由嫡长子继位，无嫡子则由庶长子继位。惠公无嫡子，公子息为继室所生，其地位高于其他庶子，且又是庶子中年长者，按周礼，公子息可以顺理成章继位。但公子允之母因其手有"为鲁夫人"字样而嫁于惠公，公子息想到父亲有以仲子为夫人之意，为成全父意，而让公子允为惠公嫡子、继位人。

因公子允年少，未能执政，公子息乃摄行君事，史称鲁隐公。鲁惠公去世的来年，前722年，为鲁隐公元年，史传《春秋》自此始。

巽①，小亨，利有攸②往，利见大人。 ——《易经》

按常规，先君去世的来年正月，新君即位，举行即位仪式，向神及先祖报告新君即位，并由史官记录在册。因摄政，鲁国未举行即位仪式，史官也未记录新君即位。

三月，鲁隐公与邾仪父盟于鲁地蔑。新君摄位，与邻国缔结

---
①巽 xùn　②攸 yōu

友好。邾仪父：鲁附庸邾国国君，据传为颛顼①第五子安的后裔，曹姓。

四月，鲁大夫费伯未请示隐公，率师城郎。非出自君命，史官不记于《春秋》。

春秋时，凡有宗庙先君之主的城邑称都，无宗庙先君之主的城邑则称邑。修建都的围墙叫"城"，修建邑的围墙称"筑"。

> 君子以思患而豫防之。　　　　　　　——《易传》

郑始封君郑桓公是周厉王少子、周宣王庶弟王子友，周宣王封之于周地郑。周幽王时，郑桓公任王室司徒，掌管土地和人民，得宗周众人和东部民众支持。

见幽王违周礼，郑桓公问太史伯："王室多故，余惧及焉，其何所可以逃死？"

史伯说："王室将卑，戎、狄必昌，不可逼也。当成周者，南有荆、蛮、申、吕、应、邓、陈、蔡、随、唐；北有卫、燕、狄、鲜虞②、潞、洛、泉、徐、蒲；西有虞、虢、晋、隗③、霍、杨、魏、芮；东有齐、鲁、曹、宋、滕、薛、邹、莒。是非王之支子、母弟、甥舅也，则皆蛮、荆、戎、狄之人也。非亲则顽，不可入也。

"其济、洛、河、颍④之间乎？是其子、男之国，虢、郐⑤为大，虢叔恃势，郐仲恃险，是皆有骄侈怠慢之心，而加之以贪冒。君若以周难之故，寄孥⑥与贿焉，不敢不许。周乱而弊，是骄而贪，必将背君，君若以成周之众，奉辞伐罪，无不克矣。若克二邑，则邬、弊、补、舟、依、𠊓⑦、历、华，君之土也。若前华后河，右洛左济，主芣⑧、騩⑨，而食溱⑩、洧⑪，修典刑以守之，是可以稍固。"

应、蔡、随、唐；卫、燕；虞、虢、晋、隗、霍、杨、魏、芮；鲁、曹、滕；

---

①颛顼 zhuān xū　②虞 yú　③隗 wěi　④颍 yǐng　⑤郐 kuài　⑥孥 nú　⑦𠊓 róu
⑧芣 fú　⑨騩 guī　⑩溱 zhēn　⑪洧 wěi

皆姬姓。鲜虞：姬姓在狄者。

荆、蛮：芈①姓。申、吕、齐：姜姓。邓：曼姓。陈：妫②姓。宋：子姓。薛：任姓。邹：曹姓。莒：己姓。

狄：北狄。潞、洛、泉、徐、蒲：赤狄，隗姓。

史伯提到二虢："虞、虢、晋"之虢，为西虢。"虢、郐为大"之虢为东虢，皆姬姓。郐：妘姓。

邬、弊、补、舟、依、𪢮、历、华：临近虢、郐之八邑。

茅、騩：山名。溱、洧：水名。

绵绵瓜瓞③。民之初生，自土沮④漆。古公亶⑤父，陶复陶穴，未有家室。　　——《诗经》之《大雅·绵》

郑桓公问："周其弊乎？"

史伯说："殆于必弊者也。《泰誓》曰：'民之所欲，天必从之。'今王弃高明昭显，而好谗⑥慝⑦暗昧；恶角犀丰盈，而近顽童穷固。去和而取同。夫⑧和实生物，同则不继。以他平他谓之和，故能丰长而物归之；若以同益同，尽乃弃矣。

"故先王以土与金木水火杂，以成百物。是以和五味以调口，刚四肢以卫体，和六律以聪耳，正七体以役于心，平八索以成人，建九纪以立纯德，合十数以训百体。出千品，具万方，计亿事，材兆物，收经入，行姟⑨极。故王者居九畡⑩之田，收经入以食兆民，周训而能用之，和乐如一。夫如是，和之至也。于是乎先王聘后于异姓，求财于有方，择臣取谏工而讲以多物，务和同也。

"声一无听，物一无文，味一无果，物一不讲。王将弃是类也而与专同，天夺之明，欲无弊，得乎？"

七体：即七窍。八索：古人把人体自首至足分为八部分。九

---

①芈 mǐ　②妫 guī　③瓞 dié　④沮 jū　⑤亶 dǎn　⑥谗 chán　⑦慝 tè　⑧夫 fú　⑨姟 gāi　⑩畡 gāi

纪：身体九脏腑。十数：十等之人。百体：百官体制。

孔子曰："君子和而不同，小人同而不和。"——《论语》

史伯继续说："夫虢石父，谗谄①巧从之人也，而立以为卿士，与专同也；弃聘后而立内妾，好穷固也；侏儒戚施，实御在侧，近顽童也；周法不昭，而妇言是行，用谗慝也；不建立卿士，而妖试幸措，行暗昧也。是物也，不可以久。

"且宣王之时有童谣，曰：'檿②弧箕③服，实亡周国。'于是宣王闻之，有夫妇鬻④是器者，王使执而戮之。府之小妾不夫而育，生女而非王子也，惧而弃之。为弧服者方戮在路，夫妇哀其夜号也，而取之以逸，逃于褒。

"褒人褒姁⑤有狱，而以为入于王，王遂置之，而嬖是女也，使至于为后而生伯服。申、缯⑥、西戎方强，王室方骚，将以纵欲，不亦难乎？王欲杀太子以成伯服，必求之申，申人弗畀，必伐之。若伐申，而缯与西戎会以伐周，周不守矣。缯与西戎方将德申，申、吕方强，其深爱太子亦必可知也。王师若在，其救之亦必然矣。王心怒矣，虢公从矣，凡周存亡，不三稔⑦矣。君若欲避其难，其速规所矣，时至而求用，恐无及也。"伯服，在出土竹简里作"伯盘"。

以善先人者谓之教，以善和人者谓之顺；以不善先人者谓之谄，以不善和人者谓之谀⑧。伤良曰谗，害良曰贼。
　　　　　　　　　　　　　　——《荀子》

郑桓公问："若周衰，诸姬其孰兴？"

史伯说："臣闻之，武实昭文之功，文之祚⑨尽，武其嗣⑩乎？武王之子，应、韩不在，其在晋乎？距险而邻于小，若加之以德，可

---

①谄 chǎn　②檿 yǎn　③箕 jī　④鬻 yù　⑤姁 xū　⑥缯 zēng　⑦稔 rěn　⑧谀 yú　⑨祚 zuò　⑩嗣 sì

006

以大启。"

郑桓公问:"姜、嬴①其孰兴?"

史伯说:"夫国大而有德者近兴,秦仲、齐侯,姜、嬴之隽②也,且大,其将兴乎?"

郑桓往东寄放家小、财货,虢、郐皆受,十邑皆有寄放之地。

其后,幽王伐申,申侯召西戎伐周,杀周幽王,郑桓公也被杀,其子掘③突继位,为郑武公。郑武公迁都新郑,在位二十七年去世,前743年,郑武公太子寤④生继位,史称郑庄公。鲁隐公元年是郑庄公二十二年。

  天难谌⑤,命靡常。常厥德,保厥位。厥德匪常,九有以亡。
           ——《尚书》

郑武夫人是申侯之女,叫武姜,生公子寤生和公子段。武姜生长子时受惊,故为长子取名"寤生","寤"为后起之"牾⑥"意。段顺产,故武姜厌恶寤生而偏爱段,多次请郑武公立段为太子,武公不许。

郑庄公即位后,武姜向郑庄提出以制邑封公子段。

庄公说:"制,岩邑也,虢叔死焉,佗⑦邑唯命。"

武姜为段要京,段居于京,人称京城大叔。

祭仲对庄公说:"都,城过百雉⑧,国之害也。先王之制:大都,不过叁国之一;中,五之一;小,九之一。今京不度,非制也,君将不堪。"

国指诸侯国的首都,国人则指首都之人,其他人口聚居地或叫都,或叫邑。按周制,大都之围墙不可超过首都围墙的三分之一。

---

①嬴 yíng ②隽 jùn ③掘 jué ④寤 wù ⑤谌 chén ⑥牾 wǔ ⑦佗 tā ⑧雉 zhì

007

修筑都的围墙叫城,都邑的围墙也叫城。一丈高、三丈长之墙为一雉,百雉之墙即高一丈、周长三百丈。

郑庄说:"姜氏欲之,焉避害?"

祭仲说:"姜氏何厌之有?不如早为之所,无使滋蔓。蔓,难图也。蔓草犹不可除,况君之宠弟乎?"

郑庄说:"多行不义必自毙,子姑待之。"

既而,大叔命郑西境与北境听命于己。

公子吕对庄公说:"国不堪贰,君将若之何?欲与大叔,臣请事之;若弗与,则请除之。无生民心。"

庄公说:"无庸,将自及。"

未久,大叔又收西、北二边境之地为己邑,并扩展至廪①延。

子封又对庄公说:"可矣,厚将得众。"子封,公子吕字。

郑庄说:"不义不昵②,厚将崩。"

大叔修理城郭,聚集人众,修造衣甲武器,备好士卒战车,将袭新郑,武姜将作内应为其开城门。

前722年五月,郑庄公获悉大叔偷袭日期,说:"可矣。"命子封率二百乘戎车伐京。京人叛大叔段,段逃至鄢③,郑庄公伐鄢。

五月辛丑日,郑庄公克段于鄢,大叔出奔共国,故又称共叔。

母也天只,不谅人只!

——《诗经》之《鄘④风·柏舟》

郑庄公对其母武姜的做法很生气,置武姜于城颍,发誓说:"不及黄泉,无相见也。"既而,对此后悔。

郑边邑颍谷的封人叫颍考叔,得知庄公之意,有献于庄公。庄公赐之食,考叔留出肉不吃,庄公问其故。

颍考叔说:"小人有母,皆尝小人之食矣,未尝君之羹,请以

①廪 lǐn　②昵 nì　③鄢 yān　④鄘 yōng

遗之。"

庄公说:"尔有母遗,惟我独无。"

颖考叔问:"敢问何谓也?"

庄公告之原委,又告之悔意。

考叔说:"君何患焉?若掘地及泉,隧而相见,其谁曰不然?"

郑庄依此而行,挖隧道,在隧中与母相见。

庄公入而赋诗:"大隧之中,其乐也融融。"

武姜出而赋诗:"大隧之外,其乐也洩洩①。"

于是,武姜搬回宫中居住,母子和好如初。

后世君子说:"颖考叔,纯孝也,爱其母,施②及庄公。《诗》曰:'孝子不匮,永锡尔类。'其是之谓乎。"

蓼③蓼者莪④,匪莪伊蒿。哀哀父母,生我劬⑤劳。

蓼蓼者莪,匪莪伊蔚。哀哀父母,生我劳瘁。

父兮生我,母兮鞠我。拊我畜我,长我育我,顾我复我,出入腹我。欲报之德,昊⑥天罔⑦极。

——《诗经》之《小雅·蓼莪》

①洩洩 yìyì　②施 yì　③蓼 lù　④莪 é　⑤劬 qú　⑥昊 hào　⑦罔 wǎng

第二回　周平王交质郑伯　宋穆公归位兄子

周平王是周武王的十一世孙,其曾祖父是史上出名的周厉王。厉王暴虐,国人有意见。

召穆公对厉王说:"民不堪命矣。"

厉王怒,召卫地巫师,使之监谤者。卫巫得谤者即告知厉王,厉王使人捕杀。于是,国人不敢说话,道路以目。

厉王喜,对召穆公说:"吾能弭①谤矣,乃不敢言。"

召穆公说:"是障之也。防民之口,甚于防川。川壅而溃,伤人必多,民亦如之。是故,为川者,决之使导;为民者,宣之使言。故天子听政,使公卿至于列士献诗,瞽②献曲,史献书,师箴③,瞍④赋,矇⑤诵,百工谏,庶人传语,近臣进规,亲戚补察,瞽、史教诲,耆⑥、艾修之,而后,王斟酌焉,是以,事行而不悖。

"民之有口,犹土之有山川也,财用于是乎出;犹其有原隰⑦衍沃也,衣食于是乎生。口之宣言也,善败于是乎兴。行善而备败,其所以阜⑧财用衣食者也。夫民虑之于心,而宣之于口,成而行之,胡可壅也?若壅其口,其与能几何?"

厉王不听。

> 谓天盖⑨高,不敢不局。谓地盖厚,不敢不蹐⑩。维号斯言,有伦有脊。哀今之人,胡为虺蜴⑪?
> ——《诗经》之《小雅·正月》

周厉王的重祖父是周穆王,周武王的重孙,以穆天子闻名,传

---

①弭 mǐ　②瞽 gǔ　③箴 zhēn　④瞍 sǒu　⑤矇 méng　⑥耆 qí　⑦隰 xí　⑧阜 fù
⑨盖 hé　⑩蹐 jí　⑪虺蜴 huǐ yì

说穆天子能一日千里,见过西王母。

穆王要西征犬戎,祭公谋父谏王,说:"不可。先王耀德不观兵。夫兵,戢①而时动,动则威;观则玩,玩则无震。是故,周文公之《颂》曰:'载戢干戈,载柜②弓矢。我求懿③德,肆于时夏,允王保之。'先王之于民也,懋④正其德,而厚其性;阜其财求,而利其器用;明利害之乡,以文修之,使务利而避害,怀德而畏威,故能保世以滋大。

"昔我先王世后稷,以服事虞、夏。及夏之衰也,弃稷不务,我先王不窋⑤用失其官,而自窜于戎、狄之间,不敢怠业,时序其德,纂⑥修其绪,修其训典,朝夕恪⑦勤,守以敦笃,奉以忠信,奕世戴德,不忝⑧前人。至于武王,昭前之光明,而加之以慈和,事神保民,莫不欣喜。商王帝辛,大恶于民。庶民弗忍,欣戴武王,以致戎于商牧。是先王非务武也,勤恤民隐,而除其害也。"

所引诗句在今《诗经·周颂》。祭公谋父:周公后裔,名谋父。祭为王畿⑨内封国。周文公:即周公旦,谥文。

稷:农官。周人先祖在虞、夏之际,世为农官,及至夏太康失位,废弃农官。

尔惟德罔小,万邦惟庆;尔惟不德罔大,坠厥⑩宗。

——《尚书》

祭公继续说:"夫先王之制:邦内甸服,邦外侯服,侯、卫宾服,夷、蛮要服,戎、狄荒服。甸服者祭,侯服者祀,宾服者享,要服者贡,荒服者王。日祭、月祀、时享、岁贡、终王,先王之训也。

"有不祭,则修意;有不祀,则修言;有不享,则修文;有不贡,则修名;有不王,则修德;序成而有不至,则修刑。于是乎,有刑

---

①戢 jí　②柜 gāo　③懿 yì　④懋 mào　⑤窋 zhú　⑥纂 zuǎn　⑦恪 kè
⑧忝 tiǎn　⑨畿 jī　⑩厥 jué

不祭,伐不祀,征不享,让不贡,告不王。于是乎,有刑罚之辟,有攻伐之兵,有征讨之备,有威让之令,有文告之辞。布令陈辞,而又不至,则又增修于德,无勤民于远。是以近无不听,远无不服。

"今自大毕、伯士之终也,犬戎氏以其职来王,天子曰:'予必以不享征之,且观之兵。'其无乃废先王之训,而王几顿乎?吾闻夫犬戎树惇①,能帅旧德,而守终纯固,其有以御我矣。"

邦内甸服:王都周围千里,属王畿之内,叫甸服,即为王田。王畿之外,有侯服、宾服、要服、荒服,各以五百里向外。也有王畿外有侯、甸、男、采、卫五服之说。大毕、伯士:犬戎二君。

穆王不听,而征西戎,得四白狼、四白鹿以归。自此,荒服者不朝周王。

木从绳则正,后从谏则圣。　　　　——《尚书》

周厉王宠荣夷公,芮良夫说:"王室其将卑乎?夫荣公好专利,而不知大难。夫利,百物之所生也,天地之所载也,而或专之,其害多矣。天地百物,皆将取焉,胡可专也?所怒甚多,而不备大难,以是教王,王能久乎?

"夫王人者,将导利,而布之上下者也,使神人百物无不得其极,犹日怵②惕,惧怨之来也。故《颂》曰:'思文后稷,克配彼天。立我蒸民,莫匪尔极。'《大雅》曰:'陈锡载周。'是不布利而惧难乎?故能载周,以至于今。

"今王学专利,其可乎?匹夫专利,犹谓之盗,王而行之,其归鲜矣。荣公若用,周必败。"

周厉王不听,使荣公为卿士,诸侯不再朝见、献贡。芮良夫作诗《桑柔》,在《诗经》之《大雅》。

前841年,国人暴动,放厉王于彘。国人,指王都之人。

---

①惇 dūn　②怵 chù

哀公问曰:"何为则民服?"孔子对曰:"举直措诸枉,则民服。举枉措诸直,则民不服。" ——《论语》

厉王太子静藏在召穆公家,国人围召公,要其交出王太子。

召公对左右说:"昔吾屡谏王,王不从,是以及此难。今杀王子,王其以我为怼而怒乎。夫事君者险而不怼,怨而不怒,况事王乎?"

召穆公以己子代王子静,交予国人。

厉王于前828年死于彘。召公、周公和国人立王子静,史称周宣王,是周平王祖父。

厉王流放时期史称"共和",《史记》云:"召公、周公二相行政,号曰'共和'。"出土竹简则称由共伯和执政,而后归位于宣王。

宣王前期有中兴之象,后期,弃礼怠政,立鲁武公幼子,不籍田于千亩。鲁武公携长子括与次子戏朝见周宣王,宣王喜爱戏,要立其为鲁太子。

仲山父劝谏说:"不可立也!不顺必犯,犯王命必诛,故出令不可不顺也。令之不行,政之不立;行而不顺,民将弃上。夫下事上、少事长,所以为顺也。今天子立诸侯,而建其少,是教逆也。若鲁从之,而诸侯效之,王命将有所壅;若不从,而诛之,是自诛王命也。是事也,诛亦失,不诛亦失,天子其图之。"

宣王不听谏,立戏为鲁太子。鲁武公于前817年去世,戏继位,为鲁懿公。懿公九年,国人杀之,而立伯御,即公子括,或说公子括之子。立十年,宣王伐鲁,杀伯御,立懿公之弟,为鲁孝公。

宣王废长立幼,诸侯因此对周天子少了恭敬。

尔惟风,下民惟草。 ——《尚书》

孔子曰:"君子之德风,小人之德草。草上之风,必偃。" ——《论语》

按周礼,立春之日,天子、诸侯亲自把犁耕田,公卿大夫相继把耕,以示重视农耕,此一典礼称籍。天子籍田千亩,诸侯籍田百亩。周宣王不籍千亩。

西虢文公谏王,说:"不可。夫民之大事在农,上帝之粢①盛于是乎出,民之蕃庶于是乎生,事之供给于是乎在,和协辑睦于是乎兴,财用蕃殖于是乎始,敦庬②纯固于是乎成,是故稷为天官。古者,太史顺时脉土,阳气积盈,土气震发,农祥星晨现正南,日月行至室宿③,土脉发动……

"及籍,后稷监之,膳夫、农正陈籍礼,太史赞王,王敬从之。王耕一垡④,公三垡,卿六,百官依序进三,庶民终于千亩。其后稷察功,太史监之;司徒察民功,太师监之。毕,宰夫陈飨⑤,膳宰监之。膳夫赞王,王享太牢,百官依序尝之,庶人终食……

"是时也,王事唯农是务,无有求利于其官以干农功,三时务农而一时讲武,故征则有威,守则有财。若是,乃能媚于神而和于民矣,则享祀时至而布施优裕也。今天子欲修先王之绪,而弃其大功;匮神乏祀,而困民之财,将何以求福用民?"

宣王不听谏。其后,西戎进入千亩,宣王三十九年,前789年,王师与戎人战于千亩,王师溃败。

　　道存则国存,道亡则国亡。　　　　——《荀子》

《诗经》之《小雅》有诗《甫田》,写周王巡视农田的情况:

倬⑥彼甫田,岁取十千。我取其陈,食⑦我农人,自古有年。今适南亩,或耘或耔,黍稷薿⑧薿。攸介攸止,烝我髦士。

以我齐⑨明,与我牺羊,以社以方。我田既臧,农夫之庆。琴瑟击鼓,以御田祖,以祈甘雨,以介我稷黍,以穀我士女。

---

①粢 zī ②庬 máng ③宿 xiù ④垡 fá ⑤飨 xiǎng ⑥倬 zhuō ⑦食 sì
⑧薿 nǐ ⑨齐 zī

曾孙来止,以其妇子,馌彼南亩。田畯至喜,攘其左右,尝其旨否。禾易长亩,终善且有。曾孙不怒,农夫克敏。

曾孙之稼,如茨如梁。曾孙之庾,如坻①如京。乃求千斯仓,乃求万斯箱。黍稷稻粱,农夫之庆。报以介福,万寿无疆。

君子以劳民劝相。　　　　　　——《易传》

《大田》则叙述了从播种到收获的情况:

大田多稼,既种既戒,既备乃事。以我覃②耜③,俶④载南亩。播厥百谷,既庭且硕,曾孙是若。

既方既皁,既坚既好,不稂⑤不莠⑥。去其螟螣⑦,及其蟊贼,无害我田稚。田祖有神,秉畀炎火。

有渰⑧萋萋,兴雨祈祈。雨我公田,遂及我私。彼有不获稚,此有不敛穧⑨,彼有遗秉,此有滞穗,伊寡妇之利。

曾孙来止,以其妇子。馌⑩彼南亩,田畯至喜。来方禋⑪祀,以其骍⑫黑,与其黍⑬稷。以享以祀,以介景福。

道虽迩,不行不至;事虽小,不为不成。
　　　　　　　　　　　　　　——《荀子》

宣王在位四十六年,于前782年驾崩。王太子姬宫湦继位,史称周幽王。

幽王二年,前780年,镐⑭京三川泾水、渭水、洛水一带地震。

幽王后是申侯之女,生王太子宜臼。而后,幽王宠褒姒,生伯服,废申后和太子宜臼,而立褒姒为王后,伯服为太子。申后和宜臼避居于申。诸侯见王室混乱,而不再朝王。

---

①坻 chí　②覃 yǎn　③耜 sì　④俶 chù　⑤稂 láng　⑥莠 yǒu　⑦螟螣 míng tè
⑧渰 yǎn　⑨穧 jì　⑩馌 yè　⑪禋 yīn　⑫骍 xīng　⑬黍 shǔ　⑭镐 hào

前771年,幽王伐申。申侯联合戎人、鄫①人击败王师,攻入宗周,进入王宫,杀幽王、伯服,褒姒不知所踪。

德日新,万邦惟怀;志自满,九族乃离。 ——《尚书》

王畿内封君及王室公卿立幽王弟王子余臣于虢,立二十一年,余臣被晋文侯所杀,谥惠。因非嫡嗣,东周王室称之为携王。为与东周惠王区别,东周诸侯称之为携惠王。

晋文侯往少鄂迎废太子宜臼,立于京师,为周平王。平王三年,晋文侯、郑武公东迁王室至洛邑,史称平王东迁。

《史记》里未提及周携王。幽王弟王子余臣立于虢出自清华大学收藏出土竹简《系年》。

《系年》里"……以攻幽王,幽王及伯盘乃灭,周乃亡……周亡王九年,邦君、诸侯焉始不朝于周……",其中"周亡王九年",学术界对此有多种解释。笔者认为"周亡王"之"亡"是承上文"周乃亡"之"亡","亡王"即亡周之王,"周亡王九年"为周幽王九年,即周幽王后期。《国语·郑语》:"幽王八年而桓公为司徒,九年而王室始骚,十一年而毙。"

周幽王九年,因王室混乱,诸侯便不按时朝王。周平王有弑父之嫌,王室威信益弱,不能令诸侯。郑武公乃征东方诸侯,令其朝王。

郑武公、郑庄公先后担任平王卿士,分管周朝政事。而后,平王听信虢公,要分政给虢公,郑庄公因此埋怨。

平王否认,说:"无之。"

于是,周、郑交换人质。平王之子王子狐为质于郑,郑太子忽为质于周。

---

①鄫 zēng

人心惟危,道心惟微,惟精惟一,允执厥中。

——《尚书》

宋是殷商之后,公爵,始封于商纣庶兄微子启。成汤灭夏而建商,成汤先祖契为臣于帝舜,契是帝喾次妃简狄之子。帝喾是黄帝曾孙。

《论语》云:"微子去之,箕子为之奴,比干谏而死。孔子曰:'殷有三仁焉。'"

纣始用象箸①,箕子叹息说:"彼为象箸,必为玉杯。为杯,则必思远方珍怪之物而御之矣。舆马宫室之渐自此始,不可振也。"

及至纣王乱政,其叔、兄屡谏,而纣不改其行,周文王修德灭黎国,纣说:"我生不有命在天乎?是何能为?"

人劝箕子离去,箕子说:"为人臣,谏不听而去,是彰君之恶而自悦于民,吾不忍为也。"箕子装疯为奴。

王子比干说:"君有过而不以死争,则百姓何辜?"比干直言谏纣。纣发怒说:"吾闻圣人之心有七窍,信有诸乎?"遂杀王子比干,剖视其心。

纣的庶兄微子启说:"父子有骨肉,而臣主以义属。故父有过,子三谏不听,则随而号之;人臣三谏不听,则其义可以去矣。"太师、少师皆劝微子启离去。

《道经》曰:"人心之危,道心之微。"危微之几,惟明君子而后能知之。

——《荀子》

武王克殷后,封纣之子武庚禄父续殷祀。而后武庚作乱,被周公所杀。周公命微子启奉先人之祀,立国于宋。至春秋之始,宋国历十四君,宋穆公和在位。

---

①箸 zhù

宋穆公是宋武公之子,宋宣公之弟。宋宣已立太子与夷,因见公子和贤能,在病中嘱咐群臣,说:"父死子继,兄死弟及,天下之通义。我其立和。"公子和三让而后受命。

宋穆公病中,嘱大司马孔父嘉,说:"先君舍与夷而立寡人,寡人弗敢忘。若以大夫之灵,得保首领以没,先君若问与夷,其将何辞以对?请子奉之,以主社稷,寡人虽死,亦无悔焉。"

孔父嘉是宋前闵①公的五世孙。孔父说:"群臣愿奉冯也。"冯:宋穆公长子。

宋穆公说:"不可。先君以寡人为贤,使主社稷,若弃德不让,是废先君之举也。岂曰能贤?光昭先君之令德,可不务乎?吾子其无废先君之功。"

吾子,指孔父。当时,国君称卿大夫或卿大夫之间,常尊称对方为"子""吾子"。

宋穆公使公子冯出居郑国。

前720年八月庚辰日,宋穆公去世,在位九年。其侄与夷继位,为宋殇②公。

君子说:"宋宣公可谓知人矣。立穆公,其子飨之,命以义夫。《商颂》曰:'殷受命咸宜,百禄是荷。'其是之谓乎?"

　　或曰:"以德报怨,何如?"孔子曰:"何以报德?以直报怨,以德报德。"　　　　　　　——《论语》

---

①闵 mǐn　②殇 shāng

第三回　鲁隐公盟戎和莒　卫石碏除恶灭亲

鲁惠公晚年伐宋，在宋地黄击败宋师。鲁隐公摄政后，与宋人谋讲和，前722年九月，鲁、宋盟于宿。

鲁惠公去世时，要防备宋师，太子年少不能管事，隐公顾此失彼，惠公之葬匆忙，未合于礼制。十月庚申日，鲁国改葬惠公。鲁隐公未作为丧主亲临哭泣，表明自己是代行君事，而非继位。

郑共叔段之乱，段之子公孙滑出奔卫。卫人为之伐郑，攻取廪延。郑人率周王之师、虢师伐卫南境。

虢是周文王之弟的封国。文王的两个弟弟虢仲、虢叔，二人封国均称虢，后代也称虢仲、虢叔。虢叔封于制，在宗周以东，史称东虢，被郑武公所灭。虢仲封在宗周以西，史称西虢。平王东迁成周后，虢仲东迁至成周之西，与虞国为邻，在《春秋左传》里称"虢"。

郑人又请师于邾，邾子使人私请鲁公子豫出师。公子豫向隐公请出师，隐公不许。公子豫自行前往，并与邾人、郑人盟于邾地翼。因未获君许，史官不记于《春秋》。邾子：邾为子爵。

来年，前721年，春，鲁隐公在鲁地潜与戎人相会，重修惠公之好。戎人请结盟，隐公推辞。

莒子娶向国之女，向姜不安于莒而自行回向。夏，莒人入向以姜氏还。莒子：莒为子爵。

五月，鲁司空无骇率师入附庸小国极，费伯庈①父灭极。

入秋后，戎人又请盟。八月庚辰日，鲁隐公与戎人在唐地结盟，重修与戎人之好。

---

①庈 qín

同人于野,亨。利涉大川,利君子贞。

——《易经》

九月,纪卿裂繻①如鲁为君迎亲。裂繻:裂氏,名繻。

十月,鲁伯姬出嫁至纪国。

鲁、莒不和,纪侯娶鲁伯姬后,使人调解鲁、莒,纪子帛与莒子盟于莒地密。子帛:裂繻字。时人出生时取名,行冠礼时取字,称呼时常在字前加"子"。字与名一般相关,繻、帛皆丝织品。

十二月乙卯日,太子允之母仲子去世,鲁《春秋》载"夫人子氏薨②",向诸侯赴告称"薨",这是鲁隐公尊太子而尊太子母为君夫人。

因上年卫人为公孙滑取廪延,这时,郑人伐卫。

来年,前720年,四月辛卯日,鲁隐公之母声子去世,鲁史记载"君氏卒",不向诸侯发讣告,不称"薨",不称"夫人",而称"君氏",表明为摄政之母。鲁隐公未按君夫人丧礼办理母亲丧事。

当时,周王、王后去世称"崩",诸侯及其夫人去世称"薨",大夫去世称"卒",士去世称"不禄",普通人去世称"死"。

凯风自南,吹彼棘心。棘心夭夭,母氏劬劳。
凯风自南,吹彼棘薪。母氏圣善,我无令人。

——《诗经》之《邶③风·凯风》

卫始封君是周武王的同母少弟康叔,名封。武王克殷,以殷余民封纣之子武庚禄父,令管叔、蔡叔监管武庚禄父。武王驾崩,成王年少,周公旦摄政。管叔、蔡叔疑其兄周公,而与武庚作乱,欲攻成周。周公旦以成王之命兴师伐殷,杀禄父、管叔,流放蔡叔。以武庚殷余民封康叔为卫君,居殷墟,即朝歌。

---

①繻 xū ②薨 hōng ③邶 bèi

周公旦惧康叔齿少,告诫康叔:"必求殷之贤人君子长者,问其先殷所以兴,所以亡,而务爱民。"作《康诰》《酒诰》《梓材》,为康叔治国指导。

春秋之始,康叔第十一世孙卫桓公完在位。卫桓公之父,史称前卫庄公。前卫庄夫人是齐太子得臣之妹,称庄姜。庄姜不仅貌美,且贤惠端庄,其美有《硕人》之诗为证。

硕人其颀①,衣锦褧②衣。齐侯之子,卫侯之妻,东宫之妹。邢侯之姨,谭公维私。

手如柔荑③,肤如凝脂。领如蝤蛴④,齿如瓠⑤犀,螓⑥首蛾眉。巧笑倩⑦兮,美目盼兮。

——《诗经》之《卫风·硕人》

卫庄公又娶陈国姊娣,姊厉妫生孝伯,孝伯早夭,娣戴妫之子名完。庄姜无子,以公子完为己子。

卫庄公有一宠妾,生州吁⑧。州吁得卫庄之宠,又好武事,卫庄公对此不加管束。夫人庄姜厌恶州吁。

石碏⑨谏卫庄公,说:"臣闻,爱子,教之以义方,弗纳于邪。骄、奢、淫、泆⑩,所自邪也。四者之来,宠禄过也。将立州吁,乃定之矣,若犹未也,阶之为祸。夫宠而不骄,骄而能降,降而不憾,憾而能制者,鲜矣。且夫贱妨贵,少陵长,远间亲,新间旧,小加大,淫破义,所谓六逆也。君义,臣行,父慈,子孝,兄爱,弟敬,所谓六顺也。去顺效逆,所以速祸也。君人者,将祸是务去,而速之,无乃不可乎?"

卫庄公不听。石碏之子石厚与州吁交游,石碏制止而无用。

前735年,卫庄公去世。公子完继位,为卫桓公。石碏告老。

---

①颀 qí ②褧 jiǒng ③荑 tí ④蝤蛴 qiú qí ⑤瓠 hù ⑥螓 qín ⑦倩 qiàn
⑧吁 xū ⑨碏 què ⑩泆 yì

节之坎：不出户庭，无咎。　　　　——《易经》

前719年，卫桓公十六年，二月戊申日，州吁杀卫桓而自立。

鲁隐公与宋新君殇公约定会见，未到会期，卫人通告州吁之乱。夏，鲁隐公与宋殇公提前会于卫地清，简化礼节。

宋公子冯居于郑，此时，郑人有意纳公子冯。

当时，诸侯即位需得周王任命，或参与诸侯会盟得诸侯认同。卫州吁自立后，设法会诸侯并争取卫国民众。卫与郑有旧怨，州吁要报两年前郑伐卫之仇。

州吁使人如宋，说："君若伐郑以除君害，君为主，敝邑以赋与陈、蔡从，则卫国之愿也。"

宋人应许州吁。其时，陈、蔡正与卫好，故宋殇公、陈桓公、蔡人、卫人伐郑，围郑东城门，五日而撤兵。

鲁隐公问大夫众仲："卫州吁其成乎？"

众仲说："臣闻以德和民，不闻以乱。以乱，犹治丝而棼①之也。夫州吁，阻兵而安忍。阻兵，无众；安忍，无亲。众叛亲离，难以济矣。夫兵，犹火也，弗戢，将自焚也。夫州吁弑②其君，而虐用其民，于是乎不务令德，而欲以乱成，必不免矣。"

　　夫战胜攻取而不修其功者凶，命曰费留。故曰：明主虑之，良将修之，非利不动，非得不用，非危不战。
　　　　　　　　　　　——《孙子兵法》

秋，宋、陈、蔡、卫再次伐郑。宋殇公使人如鲁乞师，鲁隐公推辞。羽父请率师与四国之师会合，鲁隐公不许，羽父坚请后率师而去。羽父：公子翚③。

五国联军打败郑步兵，收取郑禾谷后回师。

---

①棼 fén　②弑 shì　③翚 huī

卫州吁未得其民众认可,石厚问定君之计于石碏。

石子说:"觐①王为可。"石子,石碏尊称。氏加子表尊称。

石厚问:"何以得觐?"

石子说:"陈侯方有宠于王,陈、卫方睦,若朝陈使请,必可得也。"

石厚跟随州吁前往陈国。

石碏使人私下前往陈国,对陈执政说:"卫国褊②小,老夫耄③矣,无能为也。此二人者,实弑寡君,敢即图之。"

陈人执州吁、石厚,请卫人处置。九月,卫人使右宰醜④杀州吁于陈境濮水,石碏使家宰獳⑤羊肩杀石厚于陈。

卫人迎卫桓之弟公子晋于邢。十二月,公子晋即位,为卫宣公。

君子说:"石碏,纯臣也。恶州吁,而厚与焉。'大义灭亲',其是之谓乎。"

　　旅之小过:鸟焚其巢,旅人先笑后号咷⑥,丧牛于易,凶。　　——《易经》

　　欲败度,纵败礼,以速戾⑦于厥躬。天作孽,犹可违;自作孽,不可逭⑧。　　——《尚书》

---

①觐 jìn　②褊 biǎn　③耄 mào　④醜 chǒu　⑤獳 nòu　⑥咷 táo　⑦戾 lì
⑧逭 huàn

第四回　陈桓公盟郑求婚　鲁众仲论氏说族

陈是舜帝后裔,妫姓,侯爵。舜帝是颛顼帝之后,颛顼是黄帝之孙。舜为庶人时,尧妻之二女,居于妫汭①,其后代以妫为姓。夏商之时,舜的后人时封时绝。周武王克殷,求舜后裔,得妫满,即胡公,武王嫁女于胡公,封之于陈,以奉帝舜之祀。春秋之始,陈国历十世,第十二位国君陈桓公鲍在位。

往年,郑庄公请陈结好,陈桓公不许。

五父劝谏,说:"亲仁善邻,国之宝也。君其许郑。"五父是陈桓公之弟,陈文公之子公子佗,名佗,字五父。

陈桓公说:"宋、卫实难,郑何能为?"

故陈国追随宋卫伐郑。

　　人无于水监,当于民监。　　　　——《尚书》

前718年四月,郑人侵卫地牧,以报东门之役。

卫人借南燕国之师伐郑。郑祭足、原繁、洩②驾率三军驻扎在敌营前,使曼伯和子元率师悄悄绕至敌军阵后的北制。燕人担心郑三军,却未提防制地之师。

六月,曼伯和子元二公子率制人败燕师于北制。

君子说:"不备不虞,不可以师。"

　　兵之情主速,乘人之不及,由不虞之道,攻其所不戒也。　　　　——《孙子兵法》

---

①汭 ruì　②洩 xiè

卫国内乱时,郕人侵卫。故这年秋,卫师侵郕。郕国,史上又作成国、盛国,始祖是周文王之子,武王母弟。

九月,宋人取邾国田地。

邾人对郑人说:"请君释憾于宋,敝邑为道。"

郑人率天子之师会邾师伐宋,进入宋都外城,报东门之役。

宋使者如鲁告急。鲁隐公已听说郑人攻入宋外城,即将出师救宋。见使者来,便问:"师何及?"

使者认为鲁隐公明知故问,心生不快,便说:"未及国。"

鲁隐公见宋使者不肯告之实情,怒而不出兵,辞别使者说:"君命寡人同恤社稷之难,今问诸使者,曰'师未及国',非寡人之所敢知也。"

十二月,宋人伐郑,围长葛,以报郑师入郛之役。

鲁与郑原有旧怨,因怨宋,便有亲郑之意。前717年春,郑人见机而来,鲁、郑捐弃前嫌,结交友好。

孔子曰:"君子有九思:视思明,听思聪,色思温,貌思恭,言思忠,事思敬,疑思问,忿思难,见得思义。"

——《论语》

前717年五月庚申日,郑庄公侵陈,大获而归。

君子说:"善不可失,恶不可长,其陈桓公之谓乎?长恶不悛①,从自及也。虽欲救之,其将能乎?《商书》曰:'恶之易也,如火之燎于原,不可向迩,其犹可扑灭?'周任有言曰:'为国家者,见恶如农夫之务去草焉,芟②夷蕴崇之,绝其本根,勿使能殖,则善者伸矣。'"周任:周史官。

君子以振民育德。   ——《易传》

①悛 quān　②芟 shān

上年冬，宋人围郑长葛，未攻克。这年秋，趁郑人不备，宋人突袭，攻取长葛。

前716年秋，宋与郑讲和，七月庚申日，在宿地结盟。鲁隐公见此，伐邾，向宋示好。

冬，郑、陈讲和。十二月，陈五父如郑莅盟。壬申日，五父与郑庄公盟，歃①血时心不在焉。

郑洩伯说："五父必不免，不赖盟矣。"洩伯，即洩驾。

其后，郑良佐如陈莅盟，辛巳日，盟陈桓公，也料知陈将乱。

郑太子忽曾为质于周，亲近周天子。趁与郑结盟之际，陈桓公请嫁女于太子忽。郑庄公应许，并举行订婚仪式。

来年，前715年，四月甲辰日，郑忽如陈迎娶陈桓公之女。辛亥日，带妫氏返回。甲寅日，回至郑。陈鍼②子送亲，见二人先成亲，而后祭告祖庙。

陈鍼子说："是不为夫妇，诬其祖矣，非礼也，何以能育？"

  维鹊有巢，维鸠居之。之子于归，百辆御之。

  维鹊有巢，维鸠方之。之子于归，百辆将之。

  维鹊有巢，维鸠盈之。之子于归，百辆成之。

——《诗经》之《召南·鹊巢》

前718年春，鲁隐公要前往远离鲁都的棠地观看捕鱼。周历春季节侯属冬，为捕鱼季。

臧僖伯进谏，说："凡物不足以讲大事，其材不足以备器用，则君不举焉。君，将纳民于轨、物者也。故讲事以度轨量谓之轨，取材以章物采谓之物。不轨不物，谓之乱政。乱政屡行，所以败也。故春蒐③、夏苗、秋狝④、冬狩，皆于农隙以讲事也。三年而治兵，

---

①歃 shà ②鍼 zhēn ③蒐 sōu ④狝 xiǎn

入而振旅,归而饮至,以数军实。昭文章,明贵贱,辨等列,顺少长,习威仪也。鸟兽之肉不登于俎①,皮革、齿牙、骨角、毛羽不登于器,则公不射,古之制也。若夫山林川泽之实,器用之资,皂隶之事,官司之守,非君所及也。"

大事:祭祀和军事。器用:礼器和兵器。

春蒐:春天择取不孕之兽。夏苗:夏天猎取践踏庄稼之兽,为苗除害。秋狝:秋猎。冬狩:冬季围猎。讲事:演习武事。

振旅:整军旅。饮至:告庙,在宗庙饮酒、记功之类仪式。数军实:计算战车、士卒、器械、收获等。

臧僖伯是鲁孝公之子公子彄②,鲁隐公的叔父。

鲁隐公说:"吾将巡视边境。"

棠人为隐公建造观鱼台,铺陈各种渔具,供隐公观赏。臧僖伯托病不随隐公前往。

孔子曰:"昔者天子有争臣七人,虽无道,不失其天下;诸侯有争臣五人,虽无道,不失其国;大夫有争臣三人,虽无道,不失其家;士有争友,则身不离于令名;父有争子,则身不陷于不义。则子不可以不争于父,臣不可以不争于君;故当不义,则争之。从父之令,又焉得为孝乎!"

——《孝经》

从道不从君,从义不从父,人之大行也。

——《荀子》

九月,仲子神庙完工。落成祭奠将用万舞,鲁隐公问众仲执羽参舞的人数。

众仲说:"天子用八,诸侯用六,大夫四,士二。夫舞,所以节

---

①俎 zǔ　②彄 kōu

八音,而行八风,故自八以降。"

鲁隐公从其言。鲁国因周公之故,而用八人方阵舞列,自此始用六人方阵的舞列。

八音:金、石、丝、竹、土、木、匏①、革。金有钟,石有磬②,丝有琴、瑟,竹有箫、管,土有埙③,木有柷④、敔⑤,匏有笙,革有鼓。

"天子用八"之舞又称"八佾⑥"。八人方阵大概源自《周易》六十四卦排列的八卦方阵,横排按三位卦的八卦乾、艮、坎、震、坤、兑、离、巽,竖列也按同样的顺序排列。

八卦方阵也许暗含周朝政治制度,乾代表天子,横排中的艮、坎、震代表亲近的封国,坤、兑、离、巽则代表疏远的封国以及四夷。竖列中的艮、坎、震代表天子身边的三公,或诸侯的三卿,横向组成的六画卦及其变卦代表三公或三卿手下的官员。八卦竖列中的坤、兑、离、巽则代表内宫。横排中的三位卦乾构成的竖列表示天子身边的官员、内宫,以此类推。

史传周文王被商纣囚禁时演卦,也许,文王演卦的主要目的不是整理卦序,而是建构未来的政治制度。

简兮简兮,方将万舞。日之方中,在前上处。
硕人俣⑦俣,公庭万舞。有力如虎,执辔⑧如组。
左手执籥⑨,右手秉翟⑩。赫如渥⑪赭⑫,公言锡爵。
——《诗经》之《邶风·简兮》

冬,十二月辛巳日,公子彄去世。

鲁隐公说:"叔父有憾于寡人,寡人弗敢忘。"加一等葬公子

---

①匏 páo ②磬 qìng ③埙 xūn ④柷 zhù ⑤敔 yǔ ⑥佾 yì ⑦俣 yǔ
⑧辔 pèi ⑨籥 yuè ⑩翟 dí ⑪渥 wò ⑫赭 zhě

驱,赐谥号僖。

公子驱,字臧,谥僖,史称臧僖伯。臧作为氏当自僖伯之孙开始,后人为表明他为臧氏之祖,而在其谥前加"臧"。

前717年夏,五月辛酉日,鲁隐公与齐僖公盟于艾。

冬,京师人如鲁告饥,鲁隐公为之向宋、卫、齐、郑购粮。

前716年夏,齐僖公使其弟公子年如鲁聘,结艾之盟。公子年,又称夷仲年。

前715年十二月,鲁司空无骇去世,羽父为其向鲁隐公请谥号和族氏。鲁隐公询问众仲有关氏族命名之法。

众仲说:"天子建德,因生以赐姓,胙之土而命之氏;诸侯以字。为谥,因以为族。官有世功,则有官族,邑亦如之。"

孔子曰:"学如不及,犹恐失之。"　　——《论语》

天子立有德者为诸侯,因其出生而赐姓,分封土地并以地名赐氏。如鲁、卫、晋皆出生于姬姓,故皆以姬为姓。周公封于鲁,则以鲁为氏;康叔封于卫,则以卫为氏。诸侯命大夫则以其字为其后代之氏。谋谥号,以谥号为族。世代做某官而有功者,后代即以此官名为氏,封于某邑者以邑名为氏。如晋国的中行氏即为以官为氏,韩氏、魏氏、范氏则是以邑名为氏。

诸侯之子称公子,公子之子称公孙,公孙之子不再冠以"公",而以祖父也就是公子之字作为氏,以公子之父的谥作为族名。无骇的祖父是鲁侯之子,字展,鲁隐公按照以字为氏,赐无骇的后代为展氏。宋国的公族很强,宋戴公、宋武公、宋穆公的后代形成戴族、武族、穆族。每个宋公都有多位公子,每个公子的后代都有一个以公子之字确定的氏,故每个族有多个氏,如宋戴族有华氏、乐氏,宋桓族有向氏、鱼氏、鳞氏、荡氏。郑穆公的后代形成的穆族有良氏、游氏、罕氏、驷氏、丰氏、国氏、孔氏、印氏、羽氏等。

"因生以赐姓",前人多解释为因出生地而赐姓。这个出生地并非该诸侯本人的出生地,而涉及姓的来源,要追溯到黄帝时期。及至夏商周,已经是按照父系出生承继其姓,赐姓也如此,故笔者释为"因其出生而赐姓"。

锲而舍之,朽木不折;锲而不舍,金石可镂。

——《荀子》

第五回　盟齐僖宋郑释怨　朝鲁侯滕薛争长

　　齐是尧舜时四岳之后，炎帝后裔，姜姓。四岳佐大禹平水土有功，虞夏之际，封于吕、申。商末，周文王出猎，遇吕尚于渭水之阳，相谈甚欢，说："自吾先君太公曰'当有圣人适周，周以兴'。子真是邪？吾太公望子久矣。"于是，称吕尚为太公望。太公望辅佐周王灭商纣，武王封之于齐，侯爵。春秋之始，太公十世孙齐僖公在位。

　　前720年，齐僖公、郑庄公在齐地石门结盟，重温卢地之盟。

　　前715年春，齐僖公将调解宋、卫与郑的关系，确定了会期。宋公以币请于卫，请先相见，卫侯同意，故相见于犬丘。币：当时的礼物，玉、马、皮、圭、璧、帛之类均属币。

　　齐人终于说服宋、卫与郑讲和。秋，宋殇公、齐僖公、卫宣公会于温，七月庚午日，盟于周地瓦屋，以消解东门之役的宿怨。

　　八月丙戌日，郑庄公带齐人朝见周王。

　　冬，齐僖公使人如鲁告以三国讲和。

　　鲁隐公使众仲答复，说："君释三国之图，以安其民，君之惠也。寡君闻命矣，敢不承受君之明德。"

　　　　随之震：孚于嘉，吉。　　　　　——《易经》

　　前714年，三月癸酉日，鲁国大雨雷电交加，数日不止。庚辰日，又降大雪，数日而止。夏，鲁国城郎，失时。

　　十一月甲寅日，北戎侵郑，郑庄公率师御敌，心患戎师，说："彼徒我车，惧其突袭我也。"

　　郑庄之子公子突献计说："使勇而无刚者尝寇，而速去之。君为三伏以待之。戎轻而不整，贪而无亲，胜不相让，败不相救。先者见获，必务进；进而遇伏，必速奔；后者不救，则无继

031

矣。乃可以逞。"

郑庄公从其计,分三路设埋伏,使祝聃领一些兵卒攻击戎师。刚一交锋,祝聃便掉头撤退,其他人也跟着返回。戎人见郑师逃走,求胜心急,而紧追不舍。郑师左右伏兵出现,戎人突遇伏兵,转身往回奔,乱作一团。正逃跑间,面前又出现一队郑人拦住回路,祝聃一队人返身杀回,郑人四面围住戎师,全歼戎人前军。戎人后军见状,转身奔逃。郑人大败戎师。

古之善用兵者,能使敌人前后不相及,众寡不相恃,贵贱不相救,上下不相收,卒离而不集,兵合而不齐。
——《孙子兵法》

宋国不按规定朝贡周王,郑庄公为王左卿士,前714年,郑庄以王命伐宋,并向诸侯通报。宋人因前事仍怨鲁,这次被伐便不告知鲁国。鲁隐公因此发怒,断绝宋使。

秋,郑人以王命通告鲁国将伐宋。冬,鲁隐公会齐侯于鲁地防,谋划伐宋事宜。

来年,前713年,正月,郑庄公与鲁隐公、齐僖公会于鲁地中丘。癸丑日,盟于鲁地邓,并商定伐宋日期。

五月,羽父先会齐僖公、郑庄公伐宋。戊申日,鲁隐公会齐僖公、郑庄公于宋地老桃。

六月壬戌日,鲁隐公败宋师于宋地菅。

庚午日,郑师攻入宋地郜。辛未日,郜归于鲁。

庚辰日,郑师攻入宋地防。辛巳日,防归于鲁。

君子说郑庄公:"于是乎可谓正矣,以王命讨不庭,不贪其土,以劳王爵,正之体也。"

不庭:不至王庭朝贡。鲁,侯爵。郑,伯爵。鲁比郑位尊,故说"劳王爵"。

小畜之大畜：有孚挛①如，富以其邻。——《易经》

滕是周文王之子错叔绣的封国，为周武王所封，侯爵。

薛是黄帝后裔，任姓，远祖奚仲夏朝时封于薛，作夏朝车正之官，商朝时，仲虺②为汤左相，周朝封其后人于薛。

前712年春，滕侯、薛侯同时如鲁朝，二人争长。

薛侯说："我先封。"

滕侯说："我，周之卜正也。薛，庶姓也，我不可以后之。"

鲁隐公使羽父请示薛侯，说："君与滕君，辱在寡人。周谚有之，曰：'山有木，工则度之；宾有礼，主则择之。'周之宗盟，异姓为后。寡人若朝于薛，不敢与诸任列。君若辱贶③寡人，则愿以滕君为请。"

薛侯同意滕侯先行朝见礼。

伐木丁丁④，鸟鸣嘤嘤。出自幽谷，迁于乔木。嘤其鸣矣，求其友声。

相彼鸟矣，犹求友声。矧⑤伊人矣，不求友生？神之听之，终和且平。

——《诗经》之《小雅·伐木》

许国是与郑国南部接壤的小国，男爵，其始封君文叔与齐太公同为太岳之后，姜姓，周武王封之于许。

前712年夏，鲁隐公与郑庄公会于郑地时来，谋伐许。

五月甲辰日，郑庄公在祖庙分发兵器。子都与颍考叔争车，颍考叔挟起车辕便跑。子都拔戟追，至大路口，未追及，甚怒。

七月庚辰日，鲁隐公、齐僖公、郑庄公会师许国城下。

颍考叔高举郑庄公的蝥⑥弧大旗率先登城。子都自城下射之，颍考叔中箭跌下城墙。郑瑕叔盈又举起蝥弧旗登上城墙，四

①挛 luán ②虺 huī ③贶 kuàng ④丁丁 zhēng zhēng ⑤矧 shěn ⑥蝥 máo

面挥舞庄公旗,高呼:"君登矣!"郑师尽数登城。

壬午日,三国联军攻入许国,许庄公奔卫。齐僖公以许国让给鲁隐公。

鲁隐公说:"君谓许不贡,故从君讨之。许既伏其罪矣,虽君有命,寡人弗敢与闻。"乃让与郑伯。

郑庄公使许大夫百里奉许庄公之弟许叔居于许城东,说:"天祸许国,鬼神实不逞于许君,而假手于我寡人。寡人唯是一二父兄,不能共安,其敢以许自为功乎?寡人有弟,不能和协,而使糊其口于四方,其况能久有许乎?

"吾子其奉许叔以抚柔此民也,吾将使获也佐吾子。若寡人得没于地,天其以礼悔祸于许,无宁兹许公复奉其社稷。唯我郑国之有请谒焉,如旧昏媾,其能降以相从也。无滋他族,实逼处此,以与我郑国争此土也。吾子孙其覆亡之不暇,而况能禋祀许乎?寡人之使吾子处此,不唯许国之为,亦聊以固吾境也。"获:公孙获。

郑庄公使公孙获居城西,说:"凡尔器用财贿,无置于许。我死,乃亟去之。吾先君新邑于此,王室而既卑矣,周之子孙日失其序。夫许,太岳之胤①也,天而既厌周德矣,吾其能与许争乎?"

君子说郑庄公:"于是乎有礼。礼,经国家,定社稷,序民人,利后嗣者也。许无刑而伐之,服而舍之。度德而处之,量力而行之,相时而动,无累后人,可谓知礼矣。"

　　观之剥:观我生,君子无咎。　　——《易经》

颖考叔被射杀,郑庄公明知是子都所为,因其偏爱子都,不忍惩罚。于是,以祭神诅咒射杀颖考叔者,令每卒献一头公猪,每行献一只鸡或犬。

---

①胤 yìn

034

君子说郑庄公："失政刑矣。政以治民，刑以正邪。既无德政，又无威刑，是以及邪。邪而诅之，将何益矣？"

　　无启宠纳侮，无耻过作非。　　　　——《尚书》

息国，姬姓，侯爵，不知何时何人所封、其祖为谁。郑、息两国相怨，息侯伐郑。郑伯率师与息侯战于边境，息师大败而归。

君子以此知息国将亡："不度德，不量力，不亲亲，不征辞，不察有罪。犯五不韪①，而以伐人，其丧师也，不亦宜乎？"

　　夬之需：臀无肤，其行趑趄②。牵羊悔亡，闻言不信。　　　　——《易经》

伐许回国后，羽父向鲁隐公请杀太子允，以谋取太宰之位。
隐公说："为其少故也，吾将授之矣。使营菟裘③，吾将老焉。"
羽父惧太子允得知其谋，遂向太子诬陷隐公，请杀隐公。

鲁隐公摄政前为公子之时，与郑人战于狐壤，被俘，郑人囚之于尹氏。隐公赂尹氏，并祷告于尹氏神主钟巫，然后带尹氏回鲁，在鲁国为尹氏立钟巫神主。

前712年，十一月，隐公祭钟巫，在社圃斋戒，住在大夫寪④氏家。

壬辰日，羽父使人弑隐公于寪氏，立公子允，然后讨罪于寪氏，杀了几个家臣充当替罪者。

鲁侯息在位十一年，谥号"隐"。

　　君子以遏恶扬善，顺天休命。　　　　——《易传》

---

①韪 wěi　②趑趄 zī jū　③菟裘 tú qiú　④寪 wěi

第六回　宋庄公贿邻定位　周桓王伐郑中箭

前720年,二月己巳日,日食。

三月壬戌日,周平王驾崩。讣者说天王驾崩日是庚戌日,鲁史官便记载"三月庚戌,天王崩。"王太子早逝,太子之子姬林继位,为周桓王。

周人要把政事交于虢公。郑伯得知,四月,郑祭仲率师抢收周温地之麦(笔者注:可能是未收浆的青麦)。秋,郑人又抢收成周之谷。自此,周、郑交恶。

君子说:"信不由中,质无益也。明恕而行,约之以礼,虽无有质,谁能间之?苟有明信,涧、溪、沼、沚之毛草;蘋①、蘩、蕰②、藻之野菜;筐、筥③、锜④、釜之器;浅池、行潦⑤之水,可荐于鬼神,可进于王公。而况君子结二国之信?行之以礼,又焉用质?《风》有《采蘩》《采蘋》,《雅》有《行苇》《泂⑥酌》,昭忠信也。"

　　泂酌彼行潦,挹⑦彼注兹,可以濯⑧罍⑨。恺悌⑩君子,民之攸归。　　——《诗经》之《大雅·泂酌》

前717年,周桓王三年,冬,京师饥荒,郑庄公如京师,首次朝见周桓王。桓王因三年前的冲突仍有怨忿,而不礼待郑庄。

周桓公黑肩对桓王说:"我周之东迁,晋、郑焉依。善郑以劝来者,犹惧不至,况不礼焉?郑不来矣。"

前716年冬,桓王使凡伯如鲁聘,返还时,凡伯在楚丘遭戎人袭击,被俘。早先,戎人朝于周,发币于公卿,凡伯不以礼待之,故

---

①蘋 pín　②蕰 wēn　③筥 jǔ　④锜 qí　⑤潦 lǎo　⑥泂 jiǒng　⑦挹 yì
⑧濯 zhuó　⑨罍 léi　⑩恺悌 kǎi tì

有此祸。

前715年夏,虢公忌父始作周王卿士。郑庄公并不想失去在王朝的地位,这时,齐侯调解了宋、卫与郑的关系。八月丙戌日,郑庄公以周卿士的身份带齐人朝见周桓王。

敬之敬之,天维显思,命不易哉。无曰高高在上,陟①降厥士,日监在兹。——《诗经》之《周颂·敬之》

前713年,郑庄公以王命伐宋,蔡、卫、郕不从王命。

七月庚寅日,郑师返回至郊外。宋、卫之师趁郑人伐宋而入郑,然后以伐戴名义召蔡,蔡人与宋、卫同伐戴。蔡人得知二国已入郑而怒,故三国之师不和。

八月壬戌日,郑庄公围戴。癸亥日,灭戴,并俘获宋、卫、蔡三国师众。为报复宋人入侵,九月,郑庄公又率师入宋。

十月壬午日,齐、郑之师入郕,讨其不奉王命。

天时不如地利,地利不如人和。 ——《孟子》

前712年秋,桓王取郑邬、刘、蒍②、邗③之田,而以苏忿生之十二邑给郑:温、原、絺④、樊、隰郕、攒⑤茅、向、盟、州、陉⑥、隤⑦、怀。苏忿生是周武王的司寇,苏氏叛周,周王不能拥有其地,而换给郑。

君子因此知桓王失郑,说:"恕而行之,德之则也,礼之经也。己弗能有,而以与人,人之不至,不亦宜乎?"

讼之困:或锡之鞶带,终朝三褫⑧之。——《易经》

前712年十月,郑庄公率虢师伐宋,以报其上年侵郑,壬戌

---

①陟 zhì　②蒍 wěi　③邗 hán　④絺 chī　⑤攒 cuán　⑥陉 xíng　⑦隤 tuí
⑧褫 chǐ

日,大败宋师。宋人未告知鲁国,鲁史官不记于《春秋》。诸侯之事,告则记,否则不记,即使灭国,也如此。

宋司马孔父嘉之妻美艳绝伦。太宰华父督路见孔父妻,被其美貌震慑,盯着其由远及近,又目送其远去,说:"美而艳!"华父督是宋戴公之孙,与宋宣公、宋穆公同辈,是宋殇公的堂叔。

宋殇公在位十年,宋国参战十一次,民不堪命。故华父督借民众不满而扬言说:"司马则然。"国人遂怨孔父。

前710年正月戊申日,华父督依靠众人攻孔氏,杀孔父嘉,夺孔父妻。宋殇公怒。华督惧怕殇公治罪而杀殇公。然后,召宋穆公之子公子冯回国即位,史称宋庄公。

三月,鲁桓公、齐僖公、陈桓公、郑庄公会于宋地稷,谋划平定宋国内乱。华父督贿赂诸侯,以郜大鼎贿鲁侯,齐、陈、郑皆得贿,故宋华氏政权得以确立而相宋公。

> 如彼筑室于道谋,是用不溃于成。
> ——《诗经》之《小雅·小旻》

前707年正月,陈桓公去世,其弟五父佗杀陈桓太子而自立。
周桓王罢免郑庄公的卿士之职,郑庄公怨恨,而不朝桓王。
这年秋,周桓王率师伐郑,蔡、卫、陈之师跟从。桓王率中军;虢公林父将右军,蔡人、卫人相从;周公黑肩将左军,陈人相从。

郑庄公率师反击。公子元提出以左方阵抵挡蔡、卫之师,以右方阵抵挡陈师,说:"陈乱,民莫有斗心,若先犯之,必奔。王卒顾之,必乱。蔡、卫不支,固将先奔。既而集师于王卒,可以成事。"

郑庄公用其谋,使曼伯率右阵,祭仲足率左阵,原繁、高渠弥率中军跟随郑庄公。用鱼丽阵型,偏在前,伍在后,相错排列,弥补偏的空隙。

战事在郑地繻葛展开,郑庄公命左右二阵:"旗动,击鼓!"
郑庄公挥动旗帜,进攻的鼓声响起,郑师出阵,蔡、卫、陈之卒皆奔,桓王左右二军大乱。郑三军围攻桓王,王师大败。

> 进而不可御者,冲其虚也;退而不可追者,速而不可及也。　　　　　　——《孙子兵法》

郑祝聘射中桓王之肩,桓王从容不迫指挥撤退,并亲自殿后。

祝聘请追击王师,郑庄公说:"君子不欲多上人,况敢陵天子乎？苟自救也,社稷无陨,多矣。"

夜晚,郑伯使祭足慰劳桓王,并问候桓王左右群臣。祭足,即祭仲足、祭仲。祭为食邑,为氏,仲为排行,常作字,名足。

当时,提及某人有多种方式:氏加字、氏加名、氏加排行、氏加排行加名、氏加字加名、字加名、子加字等,一般不单称他人之名。各诸侯国习惯用法有不同的倾向。单称名的情况:自称时单称名;在长辈面前称辈份小的和在君面前称为臣者用名;长辈称小辈、君称臣时用名。"公子""公孙"后一般用名而不用字。士大夫面对面称呼对方常用"子"。

前705年夏,盟、向二邑请和于郑,不久,二邑又叛郑,请归于周王。秋,郑、齐、卫伐盟、向,桓王迁盟、向之民至周地郏①,又叫王城。

> 重为轻根,静为躁君。若何万乘之王,而以身轻于天下？轻则失本,躁则失君。　　　　——《老子》

---

① 郏 jiá

第七回　晋穆取名埋乱根　鲁桓生子问命名

晋始封君是周武王之子、周成王之弟，名虞，叫叔虞。

周成王时，唐人叛乱，周公灭唐，唐在河、汾之东，方百里。成王与叔虞游戏，削桐叶为珪①，赐予叔虞，说："以此封若。"其后，史佚请择日立叔虞。成王说："吾与之戏耳。"史佚说："天子无戏言。言，则史书之，礼成之，乐歌之。"成王乃封叔虞于唐，称唐叔虞。叔虞之子燮②徙居晋水旁，改国号为晋。

唐叔虞的八世孙名叫费，于周宣王十七年，前811年继位，史称晋穆侯。条地战役时，夫人姜氏生太子，穆侯按照战相仇怨，而给太子取名仇。千亩之战时，穆侯夫人又生一子，千亩之意为能成其众，穆侯便为此子取名成师。

师服说："异哉，君之名子也！夫名以制义，义以出礼，礼以体政，政以正民。是以政成而民听，易则生乱。嘉耦曰妃，怨耦曰仇，古之命也。今君命太子曰仇，弟曰成师，始兆乱矣，兄其替乎？"

　　孔子曰："自行束脩以上，吾未尝无诲焉。"

　　　　　　　　　　　　　　　　　　——《论语》

晋穆侯在位二十七年，于前785年去世，穆侯之弟自立为君，史称晋殇叔。太子仇出奔。

四年后，前781年，太子仇率从者袭殇叔而立，史称晋文侯。

前746年，晋文侯仇去世，仇之子继位，为晋昭侯。

此时，晋文侯之弟成师的势力非常强，晋昭侯危不自安，封叔

①珪 guī　②燮 xiè

叔成师于曲沃,称桓叔。桓叔得晋穆侯曾祖父晋靖侯之孙栾宾辅助。曲沃大于晋都翼,桓叔得强势公孙辅佐,晋人因而依附他。

师服说:"吾闻国家之立也,本大而末小,是以能固。故天子建国,诸侯立家,卿置侧室,大夫有贰宗,士有隶子弟,庶人、工、商,各有分亲,皆有等次。是以,民服事其上,而下无觊觎①。今晋,甸侯也,而建国。本既弱矣,其能久乎?"

晋昭侯六年,前739年,晋大夫潘父杀晋昭侯,要纳桓叔。有知情者写《扬之水》告发潘父之谋,在《诗经》之《唐风》:

扬之水,白石凿凿。素衣朱襮②,从子于沃。既见君子,云何不乐。

扬之水,白石皓皓。素衣朱绣,从子于鹄③。既见君子,云何其忧。

扬之水,白石粼粼。我闻有命,不敢以告人。

"不恒其德,或承之羞。"孔子曰:"不占而已矣。"

——《论语》

晋人杀潘父,立昭侯之子平,为晋孝侯。

前731年,曲沃桓叔成师去世,其子立,为曲沃庄伯。

前724年,曲沃庄伯伐晋都翼,弑孝侯。翼人立孝侯之弟郄④,伐曲沃,庄伯返回保曲沃。其后,晋侯郄之子光侵占翼南陉庭之田,陉庭南境人鼓动曲沃庄伯伐翼。

前718年春,曲沃庄伯以郑人、邢人伐翼,周桓王使尹氏、武氏率师援助。晋侯郄奔随。

夏,曲沃叛周王。秋,桓王命虢公率师伐曲沃,立晋侯郄之子光于晋都翼,为晋哀侯,又称翼侯。

前717年,翼九宗五正顷父之子嘉父往随地迎晋侯郄,安置

---

①觊觎 jìyú　②襮 bó　③鹄 hú　④郄 xì

于鄂,晋人称之为鄂侯。

前716年,曲沃庄伯去世,其子称立,史称曲沃武公。

> 否之萃:倾否,先否后喜。　　　　——《易经》

前711年正月,鲁太子允在太庙改元正位,史称鲁桓公。

周成王营造王城时,有迁都之意,故赐予周公靠近许国之田,作为鲁国朝宿之邑,鲁国在此设周公别庙。天子祭泰山,诸侯陪祭,郑桓公是周宣王母弟,宣王赐予其泰山下的祊①田,作为郑伯助祭时沐浴之邑。许地近郑,祊地近鲁。

平王东迁后,天子不再巡守,也不再祭泰山。早在鲁隐公八年时,郑庄公要放弃祭泰山而改祭周公,请以泰山之祊田交换鲁国的许田。当年三月,郑庄公使大夫宛如鲁商谈。周公是鲁人先祖,并非郑人先祖,且许地是天子所赐,当传之后世,故换田之事未办成。

鲁桓公即位后,与郑国修好,郑人又请祀周公,鲁桓应许。三月,鲁桓与郑庄会于卫地垂,二国交换田地,郑国同时给鲁国玉璧作为补偿。放弃祀周公、取天子沐浴之地,二者皆不合礼,故鲁《春秋》载"郑伯以璧假许田",似是郑国临时借用许田。

四月丁未日,鲁桓公与郑庄公在垂地附近的越地结盟,盟辞说"渝盟,无享国"。

秋,鲁国被大水所淹。

冬,郑庄公使人如鲁拜谢结盟。

> 坤之乾:利永贞。　　　　——《易经》

前710年,宋华父以郜大鼎贿鲁侯。四月,鲁人自宋取回郜大鼎,戊申日,搬入太庙。郜大鼎为原郜国所铸。

---

① 祊 bēng

臧哀伯进谏,说:"君人者,将昭德塞违,以临照百官,犹惧或失之,故昭令德以示子孙。是以清庙茅屋,大路越①席,大羹不致,粢食不凿,昭其俭也。衮②、冕、黻③、珽④、带、裳、幅、舄⑤、衡、紞⑥、纮⑦、綖⑧,昭其度也。藻、率、鞞⑨、鞛⑩、鞶⑪、厉、游、缨,昭其数也。火、龙、黼⑫、黻,昭其文也。五色比象,昭其物也。钖⑬、鸾、和、铃,昭其声也。三辰旂⑭旗,昭其明也。"

臧伯继续说:"夫德,俭而有度,登降有数。文、物以纪之,声、明以发之,以临照百官,百官于是乎戒惧,而不敢易纪律。今灭德立违,而置其赂器于太庙,以明示百官。百官象之,其又何诛焉?国家之败,由官邪也。官之失德,宠赂彰也。郜鼎在庙,彰孰甚焉?武王克商,迁九鼎于洛邑,义士犹或非之,而况将昭违乱之赂器于太庙,其若之何?"

鲁桓公不听劝谏,仍置郜鼎于太庙。

周内史听闻臧孙之言,说:"臧孙达其有后于鲁乎?君违不忘谏之以德。"臧孙达,即臧哀伯,臧僖伯之子,名达,谥哀。

惟治乱在庶官。　　　　　　　　——《尚书》

杞是夏禹之后,殷商之时,禹的后人时封时绝,周武王克商,寻求禹之后裔,得东楼公,封之于杞,以奉夏后氏之祀。

前710年七月,杞侯如鲁朝见新君,不敬。杞侯回国后,鲁国谋划伐杞。九月,鲁伐杞,讨其不敬。接着,鲁桓公与戎人盟于唐,修惠公、隐公旧好。

冬,鲁桓公回自唐,祭告宗庙。凡国君出行,不论是朝、会、盟,还是征伐,出行前祭告宗庙。返回后,祭告宗庙,宴请臣下,饮毕,记录功勋。

---

①越 huó　②衮 gǔn　③黻 fú　④珽 tǐng　⑤舄 xì　⑥紞 dǎn　⑦纮 hóng
⑧綖 yán　⑨鞞 bǐng　⑩鞛 běng　⑪鞶 pán　⑫黼 fǔ　⑬钖 yáng　⑭旂 qí

前709年正月,鲁桓公会齐僖公于齐地嬴,与齐僖之女订婚。

关关雎①鸠,在河之洲。窈窕②淑女,君子好逑。
——《诗经》之《周南·关雎》

六月,杞人请鲁讲和,鲁桓公会杞侯于郕。

七月壬辰日,朔,日全食。鲁公子翚如齐为桓公迎娶夫人。

九月,齐僖公亲自送女至鲁地讙③,鲁桓公至此会齐僖,并迎接夫人。

齐僖之行有违当时之礼。依礼,凡国君之女嫁至对等之国,若现任国君姊妹,则上卿护送,以示尊敬先君;若现任国君之女,则下卿送行。若嫁于大国,虽现任国君之女,也由上卿护送。若嫁于天子,则诸卿皆行,君不亲送。若嫁于小国,则上大夫送行。

冬,齐僖公之弟仲年如鲁聘,慰问桓公夫人。依礼,女儿出嫁后,派大夫慰问,借此亲近两国关系。

此年,鲁国五谷丰收。

东方之日兮,彼姝④者子,在我室兮。在我室兮,履我即兮。

东方之月兮,彼姝者子,在我闼⑤兮。在我闼兮,履我发兮。
——《诗经》之《齐风·东方之日》

前708年,春,鲁桓公狩于郎。周朝春季,节候属冬,实为冬狩,合时。

夏,周宰渠伯纠如鲁聘。宰:官名。渠:氏。伯:排行或字。纠:名。

---

①雎 jū ②窈窕 yǎo tiǎo ③讙 huān ④姝 shū ⑤闼 tà

前707年,冬,州公如曹,因国危,不能自安,便不再回国。州国都在淳于,州公又称淳于公。

来年,前706年,正月,淳于公自曹如鲁定居。

九月丁卯日,鲁桓夫人文姜生子。这是嫡妻所生长子,故举行太子出生之礼。鲁桓公以太牢礼见太子母和太子,通过占卜选择士人抱太子,士人之妻给太子哺乳。桓公与文姜以及同宗族中年高位宠之妇人为太子命名。

鲁桓公问申繻如何命名。

申繻说:"名有五:有信,有义,有象,有假,有类。以生名为信,以德命为义,以类命为象,取于物为假,取于父为类。不以国,不以官,不以山川,不以隐疾,不以畜牲,不以器币。周人以讳事神,名,终将讳之。故以国名,则废名;以官名,则废职;以山川,则废主;以畜牲,则废祀;以器币,则废礼。晋以僖侯废司徒,宋以武公废司空,先君献、武废二山,是以,大物不可以命名。"

晋僖侯,是晋穆侯祖父,名司徒,前840年—前823年在位,即位后,晋国废司徒之官,改称中军。

宋武公,为宋穆公和宋宣公之父,名司空,前765年—前748年在位,即位后,宋国改司空为司城。

鲁国原有具山、敖山。鲁献公,名具,前886年—前855年在位,即位后,具山改名。鲁武公,名敖,前825年—前817年在位,即位后,敖山改名。

鲁桓公说:"是其生也,与吾同日,使之曰同。"

> 孔子曰:"敏而好学,不耻下问。"　　——《论语》

第八回　楚武公侵随示弱　周庄王即位除逆

当初,周太史建议郑桓公居中原,郑桓问:"南方不可乎?"

史伯说:"夫荆子熊严生子四人:伯霜、仲雪、叔熊、季紃①。叔熊逃难于濮②而蛮,季紃是立。䠋③氏将起之,因祸又不克。是天启之心也,又甚聪明和协,盖其先君。臣闻之,天之所启,十世不替。夫其子孙必光启土,不可逼也。且重黎之后也,夫黎为高辛氏火正,以淳耀敦大,天明地德,光照四海,故命之曰'祝融',其功大矣。"

高辛氏即帝喾,为黄帝正妃嫘祖的长子玄嚣之孙。黄帝正妃嫘祖的次子昌意生帝颛顼,重黎祝融是颛顼的曾孙。其后,祝融又作火正别名。楚先祖是祝融后裔,芈姓,熊氏。鬻熊、熊丽、熊狂、熊绎先后事周文王、周武王、周成王。周成王封熊绎于长江流域的丹阳,子爵,号荆。周厉王时,楚传至熊严。熊严去世后,长子熊霜继位。熊霜卒,仲雪、叔熊争位,仲死,叔奔。季紃得立。其后䠋氏想重新立叔熊,未成。

史伯又说:"夫成天地之大功者,其子孙未尝不章,虞、夏、商、周是也。虞幕能听协风,以成乐物生者也。夏禹能殚④平水土,以分处庶类者也。商契能和合五教,以保于百姓者也。周弃能播殖百谷蔬,以衣食民人者也。其后皆为王公侯伯。

"祝融亦能昭显天地之光明,以生润嘉材者也,其后八姓,于周未有侯伯。佐制物于前代者,昆吾为夏伯矣,大彭、豕韦为商伯矣,当周未有。己姓:昆吾、苏、顾、温、董。董姓:鬷⑤夷、豢⑥龙,则夏灭之矣。彭姓:彭祖、豕韦、诸稽,则商灭之矣。秃姓:舟人,

---

①紃 xún　②濮 pú　③䠋 wěi　④殚 dān　⑤鬷 zōng　⑥豢 huàn

则周灭之矣。妘姓鄢、郐、路、偪①阳，曹姓邹、莒，皆为采、卫。六姓或在王室，或在夷、狄，莫之数也，而又无令闻，必不兴矣。斟姓无后。祝融之兴者，其在芈姓乎？

"芈姓，夔②越，不足命也；蛮芈，蛮矣；唯荆实有昭德，若周衰，其必兴矣。姜、嬴、荆芈，实与诸姬交相强也。姜，伯夷之后也；嬴，伯益之后也。伯夷能礼于神以佐尧者也，伯益能议百物以佐舜者也。其后皆不失祀而未有兴者，周衰其将至矣。"

伯夷，炎帝后裔，帝尧之臣，姜姓，此处指齐国。嬴，指秦国，先祖伯益是帝舜之臣。

祝融后裔有八姓：己、董、彭、秃、妘、曹、斟、芈。

昆吾、苏、顾、温、董：己姓古国。鬷夷、豢龙：董姓古国。

夔越：熊挚，楚君长子，有疾，被废，自立于夔。

蛮芈：叔熊所立国。

芈姓传至西周末年有夔越、蛮芈和荆芈，唯荆芈强，荆芈即楚。楚不断兼并江汉小国，势力逐渐扩大。春秋之始，熊通在位。楚为子爵，熊通请随侯向周王室请升爵位，周王不许。

熊通怒，说："吾先鬻熊，文王之师也，早终。成王举我先公，乃以子男田，令居楚。蛮夷皆率服，而王不加位，我自尊耳。"

熊通遂自称武王，"武"并非谥号。

处于中原的蔡、郑等国觉察到楚国的威胁，前710年秋，蔡桓侯与郑庄公在邓国相会，商讨对策。

> 否之晋：休否，大人吉。其亡其亡，系于苞桑。
>
> ——《易经》

随国，姬姓，侯爵，周初封于南方，以防御南蛮淮夷对周的威胁。考古证实，随国史上也叫曾，始封君是周初重臣南宫适③，有

---

①偪 bī ②夔 kuí ③适 kuò

观点认为是周文王的堂兄弟。

1978年,湖北随州曾侯乙墓出土了九鼎八簋和十二律俱全的编钟等青铜器物。青铜编钟65件,石制编磬32件,还有十弦琴、五弦琴、二十五弦瑟、篪、建鼓等等,共125件乐器。编钟钟架长748厘米,高265厘米,全套编钟共六十五件,分三层八组悬挂在呈曲尺形的铜木结构钟架上,最大钟通高152.3厘米,重203.6千克,最小者通高20.4厘米,重2.4千克。钟体总重2567千克,加上钟架(含挂钩)铜质部分,合计4421.48千克。每件钟均能奏出呈三度音程的双音,全套钟十二个半音齐备。音列是现今通行的C大调。现在音域最广的乐器是钢琴,有七个八度,小提琴是四个八度,而曾侯乙编钟有五个半八度。

前706年春,楚武率师侵随,使薳章如随讲和,楚师在随地瑕等待。随侯使少师至楚师和谈。

鬬[1]伯比对楚武说:"吾不得志于汉东也,我则使然。我张吾三军而披吾甲兵,以武临之,彼则惧而协以谋我,故难间也。汉东之国,随为大,随张,必弃小国。小国离,楚之利也。少师侈,请羸师以张之。"

鬬伯比是若敖之子,楚武叔父。当时,楚君去世后,不谋谥号。按《史记》,楚若敖,名熊仪,前790年—前764年在位。其子熊坎于前763年—前758年在位,为霄敖。其子熊眴[2]于前757年—前741年在位,为蚡[3]冒。蚡冒去世后,其弟熊通杀蚡冒子而自立,即楚武。自楚武始,楚君皆僭称王。

熊率且比说:"季梁在,何益?"

鬬伯比说:"以为后图。少师得其君。"

---

①鬬 dòu　②眴 shùn　③蚡 fén

楚武听从鬬伯比之谋,接待随少师时故意使军戎不整。

《周书》曰:"将欲败之,必姑辅之;将欲取之,必姑予之。"　　　　　　　　　　——《韩非子》

随少师认为楚师不堪一击,返回后,请出击,随侯将答应。

季梁阻止,说:"天方授楚。楚之嬴,其诱我也。君何急焉?臣闻小之能敌大也,小者道,大者淫。所谓道,忠于民而信于神也。上思利民,忠也;祝史正辞,信也。今民馁而君逞欲,祝史矫举以祭,臣不知其可也。"

随侯说:"吾牲牷①肥腯②,粢盛丰备,何则不信?"随侯认为祭祀所用牲畜毛色纯正,肥硕壮实,祭器中的粮食丰盛,颗粒饱满,何为不取信于神?

季梁说:"夫民,神之主也,是以圣王先成民,而后致力于神。故奉牲以告曰'博硕肥腯',博,谓民力之普存也;硕,谓其畜之硕大蕃滋也;肥,谓其不疾瘯蠡也;腯,谓其备腯咸有也。奉盛以告曰'絜③粢丰盛',谓其三时不害,而民和年丰也。奉酒醴④以告曰'嘉栗旨酒',谓其上下皆有嘉德,而无违心也。所谓馨⑤香,无谗慝也。故务其三时,修其五教,亲其九族,以致其禋祀。于是乎民和而神降之福,故动则有成。今民各有心,而鬼神乏主,君虽独丰,其何福之有?君姑修政,而亲兄弟之国,庶免于难。"

随侯恐惧,于是,修政结邻。楚人不敢来犯。

至治馨香,感于神明。黍稷非馨,明德惟馨。　　　　　　　　　　——《尚书》

两年后,少师得宠于随侯。鬬伯比对楚武说:"可矣。仇有

①牷 quán　②腯 tú　③絜 jié　④醴 lǐ　⑤馨 xīn

衅,不可失也。"

前704年夏,楚武在楚地沈鹿会合汉、淮一带诸侯,黄、随未赴会。楚武使薳章责备黄国,率师伐随,驻师汉、淮之间。

季梁请随侯表示服楚,说:"弗许,而后战,所以怒我而怠寇也。"

少师对随侯说:"必速战。不然,将失楚师。"

随侯听从少师,将率师抵御,眺望楚师。

季梁说:"楚人上左,其君必左。无与之遇,且攻其右。右无良焉,必败。偏败,众乃溃矣。"

少师说:"不当王,非敌也。"王:楚武。敌,表示对等。

随侯不听季梁之谋,率师与楚师战于速杞,随师溃败,随侯逃逸。楚鬬丹获随侯戎车及车右少师。

秋,随、楚议和,楚武不想讲和。

鬬伯比说:"天去其疾矣,随未可克也。"楚与随结盟而还。

善战者,立于不败之地,而不失敌之败也。是故胜兵先胜而后求战,败兵先战而后求胜。

——《孙子兵法》

前703年春,巴国君使大夫韩服报告楚国,请与邓国通好。楚武使大夫道朔领巴客至邓国聘问。邓南境鄾①地人攻而夺其币,杀道朔及巴客。

楚武使薳章至邓国责问,邓人不承认。

夏,楚武使鬬廉率师与巴师围鄾。邓大夫养甥、聃甥率师救鄾,三攻巴师。楚师和巴师不能胜邓师。楚鬬廉分巴师为左右二部,楚师横列于巴师之间,与邓师交战,伪装败退。邓人追逐楚

---

①鄾 yōu

师,巴师待邓师通过,自两侧合拢,阻断邓师退路,楚师返回夹击,邓师大败,鄾地人连夜溃散。

兵,以诈立,以利动,以分合为变者也。故其疾如风,其徐如林,侵掠如火,不动如山,难知如阴,动如雷震。掠乡分众,廓地分利,悬权而动。先知迂直之计者胜,此军争之法也。　　　　　——《孙子兵法》

前697年,二月,周桓王使家父如鲁求车,非礼。礼,上赐下以车、服。诸侯不贡车、服,天子不私求财。

三月乙未日,周桓王驾崩,其子姬佗继位,史称周庄王。

早先,王子克受周桓王宠爱,桓王托之于周公黑肩。

辛伯谏周公,说:"妾如后,庶如嫡,臣擅政,邑如国,乱之本也。"周公黑肩不听。

周庄王三年,前694年,秋,周公黑肩要杀庄王而立王子克。辛伯得知此谋,告知庄王,二人杀周公黑肩。王子克奔燕国。

前691年五月,桓王去世六年多,终得安葬。

其安易持,其未兆易谋,其脆易泮,其微易散。为之于未有,治之于未乱。合抱之木生于毫末,九层之台起于累土,千里之行始于足下。　　——《老子》

第九回　郑昭公身无大援　齐襄公主大欺客

前706年夏,北戎伐齐,齐僖公使人乞师于郑。郑太子忽率师救齐。六月,郑师大败戎师,擒获戎师二帅大良、少良,斩首三百,献于齐。

话说文姜未嫁鲁桓之前,齐僖公要嫁文姜于郑太子忽。太子忽辞谢,有人问其缘故。

太子说:"人各有偶,齐大,非吾偶也。《诗》云:'自求多福。'在我而已,大国何为?"

君子说:"善自为谋。"

至郑忽救齐败戎,齐僖又请嫁女于郑忽,太子忽坚辞。

人问其由,太子说:"无事于齐,吾犹不敢。今以君命奔齐之急,而受室以归,是以师婚也。民其谓我何?"

祭仲说:"必取之!君多内宠,子无大援,将不立。三公子,皆君也。"三公子:突、亹①、仪,皆郑庄所宠公子。

太子忽不听,以郑伯之意辞谢齐人。

诸侯之大夫为齐国戍边,齐人馈送食物,请鲁人确定班次,鲁人按爵位定先后,使郑人位次在后。郑太子因有功,而为此发怒,联合齐、卫将伐鲁。

前705年夏,榖②伯绥如鲁朝见。其后,邓侯吾离如鲁朝。

曹始封君是周文王之子振铎③,周武王封之于曹。春秋初,曹与鲁、齐、晋、秦、楚、宋、卫、陈、蔡、郑、燕为十二大诸侯。

前703年冬,曹桓公使太子射姑如鲁朝见,鲁国以上卿之礼

---

①亹 wěi　②榖 gǔ　③铎 duó

接待。宴享时,第一次献酒、奏乐,曹太子叹息。

鲁大夫施父说:"曹太子其有忧乎?非叹所也。"

来年,前702年,正月庚申日,曹桓公姬终生去世,太子射姑继位,为曹庄公。

孟武伯问孝。孔子曰:"父母唯其疾之忧。"

——《论语》

十二月丙午日,齐侯、卫侯、郑伯率师伐鲁,与鲁师战于郎。

前701年正月,齐、卫、郑、宋在恶曹结盟。

五月癸未日,郑庄公寤生去世,太子忽继位,为郑昭公。

当初,郑祭封人仲足有宠于郑庄,庄公使之为卿,祭仲为庄公娶邓曼。邓是国名,曼是邓国姓。邓曼生太子忽,故祭仲立忽。

宋雍氏嫁女于郑庄,雍氏,姞①姓,雍姞生公子突。

《左传》里,也许是为了便于区别,国君夫人的称谓常用父氏加父姓,或谥号加父姓,谥号可以是丈夫的,也可以是自己的。国君的氏同于国号。

姓的来源很久远,姓的总数十分有限,氏则很多。一个人的姓终生不会改变,只有一个;而一个人可以有多个氏,有继承自家族的,有来自封邑的,或官职的。故同一个姓会衍生出很多氏,同一个人的后代也会分出多个氏。而同一个氏可能来源不同、出自不同的姓。

雍氏有宠于宋庄,诱祭仲至宋,执祭仲,说:"不立突,将死。"并执公子突以求赂。祭仲与宋人盟,奉公子突返郑。

九月丁亥日,郑忽奔卫。

---

①姞 jí

泰之大畜：城复于隍，勿用师。自邑告命，贞吝。

——《易经》

己亥日，祭仲立公子突，为郑厉公。

宋国向郑国求货不断，二国遂相恶。鲁桓公为宋、郑讲和。

前700年七月丁亥日，鲁桓公与宋庄公以及南燕大夫盟于宋地穀丘，穀丘又叫句渎之丘。宋人态度不明，故八月，鲁桓公与宋庄公又会于宋地虚。

冬，鲁桓与宋庄会于宋地龟，宋庄公拒绝与郑讲和。

十一月丙戌日，鲁桓公与郑厉公在郑地武父会盟。

十二月丁未日，鲁、郑伐宋，因宋国无信。

君子说："苟信不继，盟无益也。《诗》云：'君子屡盟，乱是用长。'无信也。"

宋人仍索贿于郑，郑不堪命。前699年二月，鲁桓公与郑厉公、纪侯相会。己巳日，郑、鲁、纪之师与宋、齐、卫、燕四国之师交战，宋、齐、卫、燕溃败。

夬之大过：壮于前趾，往不胜，为咎。——《易经》

前698年正月，鲁国无冰。鲁桓公与郑厉公在曹国境内相会，曹人馈送食物。

五月，郑厉公使其弟公子语如鲁寻旧盟，并修曹之会。

十二月丁巳日，齐僖公禄父去世，其子诸儿继位，为齐襄公。

宋人率齐、蔡、卫、陈之师伐郑，报复前年郑伐宋之战。焚烧郑都城的渠门，攻入郑都，到达主街道。又伐郑东郊，攻取牛首。拆下郑祖庙大宫之椽①带回国，用作宋国城门卢门之椽。

郑祭仲专权，郑厉公以此为患。前697年夏，郑厉公使祭仲

---

①椽 chuán

之婿雍纠杀祭仲。雍纠将在郊外宴飨祭仲。

雍姬得知其夫之谋,问其母:"父与夫孰亲?"雍姬,雍为夫氏,姬当为父姓。即祭仲为姬姓,其先人大概出自郑公室或周王室。

其母说:"人尽夫也,父一而已,胡可比也?"

雍姬对其父说:"雍氏舍其室,而将享子于郊。吾惑之,以告。"

祭仲杀雍纠,陈尸于周氏之池。

郑厉公车载雍纠之尸出奔,说:"谋及妇人,宜其死也!"

五月,郑厉公出奔蔡国。

六月乙亥日,郑昭公回国复位。

> 复之屯:敦复,无悔。　　　　　　——《易经》

因郑国内乱,许叔进入许国。鲁桓公会齐襄于艾,谋定许国。

邾、牟、葛三国太子朝鲁,三国皆附庸国。

九月,郑厉公入郑邑栎①,依靠栎人杀守栎大夫,自居于栎。

十一月,鲁桓公、宋庄公、卫惠公、陈庄公在宋地袲②相会,谋划伐郑,要纳郑厉公,攻伐未胜而回师。

来年,前696年,春,鲁桓公、宋庄公、蔡桓侯、卫惠公会于曹,谋伐郑。四月,鲁桓公与宋公、卫侯、陈侯、蔡侯伐郑。冬,鲁国城向,合时。

前695年正月丙辰日,鲁桓公与齐侯、纪侯会盟于齐地黄,调解齐、纪关系,且谋划平定卫乱。

二月丙午日,鲁桓公会邾仪父,盟于鲁地趡③。

夏,齐师侵鲁疆,守疆官吏报告桓公。

鲁桓公说:"疆埸④之事,慎守其一,而备其不虞。姑尽所备

---

①栎 lì　②袲 chǐ　③趡 cuǐ　④埸 yì

焉。事至而战,又何谒焉?"

五月丙午日,鲁、齐之师在鲁地奚交战。

六月丁丑日,蔡桓侯去世。桓侯无子,蔡人招桓侯弟蔡季回国继位。八月,蔡季献舞自陈回蔡,史称蔡哀侯。

郕、宋争疆,鲁人背郕之盟,与宋、卫伐郕。

十月,朔,日食。史官失职,未记日。

早在郑庄公时,庄公将使高渠弥为卿,太子忽厌恶高渠弥,坚决劝阻,庄公不听。郑昭公即位后,高渠弥惧被杀,而谋划杀昭公。

十月辛卯日,高渠弥杀郑昭公,立昭公弟公子亹。

君子说:昭公知所恶矣。

鲁公子达说:"高伯其为戮乎?复恶,已甚矣。"

　　见贤而不能举,举而不能先,命也;见不善而不能退,退而不能远,过也。　　——《礼记》之《大学》

前694年,正月,鲁桓公要带夫人文姜同往齐国。

申繻说:"女有家,男有室,无相渎也,谓之有礼。易此,必败。"大概申繻有闻齐襄情况。

鲁桓公不听,带文姜上路。会齐襄于泺①,遂与文姜如齐。齐襄与文姜私通,鲁桓得知,责文姜,文姜告知齐襄公。

四月丙子日,齐襄公宴享鲁桓公。宴后,齐襄使公子彭生扶鲁桓公登车,彭生拉断鲁桓肋骨,鲁桓公死于车上。

鲁人对齐国人说:"寡君畏君之威,不敢宁居,来修旧好。礼成而不返,无所归咎,恶于诸侯。请以彭生除之。"

齐人杀彭生以谢罪。

鲁桓太子同继位,为鲁庄公。

---

① 泺 luò

丁酉日,桓公灵柩自齐运回鲁国。

　　履之睽:夬履,贞厉。　　　　　　——《易经》

秋,齐襄公陈师卫地首丘,请郑伯子亹相会,高渠弥相。七月戊戌日,齐人杀子亹,车裂高渠弥。

　　噬嗑之震:何校灭耳,凶。　　　　——《易经》

祭仲料知齐侯不怀好意,称病不往。
有人说:"祭仲以知免。"
祭仲说:"信也。"
祭仲往陈国迎公子仪,立为郑伯。

　　强而避之。　　　　　　　　——《孙子兵法》

前693年,三月,鲁庄公之母文姜奔齐。

夏,周卿士单伯送周王之女王姬至鲁,由鲁国主婚,嫁王姬于齐。王姬:王,指出自周王;姬,为周王室姓。因天子与诸侯不对等,故王室嫁娶皆由诸侯主婚。

齐侯将如鲁亲迎王姬,而鲁庄公不想与之相见,故鲁国在城外为王姬筑馆。

十月,周庄王使荣叔如鲁赐桓公爵命。

齐侯迎娶王姬回国。因异姓方能通婚,故常有王女下嫁于齐,或周王娶齐侯之女。有诗写周平王孙女出嫁盛况,在《诗经》之《召南·何彼秾矣》:

何彼秾矣?唐棣①之华。曷②不肃雍,王姬之车。
何彼秾矣?华如桃李。平王之孙,齐侯之子。

---

①棣 dì　②曷 hé

其钓维何？维丝伊缗①。齐侯之子，平王之孙。

孔子曰："《关雎》，乐而不淫，哀而不伤。"

——《论语》

前692年七月，齐王姬去世。
十二月，文姜会齐襄公于禚②。

君子以反身修德。　　　　　——《易传》

---

①缗 mín　②禚 zhuó

第十回　楚邓曼未卜先知　卫宣姜鱼网鸿离

前701年春,楚莫敖屈瑕将与贰国、轸①国结盟,发现郧②人驻师郧地蒲骚,将与随、绞、州、蓼③伐楚师。屈瑕对此担忧。

鬭廉说:"郧人军其郊,必不戒,且日虞四邑之至也。子次于郊郢④,以御四邑。我以锐师宵加于郧,郧有虞心而恃其城,莫有斗志。若败郧师,四邑必离。"

莫敖说:"何不请益师于君?"

鬭廉说:"师克在和,不在众。商纣、周武之不敌,子之所闻也。成师以出,又何益焉?"

莫敖说:"卜之?"

鬭廉说:"卜以决疑,不疑何卜?"

鬭廉率锐师夜袭郧师,败郧师于蒲骚。莫敖盟贰、轸而还。

　　善用兵者,役不再籍。　　——《孙子兵法》

前700年,冬,楚伐绞,驻师其南门。

莫敖屈瑕说:"绞,小而轻,轻则寡谋,请无扞⑤采薪者,以诱之。"

楚武依计而行,不护卫师中砍柴者。绞人俘获楚师砍柴者三十人。次日,绞人争相出城,在山中追赶楚师砍柴者。楚师坐守其北门,在山下设伏,大败绞人,与绞人订立城下之盟而返。

　　利而诱之。　　——《孙子兵法》

楚伐绞之役,楚师分批渡彭水。罗国人想趁机伐楚师,使伯

---

①轸 zhěn　②郧 yún　③蓼 liǎo　④郢 yǐng　⑤扞 hàn

嘉侦察,伯嘉反复清点楚师人数。

楚人得知罗国企图,前699年春,楚武使莫敖屈瑕伐罗,鬪伯比送行。鬪伯比对其御者说:"莫敖必败。举趾高,心不固矣。"

返还后,鬪伯比入朝见楚武,说:"必益师。"

楚武拒益师,入内宫告知夫人邓曼。邓曼:邓君之女。

邓曼说:"大夫其非众之谓,其谓君抚小民以信,训诸司以德,而威莫敖以刑也。莫敖骄于蒲骚之役,将自用也,必轻罗。君若不镇抚,其不设备乎?夫固谓君训众而好镇抚之,召诸司而劝之以令德,见莫敖而告诸天之不假易也。不然,夫岂不知楚师之尽行也?"

楚武使人追屈瑕,未追及。

> 君子见几而作,不俟终日。　　——《易传》

莫敖通告全师:"谏者有刑。"

到达鄢水,师众一片混乱渡过河,毫无秩序地继续进发,且不设防。及至罗境,罗人与卢戎人夹攻楚师,大败楚人。

莫敖率残余返回,到达荒谷,莫敖自缢。群帅自囚于冶父等候行刑。

楚武说:"孤之罪也。"赦免返回者。此后八年,楚国未出师。

> 能自得师者王,谓人莫己若者亡。好问则裕,自用则小。　　——《尚书》

前690年春,楚武训练军队,用"荆尸"阵法,即"楚阵",授戟①于师众,将伐随,这是楚人首次用戟。

授兵器前,即将斋戒,楚武入内宫对邓曼说:"余心荡。"

---

①戟 jǐ

邓曼叹息说:"王禄尽矣。盈而荡,天之道也。先君其知之矣,故临武事,将发大命,而荡王心焉。若师徒无亏,王薨于行,国之福也。"

楚武率师出征,途中,卒于樠①木之下。

孔子曰:"不逆诈,不亿不信,抑亦先觉者,是贤乎!"
——《论语》

令尹鬬祁、莫敖屈重秘而不宣,开辟直道,建桥溠②水上,扎营于随国边境。

随人对楚师突然到来猝③不及防,同意讲和。莫敖以楚武之命入随与随侯盟,并请随侯在汉水西相会,然后,班师回国。

楚师渡过汉水,而后发丧。

凡战者,以正合,以奇胜。故善出奇者,无穷如天地,不竭如江海。终而复始,日月是也。死而复生,四时是也。声不过五,五声之变,不可胜听也;色不过五,五色之变,不可胜观也;味不过五,五味之变,不可胜尝也;战势不过奇正,奇正之变,不可胜穷也。奇正相生,如循环之无端,孰能穷之?   ——《孙子兵法》

起初,卫宣公喜爱卫庄公的少妾夷姜,夷姜生急子,卫宣公托之于右公子职。急子成人后,卫宣为之娶齐侯之女,尚未成亲,听说齐女非常美,卫宣遂在黄河边筑新台,自己娶齐女,史称宣姜。卫人作诗《新台》讽刺卫宣公,在《诗经》之《邶风》:

新台有泚④,河水弥弥。燕婉之求,蘧篨⑤不鲜。

新台有洒⑥,河水浼⑦浼。燕婉之求,蘧篨不殄。

---

①樠 mán ②溠 zhà ③猝 cù ④泚 cǐ ⑤蘧篨 qú chú ⑥洒 cuǐ ⑦浼 měi

鱼网之设,鸿则离之。燕婉之求,得此戚施。

大过之咸:枯杨生稊①,老夫得其女妻,无不利。

——《易经》

《新台》诗意如下:
新台辉煌,河水漾漾。玉女嫁郎,老汉截拦。
新台高广,河水浼浼。玉女嫁郎,龙钟不善。
捕鱼撒网,蛤蟆来居。玉女嫁郎,得此蟾蜍。

卫宣公与新好宣姜生公子寿、公子朔,托之于左公子洩。太子急之母夷姜因失宠而自缢。

宣姜与公子朔诬陷太子急。卫宣公夺了太子之妻,以为太子怨己,便厌恶太子,有心废太子,又听宣姜母子之言,大怒。卫宣假使太子急出使齐国,而使人待于太子必经之地莘②,以伏击太子。公子寿得知此谋,告知太子急,催促太子出走。

太子急说:"弃父之命,恶用子矣?有无父之国则可也。"

公子寿见太子急不肯出走,临行前,请太子饮酒,使太子醉酒,载太子之旗于己车,抢先赶至莘。伏击者见太子旗帜,以为是太子,即杀公子寿。

太子急醒酒后不见寿,赶至莘,见寿已死,说:"我之求也。此何罪?请杀我乎。"那些人又杀太子急。

卫人哀此异母兄弟,作诗《二子乘舟》怀念二人,在《诗经》之《邶风》:

二子乘舟,泛泛其景。愿言思子,中心养养。
二子乘舟,泛泛其逝。愿言思子,不瑕有害?

巽之涣:频巽,吝。　　　　　　　——《易经》

---

①稊 tí　②莘 shēn

《二子乘舟》诗意：

二子乘小舟，船儿泛波上。念念不能忘，心中复忧伤。

二子乘小舟，飘荡在何方？朝思暮又想，勿遭祸与殃。

太子急和公子寿被杀后，卫宣公立公子朔为太子。卫宣公姬晋在位十九年，于前700年十一月丙戌日去世，朔继位，为卫惠公。

左公子洩、右公子职因急和寿被害而怨恨卫惠公。卫惠公四年，前696年十一月，左、右二公子攻卫惠公，立太子急之弟黔牟为卫君。卫惠公是齐国外甥，遂奔齐。

> 大过，栋桡①，利有攸往，亨。　　　　——《易经》

前695年正月丙辰日，鲁侯、齐侯、纪侯会盟，谋平定卫乱。

前692年夏，鲁公子庆父率师伐于馀丘。公子庆父：鲁桓公庶子，鲁庄庶长兄。于馀丘是与鲁相邻的小国。

前691年正月，鲁公子溺率师会合齐师伐卫。

前689年冬，鲁庄公会合齐、宋、陈、蔡伐卫，纳卫惠公。

前688年正月，周庄王使大夫子突率师救卫，王师未胜。

六月，卫惠公朔入卫，放逐公子黔牟于周，放逐甯②跪于秦，杀左公子洩和右公子职。

君子认为："二公子之立黔牟为不度矣。夫能固位者，必度于本末，而后立衷焉。不知其本，不谋。知本之不枝，弗强。《诗》云：'本枝百世。'"

> 慎厥初，惟厥终，终以不困；不惟厥终，终以困穷。
> ——《尚书》

---

①桡 náo　②甯 nìng

第十一回　欲求无厌虞公奔　瓜代失期齐桓立

周武王的曾祖父为古公亶父，后追称为太王，太王生泰伯、仲雍、季历。季历长子叫姬昌，太王认为姬昌贤能，说："我世当有兴者，其在昌乎？"有心传位于姬昌，但姬昌父是太王第三子，不当继位。太王长子泰伯、次子仲雍知父心愿，便逃往南方。于是，太王传位季历，季历传位姬昌，即周文王。周武王建立周朝后，封仲雍之孙于虞，公爵。

起初，虞公之弟虞叔有美玉，虞公要此玉，虞叔不给。既而，虞叔后悔，说："周谚有之：'匹夫无罪，怀璧其罪。'吾焉用此，其以贾害也。"便献玉给虞公。虞公得玉后，又要虞叔的宝剑。

虞叔说："是无厌也。无厌，将及我。"

前702年秋，虞叔伐虞公，虞公出奔共池。

> 罪莫厚乎甚欲，咎莫憯^①乎欲得，祸莫大乎不知足。知足之为足，此恒足矣。　　——《老子》

芮、魏均为封于周初的姬姓国，居于秦与东周都城之间。

春秋初期，芮伯万多宠人，其母芮姜厌恶之，前709年，芮伯被芮姜所逐，出居魏。

前708年秋，秦人见芮国无主，出师侵芮，因轻芮而败于芮。

冬，周王师、秦师围魏，秦师执芮伯而返。

前703年秋，虢仲、芮伯、梁伯、荀侯、贾伯率师伐曲沃。

前702年秋，秦人纳芮伯万于芮。此后，芮国不见于《春秋左传》。

---

① 憯 cǎn

家人,利女贞。　　　　　　——《易经》

　　纪国是齐国东邻,同为姜姓。纪与鲁亲,一直保持婚姻关系。前721年,纪侯娶鲁伯姬,前716年,鲁叔姬又嫁于纪。

　　齐国一直想占纪土为己有。前707年夏,齐侯、郑伯假装到纪国朝见,想伺机偷袭。纪人得知其谋,齐侯未得逞。

　　前706年四月,鲁桓公会纪侯于成,纪侯向鲁桓公咨询避齐难之法。冬,纪侯如鲁朝,请鲁桓公向周天子请命与齐国讲和,鲁桓公告之以不能。

　　前704年冬,周祭公如鲁,请鲁国主婚,然后,如纪为周桓王迎娶王后。来年春,纪侯之女季姜嫁为周桓王王后。

　　前699年,鲁桓公与纪侯、郑伯率师与齐、宋、卫、燕交战。

　　前695年正月丙辰日,鲁桓公会齐侯、纪侯,协调齐、纪关系,盟于黄。

　　前693年冬,齐师迁出纪国邢①、鄑②、郚③三邑之民,占有三邑。

　　前691年秋,纪侯弟纪季以酅④邑入齐为附庸。

　　冬,鲁庄公在郑地滑等候会郑伯子仪,商议纪国之事。郑伯子仪要防备郑厉公,自顾不暇,以国有难推辞。

　　前690年三月,纪伯姬去世。夏,纪侯因既不能屈于齐,又无力存纪国,便把纪国给纪季,而永久离开纪国,以避齐难。

　　六月,齐侯葬纪伯姬。

　　　　匪风发兮,匪车偈⑤兮。顾瞻周道,中心怛⑥兮。
　　　　匪风飘兮,匪车嘌⑦兮。顾瞻周道,中心吊兮。
　　　　　　　　　　——《诗经》之《桧风·匪风》

---

①邢 píng　②鄑 zī　③郚 wú　④酅 xī　⑤偈 jiē　⑥怛 dá　⑦嘌 piāo

前689年秋,郳①国君犁如鲁朝。郳自邾分出,其后,周王命之为小邾,子爵。

前688年秋,卫惠公送宝器给齐襄公,文姜为鲁请,齐人送卫宝器于鲁。

前687年四月辛卯日,鲁地夜空明亮,不见星星。夜半,有星陨落同时下雨。秋,大水。麦子颗粒无收,夏苗淹没,未影响秋收。

前686年夏,鲁师与齐师围郕,郕降于齐师。庆父请伐齐师。鲁庄公说:"不可。我实不德,齐师何罪?罪乃由我。《夏书》曰:'皋陶迈种德,德,乃降。'姑务修德以待时乎。"

秋,鲁人全师而归。鲁庄公要学皋陶勉力修德之语,得君子称赞。

> 复之坤:不远复,无祗②悔,元吉。 ——《易经》

起先,齐襄公使连称、管至父戍守葵丘。出发时正是瓜熟时节,齐襄说:"及瓜而代。"及至来年瓜熟,不见齐襄之命。二人请替换,齐襄不许。二人怒,谋作乱。

齐僖公的同母弟夷仲年生公孙无知。无知有宠于齐僖公,所受待遇皆同于太子。齐襄即位后,降低其待遇,无知心怀不满。

连称、管至父遂依公孙无知作乱。连称堂妹在齐襄内宫,不受宠。无知使之窥伺襄公,说:"捷,吾以汝为夫人。"

前686年十二月,齐襄公往姑棼游览,在贝丘田猎。见大豕,从者惊呼:"公子彭生也!"

齐襄发怒,说:"彭生敢现!"

齐襄拉弓射大豕,豕被射中,像人一样直立起来发出啼叫。齐襄见状惊惧,坠下车,伤了脚,丢了鞋。

---

①郳 ní　②祗 zhī

孔子曰:"身体发肤,受之父母,不敢毁伤,孝之始也。立身行道,扬名于后世,以显父母,孝之终也。夫孝,始于事亲,中于事君,终于立身。《大雅》云:'无念尔祖,聿①修厥德。'"　　　　——《孝经》

孔子曰:"事亲者,居上不骄,为下不乱,在丑不争。居上骄则亡,为下而乱则刑,在丑而争则兵。三者不除,虽日用三牲之养,犹为不孝也。"——《孝经》

(笔者释:"身体发肤,受之父母,不敢毁伤。"意在不要犯法受刑,要注重修德。若因此说捐献遗体用于医学研究是毁伤身体,则大谬。捐献遗体是义,若当时有此一事,相信孔子定率先捐献。丑:众。)

齐襄公回到宫中,才发现脚上无鞋,责备徒人费。费找鞋而未得,遭齐襄鞭打至出血,费走出宫。

公孙无知、连称、管至父得知齐襄受伤,率众袭公宫,在门口遇徒人费,遂劫持捆绑费。

费说:"我奚御哉?"说着,袒②露后背。叛乱者见其背,而信其言。

徒人费请先入内观察,入宫,藏好齐襄公而出,与叛乱者搏斗,死于门下。另一小臣石之纷如斗死于台阶下。

叛乱者进入宫中,见床上有人睡着,上前便杀,看了尸体,说:"非君也,不类。"原来是小臣孟阳。

他们继续寻找,见门下边有只脚,正是襄公,叛乱者杀了襄公,然后,立公孙无知为齐君。

早先,公孙无知曾虐待雍廪,前685年春,雍廪杀无知,对诸

---

①聿 yù　②袒 tǎn

大夫说:"无知弑襄公自立,臣谨行诛。唯大夫更立公子之当立者,唯命是听。"

　　明主者,不恃其不我叛也,恃吾不可叛也;不恃其不我欺也,恃吾不可欺也。　　——《韩非子》

　　齐襄公自即位起,便政令无常,常杀诛不当,淫乱妇人,欺大臣,群弟恐祸及,而相继离开齐国。

　　鲍叔牙说:"君使民慢,乱将作矣。"鲍叔牙是齐襄庶弟公子小白之傅,便奉小白出奔莒。

　　齐襄另一庶弟公子纠之母出自鲁,无知之乱起,管夷吾、召忽奉公子纠出奔鲁。

　　无知被杀后,齐大夫中有人要纳公子纠,与鲁桓公在鲁地蔇①结盟。夏,鲁庄公率师纳子纠。

　　公子小白之母是卫女,有宠于僖公。小白自少与大夫高傒②相善。雍廪杀无知后,诸大夫商议立君,高、国暗召小白于莒。

　　鲁国人使管仲先行拦截小白。管仲射中小白带钩,小白佯死,管仲使人驰报鲁人,言小白已死。鲁国送纠者行动益发迟缓,六日至齐境,高傒已立小白,史称齐桓公。

　　子贡问为仁,孔子曰:"工欲善其事,必先利其器。居是邦也,事其大夫之贤者,友其士之仁者。"

　　　　　　　　　　　　　　——《论语》

---

① 蔇 xì　② 傒 xī

第十二回　荐管仲鲍叔无私　用曹刿鲁庄败齐

前685年八月庚申日,鲁人送子纠之师与齐师战于齐地乾时,鲁师溃败。鲁庄公丢了戎车,转乘他车而归。庄公御者秦子和车右梁子为掩护庄公,高举庄公旗帜候在岔路,皆被俘。

齐桓公使鲍叔为政,鲍叔推辞,说:"臣,君之庸臣也。君加惠于臣,使不冻馁,则是君之赐也。若必治国家者,则非臣之所能也。若必治国家者,则其管夷吾乎?臣之所不若夷吾者五:宽惠柔民,弗若也;治国家不失其柄,弗若也;忠信可结于百姓,弗若也;制礼义可法于四方,弗若也;执枹①鼓立于军门,使百姓皆加勇焉,弗若也。"

齐桓说:"夫管夷吾射寡人中钩,是以滨于死。"

鲍叔说:"夫为其君动也。君若宥②而返之,夫犹是也。"

齐桓问:"若何?"

鲍子说:"请诸鲁。"

齐桓说:"施伯,鲁君之谋臣也,夫知吾将用之,必不予我矣。若之何?"

鲍子说:"使人请诸鲁,曰:'寡君有不令之臣在君之国,欲以戮之于群臣,故请之。'则予我矣。"

齐使者如鲁,说:"子纠,亲也,弗忍诛,请君讨之。管、召,仇也,请得而甘心焉。"

施伯说:"此非欲戮之也,欲用其政也。夫管子,天下之才也。所在之国,则必得志于天下。令彼在齐,则必长为鲁国忧矣。"

庄公问:"若何?"

---

① 枹 fú　② 宥 yòu

施伯说:"杀而以其尸授之。"

庄公将杀管仲,齐使者说:"寡君欲亲以为戮,若不生得以戮于群臣,犹未得请也。请生之。不然,将围鲁。"

鲁庄不敢杀管仲,囚之交于齐使者,鲁人在生窦杀子纠,召忽为子纠自杀。鲍叔在边境迎管仲,齐桓公厚礼请管仲为政。

子贡曰:"管仲非仁者与?桓公杀公子纠,不能死,又相之。"孔子曰:"管仲相桓公,霸诸侯,一匡天下,民到于今受其赐。微管仲,吾其被①发左衽②矣。岂若匹夫匹妇之为谅也,自经于沟渎而莫之知也?"

——《论语》

冬,鲁国疏浚洙水,为备齐之故。

前684年正月,齐师伐鲁。鲁庄公即将迎战,曹刿③请见。

其同乡说:"肉食者谋之,又何间焉。"

曹刿说:"肉食者鄙,未能远谋。"

曹刿见庄公,问:"何以战?"

庄公说:"衣食所以安身,弗敢专也,必以分人。"

曹刿说:"小惠未遍,民弗从也。"

鲁庄又说:"牺牲、玉帛,弗敢加也,必以信。"

曹刿说:"小信未孚,神弗福也。"民未受益,神不降福。

鲁庄又说:"小大之狱,虽不能察,必以情。"

曹刿说:"忠之属也,可以一战,战则请从。"

其刑其罚,其审克之。朕敬于刑,有德惟刑。永畏惟罚。

——《尚书》

---

①被 pī ②衽 rèn ③刿 guì

孔子曰："君子怀刑，小人怀惠。"　　——《论语》

（笔者释：孔子之意，统治者重视法制，慎用刑罚，无冤狱，民众就能有序生活，心怀恩惠。）

鲁庄公与曹刿同乘，在长勺迎战齐师。

鲁庄公将击鼓，曹刿说："未可。"

齐师战鼓响了三遍，曹刿说："可矣。"

鲁师出击，齐师溃败，残师撤退。

鲁庄公要追击齐师，曹刿说："未可。"说着，下车，察看齐人车辙，又登上车轼，向齐师眺望，然后，说："可矣。"

鲁师追击齐师。

战毕，鲁庄公问曹刿，曹刿说："夫战，勇气也。一鼓作气，再而衰，三而竭。彼竭我盈，故克之。夫大国难测也，惧有伏焉。吾视其辙乱，望其旗靡，故逐之。"

朝气锐，昼气惰，暮气归。故善用兵者，避其锐气，击其惰归，此治气者也。无邀正正之旗，勿击堂堂之陈，此治变者也。　　——《孙子兵法》

齐人作诗赞美外甥鲁庄公，在《诗经》之《齐风·猗嗟①》：

猗嗟昌兮，颀而长兮。抑若扬兮，美目扬兮。巧趋跄②兮，射则臧兮！

猗嗟名兮，美目清兮，仪既成兮。终日射侯，不出正兮。展我甥兮！

猗嗟娈兮，清扬婉兮。舞则选兮，射则贯兮。四矢反兮，以御乱兮！

---

①猗嗟 yī jiē　②跄 qiāng

君子以常德行,习教事。　　　　　——《易传》

十月,齐师灭谭,谭子奔莒。当初,齐桓出奔,过谭,未受礼遇。齐桓即位后,诸侯皆贺,谭子又不朝。

大壮之夬:丧羊于易,无悔。　　　　——《易经》

前683年冬,由鲁国主婚,周天子之女王子下嫁齐桓公,齐桓如鲁迎娶王姬,谥共,又称共姬。

南有樛①木,葛藟②累之。乐只君子,福履绥③之。
南有樛木,葛藟荒之。乐只君子,福履将之。
南有樛木,葛藟萦之。乐只君子,福履成之。
　　　　　　　　　　——《诗经》之《周南·樛木》

齐桓公问管仲:"吾欲从事于诸侯,其可乎?"
管子说:"未可,国未安。"
齐桓问:"安国若何?"
管子说:"修旧法,择其善者而创用之;育滋民,兴无财,而敬百姓,则国安矣。"
齐桓说:"诺。"
于是,修订法令,择善而用;滋养民众,振兴无财者,而敬百姓。
齐国安定后,桓公问:"国安矣,其可乎?"
管子说:"未可。君若正卒伍,修甲兵,则大国亦将正卒伍,修甲兵,则难以速得志矣。君有攻伐之器,小国诸侯有守御之备,则难以速得志矣。君若欲速得志于天下诸侯,则事可以隐,令可以寄政。"

---

①樛 jiū　②藟 lěi　③绥 suí

齐桓问:"为之若何?"

管子说:"作内政而寄军令焉。"

齐桓说:"善。"

齐桓令管仲修内政,政成,以守则固,以征则强。

子夏曰:"百工居肆以成其事,君子学以致其道。"
——《论语》

齐桓又问:"吾欲从事于诸侯,其可乎?"

管子说:"未可。邻国未吾亲也。君欲从事于天下诸侯,则亲邻国。"

齐桓问:"若何?"

管子说:"审吾疆埸,而返其侵地;正其封疆,无受其资;而重为之皮币,以骤聘于诸侯,以安四邻,则四邻之国亲我矣。为游士八十人,奉之以车马、衣裘,多其资币,使周游于四方,以号召天下之贤士。皮币玩好,使民鬻之四方,以监其上下之所好,择其淫乱者而先征之。"

物格而后知至,知至而后意诚,意诚而后心正,心正而后身修,身修而后家齐,家齐而后国治,国治而后天下平。 ——《礼记》之《大学》

(笔者释:万事万物、一切生灵,都需要生存的空间,知道了这一点,就要诚心诚意地尊重他人及其生存空间、善待万事万物,这样,才能心正,心正才能止于至善,以此修身,才能齐家、亲民、行德于天下。)

第十三回　萧叔救亳立宋桓　齐桓会盟尊周王

前692年十二月乙酉日，宋庄去世，其子捷继位，为宋闵公。

前684年二月，鲁庄公率师侵宋。三月，宋人迁宿人至别处居住，占领宿地。六月，齐、宋联军驻师鲁地郎。

鲁公子偃说："宋师不整，可败也。宋败，齐必还，请击之。"

庄公不许。公子偃率师自城南雩门悄悄出城，蒙虎皮于马身，攻宋师。庄公率师相从，大败宋师于乘丘。齐人撤回。

> 途有所不由，军有所不击，城有所不攻，地有所不争，君命有所不受。　　　　——《孙子兵法》

前683年五月戊寅日，宋国因上年之败而侵鲁。鲁庄公率师迎战，宋师未列阵，鲁师便发起进攻，大败宋师于鄑。

秋，宋国大水，鲁庄使人吊问，说："天作淫雨，害于粢盛，若之何不吊？"

宋人答谢，说："孤实不敬，天降之灾，又以为君忧，拜命之辱。"

臧文仲听闻答谢之辞，说："宋其兴乎？禹、汤罪己，其兴也悖焉。桀、纣罪人，其亡也忽焉。且列国有凶，称孤，礼也。言惧而名礼，其庶乎。"臧文仲：臧孙达之子，名辰，谥文。

既而，得知答谢之辞出自公子御说。公子御说是宋庄之子，宋闵之弟。臧孙达说："是宜为君，有恤民之心。"

> 谦之坤：劳谦，君子有终，吉。　　　　——《易经》

乘丘之役，鲁庄公用名叫金仆姑的箭射中宋南宫长万，鲁庄车右歂①孙生擒长万。宋人请鲁国释南宫长万。

宋闵调戏长万,说:"始,吾敬子。今子,鲁囚也,吾弗敬子矣。"

南宫长万对此怀恨,伺机报复。

前682年八月甲午日,南宫长万弑宋闵公于蒙泽。在门口遇见仇牧,长万举掌劈杀仇牧。在东宫之西遇太宰督,又杀督。然后,立公子游为宋君。

德盛不狎②侮。狎侮君子,罔以尽人心;狎侮小人,罔以尽其力。不役耳目,百度惟贞。玩人丧德,玩物丧志。   ——《尚书》

宋群公子逃至公室所属萧邑,公子御说逃至亳③。南宫长万之子南宫牛及其党羽猛获率师围亳。

十月,萧邑大夫叔大心和宋戴公、武公、宣公、穆公、庄公之族率曹师救亳,杀南宫牛。接着,前往都城,杀子游,立公子御说,为宋桓公。其后,宋桓公使萧为附庸国。

豫,利建侯、行师。   ——《易经》

猛获奔卫。南宫万自己拉车载其母奔陈,一日而至。

宋人请卫人归猛获,卫人想不给。

石祁子说:"不可。天下之恶一也,恶于宋而保于我,保之何补?得一夫而失一国,与恶,而弃好,非谋也。"卫人交还猛获给宋人。

宋人请陈国归南宫长万,送给财物。陈人使妇人劝长万饮酒,长万酒醉,陈人用犀牛皮裹束长万,送往宋国。抵宋时,长万

---

①歂 chuán ②狎 xiá ③亳 bó

手足皆挣脱出来。宋人醢①二人。

遁之姤:执之用黄牛之革,莫之胜脱。

——《易经》

前681年春,齐桓公与宋人、陈人、蔡人、邾人会于齐地北杏,以安定宋国。遂人不至。六月,齐人灭遂,使人戍守。

比,吉,原筮②,元永贞,无咎。不宁方来,后夫凶。

——《易经》

冬,鲁庄公与齐桓公盟于齐地柯,鲁庄与齐桓终于讲和。据《史记》,曹刿劫齐桓,逼齐桓返还所侵鲁地,齐桓归鲁地而得诸侯之信。

前680年春,齐、陈、曹伐宋。因宋人违反北杏之会的协议。

为尊崇天子,齐桓公向周庄王请师,以表明讨伐出于王命。夏,周庄王使单伯与诸侯相会,与宋讲和后返还。

击鼓其镗,踊跃用兵。土国城漕,我独南行。
从孙子仲,平陈与宋。不我以归,忧心有忡。
爰居爰处?爰丧其马?于以求之?于林之下。
死生契阔,与子成说。执子之手,与子偕老。

——《诗经》之《邶风·击鼓》

郑厉公居栎已十七年,前680年春,郑厉公自栎侵新郑,到达大陵,擒获郑大夫傅瑕。傅瑕说:"苟舍我,吾请纳君。"郑厉公与之盟而后释傅瑕。

夏,六月甲子日,傅瑕杀郑伯子仪及其二子,纳厉公。

---

① 醢 hǎi ② 筮 shì

郑厉公对傅瑕说:"子之事君有二心矣。"遂杀傅瑕。

德惟一,动罔不吉;德二三,动罔不凶。

——《尚书》

郑厉公使人对原繁说:"傅瑕贰,周有常刑,既伏其罪矣。纳我而无二心者,吾皆许之上大夫之事,吾愿与伯父图之。且寡人出,伯父无裏言,入,又不念寡人,寡人憾焉。"

原繁说:"先君桓公命我先人典司宗祏①。社稷有主,而外其心,其何贰如之?苟主社稷,国内之民,其谁不为臣?臣无二心,天之制也。子仪在位十四年矣,而谋召君者,庸非二乎?庄公之子,犹有八人,若皆以官爵行赂劝贰,而可以济事,君其若之何?臣闻命矣。"原繁自缢。

节之中孚:苦节,贞凶,悔亡。——《易经》

其后,郑厉公追查参与雍纠之乱者。杀公子阏②,刖③强鉏④。公叔段之孙公父定叔出奔卫。三年后,郑厉公使其回国,说:"不可使共叔无后于郑。"并使其在十月入国,说:"良月也,就盈数焉。"

同人之无妄:伏戎于莽,升其高陵,三岁不兴。

——《易经》

据说,六年前,在新郑南门,有人见出城的蛇与进城的蛇相斗,城里的蛇斗死。郑厉公复位,有人重提此事。

鲁庄公听说后,问申繻:"犹有妖乎?"

申繻说:"人之所忌,其气焰以取之。妖由人兴也。人无衅

---

①祏 shí ②阏 è ③刖 yuè ④鉏 xú

焉,妖不自作。人弃常,则妖兴,故有妖。"

祸兮,福之所倚;福兮,祸之所伏。孰知其极?其无正也,正复为奇,善复为妖。人之迷也,其日固久矣。
——《老子》

前680年冬,单伯会齐侯、宋公、卫侯、郑伯于卫地鄄①。

前679年春,齐桓、宋桓、陈宣、卫惠、郑厉再会于鄄。齐桓公自此开始霸业。

萃,亨。王假有庙,利见大人,亨,利贞,用大牲吉,利有攸往。 ——《易经》

秋,郳叛宋,齐、宋、邾伐郳。郑人见宋有难,趁机侵宋。

前678年夏,宋人、齐人、卫人伐郑,以报上年郑侵宋。

十二月,鲁人、齐侯、宋公、陈侯、卫侯、郑伯、许男、滑伯、滕子同盟于宋地幽,与郑讲和。这是《春秋》首次记载多达九个诸侯会盟。

前677年春,因郑人不朝齐,齐人执郑卿叔詹。

秋,郑詹逃至鲁。

遁之渐:好遁,君子吉,小人否。 ——《易经》

夏,遂人四大族因氏、颌氏、工娄氏、须遂氏飨齐戍,趁齐卒酒醉,歼齐戍。

晋之旅:众允,悔亡。 ——《易经》

---

① 鄄 juàn

第十四回　楚文灭息夺美妫　陈完奔齐辞卿位

前690年,楚武熊通在伐随途中去世,其子熊赀①继位,为楚文。楚文即位后,迁都至郢。

前688年冬,楚文伐申,过邓,邓祁侯说:"吾甥也。"留住宴飨楚文。楚文之母邓曼是邓侯姊妹。

骓②甥、聃甥、养甥也是邓祁侯的外甥,在邓国为官,三人请邓侯杀楚文,邓侯不许。

三甥说:"亡邓国者,必此人也。若不早图,后,君噬③脐,其及图之乎?图之,此为时矣。"

邓侯说:"吾杀甥,人将不食吾馀。"

三甥说:"若不从三臣,抑社稷实不享祀,而君焉取馀?"

邓侯不从三人之言。来年,楚文返自申,攻邓。隔十年,楚文再次伐邓,灭邓。

> 浅,不足与测深;愚,不足与谋智;坎井之蛙,不可与语东海之乐。　　　　　　——《荀子》

蔡哀侯娶陈女,息侯也娶陈女,叫息妫。息妫出嫁过蔡,蔡哀侯说:"吾姨也。"即小姨子,妻妹。留息妫相见,却不礼待。

息侯得知后发怒,使人对楚文说:"伐我,吾求救于蔡,而伐之。"楚文应从。

前684年九月,楚师败蔡师于蔡地莘,俘蔡哀侯,带回楚国。《春秋·庄公十年》记:"秋九月,荆败蔡师于莘,以蔡侯献舞归。"为鲁《春秋》首次记录楚事。

---

①赀 zī　②骓 zhuī　③噬 shì

蔡哀侯得知莘之战由息侯引起,便向楚文称赞息妫之美。楚文如息,宴飨息侯,一举灭息,带息妫回楚。

蒙之盎:勿用娶女,见金夫,不有躬,无攸利。

——《易经》

息妫生熊艰①,又生熊恽②,仍未发一言。

楚文问之,息妫说:"吾一妇人而事二夫,纵弗能死,其又奚言?"

前680年七月,为取悦息妫,楚文率师伐蔡。

君子说:"《商书》所谓'恶之易也,如火之燎于原,不可乡迩,其犹可扑灭'者,其如蔡哀侯乎?"

仁,人心也;义,人路也。舍其路而弗由,放其心而不知求,哀哉!人有鸡犬放,则知求之;有放心,而不知求。学问之道无他,求其放心而已矣。 ——《孟子》

郑厉复位后未告于楚。前678年秋,楚伐郑,直至栎。

这年,楚文再次伐邓,灭邓。

当初,楚武攻克权国,使鬬缗为权邑尹。而后,鬬缗以权地叛楚,楚武围权,杀鬬缗,迁权地人至那处邑,使阎敖为那处尹。

楚文即位后,与巴人伐申,楚师惊了巴师。于是,巴人叛楚,伐那处,攻取之,接着,攻楚都城门。阎敖游过涌水逃逸,楚文杀阎敖,其族人因此作乱。

前676年冬,巴人趁机伐楚。

前675年春,楚文率师反击,战于津,楚师大败。楚文带残余返回,楚城门守卫鬻拳紧闭城门。

楚文率师伐黄,败黄师于踖③陵。返还到达湫④,楚文得病,

---

①艰 jiān ②恽 yùn ③踖 què ④湫 jiǎo

六月庚申日,楚文去世。

早先,鬻拳强谏楚文,楚文不听,鬻拳带兵器强谏,楚文惧而听从。鬻拳说:"吾惧君以兵,罪莫大焉。"遂自刖。楚人使之为城门守卫官,称之为太伯。

鬻拳葬楚文于夕室,然后自杀,葬于楚文墓冢前。楚人使其后代继任其职。

> 子路问事君。孔子曰:"勿欺也,而犯之。"
> ——《论语》

前707年,鲁桓公五年,鲁《春秋》记载:"五年春正月,甲戌、己丑,陈侯鲍卒。"

正如当初郑人所料,陈国发生内乱。陈桓公病重时,陈文公庶子,即陈桓公庶弟五父公子佗杀陈桓公太子免,陈桓公去世后,五父佗自立为君。陈国混乱,国人分散,以至重复向诸侯告丧,故鲁史官记载陈侯两个去世日。

> 泉涸①,鱼相与处于陆,相吻以湿,相濡以沫,不若相忘于江湖。
> ——《庄子》

陈人作诗《墓门》说陈佗之乱,在《诗经·陈风》:"墓门有棘,斧以斯之。夫也不良,国人知之。知而不已,谁昔然矣。墓门有梅,有鸮②萃止。夫也不良,歌以讯之。讯予不顾,颠倒思予。"

太子之弟公子跃是蔡女所生,前706年秋,蔡人诱杀五父佗。五父在位仅数月,未得诸侯盟会认同,无谥。公子跃即位,为陈厉公,以陈桓公去世的来年为元年。

> 革之既济:悔亡,有孚,改命,吉。 ——《易经》

---

①涸 hé ②鸮 xiāo

陈厉公在位七年,于前700年八月壬辰日去世。其弟公子林即位,为陈庄公。陈庄公在位七年,于前693年十月乙亥日去世。其弟公子杵①臼即位,为陈宣公。

前672年春,陈宣公杀太子御寇,立宠妃之子款为太子。与御寇相好的公子完和公子颛孙奔齐,颛孙又自齐奔鲁。

齐桓使陈完为卿,陈完辞谢,说:"羁②旅之臣,幸若获宥,及于宽政,赦其不闲于教训,而免于罪戾,弛于负担,君之惠也,所获多矣。敢辱高位,以速官谤?请以死告。《诗》云:'翘翘车乘,招我以弓。岂不欲往?畏我友朋。'"

齐桓公使陈敬仲为工正,掌管百工。敬仲:陈完,谥敬。

渐之遁:鸿渐于木,或得其桷③,无咎。——《易经》

公子完是陈厉公之子,在其年少时,有周太史以《周易》见陈厉公。陈厉公请其为公子完筮卦,得《观》之《否》。

太史说:"是谓'观国之光,利用宾于王。'此其代陈有国乎?不在此,其在异国;非此其身,在其子孙。光,远而自他有耀者也。坤,土也。巽,风也。乾,天也。风为天于土上,山也。有山之材而照之以天光,于是乎居土上,故曰:'观国之光,利用宾于王。'庭实旅百,奉之以玉帛,天地之美具焉,故曰:'利用宾于王。'犹有观焉,故曰其在后乎。风行而著于土,故曰其在异国乎。若在异国,必姜姓也。姜,大岳之后也。山岳则配天,物莫能两大。陈衰,此其昌乎?"

观卦,巽上坤下,即风在土上;否卦为乾上坤下,即天在土上。《观》之《否》,上卦由风变为天,下卦土未变,故说风为天于土上,有山之象。又,否卦,上卦天,下卦土,二三四

---

①杵 chǔ ②羁 jī ③桷 jué

爻下互卦为艮山，故说有山之材而照之以天光，于是乎居土上。观卦变成否卦，下卦土表示国土，上卦天为光，故说"观国之光"，这是说陈敬仲将去往别国。

艮为门庭，乾为金玉，坤为布帛，有金玉布帛充实门庭，具备天地间的美物，只有诸侯才能如此，这是诸侯朝王之象，故说"利用宾于王"。问卦者非陈敬仲本人，而是他人代问，故说"犹有观焉"，即非敬仲本人，而在其后代。

陈完在陈时，陈大夫懿氏想嫁女于完，其妻占卜问吉凶，得兆象说："吉。是谓'凤凰于飞，和鸣锵锵，有妫之后，将育于姜。五世其昌，并于正卿。八世之后，莫之与京。'"

卜，是用火烧龟壳，形成裂纹，称象，又称兆。筮，是用蓍草筮卦，得一组数字，形成卦。商周之时已有成熟的卜与卦的体系，根据兆与卦可查到对应的兆辞与卦辞。

齐桓公认为敬仲贤能，要至其家饮酒。臣在家宴请国君属违礼，齐桓公提出要来，敬仲只得答应。齐桓饮酒很开心，直至天黑，仍不想离开，说："以火继之。"

敬仲推辞说："臣卜其昼，未卜其夜，不敢。"

君子说："酒以成礼，不继以淫，义也。以君成礼，弗纳于淫，仁也。"

> 孔子曰："出则事公卿，入则事父兄，丧事不敢不勉，不为酒困，何有于我哉？"　　——《论语》

第十五回　曲沃伯取翼主晋　周惠王避乱居郑

前709年春,曲沃武公伐翼,驻师陉庭。韩万御戎,梁弘为车右,在汾水边追逐晋哀侯。韩万是晋穆侯之孙,曲沃桓叔之子,曲沃庄伯之弟,曲沃武公的叔叔,因封邑在原韩国,而以韩为氏。原韩国是周武王之子的封国,被晋穆侯所灭。

晋哀侯的骖①马被林木挂住,被迫停下,哀侯被俘,而后被杀。四马拉一辆戎车,叫一乘,中间两匹叫服马,两边的叫骖马。

栾宾之子成是哀侯傅,称栾共叔。曲沃武公劝他,说:"苟无死,吾以子见天子,令子为上卿,制晋国之政。"

栾共叔说:"成闻之:'民生于三,事之如一。'父生之,师教之,君食之。非父不生,非食不长,非教不知生之族也,故壹事之。唯其所在,则致死焉。报生以死,报赐以力,人之道也。臣敢以私利废人之道,君何以训矣?且君知成之从也,未知其待于曲沃也。从君而贰,君焉用之?"共叔战死。

翼人立哀侯之子小子为侯,史称小子侯。

前705年冬,曲沃武公诱杀小子侯。

前704年春,曲沃武公攻灭晋都翼。冬,周桓王命虢仲立晋哀侯之弟缗。

前703年秋,虢仲、芮伯、梁伯、荀侯、贾伯率师伐曲沃。

前678年,曲沃武公杀晋侯缗,以晋宝器贿周王。

冬,天王使虢公命曲沃伯为晋侯,建一军。

　　　升之井:贞吉,升阶。　　　　　　——《易经》

---

①骖 cān

当初，曲沃武公伐周邑夷，执夷大夫诡诸，周大夫芮国请曲沃武公赦夷诡诸。夷诡诸获释后，未报答芮国。

前678年冬，芮国作乱，对晋人说："与我伐夷，尔取其地。"芮国以晋师伐夷，杀夷诡诸。周公忌父避乱出奔虢。周惠王继位后，使周公忌父返回复职。

也许正因此乱，周庄王驾崩后，王室未赴告诸侯。若按《史记》，周庄王于前682年驾崩，周僖王继位，在位五年而崩，然而，《春秋左传》《国语》均未提及周僖王。

前676年，春，虢公、晋侯朝见惠王，惠王宴飨二人，命二人敬酒助乐，赐虢公、晋侯各玉五双、马三匹。依周制，这是非礼的。虢为公爵，晋为侯爵，名位不同，礼数有异。

郑厉公因齐人执郑詹，来求惠王调解。虢公、晋侯、郑伯为惠王操办婚事，使原伯为惠王迎娶陈侯之女。陈妫嫁入京师，为惠后。

当初，周庄王的姚姓妃有宠于庄王，生王子颓，子颓受宠，庄王使芮国为其师。惠王即位后，取芮国之圃为己囿。周大夫边伯之宫近王宫，惠王占为己有。惠王又强取子禽、祝跪与詹父之田，并收膳夫石速之禄。早年周桓王夺取苏氏十二邑，苏氏与王室一直不和，故芮国、边伯、石速、詹父、子禽、祝跪依靠苏氏作乱。

前675年，秋，五大夫奉王子颓伐惠王，未胜，出奔温。苏氏奉子颓奔卫，卫师和南燕之师伐惠王。

冬，叛者立子颓为周王。

> 民可近，不可下，民惟邦本，本固邦宁。
>
> ——《尚书》

来年，前674年，春，郑厉公调和王室纷争，未成，遂执南燕国君仲父。夏，郑厉公护驾周惠王至郑，惠王居于栎。

秋，周惠王与郑厉公进入邬邑，由此入成周，取宝器而还。

冬，王子颓宴享五大夫，用黄帝、尧、舜、禹、汤、文武六代乐、舞，有黄帝的《云门》《大卷》，尧的《大咸》，舜的《大韶》，禹的《大夏》，汤的《大濩》①，周的《大武》。

郑厉公得知，往见虢叔，说："寡人闻之：哀乐失时，殃咎必至。今王子颓歌舞不倦，乐祸也。夫司寇行戮，君为之不举，而况敢乐祸乎？奸王之位，祸孰大焉？临祸忘忧，忧必及之。何不纳王乎？"

虢公说："寡人之愿也。"

前673年夏，郑厉公与虢叔率师伐王城，郑厉公奉惠王自南门圉②门入，虢叔自北门入，杀王子颓及五大夫。

骄淫矜③夸④，将由恶终。虽收放心，闲之惟艰。资富能训，惟以永年。　　　　　　——《尚书》

郑厉公在宫阙的西屋宴享周惠王，遍用六代乐舞。周惠王赐郑厉公自虎牢以东之地，这是周平王赐给郑武公之地，郑庄公时被周桓王收回。

原伯见郑厉公用六代乐舞，说："郑伯效尤，其亦将有咎。"

五月辛酉日，郑厉公突去世，其子捷继位，为郑文公。

周惠王巡虢，虢公为惠王建行宫于玤⑤，惠王赐之酒泉。先前，郑厉公享惠王，惠王赐之王后用鞶鉴。虢公请赐器，惠王赐之青铜爵。爵比鞶鉴珍贵，郑文公自此对惠王不满。

冬，惠王自虢回到成周。

天子适诸侯曰巡狩，诸侯朝于天子曰述职。春省耕而补不足，秋省敛而助不给。　　　　——《孟子》

①濩 hù　②圉 yǔ　③矜 jīn　④夸 kuā　⑤玤 bàng

前667年冬,周天子使召伯廖赐齐侯命,且请伐卫,以其立子颓。鲁庄会齐桓于卫地城濮,谋伐卫。

前666年,三月甲寅日,齐人伐卫。卫与齐交战,卫人溃败。齐人以王命责卫人,取赂而还。

坤之谦:含章可贞,或从王事,无成,有终。
——《易经》

前665年冬,周樊邑大夫仲皮叛周王。

来年,前664年,春,周惠王命虢公讨樊仲皮。四月丙辰日,虢公攻入樊,执樊仲皮,带回京师。

未济之睽:濡其尾,吝。　　——《易经》

前662年七月,有神降于虢地莘。

周惠王问内史过:"是何故也?固有之乎?"

内史过答:"有之。国之将兴,明神降之,监其德也;将亡,神又降之,观其恶也。国之将兴,其君齐明、衷正、精洁、惠和,其德足以昭其馨香,其惠足以同其民人。神飨而民听,民神无怨,故明神降之,观其政德而均布福焉。

"国之将亡,其君贪冒、辟邪、淫佚、荒怠、粗秽、暴虐;其政腥臊①,馨香不登;其刑矫诬,百姓携贰。明神不洁,而民有远志,民神怨痛,无所依怀,故神亦往焉,观其苛慝而降之祸。

"是以,或见神以兴,亦或以亡,虞、夏、商、周皆有之。昔夏之兴也,融降于崇山;其亡也,回禄信于聆隧。商之兴也,梼杌②次于丕山;其亡也,夷羊在牧。周之兴也,凤凰鸣于岐③山;其衰也,杜伯射王于鄗④。是皆明神之志者也。"

---

①臊 sāo　②梼杌 táo wù　③岐 qí　④鄗 hào

087

传说杜伯被宣王错杀,三年后,杜伯之魂射杀宣王。

> 天视自我民视,天听自我民听。　　——《尚书》

周惠王问:"其谁受之?"

内史过答:"在虢土。"

周惠王问:"然则何为?"

史过答:"臣闻之:道而得神,是谓逢福;淫而得神,是谓贪祸。今虢渐荒,其亡乎?"

周惠王问:"吾其若之何?"

史过说:"使太宰以祝、史,奉牺牲、粢盛、玉帛往献焉,无有祈也。"

周惠王使太宰忌父带领祝、史前往,以牺牲、玉鬯①献神。史过跟随至虢,见虢公也使祝、史祭神,并向神请土地。

史过返回后告知惠王,说:"虢必亡矣。不禋于神,而求福焉,神必祸之;不亲于民,而求用焉,人必违之。精意以享,禋也;慈保庶民,亲也。今虢公动匮百姓,以逞其违。离民、怒神,而求利焉,不亦难乎?"

神居莘六个月。虢公又使太祝应、宗人区、太史嚚②享祭神,神答应赐之田土。

史嚚说:"虢其亡乎?吾闻之:国将兴,听于民;将亡,听于神。神,聪明正直而壹者也,依人而行。虢多凉德,其何土之能得?"

聪指闻言能辨真伪,明指观行能知善恶。神正直专一,不因祭品多而偏爱谁,降福降祸依其平时所言所行。

> 天聪明,自我民聪明;天明畏,自我民明威。
>
> 　　　　　　　　　　　　　　——《尚书》

---

①鬯 chàng　②嚚 yín

第十六回　鲁庄公饰庙迎亲　臧文仲如齐告籴

前677年冬,鲁国境内糜多成灾。

前676年三月,日食。夏,戎人侵鲁,鲁庄公率师追击戎人,直至济西。鲁人羞于戎人入侵,《春秋》里只记录"公追戎于济西",而不记戎人来侵。秋,鲁国有蜮①成灾。

前675年秋,卫国将嫁女于陈,鲁公子结送随嫁女至卫。凡诸侯嫁女,同姓国送女随嫁。到达卫地鄄,得知齐侯、宋公会盟,公子结前往与齐侯、宋公结盟。

因公子结无礼,冬,齐、宋、陈伐鲁西境。

> 同人之家人:乘其墉②,弗克攻,吉。——《易经》

前674年,夏,齐国由于天火引发大火。冬,齐人伐戎。

前672年,七月丙申日,鲁人及齐高傒盟于鲁地防。

冬,鲁庄公如齐送聘礼。

前671年春,鲁庄回自齐。夏,鲁庄要往齐国观看祭社。

曹刿谏,说:"不可。夫礼,所以正民也。是故,先王制诸侯,使五年四王、一相朝。终则讲于会,以训上下之则,制财用之节,其间无由荒怠;朝,以正班爵之义,帅长幼之序;征伐,以讨其不然。非此,君不举矣。夫齐弃太公之法而观民于社,君为是举而往观之,非故业也,何以训民?土发而社,助时也。收获而蒸,纳要也。今齐社而往观旅,非先王之训也。天子祀上帝,诸侯会之受命焉。诸侯祀先王、先公,卿大夫佐之受事焉。臣不闻诸侯相会祀也,祀又不法。君举必书,书而不法,后嗣何观?"

①蜮 yù　②墉 yōng

鲁庄不听,而如齐观社。

君子以制数度,议德行。　　　　——《易传》

夏,荆人如鲁聘,《春秋》记载:"荆人来聘。"这是首次记录楚人聘于鲁。

鲁庄与齐桓会于齐地穀。宋附庸萧叔大心朝鲁庄公。

秋,鲁国用丹漆桓公庙之楹。

匠师庆对庄公说:"臣闻圣王公之先封者,遗后之人法,使无陷于恶。其为后世昭前之令闻也,使长监于世,故能摄固不解以久。今先君俭而君侈,令德替矣。"

庄公说:"吾属欲美之。"

匠庆说:"无益于君,而替前之令德,臣故曰庶可已矣。"

鲁庄公不听。

冬,十二月甲寅日,鲁庄与齐桓盟于扈。

来年,前670年,春,鲁国雕刻桓公庙之榱,非礼。

御孙进谏说:"臣闻之:'俭,德之共也;侈,恶之大也。'先君有共德,而君纳诸大恶,无乃不可乎?"

庄公不听。依周礼,诸侯不用丹漆,橑子不加雕刻。

夏,鲁庄公亲往齐国迎娶夫人。

秋,庄公先行返还。

八月,丁丑日,夫人齐姜进入鲁公宫。

绸缪束薪,三星在天。今夕何夕,见此良人?子兮子兮,如此良人何?

绸缪束刍,三星在隅。今夕何夕,见此邂逅?子兮子兮,如此邂逅何?

---

①扈 hù

绸缪束楚,三星在户。今夕何夕,见此粲者?子兮子兮,如此粲者何?

——《诗经》之《唐风·绸缪》

戊寅日,庄公使宗族妇人进见,用玉币作见面礼。非礼。

宗人夏父展进谏,说:"非故也。"

庄公说:"君作故。"

夏父展说:"君作而顺,则故之;逆,则亦书其逆也。臣从有司,惧逆之书于后也,故不敢不告。夫妇贽①不过枣、栗,以告虔也。男贽大者玉、帛,小者禽、鸟,以章物也。今男女同贽,是无别也。男女之别,国之大节也。而由夫人乱之,无乃不可乎?"

鲁庄公不听。

孔子曰:"奢则不逊,俭则固。与其不逊也,宁固。"

——《论语》

前671年冬,十一月,曹庄公射姑去世。

前670年冬,戎人侵曹,曹羁出奔陈,赤归曹即位,为曹僖公。曹羁当为曹君,无谥号。

前669年,春,陈宣公使大夫女叔如鲁聘,二国始结友好。女:氏;叔:以排行为字。

夏,六月,鲁伯姬嫁于杞。伯姬是庄公长女。

秋,鲁国大水。击鼓,用牲于社、于国门。非礼。凡天灾,有币无牲。非日月之眚②,不鼓。

冬,鲁公子友如陈报女叔之聘。公子友:庄公弟季友。

前668年,春,鲁庄公率师伐戎。秋,鲁庄公会宋人、齐人伐徐。冬,十二月癸亥日,朔,日食。

---

①贽 zhì　②眚 shěng

前667年春,鲁庄会杞伯姬于鲁地洮①,非诸侯之事。

六月,鲁庄、齐桓、宋桓、陈宣、郑文同盟于幽,因陈、郑服。

秋,公子友如陈,葬原仲。非礼。原仲:季友旧交。天子非展义不巡守,诸侯非民事不举,卿非君命不越境。

冬,杞伯姬回鲁探亲。杞伯朝见鲁庄公。莒庆如鲁迎娶叔姬。

归妹之解:归妹以娣,跛能履,征吉。——《易经》

前666年四月丁未日,郕子琐去世。秋,荆伐郑,鲁庄会齐、宋救郑。冬,鲁国筑郿。因夏麦、秋禾皆严重歉收,鲁国饥荒。

臧文仲对庄公说:"夫为四邻之援,结诸侯之信,重之以婚姻,申之以盟誓,固国之艰急是为。铸名器,藏宝财,固民之珍病是待。今国病矣,君何不以名器请籴②于齐?"

庄公问:"谁使?"

臧孙辰说:"国有饥馑,卿出告籴,古之制也。辰也备卿,辰请如齐。"

鲁庄公使臧孙辰前往齐国购粮。

从者说:"君不命吾子,吾子请之,其为选事乎?"

臧文仲说:"贤者急病而让夷,居官者当事不避难,在位者恤民之患,是以国家无违。今我不如齐,非急病也。在上不恤下,居官而惰,非事君也。"

君子以教思无穷,容保民无疆。 ——《易传》

臧文仲备鬯圭与玉磬如齐,对齐人说:"天灾流行,戾于弊邑,饥馑荐降,民赢几卒。大惧乏周公、太公之命祀,职贡业事之不共,而获戾。不腆先君之币器,敢请齐之滞积,以纾执事之忧,以

---

①洮 táo ②籴 dí

救弊邑,使能共职。岂唯寡君与二三臣实受君赐,其周公、太公及百辟神祇实永飨而赖之。"

齐人归还郓圭和玉磬,卖粮给鲁国。

君子以裒①多益寡,称物平施。　　　——《易传》

前665年,春,鲁国新作马厩②,不合时。春分,马出厩,牧于野外。秋分,水寒草枯,马入厩。春季作厩,有失民时。

《春秋》:"秋,有蜚。"鲁国蜚虫成灾。凡常物,不为灾则不记。冬,十二月,纪叔姬去世。鲁国城诸、城防,合于时令。

凡土木工程,苍龙星现于东方,农事毕,备土功。心星现,工具到位。定星黄昏现于正南天空,乃立版筑墙。冬至,工程竣工。

孔子曰:"道千乘之国,敬事而信,节用而爱人,使民以时。"　　　——《论语》

----

①裒 póu　②厩 jiù

第十七回　齐桓救燕伐山戎　晋献迁都灭耿魏

前664年,秋,七月,纪之附庸国鄣降齐。

冬,鲁庄与齐桓会于鲁境济水边,谋伐山戎,因山戎危及燕国。

齐桓公救燕伐山戎,至孤竹而还,迷失道路。

管仲说:"老马之智可用也。"

于是,放开缰绳,师众跟随老马,终得道路。

行走山中,多日无水,士卒干渴,隰朋说:"蚁,冬居山之阳,夏居山之阴,蚁壤寸而有水。"找到蚁穴,掘地,遂得水。

燕庄公送齐桓公进入齐境。

齐桓说:"非天子,诸侯相送不出境,吾不可以无礼于燕。"

于是,割燕君所至之地予燕,命燕君复修召公之政,纳贡于周,如成康之时。

> 未济之讼:贞吉,无悔。君子之光,有孚,吉。
> 　　　　　　　　　　　　　　——《易经》

前663年春,鲁庄筑台于郎。奢侈,且非时。

夏,鲁庄筑台于薛。六月,齐桓如鲁献戎俘,非礼。凡诸侯讨伐四方夷狄有功,则献俘于王,王以此警夷狄。诸侯之间交战则不献俘于王。诸侯间也不互相献俘。

秋,鲁庄筑台于秦。整个冬天,鲁国全境无雨,未为灾。

前662年春,齐国为管仲城小穀。

> 敷纳以言,明庶以功,车服以庸。　——《尚书》
> 使民以力得富,以事致贵,以过受罪,以功致赏。
> 　　　　　　　　　　　　　　——《韩非子》

前677年,晋侯称去世,谥武,史称曲沃武公,又称晋武公。武公之子佹①诸即位,为晋献公。

晋献公是晋穆侯的重孙,曲沃桓叔的曾孙,曲沃庄伯之孙。桓叔、庄伯之族很强盛,威逼公室,晋献公很担心。

前671年,士蔿说:"去富子,则群公子可谋也已。"

晋献公说:"尔试其事。"

士蔿与群公子谋议,诬陷富子,群公子信以为真,除掉富子。

前670年,士蔿又与群公子谋划,杀掉游氏二子。

士蔿向晋献公汇报,说:"可矣。不过二年,君必无患。"

前669年,秋,士蔿使群公子杀尽游氏族人,然后,城聚,使群公子皆居于聚。冬,晋献公围聚,尽杀群公子。

前668年,春,晋献公命士蔿为大司空。夏,士蔿城绛②,加高宫墙,晋迁都于绛。

> 孔子曰:"朝闻道,夕死可矣。" ——《论语》

秋,虢人侵晋。冬,虢人又侵晋。

来年,前667年,冬,晋献公要伐虢。

士蔿说:"不可。虢公骄,若骤得胜于我,必弃其民。无众而后伐之,欲御我,谁与?夫礼、乐、慈、爱,战所畜也。夫民,让事、乐和、爱亲、哀丧,而后可用也。虢弗畜也,亟③战,将饥。"

> 将欲翕④之,必固张之;将欲弱之,必固强之;将欲去之,必固举之;将欲夺之,必固予之。 ——《老子》

当初,晋献公娶贾伯之女,贾女无子。献公与武公少妾齐姜私通,生秦穆夫人和太子申生。又娶二女于戎,大戎是晋唐叔在戎狄的别枝,姬姓,狐氏,大戎女狐姬生公子重耳。小戎,允姓戎,

---

①佹 guǐ ②绛 jiàng ③亟 qì ④翕 xī

小戎女生公子夷吾。其后,晋伐姬姓男爵国骊戎,骊戎男嫁女于晋献公。骊姬生奚齐,其妹生卓子。

骊姬有宠于献公,要立奚齐为太子,贿赂献公的宠臣梁五和东关的受宠大夫五,使二五对献公说:"曲沃,君之宗也;蒲与北屈,君之疆也,不可以无主。宗邑无主,则民不威;疆场无主,则启戎心。戎之生心,民慢其政,国之患也。若使太子主曲沃,而重耳、夷吾主蒲与屈,则可以威民而惧戎,且彰君功。"

骊姬见献公犹豫不决,又使二五对献公说:"狄之广莫,于晋为邑。晋之启土,不亦宜乎?"

晋献公听了很高兴。

前666年夏,晋献公使太子申生居曲沃,重耳居蒲城,夷吾居屈。其他公子亦皆居边邑,唯骊姬姊妹之子在绛都。

二五与骊姬诬陷群公子,谋立奚齐为太子,晋人称之为"二五耦"。"耦"指二人共耕,晋人借指二五共垦晋宗室。

> 有言逆于汝心,必求诸道;有言逊于汝志,必求诸非道。　　　　　　　　　——《尚书》

前661年冬,晋献公作二军,献公将上军,太子申生将下军,赵夙为献公御戎,毕万为车右,出征灭耿国、霍国、魏国。

> 兵贵胜,不贵久。　　　　　　——《孙子兵法》

班师回国后,晋献公使人为太子城曲沃,赐赵夙以耿,赐毕万以魏,并使二人为大夫。

士芳说:"太子不得立矣。分之都城,而位以卿,先为之极,又焉得立?不如逃之,无使罪至。为吴太伯,不亦可乎?犹有令名,胜于及也。且谚曰:'心苟无瑕,何恤乎无家?'天若祚太子,其去晋乎。"

太子闻之,说:"子舆之为我谋,忠矣。然吾闻之:为人子者,患不从,不患无名;为人臣者,患不勤,不患无禄。今我不才而得勤与从,又何求焉?焉能及吴太伯乎?"子舆,士芳字。

孔子曰:"泰伯,其可谓至德也已矣。三以天下让,民无得而称焉。"
——《论语》

晋掌卜大夫卜偃说:"毕万之后必大。万,盈数也。魏,大名也。以是始赏,天启之矣。天子曰兆民,诸侯曰万民。今名之大,以从盈数,其必有众。"

毕万是毕君之后,毕为周文王之子的封国,不知何时被何人所灭。当初,毕万为入仕晋而问卦,得《屯①》之《比》,问吉凶于辛廖。

辛廖说:"吉。《屯》固《比》入,吉孰大焉?其必蕃昌。震为土,车从马,足居之,兄长之,母覆之,众归之。六体不易,合而能固,安而能杀,公侯之卦也。公侯之子孙,必复其始。"

《屯》固《比》入:《屯》险,为固。《比》亲密,故得入。

屯卦,坎上震下;比卦,坎上坤下。《屯》之《比》,下卦震变为坤土,故说"震为土"。震又代表车、足、长男,坤又代表马、母、众,故说"车从马,足居之,兄长之,母覆之,众归之"。《屯》之《比》,最下一爻变,以至于有以上六点,不可变易,即"六体不易"。屯卦表坚固,比卦表聚合,坤卦表安定,震卦表杀戮,故说"合而能固,安而能杀"。得众、威武、杀戮,故是"公侯之卦"。

豫之坤:由豫,大有得。勿疑,朋盍②簪③。
——《易经》

---

①屯 zhūn ②盍 hé ③簪 zǎn

赵夙,据传其先人造父是伯益后人,为周穆王驾车,大败徐偃①王,穆王赐之赵城,赐赵为氏。造父的六世孙公仲,在周宣王伐戎时为宣王驾车,在千亩之战中,公仲救宣王。公仲之子叔带,因周幽王无道而离开京师,来到晋国,赵夙是叔带的五世孙。

孑②孑干旄,在浚之郊。素丝纰③之,良马四之。彼姝④者子,何以畀之?

孑孑干旟,在浚之都。素丝组之,良马五之。彼姝者子,何以予之?

孑孑干旌,在浚之城。素丝祝之,良马六之。彼姝者子,何以告之?

——《诗经》之《鄘风·干旄》

①偃 yǎn ②孑 jié ③纰 pí ④姝 shū

第十八回　郑人楚语空城计　鲁庄季友固本谋

前675年,楚文伐黄归途病逝,不满十岁的熊囏继位。其后,熊囏下属要杀其弟熊恽,熊恽逃至随,借随师杀熊囏。熊囏死后无谥,史称堵敖。熊恽立为君,为楚成。

前666年,楚文之弟令尹子元诱惑楚文夫人,即息妫,在文夫人宫旁造馆舍,在馆中演奏乐器,跳《万》舞。

楚文夫人流泪说:"先君以是舞也,习戎备也。今令尹不寻诸仇雠①,而于未亡人之侧,不亦异乎?"

侍者转告子元。子元说:"妇人不忘袭仇,我反忘之。"

秋,子元率六百乘战车伐郑,进入郑远郊桔柣②门。子元、鬭御彊、鬭梧、耿之不比高扬大旗为前军,鬭班、公孙游、公孙喜殿后。楚师自外郭纯门入,直至内城边、外城大路市场。

郑内城门悬而不闭,郑人照常进出,见楚师,便学楚人说话。

子元说:"郑有人焉!"

楚师不敢入城,在城外扎营。

> 形兵之极,至于无形。无形,则深间不能窥,智者不能谋。
> ——《孙子兵法》

鲁庄公会齐人、宋人救郑。楚师探知诸侯师来救郑,趁夜色,悄悄撤退,留下空营帐。

郑人担心楚人攻城,想趁天黑逃往桐丘,谍人回报说:"楚幕有乌。"郑人知楚师已退,放弃出奔。

---

①雠 chóu　②桔柣 xié dié

鸟集者,虚也。　　　　　——《孙子兵法》

前665年夏,郑人侵许。

楚子元自伐郑回楚,遂入住公宫,引诱文夫人。鬭射师劝谏,子元执而锘之。

前664年秋,申县尹鬭班杀子元。楚人使鬭穀於菟①为令尹,子文倾其家财,以纾②楚国之难。鬭穀於菟,字子文,若敖之孙,鬭伯比之子。

南有乔木,不可休息。汉有游女,不可求思。汉之广矣,不可泳思。江之永矣,不可方思。
　　　　　——《诗经》之《周南·汉广》

当初,鲁庄公筑台临党氏,见党氏女孟任,便追随其后。孟任不答应,庄公许其立为夫人,孟任才答应,割臂与庄公盟。

野有死麕③,白茅包之。有女怀春,吉士诱之。
林有朴樕④,野有死鹿。白茅纯束,有女如玉。
　　　　　——《诗经》之《召南·野有死麕》

前662年,鲁庄公病重,问其庶弟叔牙谁可继君位。
叔牙说:"庆父才。"庆父是庄公庶兄,叔牙同母兄。
庄公又问母弟季友,季友说:"臣以死奉般。"
庄公夫人齐姜无子,公子般是孟任之子,庄公的庶长子。
庄公说:"乡者牙曰'庆父才'。"
季友使人以君命命叔牙待于大夫鍼巫氏家,使鍼季鸩⑤叔牙,说:"饮此,则有后于鲁;不然,死且无后。"
七月癸巳日,叔牙饮鸩,归,及逵泉而死。

---

①於菟 wū tú　②纾 shū　③麕 jūn　④樕 sù　⑤鸩 zhèn

师之蒙：大君有命，开国承家，小人勿用。

——《易经》

八月癸亥日，鲁庄公在路寝去世。公子般继位，住在党氏家。

早先，鲁国举行雩祭，在梁氏家演习，子般妹观看。圉人荦①自墙外调戏子般妹，子般怒，使人鞭打圉人荦。庄公说："不如杀之，是不可鞭。荦有力焉，能投盖于稷门。"

十月己未日，庆父使圉人荦在党氏家杀子般。

季友奔陈。

遁之旅：嘉遁，贞吉。　　　　——《易经》

鲁人对庆父不满，庆父往齐国寻求支持，齐人要立哀姜之妹叔姜之子启，庆父回国后立八岁的公子启，为鲁闵公。

来年，前661年，八月，鲁闵公与齐桓公在齐地落姑结盟，闵公请齐桓召回季友。闵公虽小，却知季友忠于公室。齐桓应许，使人往陈召季友。闵公在鲁地郎等待，然后，一同回都。

小畜之家人：牵复，吉。　　　　——《易经》

冬，齐大夫仲孙湫②来鲁国慰问，回国后对齐桓说："不去庆父，鲁难未已。"

齐桓问："若之何而去之？"

仲孙湫说："难不已，将自毙，君其待之。"

齐桓问："鲁可取乎？"

仲孙湫说："不可，犹秉周礼。周礼，所以本也。臣闻之：'国将亡，本必先颠，而后枝叶从之。'鲁不弃周礼，未可动也。君其务宁鲁难而亲之。亲有礼，因重固，间携贰，覆昏乱，霸王之器也。"

---

①荦 luò　②湫 jiǎo

以乱攻治者亡,以邪攻正者亡,以逆攻顺者亡。
——《韩非子》

先时,闵公傅夺大夫卜齮①之田,闵公未禁,卜齮怀恨。闵公二年,前660年,八月辛丑日,共仲指使卜齮杀闵公。季友带闵公庶兄公子申奔邾。鲁人要杀共仲,共仲奔莒。共仲,即庆父,谥共。

季友带公子申回国,立之,史称鲁僖公。

兑之节:商兑未宁,介疾有喜。　　——《易经》

季友贿莒以求庆父,莒人使庆父返鲁。至鲁地密,庆父使公子鱼入朝请逃亡,未得允许,公子鱼哭着返回。公子鱼:字奚斯。

庆父闻哭声,说:"奚斯之声也。"知请求无果而自缢。

共仲与哀姜私通,故哀姜要立庆父为君。闵公被杀,哀姜事先知情。哀姜因此惧而奔邾。齐桓得知哀姜之情,使人如邾召哀姜,杀之于鲁地夷,以其尸回齐。鲁僖公向齐人请回哀姜遗体,与庄公合葬。君子认为齐人杀哀姜为之已甚。

姤之乾:系于金柅,贞吉。有攸往,见凶,羸豕孚蹢躅②。
——《易经》

季友出生前,鲁桓公使掌卜大夫占卜,卜者说:"男也。其名曰友,在公之右。间于两社,为公室辅。季氏亡,则鲁不昌。"

"两社"指周社和亳社。鲁建国时分得殷民六族,故鲁国设有亳社使殷民祭祀祖先,同时也是以亡国之社作为借鉴。

鲁桓公又使人筮卦,得《大有》之《乾》,筮辞为:"同复于父,敬如君所。"

---

①齮 yǐ　②蹢躅 zhí zhú

季友出生时,手上有纹似"友",遂以"友"为名。

公子申之母成风得知季友出生时的卜筮之辞,乃与之结好,托公子申于季友,故季友立公子申。

鲁僖公赐季友汶①阳之田及费邑,其后,立庆父之子公孙敖继仲孙氏,立叔牙之子公孙兹继叔孙氏。

> 蒙之涣:童蒙,吉。　　　　　　——《易经》

前659年九月,邾国虚丘戍守者期满返国,途中遭鲁师突袭,邾师败于偃。

十月,莒人因送归庆父又来鲁索贿,公子友率师败莒师于郦②,擒获莒子之弟莒拏。

> 巽之姤:悔亡,田获三品。　　　　——《易经》

---

①汶 wèn　②郦 lí

第十九回　晋太子金玦衣尨　卫懿公轩车载鹤

当初,晋献公为伐骊戎占卜,史苏占,说:"胜而不吉。"

献公问:"何谓也?"

史苏说:"遇兆,挟以衔骨,齿牙为猾,戎、夏交捽①。交捽,是交胜也,臣故云。且惧有口,携民,国移心焉。"

献公说:"何口之有!口在寡人,寡人弗受,谁敢兴之?"

史苏说:"苟可以携,其入也必甘受,逞而不知,胡可壅也。"

> 否之匪人,不利君子贞,大往小来。——《易经》

献公不听。伐骊戎,败戎,获骊姬,有宠于献公。献公要立之为夫人,为此占卜,不吉;筮卦,吉。

献公说:"从筮。"

卜人说:"筮短龟长,不如从长。且其辞曰:'专之渝,攘公之羭②。一薰一莸③,十年尚犹有臭。'必不可。"

筮卦所用蓍④草长度不如龟壳。兆辞之意:专宠生变,灭公之公羊。一香一臭,香易消,臭难除,十年犹有臭。公羊,代指献公之子。

晋献公不听,立骊姬为夫人。

史苏对里克等人说:"有男戎必有女戎。若晋以男戎胜戎,而戎亦必以女戎胜晋,其若之何?"

里克问:"何如?"

史苏说:"昔夏桀伐有施,有施人以妺⑤喜女焉,妺喜有宠,于是乎与伊尹比而亡夏。殷辛伐有苏,有苏氏以妲己女焉,妲己有

---

①捽 zuó　②羭 yú　③莸 yóu　④蓍 shī　⑤妺 mò

宠,于是乎与胶鬲比而亡殷。周幽王伐有褒,褒人以褒姒女焉,褒姒有宠,生伯服,于是乎与虢石甫比,逐太子宜臼而立伯服。太子出奔申,申人、鄫人召西戎以伐周,周于是乎亡。

"今晋寡德而安于俘女,又增其宠,虽当三季之王,不亦可乎?且其兆云:'挟以衔骨,齿牙为猾。'我卜伐骊,龟往离散以应我。夫若是,贼之兆也,非吾宅也,离则有之。不跨其国,可谓挟乎?不得其君,能衔骨乎?若跨其国而得其君,虽逢齿牙,以猾其中,谁云不从?诸夏从戎,非败而何?从政者不可以不戒,亡无日矣。"

郭偃说:"夫口,三五之门也。是以谗口之乱,不过三五。且夫挟,小鲠①也。可以小戕②,而不能丧国。当之者戕焉,于晋何害?商之衰也,其铭有之曰:'嗛③嗛之德,不足就也,不可以矜,而只取忧也。嗛嗛之食,不足狃④也,不能为膏,而只罹⑤咎也。'虽骊之乱,其罹咎而已,其何能服?

"吾闻以乱得聚者,非谋不卒时,非人不免难,非礼不终年,非义不尽齿,非德不及世,非天不历数。今不据其安,不可谓能谋;行之以齿牙,不可谓得人;废国而向己,不可谓礼;不度而迁求,不可谓义;以宠贾怨,不可谓德;少族而多敌,不可谓天。德义不行,礼义不则,弃人失谋,天亦不赞。吾观君夫人也,若为乱,其犹隶农也。虽获沃田而勤易之,将不克飨,为人而已。"

归妹,征凶,无攸利。　　　　　　——《易经》

优施教骊姬夜半而泣,对晋献公说:"吾闻申生甚好仁而强,甚宽惠而慈于民,皆有所行之。今谓君惑于我,必乱国,无乃以国故而行强于君。君未终命而殁⑥,君其若之何?何不杀我,无以一妾乱百姓。"

---

①鲠 gěng　②戕 qiāng　③嗛 qiàn　④狃 niǔ　⑤罹 lí　⑥殁 mò

献公说:"夫岂惠其民,而不惠于其父乎?"

骊姬说:"妾亦惧矣。吾闻之外人之言曰:为仁与为国不同。为仁者,爱亲之谓仁;为国者,利国之谓仁。故长民者无亲,众以为亲。苟利众而百姓和,岂能惮君?以众故不敢爱亲,众益厚之,彼将恶始而美终,以后善掩前恶者也。凡民利是生,杀君而厚利众,众孰沮之?杀亲无恶于人,人孰去之?苟交利而得宠,志行而众悦,欲其甚矣,孰不惑焉?虽欲爱君,惑不释也。今夫以君为纣,若纣有良子,而先丧纣,无彰其恶而厚其败。钧之死也,无必假手于武王,而其世不废,祀至于今,吾岂知纣之善否哉?君欲勿恤,其可乎?若大难至而恤之,其何及矣?"

献公恐惧,问:"若何而可?"

骊姬说:"君何不老而授之政?彼得政而行其欲,得其所索,乃其释君。且君其图之,自桓叔以来,孰能爱亲?唯无亲,故能兼翼。"

献公说:"不可与政。我以武与威,是以临诸侯。未殁而亡政,不可谓武;有子而弗胜,不可谓威。我授之政,诸侯必绝;能绝于我,必能害我。失政而害国,不可忍也。尔勿忧,吾将图之。"

  子张问明。孔子曰:"浸润之谮①,肤受之愬②,不行焉,可谓明也已矣。浸润之谮,肤受之愬,不行焉,可谓远也已矣。"
——《论语》

骊姬说:"以皋落狄之朝夕侵我边鄙,使无日以牧田野,君之仓廪固不实,又恐削封疆。君何不使之伐狄,以观其果于众也,与众之信辑睦焉。若不胜狄,虽济其罪,可也。若胜狄,则善用众矣,求必益广,乃可厚图也。且夫胜狄,诸侯惊惧,吾边鄙不儆③,

---

①谮 zèn ②愬 sù ③儆 jǐng

仓廪盈,四邻服,封疆信,君得其赖,又知可否,其利多矣。君其图之。"

献公听了很高兴。

前660年冬,晋献公使太子申生伐东山皋落氏赤狄。

里克谏献公,说:"太子奉冢①祀、社稷之粢盛,以朝夕视君膳者也,故曰冢子。君行则守,有守则从。从,曰抚军;守,曰监国,古之制也。夫率师,专行谋,誓军旅,君与国卿之所图也,非太子之事也。师,在制命而已,禀命则不威,专命则不孝,故君之嗣嫡不可以率师。君失其官,率师不威,将焉用之?且臣闻皋落氏将战,君其舍之。"

献公说:"寡人有子,未知其谁立焉。"

里克无言以对,退出。

潝②潝訿③訿,亦孔之哀。谋之其臧,则具是违。谋之不臧,则具是依。 ——《诗经》之《小雅·小旻④》

里克见太子,太子问:"吾其废乎?"

里克说:"告之以临民,教之以军旅,不恭是惧,何故废乎?且子惧不孝,无惧弗得立。修己而不责人,则免于难。"

太子率师,晋献公使之穿偏衣,佩金玦⑤。太子将上军,狐突御戎,先友为车右。罕夷将下军,梁馀子养御罕夷,先丹木为车右。羊舌大夫为军尉。狐突是公子重耳的外祖父。

先友说:"衣身之偏,握兵之要,在此行也,子其勉之。偏躬无慝,兵要远灾,亲以无灾,又何患焉?"晋献公使太子穿左右不一样的衣服,一侧与国君衣服相同,先友认为献公看重太子。

狐突叹息,说:"时,事之征也;衣,身之章也;佩,衷之表也。故敬其事,则命以始;服其身,则衣之纯;用其衷,则佩之度。今命

---

①冢 zhǒng　②潝 xì　③訿 zǐ　④旻 mín　⑤玦 jué

以时卒,闭其事也;衣之尨①服,远其躬也;佩以金玦,弃其衷也。服以远之,时以闭之:尨,凉;冬,杀;金,寒;玦,离,胡可恃也?虽欲勉之,狄可尽乎?"

梁馀子养说:"率师者,受命于庙,受脤②于社,有常服矣。不获常服,而尨,命可知也。死而不孝,不如逃之。"

罕夷说:"尨,奇而无常;金玦,不复。虽复何为,君有心矣。"

先丹木说:"是服也,狂夫疑之。曰'尽敌而反',敌可尽乎?虽尽敌,犹有内谗,不如去之。"

狐突要陪太子出奔。

习坎,有孚,维心亨,行有尚。　　——《易经》

羊舌大夫说:"不可。违命不孝,弃事不忠。虽知其寒,恶不可取。子其死之。"

到达皋落氏附近,狄人来迎战,太子将战。

狐突说:"不可,昔辛伯戒周桓公云:'内宠并后,外宠二政,嬖子配嫡,大都偶国,乱之本也。'周公弗从,故及于难。今乱本成矣,立可必乎?孝而安民,子其图之,与其危身以速罪也。"

太子说:"不可。君之使我,非欢也,抑欲测吾心也。是故,赐我奇服,而告我权,又有甘言焉。言之大甘,其中必苦。谮在中矣,君故生心。虽蝎③谮,焉避之?不若战也。不战而返,我罪滋厚;我战死,犹有令名焉。"

谦之艮:鸣谦,利用行师,征邑国。　——《易经》

前669年五月癸丑日,卫惠公去世,其子赤继位,为卫懿公。卫懿公好鹤,给鹤配备大夫所用轩车。

前660年十二月,狄人伐卫,卫懿公将率国人迎战。

---

①尨 máng　②脤 shèn　③蝎 xiē

国人说:"使鹤,鹤实有禄位,余焉能战?"

卫懿公给石祁子玦,给甯庄子矢,使二人留守,说:"以此赞国,择利而为之。"玦表决断,矢示御难。

给夫人绣衣,说:"听于二子。"

渠孔御戎,子伯为车右,黄夷为前驱,孔婴齐殿后。卫师与狄人在荧泽交战,卫师溃败,卫懿公战死。卫懿公不肯收起君旗,被狄人围攻,卫师失去主帅,其败尤甚。

可爱非君?可畏非民?众非元后,何戴?后非众,罔与守邦? ——《尚书》

贵以贱为本,高以下为基。 ——《老子》

第二十回　女弟作诗唁卫侯　齐桓逐狄安邢卫

狄人俘获卫二位太史华龙滑和礼孔,囚二人追逐卫人。

二史说:"我,太史也,实掌其祭。不先,国不可得也。"

狄人信其言,使二史先归告神。

二人回到卫都,对留守者说:"不可待也!"

留守者带领国人连夜逃走。狄人进入卫都,见城中无人,又向东追逐卫人,再次打败卫人。

卫人逃至黄河边,宋桓公在河边迎接卫遗民。卫人连夜渡过黄河,男女老幼只剩七百三十人,加之共、腾二别邑之民,共五千人。

> 谁谓河广？一苇杭之。谁谓宋远？跂①予望之。
> 谁谓河广？曾②不容刀。谁谓宋远？曾不崇朝。
> ——《诗经》之《卫风·河广》

卫惠公即位时年尚少,其母宣姜很年轻,齐人使昭伯娶宣姜。昭伯是卫惠公的庶兄,太子急和黔牟之弟。昭伯与宣姜均不答应,齐人强迫。宣姜又生齐子、子申、子燬③、宋桓夫人和许穆夫人。子燬见卫国祸难不断,先前已离卫,居齐。

> 贲之离:贲④如皤⑤如,白马翰如,匪寇,婚媾。
> ——《易经》

卫人立子申,史称卫戴公,暂居曹邑。许穆夫人因父母之邦

---

①跂 qǐ　②曾 zēng　③燬 huǐ　④贲 bì　⑤皤 pó

惨遭败亡,忧许国弱小,不能救卫,要吊唁父兄又受许人阻止而不能,悲伤之际作诗《载驰》,在《诗经》之《鄘风》:

载驰载驱,归唁卫侯。驱马悠悠,言至于漕。大夫跋涉,我心则忧。

既不我嘉,不能旋反。视尔不臧,我思不远。既不我嘉,不能旋济。视尔不臧,我思不閟①。

陟彼阿丘,言采其蝱②。女子善怀,亦各有行。许人尤之,众稚且狂。

我行其野,芃③芃其麦。控于大邦,谁因谁极?大夫君子,无我有尤。百尔所思,不如我所之。

家人之小畜:无攸遂,在中馈,贞吉。

——《易经》

齐桓公使其子公子无亏率战车三百乘、甲士三千人戍守卫曹邑;送给卫戴公驾车用马,五套祭服,牛、羊、豕、鸡、狗各三百,立门户所用材料;送给夫人乘坐的鱼轩,以及重锦三十匹。

卫戴公不久即去世,齐人立卫戴公之弟子燬,史称卫文公。

天之道,其犹张弓与。高者抑之,下者举之;有余者损之,不足者补之。天之道,损有余而补不足,人之道则不然,损不足以奉有余。孰能有余以奉天下?唯有道者。

——《老子》

卫国的北邻邢国,是周公第四子的封国,周成王封之于北方商朝邢国故地,以防止戎狄入侵中原。

1921年,河北省邢台出土青铜"邢侯簋④",又叫《周公彝⑤》,

---

① 閟 bì　② 蝱 méng　③ 芃 péng　④ 簋 guǐ　⑤ 彝 yí

据学者研究，其上铭文大约为：惟三月，王令荣及内史曰："更邢侯服，赐臣三品：州人、重人、庸人。"拜稽首，嘉天子，逋厥濒福，克奔走上下，帝无终令于有周。追考，對不敢坠，邵朕福盟，朕臣天子，用册王命，乍周公彝。

铭文大意为：三月，周王令荣伯与内史宣读王命，使邢侯参与王政，赐予臣三族：州人、重人、庸人。邢侯拜稽首，嘉天子之恩，将尽职奔走……奉王命，为亡父周公作此彝器。

又有不知何时出土的麦尊、麦盉①、麦方彝、麦方鼎等多个青铜器记载邢侯业绩。《麦尊铭》铭文大意为：周王命周公第四子姬苴出朝，封作诸侯于邢。二月，邢侯朝周王于镐京。正值周王举行祭祀，次日，周王乘舟，举行大礼，邢侯乘有赤色旗帜之舟随行。周王让邢侯寝于宫中，并赐玄周戈，又赐臣属二百家，允许使用周王的车马服饰。自镐京归，邢侯向左右言及周王之嘉惠。以谨恭之仪告于周王和其先父周公。邢侯史官做册麦铸尊彝，以保子子孙孙，永禄无终，以德和友众，立世传延。学者对《麦尊铭》铭文释读不一。

1978年出土于河北省石家庄市元氏县西张村的《臣谏簋》铭文之意为：当戎人大举出现于地时，邢侯即率军与戎人作战，同时邢侯命谏率亚旅居于地，并命谏为执政。谏禀告邢侯，其子早亡，请邢侯允许其胞弟引之长子（即谏之长侄）入朝，继其官职。谏之请得邢侯应允，故作器以记之。

  秩秩斯干，幽幽南山。如竹苞矣，如松茂矣。兄及弟矣，式相好矣，无相犹矣。

——《诗经》之《小雅·斯干》

---

①盉 hé

邢国常遭狄人侵犯,至春秋之初,邢国东、北、西三面临狄,跟卫国一样,处境艰难。前662年冬,狄伐邢。

管仲对齐桓说:"戎狄豺狼,不可厌也。诸夏亲昵,不可弃也。宴安鸩毒,不可怀也。《诗》云:'岂不怀归,畏此简书。'简书,同恶相恤之谓也。请救邢以从简书。"

前661年正月,齐人救邢。

　　大畜之小畜:豮①豕之牙,吉。　　——《易经》

(笔者注:豮,去除。)

前660年正月,齐人迁阳国人往别地居住。

前659年春,狄人又伐邢。齐、宋、曹联军救邢,驻师邢地聂北。邢人被狄人击溃,逃至联军驻地。齐、宋、曹联军追逐狄人,然后,助邢人收拾器用物品,迁离原址,师众无私取。

六月,齐、宋、曹联军迁邢至夷仪,并城夷仪。

　　颐之噬嗑:颠颐,吉。 虎视眈②眈,其欲逐逐,无咎。
　　　　　　　　　　　　　　　　　　——《易经》

八月,齐侯、鲁侯、宋公、郑伯、曹伯、邾人会于宋地柽③。

来年,前658年,正月,齐联盟迁卫都至楚丘,城楚丘。邢、卫二国因此安居而忘亡。

卫文公即位后,穿粗布衣,戴粗帛冠,务材训农,通商惠工,敬教劝学,授方任能。元年,有革车三十乘;末年,有战车三百。

卫人作诗描写卫文公营造楚丘宫室,在《诗经》之《鄘风·定之方中》:

　　定之方中,作于楚宫。揆④之以日,作于楚室。树之榛⑤栗,

---

①豮 fén　②眈 dān　③柽 chēng　④揆 kuí　⑤榛 zhēn

椅①桐梓②漆,爰伐琴瑟。

升彼虚矣,以望楚矣。望楚与堂,景山与京。降观于桑,卜云其吉,终然允臧。

灵雨既零,命彼倌人,星言夙驾,说于桑田。匪直也人,秉心塞渊,騋③牝三千。

孔子曰:"善人教民七年,亦可以即戎矣。"

——《论语》

---

①椅 yī ②梓 zǐ ③騋 lái

第二十一回　失东夷徐子取舒　风马牛齐桓征楚

徐国据传是伯益之子的封国,嬴姓,历经夏商周。西周时期,徐国对周朝是一大威胁。

《尚书·费誓》记载鲁第一任国君伯禽出征徐国的誓辞:"嗟!人无哗,听命。徂①兹淮夷、徐戎并兴。善敹②乃甲胄③,敿④乃干,无敢不吊。备乃弓矢,锻乃戈矛,砺乃锋刃,无敢不善!

"今惟淫舍牿⑤牛马,杜乃擭⑥,敜⑦乃阱,无敢伤牿。牿之伤,汝则有常刑。马牛其风,臣妾逋⑧逃,勿敢越逐,祗复之,我商赉⑨尔。乃越逐不复,汝则有常刑。无敢寇攘,逾垣⑩墙,窃马牛,诱臣妾,汝则有常刑。

"甲戌,我惟征徐戎。峙⑪乃糗⑫粮,无敢不逮,汝则有大刑。鲁人三郊三遂,峙乃桢榦⑬。甲戌,我惟筑,无敢不供,汝则有,无余刑,非杀。鲁人三郊三遂,峙乃刍⑭茭,无敢不多,汝则有大刑。"

江汉浮浮,武夫滔滔。匪安匪游,淮夷来求。既出我车,既设我旟⑮。匪安匪舒,淮夷来铺。

江汉汤⑯汤,武夫洸⑰洸。经营四方,告成于王。四方既平,王国庶定。时靡有争,王心载宁。

——《诗经》之《大雅·江汉》

《诗经》之《大雅·常武》写周宣王亲征徐国的经过:
赫赫明明,王命卿士,南仲大祖,大师皇父。整我六师,以修

①徂 cú　②敹 liáo　③胄 zhòu　④敿 jiǎo　⑤牿 gù　⑥擭 huò　⑦敜 niè
⑧逋 bū　⑨赉 lài　⑩垣 yuán　⑪峙 zhì　⑫糗 qiǔ　⑬榦 gàn　⑭刍 chú
⑮旟 yú　⑯汤 shāng　⑰洸 guāng

我戎,既敬既戒,惠此南国。

王谓尹氏,命程伯休父,左右陈行,戒我师旅。率彼淮浦,省此徐土,不留不处,三事就绪。

赫赫业业,有严天子,王舒保作,匪绍匪游。徐方绎骚,震惊徐方,如雷如霆,徐方震惊。

王奋厥武,如震如怒,进厥虎臣,阚①如虓②虎。铺敦淮濆③,仍执丑虏,截彼淮浦,王师之所。

王旅啴④啴,如飞如翰,如江如汉,如山之苞。如川之流,绵绵翼翼,不测不克,濯⑤征徐国。

王犹允塞,徐方既来,徐方既同,天子之功。四方既平,徐方来庭,徐方不回,王曰还归。

离之丰:王用出征,有嘉折首,获匪其丑,无咎。

——《易经》

前668年,鲁庄公曾会同宋人、齐人伐徐。随着楚国的不断扩张,原先追随徐国的东夷小国屈服于楚国,徐国的势力范围在缩小。

前657年,夏,徐人攻取舒国。

庄周游于雕陵之樊,睹一异鹊自南方来者。翼广七尺,目大运寸,感周之颡,而集于栗林。庄周曰:"此何鸟哉!翼殷不逝,目大不睹。"褰裳躩步,执弹而留之。睹一蝉,方得美荫而忘其身。螳螂执翳而搏之,见得而忘其形。异鹊从而利之,见利而忘其真。

——《庄子》

---

①阚 hǎn ②虓 xiāo ③濆 fén ④啴 tān ⑤濯 zhuó

郑文公厌恶高克,使其率清邑师众长期驻扎黄河边,而不召回。660年十二月,师众溃散,士卒各自回家,高克奔陈。郑人为此赋《清人》,在《诗经》之《郑风》:

清人在彭,驷介旁旁。二矛重英,河上乎翱翔。
清人在消,驷介麃①麃。二矛重乔,河上乎逍遥。
清人在轴,驷介陶陶。左旋右抽,中军作好。

> 井之需:井泥不食,旧井无禽。　　　　——《易经》

前659年七月,因郑亲齐,故楚伐郑。楚国始用"楚"为国号。

八月,齐侯、鲁侯、宋公、郑伯、曹伯、邾人在宋地柽会盟,谋救郑。

前658年九月,齐侯、宋公、江人、黄人在宋地贯结盟。江、黄皆嬴姓国,本是楚盟国,见齐桓势强,而背楚亲齐。齐寺人竖貂②在多鱼始漏军情。

十月,楚人伐郑,楚鬥章俘获并囚禁郑聃伯。

自十月至来年五月,鲁国无雨,未成旱灾。前657年六月,鲁国始有雨。

秋,齐桓、宋桓、江人、黄人在齐地阳穀相会,谋划伐楚。齐桓公因阳穀之会,使人如鲁寻盟。冬,鲁公子友如齐莅盟。

楚人又伐郑,郑文公要与楚讲和。

孔叔认为不可,说:"齐方勤我,弃德不祥。"

> 恒之解:不恒其德,或承之羞,贞吝。——《易经》

齐桓与夫人蔡姬在苑囿乘船游玩,蔡姬荡舟。齐桓惊惧变色,制止蔡姬摇晃,蔡姬不听。齐桓一怒之下遣归蔡姬,并未绝婚。蔡侯随即嫁蔡姬于他人,齐桓公大怒,要伐蔡。

---

①麃 biāo　②貂 diāo

仲父进谏,说:"夫以寝席之戏,不足以伐人之国,功业不可冀也,请无以此为稽也。"仲父即管仲。齐桓不听。

仲父说:"必不得已,楚之菁①茅不贡于天子三年矣,君不如举兵为天子伐楚。楚服,因还袭蔡,曰:'余为天子伐楚,而蔡不以兵听从。'遂灭之。此义于名而利于实,故必有为天子诛之名,而有报仇之实。"

前656年正月,齐桓、鲁僖、宋桓、陈宣、卫文、郑文、许穆、曹昭率师侵蔡,蔡溃。齐桓公率联军自蔡来至楚境。

楚成使人来到齐联军,对齐桓公说:"君处北海,寡人处南海,唯是风马牛不相及也。不虞君之涉吾地也,何故?"

楚使者给齐桓公一个软钉子:牛马在大风中会迷失方向而乱跑,但也不至于自北海跑到南海。想不到你们这些人竟从北海乱闯到南海来了,这是什么原因呢?

> 天下莫柔弱于水,而攻坚强者莫之能胜,以其无以易之。弱之胜强,柔之胜刚,天下莫不知,莫能行。
>
> ——《老子》

管仲代表齐桓公回答:"昔召康公命我先君太公曰:'五侯九伯,汝实征之,以夹辅周室。'赐我先君履,东至于海,西至于河,南至于穆陵,北至于无棣。尔贡包茅不入,王祭不供,无以缩酒,寡人是征。昭王南征而不复,寡人是问。"五侯:五等诸侯。九伯:九州之伯。

周昭王是周武王曾孙,周成王之孙,周康王之子,周穆王之父,周朝第四位天子。据《竹书纪年》,昭王三次南征伐楚,分别在前985年、前982年、前977年。第一次,"昭王十六年,伐楚荆,

---

① 菁 jīng

涉汉,遇大兕①"。第二次,"昭王十九年,天大曀②,雉兔皆震,丧六师于汉"。第三次,"昭王末年,夜有五色光贯紫微,其年,王南巡不返"。昭王之舟沉入汉水,周人讳言此事,而说"南巡不返"。

芃芃棫③朴,薪之槱④之。济济辟王,左右趣之。
淠⑤彼泾舟,烝徒楫之。周王于迈,六师及之。
倬彼云汉,为章于天。周王寿考,遐不作人?
追琢其章,金玉其相。勉勉我王,纲纪四方。
——《诗经》之《大雅·棫朴》

楚使者说:"贡之不入,寡君之罪也,敢不供给?昭王之不复,君其问诸水滨。"

见楚人不服,齐桓公令联军前进,驻师于楚地陉。

夏,许男新臣卒于师中,谥穆。

楚成使屈完来到联军,以观强弱。齐联军退至召陵,齐桓公使联军列阵,与屈完乘车检阅。

齐桓说:"岂不穀是为?先君之好是继。与不穀同好,如何?"
屈完说:"君惠邀福于敝邑之社稷,辱收寡君,寡君之愿也。"
齐桓说:"以此众战,谁能御之?以此攻城,何城不克?"
屈完说:"君若以德绥诸侯,谁敢不服?君若以力,楚国方城以为城,汉水以为池,虽众,无所用之。"

屈完与齐联盟诸侯结盟。

敌近而静者,恃其险也。　　——《孙子兵法》

齐联盟将率师北归。

陈大夫辕涛涂对郑大夫申侯说:"师出于陈、郑之间,国必甚

---

①兕 sì　②曀 yì　③棫 yù　④槱 yǒu　⑤淠 pì

病。若出于东方,观兵于东夷,循海而归,其可也。"

申侯说:"善。"

辕涛涂乃进言齐桓公向东夷示威,齐桓公应许。

申侯进见齐桓,说:"师老矣,若出于东方而遇敌,惧不可用也。若出于陈、郑之间,供其资粮扉屦①,其可也。"

齐桓公很高兴,赐给申侯郑邑虎牢,而执辕涛涂。

> 不知山林、险阻、沮泽之形者,不能行军。
>
> ——《孙子兵法》

秋,齐桓公使鲁人与江人、黄人伐陈,讨其不忠。

八月,以侯爵之礼葬许穆公。

诸侯之葬有三等:公用上等,侯、伯用中等,子、男用下等。凡诸侯在朝见、会盟时去世,则加一等安葬;若在执行天子任务时去世,则加二等安葬,故诸侯也有穿天子入殓②所穿衮衣下葬者。

十二月,鲁公孙兹率师与齐、宋、卫、郑、许、曹之师再次伐陈,陈人求和,齐人释归辕涛涂。

> 樊迟问仁。孔子曰:"居处恭,执事敬,与人忠。虽之夷狄,不可弃也。"
>
> ——《论语》

---

①扉屦 fèi jù ②殓 liàn

第二十二回　狐裘龙茸兄弟奔　唇亡齿寒虞虢灭

神降于虢两年,前660年春,虢公伐西戎,败西戎于渭汭。

虢大夫舟之侨说:"无德而禄,殃也。殃将至矣。"遂奔晋。

前658年春,晋荀息请献公以屈地良马与垂棘之璧作为礼物,借道于虞,以伐虢。

晋献公说:"是吾宝也。"

荀息说:"若得道于虞,犹外府也。"

晋献公说:"宫之奇存焉。"

荀息说:"宫之奇之为人也,懦而不能强谏,且少长于君,君昵之,虽谏,将不听。"

晋献公乃使荀息借道于虞。

荀息对虞公说:"冀为不道,入自颠𫐐①,伐鄍②三门。冀之既病,则亦唯君故。今虢为不道,保于逆旅,以侵敝邑之南鄙。敢请假道,以请罪于虢。"

虞公见礼重,又得荀息恭维,便欣然同意,要先行伐虢。

宫之奇进谏,虞公不听,遂起师伐虢。

夏,晋里克、荀息率师会合虞师伐虢,灭虢下阳。鲁僖公二年,鲁《春秋》载"虞师、晋师灭下阳",为《春秋》首现虞、晋。

这年秋,虢公在桑田打败戎人。

晋卜偃说:"虢必亡矣。亡下阳不惧,而又有功,是天夺之鉴,而益其疾也。必轻晋而不抚其民矣。不可以五稔。"稔,指谷物成熟,一年一熟,五稔即五年。

---

①𫐐 líng　②鄍 míng

顾小利,则大利之残也。　　　　——《韩非子》

晋太子伐东山皋落氏返回后,谗言益兴,献公已同意骊姬除掉太子。狐突自此闭门不出。

里克、荀息、丕①郑相见,里克说:"夫史苏之言将及矣,其若之何?"

荀息说:"吾闻事君者,竭力以役事,不闻违命。君立臣从,何贰之有?"

丕郑说:"吾闻事君者,从其义,不阿其惑。惑则误民,民误失德,是弃民也。民之有君,以治义也。义以生利,利以丰民,若之何其民之与处而弃之也?必立太子。"

里克说:"我不才,虽不识义,亦不阿惑,吾其默也。"

孔子曰:"君子喻于义,小人喻于利。"

——《论语》

国不以利为利,以义为利也。

——《礼记》之《大学》

使民必胜事,事必出利,利足以生民。

——《荀子》

(笔者释:孔子之意,用现今的说法,即国不与民争利,为政者要知晓如何制定好规则、当好裁判;民众要知晓如何用合法手段谋取合法利益,从而安居乐业。为政者制定好规则,有了好的环境,民众才可以依法获取利益。也就是丕郑所说"君,以治义也。义以生利"。)

骊姬要害申生,担心朝中大夫里克。优人施请里克饮酒,优

---

① 丕 pī

施说:"人皆集于苑,己独集于枯。"

里克问:"何谓苑,何谓枯?"

优施说:"其母为夫人,其子为君,可不谓苑乎?其母既死,其子又有谤,可不谓枯乎?枯且有伤。君既许骊姬杀太子而立奚齐,谋既成矣。"

里克说:"秉君以杀太子,吾不忍。通复故交,吾不敢。中立,其免乎?"

次日晨,里克见丕郑,说:"夫史苏之言将及矣!优施告我,君谋成矣,将立奚齐。"

丕郑问:"子谓何?"

里克说:"吾对以中立。"

丕郑说:"惜也!不如曰不信以疏之,亦固太子以携之,多为之故,以变其志。志少疏,乃可间也。今子曰中立,况固其谋也,彼有成矣,难以得间。"

大畜之贲:舆脱輹。　　　　　　　　——《易经》

前656年冬,骊姬对太子申生说:"君梦齐姜,必速祭之。"

太子回曲沃祭齐姜,以祭酒祭肉献于其父。献公在外田猎,骊姬置酒肉于宫中。

隔六日,献公返回,骊姬投毒于酒肉,献于公。晋献公以酒祭地,地隆起;以肉喂狗,狗倒地;给小臣饮酒,小臣倒地。

骊姬哭着说:"贼由太子。"

太子恐惧,逃往曲沃。献公杀太子傅杜原款。杜伯被宣王错杀,其子隰来到晋国,杜原款或许即杜伯之后。

有人对太子说:"子辞,君必辩焉。"

太子说:"君非姬氏,居不安,食不饱。我辞,姬必有罪。君老矣,吾又不乐。"

人说:"子其行乎!"

太子说:"君实不察其罪,被此名也以出,人谁纳我?"

十二月戊申日,晋太子申生自缢于曲沃。

节之屯:不出门庭,凶。　　　　——《易经》

骊姬又诬陷重耳、夷吾二公子,说:"皆知之。"

重耳奔蒲,夷吾奔屈。

来年,前655年,春,晋人向诸侯报告杀太子申生,鲁《春秋·僖公五年》记:"五年春,晋侯杀其世子申生。"

献公使寺人披伐蒲,重耳说:"君父之命不抗。"向蒲人宣令说:"抗者,我仇也。"重耳逾墙而逃。披追赶重耳,斩其衣袂①。

重耳及其随从逃出蒲城,到达柏谷,重耳要占卜往齐或楚。

狐偃说:"无卜焉。夫齐、楚道远而望大,不可以困往。道远,难通;望大,难归;困往,多悔。困且多悔,不可以走望。若以偃之虑,其狄乎?夫狄近晋而不通,愚陋而多怨,走之易达。不通,可以窜恶;多怨,可与共忧。今若休忧于狄,以观晋国,且以监诸侯之为,其无不成。"狐偃,狐突之子,重耳舅父。

重耳一行便投奔狄国。

泰之升:拔茅茹,以其汇,征吉。　　　　——《易经》

起先,晋献公使士芳筑蒲与屈,士芳不慎,筑墙材料中混进木柴。夷吾向献公诉说,献公使人责士芳。

士芳稽首回答:"臣闻之:无丧而戚,忧必仇焉。无戎而城,仇必保焉。寇仇之保,又何慎焉。守官废命,不敬;固仇之保,不忠。失忠与敬,何以事君?《诗》云:'怀德惟宁,宗子惟城。'君其修德

---

①袂 mèi

而固宗子,何城如之?三年将寻师焉,焉用慎?"

退出而赋:"狐裘龙茸,一国三公,吾谁適①从?"

蛊之蒙:干父之蛊②,小有悔,无大咎。

——《易经》

贾华伐屈,夷吾抵挡不住,盟贾华后出走,也要前往狄国。

郤芮说:"不可。后出同走,不免同谋之罪。且夫同出易,同入难,聚居易情恶。不若走梁。梁近于秦,秦亲吾君。吾君老矣,子往,骊姬惧,必援于秦。以吾存也,且必告悔,是吾免也。"

于是,夷吾一行投奔梁国。

晋献公逐群公子,立奚齐为太子,又与骊姬盟誓不设公族。

哲夫成城,哲妇倾城。

——《诗经》之《大雅·瞻卬》

前655年秋,晋献公再次借道于虞以伐虢。

宫之奇谏虞公,说:"虢,虞之表也。虢亡,虞必从之。晋不可启,寇不可玩,一之谓甚,其可再乎?谚所谓'辅车相依,唇亡齿寒'者,其虞、虢之谓也。"

虞公说:"晋,吾宗也,岂害我哉?"

宫之奇说:"太伯、虞仲,太王之昭也,太伯不从,是以不嗣。虢仲、虢叔,王季之穆也,为文王卿士,勋在王室,藏于盟府。将虢是灭,何爱于虞?且虞能亲于桓、庄乎?其爱之也?桓、庄之族何罪,而以为戮,不唯逼乎?亲以宠逼,犹尚害之,况以国乎?"

虞公说:"吾享祀丰洁,神必据我。"

宫之奇说:"臣闻之,鬼神非人实亲,惟德是依。故《周书》曰:

---

①適 dí ②蛊 gǔ

'皇天无亲,惟德是辅。'又曰:'黍稷非馨,明德惟馨。'又曰:'民不易物,惟德繄①物。'如是,则非德,民不和,神不享矣。神所凭依,将在德矣。若晋取虞,而明德以荐馨香,神其吐之乎?"

虞公不听,应许晋国借道。宫之奇带全族离开虞国,说:"虞不腊祭矣,在此行也,晋不更举矣。"

无妄之履:不耕获,不菑②畬③,则利有攸往。

——《易经》

八月甲午日,晋献公围虢都上阳,问卜偃:"吾其济乎?"

卜偃答:"克之。"

献公问:"何时?"

卜偃答:"童谣云:'丙之晨,龙尾伏辰,均服振振,取虢之旂。鹑之贲贲,天策焞④焞,火中成军,虢公其奔。'其九月、十月之交乎。丙子旦,日在尾,月在策,鹑火中,必是时也。"

童谣之意:"丙子之晨,尾星伏隐,军服齐整,伐虢举旌。鹑星闪烁,天策微弱,鹑星正中,军事成功,败走虢公。"卜偃据此推测:大概在九月、十月之交,丙子日早晨,日运行至尾星,月在天策星旁,鹑星到达正南方,必在此时灭虢。

前655年十二月丙子日,朔,晋灭虢,虢公醜逃奔京师。

晋师返还,借宿于虞,趁夜偷袭,一举灭虞。晋人执虞公及其大夫井伯,带回晋国,作秦穆姬的陪嫁。又代替虞国祭祀其境内山川,并承担虞国对周王的职贡。

未济之蒙:贞吉,悔亡。震用伐鬼方,三年有赏于大国。

——《易经》

---

①繄 yī ②菑 zī ③畬 yú ④焞 tūn

卜偃所言九月、十月指夏历,春秋时期用周历。商克夏,提前一个月作为新年之始,以夏朝十二月为商朝正月。周克商,又提前一个月作为新年之始,以商朝十二月即夏朝十一月为周朝正月。商、周历与节候不合,史官说事常用夏历。

颜渊问为邦。孔子曰:"行夏之时,乘殷之辂①,服周之冕,乐则《韶》《武》。放郑声,远佞②人。郑声淫,佞人殆。"
——《论语》

---

①辂 lù ②佞 nìng

第二十三回　周惠王密召郑文　齐桓公安定襄王

前 655 年夏,齐桓公召集鲁僖、宋桓、陈宣、卫文、郑文、许僖、曹昭与周惠王太子郑在卫地首止相会。

因惠后偏爱少子王子带,周惠王要废太子郑。齐桓公此举是以其诸侯之伯的身份确立王太子郑的地位,以此安定王室。

陈辕涛涂对郑申侯在召陵出卖自己一直怀恨,于是,在诸侯会盟之际,劝申侯在齐桓所赐之邑修筑城墙,说:"美城之,大名也,子孙不忘。吾助子请。"

辕涛涂为申侯请诸侯城虎牢,装饰得很美。然后,辕涛涂对郑文公说:"美城其赐邑,将以叛也。"申侯因此得罪郑文公。

坎之井:来之坎坎,险且枕①,入于坎窞②,勿用。

——《易经》

周惠王因齐桓公干预王室而怨怒,便挑拨诸侯叛齐,使周公宰孔召见郑文公,说:"吾抚汝以从楚,辅之以晋,可以少安。"

郑文公喜于天王之命,又惧结盟后不朝齐而受责难,便决定不参与结盟,在结盟前逃回郑国。

郑大夫孔叔劝止,说:"国君不可以轻,轻则失亲。失亲,患必至。病而乞盟,所丧多矣。君必悔之。"

郑文公不听,瞒过与会众人,轻车返郑。

遁之同人:遁尾,厉,勿用有攸往。　　——《易经》

八月,齐桓、鲁僖、宋桓、陈宣、卫文、许僖、曹昭盟于首止。

---

①枕 chén　②窞 dàn

来年,前 654 年,夏,齐侯、鲁侯、宋公、陈侯、卫侯、曹伯率师伐郑,围郑新密。秋,楚成围许以救郑,齐联军撤郑围,救许。

楚成见郑国解围,便撤退。齐联军也撤走,各自返还。

一人元良,万邦以贞。　　　　　　——《尚书》

冬,蔡穆侯以许僖公至楚武城见楚成。许僖公面缚衔璧,大夫衰服,士抬棺。楚成问大夫逢伯如何处置。

逢伯说:"昔武王克殷,微子启如是。武王亲释其缚,受其璧而祓①之。焚其榇②,礼而命之,使复其所。"

楚成依言而行。

前 653 年,春,齐人又伐郑。

孔叔对郑文公说:"谚有之曰:'心则不竞,何惮于病。'既不能强,又不能弱,所以毙也。国危矣,请下齐以救国。"

郑文公说:"吾知其所由来矣。姑少待我。"

孔叔说:"朝不及夕,何以待君?"

夏,郑杀申侯以取悦于齐,是信了辕涛涂之谗言。

当初,楚文姊妹嫁于申氏,生申侯,有宠于楚文。二十二年前,楚文临终,给申侯璧,使其离开楚国,说:"唯我知汝,汝专利而不厌,予取予求,不汝疵瑕也。后之人将求多于汝,汝必不免。我死,汝必速行。无适小国,将不汝容焉。"葬毕楚文,申侯出奔郑,又有宠于郑厉公。

楚令尹子文得知申侯死讯,说:"古人有言曰'知臣莫若君',弗可改也已。"

孔子曰:"放于利而行,多怨。"　　　　——《论语》

齐桓公并未满足。七月,齐桓、鲁僖、宋桓、陈太子款、郑太子

---

①祓 fú　②榇 chèn

华在鲁地甯母结盟,商讨如何对付郑国。

管仲对齐桓说:"臣闻之:招携以礼,怀远以德,德、礼不易,无人不怀。"

齐桓公以礼待诸侯,诸侯卿大夫皆得齐国馈送的齐地特产。

> 井之巽:井收,勿幕,有孚,元吉。　　——《易经》

郑文公使太子华至盟会听命。

太子华对齐桓说:"洩氏、孔氏、子人氏三族,实违君命。君若去之以为成,我以郑为内臣,君亦无所不利焉。"

齐桓将许之,管仲说:"君以礼与信属诸侯,而以奸终之,无乃不可乎?子父不奸之谓礼,守命共时之谓信。违此二者,奸莫大焉。"

齐桓说:"诸侯有讨于郑,未捷。今苟有衅,从之,不亦可乎?"

管仲说:"君若绥之以德,加之以训辞,而率诸侯以讨郑,郑将覆亡之不暇,岂敢不惧?若领其罪人以临之,郑有辞矣,何惧?且夫合诸侯,以崇德也。会而列奸,何以示后嗣?夫诸侯之会,其德、刑、礼、义,无国不记。记奸之位,君盟替矣。作而不记,非盛德也。君其勿许,郑必受盟。夫子华既为太子,而求介于大国,以弱其国,亦必不免。郑有叔詹、堵叔、师叔三良为政,未可间也。"

齐桓公辞谢郑太子,子华因此得罪郑伯。

曹伯班去世,谥号昭。太子襄继位,为曹共公。

冬,郑文公使人如齐请盟。

> 君子敬以直内,义以方外,敬义立而德不孤。
>
> ——《易传》

前653年冬,闰月,周惠王驾崩。王太子郑担心子带作难,不敢即位,也不敢向诸侯告丧,而使人向齐桓告难。

来年,前652年,春,齐桓、鲁僖、宋桓、卫文、许僖、曹共、陈太子款与王使者在曹地洮会盟,谋划安定王室,拥立太子郑,史称周襄王。郑文公乞盟,表示服从。

冬,王室安定后,向诸侯发讣告,距惠王驾崩已一年,鲁《春秋》按讣告年日记载:"冬十有二月丁未,天王崩。"

> 需,有孚,光亨,贞吉,利涉大川。　　——《易经》

前651年三月丁丑日,宋桓公御说去世。太子兹父继位,史称宋襄公。

夏,周公宰孔、齐侯、鲁侯、宋子、卫侯、郑伯、许男、曹伯在葵丘相会,重温旧盟,修旧好。此葵丘,非齐地。宋子,即宋襄公,因宋桓未葬。凡在丧,诸侯称子,王称小童。

周襄王使宰孔赐齐桓祭肉,说:"天子有事于文、武,使孔赐伯舅胙。"有事,指祭祀。按周礼,祭肉赐同姓诸侯。襄王因感恩齐桓而赐胙。周天子称异性诸侯为伯舅,称同姓诸侯为伯父。

齐桓公将下阶拜谢。

宰孔说:"且有後命。天子使孔曰:'以伯舅耋①老,加劳,赐一级,无下拜。'"

齐桓公说:"天威不违颜咫②尺,小白余岂敢贪天子之命无下拜?恐陨越于下,以遗天子羞。敢不下拜?"

齐桓公走下台阶,跪拜;然后,登阶,受赐。

秋,九月戊辰日,齐桓公与诸侯在葵丘结盟,说:"凡我同盟之人,既盟之后,言归于好。"

宰孔未参加结盟,先行离开葵丘,返回成周。

> 修之身,其德乃真;修之家,其德有余;修之乡,其德乃长;修之邦,其德乃丰。修之天下,其德乃溥。
> ——《老子》

---

①耋 dié　②咫 zhǐ

第二十四回　晋献公托孤荀息　子夷吾贿秦河外

前652年,春,晋里克率师,梁由靡御戎,虢射为车右,败狄人于采桑。

梁由靡说:"狄无耻,追之,必大克。"

里克说:"惧之而已,无速众狄。"

虢射说:"期年,狄必至。示之弱矣。"

夏,狄伐晋,报采桑之役。果如虢射所言。

前651年,秋,晋献公前往葵丘参加诸侯会盟,途遇宰孔。

宰孔说:"君可无会也。齐侯不务德而勤远略,故北伐山戎,南伐楚,西为此会也。东略之不知,西则否矣。其在乱乎。君务靖乱,无勤于行。"

晋献公乃放弃参会而返还。

宰孔对其御说:"晋侯将死矣!景霍以为城,而汾、河、涑①、浍②以为渠,戎、狄之民实环之。汪是土也,苟违其违,谁能惧之? 今晋侯不量齐德之丰否,不度诸侯之势,释其闭修,而轻于行道,失其心矣。君子失心,鲜不夭昏。"

> 天行健,君子以自强不息。　　　　——《易传》

晋献公回国不久即得病。先前,献公使荀息为太子奚齐傅,病后,召见荀息,问:"以是弱孤,辱在大夫,其若之何?"

荀息稽首,答:"臣竭其股肱之力,加之以忠贞。其济,君之灵也;不济,则以死继之。"

献公问:"何为忠贞?"

---

①涑 sù　②浍 huì

荀息答:"公家之利,知无不为,忠也。送往、事居,耦俱无猜,贞也。"

九月甲子日,晋侯佹诸去世,谥献。荀息立奚齐为丧主。

里克、㔻郑等人要纳重耳,率申生、重耳、夷吾之党作乱。

里克将杀奚齐,预先告知荀息,说:"三怨将作,秦、晋辅之,子将何如?"

荀息说:"将死之。"

里克说:"无益也。"

荀息说:"吾与先君言矣,不可以贰。能欲复言而爱身乎?虽无益也,将焉避之?且人之欲善,谁不如我?我欲无贰,而能谓人已乎?"

十月,里克杀奚齐于守丧之庐。

荀息要自杀,有人说:"不如立卓子而辅之。"

荀息立公子卓,然后,葬献公。

十一月,里克在朝廷杀公子卓,荀息自杀。

君子说:"诗所谓'白圭之玷,尚可磨也;斯言之玷,不可为也',荀息有焉。"

> 曾子曰:"可以托六尺之孤,可以寄百里之命,临大节而不可夺也。君子人与?君子人也。"——《论语》

齐桓公率诸侯之师讨晋乱,到达晋高粱,晋大夫来师中说明情况,诸侯师返还。

里克、㔻郑使屠岸夷如狄国见公子重耳,说:"国乱民扰,得国在乱,治民在扰,子何不入乎?"

重耳告知舅犯:"里克欲纳我。"

舅犯说:"不可。夫坚树在始,始不固本,终必槁落。夫长国者,唯知哀乐喜怒之节,是以导民。不哀丧而求国,难;因乱以入,殆。以丧得国,则必乐丧,乐丧必哀生。因乱以入,则必喜乱,喜乱必怠德。是哀乐喜怒之节易也，何以导民？民不我导，谁长？"

重耳说："非丧谁代？非乱谁纳我？"

舅犯说："偃也闻之，丧乱有小大。大丧大乱之锐也，不可犯也。父母死为大丧，谗在兄弟为大乱。今适当之，是故难。"

重耳出见使者，说："子惠顾亡人重耳，父生不得供备洒扫之臣，死又不敢莅丧，以重其罪，且辱大夫，敢辞。夫固国者，在亲众而善邻，在因民而顺之。苟众所利，邻国之所立，大夫其从之，重耳不敢违。"

> 否之讼：包承，小人吉；大人否，亨。——《易经》

吕甥及郤称使蒲城午如梁，见公子夷吾，说："子厚赂秦人以求入，吾主子。"

夷吾告知冀芮，说："吕甥欲纳我。"

冀芮说："子勉之。国乱民扰，大夫无常，不可失也。非乱何入？非危何安？幸苟君之子，唯其索之也。方乱以扰，孰适御我？大夫无常，苟众所置，孰能勿从？子何不尽国以赂外内，无爱虚以求入，既入而后图聚。"冀芮即郤芮，冀为食邑。

夷吾出见使者，再拜稽首许诺。

> 德惟治，否德乱。与治同道，罔不兴；与乱同事，罔不亡。终始慎厥与，惟明明后。——《尚书》

据传，秦人与徐人、晋国赵氏同为伯益之后，嬴姓。伯益是颛顼帝玄孙，为舜帝之臣，与禹平水土有功，舜赐之姓嬴。伯益长子大廉，次子若木。秦、赵出自大廉，徐人出自若木。徐国始封于夏朝，赵氏始封于周穆王。周穆王之孙周孝王时，有伯益远支叫非子，为孝王养马，孝王封之于秦邑，号秦嬴。

周平王东迁后，秦人击退岐、丰一带的戎人，拥有了西周故土。前715年,秦宁公即位。前703年,秦出公即位。前697年,秦武公即位,秦武公不断灭东邻小国,向东扩张,武公在位二十年去世。前677年,秦武公之弟继位,为秦德公,在位二年去世。前675年,德公长子秦宣公即位。前663年,德公次子秦成公即位。前659年,德公少子秦穆公即位。前654年,秦穆娶晋献公之女。

升之师:升虚邑。　　　　　　　　　——《易经》

吕甥对诸大夫说:"君死,自立则不敢,久则恐诸侯之谋,径召君于外也,则民各有心,恐增乱,何不请君于秦乎?"

大夫们许诺。

前651年冬,晋人使梁由靡如秦,对秦穆公说:"天降祸于晋国,谗言繁兴,延及寡君之绍续昆裔,隐悼播越,托在草莽,未有所依。又重之以寡君之不禄,丧乱并臻。以君之灵,鬼神降衷,罪人克伏其辜,群臣莫敢宁处,将待君命。君若惠顾社稷,不忘先君之好,辱收其逋迁裔胄而建立之,以主其祭祀,且镇抚其国家及其民人,虽四邻诸侯之闻之也,其谁不儆惧于君之威,而欣喜于君之德?终君之重爱,受君之重贶,而群臣受其大德,晋国其谁非君之群隶臣也。"

秦穆公许诺,使者回国复命。

秦穆公召大夫子明及公孙枝,说:"夫晋国之乱,吾谁使先,若夫二公子而立之?以为朝夕之急。"子明:百里孟明视。

子明说:"君使縶①也。縶敏且知礼,敬以知微。敏能窜谋,知礼可使;敬不坠命,微知可否。君其使之。"公子縶,字子显。

穆公使公子縶吊公子重耳于狄,说:"寡君使縶吊公子之忧,又重之以丧。寡人闻之,得国常于丧,失国常于丧。时不可失,丧不可久,公子其图之。"

①縶 zhí

重耳告知舅犯，舅犯说："不可。亡人无亲，信仁以为亲，是故，置之者不殆。父死在堂而求利，人孰仁我？人实有之，我以侥幸，人孰信我？不仁不信，将何以长利？"

公子重耳出见使者，说："君惠吊亡臣，又重有命。重耳身亡，父死不得与于哭泣之位，又何敢有他志，以辱君义？"

重耳再拜而不稽首，起而哭，退而不私见。

> 孔子曰："吾十有五而志于学，三十而立，四十而不惑，五十而知天命，六十而耳顺，七十而从心所欲，不逾矩。"
> ——《论语》

公子絷又吊公子夷吾于梁，如吊公子重耳之命。

夷吾对冀芮说："秦人勤我矣。"

冀芮说："公子勉之。亡人无狷①洁，狷洁不行。重赂报德，公子尽之，无爱财。人实有之，我以侥幸，不亦可乎？"

公子夷吾出见使者，再拜稽首，起而不哭，然后，私见公子絷，说："中大夫里克与我矣，吾命之以汾阳之田百万。丕郑与我矣，吾命之以负蔡之田七十万。君苟辅我，蔑天命矣。亡人苟入扫宗庙，定社稷，亡人何国之与有？君实有郡县，且入河外列城五。岂谓君无有，亦为君之东游津梁之上，无有难急也。亡人之所怀挟缨纕②，以望君之尘垢者。黄金四十镒，白玉之珩③六双，不敢当公子，请纳之左右。"

> 孔子曰："小人不耻不仁，不畏不义，不见利不劝，不威不惩。小惩而大诫，此小人之福也。"
> ——《易传》

---

①狷 juàn　②纕 xiāng　③珩 héng

第二十五回　秦穆公纳晋惠公　王子带伐周襄王

公子絷返秦,复命。穆公说:"吾与公子重耳,重耳仁。再拜不稽首,不贪为君也。起而哭,爱其父也。退而不私,不贪于利也。"

公子絷说:"君之言过矣。君若求置晋君而载之,置仁不亦可乎?君若求置晋君以成名于天下,则不如置不仁以猾其中,且可以进退。臣闻之曰:'仁有置,武有置。仁置德,武置服。'"

夷吾使郤芮如秦,以国土贿秦穆。

秦穆问郤芮:"公子谁恃于晋?"

郤芮回答:"臣闻之,亡人无党,有党必有仇。夷吾之少也,不好弄戏,能斗不过,怒不及色,及其长也弗改。故出亡无怨于国,而众安之。不然,夷吾不佞,其谁能恃乎?"

秦穆问公孙枝:"夷吾其定乎?"

公孙枝说:"臣闻之,唯则定国。《诗》曰:'不识不知,顺帝之则。'文王之谓也。又曰:'不僭不贼,鲜不为则。'无好无恶,不忌不克之谓也。今其言多忌克,难哉。"

秦穆说:"忌则多怨,又焉能克?是吾利也。"

于是,秦人纳夷吾。

> 蘧伯玉使人于孔子。孔子与之坐而问焉,曰:"夫子何为?"对曰:"夫子欲寡其过而未能也。"使者出。子曰:"使乎!使乎!"　　　　　　——《论语》

前650年,春,狄人灭温,因苏子无信。先前,苏子叛王即狄,又不能容狄,狄人伐温,周王不救,故灭。苏子奔卫。

四月,周襄王使周公忌父、王子党会齐隰朋,立晋夷吾,史称晋惠公。

晋惠公即位,使人对里克说:"微子,则不及此。虽然,子杀二君与一大夫,为子君者,不亦难乎?"

里克说:"不有废也,君何以兴?欲加之罪,其无辞乎?臣闻命矣。"遂伏剑自杀。

这时,㔻郑聘于秦,并为延迟交付贿赂表示歉意,故未与里克同时遇难。

晋惠公改葬太子申生,谥共,称共太子。

秋,太子生前之御狐突过曲沃,恍惚见太子。太子使之御,对他说:"夷吾无礼,余得请于帝矣。将以晋畀秦,秦将祀余。"

狐突说:"臣闻之:'神不歆非类,民不祀非族。'君祀无乃殄乎?且民何罪?失刑、乏祀,君其图之。"

太子说:"诺,吾将复请。七日,新城西偏,将有巫者而见我焉。"

狐突许诺如期见巫者,太子随即消失不见。

隔七日,狐突如期而往,巫者以太子身份对他说:"帝许我罚有罪矣,敝于韩。"

> 丰之小过:遇其配主,虽旬无咎,往有尚。
>
> ——《易经》

㔻郑在秦时,曾对秦穆说:"吕甥、郤称、冀芮实为不从,若重币以召之,臣出晋君,君纳重耳,蔑不济矣。"

冬,秦穆公使泠①至如晋回聘,并召请吕甥、郤称、郤芮。

郤芮说:"币重而言甘,诱我也。"

晋惠公杀㔻郑、祁举以及七舆大夫:左行共华、右行贾华、叔

---

①泠 líng

坚、雅歆、累虎、特宫、山祁，皆里克、丕郑同党。侯、伯有副车七乘，每乘由一名大夫主管，合称七舆大夫。

丕郑之子丕豹奔秦，对秦穆说："晋侯背大主而忌小怨，民弗与也。伐之，必出。"

秦穆公说："失众，焉能行杀。违祸，谁能出君？"

> 既济之革：繻有衣袽①，终日戒。　　——《易经》

来年，前649年，春，周襄王使召武公、内史过如晋赐晋侯命圭。吕甥、郤芮相晋侯而不敬，晋侯执玉卑，拜不稽首。

史过复命，对襄王说："晋不亡，其君必无后，且吕、郤将不免。"

襄王问："何故？"

史过说："《夏书》有之曰：'众非元后，何戴？后非众，无与守邦。'在《汤誓》曰：'余一人有罪，无以万夫；万夫有罪，在余一人。'在《盘庚》曰：'国之臧，则惟汝众。国之不臧，则惟余一人，是有逸罚。'如是，则长众使民，不可不慎也。

"民之所急在大事，先王知大事之必以众济也，是故袚除其心，以和惠民，考中度衷以莅之，昭明物则以训之，制义庶孚以行之。袚除其心，精也；考中度衷，忠也；昭明物则，礼也；制义庶孚，信也。然则，长众使民之道，非精不和，非忠不立，非礼不顺，非信不行。

"今晋侯即位而背外内之赂，虐其处者，弃其信也；不敬王命，弃其礼也；施其所恶，弃其忠也；以恶实心，弃其精也。四者皆弃，则远不至而近不和矣，将何以守国？

"古者，先王既有天下，又崇立上帝、明神而敬事之，于是乎有朝日、夕月以教民事君。诸侯春秋受职于王以临其民，大夫、士日

---

① 袽 rú

恪位著以儆其官,庶人、工、商各守其业以供其上。犹恐其有坠失也,故为车服、旗章以旌之,为贽、币、瑞、节以镇之,为班爵、贵贱以列之,为令闻嘉誉以声之。犹有散、迁、懈、慢而著在刑辟,流在裔土,于是乎有蛮、夷之国,有斧钺、刀墨之民,而况可以淫纵其身乎?

"夫晋侯非嗣也,而得其位,疐疐怵惕,保任戒惧,犹曰未也。若将广其心而远其邻,陵其民而卑其上,将何以固守?夫执玉卑,替其贽也;拜不稽首,诬其王也。替贽无镇,诬王无民。夫天事恒象,任重享大者必速及。故晋侯诬王,人亦将诬之;欲替其镇,人亦将替之。大臣享其禄,弗谏而阿之,亦必及焉。"

孔子曰:"君子有三畏:畏天命,畏大人,畏圣人之言。小人不知天命而不畏也,狎大人,侮圣人之言。"

——《论语》

夏,王子带召集扬、拒、泉、皋、伊、洛等地戎人伐京师,进入王城,焚烧东门。秦人、晋人伐戎救周。

秋,晋惠公使戎人与周襄王讲和。

来年,前648年,春,齐联盟修筑卫都楚丘外城,以防狄人。

夏,周襄王因戎难而讨王子带。

秋,王子带奔齐。

颐之贲:拂颐,贞凶,十年勿用,无攸利。

——《易经》

冬,齐桓公使管夷吾调解戎与周,使隰朋调解戎与晋。

周襄王以上卿之礼飨管仲,管仲辞谢,说:"臣,贱有司也。有天子之二守国、高在。若节春秋,来承王命,何以礼焉?陪臣敢辞。"国、高二氏,为天子所命,世为齐国守臣,齐上卿。

周襄王说:"舅氏,余嘉乃勋,应乃懿德,谓督不忘。往践乃职,无逆朕命。"周王称齐侯为伯舅,管仲是齐侯使者,故周襄王称其"舅氏"。

管仲坚持不受上卿之礼,再三推辞,最终受下卿之礼。

君子说:"管氏之世祀也宜哉。让不忘其上。《诗》曰:'恺悌君子,神所劳矣。'"

离之大有:黄离,元吉。　　　　　——《易经》

十二月丁丑日,陈宣公去世,太子款继位,为陈穆公。

前647年,春,狄人侵卫。

齐桓使仲孙湫如京师聘问,并为王子带回京疏通。聘问毕,仲孙湫未与襄王言及子带。回国复命后,对齐桓说:"未可。王怒未息,其十年乎?不十年,王弗召也。"

夏,齐侯、鲁侯、宋公、陈侯、卫侯、郑伯、许男、曹伯会于卫地咸,为淮夷侵杞以及为王室受戎人侵扰商讨对策。

秋,为防御戎人,诸侯之师戍守成周,齐仲孙湫自诸侯会合地送守卒至成周。

扬之水,不流束薪。彼其之子,不与我戍申。怀哉怀哉,曷月予还归哉?

扬之水,不流束楚。彼其之子,不与我戍甫。怀哉怀哉,曷月予还归哉?

扬之水,不流束蒲。彼其之子,不与我戍许。怀哉怀哉,曷月予还归哉?

——《诗经》之《王风·扬之水》

第二十六回　秦穆公救饥泛舟　晋惠公背施获擒

前647年冬,晋国因连年歉收而致严重饥荒,晋人请籴于秦。秦穆公问子桑:"与诸乎?"子桑,公孙枝字。

子桑说:"君有施于晋君,晋君无施于其众,不若予之,以悦其众。重施而报,君将何求?重施而不报,其民必携。携而讨焉,无众,必败。"

穆公又问百里:"与诸乎?"

百里说:"天灾流行,国家代有。救灾恤邻,道也。行道有福。"

丕豹建议秦穆伐晋,穆公说:"其君虽恶,其民何罪?"

秦输粮于晋,自秦都雍入渭水,向东出渭水,经黄河逆流北上,入汾水,至晋都绛,运粮之船络绎不绝,称之为"泛舟之役"。

> 孔子曰:"参乎!吾道一以贯之。"曾子曰:"唯。"子出,门人问曰:"何谓也?"曾子曰:"夫子之道,忠恕而已矣。"
> ——《论语》

前646年八月,狄人侵郑。辛卯日,晋沙鹿山崩塌。

晋卜偃说:"期年将有大咎,几亡国。"

这年冬,秦国饥荒,使人请籴于晋,晋惠公要输粮至秦。

虢射说:"弗予赂地而予之籴,无损于怨而厚于寇,不若勿予。"

晋惠公说:"然。"

庆郑说:"不可。已赖其地,而又爱其实,忘善而背德,虽我必击之。弗予,必击我。"

虢射说:"皮之不存,毛将安傅?"

庆郑说:"背施无亲,幸灾不仁,贪爱不祥,怒邻不义。四德皆失,何以守国?"

晋惠公对庆郑说:"非郑之所知也。"便不救秦饥。

庆郑退出后说:"君其悔是哉!背施幸灾,民所弃也。近犹仇之,况怨敌乎?"

君子以永终知敝。　　　　　　——《易传》

秦穆夫人是晋太子申生的同母姊。晋惠公回国前,秦穆夫人嘱其善待太子妃贾君,又对他说:"尽纳群公子。"

晋惠公却对贾君强行无礼,又不接纳群公子,故穆夫人心中埋怨。承诺割河外五城予秦,东至虢界,南至华山,及黄河以内至解粮城,既而又不给。晋饥,秦国输粮;秦饥,晋国不输粮。

于是,前645年秋,秦穆公率师伐晋。

孔子曰:"以德报德,则民有所劝;以怨报怨,则民有所惩。以德报怨,则宽身之仁也;以怨报德,则刑戮之民也。"　　　　——《礼记》之《表记》

秦穆公使卜徒父筮卦,徒父筮伐晋,得《蛊》,说:"吉。涉河,侯车败。"

穆公以为渡河后秦车坏,不解为何是"吉",追问徒父。

徒父答:"乃大吉也,三败必获晋君。其卦遇《蛊》,曰:'千乘三去,三去之余,获其雄狐。'夫狐蛊,必其君也。《蛊》之贞,风也;其悔,山也。岁云秋矣,我落其实而取其材,所以克也。实落材亡,不败何待?"此处卦辞不同于现存《易·蛊》卦辞,或许秦所用《易》另有卦辞。

《蛊》上卦山,下卦风。下卦又叫贞,上卦又叫悔。下卦、上卦

143

又可以对应内和外。《蛊》内卦为风,象秦;外卦为山,象晋。时在秋天,象征秦国的风吹落晋国的果实,取得晋国的木材,故秦胜。晋国果实落而材亡,为败象。

晋师被击败三次,退至韩地。

晋惠公问庆郑:"寇深矣,若之何?"

庆郑说:"君实深之,可若何?"

晋惠公怒斥:"不逊!"

占卜选用车右,用庆郑吉,可晋惠公不用他。使步扬驾车,家仆徒为车右,驾车用马是郑国送的小驷马。

庆郑说:"古者大事,必乘其产,生其水土,而知其人心,安其教训,而服习其道,唯所纳之,无不如志。今乘异产以从戎事,及惧而变,将与人易。乱气狡愤,阴血周作,张脉偾①兴,外强中干。进退不可,周旋不能,君必悔之。"

晋惠公不听。

九月,晋惠公迎战秦师,使韩简侦察秦师。韩简是韩万之孙。

韩简回报说:"师少于我,斗志倍我。"

晋惠问:"何故?"

韩简说:"出因其资,入用其宠,饥食其粟,三施而无报,是以来也。今又击之,我怠秦奋,倍犹未也。"

晋惠说:"然,今我不击,归必狃我。一夫不可狃,而况国乎!"

惠公使韩简往秦师请战,说:"昔君之惠也,寡人未之敢忘。寡人不佞,能合其众,而不能离也。君若还,寡人之愿也。君若不还,寡人将无所逃命。"

秦穆公使公孙枝答复,说:"昔君之未入,寡人惧之,入而未定列,犹吾忧也。苟列定矣,敢不承命。"

---

①偾 fèn

韩简复命后退出,说:"吾幸而得囚。"

壬戌日,秦晋在韩原交战。晋惠公的小驷马陷在泥泞中盘旋不前,惠公大声呼叫庆郑。

庆郑说:"愎①谏,违卜,固败是求,又何逃焉?"遂离去。

梁由靡御韩简,虢射为车右,正拦截秦穆公,即将拦住。听庆郑呼其救惠公,韩简放弃秦穆,赶至惠公处,秦人已俘获惠公。

秦人载晋惠公班师。晋大夫反首拔舍,跟随其后。

秦穆公使人辞谢说:"二三子何其戚也?寡人之从君而西也,亦晋之妖梦是践,岂敢太甚。"

晋大夫三拜稽首,说:"君履后土,而戴皇天,皇天后土实闻君之言,群臣敢在下风。"

前645年,鲁僖公十五年,鲁史官记载:"十有一月壬戌,晋侯及秦伯战于韩,获晋侯。"《春秋》自此始有秦人记录。

困之解:劓②刖,困于赤绂③。乃徐有说,利用祭祀。

——《易经》

秦师到达王城,穆公与大夫们谋划如何处置晋惠公。

秦穆问:"杀晋君,与逐出之,与以归,与复之,孰利?"

公子絷说:"杀之利。逐之,恐构诸侯;以归,则国家多慝;复之,则君臣合作,恐为君忧。不若杀之。"

公孙枝说:"不可。耻大国之士于韩原,又杀其君以重之。子思报父之仇,臣思报君之仇。虽非秦国,天下孰弗患?"

公子絷说:"我岂将徒杀之?吾将以公子重耳代之。晋君之无道莫不闻,公子重耳之仁莫不知。战胜大国,武也;杀无道而立有道,仁也;胜无后害,智也。"

---

①愎 bì ②劓 yì ③绂 fú

公孙枝说:"耻一国之士,又曰余纳有道以临汝,无乃不可乎?若不可,必为诸侯笑。战而取笑诸侯,不可谓武。杀其弟而立其兄,兄德我而忘其亲,不可谓仁。若弗忘,是再施不遂也,不可谓智。"

孔子曰:"君子不可小知,而可大受也;小人不可大受,而可小知也。" ——《论语》

第二十七回　穆夫人履薪救弟　晋太子质秦替父

秦穆夫人穆姬听说晋惠公被俘,将被带回秦国,遂以二子二女登台履薪。二子:太子罃①、公子弘;二女:简、璧。

穆姬使人置材薪于高台,与子女立于薪上,又使人穿丧服迎穆公,并转告穆公:"上天降灾,使我两君非以玉帛相见,而以兴戎。若晋君朝以入,则婢②子夕以死;夕以入,则朝以死。唯君裁之。"

公子縶仍坚持杀晋惠公,说:"不如杀之,无聚慝焉。"

秦穆公说:"获晋侯,以厚归也。既而丧归,焉用之?大夫其何有焉?且晋人戚忧以重我,天地以要我。不图晋忧,重其怒也;我食吾言,背天地也。重怒难任,背天不祥,必归晋君。"

子桑说:"归之,而质其太子,必得大成。晋未可灭,而杀其君,只以成恶。且史佚有言曰:'无始祸,无怙③乱,无重怒。'重怒难任,陵人不祥。"史佚:周武王、成王时太史。

秦穆公决定与晋讲和,安置晋惠公在郊外灵台。

　　履之兑:视履考祥,其旋元吉。　　——《易经》

晋惠公知秦人将讲和,使郤乞回国告知瑕吕饴甥,并召其前来。瑕吕饴甥,即吕甥,字子金。

郤乞返晋,子金教之言行,说:"朝国人,而以君命赏,且告之曰:'孤虽归,辱社稷矣。其卜贰圉也。'"圉是惠公太子。

郤乞依子金所言而朝国人,众人皆哭。晋于是分国君之田赏

①罃 yīng　②婢 bì　③怙 hù

国人,改划田界。

吕甥说:"君亡之不恤,而群臣是忧,惠之至也。将若君何?"

众人问:"何为而可?"

吕饴甥说:"征、缮以辅孺子,诸侯闻之,丧君有君,群臣辑睦,甲兵益多,好我者劝,恶我者惧,庶有益乎。"

众人高兴。晋国因此改革兵制,州长治兵,叫州兵。

泰之临:无平不陂①,无往不复,艰贞,无咎。勿恤其孚,于食有福。
————《易经》

当初,晋献公为嫁穆姬于秦而筮卦,得《归妹》之《睽》。

史苏释卦说:"不吉。其辞曰:'士刲②羊,亦无衁③也。女承筐,亦无贶也。西邻责言,不可偿也。'《归妹》之《睽》,犹无相也。《震》之《离》,亦《离》之《震》,为雷为火,为嬴败姬,车脱其輹,火焚其旗,不利行师,败于宗丘。《归妹》《睽》孤,寇张之弧,侄其从姑,六年其逋,逃归其国,而弃其家,明年其死于高梁之虚。"

卦辞与现存《周易》的《归妹》之《睽》相近,意为:士刺羊,不见血。女承筐,不见物。西邻责言,不可报偿。总之,就是"无相",即无益、无助,喻晋嫁女至秦于晋无益。

归妹卦,上震下兑;睽卦,上离下兑。《归妹》之《睽》,上卦震变为离,震为雷,离为火。外卦代表对方,对方又是雷又是火,雷火动,为嬴秦败姬晋。

晋惠想起此卦,说:"先君若从史苏之占,吾不及此夫。"

韩简说:"龟,象也;筮,数也。物生而后有象,象而后有滋,滋而后有数。先君之败德及此,可数乎?史苏是占,勿从何益?《诗》曰:'下民之孽,匪降自天,僔沓④背憎,职竞由人。'"

---

①陂 bì　②刲 kuī　③衁 huāng　④僔沓 zǔn tà

韩简之意，象、数因物而生，卜筮只是预知吉凶，非能改变吉凶，祸福皆由人为。

  君子以果行育德。　　　　　　　——《易传》

前645年十月，晋阴饴甥会秦穆公，并在秦地王城订立盟约。阴饴甥，即吕饴甥，阴为食邑。

秦穆公问："晋国和乎？"

吕饴甥说："不和。小人耻失其君，而悼丧其亲，不惮征缮以立圉也，曰：'必报仇，宁事戎狄。'君子爱其君，而知其罪，不惮征缮以待秦命，曰：'必报德，有死无二。'以此不和。"

秦穆公又问："国谓君何？"

吕饴甥说："小人戚，谓之不免。君子恕，以为必归。小人曰：'我毒秦，秦岂归君？'君子曰：'我知罪矣，秦必归君。贰而执之，服而舍之，德莫厚焉，刑莫威焉。服者怀德，贰者畏刑。此一役也，秦可以霸。纳而不定，废而不立，以德为怨，秦不其然。'"

秦穆公说："是吾心也。"

秦穆改换晋惠住处，以诸侯七牢之礼待之。然后送其回晋。

  鼎之恒：鼎玉铉①，大吉，无不利。　　——《易经》

晋大夫蛾析对庆郑说："君之止，子之罪也。今君将来，子何俟②？"

庆郑说："郑也闻之曰：'军败，死之；将止，死之。'二者不行，又重之以误人，而丧其君，有大罪三，将安适？君若来，将待刑以快君志；君若不来，将独伐秦。不得君，必死之。此所以待也。臣得其志，而使君蒙③，是犯也。君行犯，犹失其国，而况臣乎？"

———

①铉 xuàn　②俟 sì　③蒙 méng

晋惠公到达绛郊,听说庆郑未逃走,遂使家仆徒召之,说:"郑也有罪,犹在乎?"

庆郑说:"臣怨君:始入而报德,不怨;怨而听谏,不战;战而用良,不败。既败而诛,又失有罪,不可以立国。臣是以待即刑,以成君政。"

晋惠公说:"刑之!"

庆郑说:"下有直言,臣之行也;上有直刑,君之明也。臣行君明,国之利也。君虽弗刑,必自杀也。"

晋惠公说:"斩郑,无使自杀。"

家仆徒说:"有君不忌,有臣死刑,其闻贤于刑之。"

梁由靡说:"夫君政刑,是以治民。不闻命而擅进退,犯政也;快意而丧君,犯刑也。郑也贼而乱国,不可失也!且战而自退,退而自杀,臣得其志,君失其刑,後不可用也。"

惠公令司马说行刑。

司马说集合师众,历数庆郑之罪,说:"夫韩之誓曰:失次犯令,死;将止不面夷,死;伪言误众,死。今郑失次犯令,尔罪一也。郑擅进退,尔罪二也。汝误梁由靡,使失秦公,尔罪三也。君亲止,汝不面夷,尔罪四也。郑也就刑!"

十一月丁丑日,晋惠公杀庆郑,然后,进入绛都。

"利用刑人",以正法也。　　　　　　——《易传》

这年冬,晋国又遭饥荒,秦穆公依旧输粮于晋,说:"吾怨其君,而矜其民。且吾闻唐叔之封也,箕子曰:'其后必大。'晋其庸可冀乎?姑树德焉,以待能者。"

益之颐:有孚惠心,勿问元吉,有孚,惠我德。

——《易经》

晋国划出当初许诺之地给秦国。自此,秦国开始征收晋黄河以东地区之赋税,并在此设置官员。

前644年秋,狄人侵晋,取狐厨、受铎,又过汾水,取昆都。

前643年夏,晋人送太子圉为质于秦。

当初,晋惠公在梁,娶梁伯之女。梁嬴怀孕,足月未产,梁卜人招父与其子为梁嬴占卜。其子说:"将生一男一女。"招父说:"然。男为人臣,女为人妾。"故晋惠公为此一子一女分别取名圉和妾。太子圉来秦国为质,妾也如秦做官女。

秦穆公归河东之地于晋,并嫁女于晋太子。

> 彼汾沮洳①,言采其莫。彼其之子,美无度。美无度,殊异乎公路。
>
> 彼汾一方,言采其桑。彼其之子,美如英。美如英,殊异乎公行。
>
> ——《诗经》之《魏风·汾沮洳》

①沮洳 jù rù

第二十八回　楚成公灭弦取黄　齐桓公迁杞救徐

前655年,楚与齐联盟在召陵结盟的来年,秋,楚鬥穀於菟率师灭弦,弦子奔黄。其时,江、黄、道、柏四国均与齐好,且皆是弦国姻亲。弦子有恃于此而不事楚,又不设防,以致被灭。

黄国倚仗与齐国等中原诸侯和睦,而不交楚贡,说:"自郢及我九百里,焉能害我?"

前649年冬,楚人伐黄。前648年夏,楚灭黄。

　　内不量力,外恃诸侯,则削国之患也。

　　　　　　　　　　　　　　——《韩非子》

前646年春,为避淮夷侵扰,齐联军迁杞都至缘陵,城缘陵。

六月,鄫季姬回鲁视亲,鄫子不朝鲁,僖公怒,不许季姬返鄫。季姬召鄫子,在防地相会,使鄫子来朝。

前645年正月,楚伐徐,因徐国与中原诸侯亲密。

三月,齐桓、鲁僖、宋公、陈侯、卫候、郑伯、许男、曹伯在牡丘结盟,寻葵丘之盟,谋划救徐。鲁公孙敖率师与诸侯之师会合救徐,诸侯住宿于卫地匡等待。

七月,齐师、曹师伐楚同盟厉国以救徐。

冬,宋人因旧怨而伐曹。

楚人在徐地娄林击败徐人,因徐人自恃有救援而不设防。

　　夫兵形象水,水之形,避高而趋下;兵之形,避实而击虚。水因地而制流,兵因敌而制胜。故兵无常势,水无常形。能因敌变化而取胜者,谓之神。

　　　　　　　　　　　　　　——《孙子兵法》

前644年，正月戊申日，朔，五块陨石自天而降，坠落宋境。同月，六只水鸟在宋都上方退飞，这是鸟在大风中逆风飞行所致，宋人以为是灾象，通告诸侯。

周内史叔兴聘于宋，宋襄公就此二事问叔兴："是何祥也？吉凶焉在？"

叔兴说："今兹鲁多大丧，明年齐有乱，君将得诸侯而不终。"

叔兴退出后对人说："君失问。是阴阳之事，非吉凶所在也。吉凶由人。吾不敢逆君故也。"

三月壬申日，鲁公子季友去世。七月甲子日，鲁公孙兹去世。夏，齐人因不能攻克厉国，便放弃，而向东救徐，然后返还。

> 攻而必取者，攻其所不守也；守而必固者，守其所不攻也。故善攻者，敌不知其所守；善守者，敌不知其所攻。
> ——《孙子兵法》

秋，周襄王使人向齐桓公告戎难，齐桓征召诸侯戍守成周。

冬，十一月乙卯日，郑杀太子华。

因鄫国遭淮夷侵扰，十二月，齐桓、鲁僖、宋公、陈侯、卫侯、郑伯、许男、邢侯、曹伯会于淮，谋划鄫国之事，并商讨东征。

诸侯师城鄫，役人困乏，夜间，有人登丘而呼："齐有乱！"城鄫无果而返。

> 夜呼者，恐也。　　　　　——《孙子兵法》

前643年春，齐人、徐人伐楚盟国英氏，以报徐人娄林之败。

夏，鲁人灭项国。此时，鲁僖公尚在诸侯会，齐人禁止鲁僖公回国作为讨伐。

秋，僖公夫人声姜与齐桓会于鲁地下，声姜是齐桓之女，在声姜斡旋下，齐人允许僖公回国。

既济之明夷:东邻杀牛,不如西邻之禴①祭,实受其福。 ——《易经》

十月乙亥日,齐侯小白去世,在位四十三年,谥桓。

齐桓公先后有三位夫人:王姬、徐嬴、蔡姬,皆无子。齐桓喜欢女色,内宠很多,其中有六位待遇如夫人:长卫姬,生公子无亏,又称武孟;郑姬,生公子昭,继无亏为齐孝公;葛嬴,生公子潘,继齐孝公为齐昭公;密姬,生公子商人,杀昭公太子继位为齐懿公;少卫姬,生公子元,继齐懿公为齐惠公;宋华子,生公子雍。

剥之观:贯鱼以宫人宠,无不利。 ——《易经》

王姬是周王之女,姬姓;徐嬴、葛嬴,为徐、葛国君之女,嬴姓;蔡、卫、郑、密同为姬姓;宋华子是宋国华氏之女,华氏是宋公室后代,与宋公同为子姓。

早先,齐桓公和管仲托公子昭于宋襄公,立为太子。易牙有宠于卫姬,通过寺人貂得以为齐桓掌勺,因其善烹,而得齐桓之宠,易牙、寺人貂为卫姬请立无亏为太子,桓公许诺。

损之蒙:已事遄往,无咎,酌损之。 ——《易经》

早两年,管仲、隰朋先后去世。鲍叔牙为相,禁止易牙等人入宫,上年,鲍叔牙去世。齐桓病重后,群公子开始争夺君位。

十月乙亥日,齐桓公去世,易牙悄悄入宫,与寺人貂依靠内宠杀群吏,立公子无亏为君。公子昭奔宋。

十二月乙亥日,齐国向诸侯发出讣告,故《春秋》记:"十有二月乙亥,齐侯小白卒。"辛巳日夜间,齐桓公得以入殓。

来年,前642年,正月,宋襄公率师与曹伯、卫人、邾人伐齐,

---

①禴 yuè

要纳太子昭。三月,齐人杀无亏以取悦宋公,曹伯、卫人、邾人回国。

齐人将立公子昭为齐君,但元、潘、商人、雍四位公子不同意,四公子之徒与宋师交战。

五月戊寅日,宋师败齐师于齐地甗①,宋襄公立齐公子昭,史称齐孝公。

八月丁亥日,葬齐桓公。

> 此令兄弟,绰绰有裕。不令兄弟,交相为瘉②。
> 民之无良,相怨一方。受爵不让,至于己斯亡。
> ——《诗经》之《小雅·角弓》

桓公晚年,曾欲封泰山,禅梁父。

管仲说:"古者封泰山、禅梁父者,七十二家,而夷吾所记者,十有二焉。昔无怀氏封泰山,禅云云;伏羲封泰山,禅云云;神农封泰山,禅云云;炎帝封泰山,禅云云;黄帝封泰山,禅云云;颛顼封泰山,禅云云;帝喾封泰山,禅云云;尧封泰山,禅云云;舜封泰山,禅云云;禹封泰山,禅会稽;汤封泰山,禅云云;周成王封泰山,禅社首,皆受命然后得封禅。"梁父、云云、会稽、社首,皆山名。

桓公说:"寡人北伐山戎,过孤竹;西伐大夏,涉流沙,束马悬车,上卑耳之山;南伐至召陵,登熊耳山以望江汉。兵车之会三,而乘车之会六,九合诸侯,一匡天下,诸侯莫违我。昔三代受命,亦何以异乎?"

管仲见桓公不接受劝谏,遂告之以需得远方异物方能封禅,说:"古之封禅,鄗上之黍,北里之禾,所以为盛;江淮之间,一茅三脊,所以为藉也;东海致比目之鱼,西海致比翼之鸟,然后物有不

---

①甗 yǎn ②瘉 yù

召而自至者,十有五焉。今凤凰麒麟不来,嘉谷不生,而蓬蒿藜莠茂,鸱枭数至,而欲封禅,毋乃不可乎?"

桓公乃止。

子路曰:"桓公杀公子纠,召忽死之,管仲不死。"曰:"未仁乎?"孔子曰:"桓公九合诸侯,不以兵车,管仲之力也。如其仁,如其仁。" ——《论语》

第二十九回　梁国君拓土益秦　宋襄公假仁纵敌

梁是秦的东邻小国,嬴姓,据传是秦非子后代的分支,另封于梁。梁伯喜拓疆土,好土功,多次筑城而无人居住,民疲惫不堪。

前642年冬,梁国又开拓一地,名为新里,无人居住,秦人占取新里,城新里,迁民入居。

不久,梁国又兴土功,服役者说:"某寇将至。"梁伯便使人在公宫外挖沟,说:"秦将袭我。"民惧而溃。

前641年冬,秦人轻而易举占领梁国。鲁《春秋》记"梁亡",而不写某灭梁,因梁国是自取灭亡。

　　在知人,在安民。知人则哲,能官人;安民则惠,黎民怀之。　　　　　　　　　　——《尚书》

宋桓公病重时,太子兹父多次请宋桓改立自己庶兄子鱼为储君,说:"目夷长,且仁,君其立之。"公子目夷,字子鱼。

宋桓公命子鱼,子鱼推辞,说:"能以国让,仁孰大焉?臣不及也,且又不顺。"说完,快步退出。

前651年,宋桓去世,宋襄以目夷为仁,使其为左师,处理国政。

　　谦之小过:无不利,㧑①谦。　　　——《易经》

前641年,三月,宋人执滕宣公婴齐。

六月,宋襄公、曹人、邾人盟于曹南境,曹不愿从宋,故不肯尽

---

①㧑 huī

地主之礼。鄫子未赶上曹地之盟,而会盟于邾。

乙酉日,宋襄公使邾文公执鄫子,并使邾文公用鄫子祭祀东夷水神,要以此恐吓东夷来归附。

司马子鱼说:"古者六畜不相为用,小事不用大牲,而况敢用人乎?祭祀,以为人也。民,神之主也。用人,其谁飨之?齐桓公存三亡国以属诸侯,义士犹曰薄德。今一会而虐二国之君,又用之于淫昏之鬼,将以求霸,不亦难乎?得死为幸。"

秋,宋人围曹,讨其不尽地主之宜。

子鱼对宋襄公说:"文王闻崇国德乱而伐之,军三旬而不降,退修教而复伐之,因垒而降。《诗》曰:'刑于寡妻,至于兄弟,以御于家邦。'今君德无乃犹有所阙,而以伐人,若之何?何不姑内省德乎?无阙而后动。"

陈穆公见宋襄暴虐,思齐桓之德,请诸侯会盟,修齐桓之好。

冬,齐、鲁、陈、蔡、楚、郑盟于齐,怀念齐桓公对诸侯的功劳,重修齐桓建立的诸侯间友好关系。这是《春秋》所记楚人首次来到中原与中原诸侯会盟。

孔子曰:"骥不称其力,称其德也。" ——《论语》

(笔者释:孔子提倡力与德相辅相成。好马,有力,有速度,也有德,才叫骥,有力是好马的默认价值,虽有力,但人不称其力,而称其德。如孔子称赞管仲相桓公九合诸侯,避免了蛮夷入侵。若齐桓之力只是用于扩大齐国疆土,在夷狄入侵中原诸侯时,趁势扩张,像宋襄一样暴虐诸侯,谁还会怀念他呢?若无力,怎能守卫华夏?不管是对个人,还是国家,力都是默认的能力、必要之条件。)

前640年春,鲁国作新南门,不合时节。夏,郜子如鲁朝。五月乙巳日,鲁西宫遭天火。秋,随国带领汉水以东的诸小国叛楚。冬,楚鬭榖於菟率师伐随,讲和后班师。

君子说:"随之见伐,不量力也。量力而动,其过鲜矣。善败由己,而由人乎哉?《诗》曰:'岂不夙夜,谓行多露。'"

懋①乃攸绩,睦乃四邻,以蕃②王室,以和兄弟,康济小民。
——《尚书》

前640年冬,宋襄公要合诸侯。

鲁臧文仲说:"以欲从人,则可;以人从欲,鲜济。"

来年,前639年,春,宋、齐、楚盟于宋地鹿上,宋襄公请楚人允许诸侯归附宋国,楚人应许。

公子目夷说:"小国争盟,祸也。宋其亡乎?幸而后败。"

秋,宋襄、楚成、陈穆、蔡庄、郑文、许僖、曹共会于宋地盂。

子鱼说:"祸其在此乎?君欲已甚,其何以堪之?"

会盟时,楚人执宋襄公而伐宋,宋人表示服从。

小过之咸:密云不雨,自我西郊,公弋③取彼在穴。
——《易经》

冬,楚人使宜申如鲁献宋俘。

十二月癸丑日,鲁僖公与宋襄、楚成、陈穆、蔡庄、郑文、许僖、曹共盟于薄,楚人释放宋襄公。

子鱼说:"祸犹未也,未足以惩君。"

来年,前638年,三月,郑文公如楚朝,宋襄公怒。

夏,宋襄公召集卫侯、许男、滕子伐郑。

子鱼说:"所谓祸在此矣。"

---

①懋 mào ②蕃 fān ③弋 yì

冬,楚人伐宋以救郑。

宋襄要迎战,大司马公孙固劝谏,说:"天之弃商久矣,君将兴之,弗可赦也已。"公孙固是宋庄公之孙,宋襄公的堂兄弟。

宋襄公不听。

挞①彼殷武,奋伐荆楚。罙②入其阻,裒荆之旅。有截其所,汤孙之绪。

维汝荆楚,居国南乡。昔有成汤,自彼氐③羌,莫敢不来享,莫敢不来王,曰商是常。

——《诗经》之《商颂·殷武》

十一月己巳日,朔,宋襄公率师在泓水迎战楚师。宋师已列阵,楚师正在渡河,尚未尽济。

司马子鱼说:"彼众我寡,及其未既济也,请击之。"

宋襄公说:"不可。"

楚师既济,未尝列阵,子鱼又请进攻。

宋襄公说:"未可。"

待楚师列好阵,宋师出击,惨败于楚师。宋襄大腿受伤,其从属被楚师杀尽。跟从国君者皆卿大夫子弟,国人皆责怪宋襄。

宋襄公说:"君子不重伤,不擒二毛。古之为军也,不以阻隘也。寡人虽亡国之余,不鼓不成列。"二毛:头发花白之年长者。

子鱼说:"君未知战。劲敌之人,隘而不列,天赞我也。阻而鼓之,不亦可乎?犹有惧焉。且今之劲者,皆吾敌也。虽及老耄,获则取之,何有于二毛?明耻教战,求杀敌也,伤未及死,如何勿重?若爱重伤,则如勿伤;爱其二毛,则如服焉。三军以利用也,金鼓以声气也。利而用之,阻隘,可也;声盛致志,未列而鼓,

---

①挞 tà ②罙 mí ③氐 dī

可也。"

绝水必远水。客绝水而来,勿迎之于水内,令半济而击之,利。　　　　——《孙子兵法》

楚师自宋地返国,过郑。丙子日晨,郑文夫人芈氏、姜氏到柯泽慰劳楚成,楚成使乐师缙①带郑文夫人看俘、馘②。

君子说:"非礼也。妇人送迎不出门,见兄弟不逾阈③,戎事不近女器。"

丁丑日,楚成入郑都受飨,郑文公用九献,庭实旅百,加笾豆六品。飨毕,楚成夜间出城,文芈带二女送楚成至军中,楚成带二外甥女回楚。

郑叔詹说:"楚君其不终乎?为礼,卒于无别;无别,不可谓礼。将何以善终?"诸侯由此推测楚成难成霸业。

未济之解:有孚于饮酒,无咎。濡其首,有孚失是。
　　　　——《易经》

前637年春,齐孝公伐宋,围缗,原因是宋国未参与三年前纪念齐桓的会盟。

五月庚寅日,宋公兹父死于战伤,在位十四年,谥襄。太子王臣继位,为宋成公。

屯之益:乘马班如,泣血涟如。　　——《易经》

---

①缙 jìn　②馘 guó　③阈 yù

第三十回 秦晋东迁陆浑戎 重耳流亡狄齐宋

前638年秋,秦、晋东迁陆浑之戎至伊川。伊川东邻东周王都。

当初,平王东迁时,周大夫辛有过伊川,见有人披发在野外祭祀,辛有说:"不及百年,此其戎乎?其礼先亡矣。"

> 既济,亨小,利贞。初吉,终乱。 ——《易经》

不久,晋惠公得病,太子圉与嬴氏谋划逃回晋国,说:"吾母家在梁,梁,今秦灭之,我外轻于秦,而内无援于国。君即不起,恐大夫更立他子。与子归乎?"

嬴氏说:"子,晋太子,而辱于秦,子之欲归,不亦宜乎?寡君之使婢子侍执巾栉①,以固子也。从子而归,弃君命也。不敢从,亦不敢言。"

太子圉瞒着秦人逃回晋国。

> 遁之否:系遁,有疾厉;畜臣妾,吉。 ——《易经》

晋太子逃走,秦穆公很恼火,遂使人寻找重耳,要纳重耳。

话说前655年春,晋献公使人伐蒲,蒲人要抵抗。

重耳不许,说:"恃君父之命,而享其生禄,于是乎得人。有人而抗,罪莫大焉。吾其奔也。"

重耳奔狄,跟随者有狐偃、赵衰、颠颉、魏犨②、司空季子胥臣、贾佗等。赵衰:赵夙之弟。魏犨:毕万之子。

狄人伐廧姓赤狄廧咎如③,获首领之二女叔隗和季隗。狄人

---

①栉 zhì ②犨 chōu ③廧咎如 qiáng gāo rú

把二女给重耳,重耳娶季隗,生伯儵①、叔刘。赵衰娶叔隗,生赵盾。

重耳在狄五年,前651年,晋献公去世,晋大夫杀奚齐、卓子,使人迎重耳回国继位,重耳推辞。

前644年,晋惠公七年,因担心重耳返国,晋惠使人追杀重耳。

子犯说:"昔,吾来此也,非以狄为荣,可以成事也。吾曰:'奔而易达,困而有资,休以择机,可以居也。'今居久矣,居久将止。止则怠惰,谁能兴之?何不速行乎?吾不适齐、楚,避其远也。蓄力一纪,可以远矣。齐侯长矣,而欲亲晋。管仲殁矣,多谗在侧。谋而无正,衷而思始。夫必追择前言,求善以终。安迩,求远,远人入服,不为过矣。会其季年可也,兹可以亲。"子犯,即狐偃。

众人认可狐偃之言,于是,一行人决定前往齐国。

临走前,重耳对季隗说:"待我二十五年,不来,而后嫁。"

季隗说:"我二十五年矣,又如是而嫁,则就木焉。请待子。"

雄雉于飞,泄泄②其羽。我之怀矣,自诒③伊阻。
雄雉于飞,下上其音。展矣君子,实劳我心。
瞻彼日月,悠悠我思。道之云远,曷云能来?
百尔君子,不知德行。不忮④不求,何用不臧?
——《诗经》之《邶风·雄雉》

过卫地五鹿时,重耳饥饿难忍,向乡人讨食物。乡人给他土块,重耳发怒,要鞭打乡人。

子犯说:"天赐也。民以土服,又何求焉?天事必象,十有二年,必获此土。二三子志之。岁在寿星及鹑尾,其有此土乎!天

---

①儵 chóu ②泄泄 yì yì ③诒 yí ④忮 zhì

163

以命矣,复于寿星,必获诸侯。天之道也,由是始之。有此,其以戊申乎,所以申土也。"

重耳稽首,接受土块,载上车。

> 道沖,而用之,又弗盈也。渊呵,似万物之宗。湛呵,似或存。吾不知其谁之子也,象帝之先。
>
> ——《老子》

到达齐国,齐桓公嫁女于重耳,并给他二十乘车马。

次年,前643年,齐桓去世。前642年齐孝公即位。而后,诸侯叛齐。子犯认为齐国不可依靠,劝重耳离开。

重耳说:"民生安乐,谁知其他?"

子犯见重耳想终老于齐,为此担心,与从者在桑树下谋划。一养蚕女佣在桑树上听到谋划,告知重耳之妻姜氏,被姜氏所杀。

姜氏对重耳说:"从者将以子行,其闻之者,吾已除之矣。子必从之,不可以贰,贰无成命。《诗》云:'上帝临汝,无贰尔心。'先王其知之矣,贰将可乎?子去晋难,而极于此。自子之行,晋无宁岁,民无成君。天未丧晋,无异公子,有晋国者,非子而谁?子其勉之!上帝临子,贰必有咎。"

重耳说:"吾不动矣,必死于此。"

姜氏说:"不然。《周诗》曰:'莘莘征夫,每怀靡及。'夙夜征行,不遑启处,犹惧无及。况其顺身纵欲怀安,将何及矣?人不求及,其能及乎?日月不处,人谁获安?西方之书有之曰:'怀与安,实疚大事。'《郑诗》云:'仲可怀也,人之多言,亦可畏也。'

"昔管敬仲有言,小妾闻之,曰:'畏威如疾,民之上也。从怀如流,民之下也。见怀思威,民之中也。畏威如疾,乃能威民。威在民上,弗畏有刑。从怀如流,去威远矣,故谓之下。其在譬也,吾从中也。《郑诗》之言,吾其从之。'此大夫管仲之所以纪纲齐国,裨①辅先君而成霸者也。子而弃之,不亦难乎?

"齐国之政败矣,晋之无道久矣,从者之谋忠矣,时日及矣,公子几矣。君国可以济百姓,而释之者,非人也。败不可处,时不可失,忠不可弃,怀不可从,子必速行。吾闻晋之始封也,岁在大火,阏伯之星也,实纪商人。商之享国三十一王。《瞽史之纪》曰:'唐叔之世,将如商数。'今未半也。乱不长世,公子唯子,子必有晋。若何怀安?"

重耳不听,不愿离开齐国。姜氏与子犯谋划,劝重耳喝酒至醉,子犯等人载重耳出发。重耳醒来,拿戈追子犯,说:"若无所济,吾食舅氏之肉,其知厌乎?"

子犯便跑边说:"若无所济,余未知死所,谁能与豺狼争食?若能有成,公子无亦晋之柔嘉,是以甘食。偃之肉腥臊,将焉用之?"

大约在齐孝公五年,前638年夏,重耳离开齐国,再次踏上流亡之旅。

> 绵蛮黄鸟,止于丘阿。道之云远,我劳如何。
> 绵蛮黄鸟,止于丘隅。岂敢惮行,畏不能趋。
> 绵蛮黄鸟,止于丘侧。岂敢惮行,畏不能极。
> ——《诗经》之《小雅·绵蛮》

重耳过卫楚丘,卫文公要防备邢、狄,而不礼待重耳。

甯庄子说:"夫礼,国之纪也;亲,民之结也;善,德之建也。国无纪不可以终,民无结不可以固,德无建不可以立。此三者,君之所慎也。今君弃之,无乃不可乎?晋公子,善人也,而卫亲也,君不礼焉,弃三德矣。臣故云,君其图之。康叔,文之昭也。唐叔,

---

①裨 bì

武之穆也。周之大功在武,天祚将在武族。苟姬未绝周室,而俾①守天聚者,必武族也。武族唯晋实昌,晋胤公子实德。晋仍无道,天祚有德,晋之守祀,必公子也。若复而修其德,镇抚其民,必获诸侯,以讨无礼。君弗早图,卫而在讨。小人是惧,敢不尽心?"

卫文公不听。

过曹,曹共公听说重耳骈②胁,想亲眼一见。使人在重耳洗浴时,用很薄的浴帘,曹共公迫近浴帘观看。

曹大夫僖负羁之妻见到重耳的随从,对僖负羁说:"吾观晋公子贤人也,其从者皆足以相国。若以相,夫子必返其国。返其国,必得志于诸侯。得志于诸侯而诛无礼,曹其首也。子何不早自贰焉?"

僖负羁馈飧③,置璧于其中。重耳受飧退璧。

僖负羁对曹伯说:"夫晋公子在此,君之匹也,不亦礼焉?"

曹共公说:"诸侯之亡公子其多矣,谁不过此?亡者,皆无礼者也,余焉能尽礼焉?"

僖负羁说:"臣闻之:爱亲、明贤,政之干也。礼宾、矜穷,礼之宗也。礼以纪政,国之常也。失常不立,君所知也。国君无亲,以国为亲。先君叔振,出自文王;晋祖唐叔,出自武王。文、武之功,实建诸姬。故二王之嗣,世不废亲。今君弃之,不爱亲也。

"晋公子生十七年而亡,卿材三人从之,可谓贤矣,而君蔑之,是不明贤也。谓晋公子之亡,不可不怜也。比之宾客,不可不礼也。失此二者,是不礼宾,不怜穷也。守天之聚,将施于宜。宜而不施,聚必有阙。玉帛酒食,犹粪土也,爱粪土以毁三常,失位而阙聚,是之不难,无乃不可乎?君其图之。"

曹伯不听。

---

①俾 bǐ ②骈 pián ③飧 sūn

国小无礼,不用谏臣,则绝世之势也。

——《韩非子》

过宋,重耳与大司马公孙固相善。

公孙固对宋襄公说:"晋公子亡,自幼至长,而好善不厌,父事狐偃,师事赵衰,而长事贾佗。狐偃,其舅也,而惠以有谋。赵衰,其先君之戎御赵夙之弟也,而文以忠贞。贾佗,公族也,而多识以恭敬。此三人者,实左右之。公子居则下之,动则咨焉,成幼而不倦,殆有礼矣。树于有礼,必有惠。《商颂》曰:'汤降不迟,圣敬日跻①。'降,有礼之谓也。君其图之。"

宋襄公听从公孙固,以二十乘车马赠重耳。

大有之大壮:自天祐之,吉,无不利。

——《易经》

重耳过郑,郑文公也不礼待之。

大夫叔詹劝谏说:"臣闻之:亲有天,用前训,礼兄弟,资穷困,天所福也。今晋公子有三祚焉,天其或将启之。同姓不婚,恶不殖也。晋公子,姬出也,而至于今,一也。同出九人,唯重耳在,罹外之患,而天不靖晋国,殆将启之,二也。晋侯日载其怨,外内弃之;重耳日载其德,狐、赵谋之,三也。

"在《周颂》曰:'天作高山,大王荒之。'荒,大之也。大天所作,可谓亲有天矣。晋、郑,兄弟也,吾先君武公与晋文侯戮力一心,股肱周室,夹辅平王,平王劳而德之,而赐之盟质,曰:'世相起也。'若亲有天,获三祚者,可谓大天。若用前训,文侯之功,武公之业,可谓前训。若礼兄弟,晋、郑之亲,王之遗命,可谓兄弟。若资穷困,亡在长幼,还轸诸侯,可谓穷困。弃此四者,以邀天祸,无

---

①跻 jī

乃不可乎？晋、郑同侪①，其过子弟，固将礼焉，况天之所启乎？君其图之。"

郑文公不听。

叔詹说："若不礼焉，则请杀之。谚曰：'黍稷无成，不能为荣。黍不为黍，不能繁茂。稷不为稷，不能蕃殖。所生不疑，唯德之基。'"

郑文公也不听。

  天将降大任于是人也，必先苦其心志，劳其筋骨，饿其体肤，空乏其身，行拂乱其所为，所以动心忍性，增益其所不能。
         ——《孟子》

---

①侪 chái

第三十一回　秦穆公助立晋文　介之推拒贪天功

重耳来到楚国，楚成以周礼宴享重耳，用上公九献之礼，庭实旅百。重耳要辞谢，子犯劝其接受，说："天命也，君其飨之。亡人而国荐之，非敌而君设之，非天，谁启之心？"

宴飨结束，楚成问重耳："公子若返晋国，则何以报不穀？"

重耳说："子、女、玉、帛，则君有之，羽、毛、齿、革，则君地生焉。其波及晋国者，君之余也，又何以报？"

楚成说："虽然，不穀愿闻之。"

重耳说："若以君之灵，得返晋国，晋、楚治兵，遇于中原，其避君三舍。若不获命，其左执鞭、弭，右佩櫜、鞬①，以与君周旋。"

楚子玉说："请杀晋公子。弗杀，而返晋国，必惧楚师。"

《周书》曰："毋为虎傅翼，将飞入邑，择人而食之。"
　　　　　　　　　　　　　　——《韩非子》

楚成说："不可。楚师之惧，我不修也。我之不德，杀之何为？天之祚楚，谁能惧之？楚不可祚，冀州之土，其无令君乎？且晋公子敏而有文，约而不谄，三材侍之，天祚之矣。天之所兴，谁能废之？违天必有大咎。"

子玉说："然则，请止狐偃。"

楚成说："不可。《曹诗》曰：'彼己之子，不遂其媾。'尤之也。夫尤而效之，尤又甚焉。郊尤，非礼也。"

秦人打探到重耳在楚，使人来召，楚成重礼送重耳。

---

①鞬 jiān

蹇之谦：大蹇①，朋来。　　　　——《易经》

大约前638年秋冬之际，重耳至秦。

秦穆公纳五女于重耳，晋子圉之妻怀嬴也在其中。怀嬴捧匜②给重耳浇水洗手，重耳洗后，不待怀嬴递擦手巾，而挥手甩水。

怀嬴发怒说："秦、晋，匹也，何以卑我！"

重耳害怕，只穿单衣，自囚听候处置。

秦穆公见重耳，说："寡人之嫡，此为才。子圉之辱，备嫔嫱③焉。欲以成婚，而惧罹其恶名，无他故。不敢以礼致之，欢之故也。公子有辱，寡人之罪也。唯命是听。"

子圉是重耳之侄，故重耳想辞退怀嬴。

司空季子胥臣说："同姓为兄弟。黄帝之子二十五人，其同姓者，二人而已，唯青阳与夷鼓皆为己姓。青阳，方雷氏之甥也。夷鼓，彤鱼氏之甥也。其同生而异姓者，四母之子别为十二姓。凡黄帝之子，二十五宗，其得姓者十四人，为十二姓，姬、酉、祁、己、滕、箴、任、荀、僖、姞、儇④、依，是也。唯青阳与苍林氏同于黄帝，故皆为姬姓。同德之难也如是。

"昔少典娶于有蟜⑤氏，生黄帝、炎帝。黄帝以姬水成，炎帝以姜水成。成而异德，故黄帝为姬，炎帝为姜，二帝用师以相济也，异德之故也。异姓则异德，异德则异类。异类虽近，男女相及，以生民也。同姓则同德，同德则同心，同心则同志。同志虽远，男女不相及，畏渎故也。渎则生怨，怨乱毓⑥灾，灾毓灭姓。

"是故娶妻避其同姓，畏乱灾也。故异德合姓，同德合义。义以导利，利以阜姓。姓利相更，成而不迁，乃能摄固，保其土居。今子于子圉，道路之人也，取其所弃，以济大事，不亦可乎？"

"其同姓者，二人而已，唯青阳与夷鼓皆为己姓。"韦昭

---

①蹇 jiǎn　②匜 yí　③嫔嫱 pín qiáng　④儇 xuān　⑤蟜 jiǎo　⑥毓 yù

注认为青阳与夷鼓为己姓。笔者难以理解胥臣为何在此着重讲己姓二人,故不认同注家的说法,而认为胥臣之意为:唯青阳与夷鼓用黄帝自己的姓。胥臣下文说"唯青阳与苍林氏同于黄帝,故皆为姬姓",正是说青阳为姬姓。

青阳是方雷氏的外甥,夷鼓是彤鱼氏的外甥。《史记》里说青阳为黄帝正妃嫘祖长子,未提及嫘祖所出之氏。青阳又叫玄嚣,大概其一为氏。氏为封国所在。估计夷鼓是仓林氏。

  咸,亨,利贞,娶女吉。   ——《易经》

重耳又问子犯:"何如?"
子犯说:"将夺其国,何有于妻?唯秦所命从也。"
重耳又问子馀:"何如?"子馀:赵衰字。
赵衰说:"《礼志》有之,曰:'将有请于人,必先有入焉。欲人之爱己也,必先爱人。欲人之从己也,必先从人。无德于人,而求用于人,罪也。'今将婚媾以从秦,受好以爱之,听从以德之,惧其未可也,又何疑焉?"

于是,重耳先送回怀嬴,然后送聘礼,再举行迎亲仪式,正式迎娶怀嬴。

  女曰鸡鸣,士曰昧旦。子兴视夜,明星有烂。将翱将翔,弋凫①与雁。
  弋言加之,与子宜之。宜言饮酒,与子偕老。琴瑟在御,莫不静好。
       ——《诗经》之《郑风·女曰鸡鸣》

---

①凫 fú

秦穆公宴享重耳,重耳要子犯陪同。

子犯说:"吾不如衰之文也,请使衰从。"

举行享礼首日,秦穆用享国君之礼享重耳,子馀相。

次日,秦伯宴重耳。穆公赋《采菽》:"君子来朝,何赐予之?虽无予之,路车乘马。"

子馀使重耳下阶拜谢,重耳下阶拜,秦穆下阶辞谢。

子馀说:"君以天子之命服命重耳,重耳敢有安志?敢不降拜?"

成拜登阶,重耳赋《黍苗》:"芃芃黍苗,阴雨膏之。悠悠南行,召伯劳之。"

子馀说:"重耳之仰君也,若黍苗之仰阴雨也。若君实庇荫膏泽之,使能成嘉谷,荐在宗庙,君之力也。君若昭先君之荣,东行济河,整师以复强周室,重耳之望也。重耳若获集德而归载,使主晋民,成封国,其何实不从?君若恣志以用重耳,四方诸侯,其谁不惕惕以从命?"

秦穆公说:"是子将有焉,岂专在寡人乎?"说完,赋《小宛》:"宛彼鸣鸠,翰飞戾天。我心忧伤,念昔先人。明发不寐,有怀二人。"

重耳赋《沔①水》:"沔彼流水,朝宗于海。鴥②彼飞隼③,载飞载止。"

秦穆公赋《六月》首章:"六月栖栖,戎车既饬④。四牡骙⑤骙,载是常服。玁狁⑥孔炽,我是用急。王于出征,以匡王国。"这是歌颂周朝大夫辅佐周宣王北伐之诗,秦穆公借此喻重耳返晋必能振兴晋国。

赵衰说:"重耳拜赐。"

重耳下阶,跪拜,稽首。秦穆公下一阶辞谢。

赵衰说:"君称所以佐天子、匡王国者以命重耳,重耳敢有惰

①沔 miǎn ②鴥 yù ③隼 sǔn ④饬 chì ⑤骙 kuí ⑥玁狁 xiǎn yǔn

心？敢不从德？"

孔子曰："兴于诗,立于礼,成于乐。"——《论语》

前637年九月,晋惠公去世。太子圉继位,史称晋怀公。

晋怀公担心重耳返国,下令晋人不许跟随逃亡者,并规定期限,限期不回,将无赦。狐突之子狐毛和狐偃跟随重耳在秦,期限已过,狐突未召二子。

冬,晋怀公使人执狐突,说:"子来,则免。"

狐突说:"子之能仕,父教之忠,古之制也。策名,委质,贰乃罪也。今臣之子,名在重耳,有年数矣。若又召之,教之贰也。父教子贰,何以事君?刑之不滥,君之明也,臣之愿也。淫刑以逞,谁则无罪?臣闻命矣。"

晋怀公杀狐突。

卜偃称病不出,说:"《周书》有之:'乃大明服。'己则不明,而杀人以逞,不亦难乎?民不见德,而唯戮是闻,其何後之有?"

明夷之既济:箕子之明夷,利贞。　　——《易经》

前636年正月,秦穆公率师纳重耳。《诗经·秦风》有《渭阳》,据传是穆公太子送重耳所作:"我送舅氏,曰至渭阳。何以赠之?路车乘黄。我送舅氏,悠悠我思。何以赠之?琼瑰玉佩。"

到达黄河边,子犯还璧给重耳,说:"臣负羁绁①从君巡于天下,臣之罪甚多矣。臣犹知之,而况君乎?请由此亡。"

重耳说:"所不与舅氏同心者,有如白水。"投璧于河以为证。

渡过黄河,围令狐,又攻入桑泉,接着,占领臼衰②。晋怀公逃往高梁。

二月,甲午日,晋师到达庐柳,秦穆公使公子絷到晋师劝说。

①绁 xiè　②衰 cuī

晋师退至郇驻扎。

辛丑日,狐偃与秦、晋大夫盟于郇。

壬寅日,公子重耳进入晋师。

丙午日,进入曲沃。

丁未日,在武宫即位。武宫是重耳祖父晋武公之庙。

戊申日,杀晋怀公于高粱。

履之乾:眇能视,跛能履,履虎尾,咥①人凶,武人为于大君。　　　　　　　　　——《易经》

晋文公即位后,晋惠公的旧臣吕甥、郤芮担心文公加害,预备火烧文公住处以杀文公。

寺人披请见文公,文公推辞不见,使人责之,说:"蒲城之役,君命一宿,汝即至。其后余从狄君以田渭滨,汝为惠公来求杀余,命汝三宿,汝中宿至。虽有君命,何其速也。夫袪犹在,汝其行乎。"

寺人披说:"臣谓君之入也,其知君人之道矣。若犹未也,又将及难。君命无二,古之制也。除君之恶,唯力是视。蒲人、狄人,余何有焉?今君即位,其无蒲、狄乎?齐桓公置射钩而使管仲相,君若易之,何辱命焉?行者甚众,岂唯刑臣?"

晋文公见披,披告知吕、郤之谋。

三月,晋文公悄悄到秦地王城会见秦穆公。己丑日,晦,无月,晋文之宫燃起大火。吕甥、郤芮未找见文公,来到黄河边,秦穆使人诱杀二人。

晋文公迎夫人嬴氏回宫,秦穆公送给三千卫士,充实管理门户之仆。

当初,文公有个小吏叫头须,专管财物。文公出亡后,头须窃主家财物逃出,用于求人纳文公,文公不知究竟。此时,头须来求

---

①咥 dié

见，文公以正洗头为由推辞不见。

头须对仆人说："沐则心覆，心覆则图反，宜吾不得见也。居者为社稷之守，行者为羁绁之仆，其亦可也，何必罪居者？国君而仇匹夫，惧者甚众矣。"

仆人转述头须之言，文公赶忙见头须。

> 君子以容民畜众。　　　　　　　——《易传》

狄人送季隗至晋，而请留其二子伯儵、叔刘于狄。

晋文公赏从亡者，介之推是文公微臣，不称功，也未得赏。

介之推说："献公之子九人，唯君在矣。惠、怀无亲，外内弃之。天未绝晋，必将有主。主晋祀者，非君而谁？天实置之，而二三子以为己力，不亦诬乎？窃人之财，犹谓之盗，况贪天之功以为己力乎？下义其罪，上赏其奸，上下相蒙，难与处矣。"

其母说："何不亦求之，以死谁怼？"

介之推说："尤而效之，罪又甚焉。且出怨言，不食其食。"

其母说："亦使知之，若何？"

介之推说："言，身之文也。身将隐，焉用文之？是求显也。"

其母说："能如是乎？与汝偕隐。"

介之推携其母隐居绵上森林，再未返回。晋文听说后，使人寻找，未找见，便以绵上为其私田，不再封于他人。文公说："以志吾过，且旌善人。"

晋国安定后，向诸侯赴告称晋惠公去世，在晋惠公去世一年后，鲁《春秋·僖公二十四年》记："冬，晋侯夷吾卒。"未提及晋怀公，晋国以晋惠公去世的来年为晋文公元年。

> 孔子曰："隐居以求其志，行义以达其道。"
> 　　　　　　　　　　　　　　——《论语》

第三十二回　周襄王德狄伐郑　晋文公勤王拓疆

襄王使太宰文公及内史兴赐晋文公命，晋文使上卿迎于边境，晋侯郊劳，馆之于宗庙，馈九牢，设庭燎。典礼之日，授命于武宫，设献公灵位，布几筵，太宰莅之，晋侯端委以入。太宰以王命命冕服，内史赞礼，三命而后即冕服。礼毕，宾、飨、赠、饯，如公命侯伯之礼，而加之以宴好。

内史兴归，对襄王说："晋不可不善也，其君必霸。逆王命敬，奉礼义成。敬王命，顺之道也；成礼义，德之则也。则德以导诸侯，诸侯必归之。且礼所以观忠、信、仁、义也，忠所以分也，仁所以行也，信所以守也，义所以节也。忠分则均，仁行则报，信守则固，义节则度。分均无怨，行报无匮，守固不偷，节度不携。若民不怨而财不匮，令不偷而动不携，其何事不济？中能应外，忠也；施三服义，仁也；守节不淫，信也；行礼不疚，义也。臣入晋境，四者不失，臣故曰晋侯其能礼矣，王其善之。树于有礼，报人必丰。"

襄王从之，使者如晋不绝于道。

> 大畜之泰：何天之衢①，亨。　　　　——《易经》

与郑国接壤有个小国滑，姬姓。前678年，滑伯曾参与齐桓公发起的幽地结盟。滑是郑的友邻。

前640年夏，滑人叛郑而亲卫，郑公子士洩、堵寇率师入滑，滑人表示服从。郑师回国后，滑人又叛郑亲卫。

前636年春，郑公子士洩、堵俞弥再次率师伐滑。

周襄王使伯服、游孙伯如郑为滑伯说情。郑文公怨当年周惠

---

①衢 qú

王不赐予郑厉公酒爵,又怨周襄王偏袒卫与滑,便不听王命,并执伯服和游孙伯。周襄王发怒,要用狄人伐郑。

富辰谏王,说:"不可。臣闻之,太上以德抚民,其次亲亲以相及也。昔周公吊二叔世之不咸,故封建亲戚以蕃屏周。管、蔡、郕、霍、鲁、卫、毛、聃、郜、雍、曹、滕、毕、原、酆、郇,文之昭也。邘、晋、应、韩,武之穆也。凡、蒋、邢、茅、胙、祭,周公之胤也。召穆公思周德之不类,故纠合宗族于成周而作诗,曰:'常棣之华,鄂不①韡②韡,凡今之人,莫如兄弟。'其四章曰:'兄弟阋③于墙,外御其侮。'如是,则兄弟虽有小忿,不废懿亲。

"郑在天子,兄弟也。郑武、庄有大勋力于平、桓;我周之东迁,晋、郑是依;子颓之乱,又郑之由定。今以小忿弃之,是以小怨废大德也,无乃不可乎。且夫兄弟之怨,不征于他,征于他,利乃外矣。章怨外利,不义;弃亲即狄,不祥;以怨报德,不仁。夫义所以生利也,祥所以事神也,仁所以保民也。不义则利不阜,不祥则福不降,不仁则民不至。古之明王不失此三德者,故能光有天下,而和宁百姓,令闻不忘。王其不可以弃之。"

周襄王不听。夏,王使颓叔、桃子率狄师伐郑,取栎。

太上,下知有之;其次,亲而誉之;其次,畏之;其次,侮之。　　　　　　　——《老子》

周襄王感恩狄人,要立狄女为王后。

富辰谏王,说:"不可。夫婚姻,祸福之阶也。夫礼,新不间旧,王以狄女间姜、任,非礼且弃旧也。《书》有之曰:'必有忍也,若能有济也。'王不忍小忿而弃郑,又登叔隗以阶狄。臣闻之曰:'报者倦矣,施者未厌。'狄固贪惏④,不可厌也,王又启之,狄必为患。"

①不 fū　②韡 wěi　③阋 xì　④惏 lán

襄王又不听,而以狄女隗氏为后。

当初,惠后要立王子带,未及而卒,王子带奔齐。两年前,富辰对襄王说:"请召大叔。《诗》曰:'协比其邻,婚姻孔云。'吾兄弟之不协,焉能怨诸侯之不睦?"大叔即王子带。襄王使人招大叔。王子带自齐回至京师。

子带食邑在甘,又叫甘昭公,这时,与王后隗氏私通。襄王得知,非常恼火,乃废隗氏。

> 随之兑:系小子,失丈夫。　　　　——《易经》

颓叔、桃子说:"我实使狄,狄其怨我。"

颓叔、桃子遂奉王子带,率狄师攻襄王。

襄王卫士要抵御,王说:"先后其谓我何?宁使诸侯图之。"

襄王离开京师,来至坎𣫢①,京城人接回襄王。

秋,颓叔、桃子奉大叔,以狄师伐周,大败周师。

富辰说:"昔吾骤谏王,王弗从,以及此难。若我不出,王其以我为怼乎。"富辰率其属下战死。周公忌父、原伯、毛伯均被狄人所杀,襄王来到郑国,处于氾②。王子带和隗氏居于周地温。

> 为善不同,同归于治;为恶不同,同归于乱。
>
> ——《尚书》

冬,周襄王使人告难于鲁,说:"不穀不德,得罪于母氏之宠子带,鄙在郑地氾,敢告叔父。"

臧文仲答复,说:"天子蒙尘于外,敢不奔问官守。"

襄王使简师父告难于晋,使左鄢父告难于秦。

郑文公与孔将鉏、石甲父、侯宣多等来到氾地,每日问候襄王

---

①𣫢 kǎn　②氾 fán

的随从官员、检查郑国官员送来的器具,就郑国之政听取襄王意见。

来年,前635年,春,秦穆公陈师黄河边,将纳王。

狐偃对晋文说:"求诸侯,莫如勤王。诸侯信之,且大义也。继文之业,而信宣于诸侯,今为可矣。"文之业,指晋文侯护驾东迁。

晋文公使卜偃占卜,卜偃说:"吉。遇黄帝战于阪泉之兆。"传说黄帝与炎帝战于阪泉之野,黄帝得胜。

晋文公以为黄帝喻己,说:"吾不堪也。"

卜偃说:"周礼未改,今之王,古之帝也。"

晋文公说:"筮之。"

卜偃筮得《大有》之《睽》,说:"吉。遇'公用享于天子'之卦。战克而王享,吉孰大焉?且是卦也,天为泽,以当日,天子降心以逆公,不亦可乎?《大有》去《睽》而复,亦其所也。""战克"指占卜之兆。

《大有》之《睽》,《周易》里对应卦辞为:"公用享于天子,小人弗克。"

大有卦,上火下天;睽卦,上火下泽。《大有》之《睽》,上卦不变,下卦天变为泽,上卦火又代表日,故说"天为泽,以当日"。

晋文公辞谢秦人,率师顺流而下。

三月甲辰日,晋师驻扎阳樊,右师围温,左师迎王。

四月丁巳日,周襄王进入王城。晋师在温邑抓获王子带,杀之于隰城。

从事而道者,同于道;德者,同于德;失者,同于失。同于德者,道亦德之;同于失者,道亦失之。

——《老子》

戊午日,晋文公朝周襄王,襄王举行飨礼,用甜酒待晋侯,并命其向自己敬酒助欢。

晋文公请死后用隧葬,襄王不许,说:"昔我先王之有天下也,规方千里以为甸服,以供上帝山川百神之祀,以备百姓兆民之用,以待不庭不虞之患。其余以均分公侯伯子男,使各有宁宇,以顺及天地,无逢其灾害,先王岂有赖焉。内官不过九御,外官不过九品,足以供给神祇而已,岂敢厌纵其耳目心腹以乱百度?亦唯是死生之服物采章,以临长百姓而轻重布之,王何异之有?今天降祸灾于周室,余一人仅亦守府,又不佞以勤叔父,而班先王之大物以赏私德,其叔父实应且憎,以非余一人,余一人岂敢有爱?"九御,指后宫妃嫔共九人。

隧葬是天子葬礼,因王棺大且重,需挖隧道。诸侯悬柩而下,不得用隧。

襄王赏晋文公阳樊、温、原、欑茅之地。晋国自此开辟了南阳疆土。

阳樊人不愿服晋,晋师围阳樊,要杀不服者。

阳樊守官苍葛高呼:"王以晋君为能德,故劳之以阳樊。阳樊怀我王德,是以未从于晋。谓君其何德之布以怀柔之,使无有远志?今将大泯其宗祊,而灭杀其民人,宜吾不敢服也!夫三军之所寻,将蛮、夷、戎、狄之骄逸不虔,于是乎致武。此羸者阳也,未狎君政,故未承命。君若惠及之,唯官是征,其敢逆命?何足以辱师!君之武震,无乃玩而顿乎?臣闻之曰:'武不可觌①,文不可匿。觌武无烈,匿文不昭。'阳不承获甸,而只以觌武,臣是以惧。不然,其敢自爱也?且夫阳,岂有裔民哉,夫亦皆天子之父兄甥舅也,若之何其虐之也?"

晋文公说:"是君子之言也。"

---

①觌 dí

晋人使阳樊人出城,得了一座空城。

　　解之囷:君子维有解,吉。有孚于小人。
　　　　　　　　　　　　　　——《易经》

冬,晋文围原,命师众带三日之粮。三日过,原不降,晋文命撤师。

侦察情况者自城里出,说:"原将降矣。"

军吏们说:"再待之。"

晋文说:"信,国之宝也,民之所庇也。得原失信,何以庇之?所亡滋多。"

晋师退出三十里,原人降,晋文公迁守原大夫原伯贯至冀。

文公问寺人披守原人选,披说:"昔赵衰以壶飧从径,馁而弗食。"

晋文公使赵衰为原大夫,使狐溱为温大夫。狐溱:狐毛之子。

　　子夏曰:"君子信而后劳其民;未信,则以为厉己也。信而后谏;未信,则以为谤己也。" ——《论语》

第三十三回　群龙无首卫灭邢　有恃不恐鲁犒齐

齐桓公去世的来年,前642年,春,郑文公始朝楚。楚成赐之铜,既而悔之,与之盟,说:"无以铸兵。"郑以此铜铸三口钟。

益之中孚:或益之十朋之龟,弗克违,永贞吉。

——《易经》

同年冬,邢人和狄人伐卫,围菟圃。卫文公要让位于父兄子弟及朝中大夫,说:"苟能治之,燬请从焉。"

众人不同意,决定反击邢、狄,陈师訾[①]娄。狄师撤还。

来年,前641年,秋,卫人报菟圃之役而伐邢。这时,卫国大旱,为祭祀山川而占卜,不吉。

甯庄子说:"昔周饥,克殷而年丰。今邢方无道,诸侯无伯,天其或者欲使卫讨邢乎?"

卫文公从其言,兴师,雨随之而下。

谦之蹇:不富,以其邻,利用侵伐,无不利。

——《易经》

前640年秋,齐、狄盟于邢,为邢国谋敌卫。卫人始惧邢。
前639年,春,狄人侵卫。
前636年冬,卫人将伐邢。礼至说:"不得其守,国不可得也。我请昆弟仕焉。"守,指邢正卿国子。

于是,礼氏兄弟前往邢国,入仕于邢。

---

① 訾 zī

前635年正月,卫人伐邢,礼氏兄弟跟随邢国子巡城,左右挟持国子,扔出城外。丙午日,卫侯燬灭同姓邢国。

四月癸酉日,卫侯燬去世,在位二十五年,谥文。

卫文公太子郑继位,为卫成公。

子贡问:"师与商也孰贤?"孔子曰:"师也过,商也不及。"曰:"然则师愈与?"子曰:"过犹不及。"

——《论语》

前639年夏,鲁国大旱。鲁僖公要火烧巫尪①。

臧文仲说:"非旱备也。修城郭,贬食省用,务穑劝分,此其务也。巫尪何为?天欲杀之,则如勿生,若能为旱,焚之滋甚。"

鲁僖公从其言,修理城郭,降低饮食标准,节省开支,致力于稼穑,分财施舍,故虽饥无害。

樊迟问知,孔子曰:"务民之义,敬鬼神而远之,可谓知矣。"问仁,曰:"仁者先难而后获,可谓仁矣。"

——《论语》

任、宿、须句、颛臾,皆太皞伏羲之后,风姓国,临近济水,共同主持太皞和济水之祀,跟随中原诸侯。

这年冬,邾人灭须句,须句君奔鲁,因僖公母成风是须巨人。

成风对鲁僖公说:"崇明祀,保小寡,周礼也。蛮夷猾夏,周祸也。若封须句,是崇皞、济,而修祀纾祸也。"

前638年春,鲁僖公率师伐邾,取须句,须句君回国。

秋,邾人因失须句而伐鲁。鲁僖公轻视邾人,不设备即迎战。

臧文仲说:"国无小,不可易也。无备,虽众,不可恃也。《诗》

---

①尪 wāng

曰：'战战兢兢，如临深渊，如履薄冰。'又曰：'敬之敬之，天惟显思，命不易哉。'先王之明德，犹无不难也，无不惧也，况我小国乎？君其无谓邾小。蜂虿①有毒，而况国乎？"

僖公不听。八月丁未日，鲁僖公率师与邾师在鲁地升陉交战，鲁师溃败。邾人获僖公头盔，悬挂在邾城门鱼门上。

无虑而易敌者，必擒于人。　　——《孙子兵法》

前635年冬，卫成公促成鲁与莒和解，十二月癸亥日，鲁僖公与卫成公及莒大夫庆在鲁地洮结盟，重修卫文公之好。

前634年正月己未日，鲁僖公与莒子、卫甯速盟于莒地向，寻洮之盟。齐孝公不满鲁、卫之盟，率师伐鲁西境，鲁僖公追击齐师，直至齐地酅，未追及。

夏，齐孝公率师伐鲁北境。卫人遵循盟约，伐齐救鲁。

鲁僖公使展喜犒②劳齐师，使之听命于展禽。展禽，食邑柳下，史称柳下惠。《论语》有之：

柳下惠为士师，三黜。人曰："子未可以去乎？"曰："直道而事人，焉往而不三黜？枉道而事人，何必去父母之邦？"

孔子曰："臧文仲其窃位者与？知柳下惠之贤，而不与立也。"

子贡问曰："乡人皆好之，何如？"孔子曰："未可也。""乡人皆恶之，何如？"子曰："未可也。不如乡人之善者好之，其不善者恶之。"　　——《论语》

齐师未入鲁境，展喜迎齐师，见齐孝公，说："寡君闻君亲举玉趾，将辱于敝邑，使下臣犒执事。"

齐孝公问："鲁人恐乎？"

---

①虿 chài　②犒 kào

展喜说:"小人恐矣,君子则否。"

齐孝公说:"室如悬磬①,野无青草,何恃而不恐?"

展喜说:"恃先王之命。昔周公、太公股肱周室,夹辅成王,成王劳之而赐之盟,曰:'世世子孙,无相害也。'载在盟府,太师职之。桓公是以纠合诸侯,而谋其不协;弥缝其阙,而匡救其灾,昭旧职也。及君即位,诸侯之望曰:'其率桓之功。'我敝邑用不敢保聚,曰:'岂其嗣世九年而弃命废职? 其若先君何?'君必不然。恃此以不恐。"

齐孝公听罢,撤师回国。

天下之至柔,驰骋②于天下之至坚。无有入于无间。吾是以知无为之有益也。不言之教,无为之益,天下希能及之矣。
———《老子》

有一种海鸟叫爰居,有一年,爰居栖息于鲁东门之外,三日不飞走。臧文仲使人祭鸟。

展禽说:"越哉,臧孙之为政也。夫祀,国之大节也;而节,政之所成也。故慎制祀以为国典。今无故而加典,非政之宜也。夫圣王之制祀也,法施于民则祀之,以死勤事则祀之,以劳定国则祀之,能御大灾则祀之,能扞大患则祀之。非是类也,不在祀典。

"昔烈山氏之有天下也,其子曰柱,能殖百谷百蔬;夏之兴也,周弃继之,故祀以为稷。共工氏之伯九有也,其子曰后土,能平九土,故祀以为社。黄帝能成命百物,以明民共财,颛顼能修之。帝喾③能序三辰以固民,尧能单均刑法以仪民,舜勤民事而野死,鲧④障洪水而殛⑤死,禹能以德修鲧之功,契为司徒而民辑,冥勤其官而水死,汤以宽治民而除其邪,稷勤百谷而山死,文王以文昭,武王去民之秽。

---

①磬 qìng ②骋 chěng ③喾 kù ④鲧 gǔn ⑤殛 jí

185

"故有虞氏禘黄帝而祖颛顼,郊尧而宗舜;夏后氏禘黄帝而祖颛顼,郊鲧而宗禹;商人禘喾而祖契,郊冥而宗汤;周人禘喾而郊稷,祖文王而宗武王。幕,能循颛顼者也,有虞氏报焉;杼,能循禹者也,夏后氏报焉。上甲微,能循契者也,商人报焉;高圉、大王,能循稷者也,周人报焉。凡禘、郊、祖、宗、报,此五者,国之典祀也。"

"加之以社稷山川之神,皆有功烈于民者也。及前哲令德之人,所以为明质也;及天之三辰,民所以瞻仰也;及地之五行,所以生殖也;及九州名山川泽,所以出财用也。非此,不在祀典。

"今海鸟至,已不知而祀之,以为国典,难以为仁且智矣。夫仁者讲功,而智者处物。无功而祀之,非仁也;不知而不能问,非智也。今兹海其有灾乎?夫广川之鸟兽,恒知避其灾也。"

烈山氏即炎帝,又叫神农氏。黄帝号轩辕氏,又叫有熊氏。

按《史记》,夏朝之前的五帝为:黄帝、颛顼、帝喾、帝尧、帝舜。颛顼是黄帝正妃嫘祖之孙,高阳氏,其父是嫘祖次子昌意。帝喾是嫘祖长子玄嚣之孙,高辛氏。帝尧是帝喾之子,陶唐氏。帝舜是颛顼的六世孙,有虞氏。有虞氏与夏后氏皆出自颛顼,殷商祖先契与周人祖先稷皆帝喾之子。

笔者认为,自黄帝至舜帝,未必只有五帝,也许这五帝比较有特点,如长寿、有功劳、后代有成就等等。按《左传》和《国语》,颛顼前有少皞氏。

当年,海上多刮大风,冬暖。

臧文仲闻柳下季之言,说:"信吾过也,季子之言不可不法也。"使人抄写展禽之言于策。

> 孔子曰:"由,诲汝知之乎?知之为知之,不知为不知,是知也。"
> ——《论语》

第三十四回　觊中原楚成练兵　图称霸晋文谋帅

前637年秋,因陈国私与宋交好,楚成得臣率师伐陈,攻取陈之焦、夷两邑,并城顿,然后班师。成得臣:子玉。顿,子爵,姬姓。

令尹子文认为子玉有功,使之为令尹。

叔伯问子文:"子若国何?"

子文说:"吾以靖国也。夫有大功而无贵仕,其人能靖者与,有几?"

《论语》有之:

子张问曰:"令尹子文三仕为令尹,无喜色。三已之,无愠色。旧令尹之政,必以告新令尹。何如?"孔子曰:"忠矣。"曰:"仁矣乎?"曰:"未知。焉得仁?"

> 孔子曰:"富而可求也,虽执鞭之士,吾亦为之。如不可求,从吾所好。"
> ——《论语》

前636年秋,宋、楚讲和,宋成公朝楚。

前635年秋,秦、晋伐鄀①,这是处于秦楚之间的小国。楚申尹鬭克、息尹屈御寇率申、息之师戍守鄀都商密。

秦人经过楚地析,执析地舆人,假作战俘,然后前往围商密。黄昏后,迫近商密城下。夜晚,挖地歃血,加盟书,伪装与子仪、子边结盟。子仪:鬭克。子边:屈御寇。

商密人恐惧,说:"秦取析矣,戍人反矣。"

商密人乃降秦师。秦师俘获子仪、子边,然后班师。

---

①鄀 ruò

善用兵者，屈人之兵而非战也，拔人之城而非攻也，取人之国而非久也。　　——《孙子兵法》

楚令尹子玉追赶秦师，未追及，便掉师东向围陈，纳顿子。因受迫于陈，顿子避在楚。

前634年夏，鲁僖公使公子遂、臧文仲如楚乞师。公子遂是鲁庄之子，居东门，谥襄，史称东门襄仲。

臧文仲见楚令尹子玉，以齐、宋不肯事楚，而劝其伐齐、宋。宋人因善待流亡时的重耳，这时，宋人叛楚亲晋。

冬，楚令尹子玉、司马子西帅师伐宋，围缗。齐孝公不能安抚公族，致使齐桓之子七人为仕于楚。鲁僖公以楚师伐齐，取穀，置齐桓之子公子雍于此，易牙奉之作为鲁援，楚申叔侯在此戍守。

兑之归妹：孚于剥，有厉。　　——《易经》

夔与楚是同姓国，同为祝融、鬻熊之后。夔子不祀祝融、鬻熊，楚人责夔子。

夔子说："我先王熊挚有疾，鬼神弗赦，而自窜于夔。吾是以失楚，又何祀焉？"夔始祖熊挚，本为楚嫡子，因有疾患，而不得立，便离开楚国，自立于夔。

秋，楚成得臣、鬭宜申率师灭夔，带夔子回楚。鬭宜申，即子西。

解之未济：公用射隼于高墉之上，获之，无不利。
　　——《易经》

前633年，六月庚寅日，齐孝公去世，其弟公子潘即位，为齐昭公。

前633年秋，楚成将围宋，使子文治兵于睽，终朝而毕，子文不戮一人。子玉又治兵于蔿，终日而毕，鞭七人，贯三人耳。

国老认为子玉堪当其任,皆贺子文举得其人,子文请众人饮酒。芌贾尚幼,后至,不贺。子文问之。

芌贾说:"不知所贺。子之传政于子玉,曰:'以靖国也。'靖诸内而败诸外,所获几何?子玉之败,子之举也。举以败国,将何贺焉?子玉刚而无礼,不可以治民。过三百乘,其不能以入矣。苟入而贺,何后之有?"

乐,所以修内也;礼,所以修外也。
——《礼记》之《文王世子》

冬,楚成、陈穆、蔡庄、郑文、许僖率师围宋。十二月甲戌日,鲁僖公来到宋地,与诸侯会盟。

宋成公使公孙固如晋告急。

先轸说:"报施救患,取威定霸,于是乎在矣。"

狐偃说:"楚始得曹,而新婚于卫,若伐曹、卫,楚必救之,则齐、宋免矣。"

晋文公在被庐治兵,新增一军,作三军,谋元帅人选。晋原有二军,以上军为尊;今建三军,则是中军为尊,上军次之,中军统帅为元帅。

赵衰说:"郤縠①可。臣亟②闻其言矣,悦《礼》《乐》,而敦《诗》《书》。《诗》《书》,义之府也;《礼》《乐》,德之则也。德、义,利之本也。《夏书》曰:'赋纳以言,明试以功,车服以庸。'君其试之。"

仁近于乐,义近于礼。　　——《礼记》之《乐记》

乐也者,施也;礼也者,报也。
——《礼记》之《乐记》

---

①縠 hú　②亟 qì

晋文公使郤縠将中军,郤溱佐之。使赵衰为卿,赵衰推辞,说:"夫三德者,偃之出也。以德纪民,其章大矣,不可废也。"三德,指勤王示义,伐原示信,大蒐示礼。

文公使狐偃将上军,狐偃推辞,说:"毛之智,贤于臣,其齿又长。毛也不在位,不敢闻命。"文公乃使狐毛将上军,狐偃佐之。

文公命赵衰将下军,赵衰又推辞,说:"栾枝贞慎,先轸有谋,胥臣多闻,皆可以为辅佐,臣弗若也。"栾枝是栾宾之孙。文公使栾枝将下军,先轸佐之。荀林父为文公御戎,魏犨为车右。荀林父:荀息之孙。

> 孔子曰:"能以礼让,为国乎何有? 不能以礼让,为国如礼何?" ——《论语》

晋文公回国后,举善授能,设官定事。弃债薄敛,施舍分灾,救乏振滞,匡困资无。轻关易道,通商宽农。勉穑劝分,省用足财。利器修德,以厚民生。诸姬之良,掌其中官。异姓之能,掌其远官。公食贡,大夫食邑,士食田,庶人食力,工商食官,皂隶食职,官宰食加。政均民富,财用不乏,民众安居乐业。

及襄王使者告难。

子犯说:"民亲而未知义也,君何不纳王以教之义。若不纳,秦将纳之,则失周矣,何以求诸侯? 不能修身而又不能宗人,人将焉依? 继文之业,定武之功,启土安疆,于此乎在矣,君其务之。"

于是,晋文公外定襄王,以示诸侯对王朝之义。

> 乾之大有:飞龙在天,利见大人。 ——《易经》

晋文公想用民,子犯说:"民未知信,未明其用。"

于是,晋文伐原,示民以信。此后,民众交易,不求暴利,诚信无欺。

晋文公问:"可矣乎?"

子犯说:"民未知礼,未生恭敬。"

于是,晋文公治兵,示礼,设置主管官员职级之官,以规定各官员职责、监督其执行情况。民听号令无疑惑,而后用之。

孔子曰:"民可使,由之;不可使,知之。"

——《论语》

孔子曰:"以不教民战,是谓弃之。" ——《论语》

第三十五回　晋文公退避三舍　楚子玉不知利害

前632年春,晋文公将伐曹,借道于卫,卫人不许。晋师返还,绕道向南,渡过黄河,绕过卫南境,向东,到达曹国。侵曹后,晋师转向伐卫。正月戊申日,晋师攻取卫五鹿。

二月,晋中军统帅郤縠去世,晋文公使原轸将中军。原轸由位列第六的下军佐越过四人升为中军主帅,因取五鹿是原轸之谋。胥臣佐下军。胥臣,即司空季子。原轸,即先轸。

晋文、齐昭在卫地敛盂结盟。卫成公请加盟齐、晋,晋人不许。卫成公要从楚,卫人不愿。故卫人赶走卫成公,以取悦晋人。卫成公离开都城,出居于襄牛。

鲁、楚是盟国,楚、卫是姻亲,鲁侯先前使公子买率师戍卫。这时,楚师救卫,败于晋师。鲁僖公惧晋,使人暗杀公子买以取悦晋人,而对楚人说:"不卒戍也。"

晋师又转回伐曹,围曹都,攻城门,死者众多。曹人陈晋人之尸于城上,晋文公恐影响士气,有舆人出谋说:"称'舍于墓'。"

晋文公用此谋,使人放出风声,并开始向曹人墓地转移。曹人极为惊恐,惧祖坟被挖,忙把所得晋人尸首入棺抬出城。晋师趁机攻城。

> 善动敌者,形之,敌必从之;予之,敌必取之。以利动之,以卒待之。　　　　　——《孙子兵法》

三月丙午日,晋师攻入曹都。晋文公列举曹共公之罪,责其不重用僖负羁,无德乘轩车者却有三百人,并说:"献状。"又下令晋师不得进入僖负羁家,并赦免其族人,以报答知遇之恩。

魏犨、颠颉跟随晋文公流亡而未得厚赏,一直不满,便埋怨说:"劳之不图,报于何有?"

二人放火烧僖负羁家。魏犨不慎胸部受伤,晋文公想杀他又爱其才,使人慰问,并察看其伤势,若其伤势严重,将杀之。

魏犨束胸见使者,说:"以君之灵,不有宁也。"说着,距跃三百,曲踊三百。

晋文公赦魏犨,杀颠颉以号令师众,以舟之侨代魏犨为车右。

> 成事不说,遂事不谏,既往不咎。 ——《论语》

这时,宋人又使门尹般如晋师告急。

晋文公说:"宋人告急,舍之,则绝;告楚,不许;我欲战矣,齐、秦未可。若之何?"

先轸说:"使宋舍我,而赂齐、秦,藉之告楚。我执曹君,而分曹、卫之田以赐宋人。楚爱曹、卫,必不许也。喜赂,怒顽,能无战乎?"

晋文公大为高兴,依计而行,使宋人带礼物请齐、秦向楚人请和。晋人执曹伯,分割曹、卫之田给宋人。

> 艮之渐:艮其辅,言有序,悔亡。 ——《易经》

楚成分析了形势,退至申。同时,令申叔撤出齐地穀,使子玉撤离宋国,使人对子玉说:"无从晋师。晋侯在外十九年矣,而果得晋国。险阻艰难,备尝之矣;民之情伪,尽知之矣。天假之年,而除其害。天之所置,其可废乎?《军志》曰:'允当则归。'又曰:'知难而退。'又曰:'有德不可敌。'此三《志》者,晋之谓矣。"

子玉不愿撤退,使伯棼向楚成请战,说:"非敢必有功也,愿以间执谗慝之口。"伯棼是鬥伯比之孙鬥椒,字子越。

> 汝不知夫螳螂乎,怒其臂以当车辙,不知其不胜任也。 ——《庄子》

楚成怒,给他很少的兵力,只有西广、东宫与若敖之六卒跟随子玉。

子玉使宛春告于晋师,说:"请复卫侯而封曹,臣亦释宋之围。"

子犯说:"子玉无礼哉!君取一,臣取二,不可失矣。"

先轸说:"子与之。定人之谓礼,楚一言而定三国,我一言而亡之,我则无礼,何以战乎?不许楚言,是弃宋也。救而弃之,谓诸侯何?楚有三施,我有三怨。怨仇已多,将何以战?不如私许复曹、卫以离之,执宛春以怒楚,既战而后图之。"

　　怒而挠之。亲而离之。　　　　——《孙子兵法》

晋文公欣然采纳,拘宛春于卫,私下答应曹、卫归还土地。于是,曹、卫向楚人告绝。

子玉愤怒非常,率师追晋师。晋师向东北撤退。

军吏说:"以君避臣,辱也。且楚师老矣,何故退?"

子犯说:"师直为壮,曲为老。岂在久乎?微楚之惠,不及此,退三舍避之,所以报也。背惠食言,以亢其仇,我曲楚直,其众素饱,不可谓老。我退而楚还,我将何求?若其不还,君退臣犯,曲在彼矣。"

晋师退避三舍,到达卫地城濮。楚师众人要停止,子玉不许。

四月戊辰日,晋文公、宋成公、齐大夫国归父和崔夭、秦穆之子小子憖①驻师于城濮。

楚师背靠丘陵依傍险阻安营扎寨。

　　险形者,我先居之,必居高阳以待敌;若敌先居之,引而去之,勿从也。　　　　——《孙子兵法》

---

①憖 yìn

194

晋文公忧心,又听舆人诵唱:"原田每每,舍其旧而新是谋。"劝晋文不必再念旧恩,要谋立新功。晋文公却怀疑唱诵是讽刺其抛弃旧恩,因而心中迟疑不决。

子犯说:"战也。战而捷,必得诸侯。若其不捷,表里山河,必无害也。"

晋文公说:"若楚惠何?"

下军统帅栾枝说:"汉阳诸姬,楚实尽之,思小惠而忘大耻,不如战也。"

晋侯梦与楚子搏斗,楚子伏其身而食其脑,晋侯恐惧。

子犯说:"吉。我得天,楚伏其罪,吾且柔之矣。"

子玉使鬬勃至晋师请战,说:"请与君之士戏,君冯轼而观之,得臣与寓目焉。"得臣,子玉名。

晋文公使栾枝应答,说:"寡君闻命矣。楚君之惠,未之敢忘,是以在此。为大夫退,其敢当君乎?既不获命矣,敢烦大夫谓二三子,戒尔车乘,敬尔君事,诘朝将见。"

晋师战车七百乘,装备齐全,士气旺盛。

晋侯登上古莘国废墟检阅师众,说:"少长有礼,其可用也。"

晋师砍伐树木增补兵器。

己巳日,晋师在莘北列阵。胥臣以下军之佐抵挡陈、蔡之师。

楚子玉率若敖之六卒为中军,说:"今日必无晋矣。"子西将左军,子上将右军,陈、蔡跟随右军。

晋胥臣以虎皮蒙马身,率先冲击陈、蔡之师。陈、蔡士卒见状,四散奔逃,楚右师随即溃散。子上所率右军不战而败。

晋上军统帅狐毛高挂两面大旗假作后退,下军统帅栾枝用战车拖着柴草在车后掀起灰尘,假装逃走。楚左军紧追其后。晋先轸、郤溱率中军公族子弟拦腰袭击,狐毛、狐偃率上军返回夹攻子西,子西所率楚左军溃不成军。楚师惨败。

子玉见左、右两军皆溃,便收兵停战,楚中军得以不败。

中孚之小畜：得敌，或鼓，或罢，或泣，或歌。

——《易经》

当初，子玉自做琼弁①玉缨用以饰马，尚未使用。城濮之战前，梦河神对他说："畀余，余赐汝孟诸之湄②。"孟诸是宋境内大泽。

子玉不肯献。其子成大心与子西使荣黄劝谏，子玉不听。

荣黄说："死而利国，犹或为之，况琼玉乎？是粪土也，而可以济师，将何爱焉？"

子玉仍不听。

荣黄出，对二人说："非神败令尹，令尹其不勤民，实自败也。"

城濮战败后，楚成使人对子玉说："大夫若入，其若申、息之老何？"申、息二邑子弟大多战死在城濮。

子西、大心说："得臣欲死，二臣止之曰：'君其将以为戮。'"

行至连谷，无楚成赦令，子玉自杀。

晋侯听闻子玉自杀，喜不自禁，说："莫余毒也已！芍吕臣实为令尹，奉己而已，不在民矣。"

君子于役，不知其期。曷至哉？鸡栖于埘③。日之夕矣，羊牛下来。君子于役，如之何勿思？

君子于役，不日不月。曷其有佸④？鸡栖于桀。日之夕矣，羊牛下括。君子于役，苟无饥渴？

——《诗经》之《王风·君子于役》

---

①弁 biàn　②湄 méi　③埘 shí　④佸 huó

第三十六回　襄王策命诸侯伯　卫成哭弟君臣讼

晋师休整三日,食楚师余粮。癸酉日,起程返还。甲午日,晋师到达郑地衡雍。

周襄王已接到晋师战胜的捷报,亲自前往慰劳。晋侯听说襄王前来,使人在郑地践土为襄王建造行宫。

城濮之役前三个月,郑文公送援军至楚。这时,楚师战败,郑伯恐惧,使大夫子人九向晋请和。子人九:子人氏,名九。

晋人许和,使栾枝入郑都与郑文公盟。

五月丙午日,晋文公与郑文公盟于衡雍。

丁未日,晋侯向周襄王献楚俘,驷马披甲戎车百乘,步卒一千。郑文公相周王,用周平王享晋文侯之礼享晋文公。

> 春日迟迟,卉木萋萋。仓庚喈喈,采蘩祁祁。执讯获丑,薄言还归。　　——《诗经》之《小雅·出车》

己酉日,襄王用甜酒宴享晋侯,命晋侯向自己敬酒助乐。襄王命尹氏及王子虎、内史叔兴父策命晋侯为诸侯之伯,赐给晋侯大辂、戎辂以及相应配备,彤弓一把,彤矢百枝,玈①弓十把,玈矢千枚,秬②鬯一卣③,虎贲三百人。对晋侯说:"王谓叔父:'敬服王命,以绥四国,纠逖④王慝。'"

晋文公三辞而从命,说:"重耳敢再拜稽首,奉扬天子之丕显休命。"接受策书离殿,出入三觐。

> 师之坤:在师中,吉,无咎,王三赐命。　　——《易经》

---

①玈 lú　②秬 jù　③卣 yǒu　④逖 tì

卫成公得知楚国兵败,心中恐惧,便从襄牛出奔楚,遂适陈,使元咺①奉叔武参加盟会接受盟约。

五月癸亥日,王子虎与晋文公、鲁僖公、齐昭公、宋公、蔡侯、郑伯、卫子、莒子盟于践土之王庭,盟约说:"皆奖王室,无相害也。有渝此盟,明神殛之,俾坠其师,无克祚国,及尔玄孙,无有老幼。"

鲁史官记载:"五月癸丑,公会晋侯、齐侯、宋公、蔡侯、郑伯、卫子、莒子,盟于践土。陈侯如会。"

卫是侯爵,当在郑伯前,因参与结盟者是摄行君位的卫侯之弟叔武,故而称"子",位次也移至郑伯之后。陈亲楚,楚败,陈惧晋而来,未及参盟。《春秋》记录结盟日为"癸丑",而《左传》为"癸亥",其一有误。

涣,亨,王假有庙,利涉大川,利贞。 ——《易经》

有人在卫成公面前造谣,说元咺:"立叔武矣。"

元咺之子元角跟随卫成公,卫成听信谗言,使人杀元角。元咺并未因此放弃卫成公之命,仍奉叔武自践土回国守卫。

扬之水,不流束楚。终鲜兄弟,维予与汝。无信人之言,人实诳汝。

扬之水,不流束薪。终鲜兄弟,维予二人。无信人之言,人实不信。

——《诗经》之《郑风·扬之水》

六月,晋侯同意卫成公复位。甯武子与卫人盟于陈地宛濮,说:"天祸卫国,君臣不协,以及此忧也。今,天诱其衷,使皆降心以相从也。不有居者,谁守社稷?不有行者,谁捍牧圉?不协之

---

①咺 xuān

故,用昭乞盟于尔大神,以诱天衷。自今日以往,既盟之后,行者无恃其功,居者无惧获罪。有渝此盟,以相及也,明神先君,是纠是殛。"

国人闻此盟辞,不再疑惑不安。

卫成公在约定日之前入城,甯武子怕国人不安,遂赶先进城。守城大夫长牂①以为他是国君使者,便与之同乘而入。公子颛犬、华仲是卫侯先驱,趁甯武子不备,抢先到达公宫。

叔武正要洗头,听说国君到达,心里欢喜,握发跑出来迎接,被前趋射杀。卫成公知叔武无罪,枕其股痛哭。

颛犬出逃,卫成使人杀之。

鼎之盘:鼎折足,覆公餗②,其形渥,凶。

——《易经》

城濮之战后,晋中军在沼泽地遭遇大风,走失了牛马,并丢失大旗左旃③。这是祁瞒犯军令所致,司马杀之,并通报诸侯,使茅筏替代。

晋师返国,壬午日,渡过黄河。文公车右舟之侨先行回国,士会代任车右。士会:士芳之孙。

七月丙申日,晋师振旅高歌,进入国都。在太庙献俘授馘,置酒庆贺,犒赏士卒。征召诸侯会盟,以讨不服之国。杀舟之侨通报于国,国民大服。

君子说文公:"其能刑矣,三罪而民服。《诗》云:'惠此中国,以绥四方。'不失赏刑之谓也。"三罪:颠颉、祁瞒、舟之侨就刑。

君子以明慎用刑而不留狱。 ——《易传》

冬,晋侯、鲁侯、齐侯、宋公、蔡侯、郑伯、陈子、莒子、邾人、秦

---

①牂 zāng ②餗 sù ③旃 zhān

人会于温,协商讨伐卫、许等不服从者。陈穆公于六月去世,新君在先君丧期,而称"子"。

晋文公请周襄王前来,带领诸侯朝王,并请襄王狩猎。

鲁《春秋》记"天王狩于河阳",年轻的左丘明不解为何不记载诸侯朝王,仲尼解释说:"以臣召君,不可以训。"依周礼,臣不可以召君,诸侯不可以召王,且河阳非周王狩猎之地。

壬申日,鲁僖公朝见襄王。

《诗经》之《小雅·车攻》据传是描写周宣王与诸侯狩猎之诗:
我车既攻,我马既同。四牡庞庞,驾言徂东。
田车既好,四牡孔阜。东有甫草,驾言行狩。
之子于苗,选徒嚣嚣。建旐①设旄,搏兽于敖。
驾彼四牡,四牡奕奕。赤芾金舄,会同有绎。
决拾既佽,弓矢既调。射夫既同,助我举柴。
四黄既驾,两骖不猗。不失其驰,舍矢如破。
萧萧马鸣,悠悠旆旌。徒御不惊,大庖不盈。
之子于征,有闻无声。允矣君子,展也大成。

孔子曰:"辞达而已矣。" ——《论语》

因叔武被杀,元咺奔晋,向晋人控诉卫成公。卫成公与元咺对讼,甯武子为辅。因君与臣不可对坐,由鍼庄子代替卫侯出席,士荣质证。卫成公一方未胜。晋人杀士荣,刖鍼庄子,认为甯武子忠而赦免。

晋人执卫成公,送往京师,关押在囚室里。甯武子亲自照料成公衣食,以确保其安全。元咺回国,立公子瑕为卫君。

讼之涣:不克讼,复即命,渝,安贞,吉。

——《易经》

---

①旐 zhào

丁丑日，晋联盟围许。就在这时，晋文公得病。

曹共公的小仆贿晋国掌筮史官，对筮史说："以曹为解。齐桓公为会而封异姓，今君为会而灭同姓。曹叔振铎，文之昭也；先君唐叔，武之穆也。且合诸侯而灭兄弟，非礼也。与卫偕命，而不与偕复，非信也。同罪异罚，非刑也。礼以行义，信以守礼，刑以正邪，舍此三者，君将若之何？"

晋文认为言之有理，使曹共公复位。曹伯会诸侯于许，围许。
《论语》有之：
孔子曰："晋文公谲而不正，齐桓公正而不谲。"

> 损之睽：损其疾，使遄有喜，无咎。　　——《易经》

第三十七回　郑烛武智退秦师　晋赵衰三辞卿位

前632年冬,晋文公在三军之外另设三行以防御狄人,为避天子六军之名而称三行。荀林父将中行^①,屠击将右行,先蔑将左行。三行无佐,三位统帅也不在卿列。

前631年六月,王子虎、鲁僖公、晋狐偃、宋公孙固、齐国归父、陈辕涛涂、秦小子憖、蔡人盟于翟泉,寻践土之盟,且谋划伐郑。《春秋》载"夏六月,会王人、晋人、宋人、齐人、陈人、蔡人、秦人盟于翟泉"。

在《春秋》里,正常情况下,公、侯、伯、子、男录爵位,大国之卿录名,大国的大夫、小国的卿不录其名,一律记"某人"。会盟各方身份应对等,一国之卿不会会公、侯,可以会伯、子、男,王子位同公侯。这次会盟各方身份不对等,为避讳,鲁史官记录时皆称"某人",并省略了作为"会"之主语的"公"。

前630年春,晋人侵郑,观其是否可攻。狄人趁晋人忙于伐郑而侵齐。

九月甲午日,晋文公、秦穆公率师围郑,原因是晋文公流亡过郑,未受礼遇,且郑亲楚。晋驻师函陵,秦驻师氾南。

佚之狐对郑文公说:"国危矣！若使烛之武见秦君,师必退。"

郑文公使人召来烛之武,烛之武推辞说:"臣之壮也,犹不如人。今老矣,无能为也已。"

郑文公说:"吾不能早用子,今急而求子,是寡人之过也。然郑亡,子亦有不利焉。"

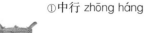
①中行 zhōng háng

烛之武答应前往秦师。为避晋人，待至天晚，郑人自城墙用绳缚烛之武放至城外。

烛之武来到秦师，对秦穆公说："秦、晋围郑，郑既知亡矣。若亡郑而有益于君，敢以烦执事。越国以鄙远，君知其难也，焉用亡郑以陪邻？邻之厚，君之薄也。若舍郑以为东道主，行李之往来，供其乏困，君亦无所害。且君尝为晋君赐矣，许君焦、瑕，朝济而夕设版焉，君之所知也。夫晋何厌之有？既东封郑，又欲肆其西封，若不阙秦，将焉取之？阙秦以利晋，唯君图之。"

秦穆公被说动，与郑人结盟，并留下杞子、逢孙、杨孙戍郑，秦穆公乃率师众返国。

涣之讼：涣其群，元吉。涣有丘，匪夷所思。

——《易经》

子犯请追击秦师。晋文公说："不可。微夫①人力不及此。因人之力而敝之，不仁。失其所与，不智。以乱易整，不武。吾其还也。"

郑人以宝器向晋人求和，晋人说："予我詹，而师还。"

叔詹请前往，郑文公不许，叔詹坚请，说："一臣可以救百姓而定社稷，君何爱于臣也？"

郑人以叔詹给晋人，晋人要烹叔詹。

叔詹说："臣愿获尽辞而死，固所愿也。"

晋文公愿听其言。

叔詹说："天降郑祸，使效观状，弃礼违亲。臣曰：'不可。夫晋公子贤明，其左右皆卿才，若复其国，而得志于诸侯，祸无赦矣。'今祸及矣。尊明胜患，智也。杀身赎国，忠也。"

---

①夫 fú

叔詹说完,走向鼎,依鼎耳对晋师高呼:"自今以往,知忠以事君者,与詹同!"

晋文公听罢,下令勿杀,因其忠心,为之备厚礼使之返郑。

孔子曰:"志士仁人,无求生以害仁,有杀身以成仁。"
——《论语》

郑文公先后有三位夫人,先娶其叔父子仪之妃陈妫,生子华、子臧。又娶江国女子,生公子士。又娶苏国女子,生子瑕、子俞弥。这五位公子最得郑文宠爱。

俞弥早死。公子士聘于楚,楚人在酒里下毒,子士回国时到达楚地叶而身亡。

太子华因获罪而被杀,郑文公因此恼怒,而驱逐群公子。

子华弟公子臧奔宋,喜集鹬①毛做冠饰。郑文公很厌恶,前636年八月,郑文公使人诱杀子臧于陈、宋之间。

君子说:"服之不衷,身之灾也。《诗》曰:'彼己之子,不称其服。'子臧之服,不称也夫。《诗》曰'自诒伊戚',其子臧之谓矣。《夏书》曰'地平天成',称也。"

郑大夫洩驾厌恶子瑕,郑文公也厌恶,子瑕逃亡在楚。

孔子曰:"君子博学于文,约之以礼,亦可以弗畔矣夫。"
——《论语》

郑文公有一贱妾,名叫燕姞。燕姞梦天使予之一株兰,并说:"余为伯儵。余,尔祖也,以是为尔子。以兰有国香,人服媚之如是。"伯儵是南燕国先祖,姞姓。

既而,郑文公见到燕姞,予之兰草,使之侍寝。燕姞说:"妾不

---

①鹬 yù

才,幸而有子,将不信,敢征兰乎。"郑文公说:"诺。"燕姞果生一子,便取名为兰。

公子兰逃亡在晋。当时,子兰跟随晋文公伐郑,请不参与围郑,晋文公使之待于晋东境。

晋人又提出立公子兰为太子。郑石甲父对郑文公说:"吾闻姬、姞偶,其子孙必蕃。姞,吉人也,后稷之元妃也,今公子兰,姞甥也。天或启之,必将为君,其后必蕃。先纳之,可以亢宠。"

郑文公使石甲父、孔将鉏、侯宣多迎公子兰回国,立为太子,与晋人讲和结盟。晋师撤还。

大畜,利贞。不家食,吉。利涉大川。

——《易经》

前629年秋,晋国在清原秋蒐治兵,废三行,增新上军、新下军,作五军以防御狄人。赵衰为卿。

城濮之战前,赵衰辞让卿位于栾枝、先轸。中军主帅郤縠去世后,晋文公想使赵衰为卿,赵衰说"胥臣多闻"。

上军主帅狐毛去世后,晋文使赵衰接替,赵衰又推辞,说:"城濮之役,先且居之佐军也善,军功有赏,善君有赏,能其官有赏。且居有三赏,不可废也。且臣之俦,箕郑、胥婴、先都在。"晋文公乃使先且居将上军。先且居是中军主帅先轸之子。

晋文公说:"赵衰三让,其所让者,皆社稷之卫也。废让,是废德也。"

因赵衰之故,晋文公在清原练兵,作五军,使赵衰将新上军,箕郑为佐;胥婴将新下军,先都为佐。

不久,上军佐狐偃去世,上军主帅先且居请文公任命辅佐,晋文公说:"夫赵衰三让不失义。让,推贤也。义,广德也。德广贤至,又何患?请令衰也从子。"使赵衰为上军佐。

谦之明夷:谦谦君子,用涉大川,吉。

——《易经》

晋文公跟胥臣学读书,不几日,说:"吾不能行也咫,闻则多矣。"

胥臣说:"然而,多闻以待能者,不犹愈也?"

晋文对郭偃说:"始也,吾以治国为易,今也难。"

郭偃说:"君以为易,其难也将至矣。君以为难,其易也将至焉。"

多易必多难。是以圣人犹难之,故终无难。

——《老子》

晋文公问胥臣:"我欲使阳处父傅讙①也而教诲之,其能善之乎?"讙,文公太子。

胥臣说:"是在讙也。蘧蒢不可使俯,戚施不可使仰,僬侥②不可使举,侏儒不可使援,矇瞍不可使视,嚚瘖③不可使言,聋聩不可使听,童昏不可使谋。无此八疾,质将善而贤良辅之,则成可待。若有违质,教将不入,其何善之为?

"臣闻,昔者大任娠④文王不变,少溲⑤于豕牢,而得文王,不加疾焉。文王在母不忧,在傅弗勤,处师弗烦,事王不怒,孝友二虢,而惠慈二蔡,刑于大姒,比于诸弟。《诗》云:'刑于寡妻,至于兄弟,以御于家邦。'于是乎用四方之贤良。及其即位也,询于八虞,而谘于二虢,度于闳⑥夭,而谋于南宫,诹⑦于蔡、原,而访于辛、尹,重之以周、邵、毕、荣,安宁百神,而柔和万民。故《诗》云:'惠于宗公,神罔时恫⑧。'若是,则文王非专教诲之力也。""刑"通

---

①讙 huān　②僬侥 jiāo yáo　③嚚瘖 yín yīn　④娠 shēn　⑤溲 sōu　⑥闳 hóng
⑦诹 zōu　⑧恫 tōng

"型",模范。大任:周文王之母。大姒:文王妃。

晋文公问:"然则,教无益乎?"

胥臣说:"胡为文?益其质。故人生而学,非学不入。"

文公问:"奈夫八疾何?"

胥臣说:"官师之所裁也。夫教者,因体、能、质而利之者也。若川然有源,以迎浦而后大。"

君子曰:学不可以已。青,取之于蓝,而青于蓝;冰,水为之,而寒于水。　　　　——《荀子》

第三十八回　卫成公卜迁帝丘　鲁僖公复作閟宫

卫成公被关押在京师一年多,晋文公向周襄王请示杀卫成。
襄王说:"不可。夫政,自上下者也,上作政,而下行不逆,故上下无怨。今叔父作政而不顺,无乃不可乎? 不然,余何私于卫侯?"

前 630 年夏,晋侯使医衍鸩卫成公。甯武子得知,贿医衍,请其减少用量,卫成公得以不死。

> 噬嗑之晋:屦校灭趾,无咎。　　　　　——《易经》

臧文仲对鲁僖公说:"夫卫君殆无罪矣。刑五而已,无有隐者,隐乃讳也。大刑用甲兵,其次用斧钺,中刑用刀锯,其次用钻凿,薄刑用鞭扑,以威民也。故大者陈之原野,小者致之市、朝,五刑三次,是无隐也。今晋人鸩卫侯不死,亦不讨其使者,讳而恶杀之也。有诸侯之请,必免之。臣闻之:班相恤也,故能有亲。夫诸侯之患,诸侯恤之,所以训民也。君何不请卫君,以示亲于诸侯,且以感晋? 夫晋新得诸侯,使亦曰:'鲁不弃其亲,其亦不可不善之。'"

鲁僖公见这个主意好,送给周襄王和晋文公各十对玉,为卫成公说情。秋,襄王和晋文接受鲁僖公之请,释放卫成公。

卫成公使人贿周颛、冶廑①,说:"苟能纳我,吾使尔为卿。"
周、冶二人杀元咺和公子瑕及其母弟公子仪。卫成公回国后祭祀先君,周颛、冶廑穿好礼服,即将入庙受卿命。周颛先入太庙,到庙门口突然发病而死。冶廑恐惧,辞去卿位。

---

①廑 jǐn

208

> 以荡陵德，实悖天道。　　　　　——《尚书》

及至卫成公得知自己被释出自臧文仲之谋，使人厚赠礼物。臧文仲拒绝，说："外臣之言不越境，不敢及君。"

> 劳而不伐，有功而不德，厚之至也。——《易传》

前629年，十二月，狄人围卫。卫人占卜迁都，问迁至帝丘吉凶，得兆能存三百年。卫国迁都至帝丘。

> 汝则有大疑，谋及乃心，谋及卿士，谋及庶人，谋及卜筮。　　　　　　　　　　——《尚书》

卫成公梦康叔对他说："相夺予享。"康叔是卫始祖，相是夏朝帝启之孙，曾居帝丘。

卫成公命人祀相。

甯武子认为不可，说："鬼神，非其族类，不歆其祀。杞、鄫何事？相之不享于此久矣，非卫之罪也。不可以违成王、周公之祀典。请改祀命。"杞、鄫皆夏朝后嗣。

前628年夏，狄内乱，卫人侵狄，狄人请和。秋，卫与狄盟。

> 夫权者，所以聚众也。势者，所以令士必斗也。谋者，所以令敌无备也。诈者，所以困敌也。
> 　　　　　　　　——《孙膑兵法》

前631年，春，东夷介国君葛卢如鲁朝，僖公正与盟国围许，鲁人安排葛卢住在昌衍山，供应干草粮食，合礼。

秋，鲁国大雨冰雹成灾。

冬，介葛卢复如鲁朝，鲁国以礼相待，又加燕礼、上好礼物。

介葛卢听到牛鸣，说："是生三牺，皆用之矣，其音云。"

问主管牛羊者，果然如此。

呦呦鹿鸣,食野之苹。我有嘉宾,鼓瑟吹笙。吹笙鼓簧,承筐是将。人之好我,示我周行。

——《诗经》之《小雅·鹿鸣》

前630年,秋,介人入侵萧国。

冬,襄王使周公阅如鲁聘,鲁国之飨有菖蒲菹①、熬白米、熬黑黍、虎形盐。

周公辞谢,说:"国君,文足昭也,武可畏也,则有备物之飨,以象其德。荐五味,献嘉谷,盐虎形,以显其功。吾何以堪之?"

襄仲聘于京师,接着聘于晋,《春秋》首次记载鲁人如晋聘。

前629年春,晋文公分割曹地给诸侯,鲁僖公使臧文仲前往,途中,臧文仲宿于重地馆舍。

重馆人说:"晋始霸而欲固诸侯,故削有罪之地以分诸侯。诸侯莫不望分而欲亲晋,皆将争先。晋不以班次,亦必亲先者。吾子不可以不速行。鲁之班长,而又先,诸侯其谁望之?若稍安,恐无及也。"

臧文仲听从馆人之言,率先到达,获地最多,自洮以南,东临济水的曹地,皆分给鲁国。鲁国自此有济西之田。

臧文仲向鲁僖公复命后,为重馆人请赏,说:"地之多也,重馆人之力也。臣闻之,曰:'善有功,虽贱,赏也;恶致罪,虽贵,罚也。'今一言而辟境,其功大矣,请赏之。"

鲁僖公封重馆人爵位。东门襄仲如晋拜谢分得曹田。

升之泰:允升,大吉。　　　　——《易经》

冬,杞伯姬回鲁为其子求妇。

前627年,春,齐大夫国归父聘于鲁,自郊外迎接,至聘问结

---

①菹 zū

束赠礼送行,礼仪得体,应答敏捷。国归父,谥庄,又称国庄子。

臧文仲对鲁僖公说:"国子为政,齐犹有礼,君其朝焉。臣闻之,服于有礼,社稷之卫也。"

夏,狄人侵齐。鲁僖公率师伐邾,以报十年前丢头盔之战,邾人未及防备,鲁国攻取訾娄。

涣之巽:涣其躬,无悔。　　　　　　　——《易经》

秋,襄仲率师伐邾。十月,僖公如齐朝,并吊齐国遭狄入侵。

十二月,鲁僖公自齐返至国,乙巳日,在小寝去世。诸侯去世前应移至路寝即正寝,僖公是图安逸而在内寝去世。

《诗经·鲁颂》有《閟宫》,载鲁僖公复建先妣姜嫄之庙,鲁人作诗颂之。诗自周人起源始,及周灭商、建鲁侯,然后列鲁侯之功,不乏夸大之词。全诗如下:

閟宫有侐①,实实枚枚。赫赫姜嫄②,其德不回。上帝是依,无灾无害。弥月不迟,是生后稷,降之百福:黍稷重穋③,稙④穉⑤菽麦。奄有下国,俾民稼穑。有稷有黍,有稻有秬。奄有下土,缵⑥禹之绪。

后稷之孙,实维大王。居岐之阳,实始翦⑦商。至于文武,缵大王之绪,致天之届,于牧之野。无贰无虞,上帝临汝。敦⑧商之旅,克咸厥功。王曰叔父,建尔元子,俾侯于鲁。大启尔宇,为周室辅。

乃命鲁公,俾侯于东。赐之山川,土田附庸。周公之孙,庄公之子。龙旂承祀,六辔耳耳。春秋匪懈,享祀不忒。皇皇后帝,皇祖后稷,享以骍牺,是飨是宜,降福既多。周公皇祖,亦其福汝。

---

①侐 xù　②嫄 yuán　③穋 lù　④稙 zhī　⑤穉 zhì　⑥缵 zuǎn　⑦翦 jiǎn　⑧敦 duī

秋而载尝,夏而楅①衡。白牡骍刚,牺尊将②将。毛炰③胾④羹,笾豆大房。万舞洋洋,孝孙有庆。俾尔炽而昌,俾尔寿而臧。保彼东方,鲁邦是常。不亏不崩,不震不腾。三寿作朋,如冈如陵。

公车千乘,朱英绿縢⑤,二矛重弓。公徒三万,贝胄朱綅⑥,烝徒增增。戎狄是膺,荆舒是惩,则莫我敢承。俾尔昌而炽,俾尔寿而富。黄发台背,寿胥与试。俾尔昌而大,俾尔耆而艾。万有千岁,眉寿无有害。

泰山岩岩,鲁邦所詹。奄有龟蒙,遂荒大东,至于海邦,淮夷来同。莫不率从,鲁侯之功。

保有凫绎,遂荒徐宅。至于海邦,淮夷蛮貊。及彼南夷,莫不率从。莫敢不诺,鲁侯是若。

天赐公纯嘏⑦,眉寿保鲁。居常与许,复周公之宇。鲁侯燕喜,令妻寿母。宜大夫庶士,邦国是有。既多受祉,黄发儿齿。

徂来之松,新甫之柏。是断是度,是寻是尺。松桷有舄,路寝孔硕,新庙奕奕。奚斯所作,孔曼且硕,万民是若。

观,盥⑧而不荐,有孚颙⑨若。   ——《易经》

姜嫄是帝喾元妃,姜嫄出野,见巨人迹,心欣然悦,践之而孕,生子,以为不祥,《大雅·生民》云:"诞置之隘巷,牛羊腓字之。诞置之平林,会伐平林。诞置之寒冰,鸟覆翼之。"

因被弃,故名弃,长成后作尧舜农官稷,故叫后稷。

笔者之见:中国古代社会一夫多妻,经过若干代,枝叶繁茂,商汤、周文皆为黄帝远支,灭前朝而立,为表明己之帝位来自天意,皆说先祖出生不凡。汉高祖刘邦也一样。

---

①楅 bī ②将 qiāng ③炰 páo ④胾 zì ⑤縢 téng ⑥綅 qīn ⑦嘏 gǔ ⑧盥 guàn ⑨颙 yóng

夏朝乱政时，后稷后人不窋失官，逃至戎狄。不窋生鞠，鞠生公刘，复修后稷之业，务耕种，后徙居于豳。《大雅·公刘》云："笃公刘，匪居匪康。乃埸乃疆，乃积乃仓。乃裹糇粮，于橐于囊，思辑用光。弓矢斯张，干戈戚扬，爰方启行。"

经十多代，传至古公亶父，古公积德行义，国人皆戴之。戎狄攻之，欲得财物，予之。已而复攻，欲得地与民。民皆怒，欲战。古公说："有民立君，将以利之。今戎狄所为攻战，以吾地与民。民之在我，与其在彼，何异。民欲以我故战，杀人父子而君之，予不忍为。"乃与私属迁居于岐，豳人举国扶老携弱，尽复归古公于岐下。他国之民闻古公仁，亦多归之。《绵》云："古公亶父，来朝走马。率西水浒，至于岐下。爰及姜女，聿来胥宇。周原膴膴，堇荼如饴。爰始爰谋，爰契我龟，曰止曰时，筑室于兹。"

　　天作高山，大王荒之。彼作矣，文王康之。彼徂矣，岐有夷之行，子孙保之。
　　　　　　　　——《诗经》之《周颂·天作》

第三十九回　秦穆公劳师袭远　晋襄公墨绖从戎

前628年四月己丑日,郑文公去世。太子兰即位,为郑穆公。

话说秦穆公留下杞子等三人戍郑,郑文公去世后,杞子使人报知秦穆公,说:"郑人使我掌其北门之管,若潜师以来,国可得也。"

秦穆公为此征询蹇叔,蹇叔说:"劳师以袭远,非所闻也。师劳,力竭,远主备之,无乃不可乎?师之所为,郑必知之。勤而无所,必有悖心。且行千里,其谁不知?"

秦穆公不从,召孟明、西乞、白乙,使三人率师袭郑。

前628年十二月,秦师自东门外出发。蹇叔送行,哭着对孟明说:"孟子,吾见师之出,而不见其入也。"

秦穆使人对蹇叔说:"尔何知?中寿,尔墓之木拱矣。"

蹇叔之子也在师中,蹇叔哭着为之送行,说:"晋人御师必于殽。殽有二陵焉,其南陵,夏后皋之墓也;其北陵,文王之所避风雨也。必死是间,余收尔骨焉。"夏后皋是夏桀祖父。

> 知兵之将,生民之司命,国家安危之主也。
>
> ——《孙子兵法》

秦师东进。来年,前627年,春,秦师到达周都,过北门。王孙满年幼,登上城墙观看。见秦师战车左右乘均脱去头盔,跳下战车,然后跳跃上车,三百乘战车皆如此。

王孙满对周襄王说:"秦师必败。"襄王问:"何故?"

王孙满说:"秦师轻而骄。轻,则寡谋;骄,则无礼。寡谋,自陷;无礼,则易。入险而易,又不能谋,能无败乎?秦师无败,是道废也。"

依礼,师众过天子之门,应卷甲束兵,以示恭敬。秦师跃车示勇,为轻佻无礼。

卷甲而趋,日夜不处,倍道兼行,百里而争利,则擒三将军。　　　　　　——《孙子兵法》

秦师过了周都,继续行进,到达滑国。

郑商人弦高正赶牛往周都交易,见秦师,知秦人必奔郑而来,立即使人乘驿车回国报告,自己来到秦师,以郑穆公之名慰劳秦师。

弦高先送四张熟牛皮,接着牵来十二头牛,说:"寡君闻吾子将步师出于敝邑,敢犒从者。不腆敝邑,为从者之淹,居,则具一日之积;行,则备一夕之卫。"

郑穆公接到报告,使人察看杞子等人的馆舍,发现秦人已备好战车,厉兵秣马。

郑穆公使皇武子向杞子等人致辞,说:"吾子淹久于敝邑,唯是粮资生鲜竭矣。为吾子之将行也,郑之有原圃,犹秦之有具囿也。吾子取其麋鹿,以闲敝邑,若何?"

三人知计划已败露,杞子奔齐,逢孙、杨孙奔宋。

弦高离开秦师后,孟明对西乞、白乙说:"郑有备矣,不可冀也。攻之不克,围之不继,吾其还也。"

二月,秦师灭滑,然后踏上返程。绕过周都之南向西,将过崤谷,再入函谷回秦。

蹇之咸:往蹇,来连。　　　　　　——《易经》

前628年春,楚鬬章如晋请和,晋阳处父如楚回聘。晋、楚始往来。

冬,十二月己卯日,晋侯重耳去世,谥文,史称晋文公。太子驩继位,为晋襄公。庚辰日,晋人运送文公灵柩往曲沃停放,离开绛都,灵柩里发出牛鸣似的响声。卜偃使诸大夫跪拜,说:"君命大事,将有西师过轶我,击之,必大捷焉。"

前627年二月,原轸对晋襄公说:"秦违蹇叔,而以贪勤民,天奉我也。奉不可失,敌不可纵。纵敌生患,违天不祥。必伐秦师。"

栾枝说:"未报秦施,而伐其师,其为死君乎?"

先轸说:"秦不哀吾丧,而伐吾同姓,秦则无礼,何施之为?吾闻之,一日纵敌,数世之患也。谋及子孙,可谓死君乎?"

于是,晋襄公发命兴师,并紧急召集姜戎。晋襄公染丧服成黑色,梁弘御戎,莱驹为车右。晋师南行,埋伏在崤谷等待秦师。

四月辛巳日,秦师进入崤谷,遭晋师和姜戎伏击,全军覆没。晋人擒获百里孟明视、西乞术、白乙丙。

> 三军可夺气,将军可夺心。是故朝气锐,昼气惰,暮气归。故善用兵者,避其锐气,击其惰归,此治气者也。以治待乱,以静待哗,此治心者也。以近待远,以佚待劳,以饱待饥,此治力者也。 ——《孙子兵法》

癸巳日,晋襄公穿黑色丧服葬晋文公。晋人自此用黑色丧服。

晋文夫人文嬴对晋襄公说:"彼实构吾二君,寡君若得而食之,不厌,君何辱讨焉?使归,就戮于秦,以逞寡君之志,若何?"

晋襄公不敢违抗嫡母,而释放秦三帅。正夫人是庶子的嫡母。

先轸朝见襄公,问起秦囚。襄公说:"夫人请之,吾舍之矣。"

先轸大怒,说:"武夫力而拘诸原,妇人卒而免诸国。堕军实,而长寇仇,亡无日矣!"说完,不避襄公而唾。

> 直而温,宽而栗,刚而无虐,简而无傲。 ——《尚书》

晋襄公立刻使阳处父追秦三帅。处父追至黄河,三人所乘船只已离开河岸。阳处父解下戎车左骖,以襄公之命赠孟明。

孟明在船上稽首,说:"君之惠,不以累臣衅鼓,使归就戮于秦,寡君之以为戮,死且不朽。若从君惠而免之,三年将拜君赐。"

狄人趁晋丧侵齐。秋,狄人伐晋,直至箕。

八月戊子日,晋襄公率师大败狄人于箕,郤缺擒获白狄首领。

先轸说:"匹夫逞志于君而无讨,敢不自讨乎?"便不穿盔甲,进入狄军阵营,战敌而死。狄人送回其首级,面色如生。

> 将有五危:必死,可杀也;必生,可虏也;忿速,可侮也;廉洁,可辱也;爱民,可烦也。　　——《孙子兵法》

早先,胥臣出使过冀,见冀缺锄草,其妻送饭,夫妻相敬如宾。胥臣与之相谈,得知其为郤芮之子,请其同归。

胥臣复命后,对晋文公说:"臣得贤人,敢以告。"

晋文公说:"其父有罪,可乎?"

胥臣说:"舜之刑也,诛鲧;其举也,兴禹。管敬仲,桓之贼也,实相以济。《康诰》曰:'父不慈,子不祗,兄不友,弟不恭,不相及也。'《诗》曰:'采葑采菲,无以下体。'君取善节焉可也。"

文公问:"子何以知其贤也?"

胥臣说:"臣见其不忘敬也。夫敬,德之聚也。能敬必有德,德以治民,君请用之。臣闻之,出门如宾,承事如祭,仁之则也。"

文公使郤缺为下军大夫。

自箕返回,晋襄公以三命命先且居将中军,以再命赏胥臣先茅之县,说:"举郤缺,子之功也。"以一命命郤缺为卿,并将其父故邑冀重新给他,但仍不率军。

> 孔子曰:"昔三代明王之政,必敬其妻、子也,有道。妻也者,亲之主也,敢不敬与? 子也者,亲之后也,敢不敬与?"　　——《礼记》之《哀公问》

第四十回　楚成公请食熊蹯　鲁文公贱迎夫人

前627年冬,晋人、陈人、郑人伐许,因其背晋亲楚。楚令尹子上率师侵陈、蔡,陈、蔡与楚讲和。楚师继续北上,伐郑,要纳公子瑕。攻桔柣之门,公子瑕之车倾覆于周氏之池,仆人髡①屯擒获子瑕,献给郑穆公。穆公杀子瑕,郑文公夫人为之收敛、下葬。

晋阳处父率师侵蔡,楚子上救蔡,与晋师夹泜②水对峙。

阳处父担心日久将缺少粮资而不利晋师,使人对子上说:"吾闻之:'文不犯顺,武不违敌。'子若欲战,则吾退舍,子济而陈,迟速唯命。不然,纾我。老师费财,亦无益也。"

阳处父下令晋师驾好车马,等待楚人表态。

子上要渡河,成大心说:"不可。晋人无信,半渡而薄我,悔败何及?不如纾之。"楚师后退,让出地域,以便晋师渡河。

阳处父见楚师后退,便扬言说:"楚师遁矣!"

晋师随即回国。楚子上也率师回国。

> 我出而不利,彼出而不利,曰支。支形者,敌虽利我,我无出也,引而去之,令敌半出而击之,利。
> 　　　　　　　　——《孙子兵法》

楚太子商臣向楚成诬陷子上,说:"受晋贿而避之,楚之耻也。罪莫大焉。"楚成听信商臣谗言,杀子上。

当初,楚成要立商臣为太子,征询令尹子上。

子上说:"君之齿未也,而又多爱,黜乃乱也。楚国之举,恒在

---

①髡 kūn　②泜 zhī

少者。且是人也，蜂目而豺声，忍人也，不可立也。"楚成不听，立商臣为太子。既而，又想立商臣庶弟公子职为太子，将废商臣。

商臣有所闻，尚未确信，告知其师潘崇，问："若之何而察之？"

潘崇说："享江芈，而勿敬也。"江芈是嫁至江国的楚成之妹。

商臣宴享江芈，故意不敬。

江芈发怒，说："哼，役夫！宜君之欲杀汝而立职也。"

商臣对潘崇说："信矣。"

潘崇问："能事诸乎？"商臣说："不能。"

问："能行乎？"商臣说："不能。"

"能行大事乎？"商臣说："能。"

前626年，楚成四十六年，十月丁未日，商臣率太子宫之甲士围楚成。楚成请待熊蹯①熟，食之而后死，商臣拒绝。

楚成自缢。定谥号"灵"，楚成不瞑目，改谥"成"，终于瞑目。

商臣自立为君，史称楚穆。以其为太子时之宫室赐潘崇，使之为太师，并掌管宫廷警卫。

乱之所生也，则言语以为阶。君不密则失臣，臣不密则失身，几事不密则害成。是以君子慎密而不出也。

——《易传》

前626年正月，鲁僖公太子兴即位，为鲁文公。

二月癸亥日，日食。周襄王使内史叔服如鲁会葬。公孙敖听说叔服会看相，乃使二子穀和难来见叔服。

叔服说："穀也祀子，难也收子。穀也丰下，必有后于鲁国。"

闰三月。鲁史官认为非礼，说："先王之正时也，履端于始，举正于中，归余于终。履端于始，序则不愆②。举正于中，民则不惑。归余于终，事则不悖。"

①蹯 fán　②愆 qiān

四月丁巳日，葬鲁僖公。

周襄王使毛伯卫赐鲁文公命圭。鲁文公使叔孙得臣至京师拜谢赐命。叔孙得臣是叔牙之孙、公孙兹之子。

需之泰：需于酒食，贞吉。　　　　——《易经》

晋文公末年，诸侯朝晋，卫成公不朝，却使孔达侵郑，伐绵、訾及匡。晋襄公服丧周年祭后，使人通告诸侯伐卫。晋师过南阳。

先且居说："效尤，祸也。请君朝王，臣从师。"

此时，襄王在南阳温邑。晋襄公朝襄王，先且居、胥臣伐卫。

乾之同人：见龙在田，利见大人。　　——《易经》

五月辛酉日，朔，晋师围卫邑戚。

六月戊戌日，晋师攻取戚邑，俘获戚邑大夫孙昭子。卫侯使人报知陈侯。陈共公说："更伐之，我辞之。"卫孔达遂率师伐晋。

秋，晋侯划定戚地疆界，鲁公孙敖至戚拜会晋侯。

冬，鲁文公使公孙敖如齐聘。依礼：凡君即位，卿出并聘，践修旧好，要结外援，好事邻国，以卫社稷，忠信卑让之道也。忠，德之正也；信，德之固也；卑让，德之基也。

前625年二月，晋人因鲁新君未亲自朝见，而向鲁国问罪。

三月乙巳日，鲁文公如晋。

四月己巳日，晋侯使阳处父与鲁文公结盟，以此羞辱鲁文公。鲁史官为避讳，《春秋》里未记录鲁文公至晋，也未记鲁侯与晋结盟，只记录"及晋处父盟"，似乎与晋盟者是大夫。

睽之未济：悔亡。丧马，勿逐，自复。见恶人，无咎。　　　　　　　　　　　　　　　——《易经》

六月，鲁公孙敖会盟宋公、陈侯、郑伯、晋司空士縠于郑地垂陇，因晋人要讨卫。陈侯为卫国向晋人请和，执卫孔达以取悦晋人。

自上年十二月至秋七月,鲁国无雨,尚有收成,未成灾。

八月丁卯日,鲁国在太庙举行祭祀。掌管宗庙祭祀典礼的宗伯夏父弗忌推崇僖公,升僖公神位至闵公之上。有人认为逆祀而反对。宗伯说:"吾见新鬼大,故鬼小。先大后小,顺也。跻圣贤,明也。明、顺,礼也。"僖公虽是闵公庶兄,却是继闵公之位而立,曾为闵公之臣,在太庙的神位应在闵公之下。

君子认为失礼,说:"礼无不顺。祀,国之大事也,而逆之,可谓礼乎?子虽齐圣,不先父食,久矣。故禹不先鲧,汤不先契,文、武不先不窋。宋祖帝乙,郑祖厉王,犹上祖也。是以《鲁颂》曰:'春秋匪解,享祀不忒,皇皇后帝,皇祖后稷。'君子曰:礼,谓其后稷亲,而先帝也。《诗》曰:'问我诸姑,遂及伯姊。'君子曰:礼,谓其姊亲,而先姑也。"

仲尼读史至此,说:"臧文仲,其不仁者三,不智者三。下展禽,废六关,妾织蒲,三不仁也。作虚器,纵逆祀,祀爰居,三不智也。"

"妾织蒲",臧文仲使妾织蒲至市场出售,与民争利。"废六关",不知何指。《论语》孔子曰:"臧文仲居蔡,山节藻棁①,何如其知也?"是其作虚器。

孔子曰:"众恶之,必察焉;众好之,必察焉。"

——《论语》

冬,鲁公子遂如齐纳聘礼。依礼:凡君即位,好舅甥,修婚姻,娶元妃以奉粢盛,孝也。孝,礼之始也。

前624年正月,鲁庄叔会晋人、宋人、陈人、卫人、郑人伐沈,因其亲楚,沈人溃散。庄叔即叔孙得臣,谥庄。

卫成公如陈拜谢其斡旋与晋讲和。

四月乙亥日,王叔文公王子虎去世,鲁人赴吊,如同盟之礼。

---

①棁 zhuō

晋侯因上年对鲁文公无礼而感不安,请改盟。这年冬,鲁文公再次赴晋,十二月己巳日,鲁文公与晋襄公盟。

晋襄公飨鲁文公,赋《菁菁者莪》:"菁菁者莪,在彼中阿。既见君子,乐且有仪。"

鲁文公降阶、拜谢,庄叔说:"小国受命于大国,敢不慎仪?君贶之以大礼,何乐如之?抑小国之乐,大国之惠也。"

晋襄公降阶辞谢。二君一同登阶,互拜,归位。

鲁文公赋《嘉乐》:"嘉乐君子,显显令德。宜民宜人,受禄于天。保佑命之,自天申之。"

> 咸之小过:咸其脢①,无悔。　　　——《易经》

前623年春,鲁文公回到鲁国。

晋人认为孔达是卫国善人而释孔达。夏,卫成公如晋拜。

鲁人如齐迎娶姜氏。迎娶国君正夫人,应当卿亲行,此次卿未行,不合礼。

君子由此而知姜氏将不容于鲁,说:"贵聘而贱迎之,君而卑之,立而废之,弃信而坏其主,在国必乱,在家必亡。不允宜哉!《诗》曰:'畏天之威,于时保之。'敬主之谓也。"君,指小君,国君夫人又称小君。主,指内主,君夫人管理内宫,又称内主。

> 君子以作事谋始。　　　——《易传》

---

①脢 méi

第四十一回　秦穆败晋霸西戎　楚穆灭江并六蓼

前627年夏,秦穆公得知袭郑师败,身穿素服住在郊外,面向师众出行的方向痛哭。

大夫及左右皆对秦穆说:"是败也,孟明之罪也,必杀之。"

秦穆公说:"是孤之罪也。周芮良夫之诗曰:'大风有隧,贪人败类,听言则对,诵言如醉,匪用其良,覆俾我悖。'是贪故也,孤之谓矣。孤实贪,以祸夫子,夫子何罪?且吾不以一眚掩大德。"

秦穆公对孟明说:"孤违蹇叔,以辱二三子,孤之罪也。"继续使孟明为政。

> 孔子曰:"君子求诸己,小人求诸人。"
> 　　　　　　　　　　　　——《论语》

前625年春,孟明率师伐晋,以报崤之败。

二月甲子日,晋侯率师迎战,与秦师战于秦地彭衙,秦师溃败。因孟明当年说将拜谢晋君恩赐,晋人戏称秦师为"拜赐之师"。

当初,崤之战,晋梁弘御戎,莱驹为车右。作战次日,晋襄公使莱驹以戈斩秦囚。秦俘高呼,莱驹惊而失戈。狼瞫①捡戈斩囚,擒莱驹乘襄公戎车。晋襄公使狼瞫为车右。

箕之役,先轸为主帅,黜狼瞫而用续简伯为车右,狼瞫发怒。

其友说:"何不死之?"

狼瞫说:"吾未获死所。"

其友说:"吾与汝为难。"

---

①瞫 shěn

狼瞫说:"《周志》有之:'勇则害上,不登于明堂。'死而不义,非勇也。共用之谓勇。吾以勇求右,无勇而黜,亦其所也。谓上不我知,黜而宜,乃知我矣。子姑待之。"

这次战秦师,先且居将中军,赵衰为中军佐,王官无地御戎车,狐鞫①居为车右。狐鞫居,即续简伯,又称续鞫居。列阵完毕,狼瞫率所属疾驰进入秦师,杀敌而死。晋师紧随其后,大败秦师。

君子说:"狼瞫于是乎君子。《诗》曰:'君子如怒,乱庶遄沮。'又曰:'王赫斯怒,爰整其旅。'怒不作乱,而以从师,可谓君子矣。"

随之屯:随有获,贞凶。有孚在道,以明,何咎?

——《易经》

秦穆公仍然用孟明。孟明进一步修治国政,施惠于民。

晋赵成子对诸大夫说:"秦师又至,必将避之。惧而增德,不可挡也。《诗》曰:'毋念尔祖,聿修厥德。'孟明念之矣。念德不怠,其可敌乎?"赵成子,即赵衰,谥成。

这年冬,为报秦师彭衙之役,晋先且居、宋公子成、陈辕选、郑公子归生率师伐秦,攻取汪,直至彭衙,然后班师。

来年,前624年,五月,秦穆公率师伐晋,济河焚舟,攻取晋王官一带,向东直达晋都郊外。晋人闭门不出。

秦师自茅津南渡黄河,入崤谷,收尸掩埋,然后返回。

我徂东山,慆②慆不归。我来自东,零雨其濛。我东曰归,我心西悲。制彼裳衣,勿士行枚。蜎③蜎者蠋④,烝在桑野。敦⑤彼独宿,亦在车下。

我徂东山,慆慆不归。我来自东,零雨其濛。鹳⑥鸣于垤⑦,妇叹于室。洒埽穹窒,我征聿至。有敦瓜苦,

---

①鞫 jū　②慆 tāo　③蜎 yuān　④蠋 zhú　⑤敦 duī　⑥鹳 guàn　⑦垤 dié

烝在栗薪。自我不见,于今三年。

——《诗经》之《豳①风·东山》

《尚书·秦誓》记秦穆公在崤誓辞:"嗟!我士,听无哗!予誓告汝群言之首。古人有言曰:'民讫②自若,是多盘。责人斯无难,惟受责俾如流,是惟艰哉。'我心之忧,日月逾迈,若弗云来。

"惟古之谋人,则曰未就予忌;惟今之谋人,姑将以为亲。虽则云然,尚猷③询兹黄发,则罔所愆。

"番番良士,旅力既愆,我尚有之;仡④仡勇夫,射御不违,我尚不欲。惟截截善谝⑤言,俾君子易辞,我皇多有之,昧昧我思之。

"如有一介臣,断断猗⑥无他技,其心休休焉,其如有容。人之有技,若己有之;人之彦圣,其心好之,不啻⑦若自其口出,是能容之。以保我子孙黎民,亦职有利哉!

"人之有技,冒疾以恶之;人之彦圣,而违之俾不达,是不能容。以不能保我子孙黎民,亦曰殆哉!

"邦之杌陧⑧,曰由一人;邦之荣怀,亦尚一人之庆。"

君子说:"秦穆公之为君也,举人之周也,与人之壹也;孟明之臣也,其不懈也,能惧思也;子桑之忠也,其知人也,能举善也。《诗》曰:'于以采蘩,于沼于沚。于以用之?公侯之事。'秦穆有焉。'夙夜匪解,以事一人',孟明有焉。'诒厥孙谋,以燕翼子',子桑有焉。"

  君子以远小人,不恶而严。　　——《易传》

戎人首领听说秦穆贤能,使由余如秦视察。由余祖先是晋人,逃亡至戎。秦穆公向其展示华美的宫室、丰富的积聚。

---

①豳 bīn ②讫 qì ③猷 yóu ④仡 yì ⑤谝 pián ⑥猗 yī ⑦啻 chì
⑧杌陧 wù niè

由余说:"使鬼为之,则劳神矣;使人为之,亦苦民矣。"

秦穆不解,问:"中国以诗书礼乐法度为政,然尚时乱,今戎夷无此,何以为治,不亦难乎?"

由余笑答:"此乃中国所以乱也。夫自上圣黄帝作礼乐法度,身以先之,仅以小治。及其后世,日趋骄淫。借法度之威,以责督于下;下疲极,则以仁义怨望于上。上下交争怨而相篡弑,至于灭宗,皆以此类也。夫戎夷不然。上含纯德以遇其下,下怀忠信以事其上,一国之政犹一身之治,而不知所以治,此真圣人之治也。"

秦穆问内史廖:"孤闻邻国有圣人,敌国之忧也。今由余贤,寡人之害,将奈之何?"

内史廖说:"戎君地处偏僻,未闻中国之声。君试馈其女乐,以夺其志;为由余请,以疏其间;留而莫遣,使失归期。如此,戎君怪之,必疑由余。君臣有间,乃可虏也。且戎君好乐,必怠于政。"

秦穆公说:"善。"使内史廖带十六名女乐人送给戎君。秦穆每天与由余同席而坐,一同进餐,问戎国地形与兵力,及至对戎人情况了如指掌。

戎君接受女乐后沉迷其中,终年不问政事。这时,秦人使由余返戎。见戎君沉迷女乐,由余多次劝谏,戎君不听。秦穆又使人私请由余,由余终于弃戎投秦。秦穆以客礼待由余,询问伐戎计谋。秦穆用由余之谋伐西戎,终成西戎霸主。

> 百战百胜,非善之善者也;不战而屈人之兵,善之善者也。
> ——《孙子兵法》

前624年秋,大批螽①斯虫飞至宋境,坠地而死,状如下雨。宋人以为得天之祐,喜而告诸侯,鲁史官记"雨螽于宋"。

楚师围江,晋先仆伐楚以救江。

---

①螽 zhōng

冬,晋人报知周王楚伐江,欲借天子之威伐楚。阳处父率师南下,过成周,王叔桓公随晋师伐楚以救江,攻方城。楚息尹子朱撤出伐江之师,西行救方城。晋师见江国之围已解,乃北撤回国。

前623年秋,晋襄公率师伐秦,围秦刓①、新城二邑,报上年王官之役。楚人灭江。

秦穆为此换穿素服,不居正寝,减膳撤乐,超过规定之礼。

大夫谏,秦穆说:"同盟灭,虽不能救,敢不矜乎?吾自惧也。"

君子说:"《诗》云:'惟彼二国,其政不获。惟此四国,爰究爰度。'其秦穆之谓矣。"

> 贲之明夷:白贲,无咎。　　　　——《易经》

前622年夏,秦人侵鄀。初,鄀人叛楚即秦,后又叛秦亲楚。六人叛楚而亲东夷。秋,楚成大心、仲归率师灭六。

冬,楚子燮率师灭六的邻国蓼。

鲁臧文仲得知六与蓼被灭,说:"皋陶、庭坚忽焉不祀。德之不建,民之无援,哀哉!"

> 孔子曰:"德之不修,学之不讲,闻义不能徙,不善不能改,是吾忧也。"　　　　——《论语》

前621年夏,秦伯任好去世,谥穆。太子罃即位,为秦康公。

秦大夫子车氏三子奄息、仲行、鍼虎因有宠于秦穆而殉葬。三人皆秦之贤良,秦人哀之,作诗以纪念,在《诗经》之《秦风·黄鸟》:

交交黄鸟,止于棘。谁从穆公?子车奄息。维此奄息,百夫之特。临其穴,惴惴其栗。彼苍者天,歼我良人。如可赎兮,人百

---

①刓 wán

其身。

交交黄鸟,止于桑。谁从穆公?子车仲行。维此仲行,百夫之防。临其穴,惴惴其栗。彼苍者天,歼我良人。如可赎兮,人百其身。

交交黄鸟,止于楚。谁从穆公?子车鍼虎。维此鍼虎,百夫之御。临其穴,惴惴其栗。彼苍者天,歼我良人。如可赎兮,人百其身。

后世君子说:"秦穆之不为盟主也,宜哉!死而弃民。先王辞世,犹遗之法,而况夺之善人乎?《诗》曰:'人之云亡,邦国殄瘁。'无善人之谓。若之何夺之?古之王者,知命之不长,是以并建圣哲,树之风声,分之采物,著之话言,为之律度,陈之艺极,引之表仪,予之法制,告之训典,教之防、利,委之常秩,道之礼则,使无失其土宜。众隶赖之,而后即命。圣王同之。今纵无法以遗后嗣,而又收其良以死,难以在上矣。"

马骇舆,则君子不安舆;庶人骇政,则君子不安位。

——《荀子》

第四十二回　鲁季文备豫不虞　晋赵盾始料未及

前623年秋,卫甯武子如鲁聘问。鲁文公与之宴饮,并使乐人为之赋《湛①露》及《彤弓》,二篇均在《小雅·南有嘉鱼之什》。

乐人歌《湛露》:

湛湛露斯,匪阳不晞。厌厌夜饮,不醉无归。

湛湛露斯,在彼丰草。厌厌夜饮,在宗载考。

湛湛露斯,在彼杞棘。显允君子,莫不令德。

其桐其椅,其实离离。恺悌君子,莫不令仪。

此为歌颂天子与诸侯宴饮取乐之诗。甯武子不动声色。

乐人又歌《彤弓》:

彤弓弨②兮,受言藏之。我有嘉宾,中心贶之。钟鼓既设,一朝飨之。

彤弓弨兮,受言载之。我有嘉宾,中心喜之。钟鼓既设,一朝右之。

彤弓弨兮,受言櫜之。我有嘉宾,中心好之。钟鼓既设,一朝酬之。

此为天子赐有功诸侯之诗。甯武子仍不拜谢,也不回赋。

鲁文公使行人私问其故。

甯武子说:"臣以为肄业及之也。昔诸侯朝正于王,王宴乐之,于是乎赋《湛露》,则天子当阳,诸侯用命也。诸侯敌王所忾,而献其功,王于是乎赐之彤弓一、彤矢百、旅弓矢千,以明报宴。今陪臣来继旧好,君辱贶之,其敢干大礼以自取戾?"

---

①湛 zhàn　②弨 chāo

孔子曰:"甯武子,邦有道,则知;邦无道,则愚。其知可及也,其愚不可及也。" ——《论语》

前622年冬,晋阳处父聘于卫,返,过甯,宿于甯嬴馆舍。

甯嬴对其妻说:"吾求君子久矣,今乃得之。"

甯嬴乃告别其妻,跟随阳处父。途中,与阳处父交谈,到达温山,甯嬴返身回家。

其妻问:"子得所求而不从之,何其怀家?"

甯嬴说:"以其刚。《商书》曰:'沈渐,刚克;高明,柔克。'夫子壹之,其不没乎?天为刚德,犹不干时,况在人乎?且华而不实,怨之所聚也。犯而聚怨,不可以定身。余惧不获其利,而蒙其难,是以去之。"

三德:一曰正直,二曰刚克,三曰柔克。平康,正直;强弗友,刚克;燮友,柔克。沈潜,刚克;高明,柔克。
——《尚书》

这两年,赵衰、栾枝、先且居、胥臣相继去世,此时,晋师少帅。

前621年春,晋襄公在夷地治兵,裁减新二军,恢复三军,使狐偃之子狐射姑将中军,赵衰之子赵盾为中军佐。

阳处父至自温,改至董地治兵,调换中军主帅,使赵盾将中军,使狐射姑为佐。阳处父曾是赵衰属下,故偏袒赵氏,且认为赵盾有才能,说:"使能,国之利也。"阳处父是晋襄之傅,襄公听从。

赵盾自此执掌国政,制典章,修法令,清积讼,追逃犯,用契约,治弊政,正秩礼,复官职,举贤能。制订完毕,交给太傅阳子和太师贾佗,在晋国推行,作为常法。

升之恒:王用亨于岐山,吉,无咎。 ——《易经》

鲁臧文仲因陈、卫相睦,欲求好于陈。夏,季文子聘于陈,且娶陈女为妻。季文子:季友之孙,谥文,名行父。

秋,季文子将聘于晋,使从者备办丧礼所需之物随行,其人不解,问:"将焉用之?"

季文子说:"备豫不虞,古之善教也。求而无之,实难。过求,何害?"季文子大概已知晋侯近况,不便说出。

季文子三思而后行。孔子闻之,曰:"再,斯可矣。"
——《论语》

八月乙亥日,晋襄公去世,在位七年。太子夷皋年幼,众臣认为,君幼,国易遭难,故谋议立年长公子为君。

赵孟说:"立公子雍。好善而长,先君爱之,且近于秦。秦,旧好也。置善则固,事长则顺,立爱则孝,结旧则安。为难故,故欲立长君,有此四德者,难必纾矣。"

赵孟,即赵盾。公子雍是晋文公之子,生母杜祁,杜伯之后,祁姓,也许是杜原款之女。

贾季说:"不如立公子乐。辰嬴宠于二君,立其子,民必安之。"贾季,即狐射姑,食邑贾。辰嬴即怀嬴。

赵孟说:"辰嬴贱,班在九人,其子何震之有?为先君子,不能求大,而出在小国,僻也。母贱子僻,无威;陈小而远,无援。将何安焉?杜祁以君故,让偪姞而上之;以狄故,让季隗而己次之,故班在四。先君是以爱其子,而仕诸秦,为亚卿焉。秦大而近,足以为援;母义子爱,足以威民。立之,不亦可乎?"

晋文公九位妃嫔,有狄女、齐女、五位秦女,另二位是杜祁和偪姞。襄公生母是偪姞。估计偪姞和杜祁是文公逃亡前所娶,故二位之子年长,一继文公位,一在秦为亚卿。

赵孟使先蔑、士会如秦迎公子雍。贾季也使人如陈召公子乐,使者尚未出境,赵孟使人杀之于郫①。贾季怨阳处父换掉其中军主帅,致其无援于晋。

九月,贾季使其族人狐鞫居杀阳处父。

　　大过之因:栋桡,凶。　　　　　　　——《易经》

十月,鲁公子遂如晋参加晋襄公葬礼。

十一月丙寅日,晋人杀续简伯。贾季奔狄。赵宣子使臾骈送贾季妻儿至狄。赵盾,谥宣,史称赵宣子。

在夷地治兵时,贾季惩罚过臾骈,臾骈手下要尽杀贾季家小。

臾骈说:"不可。吾闻前《志》有之,曰:'敌惠敌怨,不在后嗣。'忠之道也。夫子礼于贾季,我以其宠而报私怨,无乃不可乎?介人之宠,非勇也;损怨益仇,非智也;以私害公,非忠也。弃此三者,何以事夫子?"

臾骈集中贾季所有家眷以及器用财货,亲自护卫,送至边境。

　　仲弓问仁。孔子曰:"出门如见大宾,使民如承大祭。己所不欲,勿施于人。在邦无怨,在家无怨。"仲弓曰:"雍虽不敏,请事斯语矣。"　　——《论语》

前620年夏,秦康公送晋公子雍返晋,说:"文公之入也无卫,故有吕、郤之难。"遂多给徒卒作护卫。

晋国这边,太子之母穆嬴日日抱着太子在朝廷啼哭,说:"先君何罪?其嗣亦何罪?舍嫡嗣不立,而外求君,将焉置此?"

出朝廷,则抱着太子到赵氏家,顿首对宣子说:"先君奉此子也,而属诸子,曰:'此子也才,吾受子之赐;不才,吾唯子之怨。'今君虽终,言犹在耳,而弃之,若何?"

---

①郫 pí

宣子与诸大夫皆惧穆嬴，又恐国人以义相逼，便违背先蔑至秦之请，而立太子夷皋为君，即晋灵公。

升之蛊：冥升，利于不息之贞。　　　——《易经》

赵宣子说："我若受秦，秦则宾也；不受，寇也。既不受矣，而复缓师，秦将生心。先人有夺人之心，军之善谋也。逐寇如追逃，军之善政也。"

赵宣子立即率师抵御秦送公子雍之师。赵盾将中军，先克为佐；上军主帅箕郑留守，荀林父佐上军；先蔑将下军，先都为佐。步招御戎，戎津为车右。先克，先且居之子。先蔑上年如秦请公子雍，已先行回晋。

晋师到达堇阴，训卒，利兵，秣马，蓐食，潜师夜起。戊子日，晋师败秦师于令狐，追至刳首。

未济之晋：曳其轮，贞吉。　　　——《易经》

当初，先蔑受赵盾之命将如秦，荀林父劝止，说："夫人、太子犹在，而外求君，此必不行。子以疾辞，若何？不然，祸将及子。摄卿以往，可也，何必子？同官为僚，吾尝同僚，敢不尽心乎？"先蔑不听。

荀林父赋《大雅》之《板》第三章："我虽异事，及尔同僚。我即尔谋，听我嚣嚣。我言维服，勿以为笑。先民有言，询于刍荛①。"

先蔑仍不听。

子贡问友。孔子曰："忠告而善道之，不可则止，毋自辱焉。"　　　——《论语》

---

①荛 ráo

先蔑因秦师由自己请公子雍所致,己丑日,先蔑离开晋师,奔秦,士会也奔秦。

荀林父送先蔑家属以及器用财物至秦,说:"为同僚故也。"

士会在秦三年,一直避见先蔑。其手下说:"能亡人于国,不能见于此,焉用之?"

士会说:"吾与之同罪,非义之也,将何见焉?"

> 涣之观:涣奔其机,悔亡。　　　　　——《易经》

邾人趁鲁文公新即位,又灭须句。

前620年春,趁晋人无暇顾及诸侯,鲁文公率师伐邾。三月甲戌日,鲁师攻取须句,置叛逃在鲁的邾文公之子于此,并城郚成守。

夏,狄人侵鲁西境,鲁文公使人告于晋。

赵宣子使人借由贾季见到狄人执政酆舒,责其伐鲁。

酆舒问贾季:"赵衰、赵盾,孰贤?"

贾季说:"赵衰,冬日之日也。赵盾,夏日之日也。"

> 方而不割,廉而不刿,直而不肆,光而不耀。
>
> ——《老子》

第四十三回　周顷王继天子位　秦康公受晋人气

前619年八月戊申日,周襄王驾崩,在位三十四年。王太子姬壬臣继位,为周顷王。

冬,鲁公孙敖前往京师吊丧,未至京师,途中,带吊丧礼物奔莒。

来年,前618年,正月,毛伯如鲁求随葬之物。二月,叔孙得臣如京师。辛丑日,葬襄王。

前617年三月辛卯日,鲁臧孙辰去世,谥文,史称臧文仲。

鲁国自正月至秋七月,一直无雨。

七月,鲁人与周卿士苏子盟于女栗,因顷王新立之故。往年苏子叛王奔卫,不知何时复职。

> 孔子曰:"十室之邑,必有忠信如丘者焉,不如丘之好学也。"
> ——《论语》

前620年八月,齐侯、宋公、卫侯、郑伯、许男、曹伯与晋赵盾会盟于郑地扈,因晋侯新立之故。因鲁文公迟到,未及参盟,故鲁《春秋》未具体列出参盟诸侯,而省记为"公会诸侯、晋大夫盟于扈"。

冬,郤缺对赵宣子说:"昔卫不睦,故取其地。今已睦矣,可以归之。叛而不讨,何以示威?服而不柔,何以示怀?非威非怀,何以示德?无德,何以主盟?子为正卿,以主诸侯,而不务德,将若之何?《夏书》曰:'戒之用休,董之用威,劝之以《九歌》,勿使坏。'九功之德,皆可歌也,谓之九歌。六府、三事,谓之九功。水、火、金、木、土、谷,谓之六府。正德、利用、厚生,谓之三事。义而行之,谓之德、礼。无礼不乐,所由叛也。若吾子之德莫可歌也,其谁来之？何不使睦者歌吾子乎？"正德、利用、厚生，即端正德行、利国之用、厚待民生。

前619年春，晋侯使解扬归还卫匡、戚二邑，也归还郑国自申至虎牢边境之地。

> 有能化善、修身、正行、积礼义、尊道德，百姓莫不贵敬，莫不亲誉。　　　　——《荀子》

夏，秦人伐晋，攻取武城，报令狐之役。

秋，晋人因扈之盟鲁文公迟到而讨鲁。

十月壬午日，鲁公子遂与晋赵孟会盟于衡雍，补扈之盟。乙酉日，鲁襄仲与伊洛之戎在郑地暴会盟。

当初，晋国治兵于夷，晋襄公要提拔箕郑和先都，而使士縠、梁益耳将中军，先克说："狐、赵之勋，不可废也。"晋襄公从其言。而后，晋师在堇阴抵御秦师时，先克夺蒯得之田。

前618年正月己酉日，箕郑、先都、士縠、梁益耳、蒯得作乱，使人杀先克。乙丑日，晋人杀先都、梁益耳。三月甲戌日，晋人杀箕郑、士縠、蒯得。

> 剥之晋：剥床以肤，凶。　　　　——《易经》

前617年春，晋人伐秦，攻取少梁。夏，秦康公率师伐晋，攻取北徵。

前615年秋，秦康公使西乞术如鲁聘，并告知将伐晋。

襄仲辞秦人玉圭，说："君不忘先君之好，照临鲁国，镇抚其社稷，重之以大器，寡君敢辞玉。"

两国修好，客来时授玉，主人收玉。客人回国前，主人返还玉。若不想结好，则不肯受玉。

西乞术说："不腆敝器，不足辞也。"

主人三次辞谢,客人说:"寡君愿邀福于周公、鲁公,以事君,不腆先君之敝器,寡君使下臣致诸执事,以为瑞节,要结好命。所以藉寡君之命,结二国之好,是以敢致之。"鲁公:周公之子伯禽。

襄仲说:"不有君子,其能治国乎?国无陋矣。"

鲁国厚赠西乞术。

  观之比:观其生,君子无咎。 ——《易经》

因令狐之役故,冬,秦康公伐晋,攻取羁马。

晋人兴师,赵盾将中军,荀林父为佐;郤缺将上军,臾骈为佐;栾盾将下军,胥甲为佐。范无恤御戎。栾盾:栾枝之子。胥甲:胥臣之子。

晋师在河曲迎战秦师。

臾骈说:"秦不能久,请深垒固军以待之。"

赵盾听从建议,加高壁垒,按兵不动。

秦人急于交战,秦康公问士会:"若何而战?"

士会说:"赵氏新出其属曰臾骈,必实为此谋,将以老我师也。赵有侧室曰穿,晋君之婿也,有宠而弱,不在军事,好勇而狂,且恶臾骈之佐上军也。若使轻者诱焉,其可。"

赵穿是赵夙之孙,赵盾是赵氏嫡子或叫正室,其余均为侧室。

秦康公投玉璧于河,祈求河神助战成功。

十二月戊午日,秦军冲击晋上军,晋上军不予回击,秦军迅速撤退。赵穿率部属追击秦师,未追及,回营发怒。

赵穿说:"裹粮坐甲,固敌是求,敌至不击,将何俟焉?"

军吏说:"将有待也。"

赵穿说:"我不知谋,将独出。"乃率部属出击。

赵宣子说:"秦获穿也,获一卿矣。秦以胜归,我何以报国人?"赵穿虽非卿,因其是晋侯女婿,身份相当于卿。

晋三军皆出战。秦、晋双方均无斗志,才交兵,便各自撤退。

秦使者夜戒晋师,说:"两君之士皆未伤,明日请相见也。"

使者离开后,臾骈说:"使者目动而言肆,惧我也,将遁矣。迫诸河,必败之。"

胥甲、赵穿挡住军营大门,高呼:"死伤未收而弃之,不惠也;不待期而迫人于险,无勇也。"

晋人放弃出击。秦师趁夜撤退。不久,秦师又侵晋,攻入瑕邑。

> 辞强而进驱者,退也。奔走而陈兵者,期也。半进半退者,诱也。　　　　　　　——《孙子兵法》

来年,前614年,春,晋灵公使詹嘉驻师瑕地,守卫桃林要塞,防止秦人向东与中原诸侯结盟。

晋人担心秦重用士会而于晋不利。夏,晋六卿赵盾、荀林父、郤缺、臾骈、栾盾、胥甲秘密来到诸浮,相聚密谋,以免在朝中谋划而泄漏消息。

赵宣子说:"随会在秦,贾季在狄,难日至矣,若之何?"随会即士会,随为士氏食邑。

荀林父说:"请复贾季,能外事,且由旧勋。"

郤缺说:"贾季因乱而出,且罪大,不如随会。谦恭而知耻,柔而不可犯,其智足以使,且无罪。"

> 萃之比:大吉,无咎。　　　　　　　——《易经》

晋国魏邑与秦一河之隔,晋人使魏万之后魏邑之主魏寿馀前往秦国,伪装以魏叛晋,引诱士会。晋人执魏寿馀家属至晋都,晚间,使之逃走。

魏寿馀请秦康公同意魏邑归入秦国,秦康应许。寿馀在秦朝廷踩士会之足。

238

秦康公将接受魏邑,陈师于河西,魏地人在河东。

寿馀说:"请东人之能与夫二三有司言者,吾与之先。"

秦康公使士会与寿馀先往河东办理移交手续。

士会推辞说:"晋人,虎狼也,若背其言,臣死,妻儿为戮,无益于君,不可悔也。"

秦康公说:"晋若背其言,所不归尔帑者,有如河。"

士会答应前行。

秦大夫绕朝已对晋人计谋有所察觉,赠马鞭与士会作别,说:"子无谓秦无人,吾谋适不用也。"

寿馀与士会渡过河,魏地人欢呼着簇拥返回。

秦人送还士会家属,留在秦国的士会亲族改为刘氏,因士会是尧的后代刘累后嗣。

孔子曰:"不患人之不己知,患其不能也。"

——《论语》

第四十四回　宋昭公乱中即位　楚穆公宋泽田猎

前620年四月,宋成公在位十七年去世。

这时,宋庄公之子公子成为右师,前司马子鱼之子、宋桓公之孙公孙友为左师,宋戴公玄孙乐豫为司马,宋桓公之孙鳞瓘①为司徒,宋桓公之子公子荡为司城,华督之孙华御事为司寇。

宋成公之子杵臼感到公族势力太强大,要除掉群公子。

乐豫说:"不可。公族,公室之枝叶也。若去之,则本根无所庇荫矣。葛藟犹能庇其本根,故君子以为比,况国君乎?此谚所谓'庇焉,而纵寻斧焉'者也,必不可,君其图之。亲之以德,皆股肱也,谁敢携贰?若之何去之?"

宋昭公不听。宋穆公、宋襄公之穆族和襄族率国人攻昭公,杀公孙固和公孙郑于公宫。六卿调和公室,乐豫让司马之职给昭公之弟公子卬。宋国稍安,宋昭公杵臼即位,然后,安葬宋成公。

　　价人维藩,大师维垣,大邦维屏,大宗维翰。怀德维宁,宗子维城。无俾城坏,无独斯畏。
　　　　　　　　——《诗经》之《大雅·板》

宋襄公夫人是周襄王的姐姐,宋昭公对嫡祖母却不礼待。

前619年冬,宋襄夫人依靠戴族华氏、乐氏、皇氏族人杀昭公同党,包括宋襄公之孙孔叔、公孙钟离和大司马公子卬。司马手握符节而死,以示不废君命。

司城荡意诸惧受牵连而奔鲁,离开前,交符节给府人。鲁文公以迎接司城之礼接待。

---

①瓘 guàn

君之视臣如手足，则臣视君如腹心；君之视臣如犬马，则臣视君如国人；君之视臣如土芥，则臣视君如寇仇。　　　　　　　　　　——《孟子》

　　前618年，楚穆八年，三月，楚大夫范山对楚君说："晋君少，不在诸侯。北方可图也。"

　　楚穆率师伐郑，俘获郑公子坚、公子龙及乐耳。郑与楚讲和。

　　鲁公子遂会同晋赵盾、宋司马华耦、卫孔达及许国大夫谋划救郑，因行动迟缓，而未追及楚师。

　　夏，楚人侵陈，攻克壶丘，因陈人听命于晋。

　　秋，楚公子朱自东夷撤兵，转道伐陈，被陈人击败。陈人俘获楚公子茷。因惧楚人报复，陈与楚讲和。

　　乱生于治，怯生于勇，弱生于强。治乱，数也；勇怯，势也；强弱，形也。　　　　——《孙子兵法》

　　冬，楚越椒如鲁聘，手执礼物态度傲慢。

　　鲁叔仲惠伯说："是必灭若敖氏之宗。傲其先君，神弗福也。"

　　杜预注叔仲惠伯为"叔牙孙"，似有误。叔孙得臣是叔牙之孙，这是确定无疑的。叔仲惠伯在《春秋》里是"叔彭生"。叔孙得臣与叔彭生在同一个时间段多次出现在《春秋》里，说明二人同时为卿。叔牙孙得臣为卿时间在前626年至前604年，叔仲惠伯为卿时间在前620年至前609年，完全包含在得臣为卿的时间之内。叔牙曾支持庆父继庄公位，鲁文公不大可能使其两个孙子同时占据两个卿位。有可能，叔仲惠伯是鲁桓公兄弟的后代，比如，鲁隐公第三子（叔）的次子（仲）的长子（伯）。

　　越椒是前令尹子文之侄，若敖之后。使者出行前以及任务结束后，要向祖庙祭告，故说其在两国行礼过程中态度傲慢是傲其先君。

　　子张问行。孔子曰:"言忠信,行笃敬,虽蛮貊①之邦,行矣。言不忠信,行不笃敬,虽州里,行乎哉? 立,则见其参于前也;在舆,则见其倚于衡也。夫然后行。"子张书诸绅。　　　　　　　　——《论语》

　　早先,楚范地巫者预言楚成、子玉和子西,说:"三君皆将强死。"即三人皆将在身体强健时无病而死,暗示非善终。

　　城濮战败后,楚成想起此预言,使人阻止子玉自杀,但为时已晚。同时使人阻止子西自杀,子西自缢时绳断,使者正巧赶到,子西得以不死。楚成使其为商邑尹。商邑远在楚都之北,子西在商邑,有谗言说他将叛逃。子西得知谗言,便沿汉溯江返回。当时,楚成在别宫渚②宫,子西又沿汉水江水而下来见楚成,说:"臣免于死,又有谗言,谓臣将逃,臣归死于司败也。"楚、陈不称司寇,而叫司败。楚成使之为工尹,掌管百工。

　　楚穆杀楚成后,子西与子家试图谋杀楚穆。

　　楚穆得知其谋,前617年五月,杀子西鬥宜申和子家仲归。

　　明夷,利艰贞。　　　　　　　——《易经》

　　这年秋,楚穆会陈侯、郑伯于息。

　　冬,楚穆与蔡侯驻师厥貉③,将伐宋。

　　宋华御事说:"楚欲弱我也,先为之弱乎,何必使诱我? 我实不能,民何罪?"

　　宋人乃迎楚穆,慰劳楚师,并听命。接着,引导楚穆至宋国大泽孟诸田猎。宋昭公率右盂阵,郑穆公率左盂阵。并临时设置左右司马,楚复遂为右司马,子朱与文之无畏为左司马,命凤驾载

---

①貊 mò　②渚 zhǔ　③厥貉 jué mò

燧。宋昭公违命,无畏鞭其仆以号令全体。

有人对子舟说:"国君不可辱也。"无畏,字子舟,又叫申舟。

子舟说:"当官而行,何强之有?《诗》曰:'刚亦不吐,柔亦不茹。''毋纵诡随,以谨罔极。'是亦非避强也,敢爱死以乱官乎?"

噬嗑之睽:噬肤灭鼻,无咎。　　　　——《易经》

麇①国君耻于受楚大夫操控,从厥貉之会逃回国。

前616年春,楚穆率师伐麇,成大心在防渚击败麇师。潘崇继续攻伐,直至锡穴。

前615年春,楚令尹成大心去世,其弟成嘉为令尹。这时,群舒叛楚。徐国灭舒后,不能控制舒地,于是,群舒兴起,有舒庸、舒鸠、舒蓼、舒龙、舒鲍、舒龚等。

夏,楚子孔执舒国君和宗国君,遂围巢国。子孔:成嘉字。

艮之剥:艮其限,列其夤②,厉薰心。　　——《易经》

宋昭公庶弟公子鲍以礼待国人,七十岁以上的人,他无一遗漏馈送饮食,依照时令添加珍异菜肴。宋国饥荒时,公子鲍倾其所有借出。经常进出六卿之门;宋国贤能,他无不事奉;其曾祖父宋桓公的后代子孙,他无不照应。公子鲍还长得很美艳,宋襄夫人很喜欢他,要和他私通,他不同意,襄夫人就助其施舍。

宋昭公无道,不敬襄夫人。宋人皆事奉公子鲍,依附襄夫人。

老吾老,以及人之老;幼吾幼,以及人之幼。

——《孟子》

---

①麇 jūn　②夤 yín

第四十五回　邳太子安逸失国　鲁文公劬劳安邻

孟氏宅靠近公宫,鲁文公要占用孟氏宅地,使人对文伯说:"吾欲利子于外之宽者。"文伯,公孙敖之子穀。

文伯说:"夫位,政之建也;署,位之表也;车服,表之章也;宅,章之次也;禄,次之食也。君议五者以建政,为不易之故也。今有司来命,易臣之署与其车服,而曰:'将易尔次,为宽利也。'夫署,所以朝夕虔君命也。臣立先臣之署,服其车服。为利故而易其次,是辱君命也,不敢闻命。若罪也,则请纳禄与车服而离署,唯里人所命次。"

鲁文公放弃。

文公又想占用郈①敬子之宅,郈敬子说:"先臣惠伯以命于司里,尝、禘、烝、享之所致君胙者有数矣。出入受事之币以致君命者,亦有数矣。今命臣更次于外,为有司之以班命事也,无乃远乎?请从司徒以班徙次。"先臣惠伯是鲁孝公之子,郈敬子是惠伯玄孙,食邑郈,用为氏。文公也放弃。

> 胜人者,有力也;自胜者,强也。知足者,富也;强行者,有志也。　　——《老子》

前616年夏,鲁叔仲惠伯会晋郤缺于宋地承筐,谋划解决从楚之诸侯。秋,鲁襄仲聘于宋,提及司城荡意诸,并贺楚师未对宋国造成危害。宋国召回荡意诸。

鄋瞒②侵齐,又伐鲁。鄋瞒:北方长狄国,身高超中原人,故称长狄,漆姓。夏朝称其防风氏,商朝称其汪芒氏。

---

①郈 hòu　②鄋瞒 sōu mán

244

鲁文公卜问使叔孙得臣追击,吉。侯叔夏为庄叔驾车,绵房甥为车右,富父终甥与之同乘,四人共乘。庄叔即叔孙得臣。

早在宋武公之世,鄋瞒伐宋,司徒皇父率师抵御,败狄于长丘,获长狄缘斯。

十月甲午日,鲁人败狄于咸,擒获鄋瞒国君长狄侨如,富父终甥以戈杀之,埋之于鲁郭门子驹之门。庄叔为长子取名侨如。

此后二十二年,晋人灭潞之时,获侨如之弟焚如。又十四年,齐灵公二年,鄋瞒伐齐,齐王子成父获其弟荣如,埋之于周首北门;卫人获其季弟简如。此后,鄋瞒在中原绝迹。

笔者注:《左传》原文"齐襄公之二年",笔者以为"襄"是"灵"之误。此次鲁庄叔获长狄侨如,为前616年。晋灭潞在前594年,获其弟焚如。获其弟荣如、季弟简如在何时?齐襄公二年为前696年,时间上完全不合理。齐惠公二年为前607年,齐顷公二年为前597年,若"襄"为"惠"或"顷"之误,则与《左传》叙事顺序不符。齐灵公二年为前580年,合理。

旅之晋:旅焚其次,丧其童仆,贞厉。

——《易经》

前615年春,郕伯去世。郕太子朱儒久居外邑夫钟,郕人不立太子,而另立国君。太子以夫钟与郕邽①二邑奔鲁。

井之蹇:井谷射鲋,瓮敝漏。 ——《易经》

杞桓公如鲁朝,请绝与叔姬之婚,但不绝与鲁国婚配,鲁文公同意。二月庚子日,叔姬去世。

---

①邽 guī

冬,季孙行父率师城诸及郓①,合时。

前614年冬,鲁文公如晋朝,且寻盟。卫成公会见鲁文公于沓②,请鲁文公调解卫与晋。晋愿与卫讲和。

鲁文公返回时,郑穆公在郑地棐③与鲁文公会见,也请鲁文公代为向晋请和,郑穆公与鲁文公宴饮。

郑大夫子家赋诗《鸿雁》:"鸿雁于飞,肃肃其羽。之子于征,劬劳于野。爰及矜人,哀此鳏④寡。"

陪同鲁文公的季文子说:"寡君未免于此。"意为鲁国也同样微弱,并赋《四月》:"四月维夏,六月徂暑。先祖匪人,胡宁忍予?"表示不愿重返晋国。

子家又赋《载驰》第四章:"我行其野,芃芃其麦。控于大邦,谁因谁极?大夫君子,无我有尤。百尔所思,不如我所之。"

季文子不再推辞,赋《采薇》第四章:"彼尔维何?维常之华。彼路斯何?君子之车。戎车既驾,四牡业业。岂敢定居?一月三捷。"取其中不敢安居,即愿为郑国奔忙。

郑穆公拜谢鲁文公,鲁文公回拜。于是,鲁文公和季文子返回晋国,晋人同意与郑讲和。

孔子曰:"君子成人之美,不成人之恶。"

——《论语》

前613年九月甲申日,鲁公孙敖卒于齐,谥穆,史称穆伯。

穆伯夫人戴己是莒女,生文伯毂,其妹声己生惠叔难。戴己早逝,穆伯聘于莒,莒人以声己尚在而拒聘。穆伯乃为其堂弟公子遂行聘,莒人许聘。及前620年冬,徐伐莒。莒人如鲁请盟。穆伯如莒莅盟,且为襄仲迎娶莒女。到达莒邑鄢陵,穆伯登城,发觉莒女很美,便娶归自己。

---

①郓 yùn ②沓 tà ③棐 fěi ④鳏 guān

襄仲请攻穆伯,鲁文公将要允许。

叔仲惠伯劝谏,说:"臣闻之,兵作于内为乱,于外为寇。寇犹及人,乱自及也。今臣作乱,而君不禁,以启寇仇,若之何?"

鲁文公制止襄仲。叔仲惠伯使二人和好,劝襄仲放弃此女,使穆伯送其回莒。襄仲和穆伯听从,二人和好如初。

> 同人之遁:同人于门,无咎。　　　　——《易经》

次年,周襄王去世,鲁文公使穆伯如成周吊丧。穆伯途中携带礼物来到莒国,与莒女生活。鲁人立其长子毂继其位,即文伯。

穆伯在莒生二子后,请求回鲁,文伯为之请。襄仲要求穆伯不参与政事,穆伯同意,随即回鲁,不外出。

时隔三年,穆伯携带全部家财返莒。

> 青青子衿,悠悠我心。纵我不往,子宁不嗣音?
> 青青子佩,悠悠我思。纵我不往,子宁不来?
> 挑兮达兮,在城阙兮。一日不见,如三月兮。
> 　　　　——《诗经》之《郑风·子衿》

文伯生病后,向鲁文公提出请求,说:"毂之子年幼,请立难也。"文公应许。文伯去世后,其弟惠叔难继卿位。

这时,公孙敖又以重礼请求回鲁,惠叔难为之请,得鲁文公应允。穆伯中途在齐国去世。惠叔难请求为之收葬,未得允许。

来年夏,有齐人为孟氏出谋,说:"鲁,尔亲也。饰棺,置诸堂阜,鲁必取之。"堂阜是齐鲁交界。

孟氏依计而行。鲁边境卞邑大夫向朝廷报告。惠叔以过了丧期而请,立于朝廷待命,终得允许。鲁文公同意孟氏葬公孙敖于孟氏墓地,葬礼规格参照其父公子庆父。

惠叔母声己不愿看穆伯遗体,帷堂而哭。自此以后,夫人帷堂而哭成为习俗。

> 日居月诸,照临下土。乃如之人兮,逝不古处？胡能有定？宁不我顾。
> 日居月诸,下土是冒。乃如之人兮,逝不相好。胡能有定？宁不我报。
> 日居月诸,出自东方。乃如之人兮,德音无良。胡能有定？俾也可忘。
> ——《诗经》之《邶风·日月》

襄仲要不哭灵,叔仲惠伯说:"丧,亲之终也。虽不能始,善终可也。史佚有言曰:'兄弟致美。'救乏、贺善、吊灾、祭敬、丧哀,情虽不同,毋绝其爱,亲之道也。子无失道,何怨于人？"襄仲遂率兄弟哭临。

惠叔难去世后,文伯之子孟献子继孟氏位。其后,穆伯在莒二子来鲁,孟献子喜欢此二异母弟,国人皆知。有人向孟献子造谣说:"将杀子。"孟献子告知季文子。二子说:"夫子以爱我闻,我以将杀子闻,不亦远于礼乎？远礼不如死。"一人戍守句鼋城门,一人戍守戾丘城门,二人均在敌寇来犯时战死。

> 无稽之言勿听,弗询之谋勿庸。　　——《尚书》

第四十六回　邾文公迁都养民　周匡王为鲁请齐

邾文公想迁都至绎,太史占卜,说:"利于民,而不利于君。"

邾文公说:"苟利于民,孤之利也。天生民而树之君,以利之也。民既利矣,孤必与焉。"

左右官员说:"命可长也,君何弗为?"

邾文公说:"命在养民。死之短长,时也。民苟利矣,迁也。吉莫如之。"

邾国遂迁都于绎。

前614年五月壬午日,邾子蘧蒢去世,谥文,在位五十一年。

君子说邾文公"知命"。

> 孔子曰:"不知命,无以为君子也;不知礼,无以立也;不知言,无以知人也。"　　——《论语》

邾文公去世后,鲁国前往吊唁者不敬。

前613年春,邾人讨鲁,伐鲁南境。叔仲惠伯率师伐邾。

邾文公元妃齐姜生貜且①,二妃晋姬生捷菑②。邾文公去世后,邾人立长子貜且,为邾定公,捷菑奔晋。

六月癸酉日,鲁文公、宋公、陈侯、卫侯、郑伯、许男、曹伯、晋赵盾在宋地新城结盟,一是因从楚的陈、郑、宋回到晋联盟,二是谋划伐邾。

秋,晋赵盾率诸侯之师八百乘来到邾国边境,要纳捷菑。

邾人辞谢说:"齐出貜且长。"

赵宣子说:"辞顺而弗从,不祥。"乃罢兵。

---

①貜且 jué jū　②菑 zī

临之节：知临，大君之宜，吉。　　——《易经》

蔡人未参与新城结盟，来年夏，晋郤缺率上军、下军伐蔡，说："君弱，不可以怠。"六月戊申日，攻入蔡都，结城下之盟而还。

同人之革：同人于郊，无悔。　　——《易经》

前613年春，周顷王在位六年驾崩。因周公阅与王孙苏争政，周人未向诸侯赴告，鲁《春秋》未记顷王崩。凡崩、薨，不赴，则不书；祸、福，不告亦不书。以此惩不敬。

周顷王太子姬班即位，为周匡王。秋，周公将与王孙苏在晋国诉讼，匡王违背支持王孙苏之言，而使尹氏与聃启如晋与周公争讼，使周公胜诉。赵宣子调和王室而使各复其职。

子禽问于子贡曰："夫子至于是邦也，必闻其政，求之与？抑与之与？"子贡曰："夫子温、良、恭、俭、让以得之。夫子之求之也，其诸异乎人之求之与。"

——《论语》

前613年五月乙亥日，齐昭公潘去世，太子舍继位。太子舍之母叔姬是鲁侯之女，不受齐昭之宠，舍又年幼，故无威。

齐桓之子、齐昭之弟公子商人私交贤士，常施舍财物，用尽家产，即向掌管公室财物的官员借贷施舍，因而得国人支持。

七月，乙卯夜，公子商人杀新君舍，请其兄公子元即位。

公子元说："尔求之久矣。我能事尔，尔不得，必多积怨，将免我乎？尔为之。"

公子商人自立为君，为齐懿公。

孔子曰："始吾于人也，听其言而信其行；今吾于人也，听其言而观其行。"　　——《论语》

"七月,有星孛入于北斗。"彗星非四季正常可见之星,人眼见之比正常星星更亮且大。"孛"大概表达闯入正常星系之意,或者很亮地出现。

周内史叔服说:"不出七年,宋、齐、晋之君,皆将死乱。"

九月,齐人确立了齐懿公之位,然后告难于鲁。鲁《春秋》载:"九月,齐公子商人弑其君舍。"

公子元并不认同懿公为政,始终不称其为"公",而说"夫己氏"。

也许当初君位之争失败后,公子商人曾在莒国待过,莒国是己姓,公子元说"夫己氏",意即那个曾居于莒国的人。

无妄之益:可贞,无咎。　　　　　——《易经》

鲁文公使襄仲报告周匡王有关齐国之事,请以天子之恩求得叔姬回鲁,说:"杀其子,焉用其母?请受而罪之。"

冬,周匡王使单伯如齐,请齐侯释归鲁叔姬。齐侯不受调解,执单伯,又执叔姬。

来年,前612年,春,季文子如晋,请晋人出面请齐侯释单伯与叔姬。及至六月,齐国许单伯之请,并释单伯。单伯如鲁转告。

六月辛丑朔,日食,击鼓、用牲于社,非礼。日食,天子不举,伐鼓于社;诸侯用币于社,伐鼓于朝,以昭事神、训民、事君,示有等威。

秋,齐人侵鲁西境,季文子告于晋。

十一月,晋侯、宋公、卫侯、蔡侯、郑伯、许男、曹伯盟于郑地扈,寻新城之盟,并谋划伐齐,因齐国拘周王使者,又数次侵鲁。因有齐难,鲁侯未参与会盟。齐人贿晋侯,诸侯无功而返。故鲁《春秋》只载"诸侯盟于扈",而未记录参盟者。

十二月,齐人送归鲁叔姬。

黄鸟黄鸟,无集于榖①,无啄我粟。此邦之人,不我肯榖。言旋言归,复我邦族。

　　黄鸟黄鸟,无集于桑,无啄我梁。此邦之人,不可与明。言旋言归,复我诸兄。

　　黄鸟黄鸟,无集于栩②,无啄我黍③。此邦之人,不可与处。言旋言归,复我诸父。

——《诗经》之《小雅·黄鸟》

　　齐懿公率师侵鲁西境,声称诸侯无能,接着,西进伐鲁西邻曹国,进入曹都外城,讨伐曹文公朝鲁侯。

　　季文子说:"齐侯其不免乎?己则无礼,而讨于有礼者,曰:'汝何故行礼?'礼以顺天,天之道也。己则反天,而又以讨人,难以免矣。诗曰:'胡不相畏?不畏于天?'君子之不虐幼贱,畏于天也。在《周颂》曰:'畏天之威,于时保之。'不畏于天,将何能保?以乱取国,奉礼以守,犹惧不终,多行无礼,弗能在矣!"

　　上士闻道,勤能行于其中;中士闻道,若闻若亡;下士闻道,大笑之。弗大笑,不足以为道矣。是以,建言有之:明道如昧,夷道如颣,进道若退。上德如谷,大白如辱,广德如不足,健德如惰,质贞如偷。大方无隅,大器慢成,大音希声,大象无形,道褒无名。夫唯道,善始且善成。

——《老子》

---

①榖 gǔ　②栩 xǔ　③黍 shǔ

第四十七回　齐惠公受贿定鲁　季文子违命逐客

前611年正月,齐与鲁讲和。这时,鲁文公生病,使季文子前往阳穀会齐侯,并请结盟。齐侯不肯,说:"请俟君间。"

五月,鲁文公病情仍不见好转,便使公子遂纳赂于齐侯。

六月戊辰日,公子遂与齐侯盟于齐地郪①丘。

前610年夏,齐懿公又伐鲁北境,襄仲前往齐师请盟。六月癸未日,鲁文公与齐懿公盟于穀。

秋,周大夫甘歜②在邧③垂见戎人酒醉,趁机攻击,击败戎人。

冬,襄仲如齐拜谢穀之盟。

回国复命后,襄仲说:"臣闻齐人将食鲁之麦。以臣观之,将不能。齐君之语偷,臧文仲有言:'民之主偷,必死'。"

来年,前609年,春,齐懿公下达了出师伐鲁日期,未及出师,齐懿得病。医者说:"不及秋,将死。"

> 鼎之旅:鼎有实,我仇有疾,不我能即,吉。
> ——《易经》

鲁文公得知齐情,要卜问:"尚无及期?"即问卜齐懿公是否不能活到预定的出师之日。

叔仲惠伯以占问之事命龟,卜楚丘占卜,结果是:"齐侯不及期,非疾也。君亦不闻。令龟者有咎。"

前609年,二月丁丑日,鲁文公去世。

同月,秦伯䓣去世,谥康,太子稻继位,为秦共公。

齐懿公为公子时,曾与邴歜之父争田,未胜。即位后,挖出邴

---

①郪 qī　②歜 chù　③邧 shěn

父之尸,刖之,而使邴歜驾车。又夺阎职之妻,而使阎职陪乘。

这年五月,齐懿公至申池游玩。邴歜与阎职在池中洗浴,邴歜用马鞭扑打阎职,阎职发怒。

邴歜说:"人夺汝妻而不怒,一扑汝,庸何伤?"

阎职说:"与刖其父,而弗能病者,何如?"

二人随即谋划弑君。戊戌日,杀懿公,藏尸于竹林。二人回城,祭告祖庙,然后,离开齐国。

齐人立公子元,为齐惠公。

> 罔违道以干百姓之誉,罔咈①百姓以从己之欲。
> ——《尚书》

六月癸酉日,鲁国葬文公。鲁文有二妃,长妃哀姜,生恶和视;次妃敬嬴,有宠于文公,生公子委。鲁文公已立公子恶为太子。敬嬴私与文公叔叔襄仲亲近,托公子委于襄仲。

鲁文公去世后,襄仲要立公子委,叔仲惠伯不同意。襄仲前往齐国见齐惠公,请齐惠支持立公子委。鲁太子恶是齐国外甥,又是嫡嗣,因齐惠新即位,想亲近鲁国当权者,便答应襄仲之请。

十月,襄仲杀太子恶及其母弟视,立委为君。然后,以君命召叔仲惠伯入宫。

惠伯家宰公冉务人劝止,说:"入必死。"

叔仲说:"死于君命,可也。"

公冉务人说:"若君命,可死;非君命,何听?"

惠伯不听,前往公宫,被襄仲所杀,埋于马粪中。

> 宰我问曰:"仁者,虽告之曰:'井有仁焉。'其从之也?"孔子曰:"何为其然也? 君子可逝也,不可陷也。

---

① 咈 fú

可欺也,不可罔也。" ——《论语》

公冉务人奉叔仲家属奔蔡。不久,鲁国又恢复叔仲氏。

姜氏返回齐国,过鲁国集市,哭喊:"天乎！仲为不道,杀嫡立庶！"市人皆哭,鲁国人称之为哀姜。

无父何怙？无母何恃？出则衔恤,入则靡至。
南山烈烈,飘风发发。民莫不穀,我独何害！
南山律律,飘风弗弗。民莫不穀,我独不卒！
——《诗经》之《小雅·蓼莪》

来年,前608年,正月,公子俀即位,史称鲁宣公。公子遂如齐为宣公迎娶夫人。三月,公子遂以宣公夫人妇姜回到鲁国。

夏,季文子如齐,贿齐侯,请其会见宣公,齐侯应许。因鲁宣公属篡立,须得诸侯承认才算确立。齐侯与鲁宣公会于齐地平州,确立鲁宣公之位。然后,公子遂如齐拜谢齐侯。

六月,鲁国以济西之田贿齐。

损之中孚:或益之十朋之龟,弗克违,元吉。
——《易经》

莒纪公庶其立仆为太子,其后又生季佗,因宠爱季佗,而废太子仆,莒子又在国内做了许多无礼之事。太子仆依靠国人弑莒纪公,携带宝玉奔鲁,送给鲁宣公。

鲁宣公接受宝玉,命给莒仆城邑,说:"莒太子杀其君,而以宝来,其爱我甚矣。为我予之邑,今日必授,无逆命矣。"

季孙行父使司寇逐莒仆出境,说:"今日必至境。"

鲁宣公问其故。

季文子使太史克答复,说:"先大夫臧文仲教行父事君之礼,行父奉以周旋,弗敢失坠。曰:'见有礼于其君者,事之,如孝子之

养父母也。见无礼于其君者,诛之,如鹰鹯①之逐鸟雀也。'

"先君周公制《周礼》,曰:'则以观德,德以处事,事以度功,功以食民。'作《誓命》曰:'毁则为贼,掩贼为藏,窃贿为盗,盗器为奸。主藏之名,赖奸之用,为大凶德,有常无赦,在《九刑》不忘。'

"行父还观莒仆,莫可则也。孝、敬、忠、信,为吉德,盗、贼、藏、奸,为凶德。夫莒仆,则其孝敬,则弑君父矣;则其忠信,则窃宝玉矣。其人,则盗贼也;其器,则奸兆也。保而利之,则主藏也。以训则昏,民无则焉。不度于善,而皆在于凶德,是以去之。

"昔高阳氏有才子八人,苍舒、隤敳②、梼戭③、大临、尨④降、庭坚、仲容、叔达,齐、圣、广、渊、明、允、笃、诚,天下之民谓之'八恺'。高辛氏有才子八人,伯奋、仲堪、叔献、季仲、伯虎、仲熊、叔豹、季狸⑤,忠、肃、共、懿、宣、慈、惠、和,天下之民谓之'八元'。此十六族也,世济其美,不陨其名,以至于尧,尧不能举。舜臣尧,举八恺,使主后土,以揆百事,莫不时序,地平天成。举八元,使布五教于四方,父义、母慈、兄友、弟共、子孝,内平外成。

"昔帝鸿氏有不才子,掩义隐贼,好行凶德,丑类恶物,顽嚚不友,是与比周,天下之民谓之'浑敦'。少皞氏有不才子,毁信废忠,崇饰恶言,靖谮庸回,服谗蒐慝,以诬盛德,天下之民谓之'穷奇'。颛顼氏有不才子,不可教训,不知话言,告之则顽,舍之则嚚,傲狠明德,以乱天常,天下之民谓之'梼杌'。此三族也,世济其凶,增其恶名,以至于尧,尧不能去。

"缙云氏有不才子,贪于饮食,冒于货贿,侵欲崇侈,不可盈厌,聚敛积实,不知纪极,不分孤寡,不恤穷匮,天下之民以比三凶,谓之'饕餮⑥'。舜臣尧,宾于四门,流四凶族浑敦、穷奇、梼杌、饕餮,投诸四裔,以御魑魅⑦。

---

①鹯 zhān ②隤敳 tuí ái ③梼戭 chóu yǎn ④尨 máng ⑤狸 lí
⑥饕餮 tāo tiè ⑦魑魅 chī mèi

"是以,尧崩,而天下如一,同心戴舜,以为天子,以其举十六相、去四凶也。故《虞书》数舜之功,曰'慎徽五典,五典克从',无违教也。曰'纳于百揆,百揆时序',无废事也。曰'宾于四门,四门穆穆',无凶人也。

"舜有大功二十,而为天子,今行父虽未获一吉人,去一凶矣。于舜之功,二十之一也,庶几免于戾乎?"

天下皆知美之为美也,恶已;皆知善,此其不善已。有无之相生也,难易之相成也,长短之相形也,高下之相盈也,音声之相和也,先后之相随也。是以圣人居无为之事,行不言之教:万物作而弗始也,为而弗恃也,成而弗居。夫唯弗居也,是以弗去也。　　——《老子》

(笔者释:若天下之人皆知美和善,那么,恶和不善就将消失,但有些人不知美善,而行凶作恶,故世间美与恶、善与丑并存,就如长短、高下等等无法一致。对此,圣人采取无为的态度。)

第四十八回　楚庄公遭劫灭庸　宋文公贿晋平乱

前614年，楚穆商臣在位十二年去世，其子熊侣立，为楚庄。

前613年秋，子孔、潘崇将袭群舒，使公子燮与子仪守国，便率师东向伐舒蓼。公子燮与子仪趁机作乱，城郢，使人暗杀子孔，行刺者未得手而返。八月，公子燮与子仪挟持楚庄离开郢都，前往商密。庐邑大夫戢梨与叔麇诱杀二人。

二十二年前，秦晋伐鄀，子仪被秦人俘获，囚于秦。其后，秦在崤败于晋，秦穆遂使子仪回楚促使秦楚联合。子仪促成联合却未得志于楚。公子燮求令尹而不得。故二人作乱。

> 颐之损：颠颐，拂经于丘，颐征凶。　　——《易经》

前611年夏，楚国大饥。戎人趁机伐楚西南，直至阜山，陈师大林。接着，又伐楚东南，直至阳丘，由此侵訾枝。楚属国庸人见机率西北群蛮叛楚。麇人率西南百濮夷人聚兵于楚地选，即将伐楚。

这时，楚国北方申邑、息邑面向中原的北门不敢开启。楚人谋划迁都至险峻的阪高。

芳贾说："不可。我能往，寇亦能往。不如伐庸。夫麇与百濮，谓我饥不能师，故伐我也。若我出师，必惧而归。百濮离居，将各奔其邑，谁暇谋人？"

楚人乃出师庸国。十五日，百濮各自罢归。自庐邑始，楚师开仓放粮，官兵同食。楚师驻扎于西境句澨①，使庐戢梨侵庸，到

---

①澨 shì

达庸国方城。庸人逐楚师,俘获戢梨部下子扬窗①。

被囚三天,子扬窗逃回,说:"庸师众,群蛮聚焉,不如复大师,且起王卒,合而后进。"

师叔潘尪说:"不可。姑又与之遇,以骄之。彼骄我怒,而后可克,先君蚡冒所以服陉隰也。"

楚师又与庸人交战,七战七败。庸人仅以裨②、鯈、鱼三邑之师追逐楚军,说:"楚不足与战矣。"遂不设防。

楚庄乘驿车,赶至临品与师众会合。楚师分为二队:子越率一队自石溪向庸国进发,子贝率一队自仞进发。秦人、巴人跟随楚师行动。群蛮与楚庄盟,不再跟随庸国。楚人一举灭庸。

  兵非益多也,惟无武进,足以并力、料敌、取人而已。
——《孙子兵法》

前611年十一月,宋华元为右师,公孙友为左师,华耦为司马,鳞矔为司徒,荡意诸为司城,公子朝为司寇。华元:华御事之子。

宋襄夫人使宋昭公田猎于孟诸,要借机除掉宋昭。宋昭公知襄夫人之谋,带了很多珍宝出发。

荡意诸说:"何不适诸侯?"

宋昭说:"不能得大夫,至于君祖母以及国人,诸侯谁纳我?且既为人君,而又为人臣,不如死。"把珍宝分赐左右,使之离去。

襄夫人使人叫荡意诸离开昭公,荡意诸说:"臣之,而逃其难,若後君何?"

甲寅日,宋昭公将田猎于孟诸,尚未到达,襄夫人王姬使人在帅甸攻杀昭公。荡意诸为宋昭殉难。

---

①窗 chuāng ②裨 pí

和曰常,知和曰明,益生曰祥,心使气曰强。物壮则老,是谓不道。不道早已。　　　　——《老子》

宋人立公子鲍,即宋文公。宋文公即位后,使母弟公子须为司城。不久,司马华耦去世,宋文公使荡意诸之弟荡虺为司马。

荡意诸是公子荡之孙,故以荡为氏。司城公子荡去世后,其子公孙寿辞任司城,向宋公请使其子意诸代己。人问其故,公孙寿说:"君无道,吾官近君,惧祸及焉。弃官,则族无所庇。子,身之贰也,姑纾死焉。虽亡子,犹不亡族。"

蛊之大畜:干父之蛊,有子,考无咎。厉,终吉。

——《易经》

宋使者如晋通告"宋人弑其君杵臼"。赵盾向晋灵请师伐宋。

晋灵公说:"非晋国之急也。"

宣子说:"大者天地,其次君臣,所以为明训也。今宋人弑其君,是反天地,而逆民则也,天必诛焉。晋为盟主,而不修天罚,将惧及焉。"

晋灵应许。在太庙发令,召军吏而戒乐正,令三军之钟鼓必备。

赵同问:"国有大役,不镇抚民而备钟鼓,何也?"赵同:赵盾庶弟。

宣子说:"大罪伐之,小罪惮之。侵袭之事,陵也。是故,伐备钟鼓,声其罪也;战以錞于①、丁宁,儆其民也。袭、侵,密声,为其无备也。今宋人弑其君,罪莫大焉。明声之,犹恐其不闻也。吾备钟鼓,为君故也。"晋人通告诸侯,治兵振旅,鸣钟鼓,前往伐宋。

来年,前610年,春,晋荀林父、卫孔达、陈公孙宁②、郑石楚率

---

①錞于 chún yú　②宁 níng

师伐宋,钟鼓齐鸣,来至宋境,声讨宋人:"何故弑君?"

宋人行贿,诸侯大夫仍立宋文公而返。

《军政》曰:"言不相闻,故为金鼓;视不相见,故为旌旗。"夫金鼓旌旗者,所以一人之耳目也。人既专一,则勇者不得独进,怯者不得独退,此用众之法也。

——《孙子兵法》

夏,晋灵公在黄父治兵,然后,来到郑地扈,与卫侯、陈侯、郑伯相会,为宋人各族讲和。鲁国因有齐师入侵,未参与两次讨宋。

晋灵公不肯见郑穆公,以为郑国私亲楚。

郑执政子家使人带书信给赵宣子。子家:公子归生。

信中说:"寡君即位三年,召蔡侯而与之事君。九月,蔡侯入于敝邑以行。敝邑以侯宣多之难,寡君是以不得与蔡侯偕。十一月,克减侯宣多,而随蔡侯以朝于执事。十二年六月,归生佐寡君之嫡夷,以请陈侯于楚,而朝诸君。十四年七月,寡君又朝,以成陈事。十五年五月,陈侯自敝邑往朝于君。往年正月,烛之武往,以夷朝也。八月,寡君又往朝。以陈、蔡之密迩于楚,而不敢贰焉,则敝邑之故也。

"虽敝邑之事君,何以不免?在位之中,一朝于襄,而再见于君。夷与寡君之二三臣相及于绛,虽我小国,则蔑以过之矣。今大国曰:'尔未逞吾志。'敝邑有亡,无以加焉。

"古人有言曰:'畏首畏尾,身其余几。'又曰:'鹿死不择音。'小国之事大国也,德,则其人也;不德,则其鹿也,铤而走险,急何能择?命之罔极,亦知亡矣。将悉敝赋以待于鯈,唯执事命之。文公二年六月壬申,朝于齐。四年二月壬戌,为齐侵蔡,亦获成于楚。居大国之间,而从于强令,岂其罪也?大国若弗图,无所逃命。"鯈是晋郑交界。

晋灵公使巩朔如郑讲和,使赵穿、公婿池为质于郑。

十月,郑穆使太子夷、石楚为质于晋。

  子惠思我,褰①裳涉洧。子不我思,岂无他士?
         ——《诗经》之《郑风·褰裳》

前609年冬,宋武族引诱宋昭公之子,将奉司城公子须作乱。

十二月,宋文公杀母弟须及昭公子,使戴、庄、桓之族攻武氏,驱逐武、穆之族。使公孙师为司城,公子朝去世后,使乐吕为司寇,宋国稍安。公孙师:宋庄公之孙。乐吕:宋戴公玄孙。

戴族:华氏、乐氏。庄族:公孙师。桓族:向氏、鱼氏、鳞氏、荡氏。鱼氏出自子鱼公子目夷,荡氏出自公子荡。

  益之屯:莫益之,或击之,立心勿恒,凶。
             ——《易经》

---

①褰 qiān

第四十九回　郑穆公亲楚伐宋　晋灵公厚敛雕墙

前608年夏,晋人清算河曲之战不从军令者,流放胥甲父于卫,而立其子胥克。胥甲属下先辛奔齐。

郑晋交换人质后,郑人想到晋国的做法:宋人弑君,晋人受贿班师;为鲁讨齐,晋人又受齐贿班师。

郑穆公说:"晋不足与也。"遂与楚盟。

因陈共公去世后,楚人未以礼吊丧,陈灵公转而与晋国结盟。

秋,楚庄侵陈,并侵宋。

晋赵盾率师救陈、宋。宋公、陈侯、卫侯、曹伯会晋师于郑地棐林,将伐郑。

楚芬贾率师救郑,在郑地北林与晋联军交战。楚人俘获晋解扬,晋师罢兵回国。

晋国想与秦国讲和,赵穿说:"我侵崇,秦急崇,必救之。吾以求成焉。"崇是秦的属国。

冬,赵穿侵崇,秦共公救崇,但拒绝与晋讲和。

　　恒之升:田,无禽。　　　　　——《易经》

晋、宋又伐郑,报北林之败。

前607年春,郑公子归生受命于楚而伐宋,宋华元、乐吕率师御郑师。二月壬子日,宋郑战于大棘,宋师惨败。郑人生擒华元,获乐吕之尸,缴获甲车四百六十乘,俘二百五十人,杀百人。

宋人狂狡迎战郑人,郑人掉入井里,狂狡放下戟柄拉其出井,郑人刚一出井便擒获狂狡。

君子说:"失礼违命,宜其为擒也。戎,昭果毅以听之之谓礼,杀敌为果,致果为毅。易之,戮也。"

263

战前,华元杀羊犒劳师众,其御者羊斟未得食。及战,双方刚列阵,羊斟说:"昔时之羊,子为政;今日之事,我为政。"遂单车驰入郑师,华元被擒。失去主帅的宋师乱了阵脚,因而惨败。

　　震之复:震遂泥。　　　　　　　　——《易经》

君子说:"羊斟,非人也,以其私憾,败国殄民,于是刑孰大焉。《诗》所谓'人之无良'者,其羊斟之谓乎!残民以逞。"

宋人以兵车百乘、文马四百向郑国赎华元。赎品交付半数,华元逃回宋国,立于城门外,通报后进城。

遇见羊斟,华元说:"子之马然也。"

羊斟说:"非马也,其人也。"说完,奔鲁。

宋国修城墙,华元巡视工地。

筑城者讴歌:"睅①其目,皤其腹,弃甲而复。于思于思,弃甲复来。"

华元使其骖乘说:"牛则有皮,犀兕尚多,弃甲则那?"

役人说:"纵其有皮,丹漆若何?"

华元对骖乘说:"去之。夫其口众,我寡。"说完,驱车离开。

　　孔子曰:"伯夷、叔齐不念旧恶,怨是用希。"
　　　　　　　　　　　　　　　　——《论语》

夏,秦共公率师伐晋,以报晋人伐崇,围晋邑焦。晋赵盾救焦,然后东向与宋、卫、陈之师会合侵郑,以报郑伐宋大棘之役。

楚鬥椒率师救郑,说:"能欲诸侯,而恶其难乎?"遂驻师于郑,以待晋师。

赵盾说:"彼宗竞于楚,殆将毙矣。姑益其疾。"乃率师回国,

---

①睅 hàn

未与楚师交锋。

　　进不求名,退不避罪,唯人是保,而利合于主,国之宝也。　　　　　　　　　　　　——《孙子兵法》

　　因晋灵公奢侈,赵盾为政,骤谏而不入,故难以与楚竞争。

　　晋灵公失君道,厚敛以雕墙,自台上弹人,而观其避弹丸。宰夫煮熊蹯不熟,灵公杀之,置之畚①,使妇人载畚过朝。赵盾、士季见畚中手,问知其故,而为之忧。二人将进谏。

　　士会说:"谏而不入,则莫之继也。会请先,不入,则子继之。"

　　士会来至晋灵室外,晋灵公假装不知,士会三次前进,直至滴水檐下,晋灵公才看他,说:"吾知所过矣,将改之。"

　　士会稽首,说:"人谁无过?过而能改,善莫大焉。《诗》曰:'靡不有初,鲜克有终。'夫如是,则能补过者鲜矣。君能有终,则社稷之固也,岂唯群臣赖之。又曰:'衮职有阙,惟仲山甫补之。'能补过也。君能补过,衮不废矣。"

　　晋灵公依然不改。赵盾骤谏,灵公厌烦,使力士鉏麑②刺杀赵盾。

　　子游曰:"事君数,斯辱矣。朋友数,斯疏矣。"
　　　　　　　　　　　　——《论语》

　　鉏麑清晨前往赵家,见其寝门已开,赵盾盛服将朝,因时尚早,坐着假寐。

　　鉏麑退出,感叹说:"不忘恭敬,民之主也。贼民之主,不忠。弃君之命,不信。有一于此,不如死也。"便撞槐树而死。

　　前607年九月,晋灵公请赵盾饮酒,暗藏甲士,将攻赵盾。赵

①畚 běn　②鉏麑 xú ní

盾车右提弥明发现了伏兵,快步登殿,说:"臣侍君宴,过三爵,非礼也。"说完,拉着赵盾即下殿。

晋灵公嗾①獒追赵盾。

> 荏染柔木,言缗之丝。温温恭人,维德之基。其维哲人,告之话言,顺德之行。其维愚人,覆谓我僭。民各有心。　　　　——《诗经》之《大雅·抑》

赵盾说:"弃人,用犬,虽猛何用。"边斗边出。

提弥明与獒搏斗,杀了獒,自己被獒咬死。埋伏的甲士冲出,追赶赵盾。其中一甲士忽然掉戈拦截众甲士,众甲士被击退。赵盾得以幸免。

早先,赵盾在首山田猎,息于翳②桑,见灵辄无力行走,问其原因。灵辄说:"不食三日矣。"

赵盾予之食物,灵辄吃了一半,留下一半。赵盾疑问。

灵辄说:"宦三年矣,未知母之存否,今近焉,请以遗之。"

赵盾叫他吃尽,又为之备了一筐饭和肉,装在袋里给他。其后,灵辄做了晋灵公的甲士。

赵盾未认出灵辄,见其倒戈救己,问何故。

灵辄说:"翳桑之饿人也。"

问其名和居址,灵辄不告而退。赵盾随即出亡。

九月乙丑日,赵穿弑晋灵公于桃园。

> 明夷之复:明夷于南狩,得其大首,不可疾,贞。
> 　　　　——《易经》

这时,赵宣子尚未出晋境,知灵公被杀,而立刻返回。

---

①嗾 sǒu　②翳 yì

太史董狐记:"赵盾弑其君。"在朝廷上出示给众人看。

赵宣子说:"不然。"

太史说:"子为正卿,亡不越境,返不讨贼,非子而谁?"

赵宣子说:"乌呼,《诗》曰'我之怀矣,自诒伊戚',其我之谓矣!"

晋人向诸侯通报,鲁《春秋》记"晋赵盾弑其君夷皋"。

孔子读史至此,说:"董狐,古之良史也,书法不隐。赵宣子,古之良大夫也,为法受恶。惜也,越境乃免。"

赵宣子使赵穿前往成周迎晋文公之子公子黑臀,立为国君,为晋成公。十月壬申日,在武宫举行朝祭。

屯,元亨利贞,勿用有攸往,利建侯。 ——《易经》

第五十回　楚庄公问鼎中原　郑公子染指于鼎

前607年十月乙亥日,周匡王在位六年而崩。其弟姬瑜继位,为周定王。

前606年春,晋成公率师伐郑,到达郑地郔。郑与晋讲和,士会入郑莅盟。

夏,楚庄北伐成周西邻陆浑之戎,直达洛水,并有意在周王疆界内阅兵。周定王使王孙满慰劳楚子。楚庄问鼎之大小、轻重。

王孙满说:"在德,不在鼎。昔夏之方有德也,远方图物,贡金九牧,铸鼎象物,百物而为之备,使民知神、奸。故民入川泽、山林,不逢不顺。螭魅罔两,莫能逢之,用能协于上下,以承天休。桀有昏德,鼎迁于商,载祀六百。商纣暴虐,鼎迁于周。德之休明,虽小,重也。其奸回昏乱,虽大,轻也。天祚明德,有所厎止。成王定鼎于郏鄏①,卜世三十,卜年七百,天所命也。周德虽衰,天命未改。鼎之轻重,未可问也。"

> 道生之,而德畜之;物形之,而器成之。是以万物尊道而贵德。道之尊,德之贵也,夫莫之爵而恒自然也。生而弗有也,为而弗恃也,长而弗宰也,此之谓玄德。
> ——《老子》

因郑人背楚盟晋,楚庄随即东向伐郑。

十月丙戌日,郑伯兰去世,谥穆,在位二十年。郑穆生病,说:"兰死,吾其死乎?吾所以生也。"割兰而卒。太子夷继位,为郑

---

①郏鄏 jiá rǔ

灵公。

前605年春,秦伯稻去世,谥共,太子荣继位,为秦桓公。

楚人献鼋①给郑灵公。公子宋与子家将见灵公,子公之食指动,给子家看,说:"他日我如此,必尝异味。"公子宋,字子公。

见灵公时,宰夫正要杀鼋,子公与子家相视而笑。灵公问故,子家告知其缘由。

郑灵公请大夫吃鼋,召子公却不予之鼋肉。子公发怒,染指于鼎,尝了味道,走出宫去。灵公发怒,要杀子公。

子公与子家谋划先下手,子家说:"畜老,犹惮杀之,而况君乎?"

子公威胁要诬告子家,子家惧怕,而听从子公。

六月乙酉日,子家与子公弑郑伯夷。《春秋》载:"郑公子归生弑其君夷。"写归生之名,是谴责归生有权却不能制乱。写君名,是暗示君无道。

君子说:"仁而不武,无能达也。"归生先说畜老犹不忍杀,是仁;子公要杀君,归生却不能讨,是不武。

> 在上位不陵下,在下位不援上,正己而不求于人,则无怨。上不怨天,下不尤人。　　——《礼记》之《中庸》

郑人要立穆公庶子公子去疾,子良推辞,说:"以贤,则去疾不足;以顺,则公子坚长。"去疾,字子良。

郑人立公子坚,为郑襄公。

郑襄公要逐郑穆公群公子而独留子良。

子良不同意,说:"穆氏宜存,则固吾愿也。若将亡之,则亦皆亡,去疾何为独留?"

郑襄公乃放弃逐众弟之念,使之皆为大夫。

---

①鼋 yuán

地势坤,君子以厚德载物。　　——《易传》

郑穆之子有郑灵公和郑襄公,还有多位公子,此后执掌国政,其后代也长期占据卿位,轮流执政,出现在《左传》里的有下列公子公孙:

公子去疾,字子良,良氏祖;子:公孙辄,字子耳。子:良霄,字伯有。

公子偃,字子游,游氏祖。子:公孙虿,字子蟜。子:游吉,字子太叔。子:游速。

公子喜,字子罕,罕氏祖。子:公孙舍之,字子展。子:罕虎,字子皮。子:婴齐。

公子騑,字子驷,驷氏祖。子:公孙夏,字子西。子:驷带,字子上。子:驷偃,字子游。

公子发,字子国,国氏祖。子:公孙侨,字子产。子:国参,字子思。

公子平,字子丰,丰氏祖。子:公孙段,字伯石。子:丰施,字子旗。

公子舒,字子印,印氏祖。子:公孙黑肱,字子张。子:印段,字子石。子:印癸,字子柳。

公子嘉,字子孔,孔氏祖。子:公孙洩。子:孔张。

士子孔,公子志。子:子良,奔楚。

子然。子:子革,奔楚,在楚又叫然丹、郑丹。

子羽,羽氏祖。孙:羽颉。

螽斯羽,诜①诜兮。宜尔子孙,振振兮。

螽斯羽,薨薨兮。宜尔子孙,绳绳兮。

---

① 诜 shēn

螽斯羽,揖①揖兮。宜尔子孙,蛰蛰兮。
——《诗经》之《周南·螽斯》

当初,楚令尹子文之弟司马子良生越椒。子文说:"必杀之。是子也,熊虎之状,而豺狼之声,弗杀,必灭若敖氏矣。谚曰'狼子野心',是乃狼也,其可蓄乎?"子良不肯杀。

子文以此为大患,临终前,聚集族人说:"椒也知政,乃速行矣,无及于难。"又哭泣说:"鬼犹求食,若敖氏之鬼,不其馁而?"

子文去世后,其子斗般为令尹,越椒为司马,蒍贾为工正。蒍贾听从越椒,诬陷并杀害斗般。越椒当了令尹,蒍贾为司马。不久,越椒又厌恶蒍贾,率若敖氏之族在轑②阳囚杀蒍贾。

接着,越椒处烝野,将攻楚庄。楚庄提出以楚文、楚成、楚穆三君之群公子为质,越椒不接受。楚庄陈师漳澨。

前605年,楚庄九年,七月戊戌日,楚庄与若敖氏战于皋浒。越椒射楚庄,箭飞过车辕,穿过鼓架,射中铜钲③,未及楚庄。越椒又射一箭,箭飞过车辕,射透楚庄车盖。师众恐惧而后退。

楚庄使人在全师巡视并喊话:"吾先君文公克息,获三矢焉,伯棼窃其二,尽于是矣。"伯棼,越椒字。

楚庄击鼓进攻,灭若敖氏。

越椒有一子贲皇在国外,得知灭族,乃奔晋。晋国赐之苗邑,贲皇以苗为氏,叫苗贲皇。

孔子曰:"恭而无礼则劳,慎而无礼则葸④,勇而无礼则乱,直而无礼则绞。"
——《论语》

当初,若敖娶䢵国女,生斗伯比。若敖去世后,斗伯比随其母居于䢵,与䢵君之女私生一子,䢵夫人使人弃婴儿于云梦泽。䢵

---
①揖 jí ②轑 liáo ③钲 zhēng ④葸 xǐ

君打猎时见母虎给婴儿哺乳,恐惧而归,告知夫人。夫人告知其女儿私情,邙君使人抱回婴儿,并嫁此女于鬬伯比。楚人称乳为榖,称虎为於菟,故给此子取名鬬榖於菟,意为鬬家吃老虎奶的孩子。这个孩子就是子文。

　　含德之厚者,比于赤子。蜂虿虫蛇弗螫①,攫②鸟猛兽弗扣。　　　　　　　——《老子》

　　子文之孙、鬬般之子克黄为箴尹,正出使齐国,返还到达宋国,得知内乱,其手下说:"不可以入矣。"

　　克黄说:"弃君之命,独谁受之? 君,天也,天可逃乎?"仍回国,复命后,自囚于司败。

　　楚庄思念子文治楚之功,说:"子文无后,何以劝善?"使克黄复官职,改其名为生。

　　孔子谓公冶长:"可妻也。虽在缧绁③之中,非其罪也。"以其子妻之。　　　　　　——《论语》

---

①螫 shì　②攫 jué　③缧绁 léi xiè

272

第五十一回 晋成公西和白狄 楚庄公东盟吴越

自骊姬与晋献公盟誓不留群公子在国内,晋国再无公族,也无公族大夫。晋成公即位后,使卿的嫡长子为官,并给予田土,为公族大夫,省称公族,负责公子们的各种教习。嫡长子的母弟称馀子,使之为官,也称馀子,负责卿之子的各种教习;使卿的庶子组成国君的戎车行列,称公行。晋国因此又有了公族、馀子、公行之官。

麟之趾,振振公子,于嗟麟兮。
麟之定,振振公姓,于嗟麟兮。
麟之角,振振公族,于嗟麟兮。
　　　　　　——《诗经》之《周南·麟之趾》

话说晋文公即位后,嫁女于赵衰,赵姬生同、括、婴。三人食邑分别为原、屏、楼,故三人又称原同、屏括、楼婴,或单称原、屏、楼。赵姬请赵衰自狄国接回叔隗及其子赵盾,赵衰不同意。

赵姬说:"得宠而忘旧,何以使人?必迎之。"

赵姬再三请,赵衰使人接回叔隗母子。赵姬认为赵盾有才,执意向晋文公请立赵盾为嫡子,而使自己三子居于其下,让叔隗为赵衰正妻,而自己居于其下。

至晋成公设公族,赵盾请晋成公以赵括为公族大夫,说:"君姬氏之爱子也。微君姬氏,则臣,狄人也。"

晋成公许赵盾之请。赵盾使赵括以赵氏故属为公族大夫,自己为庶子,为管理公车的旄车之族。

中孚之益:鸣鹤在阴,其子和之。我有好爵,吾与尔靡之。　　　　　　——《易经》

赵宣子向晋灵公推荐韩厥为司马。河曲之役前,赵盾使人以其帅车干扰列阵,韩厥施之以军刑。

众人皆说:"韩厥必不没矣。其主朝升之,而暮戮其车,其谁安之?"

宣子召来韩厥,以礼相待,说:"吾闻,事君者比而不党。夫周以举义,比也;举以其私,党也。夫军事无犯,犯而不隐,义也。吾言汝于君,惧汝不能也。举而不能,党孰大焉!事君而党,吾何以从政?吾故以是观汝。汝勉之。苟从是行也,临长晋国者,非汝其谁?"

宣子对诸大夫说:"二三子可以贺我矣。吾举厥也而中,吾乃今知免于罪矣。"

  升之谦:孚乃利用禴,无咎。 ——《易经》

前605年冬,楚庄又伐郑,因郑未服楚。

前604年冬,楚庄再次伐郑。陈与楚讲和。晋荀林父救郑、伐陈。

前603年春,晋赵盾、卫孙免侵陈,因陈叛晋投楚。

秋,赤狄伐晋,围怀,又进攻邢丘。晋成公要伐赤狄。

中行桓子荀林父说:"骄之,屡战害民,以盈其贯,将可殪也。《周书》曰:'殪戎殷。'此类之谓也。"荀林父曾任中行,以官职为氏,谥桓,史称中行桓子。

冬,楚人伐郑,与郑讲和而还。

郑公子曼满与王子伯廖说:"欲为卿。"

伯廖对人说:"无德而贪,其在《周易》《丰》之《离》,弗过之矣。"

《周易》中,《丰》之《离》卦辞为:"丰其屋,蔀①其家,窥其户,阒②其无人,三岁不觌,凶。"

---

①蔀 bù ②阒 qù

时隔一年,郑人杀曼满。

孔子曰:"其言之不怍,则为之也难。" ——《论语》

前602年春,卫孙良夫如鲁盟,并谋议与晋相会。这是鲁宣公即位后卫人首次来聘。

秋,赤狄侵晋,取向阴之禾。

冬,晋侯、鲁侯、宋公、卫侯、郑伯、曹伯会盟于黑壤,谋划对付不亲晋者。周王叔桓公莅临盟会。郑国在公子宋主持下与晋讲和,故公子宋相郑伯与会。

晋成公即位后,鲁宣公不朝,又不使大夫聘问,晋人拘留鲁宣公,鲁宣公未能参与诸侯结盟。鲁史官忌讳,只记录"公会晋侯、宋公、卫侯、郑伯、曹伯于黑壤",而不提及"盟"。

鲁人贿晋人,鲁宣公得以在次年春回国。

前601年春,白狄与晋讲和。夏,晋师、白狄伐秦。晋人抓获秦间谍,杀之于绛都集市,六日后苏醒。

用间有五:有因间,有内间,有反间,有死间,有生间。五间俱起,莫知其道,是谓神纪,人君之宝也。
——《孙子兵法》

因众舒背叛,楚伐舒、蓼,灭之。楚庄整理疆界,直至滑水湾,与吴、越结盟而还。这是《左传》首次提及吴、越。

咸之遁:咸其辅颊舌。　　　　——《易经》

秋,七月甲子日,日全食。

这时,晋赵盾去世,郤缺为政。胥克有蛊疾。秋,郤缺废胥克,使赵盾之子赵朔佐下军。

冬,陈与晋讲和。楚师伐陈,与陈讲和而返。

前600年八月,滕昭公去世。

九月,晋侯、宋公、卫侯、郑伯、曹伯会于郑地扈,商讨对付不从晋者。因陈侯叛晋盟楚而未到会,晋荀林父率晋联军伐陈。

辛酉日,晋成公黑臀在扈地去世,诸侯各自返回。晋成公太子据继位,为晋景公。

十月癸酉日,卫成公去世,其子继位,为卫穆公。

因滕国新丧,十月,宋人趁机围滕。

因郑人叛楚盟晋,楚庄率师伐郑。

晋郤缺救郑,郑襄公在柳棼击败楚师。国人皆喜,唯子良忧,说:"是国之灾也,吾死无日矣。"

前599年六月,因滕国人依仗亲晋而不事宋,宋师伐滕。

这时,郑人又背晋而与楚讲和。晋、宋、卫、曹之师伐郑,讲和后撤军。

冬,楚庄率师伐郑。晋士会救郑,在颍水北追逐楚师。诸侯之师戍郑。

前598年秋,晋执政郤缺向众狄请和,众狄怨赤狄征役之重,而愿从晋。诸大夫欲召狄人如晋相会。

郤缺说:"吾闻之,非德,莫如勤,非勤,何以求人?能勤乃有功相继,其从之也。《诗》曰:'文王既勤止。'文王犹勤,况寡德乎?"

秋,晋景公会狄人于狄地欑函。

> 域民不以封疆之界,固国不以山溪之险,威天下不以兵革之利。得道者多助,失道者寡助。寡助之至,亲戚畔之;多助之至,天下顺之。以天下之所顺,攻亲戚之所畔;故君子有不战,战必胜矣。　　——《孟子》

第五十二回　刘康知季孟必久　单襄料陈国必亡

前 605 年正月,鲁宣公与齐惠公为莒与郯①讲和,莒人不肯。鲁宣公怒而伐莒,攻取向邑。

君子说:"非礼也。平国以礼,不以乱。伐而不治,乱也。以乱平乱,何治之有？无治,何以行礼？"

前 604 年春,鲁宣公如齐。齐高固使齐惠公留住鲁宣,请宣公姊妹为妻。九月,高固来鲁国为自己迎妻。鲁叔孙得臣去世。

冬,齐高固与叔姬回鲁,反马。当时风俗,送嫁的车马留在夫家三个月,若夫妻和睦,则留下车,送马回娘家,叫"反马"。

前 603 年夏,周定王使子服求王后于齐。冬,召桓公如齐迎娶王后。

间关车之舝②兮,思娈③季女逝兮。匪饥匪渴,德音来括。虽无好友,式燕且喜。

高山仰止,景行行止。四牡骈④骈,六辔如琴。觏⑤尔新婚,以慰我心。

——《诗经》之《小雅·车舝》

前 602 年夏,鲁宣公会齐侯伐莱。

前 601 年六月,鲁公子遂如齐,到达齐地黄,因病而返。辛巳日,到达垂,襄仲去世。

前 600 年正月,鲁宣公如齐会齐惠公,回国后,有周王使者来鲁国征聘。夏,鲁宣公使孟献子至成周聘问,周定王认为孟献子

---

①郯 tán　②舝 xiá　③娈 luán　④骈 fēi　⑤觏 gòu

有礼,赏赐丰厚。齐惠公伐莱。秋,鲁国攻取东夷小国根牟。

前599年春,鲁宣公如齐。因鲁国顺从,齐惠公归还济西之田。

四月丙辰日,日食。已巳日,齐惠公去世,太子无野继位,为齐顷公。

崔杼有宠于齐惠公,高氏、国氏担心崔杼强势,而逐崔杼。崔杼奔卫。

鲁宣公如齐奔丧,五月回国。

六月,公孙归父如齐,葬齐惠公。公孙归父:公子遂之子。

秋,周定王使刘康公如鲁回聘。刘康公是周顷王季子,叫王季子,因食邑在刘,以刘为氏。

刘康公赠礼物于鲁大夫,见季文子、孟献子皆俭,叔孙宣子、东门子家皆侈。叔孙宣子是叔孙得臣之子侨如。东门子家,即公孙归父。

克勤于邦,克俭于家,不自满假。——《尚书》

回到成周,定王问:"鲁大夫孰贤?"

刘康公说:"季、孟其长处鲁乎?叔孙、东门其亡乎?若家不亡,身必不免。"

定王问:"何故?"

刘康公说:"臣闻之:为臣必臣,为君必君。宽肃宣惠,君也;敬恪恭俭,臣也。宽所以保本也,肃所以济时也,宣所以教施也,惠所以和民也。本有保则必固,时动而济则无败功,教施而宣则遍,惠以和民则阜。若本固而功成,施遍而民阜,乃可以长保民矣,其何事不达?

"敬所以承命也,恪所以守业也,恭所以成事也,俭所以足用也。以敬承命则不违,以恪守业则不懈,以恭给事则宽于死,以俭足用则远于忧。若承命不违,守业不懈,宽于死而远于忧,则可以上下无隙矣,其何任不堪?

"上任事而达,下能堪其任,所以为令闻长世也。

"今夫二子者侈,其能足用矣,用足则族可以庇。二子者侈,侈则不恤匮,匮而不恤,忧必及之,若是则必厚其身。且夫①人臣而侈,国家弗堪,亡之道也。"

定王问:"几何?"

刘康公说:"东门之位不若叔孙,而泰侈焉,不可以事二君;叔孙之位不若季、孟,而亦泰侈焉,不可以事三君。若皆早离世犹可,若登年以载其毒,必亡其家。"

鲁公孙归父率师伐邾,取绎。季文子如齐聘问新君。

冬,因伐邾,子家如齐疏通。齐国佐如鲁回聘。

因秋季大水成灾至秋谷无收。冬,鲁国饥荒。

苕②之华,芸其黄矣。心之忧矣,维其伤矣。

苕之华,其叶青青。知我如此,不如无生。

牂③羊坟首,三星在罶④。人可以食,鲜可以饱。

——《诗经》之《小雅·苕之华》

前601年,周定王六年,定王使单襄公聘于宋,接着借道于陈而如楚聘。入陈境,大火星晨现东方,道路杂草丛生,难以通行。负责迎送宾客的候人不在边境,掌管工程、道路的司空不检查道路。湖塘无堤坝,江河无桥梁;野外有谷堆,禾场事未毕,道路无标树,农田若荒地;膳宰不备餐,司里不授馆,都中无寓所,县里无栖舍。民众将为夏氏筑台。陈灵公与孔宁、仪行父头戴楚冠前往夏家,丢下单襄公,不予接待。

回到成周,单子对定王说:"陈侯不有大咎,国必亡。"

定王问:"何故?"

---

①夫 fú　②苕 tiáo　③牂 zāng　④罶 liǔ

单襄公说:"角星现而雨气毕,天根现而水干涸,本星现而草木枯,房星现而霜露降,火星现而备风寒。故先王之教曰:'雨季结束修道路,河水干涸架桥梁,草木枯萎忙收粮,霜露降落缝冬裳,寒风来临修城筑室忙。'故《夏令》曰:'九月除道,十月成梁。'其时戒曰:'谷场事毕,预备畚箕;室星出现,土功其始;火星初现,集于司里。'此先王所以不用财贿,而广施德于天下者也。"

孔子曰:"君子惠而不费,劳而不怨,欲而不贪,泰而不骄,威而不猛。" ——《论语》

"今陈国火星已现,而道路若塞,野场若弃,泽不陂障,川无舟梁,是废先王之教也。

"周制有之曰:'道旁植树以标道,郊外食舍候旅客。国郊有牧地,边境有旅舍,沼泽有丰草,苑囿有林池,所以御灾也。其余,无非谷土,民无悬耜,野无深草。不夺民时,不弃民功。如此,则民富裕无匮乏,安逸无疲劳。官员办事有条不紊,民众生活安然有序。'

"今陈国,道路不可知,田在草间,禾熟而不收,民疲于为君作逸乐之台,是弃先王之法制也。"

民亦劳止,汔可小康。惠此中国,以绥四方。无纵诡随,以谨无良。式遏寇虐,憯不畏明。柔远能迩,以定我王。

民亦劳止,汔可小息。惠此京师,以绥四国。无纵诡随,以谨惛怓。式遏寇虐,无俾作慝。敬慎威仪,以近有德。

民亦劳止,汔可小安。惠此中国,国无有残。无纵诡随,以谨缱绻。式遏寇虐,无俾正反。王欲玉汝,是用大谏。

——《诗经》之《大雅·民劳》

单襄公继续说:"周之《秩官》有之,曰:'对等国宾至,关尹向国内报告,行人以礼迎接,候人作引导,卿慰劳于郊,门尹清除门庭,宗祝执掌祭祀,司里安排馆舍,司徒调遣仆役,司空察看道路,司寇查究奸盗,虞人提供材料,甸人聚集柴薪,火师监管庭燎,水师监管洗濯,膳宰致送熟食,廪人进献粮食,司马供应马料,工人修检车辆。百官各司其职,宾至如归,是故,大小宾客莫不欢喜。若大国之宾至,则礼加一等,益加虔敬。至于王官,则皆官正莅事,上卿监之。若王巡守,则君亲监之。'

"今虽朝也不才,有分族于周,承王命以为过宾于陈,而司事莫至,是蔑先王之官也。

"先王之令有之,曰:'天道赏善而罚淫,故凡我造国,无从非法,无即慆淫,各守尔典,以承天休。'

"今陈侯不念胤续之常,弃其伉俪妃嫔,而率其卿佐以淫于夏氏。不亦渎姓矣乎?陈,我大姬之后也,弃衮冕而南冠以出,不亦弃法乎?且又犯先王之令也。

"昔先王之教,勉率其德也,犹恐陨坠。若废其教而弃其制,蔑其官而犯其令,将何以守国?居大国之间,而无此四者,其能久乎?"单襄公,名朝。

　　戒哉!儆戒无虞,罔失法度。罔游于逸,罔淫于乐。任贤勿贰,去邪勿疑。　　——《尚书》

第五十三回　申叔说牛复陈国　郑襄牵羊迎楚君

陈宣公于前648年十二月丁丑日去世，其子款继位，为陈穆公。陈穆公于前632年六月去世，其子朔继位，为陈共公。前614年五月壬午日，陈共公去世，其子平国继位，为陈灵公。

陈灵公、孔宁、仪行父私通夏姬，皆怀其衵①而戏于朝。

前600年冬，泄冶谏陈侯，说："公卿宣淫，民无所效，且非令闻。君请纳之。"

陈灵公说："吾能改矣。"

陈灵公转告孔、仪，二人请杀泄冶，陈灵不禁，泄冶被杀。

孔子读史至此，说："《诗》云：'民之多辟，无自立辟。'其泄冶之谓乎。"

　　孔子谓南容："邦有道，不废；邦无道，免于刑戮。"以其兄之子妻之。
　　　　　　　　　　　　　　　　　　——《论语》

夏姬是郑穆公之女，郑灵、郑襄之妹，嫁于陈大夫夏氏御叔。御叔早亡，留有一子，名徵舒，字子南，又叫夏南。

陈人写诗讽刺陈灵公君臣淫乱于夏家，在《陈风·株林》："胡为乎株林？从夏南。匪适株林，从夏南。驾我乘马，说于株野。乘我乘驹，朝食于株。"

前599年五月癸巳日，陈灵公、孔宁、仪行父又在夏家饮酒。

陈灵对仪行父说："徵舒似汝。"

仪行父说："亦似君。"

夏徵舒忍无可忍，在陈灵公出门时，自马厩射杀之。孔宁、仪

---

①衵 rì

行父奔楚。

惟吉凶不僭①在人,惟天降灾祥在德。——《尚书》

前604年冬,楚伐郑,晋救郑。
前603年冬,楚伐郑,楚郑讲和。
前602年夏,郑与晋讲和。冬,晋侯、郑伯等盟于黑壤。
前600年冬,楚伐郑,晋人救郑,击败楚师。
前599年六月,楚郑讲和,晋联盟伐郑,与郑讲和。
冬,楚庄伐郑,晋救郑,戍守郑国。
这时,郑子家去世。郑人讨杀幽公之乱,斫②子家之棺,逐其族。改葬幽公,改谥为灵。
前598年春,楚庄伐郑,直至栎。
子良说:"晋、楚不务德而兵争,与其来者,可也。晋、楚无信,我焉得有信。"乃从楚。
夏,楚庄、陈成、郑襄盟于陈地辰陵。陈成公是陈灵公之子午。夏徵舒只是怒杀陈灵公,并未威胁到公室。陈人立陈成公。

复之明夷:频复,厉,无咎。 ——《易经》

楚左尹子重侵宋,楚庄待于郔。子重是楚庄之弟公子婴齐。
令尹艻艾猎城沂,使封人规划,以授司徒。司徒计算工程量,估算工期,分配材料及用具,均衡配置各种用具以及不同工种的人力,计算土方和物材,分配取用远近,巡视墙基墙界,预备干粮,选定各方负责人。工程三旬而成,不超预期。艻艾猎:又叫艻敖、孙叔敖。

益之观:利用为大作,元吉,无咎。 ——《易经》

---

①僭 jiàn ②斫 zhuó

冬，陈成公在晋。十月丁亥日，楚庄以陈夏氏之乱为由，以讨弑君者之名伐陈，对陈人说："无动，将讨于少西氏。"少西是夏徵舒之祖的名，字夏，后代以夏为氏。

陈人不抵抗。楚师直入陈国，杀夏徵舒，车裂于城门。然后，楚人把陈国编入楚国一县。

申叔时出使齐国返回，向楚庄复命后，退出。

楚庄使人责备他，说："夏徵舒为不道，弑其君，寡人以诸侯讨而戮之，诸侯、县公皆庆寡人，汝独不庆寡人，何故？"

申叔时问："犹可辞乎？"

楚庄说："可哉。"

申叔说："夏徵舒弑其君，其罪大矣，讨而戮之，君之义也。抑人亦有言曰：'牵牛以蹊①人之田，而夺之牛。'牵牛以蹊者，信有罪矣；而夺之牛，罚已重矣。诸侯之从也，曰讨有罪也。今县陈，贪其富也。以讨召诸侯，而以贪归之，无乃不可乎？"

楚庄说："善哉。吾未之闻也。返之，可乎？"

申叔时说："可哉。吾侪小人所谓'取诸其怀而与之'也。"

楚庄复封陈国，自每乡带一人回楚，聚居一处，叫夏州。

楚人回避取陈国，通告诸侯时，不言取陈。《春秋·宣公十一年》记："冬十月，楚人杀陈夏徵舒。丁亥，楚子入陈。"似乎楚子是在楚师杀夏徵舒以后才入陈。

> 履之中孚：履虎尾，愬愬，终吉。 ——《易经》

楚未得郑人亲服，郑人又背辰陵之盟而从晋。

前597年春，楚庄率师围郑。

郑国被围十七日，卜问如何行动。卜求和，不吉。卜在祖庙哭，并陈车于巷，吉。国人至祖庙痛哭，守城者皆哭。

---

① 蹊 xī

楚庄见此情景,心中怜悯,暂时退师。

离之同人:出涕沱若,戚嗟若,吉。 ——《易经》

郑人趁机修城。楚师又推进,再次围郑。历三个月,攻入郑都。楚师自皇门入城,到达城中大路。

郑襄公肉袒牵羊迎楚庄,说:"孤不天,不能事君,使君怀怒以及敝邑,孤之罪也。敢不唯命是听?其俘诸江南,以实海滨,亦唯命。其剪以赐诸侯,使臣妾之,亦唯命。君若惠顾前好,邀福于厉、宣、桓、武,不泯其社稷,使改事君,同于九县,君之惠也,孤之愿也,非所敢望也。敢布腹心,君实图之。"厉、宣、桓、武指周厉王、周宣王、郑桓公、郑武公。

楚庄左右说:"不可许也,得国无赦。"

楚庄说:"其君能下人,必能信用其民矣,庸可冀乎?"

楚师退三十里,应允与郑讲和。楚潘尫入郑盟,郑襄公之弟子良为质于楚。

恻隐之心,人皆有之;羞恶之心,人皆有之;恭敬之心,人皆有之;是非之心,人皆有之。 ——《孟子》

第五十四回　晋救郑师出无律　楚请和入垒执俘

前597年六月，晋师救郑。荀林父将中军，先縠为佐；士会将上军，郤克为佐；赵朔将下军，栾书为佐。赵括、赵婴齐为中军大夫，巩朔、韩穿为上军大夫，荀首、赵同为下军大夫，韩厥为司马。

先縠是先轸之后。郤克是郤缺之子。赵朔为赵盾之子，赵同、赵括、赵婴齐三兄弟是赵姬之子，赵盾异母弟，赵朔的叔叔。栾书是栾盾之子。韩穿、韩厥为韩万后人。荀首是荀林父之弟。

晋师到达黄河，得知郑与楚已讲和，中行桓子荀林父要回师，说："无及于郑而剿民，焉用之？楚归而动，不后。"

> 古之所谓善战者，胜于易胜者也。
> ——《孙子兵法》

晋上军主帅随武子士会说："善。会闻：'用师，观衅而动。'德、刑、政、事、典、礼不易，不可敌也，不为是征。楚君讨郑，怒其贰，而哀其卑，叛而伐之，服而舍之，德、刑成矣。伐叛，刑也；柔服，德也。二者立矣。昔岁入陈，今兹入郑，民不疲劳，君无怨谤，政有经矣。师陈而举，商、农、工、贾不败其业，而卒乘辑睦，事不奸矣。

"芳敖为宰，择楚国之令典。军行，右挟辕，左备薪，前锋察情，中军权谋，后军为殿，百官象物而动，军政不戒而备，能用典矣。其君举不失德，赏不失劳；老有加惠，旅有施舍，礼不逆矣。德立，刑行，政成，事时，典从，礼顺，若之何敌之？

"见可而进，知难而退，军之善政也。兼弱攻昧，武之善经也。子姑整军而经武乎，犹有弱而昧者，何必楚？仲虺有言曰：'取乱侮亡。'兼弱也。《汋①》曰:'於②铄王师,遵养时晦。'讨昧也。《武》曰:'无竞惟烈。'抚弱讨昧,以成功业,可也。"

孔子曰:"'善人为邦百年,亦可以胜残去杀矣。'诚哉是言也!"　　　　　　　　——《论语》

中军佐荥子先縠说:"不可。晋所以霸,师武、臣力也。今失诸侯,不可谓力。有敌而不从,不可谓武。由我失霸,不如死。且成师以出,闻敌强而退,非夫也。命为军帅,而卒以非夫,唯群子能,我弗为也。"荥子说完,率中军佐所属之众渡河。

下军大夫知庄子荀首说:"此师殆哉。《周易》有之,在《师》之《临》,曰:'师出以律,否臧,凶。'执事顺成为臧,逆为否。众散为弱,川壅为泽,有律以如己也,故曰律。否臧,且律竭也。盈而以竭,夭且不整,所以凶也。不行之谓临,有帅而不从,临孰甚焉?此之谓矣。果遇,必败,荥子尸之。虽免而归,必有大咎。"

"众散为弱"是从卦来说。地水师,地泽临,《师》之《临》,是下卦水变泽。水为坎、为众,水变,故说"众散",众散则弱。

"川壅为泽"是对泽的定义,泽是不流动的水。《师》之《临》是下卦变成泽,比喻当下军令不行,与"师出以律"相背,是"否臧",即律得不到执行,如水不流为竭,律不行,则是律竭。

"盈而以竭"还是从卦说,流水盈满变成不流动的无源之泽,就会枯竭,即由盈满变为枯竭。"夭且不整"是讲晋军当前的情况,与"竭"相应,"所以凶也"。

"不行之谓'临'","临"的本义是俯身向下看,这时是不

---

①汋 zhuó　②於 wū

行走的,故"不行之谓'临'",在此表示下级不跟随上级,而彘子是"有帅而不从",正合此义,又与《师》之《临》相合。说明彘子将自食其果。

司马韩献子韩厥对桓子说:"彘子以偏师陷,子罪大矣。子为元帅,师不用命,谁之罪也?失属国,亡师众,为罪已重,不如进也。事之不捷,恶有所分。与其专罪,六人同之,不犹愈乎?"

于是,晋三军悉数过河。

师之坎:田有禽,利执言,无咎。长子帅师,弟子舆尸,贞凶。 ——《易经》

楚庄受降郑襄后,率师向北驻扎在郑地郔,沈尹将中军,子重将左军,子反将右军,预备饮马于黄河,然后回国。听说晋师已渡过黄河,楚庄想立刻南回,其宠臣伍参主张迎战。

令尹孙叔敖反对,说:"昔岁入陈,今兹入郑,不无事矣。战而不捷,参之肉其足食乎?"

伍参说:"若事之捷,孙叔为无谋矣。不捷,参之肉将在晋军,可得食乎?"

令尹南辕反旆①,要回师。

伍参对楚庄说:"晋之从政者新,未能行令。其佐先縠刚愎不仁,未肯用命。其三帅者,专行不获。欲听而无上令,众谁适从?此行也,晋师必败。且君而逃臣,若社稷何?"

楚庄感觉惭愧,叫令尹掉转车辕向北。楚师北上,驻师于管,等待晋军行动。

夫未战而庙算胜者,得算多也;未战而庙算不胜

---

①旆 pèi

者,得算少也。多算胜,少算不胜,而况于无算乎?

——《孙子兵法》

晋师在敖、鄗①两山之间。

郑皇戌如晋师,说:"郑之从楚,社稷之故也,未有贰心。楚师骤胜而骄,其师老矣,而不设备。子击之,郑师为承,楚师必败。"

彘子说:"败楚服郑,于此在矣,必许之。"

下军佐栾书说:"楚自克庸以来,其君无日不讨国人,而训之,曰:民生之不易,祸至之无日,戒惧之不可以怠。在军,无日不教训告诫之,曰:胜不可长保,纣之百胜,而终无后。训之以若敖、蚡冒筚路蓝缕,以启山林。箴之曰:'民生在勤,勤则不匮。'不可谓骄。

"先大夫子犯有言曰:'师直为壮,曲为老。'我则不德,而徼怨于楚,我曲楚直,不可谓老。

"楚君之戎,分为二广,每广一卒,卒偏之两。右广晨驾,数及日中,左广接替,至于黄昏。内官依序值夜,以待不虞,不可谓无备。

"子良,郑之良臣;师叔,楚之崇贵。师叔入郑盟,子良质在楚,楚、郑亲矣。郑劝我战,我胜则来,不胜遂往,以我卜也。郑言不可从。"师叔:潘尪。

赵括、赵同说:"率师以来,唯敌是求。克师、得属国,又何俟?必从彘子。"

知季说:"原、屏,咎之徒也。"知季:知庄子荀首。原、屏:赵同、赵括,又叫原同、屏括。

下军主帅赵庄子说:"栾伯善哉。实其言,必长晋国。"赵庄子:赵朔。栾伯:栾武子栾书。

---

①鄗 qiāo

明君贤将所以动而胜人,成功出于众者,先知也。先知者,不可取于鬼神,不可象于事,不可验于度,必取于人,知敌之情者也。　　　　——《孙子兵法》

　　楚少宰如晋师,说:"寡君少遭闵凶,不能文。闻二先君成、穆之出入此行也,将郑是训定,岂敢求罪于晋?二三子无淹久。"

　　上军主帅随季答复:"昔平王命我先君文侯曰:'与郑夹辅周室,毋废王命。'今郑不率王命,寡君使群臣问诸郑,岂敢辱候人?敢拜君命之辱。"

　　彘子认为随季之言过于奉承楚人,少宰返回时,彘子使赵括跟随楚少宰,更正说:"行人失辞。寡君使群臣迁大国之迹于郑,曰'无避敌'。群臣无所逃命。"

　　楚庄又使人向晋师请和,晋人应许,并确定了结盟日期。

　　辞卑而益备者,进也。轻车先出居其侧者,陈也。无约而请和者,谋也。　　　　——《孙子兵法》

　　楚人要迷乱晋帅,又使人挑战。许伯御乐伯,摄叔为车右,单车前往晋师挑战。

　　御者许伯说:"吾闻致师者,御者疾驰靡旌,摩垒而还。"

　　车左乐伯说:"吾闻致师者,左射利箭,代御执辔,御者下车,整理马匹,正鞅而还。"

　　车右摄叔说:"吾闻致师者,右入垒,杀敌割耳,执俘而还。"

　　三人皆按所言而行,然后驾车返回。

　　兵怒而相迎,久而不合,又不相去,必谨察之。
　　　　　　　　　　　　——《孙子兵法》

第五十五回　晋三军舟指可掬　逢大夫忠慈难全

晋人逐楚人，左右两侧呈角形。楚乐伯左射马，右射人，晋两角皆不能接近。最后，乐伯只剩一箭。正在这时，一头受惊的麋鹿在前方奔跑，乐伯射出最后一支箭，射中鹿背。

晋鲍癸驱车追及，乐伯使摄叔献麋鹿。摄叔手捧麋鹿，来到鲍癸面前，说："以岁之非时，献禽之未至，敢膳诸从者。"

鲍癸的同乘想执摄叔，鲍癸制止，说："其左善射，其右善辞，君子也。"

　　兽骇者，覆也。　　　　　　——《孙子兵法》

魏犨之子魏锜求公族大夫未得，心中怨恨，想使晋师失败。请挑战楚师，未被允许。请当使者，得到许可，魏锜遂前往楚营。

赵穿之子赵旃求卿未得，心中不满，又对放走楚师挑战者而怒。请挑战，未获许。请召楚人结盟，获许。赵旃也前往楚营。

上军佐郤献子郤克说："二憾往矣，弗备，必败。"

中军佐荀子说："郑人劝战，弗敢从也。楚人求成，弗能好也。师无成命，多备何为？"

上军主帅士季说："备之善。若二子怒楚，楚人乘我，丧师无日矣。不如备之。楚之无恶，除备而盟，何损于好？若以恶来，有备不败。且虽诸侯相见，军卫不撤，警也。"

荀子不肯预备。

士季使上军大夫巩朔、韩穿率上军在敖山前设七处埋伏。中军大夫赵婴齐使部属在河边预先备好船只。

　　实而备之。　　　　　　　——《孙子兵法》

291

魏锜与赵旃先后前往楚营,魏锜先至,向楚师请战后返还。楚潘尪之子潘党追逐魏锜,到荥泽,魏锜见六只麋鹿奔跑,张弓射中一只,返回献给潘党,说:"子有军事,兽人无乃不给于鲜,敢献于从者。"潘党令从行者返回。

赵旃傍晚到达楚营,铺席坐于楚军门外,使其从者入楚营。

楚君有乘广三十乘,分为左广、右广。右广鸡鸣而驾,日中而息。左广接替,日落而息。许偃御右广,养由基为车右。彭名驾左广,屈荡为车右。

楚庄乘左广追逐赵旃,赵旃弃车逃进树林。屈荡下车追进树林与之搏斗,得其甲裳。

晋人担心魏、赵二人激怒楚师,使兵车迎接二人。

楚潘党追逐魏锜,尚未回营,望见远处尘土飞扬,使御者急驰回营报告,说:"晋师至矣!"

> 尘高而锐者,车来也;卑而广者,徒来也。
> ——《孙子兵法》

楚人正担心楚庄追赵旃进入晋师,这时,全军出营列阵。

孙叔敖说:"进之!宁我迫人,无人迫我。《诗》云:'元戎十乘,以先启行。'先人也。《军志》曰:'先人有夺人之心',迫之也。"

楚军疾速进发,战车飞驰,步卒奔跑,向晋军营地掩杀而来。

晋军元帅中行桓子慌忙之中,不知所措,击鼓说:"先济者有赏!"

晋中军、下军争舟渡河,舟中之指可掬。

> 大吏怒而不服,遇敌怼而自战,将不知其能,曰崩;将弱不严,教道不明,吏卒无常,陈兵纵横,曰乱;将不能料敌,以少合众,以弱击强,兵无选锋,曰北。
> ——《孙子兵法》

292

晋师向右移动,上军埋伏未动。

楚工尹齐率右阵追逐晋下军。潘党率游阙四十乘跟随唐侯作为左阵,袭击晋上军。唐是楚的属国,此前,楚庄使楚大夫唐狡和蔡鸠居对唐惠侯说:"不毂不德而贪,以遇大敌,不毂之罪也。然楚不克,君之羞也,敢藉君灵以济楚师。"故唐侯率师跟随楚师。

晋上军佐郤克问主帅随季:"待诸乎?"

随季说:"楚师方壮,若合兵于我,吾师必尽,不如收而去之。分谤、生民,不亦可乎?"二帅亲自殿后,指挥撤退。

晋上军因早作防备,故而未败。

知可以战与不可以战者胜,识众寡之用者胜,上下同欲者胜,以虞待不虞者胜,将能而君不御者胜。
——《孙子兵法》

次日凌晨,两军仍在酣战。楚右广来接替左广,楚庄要换乘右广,车右屈荡用身体挡住楚庄,说:"君以此始,亦必以终。"楚庄因乘左广得胜,此后以左广为先。

黄昏,楚师驻军于邲①。晋之余师不能成军,整夜吵闹渡河。

晋人逃跑时,有辆战车陷入坑里不能前进。楚追兵教其抽掉车前横木,战车被拉出了一点,马仍在原地盘桓不前。楚人又教其拔掉高扬的大旗放在车轭上,晋人照做,战车终被拉出。

晋人驾车逃去,回头对楚人说:"吾不如大国之数奔也。"

楚熊负羁生擒晋知䓨。知䓨是下军大夫知庄子之子。知庄子率族人返回攻击楚人,厨武子驾车,下军之士大多跟从。厨武子即魏锜,因食邑厨、吕,又以此为氏。

知庄子每次射击,抽出箭,先审视,是好箭,即放进厨武子背

---

①邲 bì

后的箭袋里。

厨子怒,说:"非子之求,而蒲之爱,董泽之蒲,可胜既乎!"

知季说:"不获人子,吾子其可得乎?吾不可以好箭苟射故也。"

知季射中楚连尹襄老,得其尸,载上车。又射伤楚公子榖臣,俘榖臣。荀首以二者返晋。

师之坎:长子帅师,弟子舆尸。　　——《易经》

楚共追赵旃时,赵旃给其兄与叔父以良马驾车先行返回,自己用次马拉车返回,被楚人追及,马惊恐不能前行,赵旃弃车逃进树林。

逢大夫载其二子逃往黄河,看见了远处的赵旃,吩咐二子:"无顾!"

二子回顾,看见赵旃,说:"赵傻①在后!"

逢父大怒,只得停车,使二子下车,指着一棵树说:"收汝尸于是!"等赵旃赶到,逢父递过车绥。赵旃接绥登车,得以逃脱。

次日,逢大夫按照标记,在树下找到二子相叠之尸。

陟彼岵②兮,瞻望父兮。父曰:嗟! 予子行役,夙夜无已。上慎旃哉,犹来! 无止!

陟彼屺③兮,瞻望母兮。母曰:嗟! 予季行役,夙夜无寐。上慎旃哉,犹来! 无弃!

陟彼冈兮,瞻望兄兮。兄曰:嗟! 予弟行役,夙夜必偕。上慎旃哉,犹来! 无死!

——《诗经》之《魏风·陟岵》

①傻 sǒu　②岵 hù　③屺 qǐ

第五十六回　楚庄公论武灭萧　卫孔达舍身保国

邲之役次日,楚辎重也到达邲,楚师遂向东移驻衡雍。

潘党说:"君何不筑武军,而收晋尸以为京观?臣闻克敌必示子孙,以无忘武功。"

楚庄说:"非尔所知也。夫文,止戈为武。武王克商,作《颂》曰:'载戢干戈,载櫜弓矢。我求懿德,肆于时夏,允王保之。'又作《武》,其卒章曰'耆①定尔功'。其三曰:'铺时绎思,我徂惟求定。'其六曰:'绥万邦,屡丰年。'夫武,禁暴、戢兵、保大、定功、安民、和众、丰财者也。故使子孙不忘其章。

"今我使二国暴骨,暴矣;观兵以威诸侯,兵不戢矣。暴而不戢,安能保大?犹有晋在,焉得定功?所违民欲犹多,民何安焉?无德而强争诸侯,何以和众?趁人之危以为己利,因人之乱以为己荣,何以丰财?武有七德,我无一焉,何以示子孙?其为先君宫,告成事而已。武非吾功也。古者明王伐不敬,取其元凶而封之,以为大戮,于是乎有京观,以惩淫慝。今晋无罪,而民皆尽忠以死君命,又可以为京观乎?"

"武"原由"戈"与"止"组成,"止"为脚。楚庄对"止戈为武"的论述并非"武"字本义,只是借题发挥。

楚人修建先君神庙,祭告胜利,然后班师回国。

> 杀人众,则以哀悲莅之;战胜,则以丧礼居之。
> ——《老子》

此次楚师围郑,实是郑石制引致,想分郑而立公子鱼臣。辛

---

① 耆 zhǐ

未日,郑杀鱼臣和石制。

君子说:"史佚所谓'毋怙乱'者,谓是类也。《诗》曰:'乱离瘼矣,爰其适归?'归于怙乱者也夫。"

郑伯、许男朝楚。

风雨潇潇,鸡鸣胶胶。既见君子,云胡不瘳①?
风雨如晦,鸡鸣不已。既见君子,云胡不喜?
——《诗经》之《郑风·风雨》

楚师回国修整数月,冬,楚庄率师伐萧。

宋华椒率蔡人救萧。萧人俘获楚熊相宜僚和公子丙。

楚庄说:"勿杀,吾退。"

萧人不听,杀二人。楚庄大怒,围萧。

申公巫臣对楚庄说:"师人多寒。"

楚庄巡视三军,抚慰勉励士卒,三军士卒似身披丝绵般温暖。于是,楚师逼近萧。

萧大夫还无社与楚申叔展相识,使楚司马卯喊出申叔展。

申叔展来至阵前,问还无社:"有麦麹②乎?"

还无社回答说:"无。"

问:"有山鞠③穷乎?"

答:"无。"

申叔展问了两种御寒药,暗示还无社躲避在泥水中,而还无社未解其意。

申叔展继续问:"河鱼腹疾,奈何?"

这次,还无社终于明白了申叔展之意,说:"目于眢④井而拯之。"

---

①瘳 chōu ②麹 qū ③鞠 jū ④眢 yuān

申叔展又说:"若为茅绖①,哭井则已。"

次日,十二月戊寅日,楚师攻萧,萧溃,楚灭萧。

申叔展查看废井,见一口井上有茅草绳,就向井里放声号哭,还无社应声出井。

孔子曰:"益者三友,损者三友。友直,友谅,友多闻,益矣。友便辟,友善柔,友便佞,损矣。"

——《论语》

秋,晋师归,中行桓子请晋景公赐死,景公将要答应。

士贞子劝谏,说:"不可。城濮之役,晋克楚,食楚谷三日,文公犹有忧色。左右曰:'有喜而忧,如有忧而喜乎?'文公曰:'得臣犹在,忧未歇也。困兽犹斗,况国相乎?'及楚杀子玉,公喜而后可知也,曰:'莫余毒也已。'是晋再克,而楚再败也,楚是以再世不竞。今,天或者大警晋也,而又杀林父以重楚胜,其无乃久不竞乎?林父之事君也,进思尽忠,退思补过,社稷之卫也,若之何杀之?夫其败也,如日月之食焉,何损于明?"

晋景公乃复荀林父之职。

子贡曰:"君子之过也,如日月之食焉;过也,人皆见之;更也,人皆仰之。" ——《论语》

子夏曰:"小人之过也,必文。" ——《论语》

十二月,晋原縠、宋华椒、卫孔达、曹人同盟于卫地清丘,盟辞说:"恤病讨贰。"

宋人因此盟而伐陈,因陈亲楚。卫人背盟而救陈,因卫与陈早先有盟,孔达说:"先君有约言焉,若大国讨,我则死之。"

---

①绖 dié

因宋人救萧、伐陈,前596年夏,楚庄伐宋。

秋,先縠因邲战未得志而要为乱,召赤狄伐晋,狄人直达清。

冬,晋人讨邲之败与清之狄,归罪于先縠而杀之,尽灭其族。

君子说:"'恶之来也,己则取之',其先縠之谓乎?"

  强梁者不得其死。   ——《老子》

因卫人救陈违背清丘之盟,晋人讨卫。晋使来到卫国,不肯离去,说:"罪无所归,将加尔师。"

孔达说:"苟利社稷,请以我脱,罪我之由。我则为政,而亢大国之讨,将以谁任?我则死之。"

前595年春,孔达自缢。卫人告知晋国,而免于战伐,并通告诸侯,说:"寡君有不令之臣达,构我敝邑于大国,既伏其罪矣,敢告。"

卫侯以孔达定国之功劳,嫁女于孔达子,并复孔氏之职。

  贵为身于为天下,若可以托天下矣;爱以身为天下,若可以寄天下矣。 ——《老子》

夏,因邲之战及郑服楚,晋景公率师伐郑,并通告诸侯,在郑国阅兵后回国。这是中行桓子之谋,桓子说:"示之以整,使谋而来。"

郑人恐惧,使子张代子良为质于楚,郑以子良为有礼,故召回。子张,穆公孙,公孙黑肱。

郑襄公如楚,谋议对付晋国。

  解,利西南。无所往,其来复,吉。有攸往,夙吉。
            ——《易经》

第五十七回　楚围宋筑室反耕　晋灭潞结草败秦

前595年夏,楚庄使申舟聘于齐,说:"无借道于宋。"同时使公子冯聘于晋,也不向郑国借道。

申舟说:"郑昭,宋聋,晋使不害,我则必死。"申舟就是无畏,在孟诸田猎时鞭打过宋公的御者。

楚庄说:"杀汝,我伐之。"

申舟托其子申犀于楚庄,然后上路,到达宋境,被宋人所拘。

华元说:"过我而不借道,以我为鄙也。鄙我,亡也。杀其使者,必伐我,伐我,亦亡也。亡,一也。"乃杀申舟。

> 夬之兑:壮于頄①,有凶。君子夬夬,独行遇雨,若濡②,有愠,无咎。
> ——《易经》

楚庄得知申舟被杀,投袂而起,不待穿鞋、佩剑、驾车,便奔出宫。屦及于窒皇,剑及于寝门之外,车及于蒲胥之市。

秋,九月,楚庄围宋。

孟献子对鲁宣公说:"臣闻小国之免于大国之讨也,聘而献物,于是有庭实旅百;朝而献功,于是有容貌、采章、嘉淑,而有加货。谋其不免也。诛而荐贿,则无及也。今楚在宋,君其图之。"

鲁宣公喜其言。

来年,前594年,春,鲁宣公使公孙归父前往宋境会楚庄。

宋人使乐婴齐告急于晋。晋景公要救宋。

伯宗说:"不可。古人有言曰:'虽鞭之长,不及马腹。'天方授楚,未可与争。虽晋之强,能违天乎?谚曰'高下在心',川泽纳

---

① 頄 kuí　② 濡 rú

污,山薮①藏疾,瑾瑜匿瑕,国君含垢,天之道也。君其待之。"

圣人之言云,曰:受邦之垢,是谓社稷之主;受邦之不祥,是谓天下之王。　　　　　　——《老子》

晋人不发兵,而使解扬如宋,要宋人勿降楚,使其对宋人说:"晋师悉起,将至矣。"

过郑,郑人囚解扬,献之于楚师。楚庄重贿解扬,使其对宋人说相反的话。解扬不答应,迫于再三,而许诺楚庄。

楚人使解扬登上楼车,解扬未按楚人要求说,而是大声传达晋景公之命。

楚庄要杀解扬,说:"尔既许不穀,而反之,何故?非我无信,汝则弃之,速即尔刑。"

解扬说:"臣闻之,君能制命为义,臣能承命为信,信载义而行之为利。谋不失利,以卫社稷,民之主也。义无二信,信无二命。君之赂臣,臣不知命也。受命以出,有死无陨,又可赂乎?臣之许君,以成命也。死而成命,臣之禄也。寡君有信臣,下臣获成而死,又何求?"

楚庄因其忠而免其死,使之回国。

孔子曰:"三军,可夺帅也;匹夫,不可夺志也。"
　　　　　　——《论语》

及至五月,宋人仍不降,楚庄将撤师回国。申舟之子申犀在楚庄马前稽首,说:"无畏知死,而不敢废君命。君弃言焉。"

楚庄无言以答。申叔时为楚庄御,说:"筑室反耕者,宋必听命。"楚庄依计而行。

---

①薮 sǒu

因粮于敌,故军食可足也。　　——《孙子兵法》

见楚师在郊外筑室居住,耕田种粮,毫无去意,宋人深感恐惧,使华元夜入楚营。华元登上令尹子反之床,喊醒子反,说:"寡君使元以病告,曰:'敝邑易子而食,析骸以炊。虽然,城下之盟,有以国毙,不能从也。去我三十里,唯命是听。'"

子反惊惧,答应结盟,报告楚庄。楚师后退三十里,宋与楚讲和,盟约说:"我无尔诈,尔无我虞。"

华元为质于楚。不久,宋文公使其子公子围龟代替华元,华元回国。

凡军之所欲击,城之所欲攻,人之所欲杀,必先知其守将、左右、谒者、门者、舍人之姓名,令吾间必索知之。　　——《孙子兵法》

晋国北方有一支赤狄叫潞国,子爵,国君叫婴儿。婴儿夫人是晋景公之姊。潞执政酆舒杀了君夫人,并弄伤潞君之目。

晋景公要伐潞,诸大夫皆说:"不可。酆舒有三异才,不如待后之人。"

伯宗说:"必伐之。狄有五罪,异才虽多,何补焉?不祀,一也;嗜酒,二也;弃贤人仲章而夺黎氏地,三也;虐我伯姬,四也;伤其君目,五也。怙其异才,而不以修德,兹益罪也。后之人或者将敬奉德义,以事神人,而申固其命,若之何待之?不讨有罪,曰'将待后,后有辞而讨焉',毋乃不可乎?夫恃才与众,亡之道也。商纣由之,故灭。天反时为灾,地反物为妖,民反德为乱,乱则妖灾生。故文,反正为乏。尽在狄矣。"古文字"正"与"乏"近似镜像。

前594年六月癸卯日,荀林夫率师伐潞,败赤狄于曲梁。辛亥日,灭潞。酆舒奔卫,卫人执酆舒送至晋国,晋人杀之。

> 吉人为善,惟日不足。凶人为不善,亦惟日不足。
>
> ——《尚书》

七月,秦桓公率师伐晋,驻师于晋地辅氏。

晋东邻黎国被狄人占领,壬午日,晋侯治兵于稷,然后,侵略狄土,立黎侯而还。到达洛,得知魏颗已击败秦师,俘获秦大力士杜回。魏颗:魏犨之子。

魏犨谥武,史称魏武子。魏武子有宠妾无子,武子病后,对魏颗说:"必嫁是。"武子病重后,又说:"必以为殉。"

武子死后,魏颗嫁之,说:"病重则志乱,吾从其清醒之命。"

这次辅氏之战,魏颗见一老人结草拦截杜回,杜回被绊而倒地,被魏颗俘获。

夜里,魏颗梦见老人说:"余,尔所嫁妇人之父也。尔用先人之治命,余是以报。"

> 天道无亲,恒与善人。　　　　——《老子》

晋景公赏中行桓子千室狄人,赏士伯瓜衍之县,对士贞子说:"吾获狄土,子之功也。微子,吾丧伯氏矣。"伯氏,即中行桓子,又叫中行伯。士伯,即士贞子。

羊舌职称赞此赏,说:"《周书》所谓'庸庸祗祗'者,谓此物也夫。士伯荐用中行伯,君信之,亦用士伯,此之谓明德矣。文王所以造周,不此过也。故《诗》曰'陈锡载周',能施也。率是道也,其何不济?"

> 庸庸,祗祗,威威,显民。——《尚书》
>
> (孔安国注:用可用,敬可敬,刑可刑,明此道以示民。)

第五十八回　范武子在周听礼　晋郤克如齐征会

前594年夏,王孙苏与召氏、毛氏争政,使王子捷杀召戴公与毛伯卫,立召戴公之子召襄公。

秋,晋景公使赵同献狄俘于周王,赵同不敬。

刘康公说:"不及十年,原叔必有大咎。天夺之魄矣。"

前593年正月,晋士会率师灭北方赤狄之甲氏、留吁、铎辰。

三月,晋景公如成周献狄俘,并请周定王任命士会。

戊申日,周定王以黻冕命士会将中军,并任太傅。诸侯之卿的任命要在周王室备案。任命以后,晋国之盗皆逃奔秦国。

羊舌职说:"吾闻之:'禹称善人,不善人远。'此之谓也夫。《诗》曰:'战战兢兢,如临深渊,如履薄冰。'善人在上也。善人在上,则国无侥幸之民。谚曰:'民之多侥幸,国之不幸也。'是无善人之谓也。"

> 樊迟问仁,孔子曰:"爱人。"问知,子曰:"知人。"樊迟未达。子曰:"举直措诸枉,能使枉者直。"樊迟退,见子夏,曰:"乡也吾见于夫子而问知,子曰:'举直措诸枉,能使枉者直',何谓也?"子夏曰:"富哉言乎!舜有天下,选于众,举皋陶,不仁者远矣。汤有天下,选于众,举伊尹,不仁者远矣。"
> ——《论语》

夏,成周宣榭着火,是由人不慎而起。

秋,毛、召之族要杀王孙苏。王孙苏奔晋,经晋人调解后回周复职。冬,晋景公使士会至成周调解王室争端。周定王用殽烝享士会,原襄公相礼。殽烝是将熟牲分割成小块,便于食用。

士会私下问原襄公:"吾闻王室之礼无折牲,今此何礼也?"

周定王见其私语,召原襄公而问,原公转述士会之问。

周定王对士会说:"季氏,尔弗闻乎?禘、郊之事,则有全烝;王公立饫①,则有房烝;亲戚宴飨,则有殽烝。今汝,非他也,而叔父使士季实来修旧德,以奖王室。唯是先王之宴礼,欲以贻汝。余一人岂敢设饫、禘焉?虽盛厚而非亲戚之礼,且干旧规,又乱先王之好。且唯戎、狄,则有体荐,以其不习中原之礼,故使舌人予之全牲。

"汝,今我王室之一二兄弟,以时相见,将和协典礼,以示民训则,无亦择其柔嘉,选其馨香,洁其酒醴,品其百笾,修其簠簋②,奉其牺象,出其樽彝,陈其鼎俎,净其巾幂,敬其祓除,体解节折,而共饮食之。于是乎,有折俎加豆,酬币宴货,以示容合好,何如效戎狄而用全牲?

"夫王公诸侯之有饫也,将以讲军旅,议大事,建大功,昭大器,故立以成礼,升半牲而已。饫以显物,宴以合好。故每岁一饫,戒不懈也;每季一宴,示不淫也;每月一会,每旬一修,每日完功,不忘职也。古之善礼者,将焉用全烝?"

禘:祭祀始祖。郊:祭天。全烝,指用整牲,不折、不割、不食用。饫:在宗庙议决军政大事之礼,站立行礼。房烝:完整半牲。体荐:全牲。

武子听完不敢出声。返晋后,遂搜集三代典章礼制,加以修订,作为晋国常法。武子,即士会,谥武。

> 孔子曰:"夏礼,吾能言之,杞不足徵③也。殷礼,吾能言之,宋不足徵也。文献不足故也。足,则吾能徵之矣。"
> ——《论语》

前592年秋,晋景公使郤克如齐请齐侯参加盟会。

齐顷公张帷幕,使其母和宫中妇人藏在幕后偷看。郤克登

---

①饫 yù ②簠簋 fǔ guǐ ③徵 zhēng

阶,妇人在房中哄笑。据传,郤子跛足。

郤献子怒,发誓说:"所不此报,无能涉河!"

郤克先返晋,使副手栾京庐待于齐,暗中窥探齐背晋之事,说:"不得齐事,无复命矣!"

郤子回国,请伐齐,晋景公不许。郤子又请率私属伐齐,晋景公仍不许。

    主不可以怒而兴师,将不可以愠而致战。合于利而动,不合于利而止。怒可以复喜,愠可以复悦,亡国不可以复存,死者不可以复生。故明君慎之,良将警之,此安国全军之道也。　　——《孙子兵法》

齐顷公得罪了晋使者,不敢参会,使高固、晏弱、蔡朝、南郭偃赴会。四人到达卫地敛盂,得知郤克之怒,高固惧而逃归。

六月癸卯日,日食。己未日,晋景公、鲁宣公、卫穆公、曹宣公、邾子会盟于晋地断道,谋议讨伐背离者。晋人不许齐人参盟,并执晏弱、蔡朝、南郭偃,分别拘三人于野王邑、原、温。

苗贲皇出使,过野王邑,见晏弱。返回后对晋景公说:"夫晏子何罪?昔者诸侯事吾先君,皆如不逮。举言群臣不信,诸侯皆有贰志。齐君恐不得礼,故不出,而使四子来。左右或沮之,曰:'君不出,必执吾使。'故高子及敛盂而逃。夫三子者曰:'若绝君好,宁归死焉。'为是犯难而来。吾若善逆彼,以怀来者。吾又执之,以信齐沮,吾不既过矣乎?过而不改,而又久之,以成其悔,何利之有焉?使反者得辞,而害来者,以惧诸侯,将焉用之?"

晋景公使看管者放松看管,晏弱逃回齐国。

    遁之咸:肥遁,无不利。　　——《易经》

八月,晋师返还。

范武子将告老归政,对范文子说:"燮乎!吾闻之,喜怒以类者鲜,易者实多。《诗》曰:'君子如怒,乱庶遄沮;君子如祉,乱庶遄已。'君子之喜怒,以止乱也。弗止者,必益之。郤子其或者欲止乱于齐乎?不然,余惧其益之也。余将老,使郤子逞其志,庶有解乎?尔从二三子唯敬。"范武子,即士会,先受食邑随,后受食邑范,谥武。范文子:士会之子士燮。

范武子告老,郤献子为政。

> 孔子曰:"君子之于天下也,无適①也,无莫也,义之与比。"
> ——《论语》

前591年春,晋景公、卫太子臧率师伐齐,直至阳榖。齐顷公请结盟,故晋景公与齐顷公盟于缯,齐公子彊为质于晋。晋师撤回,齐蔡朝、南郭偃分别自原和温逃回国。

前590年正月,晋景公使瑕嘉调解戎人与周王室。因周甘歜曾趁戎人酒醉而攻之,戎人便不断骚扰成周。瑕嘉,即驻守瑕地的詹嘉。

周定王使单襄公如晋致谢。戎人因与周讲和而不设防,刘康公要趁机伐戎。

周内史叔服说:"背盟而欺大国,此必败。背盟,不祥;欺大国,不义。神人弗助,将何以胜?"

刘康公不听,率师伐茅戎。三月癸未日,败于茅戎徐吾氏。

秋,周人告败于诸侯,鲁《春秋》按赴告时间记录:"秋,王师败绩于茅戎。"

> 未济,亨。小狐汔②济,濡其尾,无攸利。——《易经》

---

①適 dí　②汔 qì

第五十九回　鲁宣公乞楚求晋　卫穆公出师救鲁

前598年夏,鲁公孙归父会齐人伐莒。

前596年春,齐师伐莒,因莒恃晋而不事齐。

前595年冬,鲁公孙归父会齐侯于穀,见晏桓子,与之言及鲁国,乐在其中。晏桓子:晏弱。

晏桓子对高固说:"子家其亡乎?怀于鲁矣。怀必贪,贪必谋人。谋人,人亦谋己。一国谋之,何以不亡?"

子张问:"士何如斯可谓之达矣?"孔子曰:"何哉,尔所谓达者?"子张对曰:"在邦必闻,在家必闻。"子曰:"是闻也,非达也。夫达也者,质直而好义,察言而观色,虑以下人。在邦必达,在家必达。夫闻也者,色取仁而行违,居之不疑。在邦必闻,在家必闻。"

——《论语》

前594年秋,鲁国蝗虫成灾。孟献子会齐高固于杞邑无娄。

鲁国开始加倍收税。井田制是八份私田,一份公田,公室取税为九分之一。这时,鲁国开始对八份私田另按亩收取十分之一的税,总税相当于十分之二。或说取消井田制,按亩收取十分之二。

冬,蝗虫幼虫提前出生,鲁国人以此为幸,因幼虫过冬将被冻死,来年不能危害庄稼。

前592年,正月庚子日,许男锡我去世,谥昭。

二月丁未日,蔡侯申去世,谥文。

夏,鲁宣公前往断道会盟。秋,鲁宣公回至国。

十一月壬午日,鲁宣公母弟叔肸①去世。

前591年春,鲁宣公伐杞。因晋与齐结盟,鲁人惧齐,鲁宣公使人如楚乞师,欲以伐齐。

秋七月,邾人在鄅国杀鄅子。

甲戌日,楚子熊旅去世,谥庄。楚有国丧,不肯出师。

鲁国转而求晋。公孙归父因其父公子遂立宣公而有宠,欲去三桓以强公室,与宣公谋划借晋人去三桓。故公孙归父出使晋国。

> 无妄,元亨利贞。其匪正有眚,不利有攸往。
> ——《易经》

冬,十月壬戌日,鲁宣公薨于路寝。

季文子在朝廷扬言:"使我杀嫡立庶,以失大援者,仲也夫。""仲"指襄仲。

臧宣叔发怒,说:"当其时不能治也,后之人何罪?子欲去之,许请去之。"臧宣叔:臧文仲之子臧孙许。

鲁国逐东门氏。子家自晋返,至鲁地笙,筑坛帷幕,向副手复命。然后,脱掉官服,以麻束发,就位而哭,三踊而出,奔齐。

> 孔子曰:"由也,汝闻六言六蔽矣乎?"对曰:"未也。""居,吾语汝。好仁不好学,其蔽也愚;好知不好学,其蔽也荡;好信不好学,其蔽也贼;好直不好学,其蔽也绞;好勇不好学,其蔽也乱;好刚不好学,其蔽也狂。"
> ——《论语》

前590年正月,鲁宣公太子黑肱即位,史称鲁成公。为防备

---

① 肸 xī

齐人,鲁国制定丘甲制,这是为聚集备战物资而制定的重赋。

夏,鲁人听说齐国将借楚师来犯,鲁成公使臧宣叔出使晋国,与晋景公盟于晋赤棘。

冬,臧宣叔令鲁国人整理军赋、修治城郭、预备防御装备,说:"齐、楚结好,我新与晋盟。晋、楚争盟,齐师必至。虽晋人伐齐,楚必救之,是齐、楚同伐我也。知难而有备,乃可以逞。"

惟事事,乃其有备,有备无患。　　——《尚书》

前589年春,齐顷公率师伐鲁北境,围龙邑。齐顷公的宠臣卢蒲就魁攻城门,被龙地人擒获。

齐顷公对龙地人说:"勿杀,吾与尔盟,无入尔境。"

龙地人不听,杀卢蒲。齐顷公发怒,亲自击鼓,士卒徒手登城。攻三日,取龙邑。齐师继续南进,直至巢丘。

晋之豫:晋其角,维用伐邑,厉吉,无咎,贞吝。

——《易经》

卫穆公使孙良夫、石稷、甯相、向禽率师侵齐以救鲁,行至新筑,与齐师相遇。石稷想回师。石稷,石碏之后。

孙子说:"不可。以师伐人,遇其师而还,将谓君何?若知不能,则如无出。今既遇矣,不如战也。"孙子:孙良夫。

夏四月丙戌日,卫师与齐师战于卫新筑,卫师惨败。

新筑大夫仲叔于奚救孙子,孙子得免。孙子仍要进攻。

石稷说:"师败矣。子不稍待,惧众皆尽。子丧师徒,何以复命?"

众人无言。

石子又说:"子,国卿也。陨子,国辱矣。子以众退,我于此止齐师。"石子:石稷。

309

石子扬言卫大队援军战车即将到达。齐师闻言,停止追击,驻师于卫地鞫居。

需之井:需于郊,利用恒,无咎。 ——《易经》

因新筑大夫于奚救了孙桓子,事后,卫穆公要赏邑给于奚,于奚辞谢,而请曲悬,以及用繁缨饰马上朝,卫穆公应许。

按周礼,天子奏乐,四面悬挂乐器;诸侯三面悬乐器,空南面,叫曲悬;大夫东西两面悬乐器;士只能在东面悬乐器。诸侯才可用繁缨饰马。

仲尼读史至此,说:"惜也,不如多与之邑。唯器与名,不可以借人,君之所司也。名以出信,信以守器,器以藏礼,礼以行义,义以生利,利以平民,政之大节也。若以借人,予人政也。政亡,则国家从之,弗可止也已。"

孔子曰:"名不正,则言不顺;言不顺,则事不成;事不成,则礼乐不兴;礼乐不兴,则刑罚不中;刑罚不中,则民无所措手足。故君子名之必可言也,言之必可行也。君子于其言,无所苟而已矣。" ——《论语》

第六十回　鲁卫晋擐甲执兵　齐顷公灭此朝食

孙桓子回新筑，未入城，遂前往晋国乞师。鲁臧宣叔也乞师于晋。二人皆依傍郤献子。晋景公许七百乘战车。

郤克说："此城濮之赋也。有先君之明与先大夫之肃，故捷。克于先大夫，无能为役。请八百乘。"

晋景公许八百乘。郤克将中军，士燮佐上军，栾书将下军，韩厥任司马，以救鲁、卫。

鲁臧宣叔迎晋师，并作向导。季文子、叔孙侨如、公孙婴齐率鲁师，孙良夫率卫师，曹公子首率曹师，与晋师会合。公孙婴齐是鲁文公之孙，公子肸之子。

到达卫地，韩献子将斩人。郤献子得知，疾驰前往，将救之。郤克赶到，韩厥已行刑。郤子使人将被斩者在师中示众。

其御者说："子不将救之乎？"

郤子说："敢不分谤乎？"

> 比之屯：有孚，比之，无咎。有孚盈缶，终来有它吉。
> ——《易经》

晋、鲁、卫、曹四国联军在齐地莘追赶齐师。

六月壬申日，晋联军到达靡笄①山下。

齐顷公使人向郤克请战，说："子以君师，辱于敝邑，不腆敝赋，诘朝请见。"

郤克使人答复，说："晋与鲁、卫，兄弟也。来告曰：'大国朝夕释憾于敝邑之地。'寡君不忍，使群臣请于大国，无令众师久留君

---

①笄 jī

地,能进不能退。君无所辱命。"

齐顷公说:"大夫之许,寡人之愿也;若其不许,亦将见也。"

齐高固入晋师,举石投晋人,擒获晋人,并驾晋人之车返回。又系了一棵粗大的桑树在车上,在齐营前巡行,说:"欲勇者,贾余馀勇。"

> 远而挑战者,欲人之进也。　　——《孙子兵法》

次日,癸酉日,凌晨,两军列阵于鞌。齐邴夏为顷公驾车,逢丑父为车右。晋解张御郤克,郑丘缓为车右。

齐师未进早餐,齐顷公说:"余姑翦灭此,而朝食。"说着,马不披甲,便驰骋出击。

> 孔子谓颜渊,曰:"用之则行,舍之则藏,惟我与尔有是夫!"子路曰:"子行三军,则谁与?"孔子曰:"暴虎冯河①,死而无悔者,吾不与也。必也临事而惧,好谋而成者也。"
> ——《论语》

郤克被箭射伤,流血及屦,未停止击鼓,说:"余病矣!"

张侯说:"自始战,而矢贯余手,及肘,余折以御,左轮朱殷,岂敢言病?吾子忍之。"张侯,即解张。

车右郑丘缓说:"自始战,苟有险,余必下,推车,子岂识之?然,子病矣。"

张侯说:"师之耳目,在吾旗鼓,进退从之。此车一人镇之,可以成事。若之何其以病,败君之大事也?擐②甲执兵,固即死也。病未及死,吾子勉之!"

张侯说着,把右手的缰绳并到左手,右手拿过郤克手里的鼓槌③奋力击鼓。鼓声激昂,马狂奔不止,晋联军紧随其后,追击齐

---

①冯河 píng hé　②擐 huàn　③槌 chuí

312

师。齐师溃败奔逃,晋联军紧追不舍,绕华不注山追了三圈。

将者,智、信、仁、勇、严也。　　——《孙子兵法》

韩厥夜里梦其父告诫说:"明旦交战,避居左右。"故其居中驾车,追赶齐顷公。

齐顷公的御者邴夏说:"射其御者,君子也。"

齐顷公说:"谓之君子而射之,非礼也。"

齐顷公射韩厥的车左,车左应箭倒下车。又射车右,车右中箭倒在车里。

綦①毋张丢了战车,追上韩厥,说:"请寓乘。"

綦毋张上了车,站在车左,韩厥用肘推他往右;站在车右,韩厥又用肘推他往左,使其站在自己身后。

韩厥俯身放稳车右之躯,以免掉下车。

就在韩厥俯身之时,齐顷公的车右逢丑父与齐顷公换了位置,而韩厥未发觉。

齐顷公的车快到华泉时,骖马被树勾住,车停下。就在前夜,逢丑父睡在车中,有蛇自下爬上车,他用臂击蛇,手臂受伤,怕不能任车右而未声张。因此,逢丑父推不动车,眼看着晋人追至。

韩厥下车,来到齐侯车前,先执絷②马前,示臣事君,然后对车中位的"齐顷公"再拜稽首,接着,捧酒觞③及玉璧献给"齐顷公",说:"寡君使群臣为鲁、卫请,曰:'无令众师陷入君地。'下臣不幸,适当戎行,无所逃隐。且惧逃避而辱两君。臣辱戎士,敢告不敏,摄官承乏。"

见韩厥不识齐侯,"齐顷公"使"车右"下车,到华泉取水来给自己喝。齐顷公的副车载上齐顷公逃之夭夭。

涣之中孚:用拯马壮,吉。　　——《易经》

①綦 qí　②絷 zhí　③觞 shāng

韩厥献"齐顷公"给郤克,郤献子见是假齐侯,下令斩杀。

逢丑父大呼:"自今无有代其君任患者,有一于此,将为戮乎!"

郤子说:"人不难以死免其君,我戮之,不祥。赦之,以劝事君者。"乃免其一死。

归妹之震:眇能视,利幽人之贞。　　——《易经》

齐顷公逃出后,四下寻找逢丑父,三次进入联军,又三次被齐军护卫着退出。进入晋联军的狄人阵营,狄人拿戈、盾护卫他;进入卫军阵列,卫人也不敢伤害他。

就在齐侯进出对方阵营的过程中,齐师退至徐关。齐顷公进入徐关,见到守卫者,对他们说:"勉之!齐师败矣。"

家人之益:家人嗃嗃,悔,厉,吉。妇子嘻嘻,终吝。
　　　　　　　　　　　　　　——《易经》

齐顷公的前卫叫一女子避让,女子问:"君免乎?"
前卫说:"免矣。"
女子又问:"锐司徒免乎?"
回答:"免矣。"
女子说:"既然君与吾父均免,还会怎样呢。"说完,跑走。

女子先问君,再问父,齐顷公认为其有礼。询问得知,女子是辟司徒之妻,齐侯赏之石窌①邑。

渐之巽:鸿渐于磐②,饮食衎③衎,吉。　——《易经》

---

①窌 liù　②磐 pán　③衎 kàn

第六十一回　周定王拒收齐捷　宋文公始用厚葬

晋联军追击齐师，自丘舆入，攻击马陉。

七月，齐顷公使国佐如晋师送纪玉甗①、玉磬与土地，请讲和，并对国佐说："不可，则听客之所为。"

国佐来到晋师，献上礼物，晋人不接受，说："必以萧同叔之子为质，而使齐之封内尽东其亩。"萧同叔：原萧国君。

国佐回答："萧同叔之子非他，寡君之母也。若以匹敌，则亦晋君之母也。吾子布大命于诸侯，而曰：'必质其母以为信。'其若王命何？且是以不孝令诸侯也。《诗》曰：'孝子不匮，永锡尔类。'若以不孝令于诸侯，其无乃非德类也乎？先王疆理天下，物土之宜，而布其利，故《诗》曰：'我疆我理，南东其亩。'今吾子疆理诸侯，而曰'尽东其亩'而已，唯吾子戎车是利，无顾土宜，其无乃非先王之命也乎？反先王，则不义，何以为盟主？其晋实有阙。

"四王之成王业也，树德而济同欲焉。五伯之霸也，勤诸侯而抚之，以事王命。今吾子求合诸侯，以逞无疆之欲。《诗》曰：'布政优优，百禄是遒②。'子实不优，而弃百禄，诸侯何害焉？不然，寡君之命使臣，则有辞矣，曰：'子以君师辱于敝邑，不腆敝赋，以犒从者。畏君之震，师徒桡败。吾子惠邀齐国之福，不泯其社稷，使继旧好，唯是先君之敝器、土地不敢爱。子又不许。请收合余烬，背城借一。敝邑之幸，亦云从也。况其不幸，敢不唯命是听？'"

关于"四王""五伯"，有不同说法。四王：或说是夏禹、商汤、周文王、周武王，或说是虞舜、夏禹、商汤、周武王。五伯：或为夏伯昆吾，商伯大彭、豕韦，周伯齐桓、晋文。

---

①甗 zèng　②遒 qiú

> 子贡问曰:"何如斯可谓之士矣?"孔子曰:"行己有耻,使于四方,不辱君命,可谓士矣。" ——《论语》

鲁、卫皆谏郤克,说:"齐疾我矣。其死亡者,皆亲昵也。子若不许,仇我必甚。唯子,则又何求?子得其国宝,我亦得地,而纾齐难,其荣多矣。齐、晋亦唯天所授,岂必晋?"

晋人许齐讲和,对国佐说:"群臣帅赋舆,以为鲁、卫请,若苟有以藉口而复命于寡君,君之惠也。敢不唯命是听?"

鲁禽郑自师中回国迎鲁成公,以与晋统帅相会。

七月己酉日,晋、卫、鲁大夫与齐国佐在爰娄结盟,要求齐人归还鲁国汶阳之田。晋联军撤离齐国。

鲁成公会晋师于上鄍,赐晋三帅郤克、士燮、栾书先路三命之服,赐司马、司空、舆帅、候正、亚旅一命之服。

> 子贡曰:"我不欲人之加诸我也,吾亦欲无加诸人。" ——《论语》

八月庚寅日,卫穆公去世。九月,晋师过卫,三帅前往吊唁。

晋师回国时,范文子最后进入。

范武子问:"无为吾望尔也乎?"

范文子说:"师有功,国人喜以迎之。先入,必属耳目焉,是代帅受名也,故不敢。"

范武子说:"吾知免矣。"

早先,一日,范文子很晚才退朝。

范武子问:"何暮也?"

范文子说:"有秦客言隐语于朝,大夫莫之能对也,吾知三焉。"

武子大怒,说:"大夫非不能也,让父兄也。尔童子,而三掩人于朝。吾不在晋国,尔亡无日矣!"

武子说着,杖打文子,打断冠上的簪①。

孔子曰:"爱之,能勿劳乎? 忠焉,能勿诲乎?"
——《论语》

郤伯进见,晋景公说:"子之力也夫!"郤伯即郤克。

郤伯回答:"君之训也,二三子之力也,臣何力之有焉。"

范叔进见,晋景公同样说:"子之力也夫!"范叔即范文子。

范叔说:"庚所命也,克之制也,燮何力之有焉。"庚,指荀庚,荀林父之子,上军主帅,此次未出,范文子是其佐。克:郤克。

栾伯进见,晋景公又同样问候,栾伯说:"书受命于上军,以命下军之士。下军之士用命,书也何力之有焉。"栾伯即栾书。

不自是故彰;不自见故明;不自伐故有功;弗矜故能长。夫唯不争,故莫能与之争。 ——《老子》

冬,晋景公使巩朔向周天子献齐俘。

周定王不接见,使单襄公辞谢,说:"蛮夷戎狄,不用王命,淫湎毁常,王命伐之,则有献俘报捷。王亲受而劳之,所以惩不敬,勉有功也。兄弟、甥舅,侵败王略,王命伐之,告事而已,不献其功,所以敬亲昵,禁淫慝也。

"今叔父克遂,有功于齐,而不使命卿镇抚王室,所使来抚余一人,而巩伯实来,未有职司于王室,又奸先王之礼,余虽欲于巩伯,其敢废旧典以忝叔父? 夫齐,甥舅之国也,而太师之后也。宁不亦淫纵其欲以怒叔父,抑岂不可谏诲?"

单襄公转述天子之辞,巩朔无言以对。巩朔非卿,在王室无备案,其身份不足以作为主宾向天子告庆或献俘。

---

①簪 zān

周定王使三公接待巩朔,依照侯伯克敌使大夫向周王告庆之礼接待,不用献俘之礼,比接待卿的仪式降一等。定王私下宴请巩伯,私下送给礼物,使相者转告说:"非礼也,勿书。"

孔子曰:"弟子入则孝,出则悌,谨而信,泛爱众,而亲仁。行有余力,则以学文。" ——《论语》

前589年,八月壬午日,宋文公去世。宋人首次用厚葬,烧蜃①为炭放入棺中防潮,增加陪葬车马和器用之数,并首次用人殉葬。椁②的上面仿照天子之椁形成高顶,内棺的上面和侧面做装饰。

周礼规定,只有天子的棺椁可用烧蜃、高顶和装饰。

君子说:"华元、乐举,于是乎不臣。臣,治烦去惑者也,是以,伏死而谏。今二子者,君生,则纵其惑;死,又益其侈,是弃君于恶也。何臣之为?"宋文公即位后,杀母弟须和宋昭公之子,故说二人在宋文生前纵其惑。

孟懿子问孝。孔子曰:"无违。"樊迟御,子告之曰:"孟孙问孝于我,我对曰:无违。"樊迟曰:"何谓也?"子曰:"生,事之以礼;死,葬之以礼,祭之以礼。"

——《论语》

(笔者注:无违,指无违于礼。)

---

①蜃 shèn ②椁 guǒ

第六十二回　楚共悉师侵卫鲁　荀首求子归楚俘

楚庄去世后,其子继位,为楚共公。

当初,楚庄讨陈夏氏,要纳夏姬。

申公巫臣说:"不可。君召诸侯,以讨罪也。今纳夏姬,贪其色也。贪色为淫,淫为大罚。《周书》曰:'明德慎罚。'文王所以造周也。明德,务益德之谓也;慎罚,务无刑之谓也。若兴诸侯,以取大罚,非慎之也。君其图之。"

楚庄便放弃纳夏姬。子反又要娶夏姬。

巫臣说:"是不祥人也。是夭子蛮,杀御叔,弑灵侯,戮夏南,出孔、仪,丧陈国。何不祥如是?人生实难,其有不获死乎?天下多美妇人,何必是?"子蛮,即夏姬之兄郑灵公;灵侯即陈灵公。

巫臣为吓退子反,把这些人的死或出亡皆归因于夏姬。

子反被巫臣之言所吓,放弃娶夏姬。

> 月出皎兮,佼人僚兮,舒窈纠①兮,劳心悄兮。
>
> 月出照兮,佼人燎兮,舒夭绍兮,劳心惨兮。
>
> ——《诗经》之《陈风·月出》

楚庄把夏姬给连尹襄老。襄老死于邲之战,尸体也未找到。其子黑要与夏姬私通。

巫臣使人对夏姬说:"归郑,吾聘汝。"聘,指聘娶,正式婚娶。

巫臣又使人自郑国召夏姬回郑,说:"尸可得也,必来迎之。"

夏姬告知楚庄,楚庄询问屈巫。屈巫即巫臣,屈氏。

---

①纠 jiǎo

巫臣说:"其信。知䓨之父,成公之宠臣,而中行伯之季弟也,新佐中军,而善郑皇戌,甚爱此子。其必因郑而归公子与襄老之尸,以求之。郑人惧于邲之役,而欲求媚于晋,其必许之。"

楚庄遣夏姬回郑。行前,夏姬对送行者说:"不得尸,吾不返矣。"

巫臣向郑伯聘夏姬,郑襄公许婚。

原本鲁宣公要向楚国借兵,因楚庄、鲁宣去世,事未成。鲁成即位后,会晋伐齐,卫人也背楚盟晋而伐齐。

前589年秋,楚令尹子重策划联齐以伐鲁卫,楚共使屈巫聘于齐,并告以出师日期。巫臣尽室以行。

申叔跪随其父申叔时前往郢都,遇巫臣,对其父说:"异哉!夫子有三军之惧,而又有《桑中》之喜,似将窃妻以逃者也。"

爰采唐矣?沬①之乡矣。云谁之思?美孟姜矣。
期我乎桑中,要我乎上宫,送我乎淇之上矣。
——《诗经》之《鄘风·桑中》

巫臣到达郑国,使副手带回聘齐之财礼,自己则带夏姬前往齐国。上路不久,听说齐国兵败。

巫臣说:"吾不处不胜之国。"遂奔晋,通过郤至而为晋臣,晋人使之为邢邑大夫。郤至是郤克的堂侄。

子反请楚共送重礼禁诸侯用巫臣。

楚共说:"止。其自为谋也,则过矣。其为吾先君谋也,则忠。忠,社稷之固也,所盖多矣。且彼若能利国家,虽重币,晋将可乎?若无益于晋,晋将弃之,何劳锏焉?"

三军之事,莫亲于间,赏莫厚于间,事莫密于间。

---

①沬 mèi

非圣智不能用间,非仁义不能使间,非微妙不能得间之实。　　　　　　　　　　——《孙子兵法》

楚国将兴师救齐。子重说:"君弱,群臣不如先大夫,师众而后可。《诗》曰:'济济多士,文王以宁。'夫文王犹用众,况吾侪乎?且先君庄公嘱之曰:'无德以及远方,莫如惠恤其民,而善用之。'"

于是,楚国查阅户口,放弃欠债,施舍鳏寡,救济贫乏,赦免罪人。然后,悉师而行,包括楚君车卒。彭名驾车,蔡景公为车左,许灵公为车右。二君皆未成年,楚人强为之行冠礼,使之从师。

益,利有攸往,利涉大川。　　　　——《易经》

前589年冬,十月,楚师北进,郑师与楚师会合侵卫,继而向东侵鲁,陈师于蜀。

鲁成公使臧宣叔前往求和,臧孙推辞,说:"楚师远本土,而久于外,固将退矣。无功而受名,臣不敢。"

楚师向鲁国境内推进,直至阳桥。孟献子请往求和,以匠人、缝纫工、织布工各百人赠楚,并以公子衡为质。楚人许和。

大有之离:大车以载,有攸往,无咎。——《易经》

十一月丙申日,鲁成公与楚公子婴齐、蔡侯、许男、秦右大夫说、宋华元、陈公孙宁、卫孙良夫、郑公子去疾、齐大夫、曹人、邾人、薛人、鄫人盟于蜀。

鲁《春秋》记载这次结盟"公及楚人、秦人、宋人、陈人、卫人、郑人、齐人、曹人、邾人、薛人、鄫人盟于蜀",因背盟主晋国而私与楚盟,故未记载参盟的卿,而只称"人"。无蔡和许,因蔡侯、许男乘楚君之车,是失位。

君子说:"位其不可不慎也乎!蔡、许之君,一失其位,不得列于诸侯,况其下乎?《诗》曰:'不懈于位,民之攸塈①。'其是之谓矣。"

明夷之丰:入于左腹,获明夷之心,于出门庭。

——《易经》

楚师以鲁赂及人质回国,才至宋国,公子衡便逃回。

臧宣叔说:"衡父不忍数年之不宴,以弃鲁国,国将若之何?谁居?后之人必有任是夫。国弃矣。"

这次楚师出征,晋畏其众,故避而不出。

君子说:"众之不可以已也。大夫为政,犹以众克,况明君而善用其众乎?《大誓》所谓'商兆民离,周十人同'者,众也。"商虽有亿万之民,但民心皆离,不可谓众。周有十位贤臣,同心同德,故能获众。

渐之艮:鸿渐于陵,妇三岁不孕,终莫之胜,吉。

——《易经》

前588年正月,因八年前的邲之败,晋侯、鲁侯、宋公、卫侯、曹伯伐郑,驻师于郑地伯牛,然后东进侵郑都。

郑公子偃率师抵御,使东境守军伏兵于鄤②。郑师在丘舆击败晋联军。郑皇戌到楚国献俘。

夏,晋人送楚公子榖臣和连尹襄老之尸于楚,请交换知罃。这时,知罃之父荀首为晋中军佐,故楚人答应晋人之请。

楚共为知罃送行,问:"子其怨我乎?"

知罃回答:"二国治戎,臣不才,不胜其任,以为俘馘。执事不以臣衅鼓,使归受戮,君之惠也。臣实不才,又谁敢怨?"

---

①塈 jì ②鄤 màn

楚共又问:"然则,德我乎?"

知罃回答:"二国图其社稷,而求纾其民,各惩其忿,以相宥也。两释累囚,以成其好。二国有好,臣不与及,其谁敢德?"

楚共又问:"子归,何以报我?"

知罃回答:"臣不任受怨,君亦不任受德。无怨无德,不知所报。"

楚共说:"虽然,必告不穀。"

知罃说:"以君之灵,累臣得归骨于晋,寡君之以为戮,死且不朽。若从君之惠而免之,以赐君之外臣首,首其请于寡君,而以戮于宗,亦死且不朽。若不获戮命,而使嗣宗职,依次及于国事,而率偏师,以修封疆,虽遇执事,其弗敢违,将竭力致死,无有二心,以尽臣礼,所以报也。"

楚共说:"晋未可与争。"重礼送知罃。

> 不可得而亲,亦不可得而疏;不可得而利,亦不可得而害;不可得而贵,亦不可得而贱。故为天下贵。
>
> ——《老子》

荀罃在楚时,有位郑贾人想藏荀罃于大袋中带出楚国。谋划就绪,尚未行动,楚人正好使荀罃回晋。

这年冬,贾人如晋经商,荀罃善待之,如其曾救出自己一样。

贾人说:"吾无其功,敢有其实乎?吾小人,不可以厚诬君子。"贾人离开晋国,而到齐国经商。

> 坤之师:直、方、大,不习无不利。　——《易经》

第六十三回　许灵公如楚诉郑　晋景公迁都新田

前588年夏,郑子良率师伐许,因许国恃楚而不事郑。

鲁成公如晋拜谢汶阳之田。秋,鲁人取汶阳之田,棘邑人不服,叔孙侨如率师围棘。

早几年,晋灭潞时,潞人逃至赤狄别种廧咎如。这时,晋郤克、卫孙良夫伐廧咎如,廧咎如溃散,因上失其民,民不愿战。

十一月,晋景公使荀庚聘于鲁,且寻盟。

新即位的卫定公使孙良父如鲁聘,并寻盟。

鲁成公问臧宣叔:"中行伯之于晋也,其位在三;孙子之于卫也,位为上卿。将谁先?"

臧宣叔说:"次国之上卿当大国之中,中当其下,下当其上大夫。小国之上卿当大国之下卿,中当其上大夫,下当其下大夫。上下如是,古之制也。卫在晋,不得为次国。晋为盟主,其将先之。"卫与晋虽同为侯爵,但当时已不是按爵位论高低,而是按国力论大小。按强弱,卫国只能算小国,故其上卿与晋国下卿地位相当。

丙午日,鲁人与荀庚结盟。丁未日,与孙良夫结盟。

十二月甲戌日,晋国赏鞍战之功,作六军。韩厥、赵括、巩朔、韩穿、荀骓、赵旃均有大功,皆升为卿,任新三军统帅。

> 任官惟贤材,左右惟其人。　　——《尚书》

这年冬,齐顷公朝于晋,将授玉。郤克快步进入,对齐顷公说:"此行也,君为夫人之笑辱也,寡君未之敢任。"郤克之意,齐侯来此只是为妇人笑客表示歉意,而非为修好。

苗贲皇说:"郤子勇而不知礼,夸其功而耻国君。其与几何?"

晋景公宴享齐侯,齐顷公打量阶下的韩厥。

韩厥说:"君知厥也乎?"

齐顷公说:"服改矣。"

韩厥登阶,举爵,说:"臣之不敢爱死,为两君之在此堂也。"

令仪令色,小心翼翼。

——《诗经》之《大雅·烝民》

前587年,三月壬申日,郑襄公去世,郑悼公继位。

四月甲寅日,鲁臧孙许去世,谥宣,史称臧宣叔。

鲁成公如晋朝,晋景公见鲁成公时不敬。

季文子说:"晋侯必不免。《诗》曰:'敬之敬之,天惟显思,命不易哉。'夫晋侯之命在诸侯矣,可不敬乎?"

秋,鲁成公自晋返,想叛晋从楚。

季文子说:"不可。晋虽无道,未可叛也。国大、臣睦,而近于我,诸侯听焉,未可以贰。《史佚之志》有之,曰:'非我族类,其心必异。'楚虽大,非吾族也,岂肯爱我乎?"

鲁成公从其言。

权,然后知轻重;度,然后知长短。 ——《孟子》

这年十一月,郑公孙申率师划定上年伐许所占许田之界,许人在展陂①击败郑人。郑悼公率师伐许,取鉏任、泠敦之田。

晋栾书将中军,荀首为佐,士燮佐上军,救许伐郑,攻取郑氾、祭二地。楚子反率师救郑。

郑悼公与许灵公在子反面前互相指责,皇戌代表郑悼公发

———————
①陂 pí

言,子反不能判决。

子反说:"君若辱在寡君,寡君与其二三臣共听两君之所欲,成其可知也。不然,侧不足以知二国之成。"侧:子反名。

来年,许灵公诉郑悼公于楚。六月,郑悼如楚,与许灵辩论,未胜。楚人执皇戌和子国。郑悼公回国,使公子偃如晋请和。

讼,有孚,窒惕。中吉,终凶。利见大人,不利涉大川。
——《易经》

前586年夏,晋荀首如齐逆女,鲁叔孙侨如会之于穀,馈粮资。

晋梁山崩塌,晋景公以驿车召伯宗。一辆重载大车占了道。
伯宗说:"避让驿车。"
重车人说:"待我,不如捷径之速也。"
伯宗问其所,重车人答:"绛人也。"
伯宗问绛城之事,重车人答:"梁山崩,将召伯宗谋之。"
伯宗问:"将若之何?"
重车人说:"山有朽壤而崩,可若何?国主山川,故山崩川竭,君为之减膳、素服、素车、撤乐、居简室,太祝陈列献神之物,太史宣读国君自责之辞,以礼祭山川。其如此而已,虽伯宗若之何?"
伯宗请其同往见国君,他不答应。伯宗以其言转告晋景公,景公依言而行。

孔子曰:"三人行,必有我师焉,择其善者而从之,其不善者而改之。"
——《论语》

八月,郑悼公与晋赵同盟于晋垂棘。
十一月己酉日,周定王驾崩。王太子夷继位,为周简王。
因郑从晋,十二月己丑日,晋侯、鲁成公、齐侯、宋公、卫侯、郑伯、曹伯、邾子、杞伯同盟于郑地虫牢,并谋议再次聚会。宋共公使向为人以子灵之乱为由推辞再会。子灵:宋共公之弟公子围龟。

当初,楚围宋,华元求和,并为质于楚,其后,公子围龟替换华元为质。这年秋,围龟返宋,华元宴请他。围龟向宋共公请鼓噪出门,鼓噪进门,说:"习攻华氏。"宋共公杀围龟。

不矜细行,终累大德。为山九仞,功亏一篑。

——《尚书》

前585年春,郑悼公如晋拜盟,子游相。举行授玉仪式时,郑悼公走过两楹,在东楹之东授玉。子游:郑穆之子公子偃。

晋士贞伯说:"郑伯其死乎?自弃也已。视流而行速,不安其位,宜不能久。"

三月,晋伯宗、夏阳说、卫孙良夫、甯相、郑人、伊、洛之戎、陆浑人以及蛮氏联合侵宋,因宋上年拒绝再会。联军陈师于卫地鍼,卫人不设防。

夏阳说要袭卫,说:"虽不可入,多俘而归,有罪不及死。"

伯宗说:"不可。卫唯信晋,故师在其郊而不设备。若袭之,是弃信也。虽多卫俘,而晋无信,何以求诸侯?"

晋师未袭卫。联军撤离后,卫人登陴①守卫。

比之坤:显比,王用三驱,失前禽。邑人不诫,吉。

——《易经》

晋人谋划迁都。诸大夫皆说:"必居郇、瑕氏之地,沃饶而近盐,国利君乐,不可失也。"国,指国都。

---

①陴 pí

韩献子将新中军,并任仆大夫,未发言。晋景公向众人作揖入内,韩献子跟从。韩献子:韩厥。

晋景公立于路寝外的庭院,问韩厥:"何如?"

韩厥说:"不可。郇、瑕氏之地土薄水浅,疢疾①易积。疢疾积则民愁,民愁则羸弱,于是乎有湿疾、足肿之疾。不如新田,土厚水深,居之不易生疾,有汾、浍以流其秽。无灾患,则民从教,十世之利也。夫山、泽、林、盐,国之宝也,国饶,则民骄佚;近宝,公室乃贫,不可谓乐。"

晋景公纳其言。

> 中孚之履:月几望,马匹亡,无咎。 ——《易经》

四月丁丑日,晋人迁都于新田。晋人称新都仍为绛,而称旧都为故绛。

六月壬申日,郑悼公去世。其弟睔继位,为郑成公。

鲁公孙婴齐如晋,晋人下令伐宋。秋,鲁孟献子、叔孙宣伯侵宋。

冬,季文子如晋贺迁都。

> 离,利贞,亨。畜牝牛,吉。 ——《易经》

---

①疢 chèn

第六十四回　晋巫臣联吴疲楚　赵庄姬灭族留孤

前585年,秋,因郑人叛楚从晋,楚公子婴齐率师攻郑。

冬,晋栾书率六军救郑,与楚师在郑地绕角相遇。楚人见晋军势众,便撤退,不与晋人交战。晋师侵蔡。楚公子申、公子成率申、息二邑之师救蔡,在桑隧抵御晋师。

赵同、赵括要出战,向栾武子请战,栾书将要答应。

知庄子荀首、范文子士燮、韩献子韩厥三位进谏,说:"不可。吾来救郑,楚师去我,吾遂至于此,是迁戮也。戮而不已,又怒楚师,战必不克。虽克,不善。悉师以出,而败楚之二县之师,何荣之有焉?若不能败,为辱已甚。不如还也。"

栾书决定撤军。

此时,六军之帅持战者多,有人对栾武子说:"圣人与众同欲,是以济事。子何不从众?子为大政,将酌于民者也。子之佐十一人,其不欲战者,三人而已。欲战者可谓众矣。《商书》曰:'三人占,从二人。'众故也。"

栾武子说:"善钧,从众。夫善,众之主也。三卿为主,可谓众矣,从之,不亦可乎?"

> 以道佐人主者,不欲以兵强于天下。善者果而已,不以取强。果而弗伐,果而弗骄,果而弗矜。是谓果而不强。　　　　　　　　　　——《老子》

前584年正月,鲁国将举行郊祭,卜选好祭祀用牛,鼷①鼠食

---

①鼷 xī

此牛角。改卜牛,鼷鼠又食其角。鲁国便不用牛。

春,吴伐郯,郯与吴讲和。

鲁季文子说:"中国不振旅,蛮夷入伐,而莫之或恤,无吊者也夫。《诗》:'不吊昊天,乱靡有定。'其此之谓乎。有霸主而不吊,其谁不受乱?吾亡无日矣!"

君子说:"知惧如是,斯不亡矣。"

> 君子以除戎器,戒不虞。　　　　——《易传》

郑子良相郑成公如晋朝,并拜谢出师救郑。

秋,楚子重再次率师伐郑,陈师于郑地氾。

鲁成公与晋侯、齐侯、宋公、卫侯、曹伯、莒子、邾子、杞伯救郑。郑共仲、侯羽围楚师,俘获楚郧邑大夫钟仪,献之于晋。

八月戊辰日,晋联盟在卫地马陵结盟,寻虫牢之盟,并新增莒国。然后,晋人带楚钟仪回国,囚之于军府。

> 困之兑:困于株木,入于幽谷,三岁不觌。
> 　　　　　　　　　　　　——《易经》

当初,楚围宋之役后,子重请申、吕二邑为赏,楚庄已应许。巫臣对楚庄说:"不可。申、吕之为国邑,是以为赋,以御北方。若取之,是无申、吕也。晋、郑必至于汉。"

楚庄乃撤回赏邑。子重因此怨巫臣。子反因夏姬也怨巫臣。

巫臣离楚后,子重、子反杀其留在楚国的族人以及襄老之子黑要,瓜分财产。

巫臣自晋使人带书信给二人,信里说:"尔以谗慝贪婪事君,而多杀无辜。余必使尔疲于奔命以死。"

巫臣向晋景公请出使吴国,景公同意。吴君寿梦对于能与中原建立联系大为高兴。

巫臣以三十乘战车出使,留一半给吴国,并送射箭手、御者,教吴人车战,教吴人阵法,教吴人叛楚。巫臣留其子狐庸在吴国,使之担任晋驻吴使者。

　　临之损:敦临,吉,无咎。　　　　——《易经》

自此,吴国始伐楚,又伐巢、徐,楚子重受命往来奔驰救援。

正当晋联盟在马陵结盟时,吴人攻入楚州来,子重奉命自郑国奔回救援。如此,子重、子反一年七奔命。原先从属于楚的蛮夷之国,尽被吴人攻取。吴国始大,并得以和中原各国互通往来。

　　兵者,诡道也。故能而示之不能,用而示之不用,近而示之远,远而示之近。利而诱之,乱而取之,实而备之,强而避之,怒而挠之,卑而骄之,佚而劳之,亲而离之,攻其无备,出其不意。　　——《孙子兵法》

前583年春,晋栾书率师侵蔡,并继续南进侵楚,俘获楚大夫申骊。上年,晋师避楚师,自蔡撤师,而后侵蔡之邻国沈,俘获沈子揖初。晋师的几次战功皆因栾书听从知、范、韩之谋。

君子说:"从善如流,宜哉。《诗》曰:'恺悌君子,遐不作人?'求善也夫。作人,斯有功绩矣。"

郑成公率师会晋师,过许,见其无备,攻其东门,大获而归。

　　攻其无备,出其不意。　　　　——《孙子兵法》

晋赵盾之子赵朔去世后,赵盾之弟赵婴私通赵朔遗孀赵庄姬。赵是夫氏,庄是赵朔谥号,姬是父姓。庄姬是晋成公之女。

前586年春,赵婴二兄原同、屏括要放逐赵婴到齐国。

赵婴说:"我在,故栾氏不作。我亡,吾二昆其忧哉。且人各有能,有不能,舍我何害?"

331

赵同、赵括不听。赵婴梦天使对自己说："祭余,余福汝。"

赵婴使人问梦于士贞伯,贞伯说："不识也。"既而,对身边人说："神福仁而祸淫。淫而无罚,福也。祭,其得亡乎?"

赵婴祭神,次日即被放逐。

  孔子曰："以约失之者,鲜矣。" ——《论语》

庄姬是晋景公姊妹,因赵婴被逐,庄姬带不满十岁之子赵武住到晋公宫,向晋景公诬陷赵同和赵括,说："原、屏将为乱。"栾氏、郤氏为庄姬作证。

前583年六月,晋杀赵同、赵括,以其田给祁奚。

事后,韩厥对晋景公说："成季之勋,宣孟之忠,而无后,为善者其惧矣。三代之明王,皆数百年保天之禄。夫岂无邪僻之王,赖前哲以免也。《周书》曰'不敢侮鳏寡',所以明德也。"成季即赵成子赵衰,宣孟即赵宣子赵盾。

晋景公乃立赵武为赵氏继承人,归还赵氏之田。

  剥之坤:硕果不食,君子得舆,小人剥庐。

              ——《易经》

第六十五回　莒子恃陋失三邑　郑成获释杀智谋

前583年,春,晋景公使韩穿如鲁。鞌之战后,齐国归还鲁、卫之田。这时,因齐、晋交好,晋人请鲁国归汶阳之田于齐。

季文子为韩穿饯行,私对其说:"大国制义,以为盟主,是以诸侯怀德畏讨,无有贰心。谓汶阳之田,敝邑之旧也,而用师于齐,使归诸敝邑。今有二命,曰'归诸齐'。信以行义,义以成命,小国所望而怀也。信不可知,义无所立,四方诸侯,其谁不解体?《诗》曰:'女也不爽,士贰其行。士也罔极,二三其德。'七年之中,一与一夺,二三孰甚焉。士之二三,犹丧妃耦,而况霸主?霸主将德是以,而二三之,其何以长有诸侯乎?《诗》曰:'犹之未远,是用大简。'行父惧晋之不远图而失诸侯也,是以敢私言之。"

咸之革:咸其拇。　　　　　　——《易经》

秋,晋景公使巫臣前往吴国,借道莒国。与莒子站在护城河边,巫臣说:"城已恶。"

莒子说:"僻陋在夷,其孰以我为虞?"

巫臣说:"夫狡焉,而思启封疆,以利社稷者,何国蔑有?唯然,故多大国矣,唯或思启,或纵启也。勇夫重闭门户,况国乎?"

贲之家人:贲于丘园,束帛戋戋,吝,终吉。

——《易经》

冬,晋士燮聘于鲁,并告知将伐郯,因郯事吴。鲁成公贿士燮,请延缓出师。

范文子不许,说:"君命无贰,失信不立。礼无加货,事无二成。君后于诸侯,是寡君不得事君也。燮将复之。"

季孙恐惧,使叔孙侨如率师会晋士燮、齐人、邾人伐郯。

因晋国对待汶阳之田的变卦,诸侯对晋人失去信心,而有背叛之心,晋人因此而惧。

前582年正月,晋人召集会盟,晋侯、鲁成公、齐侯、宋公、卫侯、郑伯、曹伯、莒子、杞伯会于卫地蒲,寻马陵之盟。

鲁季文子对晋范文子说:"德则不竞,寻盟何为?"

范文子说:"勤以抚之,宽以待之,坚强以御之,明神以要之,柔服而伐贰,德之次也。"

这次会盟,原计划会见吴人,而吴人未至。

> 无竞维人,四方其训之。有觉德行,四国顺之。
> ——《诗经》之《大雅·抑》

二月,楚人以重赂求郑,郑成公与楚公子成会于邓。

秋,郑成公如晋朝,晋人因其背晋亲楚,拘之于铜鞮①。

> 艮之谦:敦艮,吉。　　　　　　　——《易经》

晋栾书率师伐郑,郑人使伯蠲②前往讲和,晋人杀之。非礼。两国交兵,使者可往来其间。

楚令尹子重侵陈以救郑。

十一月,子重自陈出发东进伐莒国,围渠丘。渠丘城墙破败不堪,无法防守,民众溃散,奔莒。戊申日,楚人占领渠丘。

莒国首都称莒。诸侯初立,就是一个邑,以邑名为国号。"莒人"为莒邑之人,而非当时全莒国的人。又如"鲁人",为鲁国首都之人;"围郑",指包围郑国首都新郑,而非当时郑国全境。

---

①鞮 dī　②蠲 juān

莒人俘获楚公子平,楚人说:"勿杀,吾归尔俘。"

莒人不听,杀公子平。楚师怒,围莒都。莒都城墙也很破败,庚申日,莒都溃败。接着,楚师又攻入郓邑。

因莒人毫无防备,故楚师得以连下三城。

君子说:"恃陋而不备,罪之大者也;备豫不虞,善之大者也。莒恃其陋,而不修城郭,浃①辰之间,而楚克其三都,无备也夫。《诗》曰:'虽有丝、麻,无弃菅、蒯②;虽有姬、姜,无弃蕉萃。凡百君子,莫不代匮。'言备之不可以已也。"

　　用兵之法,无恃其不来,恃吾有以待也;无恃其不攻,恃吾有所不可攻也。　　——《孙子兵法》

晋景公视察军府,见钟仪,问:"南冠而絷者,谁也?"

有司说:"郑人所献楚囚也。"

晋景公使人开释楚俘,召见并问候。钟仪再拜稽首。

晋景公问其族,钟仪说:"泠人也。"

晋景公问:"能乐乎?"

钟仪答:"先父之职官也,敢有二事?"

景公使人予之琴,钟仪弹奏楚曲。

晋景公又问:"君何如?"

钟仪答:"非小人之所得知也。"

景公坚持问,钟仪说:"其为太子也,师保奉之,以朝于婴齐,而夕于侧也。不知其他。"婴齐,令尹子重名;侧,司马子反名。

晋景公转告范文子,文子说:"楚囚,君子也。言称先人职,不背本也;奏乐操土风,不忘旧也;举称太子事,抑无私也;称二卿之名,尊君也。不背本,仁也;不忘旧,信也;无私,忠也;尊君,敏也。

①浃 jiā　②蒯 kuǎi

仁以接事,信以守之,忠以成之,敏以行之。事虽大,必济。君何不归之,使合晋、楚之成?"

晋景公听从文子之言,备厚礼,使钟仪回楚讲和。

> 子张问仁于孔子。孔子曰:"能行五者于天下,为仁矣。""请问之。"曰:"恭、宽、信、敏、惠。恭则不侮,宽则得众,信则人任焉,敏则有功,惠则足以使人。"
>
> ——《论语》

郑成公被执于晋半年多,仍不得归,公孙申谋划说:"我出师以围许,为将改立君者,而纾晋使,晋必归君。"

前582年十一月,郑人围许,向晋国显示不急于要郑成公回国。晋人见郑人不服,命卫人伐郑。

前581年正月,遵从晋命,卫侯之弟黑背率师侵郑。

三月,郑公子班得知公孙申之谋,立郑成公庶兄公子繻为君。

四月,郑人杀公子繻,立郑成公太子髡顽。公子班奔许。

晋栾书说:"郑人立君,我执一人焉,何益?不如伐郑,而归其君,以求成焉。"

这时,晋景公得病。五月,晋立太子州蒲为君。然后,晋新君会鲁侯、齐侯、宋公、卫侯、曹伯伐郑。

> 蛊之巽:干父之蛊,用誉。　　——《易经》

郑子罕以郑襄公庙里的钟贿晋,子然与诸侯盟于修泽,子驷为质于晋。子罕、子然、子驷,皆为穆公子。

辛巳日,郑成公回到国内。郑伯讨伐拥立新君者,六月戊申日,杀叔申、叔禽。叔申即公孙申,叔禽是其弟公孙禽。

君子说:"忠为令德,非其人犹不可。况不令乎?"

忠为善德,表现忠,应做善事,但效忠的对象不恰当也不行。何况事不善？公孙申虽忠，但国君尚在，而谋另立新君，有此想法就会生乱，为不善之事，岂能有好结果？

子张学干禄。孔子曰："多闻阙疑，慎言其余，则寡尤。多见阙殆，慎行其余，则寡悔。言寡尤，行寡悔，禄在其中矣。"　　　　　　　　——《论语》

第六十六回　晋景得病入膏肓　华元弭兵合晋楚

前582年冬,钟仪自晋回国,向楚共转述晋人求和之意。

十二月,楚共使公子辰如晋,回报晋人之意,请修好结盟。

来年,前581年,春,晋景公使籴茷如楚,回报楚太宰子商之使。子商:公子辰字。

　　君子以申命行事。　　　　　　——《易传》

前581年五月,晋景公梦厉鬼披发及地,捶胸顿足,说:"杀余孙,不义。余得请于帝矣。"厉鬼说着,毁坏大门及寝门向里走。景公惧怕,逃进内室。厉鬼又毁坏内室门。

晋景公惊醒,召桑田巫人,巫人所言确如景公之梦。

景公问:"何如?"

巫人说:"不食新矣。"

景公病加重,晋人向秦国求良医。秦桓公使医人缓如晋。

秦医尚未到达,景公又做一梦,见疾病变成二小儿,一说:"彼,良医也,惧伤我,焉逃之?"另一说:"居肓①之上,膏之下,若我何?"

医缓至,为景公看过,说:"疾不可为也。在肓之上,膏之下,灸攻之不可,针达之不及,药力不至焉,不可为也。"

晋景公说:"良医也。"赠医缓厚礼送其回国。

　　睽,小事吉。　　　　　　　　——《易经》

六月丙午日,晋景公要吃新麦,使甸人献新麦,馈人烹煮。景

---

① 肓 huāng

公召来桑田巫人,示之新麦,令人杀之。

晋景公正要吃新麦,忽然腹胀,离席如厕,陷入厕坑。

一小臣清晨梦背景公登天。中午,背景公出厕,因此殉葬。

中孚之节:翰音登于天,贞凶。　　——《易经》

七月,鲁成公如晋朝,晋人认为鲁国暗中通楚,便留住鲁成公,使其为晋景送葬。这时,出使楚国的籴茷尚未返回。

冬,葬晋景公。诸侯中只有鲁侯送葬,鲁人感到羞辱,为避讳,在鲁《春秋》里未记载。

来年春,鲁成公请盟。直至三月,晋鲁结盟后,鲁成公才得以回国。晋侯使郤犨聘于鲁,己丑日,鲁与郤犨盟。郤犨是郤克的堂兄弟。

前580年夏,季文子如晋回聘,与晋盟。

孔子曰:"道听而涂说,德之弃也。"　——《论语》

宋华元既与楚令尹子重相好,又与晋上卿栾书相好,得知楚人许晋讲和,已使籴茷回晋复命。

冬,华元先后前往楚国和晋国,安排晋、楚两国讲和之事。

前579年五月,晋士燮会楚公子罢①、许偃。癸亥日,盟于宋西门之外,盟辞说:"凡晋、楚无相加戎,好恶同之,同恤灾危,备救凶患。若有害楚,则晋伐之。在晋,楚亦如之。交贽往来,道路无壅;谋其不协,而讨不庭。有渝此盟,明神殛之,俾坠其师,无克胙国。"

郑成公如晋接受和约。鲁成公与晋厉公、卫定公会于琐泽。

颜渊、季路侍。孔子曰:"盍各言尔志?"子路曰:

---

①罢 pí

"愿车马、衣轻裘与朋友共,敝之而无憾。"颜渊曰:"愿无伐善,无施劳。"子路曰:"愿闻子之志。"子曰:"老者安之,朋友信之,少者怀之。"
——《论语》

狄人趁中原诸侯结盟之际侵晋,却不防备。秋,晋人败狄于交刚。

晋厉公使郤至如楚聘,且莅盟。楚共公宴享郤至,子反相。享礼在地下室举行,室内悬挂钟鼓乐器。郤至正要登堂,忽然地下传来钟镈①之声,郤至大为吃惊,立刻走出。

子反说:"日云暮矣,寡君待矣,吾子其入也。"

郤至说:"君不忘先君之好,施及下臣,贶之以大礼,重之以备乐。若天之福,两君相见,何以代此?下臣不敢。"

子反说:"若天之福,两君相见,无亦唯是一矢以相加遗,焉用乐?寡君待矣,吾子其入也。"

郤至说:"若赠之以一矢,祸之大者,其何福之为?世之治也,诸侯间于天子之事,则相朝也,于是乎有享、宴之礼。享以训恭俭,宴以示慈惠。恭俭以行礼,而慈惠以布政。政以礼成,民是以息。百官承事,朝而不夕,此公侯之所以扞城其民也。故《诗》曰:'赳赳武夫,公侯干城。'

"及其乱也,诸侯贪冒,侵欲不忌,争尺丈之地而尽其民,网罗武夫,以为己腹心、股肱、爪牙。故《诗》曰:'赳赳武夫,公侯腹心。'

"天下有道,则公侯能为民干城,而制其腹心。乱,则反之。

"今吾子之言,乱之道也,不可以为法。然吾子,主也,至敢不从?"

言毕,郤至入,完成仪式。郤至所言未必是诗句本意,也许是

---

① 镈 bó

借题发挥。

郤至返,告知范文,文子说:"无礼,必食言,吾死无日矣夫。"

冬,楚公子罢如晋聘,且莅盟。十二月,晋厉公与楚公子罢盟于晋赤棘。

> 肃肃兔罝①,椓②之丁丁③。赳赳武夫,公侯干城。
> 肃肃兔罝,施于中逵④。赳赳武夫,公侯好仇⑤。
> 肃肃兔罝,施于中林。赳赳武夫,公侯腹心。
> ——《诗经》之《周南·兔罝》

---

①罝 jū ②椓 zhuó ③丁丁 zhēng zhēng ④逵 kuí ⑤仇 qiú

第六十七回　鲁穆姜嫁女赋诗　周简王厚赏孟孙

前583年春,宋共公使华元如鲁聘,聘伯姬。伯姬是鲁宣公和夫人穆姜之女,鲁成公之妹。夏,宋共公使公孙寿如鲁纳聘礼。冬,卫人、晋人先后送伯姬的随嫁女至鲁。

前582年二月,伯姬出嫁到宋国。夏,季文子如宋问候共姬,回国复命后,鲁成公设宴慰劳。共姬:伯姬。

季文子赋《大雅》之《韩奕》第五章:"蹶①父孔武,靡国不到。为韩姞相攸,莫如韩乐。孔乐韩土,川泽訏②訏,鲂③鱮④甫甫,麀⑤鹿噳⑥噳,有熊有罴⑦,有猫有虎。庆既令居,韩姞燕誉。"这是赞美原韩侯之诗,借以赞美鲁侯、宋公、宋土,夸鲁侯为伯姬找到好夫家。

成公母穆姜走出内房,拜谢说:"大夫勤辱,不忘先君,以及嗣君,施及未亡人。先君犹有望也。敢拜大夫之重勤。"

穆姜说完,赋《邶风》之《绿衣》卒章:"絺兮绤⑧兮,凄其以风。我思古人,实获我心。"赋毕,回房。

　　桃之夭夭,灼灼其华。之子于归,宜其室家。
　　桃之夭夭,有蕡⑨其实。之子于归,宜其家室。
　　桃之夭夭,其叶蓁⑩蓁。之子于归,宜其家人。

　　　　——《诗经》之《周南·桃夭》

前580年三月,晋郤犨聘于鲁,向声伯求鲁女为妻。

声伯父公子肸是宣公母弟。声伯之母未正式聘娶,宣公夫人

---

①蹶 guì　②訏 xū　③鲂 fáng　④鱮 xù　⑤麀 yōu　⑥噳 yǔ　⑦罴 pí　⑧绤 xì　⑨蕡 fén　⑩蓁 zhēn

穆姜说:"吾不以妾为姒。"姒,妯娌①互称。

声伯出生后,其母被出,嫁于齐管于奚,生一儿一女。管于奚去世后,声伯母带齐国的儿女回鲁投靠声伯。声伯使外弟为鲁大夫,嫁外妹于施孝叔。施孝叔是鲁惠公的五世孙。

郤犨求鲁女为妻,声伯自施氏夺外妹,嫁给郤犨。

声伯外妹对施孝叔说:"鸟兽犹不愿失俪,子将若何?"

施孝叔说:"吾不能死、亡。"

声伯外妹乃随郤犨嫁到晋国,与郤犨生二子。

七年后,郤氏被灭,晋人送声伯外妹返鲁,还给施孝叔。施孝叔至黄河边迎接,把二幼童沉入黄河。

声伯妹愤怒不已,说:"己不能庇其伉俪而亡之,又不能爱人之孤而杀之,将何以终?"发誓不再做施氏妻。

  鸱鸮②鸱鸮,既取我子,无毁我室。恩斯勤斯,鬻子之闵斯。

  予手拮据,予所捋荼。予所蓄租,予口卒瘏③,曰予未有室家。

  予羽谯④谯,予尾翛⑤翛,予室翘⑥翘。风雨所漂摇,予维音哓⑦哓。

——《诗经》之《豳风·鸱鸮》

前580年夏,周公楚厌恶惠族、襄族之逼,且与伯舆争政而不胜,发怒离开成周。惠族、襄族为周惠王、襄王之族。

周公到达晋地阳樊,周简王使刘康公请其返回,在周邑鄄结盟后进入成周。三日后,周公又奔晋。

---

①妯娌 zhóu li ②鸱鸮 chī xiāo ③瘏 tú ④谯 qiáo ⑤翛 xiāo ⑥翘 qiáo
⑦哓 xiāo

秋,晋郤至与周王室争郲①田。郲是温的别邑,早已自温分出,仍属周王,并未随温地赐给晋文公。

周简王命刘康公、单襄公如晋诉讼。

郤至说:"温,吾故也,故不敢失。"

刘子、单子说:"昔周克商,使诸侯抚有封地,苏忿生以温为司寇,与檀伯达封于河内。苏氏即狄,又与狄不和而奔卫。襄王劳文公而赐之温,狐氏、阳氏先处之,而后及子。若治其故,则王官之邑也,子安得之?"

晋厉公下令郤至不得再争。

> 绝智弃辩,民利百倍;绝巧弃利,盗贼无有;绝伪弃虑,民复孝慈。三言以为使,不足,或命之有所属:见素保朴,少私寡欲。　　　　　　——《老子》

前578年春,晋厉公使郤锜如鲁乞师。郤锜为事不敬。郤锜:郤克之子。

孟献子说:"郤氏其亡乎?礼,身之干也;敬,身之基也。郤子无基。且先君之嗣卿也,受命以求师,将社稷是卫,而惰,弃君命也。不亡何为?"

> 君子以恐惧修省。　　　　　　——《易传》

三月,鲁成公如京师。叔孙侨如想得周天子之赐,请先行聘问。叔孙侨如见王孙说,与王孙说交谈。

王孙说对周简王说:"鲁叔孙之来也,必有异焉。其享觐之币薄而言诌,殆请之也,若请之,必欲赐也。鲁执政唯强,故君不欢焉而后遣之。且其状,方上而锐下,宜触冒人。王其勿赐。若贪

---

① 郲 hóu

陵之人来,而盈其愿,是不赏善也。且财不给。故圣人之施、舍也,议之;其喜、怒、取、与,亦议之。是以,不主宽惠,亦不主猛毅,主德义而已。"叔孙侨如时为鲁执政。

周简王说:"诺。"使人私下打听,得知实情。简王不赏侨如,而以接待一般使者之礼接待。

鲁成公到达时,仲孙蔑陪同。王孙说与之交谈,仲孙蔑言谈举止很谦让。王孙说告知简王,周简王厚赏孟献子。孟献子,名仲孙蔑。

　　满招损,谦受益,时乃天道。　　　　——《尚书》

季文子无衣帛之妾,无食粟之马。

孟献子之子仲孙它劝文子,说:"子为鲁上卿,相二君矣,妾不衣帛,马不食粟,人其以子为爱,且不华国乎。"

季文子说:"吾亦愿之。然吾观国人,其父兄之食粗而衣恶者犹多矣,吾是以不敢。人之父兄食粗衣恶,而我美妾与马,无乃非相人者乎。且吾闻,以德荣为国华,不闻以妾与马。"

季文子告知孟献子,献子囚子服七日。此后,子服之妾衣不过七升之布,马饩不过稂莠。子服:仲孙它字。

季文得知,说:"过而能改者,民之上也。"使子服为上大夫。

　　孔子曰:"过而不改,是谓过矣。"　　——《论语》

第六十八回　秦桓公师败麻隧　曹宣公身殒西土

前582年,秦人见中原诸侯对晋国有离心,冬,秦联合白狄伐晋。其后,秦人见晋、楚二国商议和谈,也要与晋讲和。

前580年冬,秦、晋约定在晋地令狐相会。晋厉公先至,秦桓公不肯渡河,驻扎在王城,而使史颗至河东与晋厉公结盟。晋郤犨至河西与秦桓公结盟。

范文子说:"是盟也,何益?斋戒盟誓,所以质信也。会于期所,信之始也。始之不从,其何质乎?"

秦桓公返回后而背弃盟约。

前578年春,晋厉公使郤锜至鲁乞师伐秦。

夏,晋厉公、鲁成公、齐灵公、宋共公、卫定公、郑成公、曹宣公、邾人、滕人朝见周简王,然后跟随刘康公、成肃公伐秦。齐灵公为齐顷公之子,齐顷公无野于前582年七月丙子日去世。

成子在社庙接受祭肉时不敬。

刘子说:"吾闻之,民受天地之中以生,所谓命也。是以有动作、礼义、威仪之则,以定命也。能者养则,以致福;不能者败则,以取祸。是故,君子勤礼,小人尽力。勤礼莫如致敬,尽力莫如敦笃。敬在养神,笃在守业。国之大事,在祀与戎。祀有执膰①,戎有受脤,神之大节也。今成子惰,弃其命矣,其不返乎?"

> 子路问君子。孔子曰:"修己以敬。"曰:"如斯而已乎?"曰:"修己以安人。"曰:"如斯而已乎?"曰:"修己以安百姓。修己以安百姓,尧舜其犹病诸?"　——《论语》

---

①膰 fán

四月戊午日,晋厉公使魏锜之子魏相如秦送绝交书。

绝交书里说:"昔自我献公及穆公相好,勠力同心,申之以盟誓,重之以婚姻。天祸晋国,文公如齐,惠公如秦。不幸,献公即世。穆公不忘旧德,俾我惠公用能奉祀于晋。又不能成大勋,而有韩之师。亦悔于其心,促成我文公,是穆公之成也。

"文公躬擐甲胄,跋履山川,逾越险阻,征东之诸侯,虞、夏、商、周之胤,而朝诸秦,则亦既报旧德矣。郑人怒君之疆埸,我文公率诸侯及秦围郑。秦大夫不询于我寡君,擅及郑盟,诸侯疾之,将致命于秦。文公恐惧,绥静诸侯,秦师得还无损,则是我有大恩于秦也。

"不幸,文公即世,穆公不吊,蔑我死君,欺我襄公,侵我崤地,奸绝我好,伐我保城,殄灭我费滑,散离我兄弟,挠乱我同盟,倾覆我国家。我襄公未忘君之旧勋,而惧社稷之陨,是以有崤之师。犹愿赦罪于穆公,穆公弗听,而即楚谋我。天诱其衷,楚成陨命,穆公是以不克逞志于我。

"穆、襄即世,康、灵即位。康公,我之自出,又欲阙剪我公室,倾覆我社稷,率我蟊贼,以来荡摇我边疆,我是以有令狐之役。康犹不悛,入我河曲,伐我涑川,俘我王官,剪我羁马,我是以有河曲之战。秦东道之不通,则是康公绝我好也。

"及君之嗣也,我君景公引领西望,曰:'庶抚我乎?'君亦不惠称盟,利我有狄难,入我河县,焚我箕、郜,芟夷我农功,侵犯我边陲,我是以有辅氏之众。

"君亦悔祸之延,而欲邀福于先君献、穆,使伯车来,命我景公,曰:'吾与汝同好弃恶,复修旧德,以追念前勋。'言誓未就,景公即世。我寡君是以有令狐之会。君又不善,背弃盟誓。

"白狄及君同州,君之仇雠,而我婚姻也,君来赐命曰:'吾与汝伐狄。'寡君不敢顾婚姻,畏君之威,而受命于吏。君有二心于狄,曰:'晋将伐汝。'狄应且憎,是用告我。

347

"楚人恶君之二三其德也，亦来告我曰：'秦背令狐之盟，而来求盟于我，昭告昊天上帝、秦三公、楚三君，曰："余虽与晋出入，余唯利是视。"不穀恶其无成德，是用宣之，以惩不壹。'

"诸侯备闻此言，斯是用痛心疾首，昵就寡人。寡人率以听命，唯好是求。君若惠顾诸侯，矜哀寡人，而赐之盟，则寡人之愿也。其承宁诸侯以退，岂敢邀乱？君若不施大惠，寡人不佞，其不能以诸侯退矣。敢尽布之执事，俾执事实图利之。"

因秦桓公与晋厉公签订令狐之盟后，又召狄与楚，诱其同伐晋，诸侯因此与晋同心协力。至于绝交书里的内容则不无诬秦美晋之辞。如所谓"郑人怒君之疆场，我文公率诸侯及秦围郑"，其实是晋文公流亡时未受郑国礼遇而要伐郑，并非郑与秦有矛盾。

所谓"率我蟊贼，以来摇荡我边疆，我是以有令狐之役"，实是颠倒是非，明明是晋人如秦请公子雍，而后食言而致令狐之役。

上德不德，是以有德；下德不失德，是以无德。上德无为而无以为也；上仁为之而无以为也；上义为之而有以为也；上礼为之而莫之应也，则攘臂而扔之。

——《老子》

晋栾书将中军，荀庚为佐；士燮将上军，郤锜为佐；韩厥将下军，荀罃为佐；赵旃将新军，郤至为佐。郤毅御戎，栾鍼为车右。郤毅是郤至之弟，栾鍼为栾书之子。

鲁孟献子说："晋帅乘和，师必有大功。"

五月丁亥日，晋联军与秦师在秦地麻隧交战，秦师溃败，联军俘获秦成差与不更女父。

师，贞，丈人吉，无咎。　　——《易经》

曹宣公在师中去世。联军渡过泾水，推进至侯丽后班师。再往秦地新楚迎接晋厉公,联军进攻时,诸侯停息于此。

师众到达晋地瑕,成肃公去世。

曹人使公子负刍守国,使公子欣时迎曹伯之丧。二人皆曹宣公庶子。公子欣时,字子臧。

秋,负刍杀宣公太子而自立,为曹成公。诸侯请讨曹成公,晋人以伐秦之役疲劳,请待他年。

冬,葬曹宣公。葬毕,子臧将出亡,国人皆将跟从。曹成公恐惧、认罪,请子臧留下。子臧回国都,交还封邑。

来年,前577年,十月,秦桓公去世,其子秦景公继位。

采薇采薇,薇亦柔止。曰归曰归,心亦忧止。忧心烈烈,载饥载渴。我戍未定,靡使归聘。

采薇采薇,薇亦刚止。曰归曰归,岁亦阳止。王事靡盬①,不遑启处。忧心孔疚,我行不来!

昔我往矣,杨柳依依。今我来思,雨雪霏霏。行道迟迟,载渴载饥。我心伤悲,莫知我哀。

——《诗经》之《小雅·采薇》

---

①盬 gǔ

第六十九回　卫定姜忧叹天祸　宋华元治理桓族

前584年冬,孙良夫之子孙林父奔晋,因卫定公厌恶他。

前577年,春,卫定公朝晋。晋厉公强使卫定公见孙林父,卫定公不肯见。

夏,卫定公回国后,晋厉公使郤犨送孙林父回卫国,卫定公告知夫人定姜,想拒绝见孙氏。

定姜说:"不可。是先君宗卿之嗣也,大国又以为请。不许,将亡。虽恶之,不犹愈于亡乎? 君其忍之。安民而宥宗卿,不亦可乎?"据传,孙氏出自卫武公,孙林父是武公八世孙。

卫定公见孙林父,恢复其官职和封邑。卫定公飨苦成叔,甯惠子相,苦成叔傲。苦成叔:郤犨。甯惠子:甯殖。

甯子说:"苦成家其亡乎? 古之为享食也,以观威仪、省祸福也,故《诗》曰:'兕觥①其觩②,旨酒思柔。彼交匪傲,万福来求。'今夫子傲,取祸之道也。"

> 和大怨,必有余怨,焉可以为善?　　——《老子》

卫定公夫人定姜无子,卫定公病重时,使孔成子、甯惠子立敬姒之子衎为太子。孔成子是孔达之子孔烝鉏。

十月庚寅日,卫定公姬臧病逝。定姜哭了休息,见太子毫无悲戚之情,且不按守丧规矩饮食。

定姜叹息说:"是夫也,将不唯卫国之败,其必始于未亡人。呜呼! 天祸卫国也夫? 吾不获鱄③也使主社稷。"公子鱄是衎的

---

①觥 gōng　②觩 qiú　③鱄 zhuān

母弟。

诸大夫闻听此言,无不耸惧。孙文子自此不敢放宝器于都城,尽置于戚邑,并特别与晋大夫交好。孙文子:孙林父。

> 孔子曰:"居上不宽,为礼不敬,临丧不哀,吾何以观之哉?"　　　　　　　　　　——《论语》

前577年秋,叔孙侨如为鲁成公迎夫人,九月,齐姜嫁于鲁。

前576年三月乙巳日,鲁仲婴齐去世。仲婴齐是公子遂之子,其兄公孙归父被逐后,鲁成公使婴齐继卿位。

癸丑日,晋厉公、鲁成公、卫献公、郑成公、曹成公、宋太子成、齐国佐、邾人盟于戚。晋厉公执曹成公送往京师。诸侯使子臧觐见周王,要立其为曹君。

子臧辞谢,说:"前《志》有之,曰:'圣达节,次守节,下失节。'为君,非吾节也。虽不能圣,敢失守乎?"子臧逃出,奔宋。

来年秋,曹成公仍在京师,曹人趁诸侯相会,请于晋人,说:"自我先君宣公即世,国人曰:'若之何忧犹未弭?'而又讨我寡君,以亡曹国社稷之镇公子,是大泯曹也。先君无乃有罪乎?若有罪,则君列诸会矣。君唯不失德、刑,以伯诸侯,岂独遗弃敝邑?敢私布之。""社稷之镇公子"即子臧。

八月,曹人再次请晋,晋厉公对子臧说:"返,吾归尔君。"

子臧返曹。曹成公自京师回国。子臧归还封邑和卿位,不出仕。

> 蛊之升:不事王侯,高尚其事。　　　　——《易经》

前576年六月,宋共公去世,太子成继位,史称宋平公。八月庚辰日,葬宋共公。

此时,华元为右师,鱼石为左师,荡泽为司马,华喜为司徒,公孙师为司城,向为人为大司寇,鳞朱为少司寇,向带为太宰,鱼府为少宰。荡泽削弱公室,杀宋文公之子公子肥。

华元说:"我为右师,君臣之训,师所司也。今公室卑,而不能正,吾罪大矣。不能治官,敢赖宠而居乎?"

华元因不能讨荡泽,遂奔晋。

九官之中,华元、华喜是宋戴公之族,华喜是华父督的玄孙。司城公孙师,庄族。其余六官:鱼石、荡泽、向为人、鳞朱、向带、鱼府,皆桓族。桓族势力相当强,华元无可奈何。

鱼石要劝止华元,鱼府说:"右师返,必讨,是无桓氏也。"

鱼石说:"右师苟获返,虽许之讨,必不敢延及桓族。且其多大功,国人与之,若其不返,惧桓氏之无祀于宋也。右师讨,犹有戌在。桓氏虽亡,必偏。"向戌是宋桓公曾孙,贤。

鱼石赶至黄河边追及华元。华元请讨荡泽,鱼石应许,华元返回。华元使华喜、公孙师率国人攻荡氏,杀荡泽。

鱼石、向为人、鳞朱、向带、鱼府惧祸及,而离开都城,过睢①水而居。华元使人劝止,五人不肯返回。

> 蹇之比:往蹇,来返。　　　　　——《易经》

十月,华元亲往劝五人回国,后者仍不从,华元乃返回。

鱼府说:"今不从,不得入矣。右师视速而言疾,有异志焉。若不我纳,今将驰矣。"

他们登上高丘眺望,见右师已奔驰而去。五人驰骋追随。华元过了睢水,则掘开堤坝,关闭城门,登陴设防。五人奔楚。

华元使向戌为左师,老佐为司马,乐裔为司寇。老佐是宋戴公的五世孙。

---

①睢 suī

> 秋日凄凄,百卉具腓①。乱离瘼矣,爰其适归?
> ——《诗经》之《小雅·四月》

晋赵武举行冠礼,接受诸大夫的祝福。

拜见栾书,栾武子说:"美哉!昔吾幸事庄主。华则荣矣,实之不知。请务实乎。"庄主,指赵武之父赵庄子赵朔。赵朔生前将下军,栾书为佐。

拜见荀庚,中行宣子说:"美哉!惜也,吾老矣。"

拜见士燮,范文子说:"尔今可以戒矣。夫贤者宠至而益戒,不足者为宠骄。故兴王赏谏臣,逸王罚之。吾闻古之王者,政德既成,又听于民。于是乎使工诵谏于朝,在位群臣献诗讽谏使免受蒙蔽,听商贾传言于市,辨政事善恶于谣,考察百官职事于朝,问褒贬于路。有邪而正之,尽戒之术也。先王疾是骄也。"

拜见郤锜,郤驹伯说:"美哉!然而壮不若老者多矣。"

拜见韩厥,韩献子说:"戒之,此谓成人。成人在始与善。始与善,善进善,不善蔑由至矣;始与不善,不善进不善,善亦蔑由至矣。如草木之产也,各以其类。人之有冠,犹宫室之有墙屋也,清除而已,又何加焉。"

拜见知䓨,知武子说:"吾子勉之,成、宣之后,而终老为大夫,非耻乎?成子之文,宣子之忠,其可忘乎?夫成子道前《志》以佐先君,道法而以成政,可不谓文乎?夫宣子尽谏于襄、灵,以谏取恶,不惮死进,可不谓忠乎?吾子勉之,有宣子之忠,而纳之以成子之文,事君必济。"

拜见郤犨,苦成叔子说:"抑年少而执官者众,吾安容子?"

拜见郤至,温季子说:"谁之不如,可以求乎。"

---

①腓 féi

拜见张老,告之以各位所言,张老说:"善矣,从栾伯之言,可以滋益;范叔之教,可以大;韩子之戒,可以成。物备矣,志在子。若夫三郄,亡人之言也,何足称焉。知子之导,善矣,此先主覆露子也。"

子路问成人。孔子曰:"若臧武仲之知,公绰之不欲,卞庄子之勇,冉求之艺,文之以礼乐,亦可以为成人矣。"曰:"今之成人者何必然?见利思义,见危授命,久要不忘平生之言,亦可以为成人矣。" ——《论语》

(笔者释:见利思义,意为若有利可图,考虑其是否合法之利,并考虑用合法手段获利。)

第七十回　晋联盟首会吴人　郑子罕偷袭宋境

前 576 年十一月,晋士燮、鲁叔孙侨如、齐高无咎、宋华元、卫孙林父、郑公子鯫①、邾人会见吴人于钟离。这是吴人首次与中原人相会。

> 萃之困:引吉,无咎,孚乃利用禴。　——《易经》

晋郤锜、郤犨、郤至诬陷伯宗而杀之,祸及晋贤大夫栾弗忌。

韩献子说:"郤氏其不免乎? 善人,天地之纪也,而骤绝之,不亡何待?"

当初,伯宗每上朝,其妻必劝诫,说:"'盗憎主人,民恶其上。'子好直言,必及于难。"

一日,伯宗面带喜色回家。

其妻问:"子貌有喜,何也?"

伯宗说:"吾言于朝,诸大夫皆谓我智似阳子。"

妻说:"阳子华而不实,好言而无谋,是以难及其身。子何喜焉?"

伯宗说:"吾饮诸大夫酒,而与之语,尔试听之。"

妻说:"诺。"

伯宗请诸大夫宴饮交谈。

饮毕,其妻说:"诸大夫莫子若也。然而,民不能奉贤者久矣,难必及子。子何不亟索士,以庇州犁焉?"州犁是伯宗之子。

伯宗听从妻言,找到毕阳。

伯宗遇害后,毕阳助伯州犁奔楚。

---

① 鯫 qiū

孔子曰:"君子无众寡,无小大,无敢慢,斯不亦泰而不骄乎?" ——《论语》

前578年六月,丁卯夜,郑公子班自訾请求入祖庙,未获许,而杀子印、子羽,然后,驻师于集市。子印、子羽皆为穆公子。

己巳日,子驷率国人盟于祖庙,接着,焚烧公子班的营舍,杀公子班、子駹①兄弟,及二人之子孙叔、孙知。

小畜之乾:有孚,血去,惕出,无咎。 ——《易经》

前577年八月,郑子罕伐许,被许人击败。戊戌日,郑成公伐许。庚子日,攻入许外城。许人以十年前郑公孙申划定之地划给郑国为条件,与郑人讲和。

前576年夏,楚人要出师北伐,子囊说:"新与晋盟而背之,无乃不可乎?"子囊:楚庄之子公子贞,楚共之弟。

子反说:"敌情利我则进,何盟之有?"

申叔时已告老还乡,在申,听闻子反之言,说:"子反必不免。信以守礼,礼以庇身。信、礼之亡,欲免,得乎?"

楚共侵郑,直至暴隧,继续北上侵卫,直至首止。

郑子罕侵楚,攻取新石。

晋栾武子想报复楚国,韩献子说:"无庸。使重其罪,民将叛之。无民,孰战?"

乐民之乐者,民亦乐其乐;忧民之忧者,民亦忧其忧。 ——《孟子》

冬,许灵公畏郑逼,请迁于楚。辛丑日,楚公子申迁许国至楚叶邑。

---

①駹 máng

来年,前575年,春,楚共自武城使公子成以汝南之田求和于郑。郑人遂叛晋,子驷与楚共盟于武城。

四月辛未日,滕文公去世。滕是宋的属国,郑子罕趁机伐宋。

宋将鉏、乐惧在汋陂击败郑师。宋师撤退,驻扎于夫渠。因得胜,宋人不戒备。郑人反击,在汋陵击败宋军,俘获将鉏、乐惧。

人之败也,恒于其且成也败之。临事之纪,慎终如始,则无败事矣。　　　　　　——《老子》

卫献公听从晋人之命伐郑,到达郑地鸣雁。

晋厉公要伐郑,范文子说:"吾闻之,君人者刑其民,成,而后振武于外,是以内和而外威。今吾司寇之刀锯日弊,而斧钺不行。内犹有不刑,而况外乎?夫战,刑也,刑其过也。过由大,而怨由细,故以惠除怨,以忍去过。细无怨而大不过,而后可以武,刑外之不服者。今吾刑外乎大人,而忍于小民,将谁行武?武不行而胜,幸也。幸以为政,必有内忧。且唯圣人能无外患,又无内忧。若非圣人,必偏而后可。偏而在外,犹可救也;疾自中起,是难。何不姑释荆与郑以为外患乎?"忍:狠。

栾武子说:"不可以当吾世而失诸侯,必伐郑。"

范文子说:"吾闻之,为人臣者,能内睦而后图外,不睦内而图外,必有内争,何不姑谋睦乎?且吾闻,惟厚德者能受多福,无德而服者众,必自伤也。称晋之德,诸侯皆叛,国可以少安。惟有诸侯,故扰扰焉,凡诸侯,难之本也。今我战又胜荆与郑,吾君将伐智而多力,怠教而重敛,大其私昵而益妇人田。不夺诸大夫田,则焉取以益此?诸臣之委室而徒退者,将与几人?战若不胜,则晋国之福也;战若胜,乱地之秩者也,其产将害大。何不姑无战乎?"

栾武子不听。晋国兴师动众,栾书将中军,士燮佐之;郤锜将上军,荀偃佐之;韩厥将下军;郤至佐新军;荀䓨留守。荀偃是荀庚之子。

郤犨如卫、齐乞师,栾书之子栾黡①乞师于鲁。

孟献子说:"有胜矣。"

戊寅日,晋师出发。

> 维此圣人,瞻言百里。维彼愚人,覆狂以喜。
> ——《诗经》之《大雅·桑柔》

郑人得知晋师出动,火速使人告急于楚,姚句耳与使者同往。

楚共公接郑人告急,立即北上救郑。司马子反将中军,令尹子重将左军,右尹子辛将右军。

师众过申邑,子反见申叔时,问:"师其何如?"

申叔时说:"德、刑、详、义、礼、信,战之器也。德以施惠,刑以正邪,详以事神,义以建利,礼以顺时,信以守物。民生厚而德正,用利而事节,时顺而物成。上下和睦,周旋不逆,求无不具,各知其极。故《诗》曰:'立我烝民,莫匪尔极。'是以,神降之福,时无灾害,民生敦足,和同以听,莫不尽力以从上命,致死以补其阙,此战之所由克也。今楚,内弃其民,而外绝其好;渎斋盟,而食誓言;奸时以动,而疲民以逞。民不知信,进退罪也。人恤所至,其谁致死?子其勉之,吾不复见子矣。"

姚句耳先返郑,子驷问楚师情况。

姚句耳说:"其行速,过险而不整。速,则失志;不整,丧列。志失列丧,将何以战?楚,惧不可用也。"

> 大壮之恒:壮于趾,征凶有孚。 ——《易经》

五月,晋师南渡黄河。

听说楚师将至,范文子主张返回,说:"我伪逃楚,可以纾忧。

---

①黡 yǎn

夫合诸侯,非吾所能也,以待能者。我若群臣和睦以事君,多矣。"

栾书说:"不可。"

六月,晋、楚两军在鄢陵相遇,范文子仍不想交战。

郤至说:"韩之战,惠公不振旅;箕之役,先轸不复命;邲之师,荀伯不复从。皆晋之耻也。子亦见先君之事矣。今我避楚,又益耻也。"

范文子说:"我先君之数战也,有故。秦、狄、齐、楚皆强,不尽力,子孙将弱。今三强服矣,敌,楚而已。唯圣人能外内无患,自非圣人,外宁必有内忧。何不释楚以为外惧乎?"

> 天之道,不战而善胜,不言而善应,不召而自来,坦然而善谋。
> ——《老子》

第七十一回　苗贲皇楚才晋用　楚共公中箭伤目

前575年,六月甲午日,晦,晨,楚军迫近晋军列阵。晋军吏担心无法列阵。

范匄①快步走上前,说:"塞井夷灶,陈于军中,而疏行首。晋、楚唯天所授,何患焉?"范匄:范文子之子。

范文子执戈逐范匄,说:"国之存亡,天也。童子何知焉?且不及而言,奸也,必为戮!"

苗贲皇说:"善逃难哉。"

栾书说:"楚师轻窕②,固垒而待之,三日必退。退而击之,必获胜焉。"

郤至说:"楚有六间,不可失也。其二卿相恶;君卒以旧;郑陈而不整;蛮军而不陈;陈不避晦;在阵而嚣。合而加嚣,各顾其后,莫有斗心。旧未必良,以犯天忌。我必克之。"

孔子绝四:*毋意,毋必,毋固,毋我。*——《论语》

楚共公登上巢车,眺望晋军。子重使太宰伯州犁侍立楚共身后。伯州犁即晋伯宗之子。

楚共问:"骋而左右,何也?"伯州犁答:"召军吏也。"

问:"皆聚于中军矣。"伯州犁答:"合谋也。"

"张幕矣。"答:"虔卜于先君也。"

"彻幕矣。"答:"将发命也。"

"甚嚣,且尘上矣。"答:"将塞井夷灶,而为行也。"

"皆乘矣,左右执兵而下矣。"答:"听誓也。"

---

①匄 gài　②窕 tiāo

"战乎?"答:"未可知也。"

"乘,而左右皆下矣。"答:"战祷也。"

伯州犁又告知楚共有关晋君亲兵的情况。

苗贲皇则站在晋厉公身边,告之以有关楚师的情况。

晋人皆说:"国士在,且楚师众,不可挡也。"国士,指伯州犁。

苗贲皇对晋厉公说:"楚之良,在其中军公族而已。请分精良以击其左右,而三军集于楚君亲兵,必大败之。"

> 知己知彼者,百战不殆;不知彼而知己,一胜一负;不知彼,不知己,每战必殆。　　——《孙兵法子》

晋厉公筮卦,太史说:"吉。其卦遇《复》,曰:'南国蹙①,射其元王,中厥目。'国蹙、王伤,不败何待?"

晋厉公从其言,宣布出战。郤毅为晋厉公驾车,栾鍼为车右。

晋营前有个大坑,晋军出阵时或左或右绕开前进。栾武子、范文子以其族人左右护卫晋厉公,厉公之车避让不及,陷入坑中。栾书要让厉公乘自己的车。

栾鍼大喊:"书退!国有大任,焉得专之!且侵官,冒犯也;失官,渎职也;离属,不忠也。有三罪焉,不可犯也!"

栾鍼举起车,郤毅策马,车被拉出坑。

楚彭名御楚共,潘党为车右。郑石首御郑成公,唐苟为车右。

在前一日,癸巳日,潘党与养由基叠堆披甲比赛射箭,皆射穿七层。他们拿给楚共公看,说:"君有二臣如此,何忧于战?"

楚共发怒,说:"大辱国。明朝,尔射,将死于技。"禁止二人在交战时射击。

> 善为士者不武,善战者不怒,善胜敌者弗与,善用

---

① 蹙 cù

人者为之下。是谓不争之德。　　——《老子》

晋魏锜射楚共,中其目。

魏锜前夜梦射中月亮,自己后退陷入泥坑。为此占卜,卜者说:"姬姓,日也。异姓,月也,必楚君也。射而中之,退入于泥,亦必死矣。"

楚共召养由基,予之两支箭,使之射魏锜。养由基一箭射穿魏锜之颈,魏锜倒毙在弓套上。养由基拿着剩下的一支箭向楚共复命。

旅之遁:射雉,一矢亡,终以誉命。　——《易经》

郤至三遇楚共亲兵,每遇,必下车,脱下头盔,快速而过。

楚共使工尹襄送弓问候,说:"方事之盛也,有赤韦戎服者,君子也。见不榖而趋,无乃伤乎?"

郤至接见客人,脱下头盔,听客人传话,回答说:"君之外臣至,从寡君之戎事。以君之灵,得披甲蒙胄,不敢拜命。敢告不宁,君命之辱。为事之故,敢肃使者。"三揖使者而退。

晋韩厥追郑成公,其御杜溷①罗说:"速从之。其御屡顾,不在马,可及也。"

韩厥说:"不可以再辱国君。"乃停止追郑伯。

郤至追郑成公,其车右茀②翰胡说:"使谍截之,余追其乘,而俘以下。"

郤至说:"伤国君有刑。"也停止追击。

郑成公之御石首说:"卫懿公唯不去其旗,是以败于荧。"说着,收起旌旗藏于弓袋。

车右唐苟对石首说:"子在君侧,败者壹大。我不如子,子以

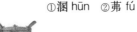
①溷 hūn　②茀 fú

君免,我请止。"石首载郑伯逃脱,唐苟留下抵御晋军而死。

生,亦我所欲也;义,亦我所欲也,二者不可得兼,舍生而取义者也。 ——《孟子》

楚师被迫至险境,叔山冉对养由基说:"虽君有命,为国故,子必射!"

养由基开始射击。射两箭,中二人,皆死。叔山冉抓住晋人投出,投中战车,折断车轼。晋师停止追击,俘获楚公子茷。

栾鍼见子重之旌,请示晋厉,说:"楚人谓夫旌,子重之麾也。彼其子重也。昔臣之使于楚也,子重问晋国之勇,臣对曰:'好以众整。'曰:'又何如?'臣对曰:'好以暇。'今两国治戎,行人不使,不可谓整;临事而食言,不可谓暇。请摄饮焉。"厉公允许。

栾鍼使行人拿酒器装满酒,来到子重车前,说:"寡君乏使,使鍼御持矛,是以不得犒从者,使某摄饮。"

子重说:"夫子尝与吾言于楚,必此故也。不亦记乎?"说着,接过酒器一饮而尽,待使者回到晋营,又擂起战鼓。

战事自清晨直至星辰出现仍未停止。

楚子反命军吏检查士卒受伤情况,补充士卒车马,修理盔甲兵器,列好战车马匹,鸡鸣而食,唯命是听。

晋人为此担忧。苗贲皇在军中传令,说:"检乘补卒,秣马利兵,修陈固列,蓐食申祷,明日复战。"传令过后,故意使楚囚逃回。

楚共得知晋军之令,召子反谋议。子反之侍童毂阳,先时献酒给子反,此时,子反已醉,不能见楚共。

君子之爱人也以德,细人之爱人也以姑息。
——《礼记》之《檀弓》

楚共发怒,说:"天败楚也夫! 余不可以待!"

楚师趁夜悄悄撤离。至瑕,楚共使人对子反说:"先大夫之覆师徒者,君不在。子无以为过,不榖之罪也。"

子反再拜稽首,说:"君赐臣死,死且不朽。臣之卒实败,臣之罪也。"

子重使人对子反说:"初陨师徒者,尔亦闻之矣。何不图之?"子重跟子反二人互相厌恶,故子重以子玉自杀刺激子反。

子反说:"虽微先大夫有之,大夫命侧,侧敢不义?侧亡君师,岂敢逃死?"侧:子反名。

楚共使人阻止,未及赶到,子反已自杀。

> 伯兮朅①兮,邦之桀兮。伯也执殳②,为王前驱。
> 自伯之东,首如飞蓬。岂无膏沐?谁适为容!
> 其雨其雨,杲③杲出日。愿言思伯,甘心首疾。
> 焉得谖④草?言树之背。愿言思伯,使我心痗⑤。
> ——《诗经》之《卫风·伯兮》

---

①朅 qiè ②殳 shū ③杲 gǎo ④谖 xuān ⑤痗 mèi

第七十二回　鲁成公设守赴会　叔声伯鞠躬尽瘁

晋师进入楚营,食楚军之粮三日。

范文子立于戎马之前,说:"君幼,诸臣不佞,何福以及此?君其戒之。吾闻之:'天道无亲,唯德是授。'夫德,福之基也,无德而福隆,犹无基而厚墉也,其坏也无日矣。"

> 大有之鼎:无交害,匪咎,艰则无咎。
> ——《易经》

晋楚交战之日,齐国佐、高无咎到达晋营。卫献公自卫国赶来,鲁成公自坏隤出发。

叔孙侨如私通成公之母穆姜,要去掉季文子和孟献子,而取其宅室。鲁成公将出发,穆姜送行,要成公驱逐季、孟。

成公以晋难敷衍,说:"请返而听命。"

穆姜发怒。成公弟公子偃和公子鉏恰巧快步走过,穆姜指着二人说:"汝不可,此皆君也。"

成公待于坏隤,防护宫室,加强戒备,设置守卫,使孟献子留守公宫,然后出发,故迟至晋营。

> 行险而不失其信,王公设险以守其国。
> ——《易传》

前575年秋,晋厉公、鲁成公、齐灵公、卫献公、宋华元、邾人会于宋地沙随,谋伐郑。

叔孙侨如使人报告郤犨,说:"鲁侯待于坏隤,以待胜者。"

郤犨将晋新军,且作为公族大夫,负责联络东方诸侯。因得侨如之贿,而向晋厉毁谤鲁成公。晋厉公不肯见鲁成。鲁侯回国。

　　大过之井:栋隆,吉。有它吝。　　　——《易经》

七月,鲁侯会周卿士尹武公、晋厉公、齐国佐、邾人伐郑。

将行,穆姜又向成公提出上次的要求,成公又在宫中设防后上路。诸侯驻师于郑西境,鲁师驻扎在郑东境督扬,不敢过郑。

子叔声伯使叔孙豹请晋师迎鲁师,自己在郑郊准备餐饮,等候晋师到来。叔孙豹是侨如弟。稍早,叔孙豹已知侨如要乱鲁,怕受牵连而奔齐。这时,前往齐师,遇鲁师。

声伯未进食四日,直至迎鲁师者到达,声伯招待使者食毕,而后进食。

　　羔裘如濡,洵直且侯。彼其之子,舍命不渝。
　　羔裘豹饰,孔武有力。彼其之子,邦之司直。
　　羔裘晏兮,三英粲兮。彼其之子,邦之彦兮。
　　　　　　——《诗经》之《郑风·羔裘》

诸侯移至制田。知武子佐下军,率诸侯之师侵陈,直至鸣鹿。又侵蔡,未返回,诸侯迁移至颍上。

戊午日,郑子罕夜间突袭诸侯之师,宋、齐、卫之师皆散。

叔孙侨如使人密告郤犨,说:"鲁之有季、孟,犹晋之有栾、范也,政令于是乎成。今其谋曰:'晋政多门,不可从也。宁事齐、楚,有亡而已,无从晋矣。'晋若欲得志于鲁,请止行父而杀之,我毙蔑也,而事晋,无有贰矣。鲁不贰,小国必睦。不然,行父归,必叛晋矣。"蔑,指留守的孟献子仲孙蔑。

九月,晋人执季文子,拘于晋苕①丘。

---

①苕 tiáo

> 内阴而外阳，内柔而外刚，内小人而外君子，小人道长，君子道消也。　　　　——《易传》

鲁成公回国，停留在西境郓邑，使子叔声伯前往晋国请释季孙。

声伯请于郤犨，郤犨说："苟去仲孙蔑而止季孙行父，吾使子主政，亲于公室。"

声伯说："侨如之情，子必闻之矣。若去蔑与行父，是大弃鲁国而罪寡君也。若犹不弃，而惠邀周公之福，使寡君得事晋君，则夫二人者，鲁国社稷之臣也。若朝亡之，鲁必夕亡。以鲁之密迩齐楚，亡鲁而利晋仇，治之何及？"

郤犨说："吾为子请邑。"

声伯说："婴齐，鲁之常隶也，敢介大国以求厚焉？承寡君之命以请，若得所请，吾子之赐多矣。又何求？"

范文子对栾武子说："季孙于鲁，相二君矣。妾不衣帛，马不食粟，可不谓忠乎？信谗慝而弃忠良，若诸侯何？子叔婴齐奉君命无私，谋国家不贰，图其身不忘其君。若虚其请，是弃善人也。子其图之。"

于是，晋人允许鲁国讲和，赦季孙行父。

> 内阳而外阴，内健而外顺，内君子而外小人，君子道长，小人道消也。　　　　——《易传》

知季孙获释，十月乙亥日，鲁大夫驱逐叔孙侨如，并结盟以侨如为戒。侨如奔齐。

十二月乙丑日，季孙行父与郤犨盟于扈。回国后，刺公子偃。鲁成公回国。鲁侯召叔孙豹于齐，继叔孙卿位。

> 丧乱既平，既安且宁。虽有兄弟，不如友生。
> 　　　　——《诗经》之《小雅·常棣》

侨如在齐,齐灵之母声孟子要与之私通,并使之居于高氏、国氏之间。侨如说:"不可以再罪。"遂奔卫,在卫国,他也位在卿列。

鲍国知声伯在晋辞邑,问声伯:"子何辞苦成叔之邑？欲信让耶,抑知其不可乎？"鲍国是鲍叔牙玄孙,在鲁为施孝叔家臣。

声伯说:"臣闻之,不厚其栋,不能任重。重莫如国,栋莫如德。夫苦成叔家欲任两国,而无大德,其不存也,亡无日矣。譬之如疾,余恐及焉。苦成氏有三亡:少德而多宠,位下而欲上政,无大功而欲大禄,皆怨府也。其君骄而多宠,胜敌而归,必立新家。立新家,必去旧;不因民,不能去旧;因民,则民攻多怨;非多怨,攻无所始。苦成氏为怨三府,可谓多矣。其身之不能定,焉能予人之邑？"

鲍国说:"我信不若子,若鲍氏有衅,吾不图矣。今子图远以让邑,必长立矣。"

> 水之积也不厚,则其负大舟也无力;风之积也不厚,则其负大翼也无力。　　　　　　——《庄子》

前574年,正月,郑子驷侵晋虚、滑。卫北宫括率师救晋侵郑,直至郑高氏邑。北宫括:卫成公曾孙。

五月,郑太子髡顽、大夫侯孺为质于楚,楚公子成、公子寅成郑。

周卿士尹武公、单襄公、晋厉公、鲁成公、齐灵公、宋平公、卫献公、曹成公、邾人伐郑,自戏童推进至曲洧。

六月乙酉日,晋联盟在郑西境柯陵结盟,寻戚之盟。

楚子重救郑,陈师首止。晋联军避楚,返还。

九月,晋侯使荀罃乞师于鲁。

冬,鲁成公会单子、晋侯、宋公、卫侯、曹伯、齐人、邾人伐郑。十月庚午日,围郑。楚公子申救郑,陈师汝水边。

十一月,晋联军撤还。

昔我往矣,黍稷方华。今我来思,雨雪载途。王事多难,不遑启居。岂不怀归?畏此简书。
——《诗经》之《小雅·出车》

壬申日,鲁师到达狸脤。早先,声伯梦涉洹①水,有人予之琼瑰,他吃下后,流出泪变成琼瑰,落满其怀。他唱歌:"济洹之水,赠我以琼瑰。归乎,归乎,琼瑰盈吾怀乎。"

声伯讲出此梦,说:"余恐死,故不敢占也。今众繁而从余三年矣,无伤也。"黄昏,声伯去世。

终朝采绿,不盈一匊②。予发曲局,薄言归沐。
终朝采蓝,不盈一襜③。五日为期,六日不詹。
之子于狩,言韔④其弓。之子于钓,言纶之绳。
其钓维何?维鲂⑤及鱮⑥。维鲂及鱮,薄言观者。
——《诗经》之《小雅·采绿》

---

①洹 huán　②匊 jū　③襜 chān　④韔 chàng　⑤鲂 fáng　⑥鱮 xù

第七十三回　晋郤至如周献捷　单襄公察言观行

前575年冬,晋厉公使郤至向周简王献楚捷。尚未举行仪式,王叔简公请郤至饮酒,互相酬答之礼物很丰厚,两人交谈颇有好感。次日,王叔在朝堂赞誉郤至。

郤至又见邵桓公,与邵桓公交谈。

邵桓公对单襄公说:"王叔子誉温季,以为必相晋国。相晋国,必大得诸侯,劝二三君子必先导焉,可以树。今夫子见我,以晋国之克也,为己实谋之,曰:'微我,晋不战矣。楚有五败,晋不知乘,我则强之。背宋之盟,一也;薄德而以地赂诸侯,二也;弃壮之良而用幼弱,三也;建立卿士而不用其言,四也;夷、郑从之,三阵而不整,五也。罪不由晋,晋得其民;四军之帅,旅力方刚;卒伍治整,诸侯与之。是有五胜也:师出有理,一也;得民,二也;军帅强御,三也;行列治整,四也;诸侯辑睦,五也。有一胜犹足用也,有五胜以伐五败,而避之者,非人也,不可以不战。栾、范不欲,我则强之。战而胜,是吾力也。且其战也微谋,吾有三伐:勇而有礼,反之以仁。吾三逐楚君之卒,勇也;见其君,必下而趋,礼也;能获郑伯而赦之,仁也。若是而知晋国之政,楚、越必朝。'

"吾曰:'子则贤矣。抑晋国之举也,不失其序,吾惧政之未及子也。'谓我曰:'夫何次之有?昔先大夫荀伯自下军之佐以政,赵宣子未有军行而以政,今栾伯自下军往,是三子也。吾功又过,于四之,无不及。若佐新军而升为政,不亦可乎?将必求之。'是其言也,君以为奚若?"

"反之以仁",指晋楚交战中放走郑伯。

"先大夫荀伯自下军之佐以政",其中"荀伯",韦昭注认为是荀林父。此说有误。荀林父在令狐之战是上军佐(前

370

620年),在河曲之战是中军佐(前615年),赵盾去世后,荀林父也未任中军主帅,而是郤缺主政。郤缺去世后,荀林父才将中军。自晋文公建三军至此,自下军佐升为执政的只有原轸一人。若荀伯、赵宣子、栾伯是按时间顺序讲,也该是原轸。

现存《古本竹书纪年》辑《汉书·地理志》注等引《汲冢古文》:"晋武公灭荀,以赐大夫原氏黯,是为荀叔。"可见,荀氏与原氏本同出,郤至所说"荀伯"该是原轸。

有其善,丧厥善;矜其能,丧厥功。 ——《尚书》

单襄公说:"人有言曰'兵在其颈',其郤至之谓乎?君子不自称也,非以谦让也,恶其盖人也。夫①人性,陵上者也,不可盖也。求盖人,其抑下滋甚,故圣人贵让。且谚曰:'兽恶其网,民恶其上。'《书》曰:'民可近也,而不可上也。'《诗》曰:'恺悌君子,求福不回。'在礼,匹必三让,是则圣人知民之不可加也。故王天下者,必先诸民,然后庇焉,则能长利。

"今郤至在七人之下,而欲上之,是求盖七人也,其亦有七怨。怨在小人,犹不可堪,而况在侈卿乎?其何以待之?晋之克也,天有恶于楚也,故做之以晋。而郤至佻天之功以为己力,不亦难乎?佻天,不祥;乘人,不义。不祥,则天弃之;不义,则民叛之。

"且郤至何三伐之有?仁、礼、勇,皆民之为也。以义死用谓之勇,奉义顺则谓之礼,蓄义奉功谓之仁。奸仁为佻,奸礼为羞,奸勇为贼。夫战,尽敌为上;守和同、顺义为上。故制戎,以果毅;制朝,以序成。叛战而擅舍郑君,贼也;弃毅行容,羞也;叛国即仇,佻也。有三奸以求替其上,远于得政矣。以吾观之,兵在其

———————
①夫 fú

颈,不可久也。虽吾王叔,未能违难。在《太誓》,曰:'民之所欲,天必从之。'王叔欲郤至,天能勿从乎?"

　　企者不立,跨者不行;自是者不彰,自见者不明;自伐者无功,自矜者不长。　　　　　　　　——《老子》

晋厉公日益奢侈,多宠大夫。自鄢陵返回后,想去除群大夫,改立其宠臣。

郤缺执政时,因胥克有疾,郤缺废胥克,故胥克之子胥童怨郤氏,这时,胥童有宠于晋厉公。郤锜夺夷阳五之田,夷阳五也有宠于厉公。郤犨曾与长鱼矫争田,执长鱼矫并上手铐,又把长鱼矫与其父母妻儿系于同一车辕,这时,长鱼矫也有宠于厉公。

栾书因鄢陵之战郤至不从己意,而怨郤至,欲废之。

栾书使被俘的楚公子茷对晋厉公说:"此战也,郤至实召寡君。以东师之未至也,与晋帅之不具也,其言于寡君,曰:'此战晋必败。吾因奉孙周以事君。'"东师未至,指鲁、卫、齐之师尚未到达。荀䓨居守,郤犨乞师,为晋帅不具。

晋厉公以楚公子茷之言告知栾书,栾书说:"其有焉。不然,岂其死之不恤,而受敌使乎?君何不尝使诸周,而察之?"

故晋厉公使郤至前往周都告庆,又另使人伺察郤至。栾书使人请孙周接待郤至。晋厉公相信了楚公子之言,而怨郤至。

　　孔子曰:"人皆曰予知,驱而纳诸罟①擭②陷阱之中,而莫之知避也。"　　　　　　　　——《礼记》之《中庸》

晋范文子自鄢陵回国后,使其祝宗祈求速死,说:"君骄侈而克敌,是天益其疾也。难将作矣,吾恐及焉。爱我者唯祝我,使我速死,无及于难,范氏之福也。"

---

①罟 gǔ　②擭 huò

前574年六月戊辰日,晋胜楚一年后,士燮去世,谥文。

天长地久。天地之所以能长且久者,以其不自生也,故能长生。是以圣人退其身而身先,外其身而身存。不以其无私与?故能成其私。——《老子》

六月乙酉日,在柯陵举行盟会时,单襄公见晋厉公视远步高;郤锜来见,其语陵犯;郤犨来见,其语迂奸;郤至来见,其语自伐;齐国佐来见,语无不尽。鲁成公来见,言及晋人所加之难和郤犨之诬。

单子对鲁成说:"君何患焉?晋将有乱,其君与三郤其当之乎?"

鲁成公说:"寡人惧不免于晋,今君曰'将有乱',敢问天道乎,抑人故也?"

单襄公说:"我非瞽、史,焉知天道?吾见晋君之容,而听三郤之语矣,殆必祸者也。夫君子目以定体,足以从之,是以观其容而知其心矣。目以处义,足以步目。今晋侯视远而足高,目不在体,而足不步目,其心必异矣。目体不相从,何以能久?

"夫合诸侯,民之大事也,于是乎观存亡。故国将无咎,其君在会,步、言、视、听,必皆无谪①,则可以知德矣。视远,日绝其义;足高,日弃其德;言爽,日反其信;听淫,日离其名。夫目以处义,足以践德,口以庇信,耳以听名者也,故不可不慎也。丧其一二,其身有咎;四项尽丧,则国从之。晋侯爽二,吾是以云'将有乱'。

"夫郤氏,晋之宠人也,三卿而五大夫,可以戒惧矣。高位易疾颠,厚味实剧毒。今郤伯之语犯,叔语迁,季语伐。犯则陵人,迂则诬人,伐则掩人。有是宠也,而益之以三怨,其谁能忍之?虽齐国子亦将不免焉。立于淫乱之国,而好尽言,以招人过,怨之本

---

①谪 zhé

也。唯善人能受尽言,齐其有乎?

"吾闻之,国有德而邻于不修德,必受其福。今君逼于晋,而邻于齐,齐、晋有祸,可以取霸。无德是患,何忧于晋?且夫长翟之人利而不义,其利淫矣,流之可矣。"

郤伯、叔、季,分别指郤锜、郤犨、郤至。"长翟之人",指叔孙侨如,其父以长翟国君之名为其名。

> 孔子曰:"视其所以,观其所由,察其所安,人焉廋①哉?人焉廋哉?" ——《论语》

---

①廋 sōu

第七十四回　晋厉公任宠作乱　晋悼公选贤举能

前574年十二月,晋厉公田猎,先与妇人射杀被围之兽,接着饮酒,然后使大夫猎杀。按常礼,国君始射,接着卿大夫射,妇人不参与。

郤至进献猎杀的野猪,寺人孟张抢夺,郤至射杀孟张。

晋厉公说:"季子欺余!"

厉公将作难,胥童说:"必先三郤,族大,多怨。去大族,不逼公室;讨多怨,易成功。"

晋厉公说:"然。"

郤氏得知其谋,郤锜要攻厉公,说:"虽死,君必危。"

郤至说:"不可。至闻之,武人不乱,智人不诈,仁人不党。君实有臣而杀之,其谓君何?我之有罪,吾死后矣。若杀不辜,将失其民,欲安,得乎?待命而已。受君之禄,是以聚党。有党而争命,罪孰大焉。"

壬午日,胥童、夷阳五率八百甲士,将攻郤氏。长鱼矫说无用动众,晋厉使宠人清沸魋①协助。二人抽戈扭在一起,伪装成打架诉讼。三郤将在讲武榭裁断。

三郤各居其位,长鱼矫用戈杀驹伯、苦成叔于其位。温季说:"逃威也。"快步奔向车乘。长鱼矫追至车边,用戈杀郤至。

三郤之尸皆陈于朝。

胥童率甲士劫栾书和中行偃于朝。

长鱼矫说:"不杀二子,忧必及君。"

晋厉公说:"一朝而尸三卿,余不忍益也。"

---

①魋 tuí

长鱼矫说:"人将忍君。臣闻乱在外为奸,在内为轨。御奸以德,御轨以刑。不施惠而杀,不可谓德;臣逼而不讨,不可谓刑。德、刑不立,奸、轨并至。臣请行。"遂出奔狄。

晋厉公使人对栾书和荀偃说:"寡人有讨于郤氏,郤氏既伏其罪矣。大夫无辱,其复职位。"

二人再拜稽首,说:"君讨有罪,而免臣于死,君之惠也。二臣虽死,敢忘君德?"乃各自回家。

晋厉公使胥童为卿。

厉公在匠丽氏家游玩,栾书、中行偃执厉公。

二人召士匄,士匄推辞。士匄即范匄。

召韩厥,韩厥也推辞,说:"弑君以求威,非吾所能为也。威行为不仁,事废为不智,享一利亦得一恶,非吾所务也。昔吾畜于赵氏,孟姬之谗,吾能违兵。古人有言曰:'杀老牛,莫之敢尸。'而况君乎?二三子不能事君,焉用厥也?"

中行偃欲伐韩厥,栾书说:"不可。其身果而辞顺。顺无不行,果无不彻,犯顺不祥,伐果不克。夫以果戾顺行,民不犯也,吾虽欲攻之,其能乎?"

闰月乙卯日,晦,栾书、中行偃杀胥童。

来年,前573年,正月初五,庚申日,晋栾书、中行偃使程滑弑晋侯州蒲,谥厉,葬之于翼城东门之外,只用一乘陪葬。

南宫适①问于孔子曰:"羿善射,奡②荡舟,俱不得其死然。禹、稷躬稼而有天下。"夫子不答。南宫适出,子曰:"君子哉若人!尚德哉若人!" ——《论语》

栾书、中行偃使荀䓨、士鲂如京师迎孙周。孙周是晋襄公的

---

①适 kuò ②奡 ào

曾孙，其祖父公子捷是晋襄公的季子，避难于周都。孙周之父是公孙谈，谈之长子智障，不辨豆麦，故不可立。此时，孙周十四岁。

孙周在京师事单襄公，立无跛，视无还，听无耸，言无远。言敬必及天，言忠必及意，言信必及身，言仁必及人，言义必及利，言智必及事，言勇必及制，言教必及辩，言孝必及神，言惠必及和，言让必及敌。晋国有忧未尝不戚，有庆未尝不怡。

单襄公病后，对其子单顷公说："必善晋周，将得晋国。其行也文，能文则得天地。天地所胙，小而后国。夫敬，文之恭也；忠，文之实也；信，文之孚也；仁，文之爱也；义，文之制也；智，文之舆也；勇，文之帅也；教，文之施也；孝，文之本也；惠，文之慈也；让，文之材也。象天能敬，率意能忠，思身能信，爱人能仁，利制能义，事建能智，率义能勇，施辩能教，昭神能孝，慈和能惠，推敌能让。此十一者，夫子皆有焉。

"天六地五，数之常也。经之以天，纬之以地，经纬不爽，文之象也。文王质文，故天胙之以天下。夫子被之矣，其昭穆又近，可以得国。且夫立无跛，正也；视无还，端也；听无耸，成也；言无远，慎也。夫正，德之道也；端，德之信也；成，德之终也；慎，德之守也。守终纯固，道正事信，明令德矣。慎成端正，德之相也。为晋休戚，不背本也。被文相德，非国何取？"

天六地五：天有六气，为阴、阳、风、雨、晦、明；地有五行，为金、木、水、火、土。

    长古之善为士者，必微弱玄达，深不可识。是以为之容：豫乎若冬涉川，犹乎其若畏四邻；严乎其若客，涣乎其若释；敦乎其若朴，沌乎其若浊。孰能浊以静者，将徐清；孰能安以往者，将徐生。保此道者不欲尚盈。

——《老子》

正月十五,庚午日,晋诸大夫迎之于清原。

周子说:"孤始愿不及此,孤之及此,岂非天乎?抑人之有元君,将禀命焉。若禀而弃之,是焚谷也。其禀而不材,是谷不成也。谷之不成,孤之咎也;成而焚之,二三子之虐也。孤欲长处其愿,出令将不敢不成。二三子为令之不从,故求元君而访焉。孤之不元,废也,其谁怨?元而以虐奉之,二三子之制也。若欲奉元以济大义,将在今日;若欲暴虐以离百姓,反易民常,亦在今日。图之进退,愿由今日。"

诸大夫回答:"君镇抚群臣而大庇荫之,无乃不堪君训而陷于大戮,以烦刑、史,辱君之允令,敢不承业。"

姬周与诸大夫立盟后入城,住在伯子同氏家。

正月二十六,辛巳日,在武宫朝见,放逐不合臣道者七人。

二月乙酉日,朔,晋悼公在朝廷即位。新君即位一般在先君去世的来年正月初一。晋厉公正月初被弑,悼公非厉公嗣子,无须守丧,不必等到来年即位,故换月即位。

定百事,立百官,举贤良,兴旧族,荐有德,施恩惠,舍劳役,免欠债,助鳏寡,养老幼,济乏困,救灾患,禁淫邪,薄赋敛,毕故刑,节器用。年过七十者,姬周亲见之,称"王父",示不敢不承其教。任命魏锜之子魏相、士会之子士鲂、魏颗之子魏颉、赵武为卿。

使魏相将下军,说:"邲之役,魏锜佐知庄子于上军,获楚公子穀臣与连尹襄老,以免子羽。鄢之役,亲射楚君而败楚师,以定晋国,而无后,其子孙不可不崇也。"子羽,荀䓨字。"魏锜佐知庄子于上军"有误,邲之役,知庄子为下军大夫。

使士鲂将新军,说:"武子之季,文子之母弟也。武子宣法以定晋国,至于今是用。文子勤身以定诸侯,至于今是赖。夫二子之德,其可忘乎?"士鲂:士会季子,士燮母弟。

使魏颉为新军佐,说:"昔克潞之役,秦来图败晋功,魏颗以其身却退秦师于辅氏,亲止杜回,其勋铭于景公之钟。至于今不育,

378

其子不可不兴也。"

临下以简,御众以宽;罚弗及嗣,赏延于世。
——《尚书》

任命荀家、荀会、栾黡、韩无忌为公族大夫,教训卿之子弟恭俭孝悌。说:"荀家惇惠,荀会文敏,黡也果敢,无忌镇静,使兹四人者为之。夫膏粱之性难正也,故使惇惠者教之,使文敏者导之,使果敢者谂①之,使镇静者修之。惇惠者教之,则遍而不倦;文敏者导之,则婉而入;果敢者谂之,则有过不隐;镇静者修之,则性情专一。"栾黡是栾书之子,韩无忌是韩厥之子。

孔子曰:"志于道,据于德,依于仁,游于艺。"
——《论语》

(笔者释:游,指游刃有余。游于艺,即精通于艺,当时有六艺:礼、乐、射、御、书、数。)

晋悼公知士贞子博闻通古,善于教诲,而命其为太傅,且使之修范武子之法。

知右行辛擅长计算,命其为司空,使之修士芳之法。

知栾纠善驾车以协调军政,使之管理戎车,主管马的校正归他管,训练御者知义。

知荀宾有勇力而不粗暴,使之为车右,车右之官司士归他管理,训练勇力之士待时而用。规定卿无专职御者,立军尉兼任。

知祁奚果敢而不放纵,命其为中军尉。知羊舌职聪慧敏捷,使之佐祁奚。

知魏绛勇而不乱,使之为中军司马。知张老智而不诈,使之

---

①谂 shěn

为中军候奄。知铎遏寇恭敬而信实,使之为上军尉。知籍偃恪守旧职而恭敬,使之为上军司马,训练卒乘协调一致,听从命令。知程郑端而不淫,且好谏而不隐,使之为乘马御,管理晋侯各车的驾驭者,训练御者知礼。魏绛:魏犨季子。

所任之官皆为受人赞誉者。举不失职,官不易方,爵不逾德,师不陵正,旅不逼师,民无谤言,故晋国再次成为诸侯霸主。

> 维此惠君,民人所瞻。秉心宣犹,考慎其相。维彼不顺,自独俾臧,自有肺肠,俾民卒狂。
>
> ——《诗经》之《大雅·桑柔》

第七十五回　齐国佐直言招祸　晋联军救宋伐郑

齐顷公于前 582 年七月去世,太子环继位,为齐灵公。

庆克私通齐灵公之母声孟子,穿妇人衣与妇人蒙头乘辇进入宫中。鲍叔牙曾孙鲍牵见此,告知国武子国佐,国武子召庆克谈及此事。庆克因此久不出门,使人转告声孟子,说:"国子谪我。"声孟子发怒。

> 彼采葛兮,一日不见,如三月兮。
> 彼采萧兮,一日不见,如三秋兮。
> 彼采艾兮,一日不见,如三岁兮。
> ——《诗经》之《王风·采葛》

前 574 年夏,国佐相齐灵公参加诸侯柯陵盟会,高无咎、鲍牵留守。齐灵公返回,将到国都,高、鲍关闭城门,检查旅客。

声孟子诬陷说:"高、鲍将不纳君,而立公子角。国子知之。"公子角也是齐顷公之子。

七月壬寅日,齐灵公刖鲍牵,逐高无咎。高无咎奔莒,其子高弱以卢邑叛。齐人召鲍牵之弟鲍国于鲁,继鲍氏。

当初,鲍国离开鲍氏如鲁,为施孝叔家臣。施氏占卜决定家宰,匡句须吉。施氏家宰拥有百室之邑。施氏根据占卜结果,给匡句须邑,使之为家宰。匡句须让位给鲍国,还邑。

施孝叔说:"子实吉。"

匡句须说:"能与忠良,吉孰大焉。"

鲍国相施氏很忠心,故齐人立其继鲍氏。

仲尼读史至此,说:"鲍庄子之知不如葵,葵犹能卫其足。"

孔子曰:"邦有道,危言危行。邦无道,危行言逊。"

——《论语》

齐灵公使崔杼为大夫,使庆克辅佐,率师围卢。

这时,国佐跟随诸侯围郑,以国内有难为由,请先回国。国佐赶往卢邑,来到围卢的齐师中,杀庆克,以榖邑叛齐。齐灵公与国佐盟于徐关,而后复其职。

十二月,卢邑降服。齐灵公使国佐之子国胜告难于晋,并使其返回时待命于清。

来年,前573年,正月甲申日,晦,齐灵公召国佐到内宫议事,使士官华免在内宫之朝杀国佐。国佐之罪:违君命而擅离诸侯会,擅杀庆克,以榖叛。

齐灵公又使清地人杀国胜。国胜之弟国弱奔鲁,国佐支持者王湫奔莱。

齐灵公命庆克二子庆封、庆佐分别为卿、司寇。其后,齐灵公又使国弱返回,继国氏,因国氏之罪不至于绝嗣。

子路曰:"君子尚勇乎?"孔子曰:"君子义以为上。君子有勇而无义为乱,小人有勇而无义为盗。"

——《论语》

鲁成公得知晋人杀厉公,问:"臣杀其君,谁之过也?"

诸大夫无言以对。里革说:"君之过也。夫君人者,其威大矣。失威而至于杀,其过多矣。且夫君也者,将牧民而正其邪者也,若君纵私回而弃民事,民遍有慝无由省之,益邪多矣。若以邪临民,陷而不振,用善不肯专,则不能使,至于殄灭而莫之恤也,将安用之?桀奔南巢,纣踣①于京,厉流于彘,幽灭于戏,皆是术也。

---

①踣 bó

夫君也者,民之川泽也。君行而民从之,美恶皆君之由,民何能为焉。"

君者,民之源也。源清则流清,源浊则流浊。

——《荀子》

前573年春,鲁成公如晋朝新君。六月,鲁成公自晋返,晋范宣子如鲁聘,并拜谢鲁成公朝晋。范宣子:士匄。

君子说:"晋于是乎有礼。"

秋,杞桓公朝鲁,慰劳鲁成公,并问及晋国之情。鲁成公言及晋悼公之贤明。杞桓公于是急忙朝晋,并请通婚。

八月,邾宣公朝鲁,新即位而朝。鲁国筑鹿囿,不合时。

己丑日,鲁成公在路寝去世。

孔子曰:"上好礼,则民莫敢不敬。上好义,则民莫敢不服。上好信,则民莫敢不用情。" ——《论语》

因楚师在鄢陵兵败,前574年十二月,舒庸人引吴人围巢,伐驾,围厘、虺。舒庸恃吴而不设备。楚公子櫜率师袭舒庸,一举灭舒庸。

前573年六月,郑成公侵宋,直达宋都城门外。接着,会楚共伐宋,攻取朝郏。楚子辛、郑皇辰侵城郜,攻取幽丘,伐彭城,安置鱼石、向为人、鳞朱、向带、鱼府,并留下三百乘车卒戍守。

宋人为此担忧。

西鉏吾说:"何患也?若楚人与吾同恶,以德于我,吾固事之也,不敢贰矣,大国无厌,以我为边邑犹不足,此,吾患也。不然,其收吾所憎,使佐其政,以间吾衅,亦吾患也。今将崇奸,而分其地,以塞要道。使奸人逞而服者离,犯诸侯而威吴、晋。吾用多矣,非吾忧也。且事晋何为?晋必恤之。"

七月,宋老佐、华喜围彭城,老佐去世,未能攻克彭城。

十一月,楚子重率师救彭城,伐宋。宋华元如晋告急。

晋韩献子执政,说:"欲求得人,必先勤之。成霸安疆,自宋始矣。"

晋悼率师救宋,陈师台谷,遇楚师于宋靡角之谷,楚师撤还。

晋士鲂如鲁乞师。季文子问臧武仲出师之数。臧武仲是臧孙许之子臧孙纥①。

臧武仲说:"伐郑之役,知伯实来,下军之佐也。今彘季亦佐下军,如伐郑可也。事大国,无失班爵而加敬焉,礼也。"知伯是荀罃,彘季是士鲂。季文子从其言。

十二月,鲁孟献子率师与晋悼公、宋平公、卫献公、邾宣公、齐崔杼会于虚朾②,谋救宋。宋平公不敢烦劳诸侯,请只借用各国之师围彭城。

这时,已到安葬鲁成公之日。孟献子请先行回国葬成公。十二月丁未日,鲁国安葬成公。

前572年正月,鲁成公四岁之子姬午即位,为鲁襄公。

鲁孟献子与晋栾黡、宋华元、卫甯殖、曹人、莒人、邾人、滕人、薛人围彭城。彭城降晋,晋人带回占据彭城的宋五位大夫,置于瓠丘。

齐人未参与围彭城,晋人问罪。二月,齐太子光为质于晋。

五月,晋韩厥、荀偃率联军伐郑,进入郑外城,在洧水边击败郑步兵。这时,东方诸侯鲁、齐、曹、邾、杞之师驻扎在郑地鄫,等待晋师。晋师取胜后,率东方诸侯之师向南侵楚之焦、夷,又侵陈。晋悼公、卫献公驻于戚,作为后援。

秋,楚子辛救郑,侵宋之吕、留。郑子然侵宋,攻取犬丘。

---

①纥 hé ②朾 tīng

384

采采卷耳,不盈顷筐。嗟我怀人,置彼周行。

陟彼高冈,我马玄黄。我姑酌彼兕觥,维以不永伤。

——《诗经》之《周南·卷耳》

九月辛酉日,周简王驾崩,周灵王继位。

邾宣公如鲁朝,见鲁新君。

冬,卫子叔公孙剽、晋知武子荀罃如鲁聘。依礼,凡诸侯即位,小国之君前往朝见,大国使人聘问,以保持友好,互结信任,共谋大事,弥补缺失,为礼之大者。

前571年春,郑从楚命侵宋。夏,郑成公得病,子驷请息肩于晋。

郑成公说:"楚君以郑故,亲集矢于其目,非因他人,寡人也。若背之,是弃楚力与誓言,其谁昵我?免寡人,唯二三子。"

七月庚辰日,郑伯姬睔①去世,谥成。这时,子罕当国,子驷执政,子国为司马。三人皆郑穆之子。

晋师侵郑,郑大夫想从晋。子驷说:"官命未改。"因郑成公尚未下葬,郑僖公未开始发命。

晋荀罃、鲁仲孙蔑、宋华元、卫孙林父、曹人、邾人会于戚,谋划如何使郑国服从。

鲁孟献子说:"请城虎牢以逼郑。"

晋知武子荀罃说:"善。鄬之会,吾子闻崔子之言,今不来矣。滕、薛、小邾之不至,皆齐故也。寡君之忧不唯郑。罃将复于寡君,而请于齐。若齐得请而告,吾子之功也。若齐不得请,事将在齐。吾子之请,诸侯之福也,岂唯寡君赖之。"

鲁叔孙豹聘于宋,为新君通好。

冬,晋荀罃、鲁仲孙蔑、齐崔杼、宋华元、卫孙林父、曹人、邾

①睔 gùn

人、滕人、薛人、小邾人再会于戚。齐崔武子及滕、薛、小邾国之大夫皆与会,是知武子之言使齐人恐惧,遂带属国参会。

晋联盟城郑虎牢,郑人讲和。

孔子曰:"益者三乐,损者三乐。乐节礼乐,乐道人之善,乐多贤友,益矣。乐骄乐,乐佚游,乐宴乐,损矣。"

——《论语》

第七十六回　晋祁奚举仇举子　忠魏绛诛贵和戎

前570年,鲁襄公三年,春,襄公如晋,即位后首次朝晋。

夏,四月壬戌日,晋悼公与鲁襄公盟于晋郊长樗①。孟献子相,使六岁的小襄公向晋悼公稽首。

知武子说:"天子在,而君辱稽首,寡君惧矣。"

孟献子说:"以敝邑介在东表,密迩仇雠,寡君将君是望,敢不稽首?"

晋因郑服,且欲修与吴国之好,将会诸侯,使士匄告于齐。

士匄对齐人说:"寡君使匄,以岁之不易,不虞之不戒。寡君愿与一二兄弟相见,以谋不协。请君临之,使匄乞盟。"

齐灵公要不答应,又怕被责不协,乃与士匄盟于城外耏②水边。

> 菁菁者莪,在彼中沚。既见君子,我心则喜。
>
> 泛泛杨舟,载沉载浮。既见君子,我心则休。
>
> ——《诗经》之《小雅·菁菁者莪》

晋中军尉祁奚请告老,悼公问接替人选,祁奚推举解狐,解狐是祁奚仇人。晋悼公即将任命时,解狐去世。

晋悼公又问祁奚:"孰可?"

祁奚说:"臣之子午可。人有言曰:'择臣莫若君,择子莫若父。'午之少也,婉以从令,游有乡,处有所,好学而不戏。其壮也,强志而用命,守业而不淫。其冠也,和安而好敬,柔惠小物,而镇

---

①樗 chū　②耏 nài

定大事,有直质而无流心,非义不变,非上不举。若临大事,其可以贤于臣。臣请荐所能择,而君比义焉。"

此时,祁奚之佐羊舌职辞世,悼公又问祁奚:"孰可以代之?"

祁奚回答:"赤也可。"赤:羊舌职长子羊舌赤,字伯华。

于是,晋悼公使祁午为中军尉,羊舌赤为佐。

君子说:"祁奚于是能举善矣。称其仇,不为谄;立其子,不为比;举其佐,不为党。《商书》曰:'无偏无党,王道荡荡。'其祁奚之谓矣。解狐得举,祁午得位,伯华得官,建一官而三物成,能举善也夫。唯善,故能举其类。《诗》云:'惟其有之,是以似之。'祁奚有焉。"

  无偏无陂,遵王之义;无有作好,遵王之道;无有作恶,尊王之路。无偏无党,王道荡荡;无党无偏,王道平平;无反无侧,王道正直。 ——《尚书》

六月己未日,单顷公、晋悼公、鲁襄公、宋平公、卫献公、郑僖公、莒子、邾子、齐太子光盟于鸡泽。晋悼公使荀会迎吴君寿梦于淮水,因路远,吴寿梦未至。

这时,楚令尹子辛不断侵犯小国,陈成公不敢亲自与会,而使袁侨如会请和。晋悼公使和组父向诸侯通告陈国请和。七月戊寅日,鲁叔孙豹及诸侯之大夫与陈袁侨结盟。

其间,晋悼公之弟杨干扰乱军行,中军司马魏绛戮其御。

晋悼公得悉大怒,对羊舌赤说:"合诸侯,以为荣也。扬干为戮,何辱如之?必杀魏绛,无失也!"

羊舌赤说:"绛无贰志,事君不避难,有罪不逃刑,其将来辞。何辱命焉?"

话音刚落,魏绛已至,交书信给晋侯御臣,即欲伏剑。士鲂、张老急忙制止。

悼公读其信："日君乏使，使臣任司马。臣闻，师众以顺为武，军事有死无犯为敬。君合诸侯，臣岂敢不敬？君师不武，执事不敬，罪莫大焉。臣惧其死，以至扬干受辱，臣无所逃罪。臣不能致训，至于用钺。臣之罪重，敢不从戮，以怒君心？请归死于司寇。"

悼公看罢，跣^①足而出，说："寡人之言，亲爱也。吾子之讨，军礼也。寡人有弟，弗能教训，使干大命，寡人之过也。子无重寡人之过，敢以为请。"

晋悼因魏绛能以刑法安民，自盟会返，设礼招待，使之佐新军，填补魏颉去世后的空缺。使张老为中军司马，士富为候奄。

许灵公事楚，未参与鸡泽之会。冬，晋知武子率师伐许。

君子以见善则迁，有过则改。　　——《易传》

前569年夏，鲁叔孙豹如晋，回报襄公初年晋知武子之聘。

晋悼公设享礼，金钟奏夏代乐曲《肆夏》《韶夏》《纳夏》，又名《樊》《遏》《渠》，穆叔不拜谢。乐工歌《大雅》之《文王之什》前三篇《文王》《大明》《绵》，穆叔仍不拜谢。乐工歌《小雅》之《鹿鸣之什》前三篇，叔孙豹三次拜谢。穆叔：叔孙豹。

享礼结束，韩献子使行人子员问穆叔，说："子以君命，辱于敝邑。先君之礼，藉之以乐，以辱吾子。吾子舍其大不答，而重拜其细，敢问何礼也？"

叔孙豹说："寡君使豹来继先君之好，君以诸侯之故，贶使臣以大礼。三《夏》，天子所以享元侯也，使臣弗敢与闻。《文王》，两君相见之乐也，使臣不敢及。臣以为肄业及之，故不敢拜。《鹿鸣》，君所以嘉寡君也，敢不拜嘉？《四牡》，君所以劳使臣也，敢不重拜？《皇皇者华》，君教使臣曰：'每怀靡及，诹、谋、度、询，必咨于周。'敢不拜教？臣闻之：'访问于善为咨，忠信为周，咨政事为诹，咨

---

① 跣 xiǎn

患难为谋,咨礼宜为度,咨亲之义为询。'君贶使臣以大礼,重之以六德,敢不再拜?"

> 皇皇者华,于彼原隰。駪①駪征夫,每怀靡及。
> 我马维驹,六辔如濡。载驰载驱,周爰咨诹。
> 我马维骐,六辔如丝。载驰载驱,周爰咨谋。
> 我马维骆,六辔沃若。载驰载驱,周爰咨度。
> 我马维骃,六辔既均。载驰载驱,周爰咨询。
> ——《诗经》之《小雅·皇皇者华》

这年冬,山戎无终国君嘉父使孟乐如晋,通过魏绛向晋悼公献虎豹之皮,请晋与诸戎讲和。

晋悼公说:"戎狄无亲而贪,不如伐之。"

魏绛说:"诸侯新服,陈新来和,皆观于我。我德则睦,否则携贰。劳师于戎,而楚伐陈,必弗能救,是弃陈也,诸华必叛。获戎失华,无乃不可乎?《夏训》有之,曰:'有穷后羿。'"

晋悼公问:"后羿何如?"

魏绛说:"昔有夏之方衰也,后羿自鉏迁于穷石,因夏民以代夏政。恃其射也,不修民事,而淫于田兽。弃贤臣武罗、伯因、熊髡、龙圉,而用寒浞②。寒浞,北海寒国君伯明氏之谗子弟也,伯明弃之,夷羿收之,信而用之,以为己相。

"寒浞行媚于内宫,而施赂于外,愚弄其民,而娱羿于田,树之诈慝,以取其国家,外内咸服。羿犹不悛,将归自田,家众杀而烹之,以食其子。其子不忍食,死于穷国门。夏臣靡奔有鬲③国。寒浞取羿内室,生浇及豷④,恃其谗慝诈伪,而不施德于民。使浇率师,灭夏同姓国斟灌及斟寻氏。浇居于过,豷居于戈。

---

①駪 shēn ②浞 zhuó ③鬲 gé ④豷 yì

"靡自有鬲氏,收二国遗民,以灭寒浞而立少康。少康灭浇于过,少康子后杼灭豷于戈。有穷氏由是遂亡,失人之故也。"

后羿:夏朝有穷国之君。

魏绛继续说:"昔周辛甲之为武王太史也,命百官,官箴王阙。于《虞人之箴》,曰:'芒芒禹迹,画为九州,经启九道。民有寝庙,兽有茂草,各有攸处,德用不扰。在帝夷羿,冒于原兽,忘其国恤,而思其麀牡。武不可重,用不恢于夏家。兽臣司原,敢告仆夫。'《虞箴》如是,可不引以为戒乎?"兽臣,即虞人。敢告仆夫:不敢说戒尊者,而说戒尊者之仆。

当时,晋悼公好田猎,故魏绛以后羿之事劝诫。

悼公问:"然则,莫如和戎乎?"

魏绛说:"和戎有五利焉:戎狄逐草而居,贵货轻土,土可贾焉,一也;边境无惧,民安其野,稼穑有成,二也;戎狄事晋,四邻振动,诸侯威怀,三也;以德绥戎,师徒不动,兵甲不顿,四也;鉴于后羿,而用德度,远至迩安,五也。君其图之。"

晋悼公喜,使魏绛与诸戎结盟,致力于民事,田猎不失时。

> 嘉言罔攸伏,野无遗贤,万邦咸宁。稽于众,舍己从人,不虐无告,不废困穷。　　——《尚书》

《史记》认为少康是夏后相之子。笔者有不同看法。

魏绛所言在《左传·襄公四年》:"羿犹不悛,将归自田,家众杀而亨之,以食其子。其子不忍食诸,死于穷门。靡奔有鬲氏。浞因羿室,生浇及豷,恃其谗慝诈伪,而不德于民。使浇用师,灭斟灌及斟寻氏。处浇于过,处豷于戈。靡自有鬲氏,收二国之烬,以灭浞而立少康。少康灭浇于过,后杼灭豷于戈。"

而《哀公元年》,夫差要答应越人的求和,伍员反对讲和,以少康复仇恢复夏朝劝谏,说:"昔有过浇杀斟灌以伐斟鄩,灭夏后相。后缗方娠,逃出自窦,归于有仍,生少康焉……使女艾谍浇,使季杼诱豷,遂灭过、戈,复禹之绩。"

按伍员所言,少康是夏后相的遗腹子,少康复夏,基本上靠自己的吃苦和努力。而魏绛未言及少康是谁之子,少康复夏有夏朝遗臣靡的努力。

若伍员之"使季杼诱豷"中的"季杼"是少康之子,则夏朝失政时间就很长:后羿篡位若干年被寒浞所灭;寒浞之子生长成人,能灭别国;少康出生长大成人;后杼出生长大成人。

《史记·夏本纪》:"夏后帝启崩,子帝太康立。帝太康失国,昆弟五人,须于洛汭,作五子之歌。太康崩,弟中康立,是为帝中康。帝中康时,羲、和湎淫,废时乱日。胤往征之,作胤征。中康崩,子帝相立。帝相崩,子帝少康立。"司马迁取了少康是帝相之子的说法,但未提及是遗腹子,对夏朝被篡位也只字未提。

笔者认为,少康可能是太康、仲康少弟。夏帝无谥号,"康"是名,太、仲、少是排行。伍员可能为了劝说夫差,而设计了一个相似的情景,编造了少康是遗腹子。而魏绛所言来自《夏训》。

《尚书·五子之歌》:"太康尸位以逸豫,灭厥德,黎民咸贰……有穷后羿因民弗忍,距于河。厥弟五人御其母以从,徯于洛之汭。五子咸怨,述大禹之戒以作歌。"据此可知,太康至少有五个弟弟。太康田猎无度,十旬不返,失德失民,后羿就有了反心,阻止太康返回。

后羿并未灭夏帝。按《古本竹书纪年》:"太康居斟寻",

"帝相即位,处商丘","相居斟灌"。

据此可知,太康兄弟住在斟寻,在此,太康传仲康,仲康传相,相迁居帝丘,又迁居斟灌。这期间,后羿取代了夏政,然后,被寒浞所灭,若干年后,寒浞之子浇灭二斟国,灭了相。也许,相无子或子年幼,故靡立了太康少弟少康。这时的少康是可以有成年儿子的。这样,夏朝失政的时间可以只有十几年。

《左传·僖公三十一年》:"卫成公梦康叔曰:'相夺予享'。公命祀相。"也许,并不仅仅是相在此居住过,可能相并无自己的后裔。甯武子说:"杞、鄫何事?"是说夏禹的后裔祭祖时,所有夏先帝都可以一起享用。

孔子曰:"学而不思则罔,思而不学则殆。"

——《论语》

第七十七回　莱共公倚齐失国　莒犁比败鲁灭鄫

前571年春,齐灵公伐莱。莱人使正舆子精选马、牛各百匹,贿赂齐侯宠宦夙沙卫。齐师撤回。

五月庚寅日,鲁成公夫人齐姜去世。

齐姜是齐灵之女。齐灵使出嫁的宗女和同姓大夫之妻皆如鲁送葬。召莱子,莱子不见,故齐侯使晏弱城东阳以逼莱。

前568年四月,晏弱借口城东阳,转而围莱。甲寅日,环莱都堆积土山,高达莱城墙垛。

来年,前567年,三月乙未日,王湫率师与莱大夫正舆子、棠邑人救莱都,与齐师交战,败于齐人。丁未日,齐师入莱。莱共公浮柔奔棠,正舆子、王湫奔莒,莒人杀二人。

四月,陈无宇献莱宗器于齐襄公庙。陈无宇是陈完玄孙。

十一月,晏弱围棠,丙辰日,齐人灭棠,迁莱共公于小邾国,使之寄居以终。高厚、崔杼划定疆界。高厚是高固之子。莱国被灭,是由于太过倚恃齐寺人夙沙卫。

孔子曰:"不患人之不己知,患不知人也。"

——《论语》

前569年冬,鲁襄公如晋听政,晋悼公宴享客人。鲁襄公请以鄫为鲁属国,晋悼公不许。

孟献子说:"以寡君之密迩于仇雠,而愿固事君,无失官命。鄫无赋于司马,为执事朝夕之命敝邑,敝邑褊小,阙而为罪,寡君是以愿借助焉。"

晋悼公应许鲁国之请。

十月,邾人、莒人伐鄫。鲁臧纥率师救鄫,侵邾,在狐骀①被邾人击败。因死者甚众,不及备丧服,鲁人迎丧者皆用髽②,即只以麻和发合结。此后,鲁人丧事用髽成为习俗。

国人诵唱:"臧之狐裘,败我于狐骀。我君小子,朱儒是使。朱儒朱儒,使我败于邾。"

　　庶见素冠兮,棘人栾栾兮。劳心慱③慱兮。
　　庶见素衣兮,我心伤悲兮。聊与子同归兮。
　　庶见素韠④兮,我心蕴结兮。聊与子如一兮。
　　　　　　　　　　——《诗经》之《桧风·素冠》

前568年春,鲁襄公自晋回至鲁。

周灵王使王叔陈生如晋告戎侵陵周室,晋人执王叔。士鲂前往京师,以王叔贰于戎告知王室。

夏,叔孙豹与鄫太子巫如晋,完成鄫作为鲁属国的手续。

吴君寿梦使大夫寿越如晋,说明未能参与鸡泽相会之故,并请与诸侯结好。晋人将为之合诸侯,因晋国路远,而使鲁、卫先会吴使者,并告之会期。故鲁孟献子、卫孙文子会吴人于善道。

九月丙午日,晋悼公、鲁襄公、宋平公、陈哀公、卫献公、郑僖公、曹成公、莒犁比公、邾宣公、滕悼公、薛伯、齐太子光、吴人、鄫人会于戚。此会主要为会吴人,并命诸侯成陈。

因以鄫为属国于鲁不利,叔孙豹使鄫大夫参会听盟主之命。

　　孔子曰:"可与共学,未可与适道。可与适道,未可与立。可与立,未可与权。"　　　　——《论语》

　　(笔者释:可以一起学习的人,未必可以共同追求道;可以共同追求道的人,未必能确立共同的志向。

---

①骀 tāi　②髽 zhuā　③慱 tuán　④韠 bì

然而颇为费解处是"可与立,未可与权",共同追求道,又确立了共同志向的人,为什么不一定能同样处理好一件事情呢?比如,出现礼未规定的情况,该怎么做呢?礼规定平时不可与嫂子拉手,但嫂子掉入井里时怎么办?僧人平时不近女色,遇到女子无法过河,怎么办?这时,需要"权","权"的正确结果是:把嫂子拉上来,把女子背过河。"权"的默认价值是以人为本的大道,是高于礼的道、德、仁、义。)

十二月辛未日,鲁正卿季文子去世。鲁襄公亲临入敛。家宰收集家中器具作葬具,无衣帛之妾,无食粟之马,无藏金玉,无重器备。君子因此知季文子对公室之忠,相三君,而无私积,可不是忠吗?

孔子曰:"赐也,汝以予为多学而识之者与?"对曰:"然,非与?"曰:"非也,予一以贯之。" ——《论语》

前567年秋,莒灭鄫,因鄫人恃其对晋、鲁有赂,而轻莒。
冬,晋人责鲁,说:"何故亡鄫?"
季武子如晋告之以为卿,并为亡鄫致歉听命。季武子:季文子之子季孙宿。

离之旅:履错然,敬之,无咎。 ——《易经》

鲁穆叔如邾聘,为两年前之战事修好。
前566年四月,鲁国三次为郊祭占卜,均不吉,便不用牺牲。
孟献子说:"吾乃今而后知有卜筮。夫郊,祀后稷,以祈农事也。是故,启蛰而郊,郊而后耕。今既耕而卜郊,宜其不从也。"
南遗为季氏费邑宰。叔仲昭伯为鲁隧正,管理徒役,欲交好季氏而求媚于南遗,对南遗说:"请城费,吾多与尔役。"故季氏城费。叔仲昭伯:叔仲惠伯之孙叔仲带。

贲之大畜:贲其须。　　　　　——《易经》

秋,季武子如卫,报子叔之聘,并说明缓报之故,非有贰心。

冬,卫献公使孙文子如鲁聘,拜谢季武子之言,并寻孙桓子与鲁之盟。

鲁襄公登阶,孙文子并行登阶。

叔孙穆子相礼,快步上前,说:"诸侯之会,寡君未尝后卫君。今吾子不后寡君,寡君未知所过。吾子其少安。"依礼,诸侯并行登阶,臣在君后。穆:叔孙豹谥号。

孙子无言辞,亦无悛容。

穆叔说:"孙子必亡。为臣而君,过而不悛,亡之本也。《诗》曰:'退食自公,委蛇委蛇。'谓顺从者也。横而委蛇,必折。"

孔子曰:"已矣乎!吾未见能见其过而内自讼者也。"　　　　　——《论语》

莒人伐鲁东境,整理鄫田疆界。

十月,晋韩献子将告老,其长子韩无忌是公族大夫,有残疾,韩献子将立其继卿位。

韩无忌推辞,说:"《诗》曰:'岂不夙夜,谓行多露。'又曰:'弗躬弗亲,庶民弗信。'无忌不才,让,其可乎? 请立起也。起与田苏游,而曰好仁。《诗》曰:'靖共尔位,好是正直。神之听之,介尔景福。'恤民为德,正直为正,正曲为直,参和为仁。如是,则神听之,大福降之。立之,不亦可乎?"韩起:无忌弟。田苏,晋贤人。

韩厥请晋悼公立韩起,庚戌日,使韩起朝悼公,韩厥告老。

晋悼公认为韩无忌有仁德,使之掌管公族大夫。

孔子曰:"当仁,不让于师。"　　　　　——《论语》

第七十八回　陈哀公进退维谷　郑简公跋前疐后

楚公子申为右司马，多受小国之赂，并威逼子重、子辛，前571年冬，楚人杀子申。

前570年春，楚子重率师伐吴，精练士卒，攻克鸠兹，直至衡山。接着，使邓廖率组甲三百、被练三千侵吴都。吴人腰截楚师，分而击之，擒获邓廖。楚师只剩组甲八十、被练三百逃回。

子重回国，在祖庙汇报并庆祝攻取吴二邑。

隔三日，吴人伐楚，取驾。驾是楚良邑；邓廖是楚良人。子重所获不如所亡，楚人因此怪罪，子重忧患成疾而死。

> 师之升：师或舆尸，凶。　　　　——《易经》

因陈国叛楚从晋，冬，楚司马公子何忌率师侵陈。至来年春，楚师仍驻扎在繁阳。

晋韩献子为此担忧，在朝廷说："文王率殷之叛国以事纣，唯知时机未到也。今我易之，未能服楚而受陈，难哉。"

前569年三月己酉日，陈成公妫午去世。楚人正要伐陈，闻丧而止，向陈人提出要求。陈人不从楚命。

鲁臧武仲听闻，说："陈不服于楚，必亡。大国行礼焉，而不服，在大犹有咎，而况小乎？"

夏，楚彭名侵陈，因陈无礼。楚人使顿人伺机侵陈，冬，陈人围顿。

前568年，秋，楚人追究陈背叛之故，说："由令尹子辛实侵欲焉。"乃杀子辛。

君子说楚共:"于是不刑。《诗》曰:'周道挺挺,我心扃①扃,讲事不令,集人来定。'己则无信,而杀人以逞,不亦难乎?《夏书》曰:'成允成功。'"

股肱喜哉,元首起哉,百工熙哉。元首明哉,股肱良哉,庶事康哉。元首丛脞②哉,股肱惰哉,万事堕哉。

——《尚书》

楚共使子囊为令尹。

晋范宣子说:"我丧陈矣。楚人讨贰而立子囊,必改子辛之行,而速讨陈。陈近于楚,民朝夕急,能无往乎?有陈,非吾事也。无之而后可。"

冬,晋联军戍陈。楚子囊伐陈。

十一月甲午日,晋悼公、鲁襄公、宋平公、卫献公、郑僖公、曹成公、齐太子光会于城棣,救陈。

前566年冬,楚令尹子囊率师围陈。

十二月,晋悼公、鲁襄公、宋平公、陈哀公、卫献公、曹成公、莒犁比公、邾宣公会于郑地鄬③,谋救陈。

陈人因被楚围而担忧,二执政大夫庆虎、庆寅对楚人说:"吾使公子黄往,尔执之。"公子黄是陈哀公之弟。

二庆使公子黄请楚人撤师,楚人执之。

二庆使人如鄬报告陈哀公,说:"楚人执公子黄矣。君若不来,群臣不忍社稷宗庙,惧有二图。"

陈哀公瞒着诸侯逃回国。

瞻彼中林,牲④牲其鹿。朋友已谮,不胥以榖。人亦有言:进退维谷。　　——《诗经》之《大雅·桑柔》

————————
①扃 jiǒng　②脞 cuǒ　③鄬 wéi　④牲 shēn

郑僖公髡顽也前往鄬地参加诸侯会。

郑僖公尚为太子时，与子罕同往晋国，对子罕无礼。又与子丰同往楚国，也对子丰无礼。即位之年，朝于晋，子丰要向晋国控告而废之，子罕劝阻子丰。

这次前往参会，子驷相，郑僖公又对子驷无礼。侍者进谏，郑僖公不听；再次进谏，郑僖公杀侍者。子罕、子丰、子驷皆郑穆之子，郑襄之弟，郑成公叔父，郑僖公叔祖父。

丙戌日，到达鄵①，子驷使人夜间杀郑僖公，而以疟疾赴告于诸侯。郑僖公之子嘉五岁，子驷立之为君，为郑简公。

郑襄、郑成的群公子因僖公被杀，谋去子驷。子驷先下手。

前565年，四月庚辰日，子驷捏造罪名，杀子狐、子熙、子侯、子丁。子狐之子孙击、孙恶奔卫。

为求媚于晋，庚寅日，郑子国、子耳侵蔡，俘获蔡司马公子燮。郑人大喜，唯子产不附和众人。子产：子国之子公孙侨。

子产说："小国无文德，而有武功，祸莫大焉。楚人来讨，能勿从乎？从之，晋师必至。晋、楚伐郑，自今，郑国不四、五年，弗得宁矣。"

子国发怒，说："尔何知！国有大命，而有正卿。童子言焉，将为戮矣！"

> 不知而言，不智；知而不言，不忠。——《韩非子》

五月甲辰日，晋人颁布朝聘应献之数，使诸侯之大夫到会听命。晋侯、郑伯、鲁季孙宿、齐高厚、宋向戌、卫甯殖、邾大夫会于邢丘。郑简公献蔡俘，故亲自听命。

前565年冬，楚子囊率师伐郑，讨其侵蔡。

---

① 鄵 cào

郑子驷、子国、子耳要从楚,子孔、子蟜、子展要待晋人。子耳、子蟜、子展皆郑穆公孙,子耳是公子去疾之子公孙辄,子蟜是公子偃之子公孙虿,子展是公子喜之子公孙舍之。

子驷说:"《周诗》有之,曰:'俟河之清,人寿几何?兆云询多,职竞作罗。'谋之多族,民之多违,事滋无成。民急矣,姑从楚以纾吾民。晋师至,吾又从之。敬供币帛,以待来者,小国之道也。牺牲、玉帛,待于二境,以待强者而庇民焉。寇不为害,民不疲困,不亦可乎?"

子展说:"小所以事大,信也。小国无信,兵乱日至,亡无日矣。五会之信,今将背之,虽楚救我,将安用之?亲我者,无成;鄙我者,欲与。不可从也,不如待晋。晋君方明,四军无阙,八卿和睦,必不弃郑。楚师辽远,粮食将尽,必将速归,何患焉?舍之闻之:'杖莫如信。'坚守以疲楚,杖信以待晋,不亦可乎?"

子驷说:"《诗》云:'谋夫孔多,是用不集。发言盈庭,谁敢执其咎?如匪行迈谋,是用不得于道。'请从楚,騑也受其咎。"

于是,郑与楚讲和,使大夫王子伯骈告于晋,说:"君命敝邑:'修尔车赋,儆尔师徒,以讨乱逆。'蔡人不从,敝邑之人,不敢宁处,悉索敝赋,以讨于蔡,获司马燮,献于邢丘。今楚来讨,曰:'汝何故举兵于蔡?'焚我郊堡,侵陵我城郭。敝邑之众,夫妇男女,不遑启处,以相救也。翦焉倾覆,无所控告。民死亡者,非其父兄,即其子弟,人人愁痛,不知所庇。民知穷困,而受盟于楚,孤也与其二三臣不能禁止。不敢不告。"

晋知武子使行人子员应答,说:"君有楚命,亦不使一介行李告于寡君,而即安于楚。君之所欲也,谁敢违君?寡君将率诸侯以见于城下,唯君图之!"

狼跋其胡,载疐①其尾。公孙硕肤,赤舄几几。
狼疐其尾,载跋其胡。公孙硕肤,德音不瑕。
——《诗经》之《豳风·狼跋》

晋范宣子如鲁聘,且拜谢襄公朝晋,并告之将用师于郑。鲁襄公宴享范宣子。

范宣子赋《召南》之《摽②有梅》:"摽有梅,其实七兮。求我庶士,迨③其吉兮。"以果熟即落,士求女宜及时,暗示鲁国应及时同伐郑。

季武子说:"谁敢不及时哉。今譬于草木,寡君在君,君之嗅味也。欢以承命,何时之有?"

武子说完,赋《小雅》之《角弓》:"骍骍角弓,翩其反矣。兄弟婚姻,无胥远矣。"

客人将出,季武子又赋《小雅》之《彤弓》:"彤弓弨兮,受言藏之。我有嘉宾,中心贶之。钟鼓既设,一朝飨之。"

范宣子士匄说:"城濮之役,我先君文公献功于衡雍,受彤弓于襄王,以为子孙藏。匄也,先君守官之嗣也,敢不承命?"

《彤弓》是天子赐有功诸侯之诗,季武子之意祝晋君继文公之业。范宣子提及先君受赐之功,君子认为知礼。

孔子谓伯鱼曰:"汝为《周南》《召南》矣乎?人而不为《周南》《召南》,其犹正墙面而立也与?"——《论语》

---

①疐 zhì ②摽 biāo ③迨 dài

第七十九回　秦景公乞师伐晋　鲁襄公借桃束冠

前564年夏,季武子如晋,回报范宣子之聘。

五月辛酉日,鲁成公之母、宣公夫人穆姜死于东宫。

当初,穆姜要废季、孟,以废成公相逼。于是,成公逐侨如,迁穆姜至东宫。迁入之时,穆姜筮卦问吉凶,遇《艮》之八。

太史说:"是谓《艮》之《随》。随其出也。君必速出。"

穆姜说:"无。是于《周易》曰:'随,元、亨、利、贞,无咎。'元,体之长也;亨,嘉之会也;利,义之和也;贞,事之干也。体仁足以长人,嘉德足以合礼,利物足以和义,贞固足以干事。然,故不可诬也,是以,虽随无咎。今我妇人,而与于乱。固在下位,而有不仁,不可谓元;不靖国家,不可谓亨;作而害身,不可谓利;弃位而姣,不可谓贞。有四德者,随而无咎。我皆无之,岂随也哉?我则取恶,能无咎乎?必死于此,弗得出矣。"

> 节之需:不节若,则嗟若,无咎。　　——《易经》

《艮》之八,未必是《艮》之《随》。

笔者对晚商至战国的数字卦做了统计、分析,并按多种筮法筮卦,进行对比,对不同筮法进行理论计算,与出土卦比较,得出晚商至战国筮法为:天地之数五十五,为筮卦用总策数,挂一、分二、揲①四、置余、五变而成卦。中间三变各挂一,喻日、月、星;分二、置余、五变,喻五岁再闰;揲之以四喻四时。五变后,左、右揲得四策之组数和即为筮数,可得

---

①揲 shé

筮数为：九、八、七、六、五、四。完成以上步骤，可得一个筮数，重复六遍，可得一个六位卦。

因每个筮数出现的概率并不相同，而有高频筮数和低频筮数。出现概率最高的筮数为七、六，其次是八。出现低频筮数时，假设该筮数的奇偶发生转换，据此形成的卦称为"之卦"。

《艮》之《随》，初、三、四、五、上，五个爻位皆为低频筮数，既有单数，又有双数，称"《艮》之八"说不通。也许，《艮》之八是《艮》的四个双数均为筮数八，且此种情况与双数筮数均为六看做相同，即按本卦来解。而《艮》的卦辞为："艮其背，不获其身；行其庭，不见其人，无咎。"这样的卦辞对于穆姜会是很大的刺激。太史为了安慰穆姜，就拿"随"来说。穆姜知太史安慰自己，就顺着太史的话，拿随卦的卦辞结合自己之行为来分析。

孔子曰："加我数年，五、十，以学《易》，可以无大过矣。"
——《论语》

秦景公使士雃①如楚乞师，将伐晋，楚共许师。

子囊说："不可。当今吾不能与晋争。晋君类能而使之，举不失选，官不易方。其卿让于善，其大夫不失职守，其士竞于教，其庶人力于农穑。商、工、皂、隶，各乐其业。韩厥老矣，知罃禀焉以为政；范匄少于中行偃，而荀偃上之，使佐中军。韩起少于栾黡，而栾黡、士鲂上之，使佐上军。魏绛多功，以赵武为贤而为之佐。晋君明臣忠，上让下竞。当是时也，晋不可敌，事之而后可。君其图之。"

---

①雃 jiān

404

楚共公说:"吾既许之矣。虽不及晋,必将出师。"

秋,楚共驻师武城为秦援,秦人侵晋。晋国饥荒,未能还击。

师之解:师左次,无咎。　　——《易经》

冬,十月,晋悼公、鲁襄公、宋公、卫侯、曹伯、莒子、邾子、滕子、薛伯、杞伯、小邾子、齐世子光伐郑。

庚午日,鲁季武子、齐崔杼、宋皇郧率师跟随晋知䓨、士匄所率晋中军攻郑城门鄟①门。卫北宫括、曹人、邾人跟随晋荀偃、韩起所率晋上军攻师之梁门。滕人、薛人跟随晋栾黡、士鲂所率晋下军攻北门。杞人、郳人跟随赵武、魏绛所率晋新军砍伐道路两旁的栗树。

甲戌日,晋联军在郑东氾水边会合。晋人下令:"修器具,备干粮,归老幼,居疾于虎牢,赦罪,围郑。"

郑人恐惧,向晋人求和。

荀偃说:"遂围之,以待楚人之救也,而与之战。不然,无成。"

知䓨说:"许之盟而还师,楚必伐郑,以疲楚人。吾三分四军,与诸侯之锐,以迎来者。于我未病,楚不能矣。犹愈于战。暴骨以逞,不可以争。大劳未艾。君子劳心,小人劳力,先王之制也。"

善战者,致人而不致于人。能使敌人自至者,利之也;能使敌人不得至者,害之也。故敌佚能劳之,饱能饥之,安能动之。　　——《孙子兵法》

诸侯皆不想战,许郑讲和。郑六卿公子騑、公子发、公子嘉、公孙辄、公孙虿、公孙舍之,及大夫、卿之嫡子,皆跟随郑简公。

晋士庄子制作盟书,盟书上说:"自今日既盟之后,郑国而不

---

① 鄟 zhuān

唯晋命是听,而或有异志者,有如此盟。"

郑公子騑快步走上前,说:"天祸郑国,使介居二大国之间。大国不加德音,而乱以要之,使其鬼神不获歆其禋祀,其民人不获享其土利,夫妇辛苦垫隘,无所致告。自今日既盟之后,郑国而不唯有礼与强可以庇民者是从,而敢有异志者,亦如之。"

晋荀偃说:"改载书。"

郑公孙舍之说:"昭大神要言焉。若可改也,大国亦可叛也。"

知䓨对荀偃说:"我实不德,而要人以盟,岂礼也哉?非礼,何以主盟?姑盟而退,修德息师而来,终必获郑,何必今日?我之不德,民将弃我,岂唯郑?若能休和,远人将至,何恃于郑?"

十一月己亥日,盟于郑地戏。

> 孔子曰:"君子居其室,出其言善,则千里之外应之,况其迩者乎?居其室,出其言不善,则千里之外违之,况其迩者乎?"　　　　——《易传》

晋人在郑未能如愿,再次率诸侯伐郑。十二月癸亥日,军分为三,攻郑三个城门。

戊寅日,在阴阪渡河,进攻郑郊,驻军阴口两日后回师。

子孔说:"晋师可击也,师老而劳,且有归志,必大克之。"

子展说:"不可。"

> 观之渐:观我生进退。　　　　——《易经》

晋师返还,鲁襄公送晋悼公。晋悼为鲁襄在黄河边设宴,问及襄公年岁,季武子答:"会于沙随之岁,寡君以生。"

晋悼公说:"十二年矣,是谓一终,一星终也。国君十五而生子,冠而生子,礼也,君可以冠矣。大夫何不为冠具?"一星终:岁星环天一周。

季武子说:"君冠,必以裸①享之礼行之,以金石之乐节之,以先君之祧②处之。今寡君在行,未可具也。请及兄弟之国而借备焉。"

晋悼公说:"诺。"

鲁襄公回国时,过卫,借用钟磬,在卫成公庙举行冠礼。

  临之归妹:至临,无咎。 ——《易经》

随即,楚共伐郑,子驷要与楚讲和。

子孔、子蟜说:"与大国盟,口血未干,而背之,可乎?"

子驷、子展说:"吾盟固云'唯强是从',今楚师至,晋不我救,则楚强矣。盟誓之言,岂敢背之?且要盟无质,神弗临也,所临唯信。信者,言之瑞也,善之主也,是故临之。明神不受要盟,背之可也。"

  孔子曰:"言必信,行必果,硁③硁然小人哉。"
          ——《论语》

  孔子曰:"君子义以为上。" ——《论语》

(笔者释:《民法典》第一百五十三条,"违反法律、行政法规的强制性规定的民事法律行为无效","违背公序良俗的民事法律行为无效"。第一百五十四条,"行为人与相对人恶意串通,损害他人合法权益的民事法律行为无效"。无效合同不受法律保护,无须履行。答应了帮朋友,却发现是做坏事,那么,就不必守信。义的原则是仁。)

郑人乃与楚讲和,楚公子罢戎入郑结盟。

---

①裸 guàn ②祧 tiāo ③硁 kēng

其时,楚共之母楚庄夫人去世,楚共未能定郑而归。

晋悼公回国后,谋求使民休养生息之法。魏绛请施恩惠,舍劳役,输积聚以贷民。自悼公以下,苟有积聚,尽数输出。国无滞积财物,皆散在民,亦无困顿无助者。公无专利,国无贪民。祈祷用绢帛,不用牺牲;待宾仅用一牲;器用不新作;车服只求可用。行之一年,国有法度。然后,三次出师而楚不能与之争。

颐之复:由颐,厉吉,利涉大川。 ——《易经》

第八十回　吴寿梦北会诸侯　晋联盟东灭偪阳

宋华弱与乐辔年少时亲昵,长大后互相戏谑,及至于彼此责难。乐辔发怒,在朝廷用弓桔华弱之颈。

宋平公见此,说:"司武而桔于朝,难以胜矣。"华弱是司马,管武事,故说司武。宋平公认为华弱不能胜敌,便放逐华弱。

前567年夏,宋华弱奔鲁。

司城子罕说:"同罪异罚,非刑也。专戮于朝,罪孰大焉。亦逐子荡。"子荡:乐辔字。子罕也是乐氏,名喜。

子荡射子罕之门,说:"几日而不我从?"子罕善之如初。

瞻彼淇奥①,绿竹如箦②。有匪君子,如金如锡,如圭如璧。宽兮绰兮,猗③重较兮。善戏谑④兮,不为虐兮。　　——《诗经》之《卫风·淇奥》

前564年春,宋国遭天火。乐喜为司城,主管此事,使伯氏为司里,带领里民,在火所未至之处撤小屋,涂大屋;陈畚挶⑤,具绠⑥缶⑦,备水器;量轻重,蓄水潦,积土涂;巡丈城,缮守备,表火道。

使华臣具正徒,令隧正纳郊保,奔火所。使华阅治右官,官具其司;向戌治左官,亦如此;使乐遄具刑器,亦如此。使皇郧命校正出马,工正出车,备甲兵,具武守。使西鉏吾具府守,令司宫、巷伯儆宫。左右二师令四位乡正敬享,祝、宗用马于四墉,祀盘庚于西门之外。

华臣、华阅皆华元之子,华臣是司徒,华阅是右师。向戌是左

---

①奥 yù　②箦 zé　③猗 yǐ　④谑 xuè　⑤挶 jū　⑥绠 gěng　⑦缶 fǒu

师,乐遄是司寇。皇郧为司马。

晋悼公问士弱:"吾闻之,宋灾,于是乎知有天道。何故?"士弱:士贞子之子,又叫士庄子。

士弱答:"古之火正祀火星,或陪祭以心宿,或陪祭以柳宿,因火星出入二宿间。是故,柳宿为鹑火,心宿为大火。陶唐氏之火正阏伯居商丘,祀大火,而以火星纪时焉。相土因之,故商主大火。商人阅其祸败之衅,必始于火,是以谓知其有天道也。"相土:殷商先祖。

悼公问:"可必乎?"

士弱答:"在道。国乱无象,不可知也。"

视之而弗见,名之曰微;听之而弗闻,名之曰希;抚之而弗得,名之曰夷。三者不可至计,故混而为一。一者,其上不皦,其下不昧,寻寻呵不可名也,复归于无物。是谓无状之状,无物之象,是谓惚恍。随而不见其后,迎而不见其首。执今之道,以御今之有,以知古始,是谓道纪。
　　　　　　　　　　　　——《老子》

前563年春,中原诸侯将与吴子相会。三月癸丑日,齐高厚相太子光在钟离先与诸侯相会,二人皆不敬。

晋士庄子说:"高子相太子以会诸侯,将社稷是卫,而皆不敬,弃社稷也。其将不免乎?"

四月戊午日,晋悼公、鲁襄公、宋平公、卫献公、曹成公、莒子、邾子、滕子、薛伯、杞伯、小邾子、齐太子光与吴子寿梦会于宋地柤①。

萃之豫:萃有位,无咎。匪孚,元永贞,悔亡。
　　　　　　　　　　　　——《易经》

---

①柤 zhā

晋荀偃、士匄请伐宋东邻小国偪阳,以此封向戌。

荀罃说:"城小而固,胜之不武,弗胜为笑。"

　　城有所不攻。　　　　　　——《孙子兵法》

二人坚请,荀罃同意。丙寅日,晋联军围偪阳,未攻克。

鲁孟氏家臣秦堇父手推辎重车来到战场。偪阳人开启城门,部分士卒攻入门内,偪阳人随即放下闸门,要把前锋围歼在门内。

鲁郰①邑大夫叔梁纥发现了偪阳人的企图,双手托住正在下降的闸门,直至入城者悉数撤出。

鲁人狄虒②弥拆下大车之轮,蒙上甲作为大盾牌,左手执此盾牌,右手持戟,自成一队,以当百人。

孟献子说:"《诗》所谓'有力如虎'者也。"

偪阳人自城上悬下布,挑逗攻城者,堇父援布攀登。攀至城墙垛,偪阳人割断布,堇父跌落昏迷。

偪阳人又悬下布,堇父醒来又援布而上,再次攀至城墙垛,偪阳人又割断布。如此反复三次。偪阳人佩服堇父勇气,从城墙退走,不再悬布。堇父带着断布在军中夸示三日。

　　临之师:咸临,贞吉。　　　　　——《易经》

晋联军久攻偪阳不下,荀偃、士匄请示知罃,说:"水潦将降,惧不能归,请班师。"

知伯发怒,投之以机,自二人中间穿过。知伯,即荀罃。

知伯说:"汝成二事,而后告余。余恐乱命,以不汝违。汝既勤君,而兴诸侯,牵率老夫以至于此。既无武功,而又欲陷余于罪,曰:'是实班师,不然,克矣。'余羸老也,可重任乎?七日不克,必尔乎取之!"

五月庚寅日,荀偃、士匄率卒攻偪阳,亲受矢石。第五日,甲

①郰 zōu　②虒 sī

午日,晋联军攻灭偪阳。

> 故上兵伐谋,其次伐交,其次伐兵,其下攻城。攻城之法,为不得已。　　——《孙子兵法》

晋悼公以偪阳封向戌,向戌辞谢,说:"君若犹辱镇抚宋国,而以偪阳光启寡君,群臣安矣,其何贶如此?若专赐臣,是臣兴诸侯以自封也,其何罪大焉?敢以死请。"

晋悼公乃以偪阳予宋公。

宋平公在楚丘宴享晋悼公,请用殷天子乐舞《桑林》。

荀罃辞谢,荀偃、士匄说:"诸侯,宋、鲁,于是观礼。鲁有禘乐,宾、祭用之。宋以《桑林》享君,不亦可乎?"

乐舞开始,舞师手举大旌带领舞人进入,晋悼公惧而退入房内。撤掉大旌后,晋悼公回席,直至享礼结束。

回国时,到达晋地著雍,晋悼公得病。占卜,在卜兆中显出桑林。荀偃、士匄要赴宋请祷。

荀罃说:"不可,我辞礼矣,彼则用之。若有鬼神,于彼加之。"

> 季路问事鬼神。孔子曰:"未能事人,焉能事鬼?"曰:"敢问死。"曰:"未知生,焉知死?"　　——《论语》

不日,晋悼公病愈,带偪阳君回国,在武宫报捷献俘,假称是夷俘。偪阳是妘姓国,并非夷人。按周礼,非四夷,不献俘。

晋悼公又使周内史选其族嗣贤人,安顿于晋霍邑续妘姓祀。灭国不灭姓,合礼。

鲁师回国后,孟献子以秦堇父为车右。其后,秦堇父生秦丕兹,事仲尼,仲尼是叔梁纥之子。此时二子均未出生。

六月,晋荀罃伐秦,报秦上年之侵。

> 无妄之噬嗑:无妄之疾,勿药有喜。　　——《易经》

春秋演绎

下册

徐济芬 著

东南大学出版社·南京

目 录

自序 / 1
前言 / 1

第 一 回	鲁隐公摄位奉弟	郑庄公掘地见母 / 001
第 二 回	周平王交质郑伯	宋穆公归位兄子 / 010
第 三 回	鲁隐公盟戎和莒	卫石碏除恶灭亲 / 019
第 四 回	陈桓公盟郑求婿	鲁众仲论氏说族 / 024
第 五 回	盟齐僖宋郑释怨	朝鲁侯滕薛争长 / 031
第 六 回	宋庄公贿邻定位	周桓王伐郑中箭 / 036
第 七 回	晋穆取名埋乱根	鲁桓生子问命名 / 040
第 八 回	楚武公侵随示弱	周庄王即位除逆 / 046
第 九 回	郑昭公身无大援	齐襄公主大欺客 / 052
第 十 回	楚邓曼未卜先知	卫宣姜鱼网鸿离 / 059
第 十一 回	欲求无厌虞公奔	瓜代失期齐桓立 / 064
第 十二 回	荐管仲鲍叔无私	用曹刿鲁庄败齐 / 069
第 十三 回	萧叔救亳立宋桓	齐桓会盟尊周王 / 074
第 十四 回	楚文灭息夺美妫	陈完奔齐辞卿位 / 079
第 十五 回	曲沃伯取翼主晋	周惠王避乱居郑 / 084
第 十六 回	鲁庄公饰庙迎亲	臧文仲如齐告籴 / 089
第 十七 回	齐桓救燕伐山戎	晋献迁都灭耿魏 / 094
第 十八 回	郑人楚语空城计	鲁庄季友固本谋 / 099
第 十九 回	晋太子金玦衣尨	卫懿公轩车载鹤 / 104
第 二十 回	女弟作诗唁卫侯	齐桓逐狄安邢卫 / 110
第二十一回	失东夷徐子取舒	风马牛齐桓征楚 / 115
第二十二回	狐裘龙茸兄弟奔	唇亡齿寒虞虢灭 / 121

1

第二十三回	周惠王密召郑文	齐桓公安定襄王 / 128
第二十四回	晋献公托孤荀息	子夷吾贿秦河外 / 132
第二十五回	秦穆公纳晋惠公	王子带伐周襄王 / 137
第二十六回	秦穆公救饥泛舟	晋惠公背施狄擒 / 142
第二十七回	穆夫人履薪救弟	晋太子质秦替父 / 147
第二十八回	楚成公灭弦取黄	齐桓公迁杞救徐 / 152
第二十九回	梁国君拓土益秦	宋襄公假仁纵敌 / 157
第 三 十 回	秦晋东迁陆浑戎	重耳流亡狄齐宋 / 162
第三十一回	秦穆公助立晋文	介之推拒贪天功 / 169
第三十二回	周襄王德狄伐郑	晋文公勤王拓疆 / 176
第三十三回	群龙无首卫灭邢	有恃不恐鲁犒齐 / 182
第三十四回	觊中原楚成练兵	图称霸晋文谋帅 / 187
第三十五回	晋文公退避三舍	楚子玉不知利害 / 192
第三十六回	襄王策命诸侯伯	卫成哭弟君臣讼 / 197
第三十七回	郑烛武智退秦师	晋赵衰三辞卿位 / 202
第三十八回	卫成公卜迁帝丘	鲁僖公复作閟宫 / 208
第三十九回	秦穆公劳师袭远	晋襄公墨绖从戎 / 214
第 四 十 回	楚成公请食熊蹯	鲁文公贱迎夫人 / 218
第四十一回	秦穆败晋霸西戎	楚穆灭江并六蓼 / 223
第四十二回	鲁季文备豫不虞	晋赵盾始料未及 / 229
第四十三回	周顷王继天子位	秦康公受晋人气 / 235
第四十四回	宋昭公乱中即位	楚穆公宋泽田猎 / 240
第四十五回	郲太子安逸失国	鲁文公劬劳安邻 / 244
第四十六回	郑文公迁都养民	周匡王为鲁请齐 / 249
第四十七回	齐惠公受贿定鲁	季文子违命逐客 / 253
第四十八回	楚庄公遭劫灭庸	宋文公贿晋平乱 / 258
第四十九回	郑穆公亲楚伐宋	晋灵公厚敛雕墙 / 263
第 五 十 回	楚庄公问鼎中原	郑公子染指于鼎 / 268

第五十一回	晋成公西和白狄	楚庄公东盟吴越 / 273
第五十二回	刘康知季孟必久	单襄料陈国必亡 / 277
第五十三回	申叔说牛复陈国	郑襄牵羊迎楚君 / 282
第五十四回	晋救郑师出无律	楚请和入垒执俘 / 286
第五十五回	晋三军舟指可掬	逢大夫忠慈难全 / 291
第五十六回	楚庄公论武灭萧	卫孔达舍身保国 / 295
第五十七回	楚围宋筑室反耕	晋灭潞结草败秦 / 299
第五十八回	范武子在周听礼	晋郤克如齐征会 / 303
第五十九回	鲁宣公乞楚求晋	卫穆公出师救鲁 / 307
第六十回	鲁卫晋擐甲执兵	齐顷公灭此朝食 / 311
第六十一回	周定王拒收齐捷	宋文公始用厚葬 / 315
第六十二回	楚共悉师侵卫鲁	荀首求子归楚俘 / 319
第六十三回	许灵公如楚诉郑	晋景公迁都新田 / 324
第六十四回	晋巫臣联吴疲楚	赵庄姬灭族留孤 / 329
第六十五回	莒子恃陋失三邑	郑成获释杀智谋 / 333
第六十六回	晋景得病入膏肓	华元弭兵合晋楚 / 338
第六十七回	鲁穆姜嫁女赋诗	周简王厚赏孟孙 / 342
第六十八回	秦桓公师败麻隧	曹宣公身殒西土 / 346
第六十九回	卫定姜忧叹天祸	宋华元治理桓族 / 350
第七十回	晋联盟首会吴人	郑子罕偷袭宋境 / 355
第七十一回	苗贲皇楚才晋用	楚共公中箭伤目 / 360
第七十二回	鲁成公设守赴会	叔声伯鞠躬尽瘁 / 365
第七十三回	晋郤至如周献捷	单襄公察言观行 / 370
第七十四回	晋厉公任宠作乱	晋悼公选贤举能 / 375
第七十五回	齐国佐直言招祸	晋联军救宋伐郑 / 381
第七十六回	晋祁奚举仇举子	忠魏绛诛贵和戎 / 387
第七十七回	莱共公倚齐失国	莒犁比败鲁灭鄫 / 394
第七十八回	陈哀公进退维谷	郑简公跋前疐后 / 398

第七十九回	秦景公乞师伐晋	鲁襄公借祧束冠 / 403
第八十回	吴寿梦北会诸侯	晋联盟东灭偪阳 / 409
第八十一回	卫定姜卜御郑寇	晋楚师往来郑土 / 413
第八十二回	鲁季武三分公室	郑简公厚赂晋侯 / 417
第八十三回	楚共公熟习诗礼	吴诸樊推让君位 / 421
第八十四回	戎驹支伸冤赋诗	秦景公毒泾御敌 / 426
第八十五回	周王叔败讼奔晋	卫献公弃国居齐 / 430
第八十六回	晋师旷答君疑问	郑师慧过宋朝廷 / 434
第八十七回	诸侯会歌诗辨类	齐大夫逃盟伐鲁 / 439
第八十八回	晋联盟伐齐益鲁	楚康公攻郑遇雨 / 444
第八十九回	齐灵公改立太子	鲁季武重赏外盗 / 449
第九十回	晋栾氏祸起萧墙	祁大夫急救叔向 / 454
第九十一回	郑子张临终诫子	楚叔豫生死肉骨 / 459
第九十二回	官奴杀寇焚丹书	齐庄伐晋取朝歌 / 464
第九十三回	鲁孟季弃长立幼	臧武仲斩关奔齐 / 468
第九十四回	晋范宣听谏轻币	楚康公伐郑救齐 / 473
第九十五回	齐太史前仆后继	晋君臣有隙自天 / 478
第九十六回	楚灭舒鸠射吴子	郑入陈都朝晋侯 / 484
第九十七回	卫子鲜助兄复位	孙林父失守求晋 / 490
第九十八回	晋叔向智救小臣	胥梁带计擒乌馀 / 494
第九十九回	宋平公悔杀太子	晋平公释归卫侯 / 498
第一百回	伯州梨上下其手	蔡归生班荆道故 / 503
第一百零一回	弭兵会衷甲争先	赵文子闻诗观志 / 507
第一百零二回	宋子罕削简存僚	鲁襄公朝楚安国 / 512
第一百零三回	齐崔杼据于蒺藜	惠公孙铲除庆氏 / 518
第一百零四回	太子晋谏周灵王	羊舌肸论单靖公 / 523
第一百零五回	晋联盟含怨城杞	宋郑君去食济民 / 528
第一百零六回	吴季札观乐论政	诸侯卿合会弃信 / 533

第一百零七回	郑罕虎择善而举	鲁襄公如愿而安 / 539
第一百零八回	子产毁晋馆之垣	子皮弃美锦学制 / 544
第一百零九回	卫文子论说威仪	楚令尹迎亲赴会 / 549
第一百一十回	鲁穆叔临患图国	晋赵武救善请楚 / 554
第一百一十一回	晋魏舒毁车败狄	郑徐妹隔房择夫 / 560
第一百一十二回	秦医和视病究因	楚令尹弑侄自立 / 565
第一百一十三回	晋韩起在鲁观书	齐陈氏登量贷货 / 570
第一百一十四回	齐晏婴一言省刑	楚郑许三君田猎 / 576
第一百一十五回	楚灵公合会灭赖	晋平公嫁女归楚 / 581
第一百一十六回	穆叔应悔撑天梦	季孙四分鲁公室 / 586
第一百一十七回	晋叔侯辨礼别仪	越大夫会楚伐吴 / 592
第一百一十八回	子产救世铸刑鼎	公孙安民论魄魂 / 597
第一百一十九回	齐景请晋伐北燕	鲁昭赴楚贺章华 / 602
第一百二十回	梦筮显兆建卫灵	石头出言戒晋平 / 608
第一百二十一回	兄弟阋墙陈国灭	栾高削姜齐陈大 / 613
第一百二十二回	拔本塞源晋伐周	衣寒食饥费归鲁 / 618
第一百二十三回	楚灵公诱骗灭蔡	右尹革摩厉以须 / 625
第一百二十四回	晋昭灭肥会诸侯	子产争贡哭子皮 / 631
第一百二十五回	楚平即位复陈蔡	吴人败楚灭州来 / 636
第一百二十六回	鲁惠伯请晋释主	晋籍谈数典忘祖 / 642
第一百二十七回	韩子闻诗观郑志	晋顷设计灭陆浑 / 647
第一百二十八回	郯子云鸟论官名	彗星孛辰火四国 / 652
第一百二十九回	楚平公北置太子	伍子胥东耕吴鄙 / 658
第一百三十回	仲尼哭子产之逝	晏子答齐景之问 / 663
第一百三十一回	郑庄公尽归鄅俘	卫灵公越在草莽 / 669
第一百三十二回	吴楚师援助华氏	晋联盟救守宋公 / 674
第一百三十三回	蔡太子僻位失国	莒老妪结绳报仇 / 679
第一百三十四回	周景王铸无射钟	单穆公立周悼王 / 683

第一百三十五回	郕庄公状告鲁国	孟懿子师事仲尼	/ 689
第一百三十六回	周敬王避居狄泉	王子朝号称西王	/ 694
第一百三十七回	叔孙诺聘问宋公	鲁公子谋逐季氏	/ 699
第一百三十八回	鲁昭公逊位居齐	王子朝奉典入楚	/ 703
第一百三十九回	宋元公为鲁奔走	齐景公叹室难久	/ 709
第一百四十回	楚夫人开城投吴	吴姬僚伐楚失位	/ 715
第一百四十一回	晋祁盈一意孤行	魏舒臣一食三叹	/ 721
第一百四十二回	鲁昭公改立太子	晋史墨细说龙史	/ 726
第一百四十三回	晋定公谋纳鲁侯	吴阖闾水淹徐国	/ 731
第一百四十四回	周敬王请城成周	魏献子田猎大陆	/ 736
第一百四十五回	季孙氏择立鲁公	楚孙圉论说国宝	/ 741
第一百四十六回	蔡昭侯玉裘招祸	卫祝佗盟会争长	/ 746
第一百四十七回	阖闾伐楚入郢都	申胥绝食请秦兵	/ 751
第一百四十八回	楚昭公迁都定国	周大夫平乱安王	/ 756
第一百四十九回	鲁师过卫伐郑土	家宰发令劫鲁侯	/ 762
第一百五十回	晋执宋卿战齐卫	郑杀邓析用竹刑	/ 768
第一百五十一回	孔仲尼智争失土	鲁定公堕毁三都	/ 774
第一百五十二回	知韩魏伐范中行	卫灵公逐太子党	/ 780
第一百五十三回	晋赵鞅转战王侯	鲁孔丘周游列国	/ 786
第一百五十四回	吴夫差拒谏盟越	楚昭公灭胡救陈	/ 794
第一百五十五回	齐陈乞改立国君	鲁哀公俘获邾子	/ 800
第一百五十六回	宋景公灭曹伯阳	鲁有若与救国团	/ 805
第一百五十七回	吴人沟邗通江淮	冉有率众御齐师	/ 811
第一百五十八回	子贡担当鲁国器	吴晋争主黄池会	/ 818
第一百五十九回	鲁颜渊不贰其过	齐简公噬脐何及	/ 825
第一百六十回	子路愚勇卫出奔	仲尼辞世鲁哀诔	/ 831

尾　声 / 838

主要参考文献 / 839

第八十一回　卫定姜卜御郑寇　晋楚师往来郑土

前563年六月,楚子囊、郑公孙辄率师伐宋,陈师訾毋。庚午日,围宋,攻桐门。卫献公率师救宋,陈师襄牛。

郑子展说:"必伐卫,不然,是不与楚也。得罪于晋,又得罪于楚,国将若之何?"

子驷说:"国病矣。"

子展说:"得罪于二大国,必亡。病,不犹愈于亡乎?"

诸大夫皆以为然。正逢楚人令郑伐卫,故郑皇耳率师侵卫。

卫孙文子卜问追击郑师,献卜兆于定姜,姜氏问兆辞。

孙文子说:"兆如山陵,有夫出征,而丧其雄。"

定姜说:"征者丧雄,御寇之利也。大夫图之。"

卫人追击郑师,孙林夫之子孙蒯在犬丘俘获郑皇耳。

> 蒙之师:击蒙,不利为寇,利御寇。　——《易经》

七月,楚子囊、郑子耳伐鲁西境。返回时,围宋国萧邑。

八月,丙寅日,楚郑联军攻克萧邑。

九月,郑子耳又侵宋北境。

鲁孟献子说:"郑其有灾乎?师竞已甚。周天子犹不堪竞,况郑乎?有灾,其执政之三士乎?"

莒人见诸侯忙于讨郑,趁机伐鲁东境。

晋悼公、鲁襄公、宋平公、卫献公、曹成公、莒子、邾子、齐太子光、滕子、薛伯、杞伯、小邾子伐郑。齐崔杼使太子光先期到达,故排在滕子前。

己酉日,晋联军陈师郑地牛首。

夫兵久而国利者，未之有也。故不尽知用兵之害者，则不能尽知用兵之利也。 ——《孙子兵法》

郑子驷与尉止曾有争执。这次，将御晋联军，子驷减少尉止之车。尉止获敌车，子驷又与之争。

子驷抑制尉止，说："尔车多，非礼也。"不许尉止献俘。

早先，子驷整顿田界，司氏、堵氏、侯氏、子师氏皆失田。故五族聚不得志者，依凭被子驷所杀公子之党徒预备作乱。

其时，子驷当国，子国为司马，子耳为司空，子孔为司徒。

十月戊辰日，晨，尉止、司臣、侯晋、堵女父、子师仆率徒入宫，在西宫之朝攻击执政者，杀子驷、子国、子耳，劫持郑简公至北宫。子孔事先听到风声，故未死。

子驷之子子西听说暴乱，不戒备而出门，收尸后追暴徒。暴徒进入北宫，子西回府授甲，家中臣妾多已逃亡，器用大多丢失。

子国之子子产听说暴乱，安排好守卫，设置各方面负责者，关闭府库，谨慎收藏，完善守备，使士卒列队而后出，兵车十七乘。收尸，然后，到北宫攻击暴徒。

子蟜率国人助子产，杀尉止、子师仆，暴徒尽被歼。侯晋奔晋，堵女父、司臣、尉止之子尉翩、司臣之子司齐奔宋。

睽之损：睽孤，遇元夫，交孚，厉，无咎。

——《易经》

子孔当国，想独掌朝政，制作盟书，规定官员各守其职，服从执政之命。大夫、各部门官员、卿的嫡子不肯听从，将诛之。子产止之，请为之焚盟书。

子孔不同意，说："为书以定国，众怒而焚之，是众为政也，国不亦难乎？"

子产说："众怒难犯，专欲难成，合二难以安国，危之道也。不

414

如焚书以安众。子得所欲,众亦得安,不亦可乎?专欲无成,犯众兴祸。子必从之。"

于是,在仓门之外焚盟书,使远近皆可见。众人安定。

为之者败之,执之者远之,是以圣人无为故无败,无执故无失。　　　　　　　——《老子》

晋联军城虎牢,并戍守。晋师又占领郑梧邑及制邑,城梧及制,晋士鲂、魏绛戍守。郑人与晋讲和。楚子囊率师救郑。

十一月,晋联军绕过郑都向南进发,到达阳陵。楚师不退。

知武子要退师,说:"今我逃楚,楚必骄。骄则可与战矣。"

栾黡说:"逃楚,晋之耻也。合诸侯以益耻,不如死。我将独进。"

晋联军继续前行。己亥日,与楚师隔颍水扎营。

郑子蟜说:"诸侯既有退意,必不战矣。从之将退,不从亦退。退,楚必围我,犹将退也。不如从楚,亦以退之。"

郑人趁夜色渡过颍水,与楚人结盟。晋栾黡要攻渡水者。

知罃不许,说:"我实不能御楚,又不能庇郑。郑何罪?不如致怨焉而还。今伐其师,楚必救之,战而不克,为诸侯笑。胜负难料,不如还也。"

丁未日,晋联军撤退时,侵郑北境,然后归国。楚师也撤回。

巽之小畜:进退,利武人之贞。　　　——《易经》

前562年春,郑人对晋、楚不断来攻而忧心,诸大夫说:"不从晋,国几亡。楚弱于晋,晋不吾急也。晋急,楚将避之。何为而使晋师致死于我,楚弗敢敌,而后可固与晋也。"

子展说:"与宋为恶,诸侯必至,吾从之盟。楚师至,吾又从之,则晋怒甚矣。晋能骤来,楚将不能,吾乃固与晋。"

诸大夫认为此计可行。于是,郑人使边疆守卫者骚扰宋境。宋向戌率师侵郑,大获而归。

子展说:"出师伐宋可矣。若我伐宋,诸侯之伐我必速,吾乃听命焉,且告于楚。楚师至,吾又与之盟,而重赂晋师,乃免矣。"

> 我欲战,敌虽高垒深沟,不得不与我战者,攻其所必救也。　　　　　　　　——《孙子兵法》

前562年夏,郑子展率师侵宋。

四月,晋悼公、鲁襄公、宋平公、卫献公、曹成公、齐太子光、莒子、邾子、滕子、薛伯、杞伯、小邾子率师伐郑。己亥日,齐太子光、宋向戌先至,攻东城门。当晚,晋知䓨到达郑西郊,向东侵郑所占原许国之地。卫孙林父侵郑北境。

六月,晋联盟在北林相聚,陈师于向,然后向西北返回,到达郑都以北的琐地。休息二日,围郑都,在新郑南门外观兵耀武扬威,再向西渡过济隧。郑人恐惧,同意讲和。

七月己未日,郑人与晋联盟在郑亳城北结盟。

晋范宣子说:"不慎,必失诸侯。诸侯疲于道而无成,能无贰乎?"

制作盟书,载盟辞:"凡我同盟,毋囤粮,毋专利,毋保奸,毋留恶;救灾患,恤祸乱,同好恶,辅王室。有犯兹命,司慎、司盟,名山、名川,群神、群祀,先王、先公,七姓十三国之祖,明神殛之,俾失其民,坠命亡氏,蹹其国家。"

晋、鲁、卫、郑、曹、滕,姬姓;邾、小邾,曹姓;宋,子姓;齐,姜姓;莒,己姓;杞,姒姓;薛,任姓。

> 中孚,豚鱼吉,利涉大川,利贞。　　——《易经》

第八十二回　鲁季武三分公室　郑简公厚赂晋侯

前562年正月,鲁季武子要三分公室,增设中军,组建三军。

季武子对叔孙豹说:"请为三军,各征其军。"鲁有上下二军,归鲁侯,出征者率军。季武子要增为三军,三卿各率一军。

叔孙穆子说:"不可。天子作六师,三公率之,以征不德。元侯作三师,卿率之,以承天子。诸侯有卿无军,率卫士以从元侯。自伯、子、男有大夫而无卿,率赋以从诸侯。是以上能征下,下无奸慝。今我小侯也,处大国之间,治贡赋以供大国,犹惧有讨。若为元侯之师,以怒大国,无乃不可乎?"

季武子坚持,穆子说:"然则,盟诸?"

于是,在僖公庙立盟,在五父之衢发誓。把原先归公室的上、下二军分而为三,季、孟、叔三家各领其一。三家解散私属车乘,并入军中。

> 随,元亨利贞,无咎。——《易经》

前562年秋,楚令尹子囊乞师于秦,秦右大夫詹率师跟从楚共,前往伐郑。郑简公迎楚共,秦师撤回。丙子日,楚子、郑伯伐宋。

九月,晋悼公、鲁襄公、宋平公、卫献公、曹成公、齐太子光、莒子、邾子、滕子、薛伯、杞伯、小邾子悉师复伐郑。

> 何草不黄?何日不行?何人不将?经营四方。
> 何草不玄?何人不矜①?哀我征夫,独为匪民。

---

①矜 guān

匪兕匪虎，率彼旷野。哀我征夫，朝夕不暇。
有芃者狐，率彼幽草。有栈之车，行彼周道。

——《诗经》之《小雅·何草不黄》

郑简公使良霄、太宰石㚟如楚，报告将服晋，说："孤以社稷之故，不能怀君。君若能以玉帛绥晋，不然，则武震以摄威之，孤之愿也。"楚人执二人。良霄：字伯有，子耳之子。

晋联盟在新郑东门阅兵，郑人使王子伯骈前往求和。甲戌日，晋赵武入新郑与郑伯盟。十月丁亥日，郑子展出城与晋悼公盟。

十二月戊寅日，晋侯、鲁侯、宋公、卫侯、曹伯、齐世子光、莒子、邾子、滕子、薛伯、杞伯、小邾子、郑伯会于郑地萧鱼。

庚辰日，晋人赦郑囚，皆以礼归之。二国撤回防备对方的巡逻兵，禁止侵掠。

晋悼公使叔肸通告诸侯，释放郑俘。叔肸是羊舌职次子羊舌肸，又叫叔向。

鲁襄公使臧孙纥答复，说："凡我同盟，小国有罪，大国致讨。苟有以藉手，鲜不赦宥。寡君闻命矣。"

大壮之丰：贞吉。　　　　　　　　——《易经》

郑人献给晋悼公以重礼，有：师悝、师触、师蠲三位乐师；广车、軘车各十五乘，衣甲、兵器齐备，及其他兵车共百乘；歌钟二套，包括相配的镈和磬，以及十六个女乐。

晋悼公以器乐之半赐魏绛，说："子教寡人和诸戎狄，以正诸华。八年之中，九合诸侯，如乐之和，无所不谐。请与子乐之。"

魏绛辞谢说："夫和戎狄，国之福也；八年之中，九合诸侯，诸侯无慝，君之灵也，二三子之劳也。臣何力之有焉？抑臣愿君安

①悝 kuī　②軘 tún

其乐而思其终也。《诗》曰：'乐只君子，殿天子之邦。乐只君子，福禄攸同。便蕃左右，亦是帅从。'夫乐以安德，义以处之，礼以行之，信以守之，仁以励之，而后可以殿邦国，同福禄，来远人，所谓乐也。《书》曰：'居安思危。'思则有备，有备无患，敢以此规。"

晋悼公说："子之教，敢不承命？抑微子，寡人无以待戎，不能济河。夫赏，国之典也，藏在盟府，不可废也。子其受之。"

魏绛自此始有金石之乐。

> 汝惟不矜，天下莫与汝争能。汝惟不伐，天下莫与汝争功。　　　　　　——《尚书》

秦庶长鲍、庶长武伐晋以救郑。庶长鲍先入晋地，士鲂防御，见秦师人少，而不设备。

壬午日，庶长武自辅氏渡河，与庶长鲍夹攻晋师。

己丑日，秦、晋在栎地交战，晋师因轻敌而溃败。

> 不轻寡，不劫于敌，慎始慎终。　——《孙膑兵法》

前561年春，莒人伐鲁东境，围台邑。季武子率师救台，击退莒人，并攻入莒郓邑，取其钟，改铸成公室用盘。

夏，晋士鲂如鲁聘，并拜谢出师。

秋，九月，吴子寿梦去世。吴人赴告于鲁，鲁人哭于周文王庙，合礼。按周礼，凡诸侯之丧，异姓在城外哭，同姓在宗庙，同宗在祖庙，同族在父庙。吴、鲁同为姬姓，故哭于鲁宗庙即周文王庙，又称周庙。若邢、凡、蒋、茅、胙、祭之丧，因七国皆以周公为祖，为同宗，则哭于鲁祖庙周公庙。

冬，为报复晋得郑，楚子囊和秦庶长无地伐宋，陈师于扬梁。

鲁襄公如晋朝，并拜谢士鲂之聘。

来年，前560年，春，鲁襄公自晋回国。

夏，邳国内乱，国分裂为三。鲁师前往平乱，遂取邳国。

乱而取之。　　　　　　　　——《孙子兵法》

前560年夏,晋悼公在绵上治兵。因知䓨、士鲂相继去世,三军缺帅。

使中军佐士匄将中军,士匄推辞,说:"伯游长。昔臣习于知伯,是以佐之,非能贤也。请从伯游。"伯游是荀偃。

晋悼公任命荀偃将中军,士匄佐之。

使韩起将上军,韩起推辞以让赵武。晋悼公又使栾黡将上军,栾黡也推辞,说:"臣不如韩起。韩起愿上赵武,君其听之。"

于是,晋悼公使赵武将上军,韩起佐之。使栾黡将下军,魏绛佐之。

新军无帅,晋悼公难觅合适人选,使新军十位军吏各率其部属车卒附属于下军,合礼。晋国之民因此大和,诸侯亲睦。

君子说:"让,礼之主也。范宣子让,其下皆让。栾黡虽骄,弗敢违也。晋国以平,数世赖之。法善也夫。一人法善,百姓休和,可不务善乎?《书》曰:'一人有庆,兆民赖之,其宁惟永。'其是之谓乎?周之兴也,其《诗》曰:'仪刑文王,万邦作孚。'言法善也。及其衰也,其《诗》曰:'大夫不均,我从事独贤。'言不让也。世之治也,君子尚能而让其下,小人农力以事其上,是以上下有礼,而谗慝黜远,由不争也,谓之懿德。及其乱也,君子称其功以陵小人,小人夸其技以凌君子,是以上下无礼,乱虐并生,由争善也,谓之昏德。国家之敝,恒必由之。"

谦,亨。天道下济而光明,地道卑而上行。天道亏盈而益谦,地道变盈而流谦,鬼神害盈而福谦,人道恶盈而好谦。谦,尊而光,卑而不可逾,君子之终也。

——《易传》

第八十三回　楚共公熟习诗礼　吴诸樊推让君位

前560年秋,楚共得病。

楚共公为太子时,楚庄使士亹为太子傅。

士亹推辞说:"臣不才,无能益焉。"

楚庄说:"赖子之善,善之也。"

士亹说:"夫善在太子,太子欲善,善人将至;若不欲善,善则不用。故尧有丹朱,舜有商均,启有五观,汤有太甲,文王有管、蔡。是五王者,皆有元德也,而有奸子。夫岂不欲其善?不能故也。夫泯昏,惟不可教训。故蛮、夷、戎、狄,其不宾也久矣,中国所不能用也。"

> 孔子曰:"不愤不启,不悱不发。举一隅不以三隅反,则不复也。"
> ——《论语》

楚庄坚持使之傅太子。

士亹问申叔时,叔时说:"教之《春秋》,而为之颂善而抑恶焉,以戒劝其心;教之《世》,而为之昭明德而废幽昏焉,以嘉、惧其动;教之《诗》,而为之导广显德,以耀明其志;教之《礼》,使知上下之则;教之《乐》,以疏其秽而镇其浮;教之《令》,使访物官;教之《语》,使明其德,而知先王之务用明德于民也;教之《故志》,使知废兴者,而戒惧焉;教之《训典》,使知族类,行比义焉。

"若是而不从,动而不悛,则文辞咏物以导之,求贤良以翼之。悛而不固,则身勤之,多训典刑以纳之,务慎惇笃以固之。固而不通,则明施舍以导之忠,明久长以导之信,明度量以导之义,明等级以导之礼,明恭俭以导之孝,明敬戒以导之事,明慈爱以导之仁,明昭利以导之文,明除害以导之武,明精意以导之罚,明正德以导之赏,明齐肃以耀之临。若是而不济,不可为也。

"且夫诵诗以辅相之,威仪以先后之,体貌以左右之,明行以宣翼之,制节义以动行之,恭敬以临监之,勤勉以劝之,孝顺以纳之,忠信以发之,德音以扬之。教备而不从者,非人也,其可兴乎?夫子践位则退,自退则敬,否则赧①。"

孔子曰:"温柔敦厚而不愚,则深于《诗》者也。疏通知远而不诬,则深于《书》者也。广博易良而不奢,则深于《乐》者也。絜静精微而不贼,则深于《易》者也。恭俭庄敬而不烦,则深于《礼》者也。属辞比事而不乱,则深于《春秋》者也。" ——《礼记》之《经解》

楚共对诸大夫说:"不穀不德,少主社稷。生十年而丧先君,未及习师、保之教训,而应受多福,是以不德。而亡师于鄢,以辱社稷,为大夫忧,其弘多矣。若以大夫之灵,获保首领,得以入土,唯是祭祀埋葬之事,得以从先君于祢②庙者,请为'灵'若'厉'。大夫择焉。"

"灵"指乱而未蒙受其害,"厉"指杀戮无辜,皆恶谥。

诸大夫无人答应。楚共五命后,大夫才答应。

九月庚辰日,楚共去世,太子熊昭继位,为楚康。

令尹子囊谋谥,诸大夫说:"君有命矣。"

子囊说:"不可。夫事君者,举其善,不从其过。赫赫楚国,而君临之,抚有蛮夷,奄征南海,训及诸夏,其宠大矣。有是宠也,而知其过,可不谓'共'乎?若先君善,则请谥之'共'。"众大夫从其谋。

---

①赧 nǎn ②祢 nǐ

道德当身，故不以物惑。　　　　　——《管子》

　吴人趁楚丧而侵楚。养由基奔赴前方，司马子庚调集军队，赶上养由基。

　养叔说："吴乘我丧，谓我不能师也，必易我而不戒。子为三伏以待我，我请诱之。"

　子庚从其言。楚与吴战于楚庸浦，吴师大败，公子党被俘。

　君子认为吴人不善，《诗》曰："不吊昊天，乱靡有定。"

　　饵兵勿食。　　　　　　　　　——《孙子兵法》

　郑良霄、石盂仍在楚。

　石盂对子囊说："先王为征巡占卜五年，每岁观其吉祥，皆吉则行。不吉，则增修德而改卜。今楚实不竞，行人何罪？止郑一卿，以除其逼，使睦而疾楚，以固于晋，焉用之？使归而废其使，怨其君以疾其大夫，而相牵引也，不犹愈乎？"

　子囊见石盂言之有理，放归二人。

　　小畜之巽：复自道，何其咎？吉。　——《易经》

　吴人告败于晋。

　前559年，正月，鲁季孙宿、叔老、晋士匄、齐人、宋人、卫人、郑公孙虿、曹人、莒人、邾人、滕人、薛人、杞人、小邾人会吴人于郑地向，为吴谋伐楚。

　叔老：子叔声伯之子子叔齐子。子叔齐子为季武子副手，二卿参会，足见鲁国敬重晋国。晋人自此轻鲁币，而益敬其使。

　得知吴楚之战缘由，范宣子责吴人不德，拒吴人之请。会期，执莒公子务娄，因莒与楚互通使者。

423

萃之咸：萃如，嗟如，无攸利。往无咎，小吝。

——《易经》

吴寿梦长子诸樊服丧期满后，要立少弟季札为君。寿梦有四子，诸樊、馀祭、夷末、季札。季札贤，寿梦有意立季札。

季札推辞，说："曹宣公之卒也，诸侯与曹人不义曹君，将立子臧。子臧去之，遂弗为也，以成曹君。君子曰'能守节'。君，义嗣也，谁敢奸君？有国，非吾节也。札虽不才，愿附于子臧，以无失节。"

诸樊坚持，季札离开家室自行耕种，诸樊遂放弃。

乾之姤：潜龙，勿用。　　　　——《易经》

孔子曰："龙德而隐者也。不易乎世，不成乎名，遁世无闷，不见是而无闷。乐则行之，忧则违之，确乎其不可拔，潜龙也。"　　　　　　——《易传》

秋，楚康为庸浦之役，使子囊伐吴。吴人不出战，楚师撤还，子囊殿后，认为吴人无能而不防备。

吴人自皋舟隘口拦腰袭击楚军，楚人首尾不能相救，大败而归，公子宜穀被俘。

返回不久，子囊去世。临终前，对司马子庚说："必城郢。"

君子说："子囊忠。君薨不忘增其名，将死不忘卫社稷，可不谓忠乎？忠，民之望也。《诗》曰：'行归于周，万民所望。'忠也。"

楚康使公子午为令尹，公子罢戎为右尹，蒍子冯为大司马，公子橐师为右司马，公子成为左司马，屈到为莫敖，公子追舒为箴尹，屈荡为连尹，养由基为宫厩尹，以靖国人。

公子午：楚庄之子，字子庚。蒍子冯，孙叔敖兄蒍艾猎之子。屈到：鄢之役屈荡之子，字子夕。公子追舒：楚庄之子，字子南。

424

君子说:"楚于是乎能任官。任官,国之急也。能任官,则民无觎心。《诗》曰:'嗟我怀人,置彼周行。'能任官也。王及公、侯、伯、子、男,甸、采、卫、大夫,各居其列,各任其职,所谓'周行'也。"

仲弓为季氏宰,问政。孔子曰:"先有司,赦小过,举贤才。"曰:"焉知贤才而举之?"子曰:"举尔所知,尔所不知,人其舍诸?"　　　　　——《论语》

第八十四回　戎驹支伸冤赋诗　秦景公毒泾御敌

前559年正月，晋联盟相会时，将执戎人首领驹支。

范宣子亲数其罪，说："来，姜戎氏，昔秦人迫逐乃祖吾离于瓜州，乃祖吾离披苫①盖，蒙荆棘，以来归我先君。我先君惠公有不腆之田，与汝剖分而食之。今诸侯之事我寡君，不如昔者，盖言语漏泄，则由汝之由。明朝之事，尔无与焉。与，将执汝。"

驹支答："昔秦人负恃其众，贪于土地，逐我诸戎。惠公明其大德，谓我诸戎，是四岳之裔胄也，毋是剪弃，赐我南鄙之田，狐狸所居，豺狼所嗥。我诸戎除剪其荆棘，驱其狐狸豺狼，以为先君不侵不叛之臣，至于今不贰。

"昔文公与秦伐郑，秦人窃与郑盟，而戍守焉，于是乎有崤之师。晋御其上，戎亢其下，秦师不复，我诸戎实然。譬如捕鹿，晋人执角，诸戎掎足，与晋踣之。戎何以不免？自是以来，晋之百役，与我诸戎相继于时，以从执政，犹崤志也，岂敢离逖？

"今官之师旅，无乃实有所阙，以携诸侯，而罪我诸戎。我诸戎饮食衣服，不与华同，使者不通，言语不达，何恶之能为？不与于会，亦无愧焉。"

言毕，赋《青蝇》："营营青蝇，止于樊。恺悌君子，无信谗言。"

范宣子致辞，请驹支次日参会，成全了自己恺悌君子之美德。

　　瞻彼旱麓，榛楛②济济。恺悌君子，干禄恺悌。
　　瑟彼玉瓒，黄流在中。恺悌君子，福禄攸降。
　　鸢③飞戾天，鱼跃于渊。恺悌君子，遐不作人？

清酒既载,骍牡既备。以享以祀,以介景福。
瑟彼柞①棫,民所燎矣。恺悌君子,神所劳矣。
莫莫葛藟,施于条枚。恺悌君子,求福不回。

——《诗经》之《大雅·旱麓》

二月乙未日,朔,日食。

为报两年前在栎地败于秦师,四月,诸侯之大夫率师跟随晋悼公伐秦,有鲁叔孙豹、齐人、宋人、卫北宫括、郑公孙虿、曹人、莒人、邾人、滕人、薛人、杞人、小邾人。

晋悼公待于边境,使六卿率联军行进。到达泾水,联军不渡河。

晋叔向见鲁叔孙豹,说:"诸侯谓秦不恭而讨之,及泾而止,于伐秦何益?"

叔孙豹说:"豹之业,及《匏有苦叶》矣,不知其他。"

穆子说完,赋《匏有苦叶》:"匏有苦叶,济有深涉。深则厉,浅则揭。"

叔向回到晋营,召舟虞与司马,说:"夫苦匏不材于人,共济而已。鲁叔孙赋《匏有苦叶》,必将涉矣。具舟除隧,不共有法。"

鲁人、莒人率先渡河。

郑司马子蟜见卫北宫懿子,说:"与人而不固,取恶莫甚焉,若社稷何?"子蟜,公孙虿字。北宫懿子,即北宫括。

懿子赞同其言,二人劝说诸侯之大夫渡河。晋联军尽数渡过河,在泾水边扎营。

秦人在泾水上游投毒,晋联军士卒很多被毒死。

绝水必远水。客绝水而来,勿迎之于水内,令半济

---

① 柞 zuò

而击之,利。欲战者,无附于水而迎客,视生处高,无迎水流,此处水上之军也。　　　——《孙子兵法》

郑司马子蟜率郑师前行,诸侯之师跟进,到达棫林。秦人不肯讲和。

晋师统帅荀偃下令:"鸡鸣而驾,塞井夷灶,唯余马首是瞻!"

晋下军帅栾黡说:"晋国之命,未是有也。余马首欲东。"乃率所属人马东归。

下军佐魏庄子率所属跟随栾黡东归。魏庄子,即魏绛。

左史对魏庄子说:"不待中行伯乎?"

魏庄子说:"夫子命从帅。栾伯,吾帅也,吾将从之。从帅,所以待夫子也。"中行伯、夫子,皆指荀偃。

伯游说:"吾令实过,悔之何及?多遗秦擒。"

荀偃令全军撤还。晋人讥笑此次出师为"迁延之役"。齐崔杼、宋华阅、仲江参与伐秦,鲁《春秋》未记录,因其临事拖沓。

慎尔出话,敬尔威仪,无不柔嘉。白圭之玷,尚可磨也;斯言之玷,不可为也。
　　　　　　　　——《诗经》之《大雅·抑》

栾黡之弟栾鍼见大军撤退,心中不乐,说:"此役也,报栎之败也,役又无功,晋之耻也。吾有二位于戎路,敢不耻乎?"

栾鍼与士匄之子士鞅驰车入秦师。栾鍼战死,士鞅逃回。

栾黡对士匄说:"余弟不欲往,尔子召之。余弟死,尔子来,是尔子杀余之弟也。弗逐,余亦将杀之。"

士鞅奔秦。

秦景公问士鞅:"晋大夫其谁先亡?"

士鞅说:"其栾氏乎?"

秦景公说:"以其汰乎?"

士鞅答:"然。栾黡汰虐已甚,犹可以免。其在盈乎?"栾盈:栾黡之子。

秦景公问:"何故?"

士鞅答:"武子之德在民,如周人之思召公焉,爱其甘棠,况其子乎?栾黡死,盈之善未能及人,武子所施没矣,而黡之怨实彰,将于是乎亡。"武子,指栾黡之父栾武子栾书。

秦景公以士鞅之说为智言,为之请晋复职。

积善之家必有余庆,积不善之家必有余殃。

——《易传》

伐秦返国后,晋悼公解散新军。合礼。大国之师不超过天子之军半数,周为六军,诸侯之大者为三军。知罃之子知朔,生知盈不久即离世,上年,知罃辞世,其孙知盈才六岁。士鲂彘季之子彘裘也还年幼。知盈、彘裘皆未能承父职,新军无帅,因而解散。

革之丰:大人虎变,未占有孚。 ——《易经》

第八十五回　周王叔败讼奔晋　卫献公弃国居齐

前563年冬，王叔陈生与伯舆争政。周灵王支持伯舆，王叔陈生怒而出奔，到达黄河，周灵王请其返回，并杀伯舆之党史狄取悦王叔。陈生不肯返回，而在黄河边住下。

晋悼公使士匄调解王室纠纷。王叔与伯舆诉讼，王叔之宰与伯舆之大夫瑕禽在王庭对讼，士匄听讼。

王叔之宰说："筚门闺窦之人而皆陵其上，其难为上矣。"

瑕禽说："昔平王东迁，吾七姓从王，牲用备具，王赖之，而赐之骍旄之盟，曰：'世世无失职。'若筚门闺窦，其能来东居乎？且王何赖焉？今自王叔之相也，政以贿成，而刑放于宠，官之师旅，不胜其富，吾能无筚门闺窦乎？唯大国图之。下而无直，则何谓正矣？"

范宣子说："天子所佑，寡君亦佑之；所佐，亦佐之。"

又使王叔氏与伯舆对证，王叔氏不能举出证据。王叔奔晋。周灵王使单靖公为卿士，以相王室。单靖公：单顷公之子。

> 圣人自知而不自见也，自爱而不自贵也。
>
> ——《老子》

前561年冬，周灵王求王后于齐，齐侯问晏桓子如何答复。

晏桓子说："先王之礼辞有之。天子求后于诸侯，诸侯对曰：'夫妇所生若而人，妾妇之子若而人。'无女而有姊妹及姑姊妹，则曰：'先守某公之遗女若而人。'"姑姊妹指父之姊妹。古人早生多生，常有比自己小的叔、姑、姨、舅。且国君在位时间多不长，国君之姑姊妹可以很年轻。

齐侯许婚，周灵王使大夫阴里如齐聘婚。

前559年秋,周灵王使刘定公赐命齐侯,说:"昔伯舅太公,佑我先王,股肱周室,师保万民,世胙太师,以表东海。王室之不坏,亦伯舅是赖。今余命汝环,兹率舅氏之典,纂乃祖考,无忝乃旧。敬之哉,无废朕命。"环:齐灵公名。

杜预说:"传言王室不能命有功,因婚而加褒显。"

前558年春,刘定公跟随单靖公如齐迎娶王后。刘定公非卿,迎娶王后应公与卿同行,这次卿不行,被认为非礼。

> 俟我于著乎而,充耳以素乎而,尚之以琼华乎而。
> 俟我于庭乎而,充耳以青乎而,尚之以琼莹乎而。
> 俟我于堂乎而,充耳以黄乎而,尚之以琼英乎而。
> ——《诗经》之《齐风·著》

前559年夏,晋联军忙于伐秦之时,卫献公约孙文子、宁惠子共餐。二人穿朝服在朝廷等待,直至日暮,不见献公召。献公在苑囿射鸿。二人进囿找到献公,献公不脱皮冠而与之言。皮冠是田猎服饰。二人见献公故意怠慢而怒。

孙文子回到戚邑,其子孙蒯入朝为父请命。

卫献公与孙蒯饮酒,命太师歌《巧言》卒章:"彼何人斯?居河之麋。无拳无勇,职为乱阶。既微且尰①,尔勇伊何?为犹将多,尔居徒几何?"

太师认为不合适,推辞不歌。乐人师曹请歌此诗。当初,卫献公使师曹教宠妾弹琴,师曹鞭之。献公发怒,鞭师曹三百。故师曹欲歌此诗,以激怒孙文子报复献公。

献公同意师曹歌此诗。师曹唯恐孙蒯不理解,遂高声朗诵。孙蒯理解诗意,非常惧怕,告知孙文子。

孙文子说:"君忌我矣,弗先,必死。"遂把家眷送往戚邑。

---

①尰 zhǒng

孙文子进入都城,见蘧伯玉,说:"君之暴虐,子所知也。余大惧社稷之倾覆,将若之何?"

蘧伯玉说:"君制其国,臣敢奸之?虽奸之,庸知愈乎?"蘧伯玉料知将乱,自近关出境。

卫献公担心孙文子作乱,使子蟜、子伯、子皮三位公子与孙子盟于丘宫,孙子尽杀三位公子。

四月己未日,献公弟公子展奔齐,卫献公出走至鄄,使公子行向孙子求和,孙子又杀子行。

卫献公出奔齐,孙氏追赶,在阿泽打败卫献公的随从。

> 小畜之中孚:舆脱辐,夫妻反目。　　——《易经》

起初,尹公佗向庾公差学射,庾公差的射技学自公孙丁。尹公佗和庾公差二人为孙子追卫献公,公孙丁为献公驾车。

庾公差说:"射为背师,不射将为戮,射,为礼乎。"

在礼,射不求中,庾公差射献公之乘两边的车轭,然后返还。

尹公佗说:"子为师,我则远矣。"遂掉转车头,追赶献公。

公孙丁把缰绳交给献公,射尹公佗,一箭贯穿其手臂。

> 叔于田,乘乘黄。两服上襄,两骖雁行。叔在薮,火烈具扬。叔善射忌,又良御忌。抑磬控忌,抑纵送忌。　　——《诗经》之《郑风·大叔于田》

子鲜跟随献公逃亡。子鲜:卫献公的母弟公子鱄。

到达边境,卫献公使祝宗向神明告亡,且告自己无罪。

定姜说:"无神,何告?若有,不可诬也。有罪,若何告无?舍大臣而与小臣谋,一罪也;先君有冢卿以为师、保,而蔑之,二罪也;余以巾栉事先君,而使余如婢妾,三罪也。告亡而已,无告无罪。"

子游问孝。孔子曰:"今之孝者,是谓能养。至于

犬马,皆能有养。不敬,何以别乎?"　　——《论语》

鲁襄公使厚成叔吊于卫,说:"寡君使瘠,闻君不抚社稷,而越在他境,若之何不吊?以同盟之故,使瘠敢私于执事,曰:'有君不吊,有臣不敏,君不赦宥,臣亦不率职,增淫发泄,其若之何?'"厚成叔,名瘠。

卫人使大叔仪回答,说:"群臣不佞,得罪于寡君。寡君不以群臣即刑而远弃之,以为君忧。君不忘先君之好,辱吊群臣,又重恤之。敢拜君命之辱,重拜大贶。"

厚孙回国复命,对臧武仲说:"卫君其必归乎?有大叔仪以守,有母弟鱄同出,或抚其内,或营其外,能无归乎?"

齐人使卫献公寄居郲。卫侯回国复位时,把郲地之粮也带回。

右宰穀跟随卫献公出逃后又返回,卫人要杀他。右宰辩解说:"余不悦初矣,余狐裘而羔袖。"得以赦免。

卫人立卫穆公之孙公孙剽,孙林父、甯殖相之,听命于诸侯。

鲁臧纥如齐唁卫侯,与之交谈,其言虐。臧纥退出后,对左右说:"卫侯其不得入矣。其言粪土也,亡而不变,何以复国?"

卫献公之弟子展、子鲜闻听臧纥之言,来见臧纥,与之交谈,言辞顺理。

臧孙悦,对左右说:"卫君必入。夫二子者,或挽之,或推之,欲无入,得乎?"

　　终南何有?有条有梅。君子至止,锦衣狐裘。颜如渥丹,其君也哉?

　　终南何有?有纪有堂。君子至止,黻衣绣裳。佩玉将将,寿考不忘!

　　　　　　　　——《诗经》之《秦风·终南》

第八十六回　晋师旷答君疑问　郑师慧过宋朝廷

晋乐师旷在晋悼公身边，晋侯问："卫人出其君，不亦甚乎？"

师旷说："或者其君实甚。良君将赏善而刑淫，养民如子，盖之如天，容之如地。民奉其君，爱之如父母，仰之如日月，敬之如神明，畏之如雷霆，其可出乎？夫君，神之主，而民之望也。若困民之生，匮神乏祀，百姓绝望，社稷无主，将安用之？弗去何为？

"天生民而立之君，使司牧之，勿使失性。有君而设卿佐，使师保之，勿使过度。是故，天子有公，诸侯有卿，卿置侧室，大夫有贰宗，士有朋友，庶人、工、商、皂、隶、牧、圉皆有亲昵，以相辅佐也。善则赏之，过则匡之，患则救之，失则革之。

"自王以下，各有父兄子弟，以补察其政。太史记载，乐师诗谏，工诵箴谏，大夫规诲，士传言至大夫，庶人闻君过而上传，商旅陈述于市，百工献艺以喻政。故《夏书》曰：'遒人以木铎徇于路。官师相规，工执艺事以谏。'正月孟春，于是乎遒人询行，谏失常也。

"天之爱民甚矣，岂其使一人肆虐于民上，以纵其淫，而弃天地之性？必不然矣。"

> 民为贵，社稷次之，君为轻。　　　——《孟子》

晋悼公问中行献子如何处理卫国之事，荀偃说："不如因而定之，卫有君矣，伐之，未可以得志，而勤诸侯。史佚有言曰：'因重而抚之。'仲虺有言曰：'亡者侮之，乱者取之。'推亡、固存，国之道也。君其定卫以待时乎。"

前559年冬，晋士匄、鲁季孙宿、宋华阅、卫孙林父、郑公孙虿、莒人、邾人会于戚，谋议定卫。

此前,范宣子向齐人借五彩羽毛观赏而不归还,齐人开始有离心,而未参会。

冉求曰:"非不悦子之道,力不足也。"孔子曰:"力不足者,中道而废。今汝画。" ——《论语》

前558年春,宋向戌聘于鲁,且寻盟。见孟献子,因其房屋太美,说:"子有令闻,而美其室,非所望也。"

孟献子说:"我在晋,吾兄为之。毁之重劳,且不敢非。"

夏,齐灵公伐鲁北境,围成邑,因齐叛晋。鲁襄公前往救成,到达遇邑,齐师撤退。季武子、叔孙穆子率师修筑成邑之郭。在正常情况下,夏季是农忙时节,不修城筑郭。

秋,邾人伐鲁南境。鲁襄公使人报告晋国,晋将聚合诸侯讨伐邾、莒。就在这时,晋悼公得病,未能聚合诸侯。

十一月癸亥日,晋侯姬周病逝,谥悼。

郑公孙夏如晋奔丧,子蟜如晋送葬。公孙夏,即子西。

君子以行过乎恭,丧过乎哀,用过乎俭。

——《易传》

当初,晋悼公与司马侯登台远望,悼公说:"乐夫!"

司马侯说:"临下之乐则乐矣,德义之乐则未也。"

晋悼公问:"何谓德义?"

司马侯说:"诸侯之为,日在君侧,以其善而行,以其恶而戒,可谓德义矣。"

晋悼公问:"孰能?"

司马侯答:"羊舌肸习于《春秋》。"《春秋》:各诸侯史书。

晋悼公召叔向,使其辅导太子彪。

孔子曰:"若圣与仁,则吾岂敢?抑为之不厌,诲人不倦,则可谓云尔已矣。"公西华曰:"正唯弟子不能学也。"
——《论语》

五年前的郑国内乱,尚有暴徒在宋。因子西、伯有、子产之故,前558年春,郑人以四十乘之马和乐师茷、乐师慧贿宋。三月,又使公孙黑为质于宋。公孙黑:子西弟,字子晳。

宋司城子罕以堵女父、尉翩、司齐交给郑人,认为司臣贤而未交,并托之于鲁季武子,季武子安置司臣于卞。

郑人醢三人。堵女父的族人堵狗之妻是晋范氏之女,郑人担心堵氏借范氏作乱,便夺堵狗妻,送还范氏。

乐师慧过宋朝廷,说要解手。
其相说:"朝也。"
师慧说:"无人焉。"
其相说:"朝也,何故无人?"
师慧说:"必无人焉。若犹有人,岂其以千乘之相易淫乐之矇?必无人焉故也。"
宋子罕得知师慧之言,坚请宋平公送归师慧。

师冕见,及阶,孔子曰:"阶也。"及席,子曰:"席也。"皆坐,子告之曰:"某在斯,某在斯。"师冕出。子张问曰:"与师言之道与?"子曰:"然,固相师之道也。"
——《论语》

一宋人得宝玉,献于子罕。子罕不受。
献玉者说:"以示玉人,玉人以为宝也,故敢献之。"
子罕说:"我以不贪为宝,尔以玉为宝。若以与我,皆丧宝也。不若人各有其宝。"
献玉者稽首而告,说:"小人怀璧,不可以越乡。纳此以免死也。"

乐喜子罕安置其在乐氏之里,使玉人为之加工宝玉,献玉者卖掉玉品,富有后回到家乡。

孔子曰:"仁远乎哉?我欲仁,斯仁至矣。"
——《论语》

前556年冬,宋华阅去世。华阅之弟华臣侵占华阅之子皋比的家室,使贼杀其宰华吴。六个贼人用铍①杀华吴于宋城门卢门附近,在左师向戌合邑之后。

向戌撞见,恐惧地说:"老夫无罪。"

贼说:"皋比私有讨于吴。"

贼又幽禁华吴妻,说:"畀余尔大璧。"

宋平公得知华臣之为,说:"臣也,不唯其宗室是暴,大乱宋国之政,必逐之!"

向戌说:"臣也,亦卿也。大臣不顺,国之耻也,不如盖之。"

宋平公便不追究。左师向戌做了根很短的马鞭,每过华臣之门,必鞭马疾驰。

十一月甲午日,国人逐疯狗,疯狗逃入华臣家,国人追随进入。华臣恐惧,逃奔陈国。

孔子曰:"好勇疾贫,乱也。人而不仁,疾之已甚,乱也。"
——《论语》

宋皇国父是太宰,为平公筑高台,妨碍农功。子罕请待农功完毕再建,平公不许。

筑台者讴歌:"泽门之皙,实兴我役。邑中之黔,实尉我心。"皇国父长得白皙,居泽门。子罕黝黑,居邑中。

---

①铍 pī

子罕听到后,亲执杖,巡视筑台者,扑打不肯出力之人,说:"吾侪小人,皆有阖庐,以避燥湿寒暑。今君为一台,而不速成,何以为役?"讴歌者不再唱。

有人问其故,子罕说:"宋国区区,而有诅有祝,祸之本也。"

  知其雄,守其雌,为天下溪。为天下溪,恒德不离。恒德不离,复归于婴儿。

  知其白,守其黑,为天下式。为天下式,恒德不忒。恒德不忒,复归于无极。

  知其荣,守其辱,为天下谷。为天下谷,恒德乃足。恒德乃足,复归于朴。朴散则为器,圣人用之则为官长,夫大制无割。

——《老子》

第八十七回　诸侯会歌诗辨类　齐大夫逃盟伐鲁

前557年正月，葬晋悼公。太子彪即位，史称晋平公。改换丧服，选拔贤能，任命官员，在曲沃举行烝祭。

命羊舌肸为太傅，张老之子张君臣为中军司马，祁奚、韩襄、栾盈、士鞅为公族大夫，虞丘书为乘马御。韩襄：韩无忌之子。

依礼，诸侯去世，五月而葬，晋悼公三月而葬，有其故。上年，悼公要合诸侯，未成，此时，晋平公要合诸侯，故速葬悼公。

三月，晋平公布置守备后顺黄河而下，会诸侯于溴①梁。参会的有晋平公、鲁襄公、宋平公、卫殇公、郑简公、曹成公、莒子、邾子、薛伯、杞伯、小邾子、齐高厚。会上，晋人命诸侯归还所侵他国之地。

因鲁被侵之故，晋人执邾宣公、莒犁比公，并责其为齐、楚往来提供便利，带二人回晋。

晋平公与诸侯在温邑宴饮，使诸大夫歌舞，要求所舞和所歌之诗符合盟会气氛，说："歌诗必类。"

齐高厚之诗不类。

荀偃发怒，说："诸侯有异志矣！"

荀偃使诸大夫与高厚结盟，高厚不肯结盟，逃回齐国。

戊寅日，晋荀偃、鲁叔孙豹、宋向戌、卫甯殖、郑公孙虿、小邾大夫结盟，说："同讨不庭。"

> 孔子曰："诵诗三百，授之以政，不达；使于四方，不能专对；虽多，亦奚以为？"　　——《论语》

---

①溴 jú

诸侯会盟之时,齐灵公又伐鲁北境。

许灵公请晋人迁许国至晋地。诸侯迁许,许国大夫不愿迁,晋人使诸侯回国,留下师众伐许国之不肯搬迁者。郑子蟜得知将伐许,相郑简公跟随联军。鲁穆叔陪同襄公回国,子叔齐子率师会合郑简公、晋荀偃、卫甯殖、宋人伐许。

六月,晋联军驻师许地械林。庚寅日,伐许,驻师函氏。接着,晋荀偃、栾黡率师伐楚,以报四年前楚伐宋扬梁之役。楚公子格率师与晋师在湛①阪交战,楚师溃败。晋师又侵楚方城之外,然后,再次伐许后回师。

  萃之随:有孚不终,乃乱乃萃。若号,一握为笑。勿恤,往无咎。　　　　　　　——《易经》

秋,齐灵公伐鲁北境,围成邑。孟孺子拦截齐军。孟孺子:孟献子之子仲孙速,谥庄,史称孟庄子。

齐灵公说:"是好勇,去之,以成其名。"

齐师撤还。仲孙速堵塞鲁国海陉隘道,然后回师。

冬,鲁穆叔如晋聘,并言及齐人再侵之事。

晋人说:"以寡君之未禘祀,与民之未息。不然,不敢忘。"服丧三年,服丧毕,举行禘祀。

穆叔说:"以齐人之朝夕释憾于敝邑之地,是以大请。敝邑之急,朝不及夕,引领西望曰:'晋庶几来乎!'若待执事之闲,恐无及也。"

穆叔见中行献子,赋《圻父》:"圻父,予王之爪牙。胡转予于恤,靡所止居?"

荀偃说:"偃知罪矣。岂敢不从执事,以同恤社稷,而使鲁及此?"

---

①湛 zhàn

穆叔又见范宣子,赋《鸿雁》之末章:"鸿雁于飞,哀鸣嗷嗷。维此哲人,谓我劬劳。"喻鲁国忧困如鸿雁失所。

范宣子士匄说:"匄在此,敢使鲁无鸠乎?"

困之讼:困于葛藟,于臲卼①,曰动悔,有悔,征吉。
——《易经》

前556年春,宋庄朝伐陈,陈人轻宋,不设防,宋人俘获陈司徒卬。

卫孙蒯在曹地隧田猎,在重丘饮马,毁坏汲水瓶。重丘人闭门讽刺,说:"亲逐尔君,尔父为厉。是之不忧,尔何以田为?"

夏,卫石买、孙蒯伐曹,攻取重丘。曹人诉于晋。

因上年侵鲁无功而返,秋,齐灵公又伐鲁北境,围桃邑。高厚围臧纥于防邑。

鲁师自阳关出发迎臧纥,停在防地附近的旅松,不敢继续前进。耶邑大夫叔梁纥与臧畴、臧贾率三百甲士,夜间冲击齐师,送臧纥至旅松,然后,返回防邑守卫。

齐师见臧武仲逃出,擒臧氏族人臧坚,便撤师。

齐灵公使夙沙卫问候臧坚,并嘱咐说:"无死。"

臧坚稽首说:"拜命之辱,抑君赐不终,而又使其刑臣礼于士。"用尖木棍挖伤口而死。

恒之大壮:浚恒,贞凶,无攸利。　　——《易经》

冬,邾人为齐而伐鲁南境。

十一月,齐晏桓子去世,其子晏婴穿粗麻布丧服,头和腰系麻带,手执竹杖,脚穿草鞋,喝粥住草棚,睡草垫,枕草。

---

①臲卼 niè wù

其家老说:"非大夫之礼也。"

晏婴说:"唯卿为大夫。"

诸侯位同天子之公、卿,诸侯之卿位同天子之大夫。晏桓子是卿,晏婴尚未为卿,故晏婴表示自己并非大夫。晏婴此举是拒绝当时奢侈之风。

孔子曰:"士志于道,而耻恶衣恶食者,未足与议也。"

——《论语》

前555年春,白狄首次来鲁国。夏,卫石买以行人身份前往晋国,晋人因曹人之诉而执石买于晋地长子,执孙蒯于纯留。

秋,齐灵公再次伐鲁北境。

子路、曾皙、冉有、公西华侍坐。

孔子曰:"以吾一日长乎尔,毋吾以也。居则曰:'不吾知也。'如或知尔,则何以哉?"

子路率尔而对,曰:"千乘之国,摄乎大国之间,加之以师旅,因之以饥馑,由也为之,比及三年,可使有勇,且知方也。"夫子哂①之。

"求,尔何如?"对曰:"方六七十,如五六十,求也为之,比及三年,可使足民。如其礼乐,以俟君子。"

"赤,尔何如?"对曰:"非曰能之,愿学焉。宗庙之事,如会同,端章甫,愿为小相焉。"

"点,尔何如?"鼓瑟希,铿②尔,舍瑟而作,对曰:"异乎三子者之撰。"子曰:"何伤乎? 亦各言其志也。"曰:"莫春者,春服既成,冠者五六人,童子六七人,浴乎沂,

---

①哂 shěn ②铿 kēng

风乎舞雩,咏而归。"夫子喟①然叹曰:"吾与点也!"

三子者出,曾皙后。曾皙曰:"夫三子者之言何如?"子曰:"亦各言其志也已矣。"

曰:"夫子何哂由也?"曰:"为国以礼,其言不让,是故哂之。"

"唯求则非邦也与?""安见方六七十如五六十而非邦也者?"

"唯赤则非邦也与?""宗庙会同,非诸侯而何?赤也为之小,孰能为之大?"

——《论语》

(笔者释:铿尔,一般认为是"投瑟之声",笔者对此有点疑惑,而认为也许是音乐渐弱后的强音。)

---

① 喟 kuì

第八十八回　晋联盟伐齐益鲁　楚康公攻郑遇雨

前555年，秋，晋中行献子将伐齐，梦与晋厉公讼，未胜。晋厉公击之以戈，击坠其头，献子跪下捧起头戴在颈上，捧着头跑，遇见梗阳巫人皋。

他日，献子遇巫皋于途，与之言及梦境，巫皋做了相同的梦。巫皋说："今兹主必死。若有事于东方，则可以逞。"献子许诺。

晋平公率师伐齐。将渡黄河，中行献子用朱丝系两对玉，祷告说："齐环怙恃其险，负其众庶，弃好背盟，陵虐神主。曾臣彪将率诸侯以讨焉，其官臣偃前后效力。苟捷有功，无作神羞，官臣偃无敢复济。唯尔有神裁之。"献子说完，沉玉而渡。

"环"是齐灵公名，"彪"是晋平公名，向神祷告，提及国君也称名。国君之上有天子，故国君是"曾臣"，如同向先祖祷告时自称"曾孙"。"神主"指民众，因齐人屡次伐鲁，残害民众。

十月，晋平公、鲁襄公、宋平公、卫殇公、郑简公、曹成公、莒子、邾子、腾子、薛伯、杞伯、小邾子会于鲁国济水边，寻溴梁誓词。然后，伐齐。

　　恒之小过：悔亡。　　　　　　——《易经》

齐灵公在平阴抵御晋联军，在平阴南防城门外挖壕沟固守，沟宽达一里。

夙沙卫说："不能战，莫如守险。"齐灵公不听。

晋联军攻城门，齐人死伤很多。

444

范宣对齐析文子说:"吾知子,敢匿情乎?鲁人、莒人皆请以车千乘,自其乡入,既许之矣。若入,君必失国。子何不图之?"

子家转告齐灵公,齐灵恐惧。子家,析文子字。

晏婴得知,说:"君固无勇,而又闻是,弗能久矣。"

齐灵公登上巫山眺望晋师。

晋人使司马借山泽之险,虽师众不至之处,必插旌旗,稀疏布成阵列之形,使乘车者左用真人,右用假人,高举大旗为先驱,车后拖柴扬起灰尘。

齐灵公见满山皆敌军,心中恐惧,收起旗帜,悄悄下山。

丙寅日,晦,齐师趁黑夜逃遁。

师旷对晋平公说:"鸟乌之声乐,齐师其遁。"

邢伯对中行伯说:"有班马之声,齐师其遁。"

叔向对晋平公说:"城上有乌,齐师其遁。"

众树动者,来也;众草多障者,疑也;鸟起者,伏也;兽骇者,覆也。　　　　　　——《孙子兵法》

十一月丁卯日,朔,晋联军攻入平阴,又继续追赶齐师。

夙沙卫连接大车以堵塞山间隘道,自己殿后。

殖绰、郭最对夙沙卫说:"子殿国师,齐之辱也。子姑先乎!"

二人取代夙沙卫殿后。夙沙卫怨二人之言,杀马堵塞隘道,挡住二人退路。

晋州绰追至隘口,射殖绰,中其双肩,两箭夹其颈。

州绰说:"止,将为三军获。不止,将取其衷。"

殖绰回顾说:"为私誓。"

州绰发誓说:"有如日。"

州绰松了弓,反绑殖绰,其车右具丙也放下兵器捆绑郭最。二齐俘皆穿铠甲反绑,坐在晋中军鼓下。

恒之大过:恒其德,贞,妇人吉,夫子凶。
——《易经》

晋人要追击齐逃归者,鲁、卫请攻城。

己卯日,十三日,荀偃、士匄率中军攻克平阴东南的京兹。

乙酉日,十九日,魏绛、栾盈率下军攻克平阴之西的邿邑。赵武、韩起率上军围卢邑,未攻克。

十二月戊戌日,初二日,联军到达齐都临淄附近的秦周,砍伐齐都西门雍门的萩①树。范鞅攻雍门,鲁孟庄子砍椿树以备为鲁襄公做琴。

己亥日,初三日,联军焚雍门及西郭、南郭。晋刘难、士弱率诸侯之师焚申池竹木。

壬寅日,初六日,焚东郭、北郭。范鞅攻西北门扬门。州绰攻东门东闸,由于路窄,其左边的骖马被阻,戎车无法前行,州绰回至门中,数门上的板钉以示悠闲无惧。

齐灵公在城中十分恐惧,驾车要逃往邮棠。

太子光和大夫郭荣拉住马,说:"师速而疾,略也,将退矣。君何惧焉?且社稷之主,不可以轻,轻则失众。君必待之。"

齐灵公想冲过去,太子光抽剑斩断马鞅,齐灵公乃止。

甲辰日,初八日,晋联军东侵到达潍水,又向南到达沂水。

我不欲战,画地而守之,敌不得与我战者,乖其所之也。
——《孙子兵法》

郑子孔要去掉诸大夫以便专权,想叛晋而用楚师达成。使人告知楚令尹子庚,子庚不答应。

楚康得知,使杨豚尹宜对子庚说:"国人谓不穀主社稷,而不

---

①萩 qiū

出师,死不从礼葬。不縠即位,于今五年,师徒不出,人其以不縠为自逸,而忘先君之业矣。大夫图之,其若之何?"

子庚叹息,说:"君其谓午怀安乎,吾以利社稷也。"

子庚带使者见楚康,稽首说:"诸侯方睦于晋,臣请尝之。若可,君而继之。不可,则收师而退,可以无害,君亦无辱。"

子庚率师治兵于汾。

这时,郑子蟜、伯有、子张随郑简公伐齐,子孔、子展、子西留守。子展、子西心知子孔之谋,二人巩固城郭,坚守城内。故子孔不敢与楚师相会。子张:公子印之子,公孙黑肱。

> 大过之夬:藉用白茅,无咎。　　　——《易经》

楚师伐郑,驻师鱼陵。右师城上棘,然后,渡过颍水,驻师旃然。芴子冯、公子格率精锐之师侵郑邑费滑、胥靡、献于、雍梁,右出梅山,侵郑东北,直至虫牢而返。

子庚攻纯门,连攻两日,无功而返。师众自鱼齿山下渡水,暴雨来袭,因受冻,楚师役徒丧亡殆尽。

晋人得知楚师出动,深感不安。

师旷说:"不害。吾骤歌北风,又歌南风。南风不竞,多死声。楚必无功。"

董叔说:"吾观天象,天道多在西北,南师不合天时,必无功。"

叔向说:"在其君之德也。"

> 知彼知己,胜乃不殆;知天知地,胜乃不穷。
> 　　　　　　　　　　——《孙子兵法》

前554年正月,晋联军自齐班师,盟于督扬,又叫祝柯,盟誓说:"大毋侵小。"因邾人侵鲁,晋人执邾悼公。

联军驻扎于泗水,划定鲁与邾疆界,以漷①水为界,漷北归鲁。鲁得邾漷水北之田。

晋平公先行回国。鲁襄公在蒲圃宴享晋六卿,赐之三命车服。军尉、司马、司空、舆尉、候奄,皆受一命之服。又送给荀偃五匹锦、玉璧、一乘之马,以及吴寿梦送给鲁国的鼎。

> 敦彼行苇,牛羊勿践履。方苞方体,维叶泥泥。戚戚兄弟,莫远具尔。或肆之筵,或授之几。
> ——《诗经》之《大雅·行苇》

荀偃头生恶疮,渡过黄河,到达著雍,病情加重,双目突出。先行的大夫皆返回。

士匄请见,荀偃不许。问由谁继位,回答说:"郑甥可。"郑国的外甥即郑女所生之子,指荀吴。

二月甲寅日,荀偃去世,眼大睁,口紧闭,无法放入含玉。

范宣子盥洗后抚其目,说:"事吴敢不如事主!"

荀偃仍不闭目。

栾怀子说:"其为未卒事于齐故也乎?"栾怀子:栾盈。

范宣子再次抚其目,说:"主苟终,所不嗣事于齐者,有如河。"

荀偃瞑目,张口,受含玉。

范宣子退出后,说:"吾浅之为丈夫也。"

夏,晋栾鲂率师与卫孙文子伐齐。

> 否之观:有命,无咎,畴离祉。 ——《易经》

---

①漷 kuò

第八十九回　齐灵公改立太子　鲁季武重赏外盗

齐灵夫人是鲁公之女,叫颜懿姬,无子。其侄女鬷声姬生公子光,已立为太子。颜、鬷:女子母姓;懿、声:谥。

齐灵有二子姓姜,仲子和戎子,戎子受宠。仲子生公子牙,托付给戎子。戎子请齐灵立牙为太子,灵公许诺。

仲子说:"不可。废常,不祥;犯诸侯,难成。光之立也,列于诸侯矣。今无故而废之,是专黜诸侯,而以难犯不祥也。君必悔之。"

齐灵说:"在我而已。"

齐灵公遂废太子光,迁之于东境。立公子牙为太子,使高厚为傅,夙沙卫为少傅。

不久,齐灵公生病,崔杼秘密接回废太子光。灵公病危,崔杼重新立光为太子。太子光杀戎子,陈尸于朝。非礼。当时,对妇人无刑罚,虽犯死刑,也不陈于朝廷或集市。

> 比之观:比之无首,凶。　　　　　　——《易经》

前554年五月壬辰日,晦,齐侯姜环去世,谥灵。太子光继位,为齐庄公。齐庄在句渎之丘执公子牙,认为是夙沙卫废已,要除夙沙卫,夙沙卫奔高唐叛齐。

形势安定后,齐人向诸侯赴告,其时已是七月,鲁《春秋》按赴告之日记载:"秋,七月,辛卯,齐侯环卒。"

因对荀偃之诺,晋士匄率师伐齐。到达穀,知齐灵去世,而回师。兵不伐丧,合礼。

八月,崔杼杀高厚于洒蓝,兼并其家财食邑,因高厚听从齐灵公昏聩之命而改立太子。

庆封围高唐,未攻克。十一月,齐庄公亲自率师围高唐,见夙沙卫在城上,齐庄高声呼叫,夙沙卫下城。齐庄问城内守备情况,夙沙卫说无守备,齐庄揖之,夙沙卫还礼后登上城墙。

听说齐庄之师将攀墙登城,夙沙卫请高唐人饱餐一顿,预备守城。城中的殖绰、工偻也来会餐,趁夜色放下绳,使齐庄之师入城,庄公师众醢夙沙卫。

前552年春,齐庄公使崔杼党羽庆佐为大夫,继续讨公子牙党徒,执公子买于句渎之丘。公子鉏奔鲁,叔孙还奔燕。

  北风其凉,雨雪其雱^①。惠而好我,携手同行。其虚其邪?既亟只且!

  莫赤匪狐,莫黑匪乌。惠而好我,携手同车。其虚其邪?既亟只且!

——《诗经》之《邶风·北风》

前554年夏,鲁季武子如晋,拜谢出师讨齐,晋平公设享礼。

范宣子赋《黍苗》:"芃芃黍苗,阴雨膏之。悠悠南行,召伯劳之。"

季武子起身,再拜稽首,说:"小国之仰大国也,如百谷之仰膏雨焉。若常膏之,其天下辑睦,岂唯敝邑?"

武子说完,赋《六月》:"六月栖栖,戎车既饬。四牡骙骙,载是常服。玁狁孔炽,我是用急。王于出征,以匡王国。"

季武子回国后,以自齐所获兵器制作林钟,铭记鲁功。

臧武仲对季孙说:"非礼也。夫铭,天子令德;诸侯举得时,动有功,则言时计功;大夫征伐有功,则称伐。今称伐,则下等也;计功,则借人之力也;言时,则妨民多矣。何以为铭?且夫大伐小,取

---

①雱 pāng

其所得以作彝器,铭其功烈以示子孙,昭明德而惩无礼也。今将借人之力以救其死,若之何铭?小国侥幸胜大国,而昭所获焉以怒之,亡之道也。"

  圣人居无为之事,行不言之教:万物作而弗始也,为而弗恃也,成而弗居。夫唯弗居也,是以弗去也。

——《老子》

八月丙辰日,鲁仲孙蔑去世,谥献,史称孟献子。

冬,鲁人因惧齐而城西郭。

齐与晋讲和,盟于大隧。鲁人担忧,故穆叔会范宣子于柯。

穆叔见叔向,赋《载驰》第四章:"我行其野,芃芃其麦。控于大邦,谁因谁极。"

叔向说:"肸敢不承命?"

穆叔回国后说:"齐犹未休也,不可以不惧。"

鲁国城武城。

  比之萃:外比之,贞吉。 ——《易经》

前553年春,鲁与莒讲和。辛亥日,孟庄子会莒人,盟于向。

因齐与晋讲和,六月庚申日,晋侯、鲁侯、齐侯、宋公、卫侯、郑伯、曹伯、莒子、邾子、滕子、薛伯、杞伯、小邾子盟于卫澶①渊。

秋,孟庄子伐邾。邾人骤伐鲁,因连年参与诸侯间的盟会征伐,鲁国未及回报。

鲁子叔齐子如齐聘。齐、鲁结怨多年,开始交通。

冬,季武子如宋回报五年前的向戌之聘。褚师②段迎接,宋平公设享礼。

---

①澶 chán　②褚师 zhǔ shī

季孙赋《常棣》第七章至篇末:"妻子好合,如鼓瑟琴。兄弟既翕,和乐且湛①。宜尔室家,乐尔妻帑。是究是图,亶②其然乎。"

宋人赠以重礼。

季武子回国后,向鲁襄公复命,襄公宴享慰劳武子。

武子赋《鱼丽》之卒章:"物其有矣,维其时矣。"喻聘宋得其时以赞誉襄公。

鲁襄公赋《南山有台》:"南山有台,北山有莱。乐只君子,邦家之基。"

季武子避席,说:"臣不堪也。"

> 孔子曰:"小子何莫学夫《诗》?《诗》,可以兴,可以观,可以群,可以怨。迩之事父,远之事君;多识于鸟兽草木之名。"
>
> ——《论语》

前552年春,鲁襄公如晋拜晋出师伐齐及为鲁取邿田。

邾大夫庶其以漆、闾丘二地奔鲁。季武子以襄公姑姊嫁之,对其随从皆有赏赐。

其时,鲁国多盗。季孙对臧武仲说:"子何不治盗?"

武仲说:"不可治也,纥又不能。"

季孙说:"我有四封,而治其盗,何故不可?子为司寇,将盗是务去,若之何不能?"

武仲说:"子召外盗而大礼焉,何以止吾盗?子为正卿,而来外盗;使纥去之,将何以能?庶其窃邑于邾以来,子以姬氏妻之,而与之邑,其从者皆有赐焉。若大盗,礼焉以君之姑姊与其大邑,其次皂牧舆马,其小者衣裳剑带,是赏盗也。赏而去之,其或难焉?

---

①湛 dān ②亶 dǎn

"纥也闻之,在上位者,洒濯其心,壹以待人,轨度其信,可明征也,而后可以治人。夫上之所为,民之归也。上所不为,而民或为之,是以加刑罚焉,则民莫敢不惩。若上之所为,而民亦为之,乃其所也,又可禁乎?《夏书》曰:'念兹在兹,释兹在兹,名言兹在兹,允出兹在兹,惟帝念功。'将谓由己壹也。信由己壹,而后功可念也。"

尧、舜率天下以仁,而民从之。桀、纣率天下以暴,而民从之。其所令反其所好,而民不从。是故君子有诸己而后求诸人,无诸己而后非诸人。所藏乎身不恕,而能喻诸人者,未之有也。　　——《礼记》之《大学》

第九十回　晋栾氏祸起萧墙　祁大夫急救叔向

晋栾黡娶范宣子之女为妻,叫栾祁,生栾盈。范氏为祁姓。

范宣子之子范鞅因在"迭却之役"后被栾黡所逼而奔秦,心中怨栾氏。范鞅回国后,虽与栾盈同为公族大夫,却不相睦。

栾桓子栾黡去世后,栾祁与其家老州宾私通,把栾氏家财挥霍殆尽,栾盈感到忧心。

栾祁担心栾盈责讨,而向范宣子诬告,说:"盈将为乱,以范氏为害死桓主而专政矣,曰:'吾父逐鞅也,范氏不怒鞅而给以宠位,鞅又与吾同官而专之,吾父死而范氏益富。害死吾父而专于国,有死而已,吾蔑从之矣。'其谋如是,惧害于主,吾不敢不言。"

范鞅为之作证。栾盈好施,好多士人归附他。范宣子惧其多士,而信栾祁之言。

栾盈是下卿,范宣子使之城著,栾盈奔曲沃。

前552年秋,范宣子杀栾盈同党箕遗、黄渊、嘉父、司空靖、邴豫、董叔、邴师、申书、羊舌虎、叔罴。囚伯华、叔向、籍偃。使祁午、阳毕往曲沃逐栾盈,栾盈出奔楚。

> 否之无妄:拔茅茹,以其汇,贞,吉亨。——《易经》

当初,董叔要娶范氏女,叔向劝说:"范氏富,何不已乎?"

董叔说:"欲为系援焉。"

婚后,董祁向其兄范鞅告状,说董叔:"不吾敬也。"

范鞅执董叔,捆吊在庭院的槐树上。

叔向经过,董叔喊:"子何不为我请乎?"

叔向说:"求系,既系矣;求援,既援矣。欲而得之,又何请焉?"

姤,女壮,勿用娶女。　　　　　——《易经》

　　羊舌虎是羊舌赤和羊舌肸之弟,伯华和叔向因之而受牵连。当初,叔向之母妒叔虎之母美而不使之侍寝,其子皆谏其母。

　　叔向母说:"深山大泽,实生龙蛇。彼美,余惧其生龙蛇以祸汝。汝,敝族也。国多大宠,不仁者离间其中,不亦难乎? 余何爱焉?"

　　叔向母使叔虎母侍寝,生叔虎。叔虎美而有勇力,有宠于栾盈,故羊舌氏之族被牵涉。

　　有人对叔向说:"子罹于罪,其为不智乎?"

　　叔向说:"与其死、亡若何?《诗》曰:'优哉游哉,聊以卒岁。'智也。"

　　乐王鲋来见叔向,说:"吾为子请。"

　　叔向不回应。乐王鲋离去,叔向不拜谢。左右皆责叔向。

　　叔向说:"必祁大夫。"祁大夫,指祁奚。

　　叔向家老说:"乐王鲋言于君,无不行,求赦吾子,吾子不许。祁大夫所不能也,而曰'必由之',何也?"

　　叔向说:"乐王鲋,从君者也,何能行? 祁大夫外举不弃仇,内举不失亲,其独遗弃我乎?《诗》曰:'有觉德行,四国顺之。'祁夫子,觉者也。"

　　晋侯以叔向罪否询问乐王鲋,乐王鲋说:"不弃其亲,其有焉。"

　　孔子曰:"巧言、令色、足恭,左丘明耻之,丘亦耻之。匿怨而友其人,左丘明耻之,丘亦耻之。"

　　　　　　　　　　　　　　——《论语》

　　祁奚已告老在家,得知叔向被囚,急乘驿车赶至都城,来见范宣子,说:"《诗》曰:'惠我无疆,子孙保之。'《书》曰:'圣有谟勋,明征定保。'夫谋而鲜过、惠训不倦者,叔向有焉,社稷之固也。犹将十世宥之,以劝能者。今壹不免其身,以弃社稷,不亦惑乎?鲧诛而禹兴;伊尹放太甲而相之,卒无怨色;管、蔡为戮,周公佑王。若之何其以虎也弃社稷?子为善,谁敢不勉?多杀何为?"

范宣子听罢,与祁奚乘车入朝见晋平公,劝说平公赦免叔向。

祁奚不见叔向而返回。叔向也不拜谢祁奚,只朝见晋平公。祁奚与叔向互不见面,表明为国不为私。

豫之解:介于石,不终日,贞吉。　　——《易经》

孔子曰:"德不孤,必有邻。"　　——《论语》

栾盈奔楚,过周地,遭周都西郊之人抢劫。

栾盈向周王行人申诉,说:"天子陪臣盈,得罪于王之守臣,将逃罪。罪重于郊甸,无所伏窜,敢布其死。昔陪臣书能输力于王室,王施惠焉。其子黡,不能保任其父之劳。大君若不弃书之力,亡臣犹有所逃。若弃书之力,而思黡之罪,臣,戮之馀也,将归死于尉氏,不敢还矣。敢布四体,唯大君命焉。"

周灵王说:"尤而效之,其又甚焉。"灵王之意晋逐栾盈已错,周人抢掠是效尤。

灵王使司徒拘禁掠夺栾氏者,把所抢之物还给栾氏,又使送迎宾客的候人送栾盈出辕①辕关。

有杕②之杜,其叶湑③湑。独行踽④踽。岂无他人?
不如我同父。

有杕之杜,其叶菁⑤菁。独行睘⑥睘。岂无他人?
不如我同姓。

——《诗经》之《唐风·杕杜》

---

①辕 huán　②杕 dì　③湑 xǔ　④踽 jǔ　⑤菁 jīng　⑥睘 qióng

前552年冬,晋平公、鲁襄公、齐庄公、宋平公、卫殇公、郑简公、曹武公、莒子、邾子会于商任,晋人向诸侯通报不得接受栾盈。齐庄、卫殇不敬。

叔向说:"二君者必不免。会朝,礼之经也;礼,政之舆也;政,身之守也。怠礼,则失政;失政,则不立,是以乱也。"

栾氏党羽知起、中行喜、州绰、邢蒯皆出奔在齐。

乐王鲋对范宣子说:"何不返州绰、邢蒯?勇士也。"

范宣子说:"彼,栾氏之勇也,余何获焉?"

乐王鲋说:"子为彼栾氏,乃亦子之勇也。"

齐庄公在朝,指殖绰、郭最说:"是寡人之雄也。"

州绰说:"君以为雄,谁敢不雄?然臣不敏,平阴之役,先二子鸣。"

齐庄公设勇士之爵,殖绰、郭最皆想得之。

州绰说:"东闾之役,臣左骖受迫,还于门中,识其枚数。其可以与于此乎?"

齐庄公说:"子为晋君也。"

州绰说:"臣为隶新。然二子者,譬于禽兽,臣食其肉而寝处其皮矣。"

> 子贡曰:"君子亦有恶乎?"孔子曰:"有恶:恶称人之恶者,恶居下流而讪①上者,恶勇而无礼者,恶果敢而窒者。"曰:"赐也亦有恶乎?""恶徼②以为知者,恶不逊以为勇者,恶讦③以为直者。"　　——《论语》

前551年秋,栾盈自楚适齐。

晏婴对齐庄说:"商任之会,受命于晋。今纳栾氏,将安用之?

---

①讪 shàn　②徼 jiāo　③讦 jié

小所以事大,信也。失信,不立。君其图谋。"

齐庄公不听。

晏平仲退出,对陈文子说:"君人执信,臣人执恭,忠、信、笃、敬,上下同之,天之道也。君自弃也,弗能久矣。"晏平仲:晏婴。陈文子:陈敬仲陈完之后陈须无。

冬,晋平公、鲁襄公、齐庄公、宋平公、卫殇公、郑简公、曹成公、莒子、邾子、薛伯、杞伯、小邾子会于沙随,重申禁锢栾氏。晋人知栾盈在齐,故有此会。

晏子说:"祸将作矣!齐将伐晋,不可以不惧。"

> 我恒有三宝,持而保之:一曰慈,二曰俭,三曰不敢为天下先。夫慈,故能勇;俭,故能广;不敢为天下先,故能为成事长。今舍其慈,且勇;舍其俭,且广;舍其后,且先,则必死矣。夫慈,以战则胜,以守则固。天将建之,以慈垣之。
> ——《老子》

第九十一回　郑子张临终诫子　楚叔豫生死肉骨

前554年,四月丁未日,郑公孙虿去世,郑人赴告晋大夫。范宣子转告晋平公,因公孙虿伐秦时表现好。六月,晋平公向周灵王请赐公孙虿。周灵王追赐公孙虿大路,随柩下葬。

子孔执政独断专行,郑人忧患,于是,追究九年前西宫之难,及上年楚师攻纯门之由,认为子孔当罪。子孔以其甲士及子革、子良氏之甲士自守。

甲辰日,子展、子西率国人讨伐,杀子孔,分其家财采邑。

　　言悖而出者,亦悖而入;货悖而入者,亦悖而出。
　　　　　　　　　　　　——《礼记》之《大学》

郑人使子展当国,子西听政,立子产为卿。

子革之父子然和子孔同是郑穆公妾宋子所生。子良之父士子孔是穆公妾圭妫所生,圭妫之位仅次宋子,故宋子与圭妫相好,二位子孔亦相亲近。子然于十三年前去世,士子孔于十一年前去世。子孔照看子革、子良两家,三家亲如一家,故子革、子良受牵连而遭难。子革、子良奔楚,楚人使子革为右尹。

　　丰之明夷:丰其蔀,日中见斗,遇其夷主,吉。
　　　　　　　　　　　　——《易经》

前551年夏,晋人令郑人如晋朝,郑人使少正公孙侨答复。

子产对使者说:"在晋先君悼公九年,我寡君于是即位。即位八月,而我先大夫子蟜从寡君以朝于执事。执事不礼于寡君,寡君惧。因是行也,我二年六月朝于楚,晋是以有戏之役。楚人犹竟,而申礼于敝邑。敝邑欲从执事,而惧为大尤,曰晋其谓我不恭有礼,是以不敢携贰于楚。我四年三月,先大夫子蟜又从寡君以观衅于楚,晋于是乎有萧鱼之役。

"谓我敝邑,迩在晋国,譬诸草木,吾,嗅味也,而何敢差池?楚亦不竞,寡君尽其土实,重之以宗器,以受齐盟。遂率群臣,随于执事,以会岁终。贰于楚者,子侯、石盂,归而讨之。溴梁之明年,子蟜老矣,公孙夏从寡君以朝于君,见于尝酎①,与执燔②焉。间二年,闻君将靖东夏,四月,又朝,以听事期。不朝之间,无岁不聘,无役不从。

"以大国政令之无常,国家疲病,不虞荐至,无日不惕,岂敢忘职?大国若安定敝邑,其朝夕在庭,何辱命焉?若不恤其患,而以为口实,其无乃不堪任命,而剪为仇雠,敝邑是惧。其敢忘君命?委诸执事,执事实重图之。"

东方未明,颠倒衣裳。颠之倒之,自公召之。
东方未晞,颠倒裳衣。倒之颠之,自公令之。
折柳樊圃,狂夫瞿瞿。不能辰夜,不夙则莫。
——《诗经》之《齐风·东方未明》

九月,公孙黑肱得病,归邑于郑伯,召集家老、宗人,立段为继承人。嘱咐减少家臣、用薄祭,四时之祭用一只羊,三年殷祭仅用羊和猪。留下足以供祭祀之地,余邑尽还归国君。

子张说:"吾闻之,生于乱世,贵而能贫,民无求焉,可以后亡。敬恭事君,与二三子。生在敬戒,不在富也。"

己巳日,伯张公孙黑肱去世。

君子说子张:"善戒。《诗》曰:'慎尔侯度,用戒不虞。'郑子张其有焉。"

---

①酎 zhòu　②燔 fán

於乎①小子,未知臧否。匪手携之,言示之事。匪面命之,言提其耳。　　——《诗经》之《大雅·抑》

十二月,郑游眅②如晋,未出境,遇迎妻者。游眅夺其妻,居邑中。游眅:公子偃子游之孙,公孙虿之子,字子明。

丁巳日,其夫攻杀子明,带其妻逃走。

子展废游眅之子,而立其弟大叔游吉,说:"国卿,君之贰也,民之主也,不可以苟。请舍子明之类。"

子展又使人寻找那位迎妻者,使之回乡里居住,并告诫游氏勿怨,说:"无昭恶也。"

孔子曰:"躬自厚,而薄责于人,则远怨矣。"
　　　　　　　　　　　　——《论语》

前553年秋,蔡司马公子燮要使蔡国背楚从晋,蔡人杀之。

当初,蔡文侯要事晋,说:"先君与于践土之盟,晋不可弃,且兄弟也。"因畏楚,事未成而去世。蔡景侯继位。

楚人对蔡国的要求繁多而无常,公子燮提议听从先君遗愿以利蔡国。但蔡人惧楚,不愿听从公子燮。公子燮不与民同欲而致死。

其母弟公子履出奔楚。

彼黍离离,彼稷之苗。行迈靡靡,中心摇摇。知我者,谓我心忧,不知我者,谓我何求。悠悠苍天,此何人哉!　　——《诗经》之《王风·黍离》

陈大夫庆虎、庆寅担心陈侯之弟公子黄夺其政,向楚人诬告公子黄,说:"与蔡司马同谋。"楚人责陈。

秋,公子黄奔楚分辩,出行时,在国都疾呼:"庆氏无道,求专

---

①於乎 wū hū　②眅 pān

陈国,暴蔑其君,而去其亲。五年不灭,是无天也!"

前550年春,陈侯如楚,公子黄向楚人诉二庆。楚人召见二庆,二庆使族人庆乐前往楚国,楚人杀庆乐。庆氏以陈国叛。

夏,楚莫敖屈建率师跟随陈侯围陈。庆氏使陈人筑城墙以抗拒,筑板掉下城,庆氏发怒杀役人。役人相约,各杀领班,接着,杀庆虎、庆寅。楚人送公子黄回陈。

君子说:"庆氏不义,不可肆也。故《书》曰:'惟命不于常。'"

孔子曰:"人之生也直,罔之生也幸而免。"

——《论语》

前552年夏,楚令尹子庚去世,楚康使蒍子冯为令尹。

子冯咨询申叔豫,叔豫说:"国多宠,而君弱,国不可为也。"申叔豫:申叔时之孙。

蒍子冯以身患疾病推辞令尹之职。当时正值暑天,子冯挖地洞,放进冰,架床于冰上,重茧衣裘,少食而寝。

楚康使医者探视,医者回复说:"瘠则甚矣,而血气未动。"

楚康使子南为令尹。观起有宠于子南,无俸禄,而子南使其有数十乘马,楚人对此不满。当时,无禄者不可以有多匹马。

前551年冬,楚康将讨伐子南。子南之子弃疾为楚康御者,楚康每见之,必泣。

弃疾问:"君三泣臣矣,敢问谁之罪也?"

楚康说:"令尹之不能,尔所知也。国将讨焉,尔其居乎?"

弃疾答:"父戮子居,君焉用之?泄命重刑,臣亦不为。"

楚康杀子南于朝,车裂观起以徇。

子南家臣对弃疾说:"子请徙尸于朝。"

弃疾说:"君臣有礼,唯二三子。"

三天后,弃疾请收尸,楚康允许。

葬毕,随从问弃疾:"行乎?"

弃疾说："吾参与杀吾父,行,将焉入?"
随从问："然则,臣君乎?"
弃疾说："弃父,事仇,吾弗忍也。"遂自缢。
杜预认为楚康与人子谋其父,有失君臣之义。

踧踧①周道,鞫为茂草。我心忧伤,惄②焉如捣。假寐永叹,维忧用老。心之忧矣,疢如疾首。

——《诗经》之《小雅·小弁》

楚康又使蒍子冯为令尹,公子齮为司马,屈建为莫敖。屈建:屈到之子,字子木。

不久,有宠于蒍子者八人,皆无禄而多马。一日在朝,蒍子与申叔豫言,申叔豫不回应而退走。蒍子跟从,申叔走进人群中。蒍子又跟上,申叔便回家。

退朝后,蒍子来至申叔家,问:"子三困我于朝,吾惧,不敢不见。吾有过,子姑告我,何疾我也?"

申叔豫说:"吾不免是惧,何敢告子?"

蒍子问:"何故?"

申叔说:"昔观起有宠于子南,子南得罪,观起车裂。何故不惧?"

蒍子冯听罢,自己驾车而归,因恐惧而难以驾稳。

回到家,对那八人说:"吾见申叔,夫子,所谓生死而肉骨也。知我者,如夫子则可。不然,请止。"

蒍子冯辞此八人,而后楚康始安。

孔子曰:"主忠信,毋友不如己者。过,则勿惮改。"

——《论语》

---

①踧踧 dí dí　②惄 nì

第九十二回　官奴杀寇焚丹书　齐庄伐晋取朝歌

前 550 年,二月癸酉日,朔,日食。

三月己巳日,杞孝公去世。晋平公之母晋悼夫人是杞孝公姊妹,为兄服丧。晋平公不撤乐,非礼。依礼,邻国有丧,为之撤乐,何况亲舅。

晋将嫁女于吴,齐庄公使析归父送随嫁女于晋,藏栾盈及其士于有厢之车,送至曲沃。

栾盈夜见曲沃守官胥午,告之其谋。

胥午说:"不可。天之所废,谁能兴之?子必不免。吾非爱死也,知不成也。"

栾盈说:"虽然,因子而死,吾无悔矣。我实不天,子无咎焉。"栾盈之意:胥午无咎,可以依赖。

胥午许诺,藏匿栾盈,然后,请曲沃人饮酒。音乐声响起,胥午说:"今也得栾孺子,何如?"

众人说:"得主而为之死,犹不死也。"皆叹,有人泪下。

酒过几巡,胥午又如此说。

众人皆说:"得主,何贰之有?"

栾盈走出,遍拜众人。

四月,栾盈率曲沃甲士,依靠魏舒,在白天进入绛都。

　　蒙之损:发蒙,利用刑人,用说^①桎梏^②,以往吝。

　　　　　　　　　　　　　　　——《易经》

魏舒是魏绛之子,当初,魏绛将下军,栾盈为佐,故魏、栾有

---

①说 tuō　②桎梏 zhì gù

私交。

赵氏因赵原、赵屏之难而怨栾氏,韩起曾让位于赵武,故韩、赵正相睦。中行氏因伐秦之役而怨栾氏,范宣子曾佐荀偃,故荀氏与范氏亲。知罃之孙知悼子当时年少,知氏与中行荀氏同祖,故知氏听从中行氏。另一与荀氏同宗的程郑有宠于晋平公。

晋国只有魏氏和七舆大夫支持栾氏。

乐王鲋陪坐于范宣子。有人报告:"栾氏至矣!"宣子恐惧。

乐桓子说:"奉君以入固宫,必无害也。且栾氏多怨,子为政;栾氏自外,子在位,其利多矣。既有利权,又执民柄,将何惧焉?栾氏所得,其唯魏氏乎,而魏氏可强取也。夫制乱在权,子无懈矣。"

晋平公有姻丧,乐王鲋使范宣子换穿孝服,由妇人拉车见晋平,奉平公进入固宫。

范鞅前往迎魏舒,至魏氏,则已列阵上车,即将出发迎栾氏。

范鞅快步上前,说:"栾氏率贼以入,鞅之父与二三子在君所矣,使鞅迎吾子。鞅请骖乘。"

范鞅持带跳上魏舒之车,右手抚剑,左手拉带,令驱车离开。

御者请示去处,范鞅说:"至公。"

到达固宫,范宣子在阶前迎魏舒,握其手,赂之以曲沃。

> 解之师:解而拇,朋至斯孚。　　　　——《易经》

栾氏有勇力之臣叫督戎,国人皆惧之。宫中有一人叫斐豹,因罪被充为官奴,以丹记录于简牍。

斐豹对宣子说:"苟焚丹书,我杀督戎。"

宣子喜,说:"尔杀之,所不请于君焚丹书者,有如日。"

遂使斐豹出宫,重又关闭宫门。督戎追击斐豹,斐豹翻过矮墙等候督戎,督戎也翻过墙,斐豹自其身后击打,督戎被杀。

范氏之徒在公台之后,栾氏之徒登上宫门。

范宣子对范鞅说:"矢及君屋,死之!"

范鞅挥剑率卒迎战,栾氏后退。范鞅跳上范宣子之车追击,

465

遇栾盈族人栾乐,对栾乐说:"乐,免之!死,将讼汝于天!"

栾乐不肯罢手,射范鞅,未中,又注箭。就在这时,栾乐之车撞上槐树根,随即翻车。有人用戟钩住他,其肘被拉断而死。栾鲂受了伤。栾盈逃至曲沃,晋人围曲沃。

冬,晋人在曲沃攻克栾盈,杀尽栾氏族党。栾鲂奔宋。

> 大道废,焉有仁义;六亲不和,焉有孝慈;邦家昏乱,焉有正臣。
> ——《老子》

这年秋,齐庄公伐卫。先锋:榖荣御王孙挥,召扬为车右。次先锋:成秩御莒恒,申鲜虞之子傅挚为车右。曹开御齐庄公,晏父戎为车右。齐庄副车:上之登御邢公,卢蒲癸为车右。左翼:牢成御襄罢师,狼蘧疏为车右。右翼:商子车御侯朝,桓跳为车右。后军:商子游御夏之御寇,崔如为车右,烛庸立于车后,四人共乘。

因晋有内乱,齐庄公要自卫地继续西进,趁机伐晋。

晏平仲说:"君恃勇力以伐盟主,若不济,国之福也。不德而有功,忧必及君。"

崔杼谏齐庄公,说:"不可。臣闻之:小国间大国之败而毁焉,必受其咎。君其图之。"

齐庄公不听。

陈文子见崔武子,问:"将如君何?"崔武子:崔杼。

崔武子说:"吾言于君,君弗听也。以为盟主,而利其难。群臣若急,君于何有?子姑止之。"

陈文子退出,对身边人说:"崔子将死乎?谓君甚,而又过之,不得其死。过君以义,犹自抑也,况以恶乎?"

齐庄公伐晋,攻取朝歌。接着,兵分二路,一路攻入晋隘口孟门,另一路登上太行,占领荧庭,在此筑壁垒。又攻占郫邵,使人守卫,又攻取少水,在此封晋兵之尸为京观,终报平阴之败。然后,齐人班师。

晋赵旃之子赵胜率东阳之师追击齐师,俘获齐大夫晏氂。

八月,鲁叔孙豹率师救晋,驻师雍榆。救盟主,合礼。

　　大畜之损:良马逐,利艰贞,曰闲舆卫,利有攸往。

　　　　　　　　　　　　　　　　　　——《易经》

齐庄公返自晋,不入城,遂袭莒,攻且于城门,大腿受伤而退。次日将再战,约定在寿舒列阵。

　　杞梁、华周车载甲士,趁夜进入且于狭道,露宿在莒郊。次日,二人先与莒子在蒲侯氏遭遇。莒子赂以厚礼,请无恶战,以免一死,说:"请有盟。"

　　华周说:"贪货弃命,亦君所恶也。昏而受命,日未中而弃之,何以事君?"

　　莒子亲击鼓,莒师紧随其后追击齐师,杀杞梁。莒与齐讲和。

　　杀敌者,怒也。　　　　　　　　——《孙子兵法》

齐庄公回国,在郊外遇见杞梁之妻,使人吊唁。

　　杞梁妻辞谢,说:"殖之有罪,何辱命焉?若免于罪,犹有先人之敝庐在,下妾不得与郊吊。"杞梁,名殖。

　　齐庄公吊于其家。

　　葛生蒙楚,蔹①蔓于野。予美亡此,谁与？独处。
　　葛生蒙棘,蔹蔓于域。予美亡此,谁与？独息。
　　角枕粲兮,锦衾烂兮。予美亡此,谁与？独旦。
　　夏之日,冬之夜。百岁之后,归于其居。
　　冬之夜,夏之日。百岁之后,归于其室。

　　　　　　　　　　　　——《诗经》之《唐风·葛生》

---

①蔹 liǎn

第九十三回 鲁孟季弃长立幼 臧武仲斩关奔齐

前551年,鲁叔梁纥次子孔丘出生,也有说孔丘下年出生。叔梁纥是宋孔父嘉之后,当初,华督杀孔父,孔父后人奔鲁。

春,臧武仲如晋,过御邑,遇雨。邑大夫御叔将饮酒,对臧武仲说:"焉用圣人?我将饮酒,尔已雨行,何以圣为?"

穆叔得知,说:"不可使也,而傲使人,国之蠹①也。"下令倍征其赋。

> 或燕燕居息,或尽瘁事国;或息偃在床,或不已于行。
> 或不知叫号,或惨惨劬劳;或栖迟偃仰,或王事鞅掌。
> 或湛②乐饮酒,或惨惨畏咎;或出入风议,或靡事不为。
>
> ——《诗经》之《小雅·北山》

七月辛酉日,鲁子叔齐子去世。

季武子无嫡子,庶子中公弥年长,但武子爱纥,想立纥。

武子征询家臣申丰,说:"弥与纥,吾皆爱之,欲择才焉而立之。"

申丰闻听此言,知武子想弃长立幼,一言未发,立刻退出。返回后,预备带全家离开。

隔日,季武子又问,申丰说:"若然,将具敝车而行。"

季武子不再提此。

不久,季武子又咨询臧纥,臧纥说:"饮我酒,吾为子立之。"

季武子请大夫饮酒,臧纥为上宾。献酒过后,臧孙命向北铺

---

①蠹 dù ②湛 dān

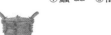

两层座席,又命摆放新酒樽并再次洗涤。然后,召季孙纥,并下阶迎之。大夫皆起。至排列座次,才召公鉏,使之与其余庶子依长幼排序。季武子失色。公鉏,即公弥。

临,元亨,利贞。至于八月,有凶。 ——《易经》

季武子使公鉏任季氏马正,公鉏愠而不出。

闵子马来见公鉏,说:"子无然。祸福无门,唯人所召。为人子者,患不孝,不患无所。敬恭父命,何常之有?若能孝敬,富,倍季氏,可也。奸回不轨,祸,倍下民,可也。"

公鉏从其言,朝夕恭敬事奉父母,居于官舍,谨慎履行职责。季武子很高兴,要公鉏请自己饮酒,武子带餐饮器具前往,饮完留下器具。故公鉏变得富有。不久,武子又使之出任鲁公左宰。

孔子曰:"事君,敬其事而后其食。" ——《论语》
孔子曰:"岁寒,然后知松柏之后凋也。"——《论语》
(笔者释:此二句中"后其食""后凋"之"后"也许是动词,类似现在说"置于脑后"的意思。做事不必跟领导谈条件,领导看在眼里。"松柏之后凋",今人的释义多为"松柏最后落叶"。如果松柏在其他树之后落叶,岂不是五十步与百步?贾谊《过秦论》:"秦王怀贪鄙之心……先诈力而后仁义。"难道说秦王诈力以后行仁义的吗?显然不是。又《史记·鲁仲连邹阳列传》:"愿大王孰察卞和、李斯之意,而后楚王、胡亥之听","今人主诚能用齐、秦之义,后宋、鲁之听。"两句中的"后"显然不是表时间的词。《史记·老子韩非列传》:"世之学老子者则绌儒学,儒学亦绌老子。"司马贞《索隐》:"绌音黜。黜,退而后之也。"几处"后"当皆为动词,意为"退而后之",意近黜。)

季孙氏与臧孙氏相好,而孟孙厌恶臧孙。孟庄子有二子秩与羯①,秩长而羯幼,庄子之御驺②丰点喜欢羯,对羯说:"从余言,必为孟孙。"再三说,羯听从。

孟庄子生病后,丰点对公鉏说:"苟立羯,请仇臧氏。"

公鉏对其父季武子说:"孺子秩,固其所也。若羯立,则季氏信有力于臧氏矣。"季武子未回应。

前550年秋,八月己卯日,孟庄子去世。公鉏奉羯立于门侧为丧主。

季武子至,入内哭过出来,问:"秩焉在?"

公鉏说:"羯在此矣。"

季孙说:"孺子长。"孺子,指秩。

公鉏说:"何长之有?唯其才也。且夫子之命也。"

于是,立羯为孟孙继承人。秩奔郏。

不上贤,使民不争;不贵难得之货,使民不为盗;不见可欲,使民不乱。是以圣人之治也,虚其心,实其腹,弱其志,强其骨。恒使民无智无欲也,使夫智不敢。弗为而已,则无不治矣。 ——《老子》

(笔者释:尚贤可能导致如季氏、孟氏家立嫡的结果。若统治者喜欢奇珍异宝,就会厚敛,从而导致民众难以为生。统治者不放纵自己的欲望,民众就不会生乱。故明智的统治者不膨胀自己的心志,饱食足矣。不夸耀智慧、不追求欲望的满足,以此临民,则无不治。)

---

① 羯 jié ② 驺 zōu

臧孙进入,哭甚哀,涕泪满面。其御者说:"孟孙之恶子也,而哀如是。季孙若死,其若之何?"

臧武仲说:"季孙之爱我,疾疢也。孟孙之恶我,药石也。美疢不如恶石。夫石犹生我,疢之美,其毒滋多。孟孙死,吾亡无日矣。"

> 知人者,智也;自知者,明也。　　——《老子》

孟氏关闭大门,传言于季武子,说:"臧氏将为乱,不使我葬。"季孙不信。臧孙得知孟氏诬告,暗中戒备。

十月,孟氏将清理送葬道路,向臧氏借役人,臧孙使正夫助之。孟氏在东门清除葬道,臧孙带甲士前往视察。孟氏又传言于季孙,说臧氏要作乱。季孙信以为真,发怒,命攻臧氏。

乙亥日,臧纥斩断南城东门鹿门之栓,奔邾。

> 讼之否:不克讼,归而逋,其邑人三百户无眚。
> 　　——《易经》

当初,臧宣叔娶铸君之女,铸女生臧贾和臧为后去世,其侄女为继室,生臧纥。侄女与穆姜是姨姊妹,纥常在鲁公宫,得穆姜喜爱,穆姜立其为臧氏继承人。臧贾、臧为出居铸国。

武仲自邾使人转告臧贾,并予之蔡地出大龟,说:"纥不佞,失守宗祧,敢告不吊。纥之罪,不及不祀。子以大蔡纳请,其可。"

臧贾说:"是家之祸也,非子之过也。贾闻命矣。"

再拜,受龟。臧贾使臧为代其献龟请继祀,臧为却为自己请。

> 比之塞:比之匪人。　　——《易经》

臧纥来到防邑,使人转告鲁襄公,说:"纥非能害也,智不足也。非敢私请。苟守先祀,无废二勋,敢不避邑。""二勋"指其祖父臧文仲与其父臧宣叔有功于鲁。鲁襄公立臧为继臧氏。

故《论语》孔子说:"臧武仲以防求为后于鲁,虽曰不要君,吾不信也。"

臧纥交出防邑后奔齐,随从问:"其盟我乎?"

臧孙说:"无辞。"

鲁大夫将因臧氏举行盟誓以为戒,季武子召外史中掌管逃亡官吏之史,问盟书首章之措辞。

外史答:"盟东门氏也,曰:'毋或如东门遂,不听公命,杀嫡立庶。'盟叔孙氏也,曰:'毋或如叔孙侨如,欲废国常,荡覆公室。'"

季孙说:"臧孙之罪,皆不及此。"

孟椒说:"何不以其犯门斩关?"孟椒:孟献子之孙。

诸大夫盟誓说:"毋或如臧孙纥,干国之纪,犯门斩关。"

臧纥得知盟辞,说:"国有人焉。谁居? 其孟椒乎?"

> 人之有技,若己有之;人之彦圣,其心好之。
> ——《尚书》

齐庄公将要给臧纥田,臧纥得知后,请见齐庄公。齐庄公与之言及伐晋之事。

臧纥说:"多则多矣,抑君似鼠。夫鼠,昼伏夜动,不穴于寝庙,畏人故也。今君闻晋之乱而后作焉,宁将事之,非鼠如何?"

齐庄怒而不予之田。

仲尼读史至此,说:"智之难也。有臧武仲之智,而不容于鲁国,抑有由也。作不顺,而施不恕也。《夏书》曰:'念兹在兹。'顺事、恕施也。"

> 君子以思,不出其位。　　　　——《易传》

第九十四回　晋范宣听谏轻币　楚康公伐郑救齐

范宣子曾与龢①大夫争田，久无结果，宣子要攻龢大夫。

问伯华，羊舌赤说："外有军，内有事。赤也，外事也，不敢侵官。且吾子之心有出焉，可征询也。"

问孙林父，孙文子说："旅人，所以事子也，唯事是待。"

问张孟，张老说："老也，以军事承子，非戎，则非吾所知也。"

问公族大夫祁奚，祁奚说："公族之不恭，公室之有诡，内事之邪，大夫之贪，是吾罪也。若以君官从子之私，惧子之应且憎也。"

问籍偃，籍偃说："偃也，以斧钺从于张孟，日听命焉。若夫子之命也，何二之有？释夫子而举，是反吾子也。"

　　孔子曰："不在其位，不谋其政。"　　——《论语》

问叔鱼，叔鱼说："待吾为子杀之。"叔鱼：叔向弟羊舌鲋。

叔向得知，来见宣子，说："闻子与龢未宁，遍问于大夫，又无决，何不访之訾祏？訾祏实直而博，直能端辨之，博能上下比之，且吾子之家老也。吾闻，国家有大事，必顺于典刑，而访咨于耇老，而后行之。"

司马侯来见宣子，说："闻吾子有龢之怒，吾以为不信。诸侯皆有二心，是之不忧，而怒龢大夫，非子之任也。"

祁午来见，说："晋为诸侯盟主，子为正卿，若能靖端诸侯，使服听命于晋，晋国其谁不为子从？何必龢？何不密龢，和大以平小乎？"

宣子问訾祏，訾祏说："昔隰叔子避周难于晋国，生子舆，掌刑

---

①龢 hé

狱,以正于朝,朝无奸官;为司空,以正于国,国无败绩。世及武子,佐文、襄为诸侯,诸侯无二心。及为卿,以辅成、景,军无败政。及为景师,居太傅,端刑法,辑训典,国无奸民,后之人可则,是以受随、范。及文子,成晋、荆之盟,丰兄弟之国,使无有间隙,是以受郇、栎。今吾子嗣位,于朝无奸行,于国无邪民,于是,无四方之患,而无外内之忧,赖三子之功,而飨其禄位。今既无事矣,而非鯀大夫。于是加宠,将何治为?"

范宣子听了高兴,乃多给鯀大夫田,与之讲和。

至訾祏死,宣子对范鞅说:"鞅乎,昔者吾有訾祏也,吾朝夕问焉,以相晋国,且为吾家。今吾观汝也,专则不能,谋则无与也,将若之何?"

范鞅说:"鞅也,居处恭,不敢安易,敬学而好仁,和于政而好其道,谋于众不以贾好,私志虽善,不敢自以为是,必长者之从。"

范宣子说:"可以免身。"

善建者不拔,善保者不脱,子孙以其祭祀不绝。

——《老子》

前549年正月,鲁穆叔如晋。范宣子郊迎,问穆叔:"古人有言,曰'死而不朽',何谓也?"

叔孙豹未答。

范宣子士匄说:"昔匄之祖,自虞以上,为陶唐氏;在夏,为御龙氏;在商,为豕韦氏;在周,为唐杜氏。晋主中原之盟,为范氏,其是之谓乎?"

穆叔说:"以豹所闻,此之谓世禄,非不朽也。鲁有先大夫曰臧文仲,既没,其言立。其是之谓乎?豹闻之:'太上有立德,其次有立功,其次有立言。'虽久不废,此之谓不朽。若夫保姓受氏,以守宗庙,世不绝祀,无国无之。禄之大者,不可谓不朽。"

不失其所者,久也;死而不亡者,寿也。

——《老子》

自范宣子执政,加重盟国之币贡,郑国不堪重负。

前549年二月,郑简公如晋,子西相。子产写信使子西带给范宣子。

信中说:"子为晋国,四邻诸侯不闻令德,而闻重币,侨也惑之。侨闻,君子长国家者,非无贿之患,而无令名之难。夫诸侯之贿聚于晋公室,则诸侯贰。若吾子赖之,则晋国贰。诸侯贰,则晋国坏。晋国贰,则子之家坏。何没没也!将焉用贿?

"夫令名,德之舆也。德,国家之基也。有基无坏,无亦是务乎?有德则乐,乐则能久。《诗》云:'乐只君子,邦家之基。'有令德也夫。'上帝临汝,无贰尔心。'有令名也夫。恕思以明德,则令名载而行之,是以远至迩安。毋宁使人谓子'子实生我',而谓'子取我以生'乎?象有齿以焚其身,贿也。"

范宣子看后,减轻诸侯之币贡。

郑简公此行,一是贡币太重,同时请晋伐陈。郑简公稽首,范宣子辞谢。

子西说:"以陈国之介恃大国,而陵虐于敝邑,寡君是以请罪焉。敢不稽首?"

泰之大壮:翩翩不富,以其邻,不戒以孚。

——《易经》

为齐伐晋之故,鲁孟孝伯率师侵齐。孟孝伯:仲孙羯。

齐庄公伐晋后惧晋人报复,而欲与楚结盟,使人如楚约见楚君。楚康使薳启疆如齐聘,且商定会期。

齐国祭祀社神,并治兵,请楚客参观。

陈文子说:"齐将有寇。吾闻之,兵不戢,必取其族。"

邦之利器,不可以示人。　　　——《老子》

秋,七月甲子日,朔,日全食。

齐庄公听说晋师将伐齐,使陈无宇随薳启疆如楚,取消会见,并乞师。崔杼率师护送,返还时,顺道伐莒,侵介根。

八月,晋平公、鲁襄公、宋平公、卫殇公、郑简公、曹武公、莒子、邾子、滕子、薛伯、杞伯、小邾子会于卫夷仪,将伐齐。正在这时,洪水来袭,连日不退,晋联盟停止行动。

> 渐渐之石,维其高矣。山川悠远,维其劳矣。武人东征,不皇朝矣。
>
> 渐渐之石,维其卒矣。山川悠远,曷其没矣?武人东征,不皇出矣。
>
> 有豕白蹢,烝涉波矣。月离于毕,俾滂沱矣。武人东征,不皇他矣。
>
> ——《诗经》之《小雅·渐渐之石》

冬,楚康伐郑以救齐,与蔡景侯、陈哀公、许灵公攻郑都东门,驻师棘泽。

晋联盟回师救郑。晋平公使张骼、辅跞挑战楚师,二人不熟悉郑国地形,请郑人驾车。

> 不用乡导者,不能得地利。　　　——《孙子兵法》

郑人占卜宛射犬驾车,吉。

游吉告诫宛射犬,说:"大国之人,不可与抗礼也。"

宛射犬说:"无有众寡,上下之礼一也。"

子大叔说:"不然,部娄①无松柏。"子大叔:游吉。

---

①部娄 pǒu lǒu

宛射犬来到晋营,张骼、辅跞二人在帐中休息,使宛射犬坐在帐外。吃饭时,二人吃过,才给宛射犬吃。

出阵时,使宛射犬驾战车,二人则乘安车跟随。接近楚营,二人才上战车,皆不穿甲而靠在车衡木上鼓琴。

车近楚营,宛射犬不招呼二人,突然加速向楚营疾驰。二人忙从袋中取出盔甲穿戴好。进入楚营后,二人下车,抓起楚卒投向楚师,又抓起楚人挟在腋下。

宛射犬不待二人上车,便驱车出楚营。二人急忙赶来跳上车,抽弓射击楚人。

三人摆脱了楚师追击,张骼和辅跞脱掉盔甲,又依在车衡木上鼓琴,问宛射犬:"公孙,同乘,兄弟也。胡再不谋?"

宛射犬说:"先者志入而已,后则怯也。"

二人大笑,说:"公孙之急也。"

　　孔子曰:"质胜文则野,文胜质则史。文质彬彬,然后君子。"
　　　　　　　　　　　　　　——《论语》

第九十五回　齐太史前仆后继　晋君臣有隙自天

前549年冬,楚康自棘泽回国后,使蒍启疆率师送陈无宇。

齐人为周灵王城郏。鲁穆叔如周聘,且贺城郏竣工。周灵王嘉穆叔有礼,赐之大路。

前548年春,齐崔杼率师伐鲁北境,以报上年孟孝伯之师。鲁襄公担忧,使人报告晋国。

孟公绰说:"崔子将有大志,不在病我,必速归,何患焉?其来也不掠,使民不严,异于他日。"

旋即,齐师空手而归。

> 夬之革:惕号,莫夜有戎,勿恤。　　　　——《易经》

东郭偃是崔杼家臣,其姊原是棠公之妻。棠公死后,东郭偃御崔杼至棠家吊唁。崔杼被棠姜之美倾倒,使东郭偃为之娶棠姜。

东郭偃说:"男女辨姓。今君出自丁,臣出自桓,不可。"崔杼是齐国第二代国君齐丁公之后,东郭偃是齐桓之后。

崔武子为娶棠姜筮卦,遇《困》之《大过》。

史官皆说:"吉。"

崔武子给陈文子看,文子说:"夫从风,风陨。妻不可娶也。且其辞曰:'困于石,据于蒺藜,入于其宫,不见其妻,凶。''困于石',往不济也。'据于蒺藜',所恃伤也。'入于其宫,不见其妻,凶',无所归也。"

泽水困,泽风大过,《困》之《大过》为下卦《水》之《风》,《水》为阳卦,表丈夫,故说"夫从风",风吹落物,是风陨物。

崔子说:"寡妇何害?先夫当之矣。"遂娶棠姜。

出其东门,有女如云。虽则如云,匪我思存。缟①衣綦巾,聊乐我员②。

——《诗经》之《郑风·出其东门》

齐庄公看上棠姜,与之私通,骤如崔氏,拿崔子之冠赐人。

侍者说:"不可。"

齐庄说:"不为崔子,其无冠乎?"

崔子因而怀恨齐庄,又因齐庄乘晋内乱伐晋,说:"晋必将报。"而欲弑庄公以取悦晋国,尚未得时机。不久,齐庄鞭侍人贾举又用之为近臣,贾举怨恨,而为崔子伺察庄公。

前548年,五月,因上年且于之役,莒子如齐朝。甲戌日,齐庄公飨莒子于北郭。崔子推说有病,不理政事。乙亥日,齐庄至崔家问候崔子,又跟从姜氏。姜氏进入内室,与崔子自侧门出。

齐庄敲门槛而歌。侍人贾举阻挡随从,待齐庄入内,随即闭门。埋伏的甲士一拥而上,要杀齐庄。齐庄登上高台,请使之离开,甲士不许;请结盟,甲士又不许;请至太庙自刃,仍不许。

甲士皆说:"君之臣杼疾病,不能听命。近于公宫,陪臣巡夜捉淫者,不知二命。"

齐庄逾墙。甲士射击,齐庄被射中大腿,自墙上跌落,甲士们杀了齐庄。

坎之节:习坎,入于坎窞,凶。　　——《易经》

贾举、州绰、邴师、公孙敖、封具、铎父、襄伊、偻堙③八勇士有宠于齐庄,皆为齐庄殉死。

---

①缟 gǎo　②员 yún　③堙 yīn

祝佗父在齐高唐别庙祭祀，回到都城，向齐庄复命，未脱祭服而死于崔氏家中。

申蒯为掌管渔业之官，对其家宰说："尔以帑免，我将死。"

家宰说："免，是反子之义也。"二人皆死。

崔氏杀齐庄宠臣鬷蔑于平阴。

晏子立于崔氏门外，随从问："死乎？"

晏子说："独吾君也乎哉？吾死也？"

随从问："行乎？"

晏子说："吾罪也乎哉？吾亡也？"

随从又问："归乎？"

晏子说："君死，安归？君民者，岂以陵民？社稷是主。臣君者，岂为其口实？社稷是养。故君为社稷死，臣则死之；为社稷亡，则亡之。若为己死而为己亡，非其私昵，谁敢任之？且人立君而弑之，吾焉得死之，而焉得亡之？将庸何归？"

崔家开门，晏子入，枕尸股而哭，起身，三踊而出。

有人对崔子说："必杀之。"

崔子说："民之望也，舍之，得民。"

盖闻善执生者，陵行不辟兕虎，入军不被甲兵。兕无所投其角，虎无所措其爪，兵无所容其刃。夫何故也？以其无死地焉。　　——《老子》

《论语》有之：

子张问曰："崔子弑齐君，陈文子有马十乘，弃而违之。至于他邦，则曰：'犹吾大夫崔子也。'违之。之一邦，则又曰：'犹吾大夫崔子也。'违之。何如？"孔子曰："清矣。"曰："仁矣乎？"曰："未知。焉得仁？"

宪问耻。孔子曰:"邦有道,穀。邦无道,穀,耻也。""克、伐、怨、欲不行焉,可以为仁矣?"子曰:"可以为难矣,仁则吾不知也。" ——《论语》

齐庄另二宠臣,卢蒲癸奔晋,王何奔莒。

齐庄近臣闾丘婴与申鲜虞同乘出逃,闾丘婴以帷蒙其妻同乘,鲜虞推之下车,说:"君昏不能匡,危不能救,死不能死,而知匿其昵,其谁纳之?"

二人行至弇①中狭道,鲜虞要休息。闾丘婴说:"崔、庆其追我。"

鲜虞说:"一与一,谁能惧我?"

二人停下休息,枕马辔而寝。睡起后,先喂饱马,然后,自己饮食,饱餐后,驾马上路。

出了弇中狭道,鲜虞对闾丘婴说:"速驱之!崔、庆之众,不可挡也。"

二人奔鲁。两年后,楚人召申鲜虞,鲜虞至楚,为楚右尹。

履之无妄:履道坦坦,幽人贞吉。 ——《易经》

当初,鲁叔孙侨如逃亡在齐时,齐叔孙还嫁侨如之女于齐灵,有宠于灵公,生公子杵臼。

丁丑日,崔杼立杵臼,为齐景公。崔杼相景公,庆封为左相,与国人在太公庙结盟,说:"所不与崔、庆者……"

晏子仰天长叹,打断崔杼,说:"婴所不唯忠于君、利社稷者是与,有如上帝!"说完,歃血。

孔德之容,唯道是从。 ——《老子》

---

①弇 yǎn

辛巳日,齐景公及大夫与仍在齐国的莒子结盟。

齐太史记录:"崔杼弑其君。"

崔子折断竹简,杀太史。

太史之弟接着写,仍然写:"崔杼弑其君。"崔杼又折断竹简,杀太史之弟。

又一弟继续写:"崔杼弑其君。"崔杼又杀之。

第三个弟弟来记录,仍然写"崔杼弑其君"。崔杼无奈,不再杀。

南史氏听说太史尽被杀,执简而来。得知如实记载,乃返。

崔氏埋齐庄于城北。丁亥日,改葬于士孙之里,只用四把长柄大羽扇陪丧车出行,而不用诸侯规定的六扇。出殡时不清道,用七辆简陋的车送葬,而非诸侯送葬用车九辆,也不列兵甲。

> 夫代司杀者杀,是代大匠斫也。夫代大匠斫者,则希不伤其手矣。　　——《老子》

这时,晋平公渡过泮①水,诸侯会于卫夷仪,与会的有:晋侯、鲁侯、宋公、卫侯、郑伯、曹伯、莒子、邾子、滕子、薛伯、杞伯、小邾子。为报前年齐伐晋占朝歌,晋联军伐齐。

齐人推责于齐庄,使隰鉏向晋人请和。隰鉏:隰朋曾孙。

庆封来到晋师,带来成列的男奴、女奴及各种器物,以示降服。送给晋侯宗器、乐器。晋六卿、五吏、三十帅、三军之大夫、百官之正长、师旅及留守者,皆有齐赂。

> 姤之鼎:以杞包瓜,含章,有陨自天。——《易经》

晋平公知齐庄已死,又得赂,而应许讲和,使叔向通告诸侯。

---

①泮 pàn

鲁襄公使子服惠伯答复,说:"君舍有罪,以靖小国,君之惠也。寡君闻命矣。"

前548年,七月己巳日,诸侯与齐人盟于齐重丘。

晋士匄已去世,这时,赵文子执政,令薄诸侯之贡币,而重礼待诸侯。赵文子:赵武。

鲁穆叔见赵文子,文子对穆叔说:"自今以往,兵其稍弭矣。齐崔、庆新得政,将求善于诸侯。武也,知楚令尹。若敬行其礼,道之以文辞,以靖诸侯,兵可以弭。"

君子学以聚之,问以辩之,宽以居之,仁以行之。

——《易传》

第九十六回　楚灭舒鸠射吴子　郑入陈都朝晋侯

前549年夏,楚国为对付吴人而建舟师,楚康率舟师伐吴,因未设军政,无功而返。这是《左传》首次记载楚人用舟师。

冬,吴人为报此役,召舒鸠人,舒鸠人叛楚。楚康陈师舒鸠荒浦,使沈尹寿与师祁犁前往责舒鸠子。舒鸠子敬迎二人,对于责难,回答说"无之",并请结盟。二人向楚康复命,楚康要伐舒鸠。

蒍子说:"不可。彼告不叛,且请受盟,而又伐之,伐无罪也。姑归息民,以待其卒。卒而不贰,吾又何求?若犹叛我,彼无辞,我有庸。"楚师乃还。

前548年,蒍子冯去世,楚康使屈建为令尹,屈荡为莫敖。

秋,舒鸠人公开叛楚。令尹子木率师伐舒鸠,到达离城。

吴人前往救舒鸠,子木急忙以右师先行赶往舒鸠,子彊、息桓、子捷、子骈、子盂率左师未赶上右师,被吴军所阻而后退。吴师挡在楚左、右师之间七日,楚师前后不能相接。

子彊说:"此地潮湿,久将羸困,困乃擒也。不如速战。请以其私卒诱之,简师,陈以待我。我克则进,奔则亦视情形而动,乃可以免。不然,必为吴擒。"

众人从其谋,布置好精兵。五人各率私卒先攻吴师。吴师奔逃,登山瞭望,见楚师无后援,遂返回追击楚人,迫近楚阵。楚左师精兵与五帅私卒合击吴人,吴师大败。

楚左、右师会合围舒鸠,舒鸠溃散。八月,楚灭舒鸠国。

同人之离:同人,先号咷而后笑,大师克相遇。

——《易经》

蒍子冯之子蒍掩为司马,子木使之治理军赋,清点盔甲兵器。

甲午日，芳掩记录土壤和田地情况，度量山林之材，聚集薮泽之物，辨别高地山陵，标识盐碱之地，计算洼田面积，规度积水多少，划定边杂之地，以湿地为牧场，沃地为井田，依据收入定赋。或出战车、马匹，或出甲士、步卒、盔甲盾牌等，各有数目。统计完成后交给子木。合礼。

兵法：一曰度，二曰量，三曰数，四曰称，五曰胜。
地生度，度生量，量生数，数生称，称生胜。

——《孙子兵法》

十二月，吴子诸樊伐楚，以报舟师之役。吴师攻巢邑城门。
巢牛臣说："吴君勇而轻，若启门，将亲入。我见机射之，必殪。是君也死，我疆其少安。"
楚师从其计。诸樊果然率先入城，牛臣隐藏于短墙后射击，一箭击毙诸樊。

解之豫：田获三狐，得黄矢，贞吉。 ——《易经》

楚康以灭舒鸠赏子木。
子木辞谢，说："先大夫芳子之功也。"
楚康便赏芳子冯之子芳掩。

比之坎：比之自内，贞吉。 ——《易经》

屈建之父屈到嗜食芰①，病，召其宗老，嘱咐："祭我必以芰。"
屈到去世后，宗老要用芰祭祀，屈建命撤去。
宗老说："夫子嘱之。"
子木说："不然。夫子承楚国之政，其法刑在民心而藏在王

---

① 芰 jì

府,上之可以比先王,下之可以训后世,虽微楚国,诸侯莫不誉。其《祭典》有之曰:国君有牛享,大夫有羊馈,士有豚犬之奠,庶人有鱼炙之荐,笾豆、脯醢则上下共之。不羞珍异,不陈庶侈。夫子不以其私欲干国之典。"遂不用芰。

子贡曰:"贫而无谄,富而无骄,何如?"孔子曰:"可也。未若贫而乐,富而好礼者也。"子贡曰:"《诗》云:'如切如磋,如琢如磨',其斯之谓与?"子曰:"赐也,始可与言《诗》已矣,告诸往而知来者。" ——《论语》

(笔者释:切、磋:粗加工;琢、磨:精加工。比喻人不断提升修养。)

上年,楚伐郑救齐,陈哀公会楚康伐郑,凡陈人所经之处,井堙木刊。郑人因此怨陈。

前548年六月,郑子展、子产率七百乘战车伐陈,夜袭陈,入陈都。

陈哀公扶太子偃师奔往墓地,遇司马桓子,哀公喊:"载余!"司马桓子说:"将巡城。"

陈哀公又遇大夫贾获,车载其母、妻。见哀公,贾获及其母、妻皆下车,把车给哀公。

陈哀公说:"舍尔母。"

贾获说:"不祥。"贾获与其妻扶其母逃往墓地,也得免于难。

子展命师众不得进入公宫,与子产亲守宫门。

陈哀公使司马桓子以宗庙祭器贿郑人。陈哀公身穿丧服,怀抱木主,以示服从。使其手下众人分男女自行捆绑,在朝廷等候处理。

子展执絷入见陈哀公,以臣见君之礼向陈哀公再拜稽首,奉觞进献。臣为君牵马,此在朝廷,无马,以执絷表示。

子产入朝,清点俘获人数后退出。郑祝人祓社,司徒还归陈民,司马还归符节,司空还归土地。然后,班师回国。

> 兵闻拙速,未睹巧之久也。　　——《孙子兵法》

秋,子产献郑捷于晋,身着戎服处理事务。晋人问陈之罪。

子产答:"昔虞阏父为周陶正,以服事我先王。我先王赖其利器用也,与其神明舜帝之後也,庸以元女大姬配胡公,而封诸陈,以备三恪。陈则我周之自出,至于今是赖。桓公之乱,蔡人欲立其出。我先君庄公奉五父而立之,蔡人杀之。我又与蔡人奉戴厉公,至于庄、宣,皆我之自立。夏氏之乱,成公流离,又我之自入,君所知也。

"今陈忘周之大德,蔑我大惠,弃我姻亲,介恃楚众,以凭陵我敝邑,无有止尽。我是以有往年之告。未获成命,则有我东门之役。当陈道者,井堙木刊。敝邑大惧不竞,而耻大姬。天诱其衷,启敝邑心。陈知其罪,授手于我。用敢献功。"

虞阏父为虞舜之后,胡公为虞阏父之子。元女大姬指周武王长女。"三恪"有不同说法,或认为黄帝、尧帝、舜帝;或认为舜帝、夏禹、殷汤;或认为"三"为"众"。

> 大有之大畜:匪其彭,无咎。　　——《易经》

晋人问:"何故侵小?"

子产答:"先王之命,唯罪所在,各致其诛。且昔天子之地方千里,列国之地方百里,自是以降。今大国多数千里,若无侵小,何以至焉?"

晋人又问:"何故戎服?"

子产答:"我先君武、庄,为平、桓卿士。城濮之役,文公布命,曰'各复旧职',命我文公戎服辅王,以授楚捷。不敢废王命故也。"

晋士庄伯无言以对,向赵文子汇报。

文子说:"其辞顺,犯顺不祥。"遂受郑人献捷。

十月,子展相郑简公如晋,拜晋受入陈之功。

这时,郑子西再次伐陈,陈与郑讲和。

仲尼读史至此,说:"《志》有之:'言以足志,文以足言。'不言,谁知其志?言之无文,行而不远。晋为伯,郑入陈,非文辞不为功。慎辞也。"

> 孔子曰:"君子欲讷于言而敏于行。"——《论语》

晋平公宠程郑,灭栾盈后,使之佐下军。

上年冬,郑行人公孙挥如晋聘。公孙挥,字子羽。

程郑问:"敢问降阶何由?"子羽无言以答。

子羽回国后与然明谈及程郑之问,然明说:"是将死矣,不然将亡。贵而知惧,惧而思降,乃得其阶。下人而已,又何问焉?且夫既登而求降阶者,智人也,不在程郑。其有亡衅乎?不然,其有惑疾,将死而忧也。"

十二月,程郑去世。子产方知然明之智,以为政咨询然明。

然明说:"视民如子。见不仁者诛之,如鹰鹯之逐鸟雀也。"

子产喜,转告子大叔,且说:"他日,吾见蔑之面而已,今吾见其心矣。"蔑:然明。

子大叔问政于子产。

子产说:"政如农功,日夜思之,思其始而成其终。朝夕而行之,行无越思,如农之有畔。其过鲜矣。"

> 子路问政,孔子曰:"先之,劳之。"请益,曰:"无倦。"
> ——《论语》

来年,前547年,郑简公赏入陈之功。三月甲寅日,朔,享子展,赐先路和三命之服,再赐八邑。赐子产次路、再命之服,再赐六邑。

子产辞邑,说:"自上以下,降减以两,礼也。臣之位在四,且子展之功也,臣不敢及赏礼,请辞邑。"

郑简公坚持,子产受三邑。

公孙挥说:"子产其将知政矣,让不失礼。"

> 天之道,利而不害;圣人之道,为而弗争。
>
> ——《老子》

第九十七回　卫子鲜助兄复位　孙林父失守求晋

前554年冬,卫石买去世,其子石恶不哀。

孔成子说:"是谓蹶①其本,必不有其宗。"

前553年冬,甯惠子得病,召其子甯喜,说:"吾得罪于君,悔而无及也。名藏在诸侯之策,曰'孙林父、甯殖出其君',君入,则掩之。尔若能掩之,则吾子也。若不能,犹有鬼神,吾有馁而已,不来食矣。"甯惠子:甯殖。

悼子许诺,惠子闭目辞世。悼子:甯喜。

> 中孚之涣:虞吉,有它,不燕。　　——《易经》

前548年夏,晋平公使魏舒、宛没如齐迎卫献公,要卫国允许献公居住夷仪。崔子扣留献公家眷,以期换取卫五鹿。

八月,卫献公自齐进入卫夷仪。

冬,卫献公自夷仪使人与甯喜谋划复位之事,甯喜答应,并说"必子鲜在,不然必败。"

大叔文子得知,说:"呜呼!《诗》所谓'我躬不说,皇恤我后'者,甯子可谓不恤其后矣。将可乎哉? 殆必不可。君子之行,思其终也,思其复也。《书》曰:'慎始而敬终,终以不困。'《诗》曰:'夙夜匪懈,以事一人。'今甯子视君不如弈棋,其何以免乎? 弈者举棋不定,不胜其耦。而况置君而弗定乎? 必不免矣。九世之卿族,一举而灭之,可哀也哉!"甯氏出自卫武公,至甯喜,九世。

> 臣为上为德,为下为民。其难其慎,惟和惟一。德

---

①蹶 jué

无常师,主善为师。善无常主,协于克一。

——《尚书》

来年,前547年,春,卫献公使其弟子鲜筹办复位,子鲜推辞。二人之母敬姒强迫子鲜。

子鲜说:"君无信,臣惧不免。"

敬姒说:"虽然,以吾故也。"

子鲜只得答应。敬姒未有具体指令,子鲜以献公之命对甯喜说:"苟返,政由甯氏,祭则寡人。"

甯喜告知蘧伯玉,蘧伯玉说:"瑗不得闻君之出,敢闻其入?"蘧伯玉遂出走,自近关出境。瑗,蘧伯玉名。

孔子曰:"直哉!史鱼!邦有道,如矢;邦无道,如矢。君子哉!蘧伯玉!邦有道,则仕;邦无道,则可卷而怀之。"

——《论语》

甯喜告知右宰穀,右宰说:"不可。获罪于两君,天下谁畜之?"

甯悼子说:"吾受命于先人,不可以贰。"

右宰说:"我请使焉而观之。"

右宰前往夷仪见献公,返回后,对甯喜说:"君淹恤在外十二年矣,而无忧色,亦无宽言,犹夫①人也。若不已,死无日矣。"

悼子说:"子鲜在。"

右宰说:"子鲜在,何益?多而能亡,于我何为?"

甯喜说:"虽然,不可以已。"

大畜之蛊:有厉,利已。　　　　　　——《易经》

---

①夫 fú

其时，孙文子在戚邑，其子孙嘉聘于齐，孙襄在都城留守。

甯喜、右宰见孙氏有机可乘，二月庚寅日，伐孙氏，未攻克。孙襄受伤。甯喜出城居于郊外，若敌不过孙氏将出逃。

夜间，孙襄去世，孙家人哭号。国人报告甯喜，甯喜再攻孙氏，攻克孙氏。

辛卯日，甯喜杀卫侯剽及太子角。孙林父以戚邑投晋。

甲午日，卫献公入都城。大夫迎献公，迎于境者，献公执其手而与之言；迎于道者，自车上揖之；迎于宫门者，则颔之而已。

孔子曰："苟正其身矣，于从政乎何有？不能正其身，如正人何？" ——《论语》

卫献公使人责大叔文子，说："寡人淹恤在外，二三子皆使寡人朝夕闻卫国之言，吾子独不在寡人。古人有言曰：'非所怨，勿怨。'寡人怨矣。"

大叔文子回答："臣知罪矣。臣不佞，不能负羁绁，以从扞牧圉，臣之罪一也。有出者，有居者，臣不能贰，通外内之言以事君，臣之罪二也。有二罪，敢忘其死？"

大叔仪出走，自近关出境。卫献公使人阻止。

君子以言有物而行有恒。 ——《易传》

卫人侵戚邑东部，孙林父愬于晋，晋人为之戍守戚东茅氏。卫殖绰率师伐茅氏，杀晋戍三百人。孙蒯追卫师，却不敢出击。

孙文子说孙蒯："厉鬼之不如！"

孙蒯再次追击卫师，败之于圉，雍鉏俘获殖绰。孙氏再愬于晋。晋人为孙氏之故，召集诸侯，将伐卫。

夏，晋中行穆子如鲁聘，召鲁襄赴会。中行穆子：荀吴。

前547年六月，鲁襄公与晋赵武、宋向戌、郑良霄、曹人会于澶渊，谋划讨卫，划定戚邑疆界，取卫西境懿氏六十邑划给孙氏。

卫献公也来到澶渊,未得参会。晋人执甯喜、北宫遗,使女齐带二人先返晋。北宫遗:北宫括之子。女齐:司马侯。

卫献公如晋,晋人囚之于主狱大夫士弱家。

大壮之大有:羝①羊触藩,不能退,不能遂,无攸利。艰则吉。　　　　　　　　　　　　——《易经》

①羝 dī

第九十八回　晋叔向智救小臣　胥梁带计擒乌馀

一日,晋平公射鹌鹑,未射死,使小臣襄去捉。襄未捉到,平公发怒,拘小臣,将杀之。叔向听说此事已是傍晚,忙朝见平公。平公告知叔向射鹖①之事。

叔向说:"君必杀之!昔吾先君唐叔射兕于徒林,一发而中,以皮为大甲,以封于晋。今君嗣吾先君唐叔,射鹖不死,搏之不得,是扬吾君之耻者也。君其必速杀之,勿令远闻。"

晋平公扭扭捏捏,催促释放小臣。

> 孔子曰:"法语之言,能无从乎?改之为贵。巽与之言,能无悦乎?绎之为贵。悦而不绎,从而不改,吾末如之何也已矣。"　　——《论语》

前549年五月,秦晋讲和。晋韩起如秦莅盟,秦伯车如晋莅盟,二国虽和却不固。伯车:秦景公之弟公子鍼。

前547年春,公子鍼如晋修好,叔向命召行人子员接待秦客。

行人子朱说:"朱也当御。"再三言,叔向不应。

子朱怒,说:"班爵同,何以黜朱于朝?"抚剑走近叔向。

叔向说:"秦、晋不和,久矣。今日之事,幸而成,晋国赖之。不成,三军暴骨。子员道二国之言无私,子常易之。奸以事君者,吾所能御也。"说着,撩起衣服迎上去。

众人劝开二人。

> 讼之履:不永所事,小有言,终吉。　——《易经》

---

①鹖 yàn

晋平公说:"晋其庶几于治乎!吾臣之所争者大。"

师旷说:"公室惧卑乎?臣不以心竞忠而力争于朝,不务德而争善,私欲已侈,公室能无卑乎?"

晋平喜欢当时的新乐。

师旷说:"公室其将卑乎?君之萌兆于衰矣。夫乐,以开山川之风也,以耀德于广远也。风德以广之,风山川以远之,风物以听之,修诗以咏之,修礼以节之。夫德广远,而有时节,是以远服而迩不迁。"

孔子曰:"君子怀德,小人怀土。" ——《论语》

(笔者释:统治者施行德,民众就安居而不迁。)

冬,晋韩宣子聘于周,周灵王使人问其来意。

韩宣子说:"晋士起将归时事于宰旅,无他事矣。"

周灵王听后说:"韩氏其昌大于晋乎,辞不失旧。"

孔子曰:"古之学者为己,今之学者为人。"

——《论语》

早先,叔向见韩宣子,宣子忧贫,叔向贺之。

宣子说:"吾有卿之名,而无其实,无以从二三子,吾是以忧,子贺我,何故?"

叔向说:"昔栾武子无一卒之田,其宫不备其宗器,宣其德行,顺其宪则;使越于诸侯,诸侯亲之,戎、狄怀之;以正晋国,行刑不疚,以免于难。及桓子,骄泰奢侈,贪欲无厌,弃则逞志,假贷居货,宜及于难,而赖武之德,得以善终。及怀子,改桓之行,而修武之德,可以免于难,而罹桓之罪,以亡于楚。

"夫郤昭子,其富半公室,其家半三军,恃其富宠,骄泰于国,其身尸于朝,其宗灭于绛。不然,夫八郤,三卿五大夫,其宠大矣,一朝而灭,莫之哀也,唯无德也。

"今吾子有栾武子之贫,吾以为能其德矣,是以贺。若不忧德之不建,而患货之不足,将吊不暇,何贺之有?"

韩宣子稽首,说:"起也将亡,赖子存之,非起也敢专承之,其自桓叔以下,嘉吾子之赐。"韩氏之祖是曲沃桓叔。

持而盈之,不若其已。揣而群之,不可长保也。金玉盈室,莫能守也。富贵而骄,自遗咎也。功遂身退,天之道也。 ——《老子》

赵文子与叔向游于九原,说:"死者若可作也,吾谁与归?"
叔向说:"其阳子乎?"
文子说:"夫阳子,行廉直于晋国,不免其身,其智不足称也。"
叔向说:"其舅犯乎?"
文子说:"夫舅犯,见利而不顾其君,其仁不足称也。其随武子乎!纳谏不忘其师,言身不失其友,事君不援党而进贤,不阿谀而退不肖。"

君子以多识前贤往行,以畜其德。 ——《易传》

赵文子建室,张老傍晚来赵家,见工匠斫其椽而砻①之,张老不见文子而归。

文子得知,驾车前往请教,说:"吾不善,子亦告我,何其速也?"

张老说:"天子之室,斫其椽而砻之,加密石焉;诸侯砻之;大夫斫之;士首之。备其物,义也;从其等,礼也。今子贵而忘义,富而忘礼,吾惧不免,何敢以告。"

---

①砻 lóng

文子回到家，下令不再砻椽。匠人请把砻过的椽子皆改为斫。

文子说："止。为后世之见之也，其斫者，仁者之为也；其砻者，不仁者之为也。"

> 君子以顺德，积小以高大。　　　　——《易传》

前年夏，齐大夫乌馀以廪丘奔晋，然后，攻取紧邻廪丘的卫地羊角。接着，又袭击廪丘东北的鲁地高鱼。当时，正逢大雨，城里排水洞打开向外排水，乌馀率众自水洞钻进城，打开城里武器库装备自己，登上城墙，攻取高鱼。不久，又攻取宋邑。正值晋范宣子刚去世，诸侯无人能惩治乌馀。

赵文子当政后，决定整治乌馀。

文子对晋平公说："晋为盟主，诸侯或相侵也，则讨而使归其地。今乌馀之邑，皆讨之类也，而贪之，是无以为盟主也。请归之。"

晋平公说："诺。孰可使也？"

赵文子说："胥梁带能无用师。"

晋平公使胥梁带处理。

前546年春，胥梁带使诸丧邑者带车徒来受地，行动须周密；又使乌馀带车徒来受封。乌馀带手下众人出城。胥梁带使诸侯伪装封地给乌馀，在举行受封仪式时，趁机抓获乌馀，其徒众尽数被擒。胥梁带把乌馀占领之邑尽归诸侯，中原诸侯因此与晋相睦。

> 随之萃：官有渝，贞吉；出门交，有功。
> 　　　　　　　　　　　　　　——《易经》

第九十九回　宋平公悔杀太子　晋平公释归卫侯

早先,宋大夫芮司徒生一女,肤赤而有毛,家人弃之于堤下。共姬之妾抱回宫中,取名弃,弃长大后很美。共姬:宋平公之母。

宋平公傍晚入内宫问候共姬,与共姬用晚餐,看见弃,惊于其美,目不转睛,十分喜欢。共姬把弃给平公,弃有宠于平公,生公子佐。佐貌丑而善。平公太子痤貌美而狠,左师向戌对其又惧又憎,寺人惠墙伊戾为太子内师而无宠。

前547年秋,楚客如晋聘,过宋境。宋太子得知,请在郊外宴享楚客,平公使之往。

伊戾请跟随太子,平公问:"夫不恶汝乎?"

内师伊戾说:"小人之事君子也,恶之,不敢远;好之,不敢近。敬以待命,敢有贰心乎?纵有供其外,莫供其内,臣请往也。"

平公遂使伊戾前往。

伊戾来到太子待客处,挖坑,像结盟一样杀牲,放上制作的假盟书,又检查一遍。然后,伊戾驰车回宫,报告平公,说:"太子将为乱,既与楚客盟矣。"

平公问:"为我子,又何求?"

伊戾说:"欲速。"

平公使人查看,果有盟书。平公问弃与左师,皆说:"固闻之。"

于是,宋平公囚太子。

太子说:"唯佐也能免我。"使人召请公子佐,说:"日中不来,吾知死矣。"

左师得知太子之言,故意与公子佐絮聒①不休,佐不得脱身。

---

① 絮聒 xù guō

时过中午,不见佐,太子自缢。平公立佐为太子。

宋平公渐渐察知太子痤无罪,乃烹伊戾。

孔子曰:"鄙夫可与事君也与哉?其未得之也,患得之;既得之,患失之。苟患失之,无所不至矣。"

——《论语》

左师见夫人弃的遛马者,问为谁遛马,对方答:"君夫人氏也。"

左师说:"谁为君夫人?余胡弗知?"

圉人回宫,告知夫人。夫人使人先给左师送玉,再送锦与马,说:"君之妾弃使某献。"

左师命使者改称"君夫人",然后,再拜稽首,接受礼物。

《论语》有之:

邦君之妻,君称之曰夫人,夫人自称曰小童;邦人称之曰君夫人,称诸异邦曰寡小君;异邦人称之,亦曰君夫人。

唯与呵,相去几何?美与恶,相去何若?人之所畏,亦不可不畏。

——《老子》

七月,齐景公、郑简公因卫献公之故如晋,晋平公同时宴享二公。

晋平公赋《大雅》之《嘉乐》:"嘉乐君子,显显令德。宜民宜人,受禄于天。"

国景子相齐侯,齐景公赋《小雅》之《蓼萧》:"蓼彼萧斯,零露湑兮。既见君子,我心写兮。燕笑语兮,是以有誉处兮。"喻晋君恩泽诸侯。国景子:国弱。

子展相郑伯,郑简公赋《郑风》之《缁衣》:"缁衣之宜兮,敝,予又改为兮。适子之馆兮,还,予授子之粲兮。"示郑不敢背晋。

叔向提示晋侯拜谢二君,说:"寡君敢拜齐君之安我先君之宗祧也,敢拜郑君之不贰也。"

国子使晏婴私对叔向说:"晋君宣其明德于诸侯,恤其患而补其阙,正其违而治其烦,所以为盟主也。今为臣执君,若之何?"

叔向转告赵文子,文子转告晋侯。晋平公数说卫侯之罪,使叔向转告二君。

国子赋《辔之柔矣》:"马之刚矣,辔之柔矣。马亦不刚,辔亦不柔。志气麃麃,取与不疑。"义取宽政以安诸侯,若柔辔之御刚马。

子展赋《郑风》之《将仲子兮》:"将仲子兮,无逾我里,无折我树杞,岂敢爱之?畏我父母。仲可怀也,父母之言,亦可畏也。"义取众言可畏。

晋平公听罢二子赋诗,许诺释归卫献公。

> 将仲子兮,无逾我园,无折我树檀。岂敢爱之?畏人之多言。仲可怀也,人之多言,亦可畏也。
>
> ——《诗经》之《郑风·将仲子》

叔向说:"郑七穆,罕氏其后亡者也。子展俭而壹。"

郑伯归自晋,使子西如晋聘,致辞说:"寡君来烦执事,惧不免于戾,使夏谢不敏。"夏,子西名。

君子说:"善事大国。"

晋平公并未放归卫献公。卫人嫁卫姬于晋侯,冬,晋平使卫献公回国。君子以此知晋平失政。

> 屯之随:乘马班如,求婚媾,往吉,无不利。
>
> ——《易经》

卫甯喜专政,献公为此担心,公孙免馀请杀甯喜。

卫献公说:"微甯子,不及此,吾与之言矣。事未可知,适成恶名,止也。"

公孙免馀说:"臣杀之,君勿与知。"

前546年春,公孙免馀与公孙无地、公孙臣谋划,使二人攻甯氏,未攻克,二人皆战死。

卫献公说:"臣也无罪,父子死余矣。"献公出逃时曾使几位公子与孙氏结盟,孙氏杀群公子,公孙臣之父是其中之一。

夏,公孙免馀攻甯氏,杀甯喜和右宰穀,陈尸于朝。

石恶将参加宋地诸侯盟会,受命而出,给尸体穿衣,枕其股而哭。想敛尸入棺后出逃,又惧怕难以免祸,借口说:"受命矣。"遂动身前往宋国。

子鲜说:"逐我者出,纳我者死。赏罚无章,何以沮劝?君失其信,而国无刑,不亦难乎?且鱄实使之。"

> 言是而不能立,言非而不能废,有功而不能赏,有罪而不能诛,若是而能治民者,未之有也。
>
> ——《管子》

子鲜出奔晋。卫献公使人劝止,子鲜不肯留下。到达黄河,献公又使人劝止。子鲜阻止使者跟随,对黄河发誓不再返国,寄居于晋木门,不面向卫国而坐。

木门大夫劝其出仕,子鲜不受,说:"仕而废其事,罪也;从之,昭吾所以出也。将谁诉乎?吾不可以立于人之朝矣。"

子鲜终身不仕。辞世后,卫献公为之服丧终身。

考槃①在涧,硕人之宽。独寐寤言,永矢弗谖②。
考槃在阿,硕人之薖③。独寐寤歌,永矢弗过。

---

①槃 pán ②谖 xuān ③薖 kē

考槃在陆,硕人之轴。独寐寤宿,永矢弗告。

——《诗经》之《卫风·考槃》

卫献公给公孙免馀六十邑,免馀辞谢说:"唯卿备百邑,臣六十矣。下有上禄,乱也,臣弗敢闻。且甯子唯多邑,故死。臣惧死之速及也。"

卫献公坚持,免馀受半数。献公使其任少师。其后,献公又使其为卿,免馀辞谢,说:"大叔仪不贰,能佐大事,君其命之。"

卫献公使大叔文子为卿。

来年,前545年,夏,卫人继续讨甯氏之党,石恶出奔晋。卫人立其从子圃以守石氏之祀,合礼。石恶是石碏之后,石碏有大功于卫,且石恶之罪不及绝祀。

前544年五月庚午日,子鲜去世不久,卫献公去世。

孔子曰:"君子敏于事而慎于言,就有道而正焉,可谓好学也已。" ——《论语》

第一百回　伯州犁上下其手　蔡归生班荆道故

前547年夏,楚子、秦人侵吴,到达雩娄,闻吴有备,便停止原计划,转向西北,袭郑。

五月,楚秦联军到达郑城麇,戍守大夫皇颉率师与楚师交战,败于楚师。楚穿封戌俘获皇颉,楚共之子公子围与之争俘。二人争执不下,请伯州犁裁定。

伯州犁说:"请问于囚。"

皇颉被带来,伯州犁对皇颉说:"所争,君子也,其何不知?"伯州犁之意,争执双方非众士卒,皆高贵者,易辨认。

伯州犁上抬其手,同时伸向公子围,说:"夫子为公子围,寡君之贵介弟也。"

下移其手,同时伸向穿封戌,说:"此子为穿封戌,方城外之县尹也。谁获子?"

皇颉心领神会,说:"颉遇公子,弱焉。"

穿封戌大怒,抽戈追逐公子围,未追及。

楚人带皇颉回国。

　　讼之姤:食旧德,贞厉,终吉。或从王事,无成。

——《易经》

印堇父与皇颉同守城麇,也被楚人俘获,楚人献之于秦。郑人向印氏取货以赎堇父,子大叔为令正,主作辞令,照直拟文书,示以货换堇父。

子产说:"不获。受楚之功而取货于郑,不可谓国,秦不其然。若曰:'拜君之勤郑国,微君之惠,楚师其犹在敝邑之城下。'其可。"

子大叔不听。郑人如秦,秦人不肯放印堇父。

503

郑国另遣使者,更换礼物,照子产之意说话。秦人释印堇父。

　　君子以慎言语,节饮食。　　　　　　——《易传》

　　许灵公如楚,为十年前郑伯与晋联盟伐许而请楚伐郑,说:"师不兴,孤不归矣。"

　　八月壬午日,许灵公在楚国去世。

　　楚康说:"不伐郑,何以求诸侯?"

　　十月,楚康率师伐郑。郑人要迎战。

　　子产说:"晋、楚将平,诸侯将和,楚君是故昧于一来。不如使逞而归,乃易成也。夫小人之性,衅于勇,贪于祸,以足其性而求名焉者,非国家之利也。若何从之?"

　　子展认为言之有理,郑人便不御敌。

　　十二月乙酉日,楚师进入郑南里,毁城墙,又自乐氏渡水,攻师之梁城门,俘获九名郑人。然后,渡氾水而归,安葬许灵公。

　　智者之虑,必杂于利害。杂于利,而务可信也;杂于害,而患可解也。　　　　——《孙子兵法》

　　早先,楚伍参与蔡太师子朝相友,二人之子伍举与声子也相善。伍举娶公子牟之女为妻,后公子牟获罪出亡。声子:蔡太师子朝之子,公孙归生。

　　楚人说:"伍举实送之。"

　　伍举奔郑,将自郑奔晋。声子前往晋国,在郑郊与伍举相遇。二人班荆而坐,边吃边道故人故事,伍举叹自己被迫离乡。

　　声子安慰伍举,说:"子尚良食,二先子其皆相子,尚能事晋君以为诸侯主。"

　　伍举说:"非所愿也。若得归骨于楚,死且不朽。"

　　声子说:"子行也,吾必复子。"

　　复之震:中行独复。　　　　　　　　——《易经》

声子自晋返回后,来到楚国。令尹子木与之交谈,问及晋情,并问:"晋大夫与楚孰贤?"

声子说:"晋卿不如楚,其大夫则贤,皆卿材也。如杞、梓、皮革,自楚往也,虽楚有材,晋实用之。"

子木问:"夫独无族、姻乎?"

声子说:"虽有,而用楚材实多。归生闻之:'善为国者,赏不僭,而刑不滥。'赏僭,则惧及淫人;刑滥,则惧及善人。若不幸而过,宁僭无滥。与其失善,宁其利淫。无善人,则国从之亡也。《诗》曰:'人之云亡,邦国殄瘁。'无善人之谓也。故《夏书》曰:'与其杀不辜,宁失不经。'惧失善也。《商颂》有之曰:'不僭不滥,不敢怠皇,命于下国,封建厥福。'此汤所以获天福也。

"古之治民者,劝赏而畏刑,恤民不倦。赏以春夏,刑以秋冬。是以,将赏,为之加膳,加膳则饫赐,此以知其劝赏也。将刑,为之不举,不举则彻乐,此以知其畏刑也。夙兴夜寐,朝夕临政,此以知其恤民也。三者,礼之大节也。有礼无败。"

震,亨,震来虩①虩,笑言哑哑,震惊百里,不丧匕鬯。
——《易经》

声子继续说:"今楚多淫刑,其大夫逃死于四方,而为之谋主,以害楚国,不可救疗,所谓不能用材也。

"子仪之乱,析公奔晋。晋人置诸戎车之殿,以为谋主。绕角之役,晋将遁矣,析公曰:'楚师轻窕,易震荡也。若多鼓钧声,趁夜出击,楚师必遁。'晋人从之,楚师宵溃。晋遂侵蔡,袭沈,获其君;败申、息之师于桑隧,获申丽而还。郑于是不敢南面。楚失华夏,则析公之为也。

"雍子之父兄谮雍子,君与大夫不辨曲直。雍子奔晋,晋人予

---

①虩 xì

之都①，以为谋主。彭城之役，晋、楚遇于靡角之谷。晋将遁矣，雍子发命于军，曰：'归老幼，返孤疾，二人役，归一人，简兵检乘，秣马蓐食，师陈焚舍，明日将战。'遣归者而逸楚囚，楚师宵溃。晋降彭城而归诸宋，以鱼石归。楚失东夷，子辛死之，则雍子之为也。

"子反与子灵争夏姬，而雍害其事，子灵奔晋。晋人予之邢，以为谋主。扞御北狄，通吴于晋，教吴叛楚，教之乘车、射御、驱侵，使其子狐庸为吴行人焉。吴于是伐巢、取驾、克棘、入州来，楚疲于奔命，至今为患，则子灵之为也。

"若敖之乱，伯贲之子贲皇奔晋。晋人与之苗，以为谋主。鄢陵之役，楚晨压晋军而陈，晋将遁矣。苗贲皇曰：'楚师之良，在其中军公族而已。若塞井夷灶，陈阵以挡之，栾、范易行以诱之，中行、二郤必克二穆。吾乃集四军于其公族，必大败之。'晋人从之，楚师大败，君伤师灭，子反死之。郑叛吴兴，楚失诸侯，则苗贲皇之为也。"二穆：时楚左右军统帅子重、子辛皆楚穆之后。

子木说："是皆然矣。"

声子说："今又有甚于此。椒举娶于子牟，子牟得罪而亡，君、大夫谓椒举：'汝实遣之。'惧而奔郑，引领南望曰：'庶几赦余？'楚亦弗图也。今在晋矣。晋人将与之县，以比叔向。彼若谋害楚国，岂不为患？"椒举即伍举。

子木恐惧，告知楚康，楚康增益伍举之禄爵请其返国。声子使伍举之子椒鸣往晋迎其父。

> 孔子曰："学而时习之，不亦悦乎？有朋自远方来，不亦乐乎？人不知而不愠，不亦君子乎？"——《论语》

---

①郕 chù

第一百零一回　弭兵会衷甲争先　赵文子闻诗观志

宋向戌与晋赵文子交好,又与楚令尹子木相善,要使诸侯弭兵以博名。向戌来到晋国,告知赵孟。赵孟即赵武。

赵孟与诸大夫谋议,韩宣子说:"兵,民之残也,财用之蠹,小国之大灾也。将或弭之,虽曰不可,必将许之。弗许,楚将许之,以召诸侯,则我失为盟主矣。"

晋人应许向戌。向戌如楚,楚人也答应。如齐,齐人觉为难。

陈文子说:"晋、楚许之,我焉得已?且人曰'弭兵',而我弗许,则固携我民矣,将焉用之?"

于是,齐人也应许。向戌又奔告秦国,秦人也答应。他又前往各小国,告以弭兵,将在宋国会盟。

　　咸之蹇:贞吉,悔亡。憧憧往来,朋从尔思。

　　　　　　　　　　　　——《易经》

前546年夏,五月甲辰日,晋赵武至宋。

丙午日,郑良霄至。

六月丁未日,初一,宋人宴享赵文子,叔向为介。司马置折俎待客。

戊申日,初二,鲁叔孙豹、齐庆封和陈须无、卫石恶至。

甲寅日,初八,晋荀盈至。

丙辰日,初十,邾悼公至。

壬戌日,十六,楚公子黑肱至,与晋人就盟辞及相关事项磋商。令尹子木待于陈国。

丁卯日,二十一,向戌如陈,与子木协商楚人的要求。子木对向戌说:"请晋、楚之从国,交相见也。"

戊辰日，二十二，滕成公至。

庚午日，二十四，向戌回复赵孟。赵孟说："晋、楚、齐、秦，匹也。晋之不能使齐，犹楚之不能于秦也。楚君若能使秦君辱于敝邑，寡君敢不固请于齐？"

壬申日，二十六，向戌如陈回复子木。子木使人乘传车回国请示楚康，楚康说："释齐、秦，他国请相见也。"

七月，戊寅日，初二，向戌返宋。夜，晋赵孟与楚子皙商讨盟会措辞，以便盟会上口径一致。子皙：公子黑肱字。

庚辰日，初四，子木自陈至宋，陈孔奂、蔡公孙归生、曹、许大夫并皆到达。

各国驻地之间不设壁垒，只以藩篱为界，以示无猜忌。晋、楚各处藩篱两端，晋处最北，楚居最南。

> 葛之覃兮，施于中谷，维叶萋萋。黄鸟于飞，集于灌木，其鸣喈喈。　　——《诗经》之《周南·葛覃》

晋伯夙对赵孟说："楚氛甚恶，惧难。"伯夙：荀盈字。

赵孟说："吾左还，入于宋，若我何？"

辛巳日，初五，将盟于宋西门之外。楚人衷甲，要偷袭晋人。

楚太宰伯州犁说："合诸侯之师，而为不信，无乃不可乎？夫诸侯望信于楚，是以来服。若不信，是弃其所以服诸侯也。"坚请释甲。

子木说："晋、楚无信久矣，事利而已。苟得志焉，焉用有信？"

太宰退出，对人说："令尹将死矣，不及三年。求逞志而弃信，志将逞乎？志以发言，言以出信，信以立志，参以定之。信亡，何以及三？"

> 孔子曰："人而不仁，如礼何？人而不仁，如乐何？"
> 　　　　　　　　　　　　　　——《论语》

赵孟对楚人衷甲而担心，告知叔向。

叔向说:"何害也？匹夫一为不信,犹不可,颠仆其死。若合诸侯之卿,以为不信,必不捷矣。食言者不病,非子之患也。夫以信召人,而以僭济之,必莫之与也,安能害我？且吾因宋以守变,则夫能致死。与宋致死,虽倍楚可也。子何惧焉？又不及是。曰弭兵以召诸侯,而称兵以害我,吾用多矣,非所患也。"

困之萃:困于酒食,朱绂方来,利用享祀。征凶,无咎。 ——《易经》

鲁季武子使人以襄公之命对与会的叔孙豹说:"视邾、滕。"

结盟前,齐人请以邾为属国,宋人请以滕为属国,邾、滕皆不参与结盟。

叔孙豹说:"邾、滕,人之私也。我,列国也,何故视之？宋、卫,吾匹也。"叔孙豹参与结盟。

晋、楚争先。

晋人说:"晋固为诸侯盟主,未有先晋者也。"

楚人说:"子言晋、楚匹也,若晋常先,是楚弱也。且晋、楚更主诸侯之盟也久矣,岂专在晋？"

叔向对赵孟说:"诸侯归晋之德也,非归其主盟也。子务德,无争先。且诸侯盟,小国固必有主盟者。楚为晋细,不亦可乎？"

于是,晋人使楚人先歃血。鲁国因原属晋联盟,且晋有信,尊晋,故鲁《春秋》记载时仍记晋在先。

乾之小畜:或跃在渊,无咎。 ——《易经》

壬午日,初六,宋平公兼享晋、楚大夫,赵孟为主宾。楚子木与之交谈,赵孟不能答,使叔向应答。对叔向的问题,子木也不能答。

乙酉日,初九,宋平公与诸侯之大夫在蒙门之外结盟。

楚子木问赵孟:"范武子之德何如？"

赵孟说:"夫子之家事治,言于晋国无隐情,其祝史陈信于鬼神,无愧辞。"

子木回国后告知楚康,楚康说:"尚矣哉!能歆神、人,宜其光辅五君,以为盟主也。"

子木又对楚康说:"宜晋之伯也,有叔向以佐其卿,楚无以当之,不可与争。"

蓬生麻中,不扶而直;白沙在涅①,与之俱黑。

——《荀子》

晋荀盈如楚莅盟。

晋人回国,过郑,郑简公在垂陇享赵孟,郑子展、伯有、子西、子产、子大叔、二子石皆跟随简公。二子石:公孙段、印段。

赵孟说:"七子从君,以宠武也。请皆赋,以卒君贶,武亦以观七子之志。"

子展赋《召南》之《草虫》:"喓喓草虫,趯趯阜螽。未见君子,忧心忡忡,亦既见止,亦既觏止,我心则降。"

赵孟说:"善哉!民之主也。抑武也不足以当之。"子展在上位而不忘降,赵武说他宜为民之主。

伯有赋《鄘风》之《鹑之奔奔》:"鹑之奔奔,鹊之彊彊②。人之无良,我以为兄。"

此为卫人刺其君淫乱之诗,下章是:"鹊之彊彊,鹑之奔奔。人之无良,我以为君。"伯有是郑穆公的曾孙,郑简公是郑穆公的玄孙,二人并非兄弟,良霄暗指郑君不善。

赵孟说:"床笫③之言不逾阈,况在野乎?非使人之所得闻也。"

子西赋《小雅》之《黍苗》第四章:"肃肃谢功,召伯营之。烈烈征师,召伯成之。"子西把赵武比召伯。

---

①涅 niè ②彊彊 jiāng jiāng ③笫 zǐ

赵孟说:"寡君在,武何能焉。"

子产赋《小雅》之《隰桑》:"隰桑有阿,其叶有难。既见君子,其乐如何。"意为思见君子,尽心而事之。

赵孟说:"武请受其卒章。"其卒章为:"心乎爱矣,遐不谓矣?中心藏之,何日忘之?"希望子产能规正自己。

子大叔赋《郑风》之《野有蔓草》:"野有蔓草,零露漙①兮。有美一人,清扬婉兮。邂逅相遇,适我愿兮。"

赵孟说:"吾子之惠也。"

印段赋《唐风》之《蟋蟀》:"蟋蟀在堂,岁聿其莫。今我不乐,日月其除。无已大康,职思其居。好乐无荒,良士瞿瞿。"意指不要过度欢乐,不要忘了职事。

赵孟说:"善哉! 保家之主也,吾有望矣。"

公孙段赋《小雅》之《桑扈》:"交交桑扈,有莺②其羽。君子乐胥,受天之祜③。"指君子有礼文,故能受天之祜。

赵孟说:"'匪交匪敖',福将焉往? 若保是言也,欲辞福禄,得乎?"今本《桑扈》卒章为:"兕觥其觩,旨酒思柔。彼交匪敖,万福来求。"

享礼结束后,赵文子对叔向说:"伯有将为戮矣。诗以言志,志诬其上,而公怨之,以为宾荣,其能久乎? 幸而后亡。"

叔向说:"然。已侈。所谓不及五稔者,夫子之谓矣。"

文子说:"其余皆数世之主也。子展其后亡者也,在上不忘降。印氏其次也,乐而不荒。乐以安民,不淫以使之,后亡,不亦可乎?"

孔子曰:"《诗》三百,一言以蔽之,曰:'思无邪。'"

——《论语》

---

①漙 tuán ②莺 yīng ③祜 hù

第一百零二回　宋子罕削简存僚　鲁襄公朝楚安国

弭兵会后,宋左师向平公请赏,说:"请免死之邑。"宋平公予之六十邑,左师给司城子罕看赏邑之文。

子罕说:"凡诸侯小国,晋、楚所以兵威之。畏而后上下慈和,慈和而后能安靖其国家,以事大国,所以存也。无威则骄,骄则乱生,乱生必灭,所以亡也。天生五材,民并用之,废一不可,谁能去兵?兵之设久矣,所以威不轨,而昭文德也。圣人以兴,乱人以废,废兴、存亡、昏明之术,皆兵之由也。而子求去之,不亦诬乎?以诬道蔽诸侯,罪莫大焉。纵无大讨,而又求赏,无厌之甚也!"

子罕削掉竹简上赏左师邑的字迹,扔简于地。左师向平公辞邑。向戌族人因到手之邑丢了,要攻司城。

左师说:"我将亡,夫子存我,德莫大焉,又可攻乎?"

君子说:"'彼己之子,邦之司直。'乐喜之谓乎?'何以恤我,我其收之。'向戌之谓乎?"

> 兵者,国之大事,死生之地,存亡之道,不可不察也。　　　　　　　　——《孙子兵法》

冬,楚蒍罢如晋莅盟。蒍罢,即子荡。

晋平公设享礼。子荡将退席,赋《既醉》:"既醉以酒,既饱以德。君子万年,介尔景福。"

叔向说:"蒍氏之有后于楚国也,宜哉。承君命,不忘敏。子荡将知政矣。敏以事君,必能养民。政其焉往?"

> 贲之颐:贲如,濡如,永贞吉。　　——《易经》

来年,前545年,夏,齐侯、陈侯、蔡侯、北燕伯、杞伯、胡子、沈子、白狄皆如晋朝,履行宋之盟约。

齐庆封执政,景公将行,庆封说:"我不与盟,何为于晋?"

陈文子说:"先事后贿,礼也。小事大,未获事焉,从之如志,礼也。虽不与盟,敢叛晋乎?重丘之盟,未可忘也。子其劝行。"

八月,鲁孟孝伯如晋,报告将履行宋之盟而如楚。

蔡景侯自晋返,过郑,郑简公设宴,蔡侯不敬。

子产说:"蔡侯其不免乎?日其过此也,君使子展往劳于东门之外,而傲。吾曰:'犹将更之。'今还,受享而惰,乃其心也。君小国,事大国,而惰傲以为己心,将得善终乎?若不免,必由其子。其为君也,淫而不父。侨闻之,如是者,恒有子祸。"蔡景侯为太子娶楚女,自己却使楚女侍寝。

豫之晋:冥豫成,有渝无咎。　　　　——《易经》

郑简公使游吉如楚。至汉水,楚人使游吉返,说:"宋之盟,君实亲辱。今吾子来,寡君谓吾子姑还,吾将使驿奔问诸晋,而以告。"

子大叔说:"宋之盟,君命将利小国,而亦使安定其社稷,镇抚其民人,以礼承天之休,此君之宪令,而小国之望也。寡君是故使吉奉其皮币,以岁之不易,聘于下执事。今执事有命曰:'汝何与政令之有?必使尔君弃尔封守,跋涉山川,蒙犯霜露,以逞君心。'小国将君是望,敢不唯命是听?无乃非盟载之言,以阙君德,而执事有不利焉,小国是惧。不然,寡君其何劳之敢惮?"

子大叔返回,复命,告知子展,说:"楚子将死矣。不修其政德,而贪昧于诸侯,以逞其愿,欲久,得乎?《周易》有之,在《复》之《颐》,曰:'迷复,凶。'其楚子之谓乎?欲复其愿,而弃其本,复归无所,是谓迷复。能无凶乎?君其往也,送葬而归,以快楚心。楚不近十年,未能争诸侯也。吾乃休吾民矣。"

裨①灶说:"今兹周王及楚子皆将死。岁星失其次,而旅于明年之次,以害鸟尾。周、楚受其咎。"

复之颐:迷复,凶,有灾眚,用行师,终有大败,以其国君凶,至于十年不克征。　　　　　——《易经》

九月,游吉如晋,告以郑简公将朝于楚,以履行宋之盟。

子产相郑简公如楚,到达楚边境,就地搭舍,而不封土筑坛。当时,国君至他国,在郊外清除地面、筑坛建舍,以接受郊劳。

外仆对子产说:"昔先大夫相先君,适四国,未尝不为坛。自是至今,亦皆循之。今子草舍,无乃不可乎?"

子产说:"大适小,则为坛。小适大,苟舍而已,焉用坛?侨闻之,大适小有五美:宥其罪戾,赦其过失,救其灾患,赏其德刑,教其不及。小国不困,怀服如归。是故,作坛以昭其功,宣告后人,无怠于德。小适大有五恶:脱其罪戾,请其不足,行其政事,供其职贡,从其时命。不然,则重其币帛,以贺其福而吊其凶,皆小国之祸也。焉用作坛以昭其祸?所以告子孙,无昭祸焉可也。"

履之讼:素履,往,无咎。　　　　　——《易经》

冬,鲁襄公、宋平公、陈哀公、许悼公均如楚。

鲁襄过郑,郑简公不在。伯有劳襄公于黄崖,不敬。

鲁穆叔说:"伯有无戾于郑,郑必有大咎。敬,民之主也,而弃之,何以承先祖守其家?郑人不讨,必受其辜。济泽之阿,行潦之蘋藻,置诸宗室,季兰尸之,敬也。敬可弃乎?"

穆叔取诗《采蘋》之意。《召南·采蘋》:"于以采蘋?南涧之滨。于以采藻?于彼行潦。于以盛之?维筐及筥。于以湘之?

---

①裨 pí

514

维锜及釜。于以奠之？宗室牖下。谁其尸之？有齐季女。"

凡百君子，各敬尔身。胡不相畏，不畏于天？
——《诗经》之《小雅·雨无正》

十一月癸巳日，周灵王驾崩。

十二月，楚康去世。鲁襄公一行到达汉水，得知楚康去世，襄公要返回。

叔仲昭伯说："君之来也，非为一人也，为其名与其众也。今楚君死，其名未改，其众未败，何为还？行也。"

子服惠伯说："君子有远虑，小人从迩。饥寒之不恤，谁遑其后？不如姑归也。"

昭伯对惠伯说："子之来也，非欲安身也，为国家之利也，故不惮勤远而听于楚。非义楚也，畏其名与众也。夫义人者，固庆其喜而吊其忧，况畏而服焉？楚太子又长矣，执政未改，为先君来，死而去之，其谁曰不如先君？固将为楚丧而举，今闻丧而还，其谁曰非轻楚也？楚大夫事其君而任其政，其谁愿当己而诸侯贰？求脱侮楚者，必急于前之人，其仇鲁不滋大乎？脱侮不儒，执政不贰，怀大仇以威小国，其谁御之？若从君而走患，则不如违君以避难。且夫君子计成而后行，二三子计乎？有御楚之术而有守国之备，则可也；若未有，不如往也。"

叔孙穆子说："叔仲子可独当矣，子服子，始学者也。"

荣成伯说："远图者，忠也。"

于是，鲁襄公一行继续前行。

孔子曰："危者，安其位者也；亡者，保其存者也；乱者，有其治者也。是故君子安而不忘危，存而不忘亡，治而不忘乱，是以身安而国家可保也。"——《易传》

宋向戌说:"我一人之为,非为楚也。饥寒之不恤,谁能恤楚?姑归而息民,待其立君而为之备。"

宋平公一行遂返回。

同月,楚令尹子木也去世。晋赵文子吊如同盟,合礼。

来年,前544年,楚人使鲁襄公亲襚,襄公患之。

穆叔说:"祓殡而襚,则如布币也。"

鲁人乃使巫以桃、茢①先祓殡。楚人未禁,既而悔之。依礼,君临臣丧乃祓殡。

夏,四月,葬楚康。鲁襄公、陈侯、郑伯、许男送葬,至西门之外。诸侯之大夫皆送至墓地。葬毕,楚康之子熊麋即位,史称郏敖,楚康弟公子围为令尹。

郑行人子羽说:"是谓不宜,必代之昌。松柏之下,其草不殖。"

大过之恒:枯杨生华,老妇得其士夫,无咎,无誉。

——《易经》

五月,鲁襄公自楚返,到达方城。季武子取卞邑,使公冶前往问候襄公,又使人追上公冶,交给玺书带给襄公,信中说:"闻守卞者将叛,臣率徒以讨之,既得之矣,敢告。"

公冶问候襄公,呈交玺书后退出,至住处,才知季武子占卞邑为己有。

襄公看完玺书,说:"欲之而言叛,只见疏也。"

襄公问公冶:"吾可以入乎?"

公冶答:"君实有国,谁敢违君?"

襄公赏公冶冕服,公冶坚决推辞,襄公坚持,公冶只得受下。

襄公要返楚,借楚师伐鲁。

---

① 茢 liè

荣成伯说:"不可。君之于臣,其威大矣。不能令于国,而恃诸侯,诸侯其谁昵之?若得楚师以伐鲁,鲁既不违宿之取卞也,必用命焉,守必固矣。若楚之克鲁,诸姬不获窥焉,而况君乎?彼无亦置其同类以服东夷,而大攘诸夏,将天下是王,而何德于君,其予君也?若不克鲁,君以蛮、夷伐之,而又求入焉,必不获矣。不如予之。宿之事君也,不敢不悛。醉而怒,醒而喜,庸何伤?君其入也。"

荣成伯说完,赋《邶风》之《式微》:"式微式微,胡不归?"

鲁襄公答复季氏,说:"子股肱鲁国,社稷之事,子实制之。唯子所利,何必卞?卞有罪而子征之,子之隶也,又何谒焉?"

上以厚下安宅。 ——《易传》

公冶还邑于季氏,不再进季氏家,说:"欺其君,何必使余?"

季孙见,他则像往日一样与季氏交谈,不见季氏,则绝口不言季氏。及至病重,公冶召集家臣,说:"我死,必无以冕服敛,非德赏也。且无使季氏葬我。"

孔子曰:"君子上交不谄,下交不渎。"

——《易传》

第一百零三回　齐崔杼据于蒎藜　惠公孙铲除庆氏

前546年春,齐庆封如鲁聘,其车甚美。

孟孙对叔孙说:"庆季之车,不亦美乎?"

叔孙豹说:"豹闻之:'服美不称,必以恶终。'美车何为?"

叔孙宴庆封,庆封不敬。叔孙赋《鄘风》之《相鼠》:"相鼠有皮,人而无仪。人而无仪,不死何为?"

庆封不知叔孙是嘲笑自己。

> 子贡方人。孔子曰:"赐也,贤乎哉?夫我则不暇。"
> 　　　　　　　　　　　　——《论语》

崔杼前妻生崔成和崔彊后去世,崔杼又娶东郭姜,生崔明。东郭姜带前夫之子棠无咎来到崔家,棠无咎与东郭偃相崔氏。崔成是嫡长子,因身体有疾而被废。崔杼立崔明为继承人。

崔成请住在崔邑至终老,崔杼应许,东郭偃和棠无咎不许,说:"崔,宗邑也,必在宗主。"

崔成与崔彊大怒,要杀东郭偃和棠无咎,并告知庆封,说:"夫子之身,亦子所知也,唯无咎与偃是从,父兄莫得进矣。大恐害夫子,敢以告。""夫子"指其父崔杼。

庆封说:"子姑退,吾图之。"庆封告知其手下卢蒲嫳。

卢蒲嫳说:"彼,君之仇也。天或者将弃彼矣。彼实家乱,子何病焉?崔之薄,庆之厚也。"

隔日,崔成和崔彊又对庆封讲。

庆封说:"苟利夫子,必去之。难,吾助汝。"

秋,九月庚辰日,崔成、崔彊在崔氏家朝杀东郭偃和棠无咎。崔杼大怒走出,家众皆逃,找不到人备车。崔杼使圉人套车,使寺人驾车出门,说:"崔氏若有福,祸止余犹可。"

崔杼往见庆封,告知家中之事。

庆封说:"崔、庆,一也。是何敢然?请为子讨之。"

庆封使卢蒲嫳率甲士攻崔氏。崔氏加固宫墙防守,卢蒲嫳未攻克,使国人助攻,灭崔氏,杀崔成和崔彊,尽俘崔家人口和财物。崔杼之妻自缢。

卢蒲嫳向崔杼复命,并驾车送其回家。崔杼至家,发现已无家可归,也自缢。

崔明夜里藏于墓地,次日,奔鲁。

> 孔子曰:"非所困而困焉,名必辱。非所据而据焉,身必危。既辱且危,死期将至,妻其可得见耶?"
> ——《易传》

齐庆封当国。庆封好田猎又嗜酒,不理朝政,而使其子庆舍处理政事,自己带妻妾住到卢蒲嫳家,易内而饮酒。数日后,齐大夫皆至卢蒲嫳家见庆封。

庆封下令逃亡者告发崔氏同党皆可回国,卢蒲癸因此得以返国。卢蒲癸做庆舍家臣,并有宠,庆舍嫁女于癸。

庆舍手下对卢蒲癸说:"男女辨姓。子不避宗,何也?"

卢蒲癸说:"宗不余避,余独焉避之?赋诗断章,余取所求焉,焉识宗?"

卢蒲癸又请庆舍使王何回国,王何回国后,也有宠于庆舍。庆舍使二人手持寝戈,前后护卫。

朝廷供应大夫膳食,每日两只鸡。厨师偷换成鸭,上菜者得知,拿走鸭肉,留下骨和汤。

子雅、子尾发怒,对执政不满。庆封告知卢蒲嫳,卢蒲嫳说:"譬之如禽兽,吾寝处之矣。"

卢蒲嫳使析归父告知晏平仲,将要除掉子雅、子尾。

平仲说:"婴之众不足用也,智无能谋也。言弗敢出,有盟可也。"

析归父说:"子之言云,又焉用盟?"

析归父又告知北郭子车,子车说:"人各有以事君,非佐之所能也。"子车,名佐。

陈文子对陈桓子说:"祸将作矣,吾其何得?"陈桓子:文子之子陈无宇。

陈无宇说:"得庆氏之木百车于庄。"

陈文子说:"可慎守也已。"

卢蒲癸、王何为攻庆氏占卜,出示龟兆给庆舍看,说:"或卜攻仇,敢献其兆。"

庆舍说:"克,见血。"

前545年,冬,十月,庆封到莱地田猎,陈无宇随行。

丙辰日,陈文子使人召陈无宇。无宇请示庆封,说:"无宇之母病重,请归。"

庆封为之占卜,示之卜兆,说:"死。"

陈无宇捧龟而哭,庆封使之归。

庆封族人庆嗣得知,对庆封说:"祸将作矣!速归!祸作必于尝祭,归,犹可及也。"

庆封不听,也无悔意。

庆嗣说:"亡矣,幸而获在吴、越。"

陈无宇渡水后毁船、拆梁。

卢蒲姜对卢蒲癸说:"有事而不告我,必不捷矣。"卢蒲姜:卢蒲癸妻。

癸告之以实情,姜说:"夫子愎,莫止之,将不出,我请止之。"

卢蒲癸说:"诺。"

十一月乙亥日,齐国在太公庙举行尝祭,庆舍主持祭祀。卢蒲姜告知庆舍有人要叛乱,并劝止他。

庆舍不听,说:"谁敢者!"来到太庙。

麻婴充当祭尸，庆绳为上献。卢蒲癸、王何手持寝戈护卫庆舍。庆氏使其甲士环绕庙外公宫设防。

陈氏、鲍氏之圉人在鱼里演戏。庆氏之马易惊，甲士皆释甲束马而饮酒，然后，又前往鱼里看戏。

栾、高、陈、鲍之徒众穿庆氏之甲。此高氏与高、国二氏并称的高氏非同祖。栾：子雅。高：子尾。陈：陈须无。鲍：鲍国。子雅、子尾为齐惠公之孙，惠公生子栾、子高。子栾生公孙灶，字子雅。子高生公孙虿，字子尾。

子尾抽橡击门板三次，卢蒲癸自后刺庆舍，王何用戈击庆舍，斩裂其左肩。庆舍仍抱着庙宇橡子，屋梁震动，又拿俎、壶投人，杀死数人才倒地而死。众人又杀庆绳、麻婴。

齐景公惊恐，鲍国说："群臣为君故也。"

陈须无陪景公回宫，景公脱去祭服进入内宫。

益之家人：益之，用凶事，无咎。有孚中行，告公用圭。
　　　　　　　　　　　　　　　——《易经》

庆封田猎返回，遇告乱者。动乱十二日后的丁亥日，庆封攻都城西门，未攻克。又转攻北门，攻克北门，进入都城。又伐内宫，未攻克。返回，列阵于岳里，请交战，未得许，遂奔鲁。

庆封献车给季武子，车美泽可鉴。展庄叔看见车，说："车甚泽，人必瘁，宜其亡也。"

叔孙穆子宴请庆封，庆封遍祭群神，穆子不悦，使乐工为之诵《茅鸱》，庆封也不知是讽刺自己。

既而，齐人责鲁国收留庆封，庆封奔吴。吴子给其朱方邑，庆封聚集族人居住于此，富于其在齐国。

鲁子服惠伯对叔孙说："天殆富淫人？庆封又富矣。"

叔孙穆子说："善人富谓之赏，淫人富谓之殃。天其殃之也，其将聚而歼之焉。"

孔子曰："德薄而位尊，智小而谋大，力小而任重，鲜不及矣。"
　　　　　　　　　　　　　　　　　——《易传》

　　当初，崔杼弑君之乱，群公子纷纷逃亡。公子鉏在鲁，叔孙还在燕，公子贾在句渎之丘。庆氏逃亡后，齐人召回群公子，予之日常器用，并返还其原先的封邑。

　　齐景公赐晏子邶殿边的六十个边邑，晏子不受。

　　子尾说："富，人之所欲也，何独不欲？"

　　晏子说："庆氏之邑足欲，故亡。吾邑不足欲也，益之以邶殿，乃足欲。足欲，亡无日矣。在外，不得宰吾一邑。不受邶殿，非恶富也，恐失富也。且夫富，如布帛之有幅焉，为之制度，使无迁也。夫民，生欲厚而用欲利，于是乎，正德以为之幅，使无黜嫚，谓之幅利。利过则为败，吾不敢贪多，所谓幅也。"

　　景公赐北郭佐六十邑，北郭佐接受。赐子雅邑，子雅辞多受少。赐子尾邑，子尾先接受，而后尽数还给景公。景公认为子尾忠，故宠之。

　　齐景公放逐卢蒲嫳于北境，又寻崔杼之尸，要戮尸，未得。

　　鲁叔孙穆子说："必得之。武王有治臣十人，崔杼其有乎？不十人，不足以葬。"

　　不久，崔氏家臣说："与我其拱璧，吾献其柩。"

　　齐景公许诺，得崔杼之尸。把装着崔杼之尸的棺材暴露于集市，国人还能认出，皆说："崔子也。"

　　十二月，齐人改葬庄公，停棺在正寝。

　　来年，前544年，二月癸卯日，齐人葬庄公于北郭。

　　名与身孰亲？身与货孰多？得与亡孰病？甚爱必大费，厚藏必多亡。故知足不辱，知止不殆，可以长久。
　　　　　　　　　　　　　　　　——《老子》

第一百零四回　太子晋谏周灵王　羊舌肸论单靖公

前550年,周灵王二十二年,谷、洛两水相撞,涌向王宫。

灵王要堵激流,王太子晋劝谏,说:"不可。晋闻古之长民者,不堕山,不填薮,不塞川,不决泽。夫山,土之聚也;薮,物之归也;川,气之导也;泽,水之钟也。夫天地成而聚于高,归物于下。疏为川谷,以导其气;陂塘湖泽,以钟其美。是故,聚不溃崩,而物有所归;气不沉滞,而亦不散越。是以,民生有财用,而死有所葬。然则,无夭折、昏痴、瘟疫、疾病之忧,亦无饥、寒、乏、匮之患。故上下能相固,以待不虞。古之圣王唯此之慎。

"昔共工弃此道也,娱于湛乐,淫失其身,欲壅防百川,堕高堙泽,以害天下。皇天弗福,庶民弗助,祸乱并兴,共工用灭。其在有虞,有崇伯鲧,播其淫心,称遂共工之过,尧用诛之于羽山。

"其后,伯禹念前之非度,厘改制量,象物天地,比类百则,仪之于民,而度之于群生。共工之从孙四岳佐之,高高下下,疏川导滞,钟水丰物,封崇九山,疏通九川,陂障九泽,丰殖九薮,整治九原,宅居九州,合通四海。故天无伏阴,地无散阳,水无沉气,火无灾焰,神无厉行,民无淫心,时无逆序,物无害生。

"循象禹之功,度之于轨仪,莫非嘉绩,克合帝心。皇天嘉之,祚以天下,赐姓曰'姒',氏曰'有夏',谓其能以嘉祉殷富生物也。祚四岳国,命以侯伯,赐姓曰'姜',氏曰'有吕',谓其能为禹股肱心膂,以养物丰民人也。

"此一王四伯,岂因多宠?皆亡王之后,唯能厘举嘉义,以有胤在下,守祀不替其常。有夏虽衰,杞、鄫犹在;申、吕虽衰,齐、许犹在。唯有嘉功,以命姓受祀,迄于天下。及其失之也,必有慆淫之心替之。故亡其氏姓,踣毙不振,绝后无主,沦为隶圉。

"夫亡者岂因无宠？皆黄、炎之后也。唯不帅天地之度，不顺四时之序，不度民神之义，不仪生物之则，以殄灭无胤，至于今不祀。及其得天下也，必有忠信之心替之。度于天地，而顺于时动，和于民神，而仪于物则，故高朗令终，显融昭明，命姓受氏，而附之以令名。"

> 天地有大美而不言，四时有明法而不议，万物有成理而不说。圣人者，原天地之美而达万物之理。
>
> ——《庄子》

太子晋继续说："若启先王之遗训，考其典图刑法，而观其废兴者，皆可知也。其兴者，必有夏、吕之功焉；其废者，必有共、鲧之败焉。今吾执政无乃实有所违，而扰乱二川之神，使至于争明，以妨王宫？王而饰之，无乃不可乎？

"人有言曰：'无过乱人之门。'又曰：'佐烹者尝焉，佐斗者伤焉。'又曰：'不好祸，不能为祸。'《诗》曰：'四牡骙骙，旟旐有翻，乱生不夷，靡国不泯。'又曰：'民之贪乱，宁为荼毒。'

"夫见乱而不惕，所残必多，其饰弥彰。民有怨乱，犹不可遏，而况神乎？王将防斗川以饰宫，是饰乱而佐斗也，其无乃彰祸且遇伤乎？自我先王厉、宣、幽、平，而贪天祸，至于今未弭。我又彰之，惧长及子孙，王室其愈卑乎？其若之何？

"自后稷以来宁乱，及文、武、成、康，而仅克安民。自后稷之始基靖民，十五王而文始平之，十八王而康克安之，其难也如是。厉始革典，十四王矣。基德十五而始平，基祸十五其不济乎？

> 慎乃有位，敬修其可愿。四海困穷，天禄永终。
>
> ——《尚书》

"吾朝夕儆惧，曰：'其何德之修，而稍光王室，以迎天休？'王

524

又彰辅祸乱,将何以堪之? 王无亦鉴于黎、苗之王,下及夏、商之末,上不象天,而下不仪地,中不和民,而方不顺时,不供神祇,而蔑弃五则。是以人夷其宗庙,而火焚其祭器,子孙为隶,下夷于民,而亦未观夫前哲令德之则。则此五者,而受天之丰福,飨民之勋力,子孙丰厚,令闻不忘,是皆天子之所知也。

"天所崇之子孙,或在畎亩,由欲乱民也。畎亩之人,或在社稷,由欲靖民也。无有异焉。《诗》云:'殷鉴不远,在夏后之世。'将焉用饰宫? 其以邀乱也。度之天神,则非祥也;比之地物,则非义也;类之民则,则非仁也;方之时动,则非顺也;咨之前训,则非正也;观之《诗》《书》,与民之宪言,则皆亡王之为也。上下议之,无所比度,王其图之。夫事,大不从象,小不从文,上非天刑,下非地德,中非民则,方非时动,而作之者,必不节矣。作又不节,害之道也。"

孔子曰:"君子知微知彰,知柔知刚,万夫之望。"
——《易传》

周灵王不听太子晋之言。

前549年冬,齐人为周王室城郏。

前545年十一月癸巳日,周灵王驾崩,在位二十七年。太子晋先于灵王去世,晋之弟王子贵继位,史称周景王。

王室未及时向诸侯发讣告,史官虽已得知也不记录。直至十二月,京师才向诸侯告丧,鲁史官问日期,告以"甲寅",史官便记载:"十有二月甲寅,天王崩。"

来年,前544年,夏,葬周灵王。郑简公在楚,上卿须守国,子展使印段前往送葬。

伯有说:"弱,不可。"

子展说:"与其莫往,弱不犹愈乎?《诗》云:'王事靡盬,不遑启处。'东西南北,谁敢宁处? 坚事晋、楚,以蕃王室也。王事无旷,何常之有?"

印段如周参加灵王葬礼。

> 孔子食于有丧者之侧,未尝饱也。 ——《论语》

早先,灵王弟儋①季去世时,儋季之子王孙括往见灵王,过朝而叹。单公之子愆期是灵王御士,正巧也过朝廷,听到叹息声,心里说:"呜呼,必欲有此廷乎。"

愆期告知灵王,并说:"必杀之。父死不哀而愿大,视躁而足高,心在他矣。不杀,必害。"

灵王说:"童子何知?"

灵王去世后,儋括要立景王弟王子佞夫,佞夫尚不知情。

前543年,四月戊子日,儋括作乱,围芳邑,驱逐芳邑大夫成愆,成愆逃往平畤②。

五月癸巳日,周大夫尹言多、刘毅、单蔑、甘过、巩成杀王子佞夫,儋括、王子瑕、王子廖等奔晋。

鲁史官记载"天王杀其弟佞夫。"明写"天王杀其弟",这是责备天王,因佞夫并不知情,未参与叛乱。

> 我心匪鉴,不可以茹。亦有兄弟,不可以据。薄言往诉,逢彼之怒。
> 我心匪石,不可转也。我心匪席,不可卷也。威仪棣棣,不可选也。
> ——《诗经》之《邶风·柏舟》

晋羊舌肸聘于周,向诸大夫赠送礼物。单靖公宴飨叔向,俭而敬;宾礼赠钱,视其上而从之;宴无私加,送不过郊;语悦《昊天

---

①儋 dān ②畤 zhì

有成命》。

单公家老送叔向,叔向说:"异哉,吾闻之曰:'一姓不再兴。'今周其兴乎?其有单子也。昔史佚有言曰:'动莫若敬,居莫若俭,德莫若让,事莫若咨。'单子之贶我,礼也,皆有焉。夫宫室不崇,器无彤镂,俭也;身耸除洁,外内齐给,敬也;宴好享赐,不逾其上,让也;宾之礼事,仿上而动,咨也。如是,而加之以无私,重之以不滛,能避怨矣。居俭动敬,德让事咨,而能避怨,以为卿佐,其有不兴乎?

"且其语悦《昊天有成命》,颂之盛德也。其诗曰:'昊天有成命,二后受之,成王不敢康。夙夜基命宥密,於,缉熙!亶厥心,肆其靖之。'是道成王之德也。成王,能明文昭,能定武烈者也。夫道成命者,而称昊天,翼其上也。二后受之,让于德也。成王不敢康,敬百姓也。夙夜,恭也。基,始也。命,信也。宥,宽也。密,宁也。缉,明也。熙,广也。亶,厚也。肆,固也。靖,和也。其始也,翼上德让,而敬百姓。其中也,恭俭信宽,帅归于宁。其终也,广厚其心,以固和之。始于德让,中于信宽,终于固和,故曰成。单子俭敬让咨,以应成德。单若不兴,子孙必蕃,后世不忘。

"《诗》曰:'其类维何?室家之壶。君子万年,永锡祚胤。'类也者,不忝前哲之谓也。壶也者,广裕民人之谓也。万年也者,令闻不忘之谓也。胤也者,子孙蕃育之谓也。单子朝夕不忘成王之德,可谓不忝前哲矣。膺保明德,以佐王室,可谓广裕民人矣。若能类善物,以混厚民人者,必有章誉蕃育之祚,则单子必当之矣。单若有阙,必兹君之子孙实续之,不出于他矣。"单氏:周王室之后。

君子以居贤德善俗。 ——《易传》

第一百零五回　晋联盟含怨城杞　宋郑君去食济民

晋平公之母晋悼夫人出自杞,故晋平公治杞,为杞国迁都淳于,并城淳于,又令诸侯返还所占杞国田地。

前544年六月,晋知悼子会合盟国大夫城杞,参与者有鲁孟孝伯、齐高止、宋华定、卫大叔文子、郑公孙段、曹人、莒人、滕子、薛人、小邾人。郑子大叔与伯石同往,子大叔见卫大叔文子。

文子说:"甚乎,其城杞也。"

子大叔说:"若之何哉?晋国不恤周宗之阙,而夏肆是屏。其弃诸姬,亦可知也已。诸姬是弃,其谁归之?吉也闻之,弃同即异,是谓离德。《诗》曰:'协比其邻,婚姻孔云。'晋不邻矣,其谁云之?"

> 彼有旨酒,又有嘉肴。洽比其邻,婚姻孔云。念我独兮,忧心殷殷。　　——《诗经》之《小雅·正月》

范献子如鲁聘,拜谢鲁国参与城杞。鲁襄公宴享献子,展庄叔执币。射礼要求三耦,襄公之臣不足,自家臣中选。家臣:展瑕、展玉父为一耦。公臣:公巫召伯、仲颜庄叔为一耦,鄫鼓父、党叔为一耦。

《诗经》之《小雅·宾之初筵》有之:

宾之初筵,左右秩秩。笾豆有楚,殽核维旅。酒既和旨,饮酒孔偕。钟鼓既设,举酬逸逸。大侯既抗,弓矢斯张。射夫既同,献尔发功。发彼有的,以祈尔爵。

孔子曰:"君子无所争。必也射乎,揖让而升,下而

饮,其争也君子。" ——《论语》

范献子与鲁人交谈,问具山、敖山,鲁人以二山所在之乡回答。

献子问:"不为具、敖乎?"

鲁国人说:"先君献、武之讳也。"

范献子回国后,遍诫其所识者,说:"人不可以不学。吾适鲁而名其二讳,为笑焉,唯不学也。人之有学也,犹木之有枝叶也。木有枝叶,犹庇荫人,而况君子之学乎?"

孔子曰:"好学近乎知,力行近乎仁,知耻近乎勇。"
——《礼记》之《中庸》

晋平公使司马女叔侯如鲁,令归还所占杞田,叔侯未使鲁国尽数归还。司马女叔侯,又叫司马侯、叔侯、女叔齐、女齐。女为氏,叔为排行,齐为名,侯为字。

晋悼夫人发怒,对晋平公说:"齐也取货于鲁。先君若有知也,不尚取之。"齐:女齐。

平公转告叔侯。叔侯说:"虞、虢、焦、滑、霍、扬、韩、魏,皆姬姓也,晋是以大。若非侵小,将何所取?武、献以下,兼国多矣,谁得治之?杞,夏馀也,而即东夷。鲁,周公之後也,而睦于晋。以杞封鲁犹可,而何有焉?鲁之于晋也,职贡不乏,玩好时至,公卿大夫相继于朝,史不绝书,府无虚月。如是可矣。何必瘠鲁以肥杞?且先君而有知也,毋宁怪夫人,而焉用责老臣?"

杞得鲁归还之田,杞文公来鲁结盟。鲁国人因失去田地而不悦,史官记载用"杞子",而不用"杞伯"。

狐裘蒙戎,匪车不东。叔兮伯兮,靡所与同。
——《诗经》之《邶风·旄丘》

来年，前543年，二月癸未日，晋悼夫人赏城杞众人酒食。绛县人中有位年长者，因无子，自己参与修城，到场饮食。有人疑其年龄，问他年岁。

长者说："臣，小人也，不知纪年。臣生之岁，正月甲子朔，四百又四十五甲子矣，其未一甲子于今三之一也。"

官吏算不出，至朝廷询问。

师旷说："鲁叔仲惠伯会郤成子于承匡之岁也。是岁也，狄伐鲁。叔孙庄叔于是乎败狄于咸，获长狄侨如及虺也、豹也，而皆以名其子。七十三年矣。"

史赵说："亥有'二'首'六'身，下'二'至身，是其日数也。"这与春秋时"亥"和"六"的写法有关。

士文伯说："然则，二万六千六百又六旬也。"

赵孟问长者所在县大夫为谁，得知正是自己所属之邑。赵武召见长者，向其谢过，说："武不才，任君之大事。以晋国之多患，不能由吾子，使吾子辱在泥涂久矣，武之罪也。敢谢不才。"

由：用。

赵孟使长者为仕，助己执政，长者以年老推辞。赵武赏之田，使其为晋君复陶，为绛之县师，并罢免绛县舆尉。

鲁国有使者在晋，回国后跟诸大夫谈及此事。

季武子说："晋未可轻也。有赵孟以为大夫，有伯瑕以为佐，有史赵、师旷而咨度焉，有叔向、女齐以师保其君。其朝多君子，其庸可轻乎？勉事之而后可。"

> 能保惠于庶民，不敢侮鳏寡。　　——《尚书》

前544年夏，郑子展公孙舍之去世，其子罕虎继位为卿。

这时，郑饥荒而麦未成熟，民众困乏。子皮以子展之命，分给国人粮食，每户一钟。罕氏因而得郑民众拥护，常掌国政，任上卿。子皮,罕虎字。

宋司城子罕闻听后,说:"邻于善,民之望也。"

宋国紧接着也饥荒,子罕请于宋平公,以公室之粮出借给民众,并使大夫皆贷出粮食给民众。司城氏借出粮食而不写借据,并为大夫之无粮者贷给民众。故宋国无饥民。司城氏,即司城子罕,乐氏。

晋叔向说:"郑之罕,宋之乐,其后亡者也,二者其皆得国乎?民之归也。施而不自德,乐氏加焉,其以宋升降乎?"

圣人为而弗有,成功而弗居也,若此,其不欲见贤也。　　　　　　　　——《老子》

君子以施禄及下,居德则忌。　　——《易传》

《论语》有之:

子贡问政。孔子曰:"足食,足兵,民信之矣。"子贡曰:"必不得已而去,于斯三者何先?"曰:"去兵。"子贡曰:"必不得已而去,于斯二者何先?"曰:"去食。自古皆有死,民无信,不立。"

《孟子》有之:

邹与鲁哄。穆公问曰:"吾有司死者三十三人,而民莫之死也。诛之,则不可胜诛;不诛,则疾视其长上之死而不救,如之何则可也?"孟子对曰:"凶年饥岁,君之民,老弱转乎沟壑,壮者散而之四方者,几千人矣;而君之仓廪实,府库充,有司莫以告,是上慢而残下也。曾子曰:'戒之戒之,出乎尔者,反乎尔者也。'夫民今而后得反之也。君无尤焉。君行仁政,斯民亲其上、死其长矣。"

《礼记》之《大学》云:

得众则得国,失众则失国。是故君子先慎乎德。有德此有人,有人此有土,有土此有财,有财此有用。德者本也,财者末也。外本内末,争民施夺。是故财聚则民散,财散则民聚。是故言悖而出者,亦悖而入;货悖而入者,亦悖而出。

笔者释:"民无信,不立",指民众对统治者缺乏信任,统治就难以维续。饥荒年份,统治者出积存以济民众,与民共度时艰,此为"去食"。

君仁莫不仁,君义莫不义,君正莫不正。

——《孟子》

第一百零六回　吴季札观乐论政　诸侯卿合会弃信

前544年五月，吴伐越，获越俘，吴人使之看守船只。未久，吴子馀祭观舟，越俘用刀杀吴子。馀祭之弟夷末继位。

吴夷末继位后，使其弟公子季札往中原诸侯聘问通好。

季札来鲁，见叔孙穆子，很欣赏穆子。对穆子说："子其不得死乎？好善而不能择人。吾闻君子务在择人。吾子为鲁宗卿，而任其大政，不慎举，何以堪之？祸必及子。"

季札请观周乐，乐工为之歌《周南》《召南》，季札评论说："美哉！始基之矣，犹未也，然勤而不怨矣。"

乐工为之歌《邶》《鄘》《卫》，季札评论说："美哉，渊乎！忧而不困者也。吾闻卫康叔、武公之德如是，是其卫风乎。"

乐工歌《王》，季札说："美哉！思而不惧，其周之东乎？"

乐工歌《郑》，季札说："美哉！其细已甚，民弗堪也，是其先亡乎？"

乐工歌《齐》，季札说："美哉！泱泱乎！大国之风也哉！表东海者，其太公乎？国未可量也。"

乐工歌《豳》，季札说："美哉！荡乎！乐而不淫，其周公之东乎？"

乐工歌《秦》，季札说："此之谓夏声。夫能夏则大，大之至也，其周之旧乎。"

乐工歌《魏》，季札说："美哉！沨沨乎！大而婉，险而易行，以德辅此，则明主也。"

乐工歌《唐》，季札说："思深哉！其有陶唐氏之遗民乎？不然，何忧之远也？非令德之后，谁能若是。"

乐工歌《陈》,季札说:"国无主,其能久乎?"

自《郐》以下,季札不再评论。

乐工歌小雅,季札说:"美哉!思而不贰,怨而不言,其周德之衰乎?犹有先王之遗民焉。"

乐工歌大雅,季札说:"广哉!熙熙乎!曲而有直体,其文王之德乎?"

乐工歌颂,季札说:"至矣哉!直而不倨①,曲而不屈,迩而不逼,远而不携,迁而不淫,复而不厌,哀而不愁,乐而不荒,用而不匮,广而不宣,施而不费,取而不贪,处而不底,行而不流。五声和,八风平,节有度,守有序,盛德之所同也。"

> 孔子曰:"为政以德,譬如北辰,居其所而众星共之。"
> ——《论语》

观文王乐舞《象箾②》《南籥③》,季札说:"美哉!犹有憾。"

观武王乐舞《大武》,季札说:"美哉!周之盛也,其若此乎。"

观殷汤乐舞《韶濩》,季札说:"圣人之弘也,而犹有惭德,圣人之难也。"

《汤誓》:"有夏多罪,天命殛之……夏氏有罪,予畏上帝,不敢不正。"《易传》:"汤武革命,顺乎天而应乎人。"汤伐夏桀,自认是遵循天意,虽是遵循天意而灭夏,内心仍感惭愧,则季札所说"圣人之弘",是指圣人的顺从。

> 孔子谓《韶》:"尽美矣,又尽善也。"谓《武》:"尽美矣,未尽善也。"
> ——《论语》

---

①倨 jù　②箾 shuò　③籥 yuè

534

观大禹乐舞《大夏》,季札说:"美哉!勤而不德,非禹其谁能修之?""德"指自以为有德。

观虞舜乐舞《韶箾》,季札说:"德至矣哉!大矣!如天之无不覆也,如地之无不载也,虽甚盛德,其蔑以加于此矣。观止矣,若有他乐,吾不敢请矣。"

孔子在齐闻《韶》,三月不知肉味,曰:"不图为乐之至于斯也。"
——《论语》

(笔者释:孔子感叹,想不到作乐者能作出如此让人陶醉之乐。)

季札自鲁至齐聘,欣赏晏平仲,对晏子说:"子速纳邑与政。无邑无政,乃免于难。齐国之政,将有所归,未获所归,难未歇也。"

晏子借助于陈桓子交还政与邑,故晏子在几年后的栾、高之难未受牵连。

季札又聘于郑,见子产,如旧相识。季札送缟带给子产,子产送给他纻衣。季札对子产说:"郑之执政侈,难将至矣。政必及子。子为政,慎之以礼。不然,郑国将败。"

知子之来之,杂佩以赠之。知子之顺之,杂佩以问之。知子之好之,杂佩以报之。
——《诗经》之《郑风·女曰鸡鸣》

季札适卫,见蘧瑗、史狗、史䲡、公子荆、公叔发、公子朝,很欣赏他们,说:"卫多君子,未有患也。"蘧瑗:蘧伯玉。史狗:史朝之子史文子。史䲡:史鱼。公叔发:公叔文子。

季札自卫往晋,将宿于戚,闻邑中之钟声,说:"异哉!吾闻之也:'辩而不德,必加于戮。'夫子获罪于君以在此,惧犹不足,而又何乐?夫子之在此也,犹燕之巢于幕上。君又在殡,而可以乐乎?"

季札遂离开戚邑。孙文子得知其言,终身不听琴瑟。

> 井之大过:井甃①,无咎。 ——《易经》

季札来到晋国,很欣赏赵文子、韩宣子、魏献子,说:"晋国其萃于三族乎?"

他又见到叔向,也很欣赏,离晋前,对叔向说:"吾子勉之!君侈而多良,大夫皆富,政将在家。吾子好直,必思自免于难。"

> 见出以知入,观往以知来。 ——《列子》

诸侯城杞之时,齐高止与宋司徒华定见晋知伯,司马侯相礼。

客人离开后,司马侯对知伯说:"二子皆将不免。子容专,司徒侈,皆亡家之主也。"子容:高止字。

知伯问:"何如?"

叔侯说:"专则速及,侈将以其力毙,专则人实毙之,将及矣。"

九月,公孙虿、公孙灶放逐高止于北燕。乙未日,高止出境。高止好生事并自以为功,又专政,故而有此难。

高止之子高竖以卢邑叛齐。十月庚寅日,闾丘婴率师围卢。

高竖说:"苟使高氏有后,请致邑。"

高止是当初与管仲共事的高傒之后,齐人钦佩高敬仲,立其曾孙高偃继高氏。

十一月乙卯日,高竖交还卢邑而奔晋,晋置之于绵,城绵。

---

①甃 zhòu

孔子曰:"如有周公之才、之美,使骄且吝,其余不足观也已。"
——《论语》

前543年夏,宋国太庙里发出"譆譆,出出"之声。鸟在亳社鸣叫,声如"譆譆"。

五月甲午日,宋国发生大天火。宋共公的遗孀伯姬死于火灾,因其等待保母而不自己想法避火。

君子说宋共姬:"女而不妇。女待人,妇义事也。"未嫁女待保母陪伴才出门,嫁为人妇该因事制宜,故说其女而不妇。共姬是鲁宣之女,鲁成之妹,四十年前嫁于宋共公。

七月,鲁叔弓如宋,参加共姬葬礼。叔弓是子叔声伯之孙、叔老之子。正常情况下,参加诸侯夫人葬礼是大夫,这次鲁国派卿参加葬礼,是对伯姬死于火灾表示更深的哀悼。

就其深矣,方之舟之。就其浅矣,泳之游之。何有何亡,黾勉①求之。凡民有丧,匍匐救之。
——《诗经》之《邶风·谷风》

为宋火灾之故,十月,晋联盟各国大夫在宋澶渊相会,谋议向宋国馈送财物。参会的有晋赵武、鲁叔孙豹、齐公孙虿、宋向戌、卫北宫佗、郑罕虎及曹、莒、邾、滕、薛、杞、小邾等国大夫。卫北宫佗:北宫括之子。

会后,各国并未输货于宋,鲁《春秋》未记参会者之名,只记"晋人、齐人、宋人、卫人、郑人、曹人、莒人、邾人、滕人、薛人、杞人、小邾人会于澶渊,宋灾故。"是谴责之意。鲁人参会而未记录,是避讳。

---

①黾勉 mǐn miǎn

君子说:"信其不可不慎乎!澶渊之会,卿不书,不信也。夫诸侯之上卿,会而不信,宠名皆弃,不信之不可也如是。《诗》曰:'文王陟降,在帝左右。'信之谓也。又曰:'淑慎尔止,无载尔伪。'不信之谓也。"

孔子曰:"君子义以为质,礼以行之,逊以出之,信以成之。" ——《论语》

第一百零七回　郑罕虎择善而举　鲁襄公如愿而安

前544年冬,郑良霄使公孙黑出使楚国,子晳推辞说:"楚、郑方恶,而使余往,是杀余也。"

伯有说:"世行也。"

子晳说:"可则往,难则止,何世之有?"

伯有强迫子晳出使,子晳怒,要伐伯有。大夫们为二人和解。

十二月己巳日,郑大夫与伯有盟。

裨谌说:"此盟也,其与几何?《诗》曰:'君子屡盟,乱是用长。'今是长乱之道也。祸未歇也,必三年而后能纾。"

然明问:"政将焉往?"

裨谌说:"善之代不善,天命也,其焉避子产? 举不逾等,则位班也;择善而举,则世隆也。天又除障,夺伯有魄。子西即世,将焉避之? 天祸郑久矣,其必使子产息之,乃犹可以定。不然,将亡矣。"

　　鼎之大有:鼎颠趾,利出否,得妾以其子,无咎。
　　　　　　　　　　　　　　——《易经》

前543年正月,子产相郑简公如晋,叔向问郑国之政。

子产说:"吾得见与否,在此岁也。驷、良方争,未知所成。若有所成,吾得见,乃可知也。"驷氏:子晳;良氏:伯有。

叔向问:"不既和矣乎?"

子产说:"伯有侈而愎,子晳好在人上,莫能相下也。虽其和也,犹相积恶也,恶至无日矣。"

四月乙亥日,郑简公及其大夫立盟。君子由此知郑难未已。

六月,子产如陈莅盟,回国复命后,对诸大夫说:"陈,亡国也,不可与也。执政聚禾粟,缮城郭,恃此二者,而不抚其民。其君弱植,公子侈,太子卑,大夫傲,政多门,以介于大国,能无亡乎？不过十年矣。"

伯有嗜酒,建有地下室,整夜在此饮酒击钟,至早朝仍不止。

上朝者问伯有僚属:"公焉在？"

僚属说:"吾公在壑谷。"

诸大夫自朝分别回家。既而,伯有上朝,又提出子晳出使楚国,回家后又饮酒。

七月庚子日,子晳以驷氏之甲士攻伯有家,放火焚宅。伯有慌忙中奔至雍梁,酒醒后方知发生之事,遂奔许。

诸大夫聚集谋议。

子皮说:"《仲虺之志》云:'乱者取之,亡者侮之。推亡固存,国之利也。'罕、驷、丰同母生。伯有汰侈,故不免。"

有人对子产说:"就直助强。"时人认为子晳理直,且驷氏与罕、丰同出而强,故劝子产助子晳。罕氏:子皮。

子产说:"岂为我徒？国之祸难,谁知所敝？若主强直,难乃不生。姑成吾所。"

辛丑日,子产收敛伯有家的死者,然后,不与诸大夫谋议便离开都城。印段跟随子产出走。

子皮要劝阻子产,众人说:"人不我顺,何止焉？"

子皮说:"夫子礼于死者,况生者乎？"子皮亲往劝止子产。

壬寅日,子产回到国都。癸卯日,子石也返回。二人及大夫皆与子晳氏立盟。

乙巳日,郑简公在太庙与大夫盟,在师之梁门外与国人盟。

伯有得知郑人因自己而立盟,感到愤怒。又听说子皮之甲士未参与攻己,感到高兴,说:"子皮与我矣。"

癸丑日,清晨,伯有自城门墓门的排水洞潜入城中,通过马师羽颉自襄库取得衣甲装备,攻旧北门。羽颉是子羽之孙。

驷带率国人攻伯有。驷带是子西之子,驷族宗主。

双方均召子产,子产说:"兄弟而及此,吾从天所与。"

伯有死于羊肆。子产为其穿衣,枕其大腿痛哭,收敛入棺,停殡于市场旁伯有家臣的家里,既而,葬之于斗城。

驷氏族人要攻子产,子皮发怒,说:"礼,国之干也。杀有礼,祸莫大焉。"驷氏停止行动。

其时,游吉出使晋国正返回,知乱而不敢入境,使副手复命。

八月甲子日,游吉奔晋。驷带追赶,至酸枣。游吉与驷带结盟,沉两珪于河为证。使公孙胖入都与大夫结盟。己巳日,游吉回国。

> 蹇之既济:往蹇,来誉。　　　　　——《易经》

十一年前,公孙虿去世,将葬,公孙挥与裨灶清晨前往葬地,过伯有氏门前,其门上生莠,俗称狗尾草。

子羽说:"其莠犹在乎?"借莠指伯有。

当年,岁星在降娄,降娄在天空正中而天明。

裨灶指着头顶上的岁星说:"犹可以终岁,岁不及此次也已。"终岁,指岁星绕行一周,十二年。

至伯有被杀,岁星在娵①訾之口,明年,才到达降娄。

羽颉奔晋,为任邑大夫。子皮使子罕之子公孙鉏为马师。

子皮授政于子产,子产推辞,说:"国小而逼于大国,族大宠多,不可为也。"

子皮说:"虎率众以听,谁敢犯子? 子善相之,国无小,小能事大,国乃宽。"

伯有死后,郑简公使太史命伯石为卿,伯石推辞。太史退出,伯石又请太史再命自己为卿。再命,又推辞。如此三次,伯石才

---

① 娵 jū

受策入拜。

子产因此厌恶其为人,使其位仅次于自己。

子产为政,有事需伯石办理,赂之以邑。

子大叔说:"国,皆其国也。奚独赂焉?"

子产说:"无欲实难。皆得其欲,以从其事,而要其成。非我有成,其在人乎?何爱于邑?邑将焉往?"

子大叔说:"若四邻之国何?"

子产说:"非相违也,而相从也,四国何尤焉?《郑书》有之曰:'安定国家,必大焉先。'姑先安大,以待其所归。"

不多日,伯石惧而归邑,子产仍给他。

子产使都鄙有章,上下有服,田有封洫,庐井有伍。大人之忠俭者,子产听从并亲近之;泰侈者,则惩罚之。

> 圣人恒无心,以百姓之心为心。善者,善之;不善者,亦善之,德善也。信者,信之;不信者,亦信之,德信也。
> ——《老子》

前542年,正月,鲁穆叔自澶渊之会返国,见孟孝伯,说:"赵孟将死矣。其语偷,不似民主。且年未盈五十,而谆谆焉如八、九十者,弗能久矣。若赵孟死,为政者其韩子乎?吾子何不与季孙言之,可以树善,君子也。晋君将失政矣,若不树焉,使早为鲁备,既而政在大夫,韩子懦弱,大夫多贪,求欲无厌,齐、楚未足与也,鲁其惧哉。"

孝伯说:"人生几何?谁能无偷?朝不及夕,将焉用树?"

穆叔对属僚说:"孟孙将死矣。吾语赵孟之偷也,而又甚焉。"

穆叔又与季孙言,季孙也不听。及至赵孟去世,晋公室卑,政在侈家。韩宣子为政,不能图诸侯。鲁不堪晋求,谗慝宏多,因而有平丘之会,季孙被拘。

迨天之未阴雨,彻彼桑土,绸缪牖户。
——《诗经》之《豳风·鸱鸮》

早先,鲁襄公返自楚,仿照楚国建筑式样建宫室,称为楚宫。

穆叔说:"《太誓》云:'民之所欲,天必从之。'君欲楚也夫?故作其宫。若不复适楚,必死是宫也。"

六月辛巳日,鲁襄公死于楚宫。叔仲带窃襄公的拱璧,藏在御者怀里出宫,再取归自己,由此得罪公室。

鲁襄公无嫡子,鲁大夫立襄公妾胡女敬归之子子野,暂住在季氏家中。九月癸巳日,子野因过度悲伤而去世。

时隔六日,己亥日,孟孝伯仲孙羯去世。

季孙要立敬归之妹齐归之子公子裯。敬归、齐归为胡国女,归姓,"敬"、"齐"为谥号。

穆叔不认可,说:"太子死,有母弟则立之,无则立长。年钧择贤,义钧则卜,古之道也。非嫡嗣,何必娣之子?且是人也,居丧而不哀,在戚而有嘉容,是谓不度。不度之人,鲜不为患。若果立之,必为季氏忧。"

季武子不听穆叔之言,而立公子裯,史称鲁昭公。

十月,滕成公如鲁会葬,不敬,且多涕。

子服惠伯说:"滕君将死矣。怠于其位,而哀已甚,兆于死所矣。能无从乎?"间二年,前539年正月丁未日,滕子原去世。

前542年,十月癸酉日,安葬鲁襄公。其间,多次为公子裯换丧服,丧服仍像未换一样脏。此时昭公已十九岁,而童心未泯。君子由此知其不能终其位。

孔子曰:"中人以上,可以语上也。中人以下,不可以语上也。" ——《论语》

第一百零八回　子产毁晋馆之垣　子皮弃美锦学制

前542年六月,鲁襄公去世之月,子产相郑伯如晋。晋平公以鲁国丧之故,而不见郑简公。子产使人尽毁客馆之垣,以容纳车马。

晋人使士文伯责子产,说:"敝邑以政刑之不修,寇盗充斥,无若诸侯之属辱在寡君者何,是以令吏人完客所馆,高其闬门,厚其墙垣,以无忧客使。今吾子坏之,虽从者能戒,其若异客何?以敝邑之为盟主,缮完葺①墙,以待宾客。若皆毁之,其何以共命?寡君使匄请命。"士文伯,名匄。

子产答:"以敝邑褊小,介于大国,诛求无时,是以不敢宁居,悉索敝赋,以来会时事。逢执事之不间,而未得见,又不获闻命,未知见时,不敢输币,亦不敢暴露。其输之,则君之府实也。非荐陈之,不敢输也。其暴露之,则恐燥湿之不时而朽蠹,以重敝邑之罪。

"侨闻文公之为盟主也,宫室卑庳②,无观台榭,以崇大诸侯之馆。馆如公寝,库厩缮修,司空以时平易道路,圬③人以时涂馆宫室。诸侯宾至,甸设庭燎,仆人巡宫,车马有所,宾从有代,巾车脂辖,隶人、牧、圉,各瞻其事。百官之属,各展其物。公不留宾,而亦无废事。忧乐同之,事则巡之,教其不知,而恤其不足。宾至如归,无宁灾患,不畏寇盗,而亦不患燥湿。

"今铜鞮之宫数里,而诸侯舍于隶人。门不容车,而不可逾越。盗贼公行,而夭疠④不戒。宾见无时,命不可知。若又勿坏,是无所藏币,以重罪也。敢请执事,将何所命之?虽君之有鲁丧,

---

①葺 qì　②庳 bì　③圬 wū　④疠 lì

亦敝邑之忧也。若获荐币,修垣而行,君之惠也,敢惮勤劳?"

士文伯复命,赵文子说:"信。我实不德,而以隶人之垣以受诸侯,是吾罪也。"使士文伯向郑简公谢不敏。

晋平公见郑伯,礼数有加,厚加款待,赠以厚礼,使其返国。然后,修筑诸侯宾馆。

叔向说:"辞之不可以已也如是夫!子产有辞,诸侯赖之,若之何其释辞也?《诗》曰:'辞之辑矣,民之协矣。辞之绎矣,民之莫矣。'其知之矣。"

郑子皮使印段如楚,告之以朝晋,合礼。

> 棘子成曰:"君子质而已矣,何以文为?"子贡曰:"惜乎!夫子之说君子也,驷不及舌。文犹质也,质犹文也。虎豹之鞟①犹犬羊之鞟。" ——《论语》

前542年十二月,为履行宋之盟,北宫佗相卫襄公如楚。卫襄公是卫献公之子姬恶。过郑,印段至棐林慰劳,用聘问礼仪和郊劳之辞。北宫佗入郑都回聘。郑子羽为行人,冯简子与子大叔迎客。

事毕而出,北宫文子对卫襄公说:"郑有礼,其数世之福也,其无大国之讨乎。《诗》曰:'谁能执热,逝不以濯。'礼之于政,如热之有濯也。濯以救热,何患之有?"北宫文子:北宫佗。

子产执政,择能而使。冯简子能断大事;子大叔美秀而有文采;公孙挥能知四方诸侯所为,并对诸侯大夫之族姓、班位、贵贱、才能高低十分了解,且又善于辞令;裨谌擅长谋划,谋于野则获,谋于邑则否。故郑国将有诸侯之事,子产向子羽询问各国所为,且使其多拟几套应答辞令;然后,与裨谌乘车来到野外,谋议是否

---

①鞟 kuò

可行；再把结果告知冯简子，使之决断；最后，授子大叔执行，应答宾客。因此，郑国的外交鲜有不成。此即北宫佗所谓有礼。

《论语》有之：

孔子曰："为命，裨谌草创之，世叔讨论之，行人子羽修饰之，东里子产润色之。"

《易》曰："君子慎始。差若豪厘，缪以千里。"

——《礼记》之《经解》

郑人游于乡校，论执政得失。

然明对子产说："毁乡校，何如？"

子产说："何为？夫①人朝夕退而游焉，以议执政之善否。其所善者，吾则行之；其所恶者，吾则改之。是吾师也，若之何毁之？我闻忠善以损怨，不闻作威以防怨。作威，民岂不惧而止？然犹防川，大决所犯，伤人必多，吾不克救也。不如小决使导，不如吾闻而药之也。"

然明说："蔑也今而后知吾子之信可事也。小人实不才。若果行此，其郑国实赖之，岂唯二三臣？"然明，名蔑。

鲁仲尼读史至此，说："以是观之，人谓子产不仁，吾不信也。"

《诗》云："乐只君子，民之父母。"民之所好好之，民之所恶恶之，此之谓民之父母。

——《礼记》之《大学》

子皮要使尹何为邑大夫。

子产说："少，未知可否。"

子皮说："谨而善，吾爱之，不吾叛也。使夫往而学焉，夫亦愈

---

① 夫 fú

知治矣。"

子产说:"不可。人之爱人,求利之也。今吾子爱人则以政,犹未能操刀而使割也,其伤实多。子之爱人,伤之而已,其谁敢求爱于子? 子于郑国,栋也。栋折榱①崩,侨将压焉。敢不尽言? 子有美锦,不使人学制焉。大官、大邑,身之所庇也,而使学者制焉。其为美锦,不亦多乎? 侨闻学而后入政,未闻以政学者也。若果行此,必有所害。譬如田猎,射御惯,则能获禽。若未尝登车射御,则败绩压覆是惧,何暇思获?"

学无当于五官,五官弗得不治。
——《礼记》之《学记》

子皮说:"善哉! 虎不敏。吾闻君子务知大者、远者,小人务知小者、近者。我,小人也。衣服附在吾身,我知而慎之。大官、大邑,所以庇身也,我远而轻之。微子之言,吾不知也。昔日我曰:'子为郑国,我为吾家,以庇焉,其可也。'今而后知不足。自今,请虽吾家,听子而行。"

子产说:"人心之不同,如其面异焉。吾岂敢谓子面如吾面乎? 抑心所谓危,亦以告也。"

子皮以子产为忠,把政事皆交于子产。子产因而能治理郑国。

孔子曰:"君子上达,小人下达。" ——《论语》

子产刚执政时,丰卷要举行祭祀,请田猎以获祭品。子产不许,说:"唯君用鲜,众给而已。"

丰卷发怒,退出后招集役卒,欲攻子产。子产奔晋,子皮劝

---

①榱 cuī

阻,而逐丰卷。丰卷奔晋。子产请勿将其田地住宅入公,三年后使其回国,把田地住宅及三年收入皆还给丰卷。

子产从政一年,有人唱诵:"取我衣冠而贮之,取我田畴而伍之。孰杀子产,吾其与之。"

至第三年,又唱诵:"我有子弟,子产诲之。我有田畴,子产殖之。子产若死,谁其嗣之?"

孔子曰:"君子坦荡荡,小人长戚戚。"

——《论语》

(笔者释:为官者心底无私,为民众考虑,民众就会长亲近。"戚戚"意为相亲,如《诗经》之《大雅·行苇》:"戚戚兄弟,莫远具尔。")

第一百零九回　卫文子论说威仪　楚令尹迎亲赴会

前543年正月,楚郏敖使薳罢聘于鲁,为新君通好。

穆叔问薳罢:"令尹之为政何如?"

薳罢说:"吾侪小人,食而听事,犹惧不给命而不免于戾,焉与知政?"再三问,也不说。

穆叔对诸大夫说:"楚令尹将有大事,子荡将与焉,助之匿其情矣。"子荡,薳罢字。

四月,蔡太子般弑其君父固而自立,史称蔡灵侯。

秋,楚令尹公子围杀大司马芳掩而占有其家财。

申无宇说:"公子必不免。善人,国之主也。公子相楚国,将善是封殖,而虐之,是祸国也。且司马,令尹之偏,而君之四体也。绝民之主,去身之偏,刈君之体,以祸其国,无不祥大焉。何以得免?"

> 善人,善人之师;不善人,善人之资也。不贵其师、不爱其资,虽智乎大迷。是谓妙要。　　——《老子》

前542年十二月,卫襄公在楚。北宫文子见令尹围之威仪,对卫襄公说:"令尹似君矣,将有他志。虽获其志,不能终也。《诗》云:'靡不有初,鲜克有终。'终之实难,令尹其将不免。"

卫襄公问:"子何以知之?"

文子说:"《诗》云:'敬慎威仪,惟民之则。'令尹无威仪,民无则焉。民所不则,以在民上,不可以终。"

---

①刈 yì

卫襄公说:"善哉!何谓威仪?"

北宫文子说:"有威而可畏谓之威,有仪而可象谓之仪。君有君之威仪,其臣畏而爱之,则而象之,故能有其国家,令闻长世。臣有臣之威仪,其下畏而爱之,故能守其官职,保族宜家。顺是以下皆如是,是以,上下能相固也。

"《卫诗》曰:'威仪棣棣,不可选也。'言君臣、上下、父子、兄弟、内外、大小,皆有威仪也。《周诗》曰:'朋友攸摄,摄以威仪。'言朋友之道,必相教训以威仪也。《周书》数文王之德,曰:'大国畏其力,小国怀其德。'言畏而爱之也。《诗》云:'不识不知,顺帝之则。'言则而象之也。

"纣囚文王七年,诸侯皆从之囚。纣于是乎惧而归之,可谓爱之。文王伐崇,再驾,而降为臣,蛮夷帅服,可谓畏之。文王之功,天下诵而歌舞之,可谓则之。文王之行,至今为法,可谓象之。有威仪也。故君子在位可畏,施舍可爱,进退可度,周旋可则,容止可观,作事可法,德行可象,声气可乐,动作有文,言语有章,以临其下,谓之有威仪也。"

> 彼都人士,狐裘黄黄。其容不改,出言有章。行归于周,万民所望。 ——《诗经》之《小雅·都人士》

前541年正月,楚令尹公子围聘于郑,且迎娶公孙段之女,伍举为副手。楚人将入城住客馆,郑人为此担心,使行人子羽请楚人住城外。聘问之礼完成后,公子围将以师众入城迎亲。

子产使子羽辞楚人,说:"以敝邑褊小,不足以容从者,请墠①听命。"周朝有郊祀,大的会盟也常在城外,需要除草、平地、筑坛,叫墠。郑人要楚人在城外筑坛举行婚礼。

令尹命太宰伯州犁答复,说:"君辱贶寡大夫围,谓围:'将使

---

①墠 shàn

丰氏抚有尔室。'围布几筵,告于庄、共之庙而来。若野赐之,是委君贶于草莽也。是寡大夫不得列于诸卿也。不宁唯是,又使围蒙其先君,将不得为寡君老,其蔑以复矣。唯大夫图之。"家臣又称家老,楚太宰用"老"表示国君之臣。

子羽说:"小国无罪,恃实其罪。将恃大国之安以靖己,而无乃包藏祸心以图之。小国失恃,而惩诸侯,使莫不憾者,距违君命,而有所壅塞不行是惧。不然,敝邑,馆人之属也,其敢爱丰氏之祧?"

伍举知郑人有备,请垂橐入城。郑人应许。

正月乙未日,楚国迎亲者皆倒悬箭袋,入城迎亲。

姤之道:包有鱼,无咎,不利宾。   ——《易经》

公子围迎亲后,率众与诸侯大夫会于虢,寻宋之盟。

参会的有晋赵武、鲁叔孙豹、楚公子围、齐国弱、宋向戌、卫齐恶、陈公子招、蔡公孙归生、郑罕虎、许人、曹人。

晋祁午对赵文子说:"宋之盟,楚人得志于晋。今令尹之不信,诸侯之所闻也。子弗戒,惧又如宋。子木之信称于诸侯,犹诈晋而驾焉,况不信之甚者乎?楚重得志于晋,晋之耻也。子相晋国,以为盟主,于今七年矣。再合诸侯,三合大夫,服齐、狄,安东夏,平秦乱,城淳于。师徒不顿,国家不疲,民无谤憎,诸侯无怨,天无大灾,子之力也。有令名矣,而终之以耻,午也是惧。吾子其不可以不戒。"

赵文子说:"武受赐矣!然宋之盟,子木有祸人之心,武有仁人之心,是楚所以驾于晋也。今武犹是心也,楚又行僭,非所害也。武将信以为本,循而行之。譬如农夫,或耘或耔,虽有饥馑,必有丰年。且吾闻之:'能信,不为人下。'吾唯恐未能也。《诗》曰:'不僭不贼,鲜不为则。'信也。能为人则者,不为人下矣。吾惟不能信是难,楚不为患。"

孔子曰:"君子谋道不谋食。耕也,馁在其中矣;学也,禄在其中矣。君子忧道不忧贫。" ——《论语》

(笔者释:耕种,有可能会挨饿;学习,有可能会得官禄。但耕种非为挨饿,学习非为做官。故君子认真负责地从事而不考虑其他。)

楚令尹请用牲,读旧盟书,加于牲上,仅此而已。晋人应许。

三月甲辰日,正式盟誓。楚公子围用楚君的服饰仪仗,一对卫兵执戈在前。

鲁叔孙穆子说:"楚公子美矣,君哉。"

郑子皮说:"二执戈者前矣。"

蔡子家说:"蒲宫有前,不亦可乎?"蒲宫是楚君别宫,公子围居之。既居蒲宫,二人执戈便不足为奇。

伯州犁说:"此行也,请而假之寡君。"

郑行人挥说:"假不返矣。"

伯州犁说:"子姑忧子晳之欲背诞也。"

子羽反驳说:"当璧犹在,假而不返,子其无忧乎?"

齐国子说:"吾代二子愍①矣。"

陈公子招说:"不忧何成,二子乐矣。"

卫齐子说:"苟或知之,虽忧何害?"齐子,即齐恶。

宋左师说:"大国令,小国恭。吾知恭而已。"

晋乐王鲋说:"《小旻》之卒章善矣,吾从之。"

《小旻》末章:"不敢暴虎,不敢冯河。人知其一,莫知其他。战战兢兢,如临深渊,如履薄冰。"

盟誓结束,郑子羽对子皮说:"鲁叔孙绞而婉,宋左师简而礼,乐王鲋爱而敬,子与子家持之,皆保世之主也。齐、卫、陈大夫其

---

①愍 mǐn

不免乎？国子代人忧，子招乐忧，齐子知忧而不知其害。夫弗及而忧，与可忧而乐，与不知忧事之害，皆取忧之道也，忧必及之。《太誓》曰：'民之所欲，天必从之。'三大夫兆忧，忧能无至乎？言以知物，其是之谓矣。"

孔子曰："君子道者三，我无能焉：仁者不忧，知者不惑，勇者不惧。"子贡曰："夫子自道也。"

——《论语》

第一百一十回　鲁穆叔临患图国　晋赵武救善请楚

正当诸侯之大夫寻盟时,鲁季武子出兵伐莒,莒人不抵抗,鲁师轻易取得郓城。莒人来到盟会控告鲁国。

楚人对晋人说:"寻盟未退,而鲁伐莒,亵渎盟誓。请戮其使。"

晋乐桓子相赵文子参会,想求货于叔孙而为之说情,不便说要货,而使人向叔孙豹请其腰带。乐桓子即乐王鲋。

叔孙豹不给。其家臣梁其踁①说:"货以藩身,子何爱焉?"

叔孙豹说:"诸侯之会,卫社稷也。我以货免,鲁必受师。是祸之也,何卫之为?人之有墙,以蔽恶也。墙之隙坏,谁之咎也?卫而恶之,吾又甚焉。虽怨季孙,鲁国何罪?叔出季守,有自来矣,吾又谁怨?然鲋求贿,弗与,不已。"

叔孙召来使,自裳撕下一片绸帛给来使,说:"带其褊矣。"

大风有隧,有空大谷。维此良人,作为式榖。
——《诗经》之《大雅·桑柔》

赵孟得知叔孙之为,说:"临患不忘国,忠也;思难不越官,信也;图国忘死,贞也;谋主三者,义也。有是四者,又可戮乎?"

赵文子来看叔孙,说:"夫楚令尹有欲于楚,稍懈于诸侯。诸侯之事,求治之而已,不求致也。其为人也,刚而尚宠,若事及罪,必不免也。子何不逃之?不幸,必及于子。"

穆子说:"豹也受命于君,以从诸侯之盟,为社稷也。若鲁有

---

①踁 jìng

罪,而受盟者逃,鲁必不免,是吾出而危之也。若为诸侯戮者,鲁诛尽矣,必不加师,请为戮也。夫戮出于身,实难,自他及之,何害?苟可以安君利国,生死一心也。"

　　生亦我所欲,所欲有甚于生者,故不为苟得也。死亦我所恶,所恶有甚于死者,故患有所不避也。
　　　　　　　　　　　　　　　　——《孟子》

　　赵文子要请楚人释穆子,乐王鲋说:"诸侯有盟未退,而鲁背之,焉用盟誓?纵不能讨,又免其受盟者,晋何以为盟主?必杀叔孙豹。"

　　文子说:"有人不难以死安利其国,可无爱乎?若皆恤国如是,则大不丧威,而小不见陵矣。若此道也果行,可以为教训,何败国之有?吾闻之曰:'善人在患,弗救不祥;恶人在位,不去亦不祥。'必免叔孙。"

　　恒,亨,无咎,利贞,利有攸往。　　——《易经》

　　赵孟请于楚人,说:"鲁虽有罪,其执事不避难,畏威而敬命矣。子若免之,以劝左右,可也。若子之群吏,处不避污,出不逃难,其何患之有?患之所生,见污而不治,临难而不守,患所由来也。能是二者,又何患焉?不靖其能,其谁从之?鲁叔孙豹可谓能矣,请免之,以靖能者。子会而赦有罪,又赏其贤,诸侯其谁不欣焉望楚而归之,视远如迩?

　　"疆埸之邑,一彼一此,何常之有?王伯之令也,引其封疆,而树之官。举之表旗,而著之制令。过则有刑,犹不可壹。于是乎,虞有三苗,夏有观、扈,商有姺①、邳,周有徐、奄。自无令王,诸侯

---

①姺 shēn

逐进,狎主齐盟,其又可壹乎?恤大舍小,足以为盟主,又焉用治小事?封疆之削,何国蔑有?主齐盟者,谁能治焉?吴、濮有衅,楚之执事,岂其顾盟?莒之疆事,楚勿与知,诸侯无烦,不亦可乎?莒、鲁争郓,为日久矣,苟无大害于其社稷,可无治也。去烦宥善,莫不竞劝。子其图之。"

赵孟坚请楚人免叔孙,最终楚人答应,叔孙豹得以逃过此劫。

天保定尔,以莫不兴。如山如阜,如冈如陵,如川之方至,以莫不增。

如月之恒,如日之升。如南山之寿,不骞①不崩。如松柏之茂,无不尔或承。

——《诗经》之《小雅·天保》

楚令尹宴享赵孟,赋《大明》之首章:"明明在下,赫赫在上。天难忱斯,不易维王。天位殷嫡,使不挟四方。"此诗赞美周文王明德,公子围以此自比。

赵孟赋《小宛》第二章:"人之齐圣,饮酒温克。彼昏不知,壹醉日富。各敬尔仪,天命不又。"赵孟意取"各敬尔仪,天命不又"告诫公子围。

宴会结束后,赵孟问叔向:"令尹自以为君矣,何如?"

叔向说:"君弱,令尹强,其可哉。虽可,不终。"

赵孟问:"何故?"

叔向说:"强以克弱而安之,强不义也。不义而强,其毙必速。《诗》曰:'赫赫宗周,褒姒灭之。'强不义也。令尹为君,必求诸侯。晋稍懦矣,诸侯将往。若获诸侯,其虐滋甚。民弗堪也,将何以终?夫以强取,不义而克,必以为道。道以淫虐,弗可久已矣。"

---

① 骞 qiān

恒之鼎：振恒，凶。　　　　　　——《易经》

　　四月，晋赵孟、鲁叔孙豹、曹大夫入郑，郑简公兼享三国大夫。

　　子皮正式约请赵孟，告之享礼时间。约请礼之末，赵孟赋《瓠叶》："幡幡瓠叶，采之亨之。君子有酒，酌言尝之。"

　　子皮接着约请鲁穆叔，并告之以赵孟赋《瓠叶》。穆叔说："赵孟欲一献，子其从之。"

　　子皮说："敢乎？"

　　穆叔说："夫人之所欲也，又何不敢？"

　　举行享礼时，郑人按待大国上卿之礼，摆放了五献笾豆。

　　赵孟辞谢，私下对子产说："武请于冢宰矣。"

　　郑人改用一献，赵孟为主宾。

　　损，有孚，元吉，无咎，可贞，利有攸往。曷之用？二簋可用享。　　　——《易经》

　　享礼结束后，宾主宴饮。

　　穆叔赋《鹊巢》："维鹊有巢，维鸠居之。之子于归，百两御之。"

　　赵孟说："武不堪也。"

　　穆叔又赋《采蘩》："于以采蘩？于沼于沚。于以用之？公侯之事。"赋完诗，穆叔说："小国为蘩，大国爱惜而省用之，何敢不从命？"

　　子皮赋《野有死麕》卒章："舒而脱①脱兮，无感②我帨③兮，无使尨④也吠。"

　　赵孟赋《常棣》："常棣之华，鄂不韡韡。凡今之人，莫如兄

---

①脱 tuì　②感 hàn　③帨 shuì　④尨 máng

弟。"并说:"吾兄弟比以安,尨也可使无吠。"

穆叔、子皮及曹大夫皆起身而拜,举起兕爵,说:"小国赖子,知免于戾矣。"

彼此饮酒很快乐。赵孟出来后,说:"吾不复此矣。"

有车邻邻,有马白颠。未见君子,寺人之令。

阪有漆,隰有栗。既见君子,并坐鼓瑟。今者不乐,逝者其耋。

阪有桑,隰有杨。既见君子,并坐鼓簧。今者不乐,逝者其亡。

——《诗经》之《秦风·车邻》

叔孙豹返至国,季孙家臣曾夭为季孙宿驾车至叔孙家,慰劳穆叔。自天明及日中,叔孙豹不见季孙。

曾夭对叔孙家臣曾阜说:"且及日中,吾知罪矣。鲁以相忍为国也,忍其外,不忍其内,焉用之?"

曾阜说:"其数月于外,尔一旦于是,庸何伤?贾而欲赢,而恶市之喧乎?"

曾阜入内对叔孙说:"可以出矣。"

叔孙豹指房楹,说:"虽恶是,其可去乎?"乃自内出,见季孙。

君子以惩忿窒欲。　　　　　　——《易传》

赵孟回晋,过周都,周景王使刘定公慰劳赵孟于颖,刘、赵在洛水湾的宾馆相会。

刘定公看着洛水,说:"美哉,禹功,明德远矣。微禹,吾其鱼乎?吾与子弁冕端委,以治民临诸侯,禹之力也。子何不亦远绩禹功,而大庇民乎?"

赵孟说:"老夫罪戾是惧,焉能恤远?吾侪偷食,朝不谋夕,何其长也?"

　　刘子返回后,对周景王说:"谚所谓老将智,而耄及之者,其赵孟之谓乎?为晋正卿,以主诸侯,而侪于隶人,朝不谋夕,弃神、人矣。神怒民叛,何以能久?赵孟不复年矣。神怒,不歆其祀;民叛,不即其事。祀事不从,又何以年?"

　　无轻民事,惟难;无安厥位,惟危。慎终于始。

——《尚书》

第一百一十一回　晋魏舒毁车败狄　郑徐妹隔房择夫

前541年夏，秦桓公之子、秦景公母弟后子鍼出奔晋。

公子鍼早先有宠于秦桓公，景公即位后，后子不知收敛，与秦景公宛如二君。其母劝其离开，说："弗去，惧罪。"

五月癸卯日，公子鍼适晋，随行之车千乘。后子宴享晋平公，在黄河上并舟为桥，连接秦晋，自秦都雍至晋都绛，每隔十里停八乘车。在举行享礼的过程中，自秦国取礼品，每趟八乘车，接力传送。礼用九献，运送礼品之车往返八趟。

晋司马侯问后子："子之车，尽于此而已乎？"

后子说："此之谓多矣。若能少此，吾何以得见？"

女叔齐以后子之言转告晋平公，并说："秦公子必归。臣闻君子能知其过，必有令图。令图，天所赞也。"

　　旅之鼎：旅即次，怀其资，得童仆贞。

——《易经》

后子见赵孟。赵孟问："吾子其曷归？"

后子说："鍼惧罪于寡君，是以在此，将待嗣君。"

赵孟问："秦君何如？"

后子说："无道。"

赵孟问："亡乎？"

后子说："何为？一世无道，国未艾也。国于天地，有与立焉。不数世淫，弗能毙也。"

赵孟问："天乎？"

后子答："有焉。"

赵孟问："其几何？"

后子答:"鍼闻之,国无道而年谷和熟,天赞之也。鲜不五稔。"

赵孟看着日影,说:"朝夕不相及,谁能待五?"

后子出,对人说:"赵孟将死矣。主导民众,玩岁而愒①日,其与几何?"

> 观之益:童观,小人无咎,君子吝。 ——《易经》

六月,晋中行穆子荀吴败山戎无终国及群狄于太原,这是重视发挥步兵作用之故。

交战前,魏舒说:"彼徒我车,地形狭隘,不利车行。彼以十人挡我一车,必胜;困我于隘,又胜。请去车,皆卒,自我始。"

魏舒打破战车编制,改车徒皆为步卒,将每五车十五人,临时改编为步卒三个伍。

荀吴的宠臣不肯加入步卒,魏舒杀之示众。

全军被编成五个阵:两于前,伍于后,专为右角,参为左角,偏为前锋,以诱敌,互相配合。

狄人取笑晋军。晋军趁狄军未及列阵即进攻,大败狄军。

> 贲之艮:贲其趾,舍车而徒。 ——《易经》

郑大夫徐吾犯之妹貌美出众,公孙楚已聘之为妻,公孙黑又强行纳采送雁给徐家。公孙楚,字子南,穆公孙,游氏。

徐吾犯害怕,报告子产。

子产说:"是国无政,非子之患也。唯所欲与。"

徐吾犯请于子南和子皙,请使其妹选择,二人皆同意。

子皙盛装进入徐家,陈列礼品后离开。子南戎服进入,左右开弓射箭,跳上车出门。

---

① 愒 kài

吾犯之妹自房内观看,说:"子晳信美矣,抑子南,夫也。夫夫妇妇,所谓顺也。"吾犯妹嫁给子南。

叔于田,巷无居人。岂无居人?不如叔也,洵美且仁。
叔于狩,巷无饮酒。岂无饮酒?不如叔也,洵美且好。
叔适野,巷无服马。岂无服马?不如叔也,洵美且武。
——《诗经》之《郑风·叔于田》

子晳发怒,不日,穿皮甲于衣里往见子南,要杀子南而夺其妻。子南得知,执戈追赶子晳。追至十字路口,用戈击伤子晳。

子晳受伤而归,对大夫们说:"我好见之,不知其有异志也,故伤。"

诸大夫谋议解决此事。子产说:"理钧,幼贱有罪。罪在楚也。"

郑人执子南,列数其罪,说:"国之大节有五,汝皆奸之。畏君之威,听其政,尊其贵,事其长,养其亲,五者所以为国也。今君在国,汝用兵焉,不畏威也。奸国之纪,不听政也。子晳,上大夫,汝,下大夫,而弗下之,不尊贵也。幼而不忌,不事长也。兵其从兄,不养亲也。君曰:'余不汝忍杀,宥汝以远。'勉,速行乎,无重尔罪。"

五月庚辰日,郑人将放游楚于吴,遣其上路前,子产征询游氏宗主子大叔。

游吉说:"吉不能蔽身,焉能蔽宗?彼,犯国政也,非私难也。子图郑国,利则行之,又何疑焉?周公杀管叔而放蔡叔,夫岂不爱?王室之故也。吉若获戾,子将放之,何有于诸游?"

郑因游楚之故,六月丁巳日,郑简公与大夫在公孙段家立盟。罕虎、公孙侨、公孙段、印段、游吉、驷带私下在郑城门闺门之外的薰隧立盟,公孙黑强行参与结盟,并使太史记录其名,与六卿并称为"七子"。子产未讨伐。

於①！我乎,夏屋渠渠,今也每食无余。于②嗟乎,不承权舆！

於！我乎,每食四簋,今也每食不饱。于嗟乎,不承权舆！

——《诗经》之《秦风·权舆》

这时,晋平公得病。郑简公使公孙侨如晋聘,并问晋侯病情。

叔向至客馆问子产,说:"寡君之疾病,卜人曰'实沈、台骀为祟',史莫之知,敢问此何神也?"

子产说:"昔高辛氏帝喾有二子,伯曰阏伯,季曰实沈,居于旷林,不相能也,日寻干戈,以相征讨。帝尧不善之,迁阏伯于商丘,主祀辰星,商人是因,故辰为商星。迁实沈于大夏,主祀参星,唐人是因,以服事夏、商,其季世曰唐叔虞。

"当武王后邑姜,方娠大叔,梦帝谓己:'余命尔子曰虞,将与之唐,属诸参,而蕃育其子孙。'及生,有文在其手曰'虞',遂以命之。及成王灭唐而封大叔焉,故参为晋星。由是观之,则实沈,参神也。

"昔金天氏少皞帝有裔子曰昧,为玄冥师,生允格、台骀。台骀能继其官,通汾、洮,障大泽,以处大原。帝用嘉之,封诸汾川。沈、姒、蓐、黄,实守其祀。今晋主汾而灭之矣。由是观之,则台骀,汾神也。

"抑此二者,不及君身。山川之神,则水旱疠疫之灾,于是乎禜③之。日月星辰之神,则雪霜风雨之不时,于是乎禜之。若君身,则亦出入饮食哀乐之事也。山川星辰之神,又何为焉?

---

①於 wū　②于 xū　③禜 yíng

"侨闻之,君子有四时:朝以听政,昼以访问,夕以修令,夜以安身。于是乎节宣其气,勿使有所壅闭瘀滞,以羸其体。兹心不明,而昏乱百度。今无乃壹之,则生疾矣。

"侨又闻之,内官不及同姓,否则其生不殖。美先尽矣,则相生疾,君子是以恶之。故《志》曰:'买妾不知其姓,则卜之。'

"此二者,古之所慎也。男女辨姓,礼之大事也。今君内实有四姬焉,其无乃此也乎?若由是二者,弗可为也已。四姬有省犹可,无则必生疾矣。"

> 鸡既鸣矣,朝既盈矣。匪鸡则鸣,苍蝇之声。
> 东方明矣,朝既昌矣。匪东方则明,月出之光。
> 虫飞薨薨,甘与子同梦。会且归矣,无庶予子憎。
> ——《诗经》之《齐风·鸡鸣》

叔向说:"善哉!肸未之闻也。此皆然矣。"

叔向辞别子产,郑行人公孙挥送之。叔向问及郑国的情况,并问及子晳。

子羽说:"其与几何?无礼而好陵人,怙富而卑其上,弗能久矣。"

晋平公听闻子产之言,说:"博物君子也。"送重礼给子产。

孔子曰:"君子藏器于身,待时而动,何不利之有?"
——《易传》

第一百一十二回　秦医和视病究因　楚令尹弑侄自立

前541年秋,晋侯求医于秦,秦景公使医者和如晋。

医和为晋平公诊断后,说:"疾不可为也。是谓:近女室,疾如蛊。非鬼非食,惑以丧志。良臣将死,天命不祐。"

晋平公问:"女不可近乎?"

医和说:"节之。先王之乐,所以节百事也,故有五节,迟速本末以相及,中声以降,五降之后,不容弹矣。于是有烦手淫声,慆堙心耳,乃忘平和,君子弗听也。物亦如之,至于烦,乃舍也已,无以生疾。君子之近琴瑟,以仪节也,非以慆心也。天有六气,降生五味,发为五色,征为五声,淫生六疾。六气曰阴、阳、风、雨、晦、明也,分为四时,序为五节。过则为灾:阴淫寒疾,阳淫热疾,风淫末疾,雨淫腹疾,晦淫惑疾,明淫心疾。女,阳物而晦时,淫则生内热惑蛊之疾。今君不节不时,能无及此乎?"

> 孔子曰:"君子有三戒:少之时,血气未定,戒之在色;及其壮也,血气方刚,戒之在斗;及其老也,血气既衰,戒之在得。"
> ——《论语》

医和出,告知赵孟。

赵孟问:"谁当良臣?"

医和说:"主是谓矣。主相晋国,于今八年,晋国无乱,诸侯无阙,可谓良矣。和闻之,国之大臣,荣其宠禄,任其大节,有灾祸兴而无改焉,必受其咎。今君至于淫以生疾,将不能图恤社稷,祸孰大焉!主不能御,吾是以云也。"

赵孟问:"何谓蛊?"

医和说:"淫溺惑乱之所生也。于文,皿虫为蛊。谷之飞亦为蛊。在《周易》,女惑男,风落山,谓之《蛊》。皆同物也。"

文子问:"医及国家乎?"

医和说:"上医医国,其次疾人,固医官也。"

赵孟说:"良医也。"厚礼送医和回秦。

孔子曰:"吾有知乎哉?无知也。有鄙夫问于我,空空如也,我叩其两端而竭焉。" ——《论语》

(笔者释:孔子说自己并非什么都知道,别人问他问题时,他空空如也,并不知道答案,他从各个侧面问对方,穷尽问题,然后回答对方。)

楚令尹公子围自诸侯盟会回国后,使其弟公子黑肱和伯州犁城犨、栎、郏。三地为郑邑,郑人因此而惧。

子产说:"不害。令尹将行大事,而先除二子也。祸不及郑,何患焉?"

前541年冬,公子围聘于郑,伍举为副手。未出境,知国君得病,公子围返回,伍举往聘于郑。

十月己酉日,公子围回至郢都,进宫问君病情,而绞杀其君麇,又杀麇之二公子幕和平夏。公子围葬楚君麇于郏,史称郏敖。

右尹子干奔晋,宫厩尹子皙自筑城之地奔郑,太宰伯州犁被杀于郏。子皙:公子黑肱。

楚使者赴告于郑,伍举在郑,问使者应答继承人问题的措辞,使者说:"寡大夫围。"伍举更正说:"共公之子围为长。"

明夷之贲:不明,晦。初登于天,后入于地。

——《易经》

子干奔晋时,跟从之车只有五乘。叔向使之与秦公子鍼食禄相同,皆供应百人之用。

赵文子说:"秦公子富。"

叔向说:"致禄以德,德钧以年,年同以尊。公子以国,不闻以富。且夫以千乘去其国,强御已甚。《诗》曰:'不侮鳏寡,不畏强御。'秦、楚,匹也。"

使秦后子与楚子干比年齿。后子推辞,说:"鍼惧罪,楚公子不获安,是以皆来,亦唯命。且臣与羁齿,无乃不可乎?史佚有言曰:'非羁何敬?'"后子先来,自比主人,把自己比作晋臣,以尊子干。

> 谦,亨,君子有终。　　　　　　　——《易经》

晋国举行了冬祭烝祭之后,赵孟到南阳祭祀赵衰。

十二月甲辰日,朔,在温地举行烝祭。庚戌日,赵孟去世。郑简公如晋吊,赵氏辞谢,郑伯至雍而返。

晋韩起执政。

> 升,元亨,用见大人,勿恤,南征吉。　——《易经》

公子围自立为君,为楚灵公,使薳罢为令尹,薳启疆为太宰。

郑游吉如楚葬郏敖,并聘问新君。回国后,对子产说:"备行器矣!楚君汰侈而自悦其事,必合诸侯。吾往无日矣。"

子产说:"不数年,未能也。"

> 巽之渐:巽在床下,用史巫纷若,吉,无咎。
>
> ——《易经》

前540年秋,郑公孙黑将作乱,要去游氏而代其位,因伤势发作而未果。其同族驷氏与诸大夫要杀他。子产在边境,得知此事,怕赶不上,乘传车赶回。

子产使官吏列举公孙黑之罪,说:"伯有之乱,以大国之事,而未尔讨也。尔有乱心,无厌,国不汝堪。专伐伯有,尔罪一也。昆弟争室,尔罪二也。薰隧之盟,汝矫君位,尔罪三也。有死罪三,何以堪之?不速死,大刑将至。"

子晳再拜稽首,托辞说:"死在朝夕,无助天为虐。"

子产说:"人谁不死?凶人不终,命也。作凶事,为凶人。不助天,其助凶人乎?"

子晳请使其子驷印为褚师。

子产说:"印也若才,君将任之。不才,将朝夕从汝。汝罪之不恤,而又何请焉?不速死,司寇将至。"

七月壬寅日,子晳自缢。郑人陈其尸于周氏之衢示众,并书其罪于木板,置于尸上。

礼不下庶人,刑不上大夫。

——《礼记》之《曲礼》

(笔者释:对未接受过礼仪训练的庶人,不因其有失礼仪而责难;大夫触犯刑法,则请罪自裁,以免遭刑戮。)

楚左史要见史老,史老不出,左史非议他,举伯告知史老。

史老怒而出,说:"汝无亦谓我老耄而舍我,而又谤我!"

左史倚相说:"惟子老耄,故欲见以交儆子。若子方壮,能经营百事,倚相将奔走承序,于是不给,而何暇得见?

"昔卫武公年数九十有五矣,犹箴儆于国,曰:'自卿以下,至于师长士,苟在朝者,无谓我老耄而舍我,必恭恪于朝,朝夕以交戒我;闻一二之言,必诵志而纳之,以训导我。'在舆有旅贲之规,位宁①有官师之典,倚几有诵训之谏,居寝有亵御之箴,临事有瞽

---

①宁 zhù

史之导,宴居有师工之诵。史不失书,矇不失诵,以训御之,于是乎作《懿》,戒以自儆也。及其没也,谓之睿圣武公。

"子实不睿圣,于倚相何害?《周书》曰:'文王至于曰中昃,不皇暇食。惠于小民,唯政之恭。'文王犹不敢骄。今子老楚国而欲自安也,以止谏者,君将何为?若常如此,楚其难哉。"

卫武公,前812年—前757年在位,卫桓公和卫宣公祖父。

史老惧,说:"老之过也。"旋即见左史。

孔子云:"上酌民言,则下天上施;上不酌民言,则犯也;下不天上施,则乱也。故君子信让以莅百姓,则民之报礼重。《诗》云:'先民有言,询于刍荛。'"

——《礼记》之《坊记》

第一百一十三回　晋韩起在鲁观书　齐陈氏登量贷货

前540年春,晋平公使韩宣子聘于鲁,并告知鲁人宣子执政。

韩起找鲁太史观看藏书,见《易象》与鲁《春秋》,说:"周礼尽在鲁矣。吾乃今知周公之德,与周之所以王也。"

天、地、山、泽、水、火、雷、风为八卦之名,八卦是三位卦,每个位置皆可为单数或双数,称为筮数。两个三位卦上下相叠形成六位卦,共有六十四个六位卦。每个位置的筮数都可以是高频筮数或低频筮数,任一位置出现低频筮数的卦为变卦,具体表达用"某之某"。六十四个卦各代表了多种变卦,以变为占,故卦的总体称为《易》。天、地、山、泽、水、火、雷、风组合所构成的象称为《易象》。

因每个卦的六个位置,可以一个位置为低频筮数,也可以二至六个位置同时为低频筮数。因此,若筮数有单数和双数各二,则每卦含二的六次方即六十四种变卦,总卦数有六十四乘以六十四种。若筮数有单数和双数各三,则每卦含三的六次方即七百二十九种变卦,总卦数有六十四乘以七百二十九种。

出土的先秦数字卦有六个筮数,单双数各三。汉以来,筮卦用四个筮数,单双数各二,如此,变卦总数减少,但还是太多。理论计算和出土卦例都显示,多个位置同时为低频筮数的概率较小。放弃多个位置同时为低频筮数的变卦,只取一个位置为低频筮数的变卦,另保留了乾卦和坤卦六个位置皆为低频筮数的变卦,并用"爻"指称六位卦的六个位置,从而形成了现存《周易》的卦爻体系。变卦不再称为"某之某",而是以变爻位置和对应的低频筮数称为初九、初六、九二、六二等等。这个改变发生在汉朝或战国末期,尚不得而知。

鲁昭公享韩宣子。季武子赋《大雅》之《绵》卒章:"虞芮质厥成,文王蹶①厥生。予曰有疏附,予曰有先后,予曰有奔奏,予曰有御侮。"季武子以晋侯比文王,以韩宣子比文王的四位辅佐。

韩子赋《小雅》之《角弓》:"骍骍角弓,翩其反矣。兄弟婚姻,无胥远矣。"

季武子拜谢说:"敢拜子之弥缝敝邑,寡君有望矣。"

说完,赋《小雅》之《节南山》卒章:"式讹尔心,以畜万邦。"喻晋德可畜万邦。

享礼结束,在季氏家宴请宣子。季氏家有好树,宣子称誉。

季武子说:"宿敢不封殖此树,以无忘《角弓》?"

说完,赋《召南》之《甘棠》:"蔽芾②甘棠,勿翦勿伐,召伯所茇③。"季武子把此树比甘棠,把韩宣子比召公。

韩起说:"起不堪也,无以及召公。"

> 傲不可长,欲不可纵,志不可满,乐不可极。
> ——《礼记》之《曲礼》

韩宣子自鲁至齐,为晋平公纳聘礼。见子雅,子雅召其子子旗见宣子。韩起看过子旗,说:"非保家之主也,不臣。"

宣子见子尾,子尾使子彊见宣子,韩起说子彊之言如子旗。

齐大夫多以韩子之言为笑料,唯晏子信,说:"夫子,君子也。君子有信,其有以知之矣。"

---

①蹶 guì ②芾 fèi ③茇 bá

韩宣子自齐如卫,卫襄公享宣子。

北宫佗赋《淇澳》:"瞻彼淇澳,绿竹猗①猗。有匪君子,如切如磋,如琢如磨。瑟兮僩②兮,赫兮咺③兮,有匪君子,终不可谖④兮。"

韩宣子赋《卫风》之《木瓜》:"投我以木瓜,报之以琼琚。匪报也,永以为好也。"

> 投我以木桃,报之以琼瑶。匪报也,永以为好也。
> ——《诗经》之《卫风·木瓜》

四月,韩起之子韩须如齐为晋平迎娶少姜。齐陈无宇送少姜。晋平公宠爱少姜,称之为少齐,说陈无宇非卿,作为少姜送亲者,其位次低,而执无宇于中都邑。

少姜为陈无宇说情,说:"送从迎班,齐畏大国也,犹有所易,是以乱作。"送亲者位次依从迎亲者,少姜非正夫人,故卿不迎送。韩须是晋公族大夫,陈无宇是齐上大夫,比公族大夫位高。

> 艮之旅:艮其身,无咎。　　——《易经》

鲁叔弓如晋聘,回报宣子之聘。晋平公使人郊劳。

叔弓辞谢,说:"寡君使弓来继旧好,固曰:'汝无敢为宾。'达命于执事,敝邑弘矣。敢辱郊使?请辞。"

晋人请叔弓住宾馆,他又辞谢,说:"寡君命下臣来继旧好,好合使成,臣之禄也。敢辱大馆?"

晋叔向说:"子叔子知礼哉。吾闻之:'忠信,礼之器也。卑让,礼之宗也。'辞不忘国,忠信也。先国后己,卑让也。《诗》曰:'敬慎威仪,以近有德。'夫子近德矣。"

---

①猗 yī　②僩 xiàn　③咺 xuān　④谖 xuān

> 夫礼者,自卑而尊人。虽负贩者,必有尊也。
> ——《礼记》之《曲礼》

秋,少姜去世,晋平公为少姜举行夫人丧礼。

鲁昭公如晋吊,及黄河,晋平公使士文伯辞谢,说:"非伉俪也,请君无辱。"鲁昭公返回,季孙宿如晋送陪葬衣物。

陈无宇仍在晋,叔向为之请晋平,说:"彼何罪?君使公族迎之,齐使上大夫送之,犹曰不恭,君求以贪。国则不恭,而执其使,君刑已颇,何以为盟主?且少姜有请。"

冬,十月,陈无宇终得返齐。

> 绿兮衣兮,绿衣黄里。心之忧矣,曷维其已!
> 绿兮衣兮,绿衣黄裳。心之忧矣,曷维其亡!
> ——《诗经》之《邶风·绿衣》

十一月,郑印段如晋吊。

来年,前539年,正月,郑游吉如晋为少姜送葬,与晋梁丙、张趯①相见。梁丙说:"甚矣哉,子之为此来也。"

子大叔说:"将得已乎?昔文、襄之霸也,其务不烦诸侯。令诸侯三岁而聘,五岁而朝,有事而会,不协而盟。君薨,大夫吊,卿共葬事。夫人薨,士吊,大夫送葬。足以昭礼、命事、谋阙而已,无加命矣。今嬖宠之丧,不敢择位,而礼如嫡妃,唯惧获戾,岂敢惮烦?少齐有宠而死,齐必继室。今兹吾又将来贺,不唯此行也。"

张趯说:"善哉,吾得闻此数也。然自今,子其无事矣。譬如火星焉,火星旦中,寒暑乃退。此其极也,能无退乎?晋将失诸侯,诸侯求烦不获。"

晋大夫出,子大叔对左右说:"张趯有知,其犹在君子之

---

①趯 tì

后乎?"

飘风不终朝,暴雨不终日。孰为此? 天地而弗能久,又况于人乎? ——《老子》

齐景公使晏婴请继室于晋,说:"寡君使婴曰:'寡人愿事君,朝夕不倦,将奉质币,以无失时,则国家多难,是以不获自来。不腆先君之嫡,以备内官,焜①燿②寡人之望,则又无禄,早世陨命,寡人失望。君若不忘先君之好,惠顾齐国,辱收寡人,邀福于太公、丁公,照临敝邑,镇抚其社稷,则犹有先君之嫡及遗姑姊妹若而人。君若不弃敝邑,而辱使审慎择之,以备嫔嫱,寡人之望也。'"

韩宣子使叔向应答,说:"寡君之愿也。寡君不能独任其社稷之事,未有伉俪。在缞绖③之中,是以未敢请。君有辱命,惠莫大焉。若惠顾敝邑,抚有晋国,赐之内主,岂唯寡君,举群臣实受其贶。其自唐叔以下,实宠嘉之。"

许婚后,晏子接受享礼。叔向参加宴会,与晏子交谈。

叔向问:"齐其何如?"

晏子说:"此季世也,吾弗知,齐其为陈氏矣。公弃其民,而归于陈氏。齐旧四量:豆、区、釜、钟。四升为豆,各以四进,以及于釜。釜十则钟。陈氏三量皆登一焉,钟乃大矣。以家量贷,而以公量收之,贷厚而收薄。山木如市,弗贵于山。鱼盐蜃蛤,弗贵于海。民参其力,二入于公,而衣食其一。公聚朽蠹,而三老冻馁。国之诸市,屦贱踊贵。民人痛疾,而陈氏抚慰之,其爱之如父母,而归之如流水,欲无获民,将焉避之? 箕伯、直柄、虞遂、伯戏,其相胡公、大姬,已在齐矣。"

箕伯、直柄、虞遂、伯戏:舜的后人,胡公先祖。"三量皆登

---

①焜 kūn ②燿 yào ③缞绖 cuī dié

一",指五升为豆,及至区、釜,皆以五进。

惟天无亲,克敬惟亲;民罔常怀,怀于有仁。
——《尚书》

叔向说:"然。虽吾公室,今亦季世也。戎马不驾,卿无军行,公乘无人,卒列无长。庶民疲敝,而宫室滋侈。道殣①相望,而壁富溢尤。民闻公命,如逃寇仇。栾、郤、胥、原、狐、续、庆、伯,降在皂隶。政在家门,民无所依。君日不悛,以乐慆忧。公室之卑,其何日之有?《谗鼎之铭》曰:'昧旦丕显,后世犹怠。'况日不悛,其能久乎?"

晏子问:"子将若何?"

叔向说:"晋之公族尽矣。肸闻之,公室将卑,其宗族枝叶先落,则公从之。肸之宗十一族,唯羊舌氏在而已。肸又无贤子。公室无度,幸得善终,岂其获祀?"晋献公之时,太子申生伐东山皋落氏,羊舌大夫为尉,则羊舌氏所出之晋公早于献公。

心之忧矣,如或结之。今兹之正,胡然厉矣?燎之方扬,宁或灭之? ——《诗经》之《小雅·正月》

---

①殣 jìn

第一百一十四回　齐晏婴一言省刑　楚郑许三君田猎

　　早先,齐景公要为晏子建新宅,说:"子之宅近市,低隘嚣尘,不可以居,请更诸明燥者。"

　　晏子辞谢说:"君之先臣容焉,臣不足以嗣之,于臣侈矣。且小人近市,朝夕得所求,小人之利也。敢烦里旅?"

　　景公笑问:"子近市,识贵贱乎?"

　　晏子答:"既利之,敢不识乎?"

　　景公问:"何贵何贱?"

　　当时,齐景用刑过滥,街上有卖踊者。踊:刖者所穿鞋。

　　晏子趁机说:"踊贵屦贱。"

　　齐景公于是减少刑罚。

　　君子说:"仁人之言,其利博哉。晏子一言而齐侯省刑。《诗》曰:'君子如祉,乱庶遄已。'其是之谓乎。"

　　　　大畜之大有:童牛之牿,元吉。　　——《易经》

　　及晏子如晋,景公为其重建住宅,晏子返,宅已成。晏子拜谢后,遂拆掉新居,重新按原样建邻居房舍,使原住户搬回居住。

　　晏子对邻居们说:"谚曰:'非宅是卜,唯邻是卜。'二三子先卜邻矣,违卜不祥。君子不犯非礼,小人不犯不祥,古之制也。吾敢违诸乎?"接着,晏子又请恢复自己的旧宅,景公不许,晏子请陈桓子为之请,才得许。

　　　　南山有台,北山有莱。乐只君子,邦家之基。
　　　　南山有杞,北山有李。乐只君子,民之父母。
　　　　　　——《诗经》之《小雅·南山有台》

前539年四月,郑简公如晋,公孙段相,甚敬而卑,无违礼之处。

晋平公嘉其有礼,赐之州田,授之策书,说:"子丰有劳于晋国,余闻而弗忘。赐汝州田,以胙乃旧勋。"子丰是公孙段之父。

伯石再拜稽首,接受策命后退出。

君子说:"礼,其人之急也乎。伯石之汰也,一为礼于晋,犹荷其禄,况以礼终始乎?《诗》曰:'人而无礼,胡不遄死?'其是之谓乎。"

> 谦之升:鸣谦,贞吉。　　　　　　——《易经》

此前,州县是栾豹之邑,栾氏亡,范匄、赵武、韩起均想得此邑。

赵文子说:"温,吾县也。"州县早先属温,后自温分出。

二宣子说:"自郄称以别,三传矣。晋之别县不唯州,谁获治之?"

赵文子听二人之言深感惭愧,乃放弃州县。

二宣子说:"吾不可以正议而自与也。"二人也放弃州县。

至赵文子执政,其子赵获说:"可以取州矣。"

赵文子说:"退!二子之言,义也。违义,祸也。余不能治余县,又焉用州?其以邀祸也。君子曰:'弗知实难。'知而弗从,祸莫大焉。有言州必死!"

郑丰氏一直依傍韩氏,伯石得州地,是韩宣子为之请,实为以后自取。

> 富贵而知好礼,则不骄不淫;贫贱而知好礼,则志不慑。　　　——《礼记》之《曲礼》

五月,韩起如齐迎亲。齐公孙虿因少姜有宠于晋平,乃以己女替齐侯之女,而嫁齐侯之女于他人。

有人对宣子说:"子尾欺晋,晋胡受之?"

宣子说:"我欲得齐而远其宠,宠将来乎?"

七月,郑罕虎如晋贺晋平娶夫人,且报告说:"楚人日征敝邑,以不朝立君之故。敝邑之往,则畏执事,其谓寡君'尔固有外心'。其不往,则宋之盟云。进退罪也。寡君使虎陈之。"

韩宣子使叔向答复,说:"君若辱有寡君,在楚何害?修宋盟也。君苟思盟,寡君乃知免于戾矣。君若不有寡君,虽朝夕辱于敝邑,寡君猜焉。君实有心,何辱命焉?君其往也。苟有寡君,在楚犹在晋也。"

井之坎:井渫①不食,为我心恻。可用汲,王明,并受其福。　　　　　　　　　　——《易经》

张趯使人转告子大叔,说:"自子之归也,小人粪除先人之敝庐,曰'子其将来'。今子皮实来,小人失望。"

游吉使人回话说:"吉贱,不获来。畏大国,尊夫人也。且孟曰:'尔将无事。'吉庶几如子言焉。"张趯,字孟。

艮之贲:艮其趾,无咎,利永贞。　　　——《易经》

十月,郑简公如楚,子产相。楚灵公享郑简公,赋《吉日》:"吉日维戊,既伯既祷。田车既好,四牡孔阜。升彼大阜,从其群丑。"这是写周宣王田猎之诗,楚灵之意要与郑伯田猎。

享礼毕,子产预备田猎用具。楚灵、郑简田猎于江南云梦泽。

前538年正月,许悼公如楚,楚灵留住他,又挽留郑简公,再次田猎于云梦泽。

---

①渫 xiè

彼茁者葭①,壹发五豝②,于③嗟乎驺虞!

彼茁者蓬,壹发五豵④,于嗟乎驺虞!

————《诗经》之《召南·驺虞》

楚灵使椒举如晋求合诸侯,郑简、许悼待于楚。

椒举出使后,楚灵问子产:"晋其许我诸侯乎?"

子产说:"许君。晋君少安,不在诸侯。其大夫多求,莫厌其君。在宋之盟,又曰如一,若不许君,将焉用之?"

楚灵问:"诸侯其来乎?"

子产说:"必来。从宋之盟,承君之欢,不畏大国,何故不来?不来者,其鲁、卫、曹、邾乎?曹畏宋,邾畏鲁,鲁、卫逼于齐而亲于晋,唯是不来。其余,君之所及也,谁敢不至?"

楚灵说:"然则,吾所求者,无不可乎?"

子产说:"求逞于人,不可;与人同欲,尽济。"

贪愎喜利,则灭国杀身之本也。 ————《韩非子》

椒举来到晋国,说:"寡君使举曰:'日君有惠,赐盟于宋,曰:晋、楚之从,交相见也。以岁之不易,寡人愿结欢于二三君。'使举请间。君若苟无四方之虞,则愿假宠以请于诸侯。"

晋平公想不许。司马侯说:"不可。楚君方侈,天或者欲逞其心,以厚其毒而降之罚,未可知也。其使能终,亦未可知也。晋、楚,唯天所相,不可与争。君其许之,而修德以待其归。若归于德,吾犹将事之,况诸侯乎?若适淫虐,楚将弃之,吾又谁与争?"

晋平公说:"晋有三不殆,其何敌之有?国险而多马,齐、楚多难。有是三者,何向而不济?"齐、楚多有弑君自立之难。

司马侯说:"恃险与马,而虞邻国之难,是三殆也。四岳、三

①葭 jiā ②豝 bā ③于 xū ④豵 zōng

涂、阳城、大室、荆山、中南,九州之险也,是不一姓。冀之北土,马之所生,无兴国焉。恃险与马,不可以为固也,自古以然。是以先王务修德音,以亨神、人,不闻其务险与马也。邻国之难,不可虞也。或多难以固其国,启其疆土;或无难以丧其国,失其守宇。若何虞难?齐有仲孙之难,而获桓公,至今赖之。晋有里、丕之难,而获文公,是以为盟主。卫、邢无难,敌亦丧之。故,人之难,不可虞也。恃此三者,而不修政德,亡于不暇,又何能济?君其许之。纣作淫虐,文王惠和,殷是以陨,周是以兴,夫岂争诸侯?"

晋侯乃许楚使之请,使叔向应答,说:"寡君有社稷之事,是以不获春秋时见。诸侯,君实有之,何辱命焉?"

椒举又为楚灵向晋侯请婚,晋平公许婚。

　　殷之未丧师,克配上帝。宜鉴于殷,骏命不易。
　　　　　　　　　　　　——《诗经》之《大雅·文王》

第一百一十五回　楚灵公合会灭赖　晋平公嫁女归楚

前538年夏,诸侯相继来到楚国,鲁、卫、曹、邾未到会。曹、邾以国内有难推辞,鲁昭公借口要举行时祭,卫襄公推说有疾。宋太子佐后至,楚灵在武城田猎,宋太子请见,楚灵久而不见。椒举请楚灵辞谢。楚灵使人对宋太子说:"适有宗祧之事于武城,寡君将输币焉,敢谢后见。"郑简公先待于申。

六月丙午日,楚灵合诸侯于申,参会的有蔡侯、陈侯、郑伯、许男、徐子、滕子、顿子、胡子、沈子、小邾子、宋世子佐、淮夷。

椒举对楚灵说:"臣闻诸侯无归,礼以为归。今君始得诸侯,其慎礼矣。霸之济否,在此会也。夏启有钧台之享,商汤有景亳之命,周武有孟津之誓,成王有岐阳之蒐,康王有酆宫之朝,穆王有涂山之会,齐桓有召陵之师,晋文有践土之盟。君其用何? 宋向戌、郑公孙侨在,诸侯之良也,君其选焉。"

楚灵说:"吾用齐桓。"

楚灵使人问礼于宋左师向戌和郑子产。

左师说:"小国习之,大国用之,敢不荐闻?"向戌献公爵合诸侯之礼六项。

子产说:"小国供职,敢不荐守?"子产献伯、子、男见公之礼六项。

君子说:"左师善守先代,子产善相小国。"

楚灵使椒举侍于后,以规戌、侨之过,至礼毕,椒举未规。

楚灵问其故,椒举说:"礼,吾未见者有六焉,又何以规?"

徐子是吴女所生,楚灵疑其贰于吴,故执之于申。

楚灵示侈,椒举说:"夫六王二公之事,皆所以示诸侯礼也,诸侯所由用命也。夏桀为仍之会,有缗叛之。商纣为黎之蒐,东夷叛之。周幽为大室之盟,戎狄叛之。皆所以示诸侯汰也,诸侯所由弃命也。今君以汰,无乃不济乎?"

楚灵不听。

郑子产见到宋左师,说:"吾不患楚矣,汰而愎谏,不过十年。"

左师说:"然。不十年侈,其恶不远,恶远而后弃。善亦如之,德远而后兴。"

班朝治军,莅官行法,非礼威严不行。祷祠祭祀,供给鬼神,非礼不诚不庄。是以君子恭敬撙①节退让以明礼。　　　　　　　——《礼记》之《曲礼》

七月,楚灵与蔡侯、陈侯、许男、顿子、胡子、沈子、淮夷率师伐吴。宋太子、郑简公先回国。宋华费遂、郑大夫跟随楚灵。

楚灵使屈荡之子屈申围吴邑朱方。七年前,庆封奔吴,吴子予之朱方邑,庆封聚族人居于此,富于在齐。

八月甲申日,楚师攻克朱方,抓获庆封,灭其全族。

楚灵要将庆封示众,椒举说:"臣闻无瑕者可以戮人。庆封惟逆命,是以在此,其肯从于戮乎? 其言将播于诸侯,焉用之?"

楚灵不听,使庆封身背斧钺,在诸侯师巡行,使其说:"无或如齐庆封,弑其君,弱其孤,以盟其大夫。"

庆封却对诸侯师众大呼:"无或如楚共公之庶子围,弑其君兄之子麇而代之,以盟诸侯。"

楚灵大怒,令速杀庆封。

孔子曰:"其身正,不令而行。其身不正,虽令不从。"　　　　　　　　　　　　——《论语》

---

① 撙 zǔn

接着,楚灵与诸侯灭赖。赖子面缚衔璧,士袒露上身,抬棺跟从,来到中军。

楚灵问椒举如何处置,椒举说:"成公克许,许僖公如是,成公亲释其缚,受其璧,焚其棺。"

楚灵依此而行,然后,迁赖人于楚邑鄢。楚灵欲迁许于赖,使鬥韦龟与公子弃疾修城后返回。

申无宇说:"楚祸之首,将在此矣。召诸侯而来,伐国而克,城外境而无谏。君心无违,民其安乎?民之不安,其谁堪之?不堪君命,乃祸乱也。"

冬,吴伐楚,攻入楚东部棘、栎、麻三邑,以报楚伐朱方。

楚沈尹射接令奔赴夏汭,咸尹宜咎城钟离,薳启疆城巢,然丹城州来。东部发大水,无法修城,彭生撤回城赖之师。然丹:郑子革,又叫郑丹。

来年,前537年,春,楚灵疑屈申私通吴而杀之。以屈建之子屈生为莫敖,使其与令尹子荡如晋迎亲。过郑,郑简公慰劳子荡于氾,慰劳屈生于菟氏。

晋平公送女直至邢丘,子产相郑伯会晋平于邢丘。

> 燕燕于飞,差池其羽。之子于归,远送于野。瞻望弗及,泣涕如雨。
>
> 燕燕于飞,颉①之颃②之。之子于归,远于将之。瞻望弗及,伫立以泣。
>
> 燕燕于飞,下上其音。之子于归,远送于南。瞻望弗及,实劳我心。
>
> ——《诗经》之《邶风·燕燕》

---

①颉 xié　②颃 háng

韩宣子如楚送亲,叔向为副手。郑子皮、子大叔在索氏慰劳宣子、叔向。

子大叔对叔向说:"楚君汰侈已甚,子其戒之。"

叔向说:"汰侈已甚,身之灾也,焉能及人?若奉吾币帛,慎吾威仪,守之以信,行之以礼,敬始而思终,终无不复。从而不失仪,敬而不失威,道之以训辞,奉之以旧法,考之以先王,度之以二国,虽汰侈,若我何?"

晋送亲者到达楚国。楚灵朝见大夫,说:"晋,吾仇敌也。苟得志焉,无恤其他。今其来者,上卿、上大夫也。若吾以韩起为阍,以羊舌肸为司宫,足以辱晋,吾亦得志矣。可乎?"

诸大夫面面相觑①,无言以对。

太宰蔿启疆说:"可。苟有其备,何故不可?耻匹夫不可以无备,况耻国乎?是以,圣王务行礼,不求耻人。朝聘有珪,飨见有璋。小有述职,大有巡功。设几而不倚,爵盈而不饮。宴有好货,飨有陪鼎,入有郊劳,出有赠贿,礼之至也。

"国家之败,失之道也,则祸乱兴。城濮之役,晋克楚,而后,晋无楚备,以败于邲。胜于邲后,楚无晋备,以败于鄢。自鄢以来,晋不失备,而加之以礼,重之以睦,是以楚弗能报,而求亲焉。既获姻亲,又欲耻之,以召寇仇,备之若何?谁其重此?若有其人,耻之可也。若其未有,君亦图之。

"晋之事君,臣曰可矣:求诸侯而麇②至;求婚而荐女,君亲送之,上卿及上大夫致之。犹欲耻之,君其亦有备矣。不然,奈何?韩起之下,赵成、中行吴、魏舒、范鞅、知盈;羊舌肸之下,祁午、张趯、籍谈、女齐、梁丙、张骼、辅跞、苗贲皇,皆诸侯之贤也。韩襄为公族大夫,韩须受命而使矣。箕襄、邢带、叔禽、叔椒、子羽,皆大族也。韩赋七邑,皆大县也。羊舌四族,皆强家也。晋人若丧韩

---

①觑 qù ②麇 qún

起、杨肸，五卿八大夫辅韩须、杨石，因其十家九县，戎车九百，其余四十县，留守四千，奋其武怒，以报其大耻。伯华谋之，中行伯、魏舒帅之，其蔑不济矣。君将以亲易怨，实无礼以速寇，而未有其备，使群臣往遗之擒，以逞君心，何不可之有？"

韩襄、韩须、箕襄、邢带、叔禽、叔椒、子羽，皆韩氏家族。羊舌四族：伯华、叔向、叔鱼、叔虎。羊舌肸食邑杨，又称杨肸。杨石：叔向之子食我。

楚灵听罢，说："不榖之过也，大夫无辱。"

于是，楚灵对韩子厚加礼待。楚灵听说叔向多知，欲以叔向不知之事为难他而未能，也对其厚加礼待。

见险而能止，知矣哉。　　　　　——《易传》

第一百一十六回　穆叔应悔撑天梦　季孙四分鲁公室

前539年七月,小邾穆公朝于鲁,季武子要降级接待。

穆叔说:"不可。曹、滕、二邾,实不忘我好。敬以迎之,犹惧其贰。又卑一睦,焉迎群好也?其如旧而加敬焉。《志》曰:'能敬无灾。'又曰:'敬迎来者,天所福也。'"季孙听从。

前538年正月,鲁国下大冰雹。

季武子问申丰:"雹可御乎?"

申丰说:"圣人在上,无雹,虽有,不为灾。古者,日在北陆,而藏冰;西陆,朝觌而出之。其藏冰也,深山穷谷,固阴凝寒,于是乎取之。其出之也,朝之禄位,宾、食、丧、祭,于是乎用之。其藏之也,黑牡、秬黍,以享司寒。其出之也,桃弧、棘矢,以除其灾。其出入也时。

"食肉之禄,冰皆与焉。大夫命妇,丧浴用冰。祭寒而藏之,献羔而启之,公始用之。火出而毕赋。自命夫、命妇,至于老、疾,无不受冰。山人取之,县人传之,舆人纳之,隶人藏之。

"夫冰以风壮,而以风出。其藏之也周,其用之也遍,则冬无愆阳,夏无伏阴,春无凄风,秋无苦雨,雷不出震,无灾霜雹,疠疾不降,民不夭疫。

"今藏川池之冰,弃而不用。风不散而杀,雷不发而震。雹之为灾,谁能御之?《七月》之卒章,藏冰之道也。"

《七月》写十二个月里的劳作和收获,其卒章有:"二之日凿冰冲冲,三之日纳于凌阴。四之日其蚤,献羔祭韭。"写取冰、藏冰、用冰前的献祭。

《七月》首章为:"七月流火,九月授衣。一之日觱①发,二之日栗烈。无衣无褐②,何以卒岁?三之日于耜,四之日举趾。同我妇子,馌彼南亩。田畯至喜。"

一之日、二之日、三之日、四之日,为农历十一月、十二月、一月、二月。"七月流火"指农历七月,大火星由正南方逐渐西沉,天气转凉。大火星,为二十八宿之东方苍龙七宿之第五宿星宿中的第二颗星。《七月》用夏历。

九月筑场圃,十月纳禾稼。黍稷重穋,禾麻菽麦。嗟我农夫,我稼既同,上入执宫功。昼尔于茅,宵尔索绹③,亟其乘屋,其始播百谷。

——《诗经》之《豳风·七月》

十二月乙卯日,叔孙豹去世,谥穆,史称叔孙穆子、穆叔。

当初,穆叔刚出生,其父庄叔,即叔孙得臣,用《周易》为之筮卦,得《明夷》之《谦》,拿给卜人楚丘看。

卜楚丘说:"是将行,而归为子祀。以谗人入,其名曰牛,卒以馁死。《明夷》,日也。日之数十,故有十时,亦当十位。自王以下,其二为公,其三为卿。日上其中,食日为二,旦日为三。《明夷》之《谦》,明而未朗,其当旦乎,故曰:'为子祀'。日之《谦》,当鸟,故曰'明夷于飞'。明之未朗,故曰'垂其翼'。象日之动,故曰'君子于行'。当三在旦,故曰'三日不食'。《离》,火也;《艮》,山也。火焚山,山败。于人为言,败言为谗,故曰'有攸往,主人有言',言必谗也。纯《离》为牛,乱世谗胜,胜将适《离》,故曰'其名曰牛'。《谦》不足,飞不翔,垂不峻,翼不广,故曰'其为子后乎'。吾子,亚卿也,抑小不善终。"

---

①觱 bì ②褐 hè ③绹 táo

早先,叔孙豹担心其兄侨如祸鲁会牵连自己而奔齐。至庚宗,遇一妇人,穆子请其私下弄吃的,并在其家借宿。妇人问穆子出行之故,穆子告之缘由,妇人哭着为他送行。

在齐国,叔孙豹娶国氏之女,生孟丙、仲壬。穆子梦天压住自己,他支撑不住,环顾四周,见一人,肤色黝黑,上身伛①偻②,眼窝深陷,嘴似公猪喙③。穆子大喊:"牛!助余!"那人帮忙,穆子撑住了天。早晨,穆子召见手下,无人似梦中人,遂提醒自己:"记住此长相。"

其后,叔孙侨如奔齐,穆子招待侨如,侨如说:"鲁以先子之故,将存吾宗,必召汝。召汝,何如?"穆子说:"愿之久矣。"

鲁人召穆子,穆子不与侨如告别即回鲁。

睽之大有:见舆曳,其牛掣④,其人天且劓。无初,有终。 ——《易经》

穆子继叔孙卿位后,当初在庚宗留其食宿的妇人前来献雉。穆子问其是否有子,妇人说:"余子长矣,能奉雉而从我矣。"穆子召见孩子,正与梦中人一模一样。穆子未问其名,高声叫:"牛!"孩子答:"唯。"穆子召集手下人,使之照看牛,并使牛为小臣。竖牛有宠于穆子,长大后穆子使其主管家政。

穆子在齐时,齐公孙明与之交好。穆子返鲁后,未接回夫人国姜,公孙明娶了国姜。穆子恼怒,不接回二子。直至孟丙、仲壬长大后才使人接二子来鲁。

维桑与梓,必恭敬止。靡瞻匪父,靡依匪母。不属于毛?不罹于里?天之生我,我辰安在? ——《诗经》之《小雅·小弁》

---

①伛 yǔ ②偻 lǚ ③喙 huì ④掣 chè

这年,穆子在丘蕕田猎而染病。竖牛要乱叔孙家室以便自己占有,强行与孟丙盟,孟丙不肯。

穆子为孟丙铸了一口钟,说:"尔未交际,吾飨大夫以落成之。"

孟丙做好飨礼准备,使竖牛请示日期。竖牛进入穆子室,未言及孟丙及其所请,出来后,假传日期。宾客到来,穆子听到钟声。

竖牛说:"孟有北妇人之客。"所谓北妇人,指穆子的齐国夫人国姜;客,指国姜现任丈夫公孙明。

穆子大怒,要前去,竖牛阻止。宾客散尽后,穆子使竖牛拘孟丙,竖牛杀孟丙于郊外。

> 剥之颐:剥床以足,蔑贞,凶。　　——《易经》

竖牛又强行与仲壬盟,仲壬不肯。

仲壬与鲁昭公的御者莱书在公宫游玩,鲁昭公赐之玉环。回家后,仲壬使竖牛拿玉环给穆子看。竖牛进入后,不对穆子言及昭公赐玉,出来后,假传穆子之命,命仲壬佩戴玉环。

竖牛对穆子说:"见仲于君,何如?"

叔孙说:"何为?"

竖牛说:"不见,既自见矣。公与之环而佩之矣。"

穆子恼怒,逐仲壬,仲壬奔齐。穆子病重后,令召仲壬,竖牛答应而不召。

> 营营青蝇,止于榛。谗人罔极,构我二人。
> ——《诗经》之《小雅·青蝇》

叔孙家宰杜洩见穆子,穆子告之以自己又饥又渴,给杜洩戈,使之杀竖牛。

杜洩说:"求之而至,又何去焉?"

杜洩嘱人给穆子送饭,竖牛对送食者说:"夫子病重,不欲见人。"命置食物于厢房。竖牛不送给穆子,倒空食具,命撤走。

十二月癸丑日,穆子吃不到任何食物。乙卯日,穆子饿死。竖牛立穆子庶子叔孙婼,自己相之。叔孙婼:史称叔孙昭子。

> 彼谮人者,谁适与谋?取彼谮人,投畀豺虎。豺虎不食,投畀有北。有北不受,投畀有昊!
> ——《诗经》之《小雅·巷伯》

鲁昭公使杜洩葬穆子。竖牛贿叔仲昭子与季氏家臣南遗,要二人在季孙面前陷害杜洩,以便去掉杜洩。叔仲昭子:叔仲带。

杜洩将以周王所赐路车随葬,并用卿的葬礼。

南遗对季孙说:"叔孙未乘路,葬焉用之?且冢卿无路,次卿以路葬,不亦背乎?"

季孙说:"然。"要杜洩放弃以路车随葬。

杜洩不肯,说:"夫子受命于朝,而聘于王。王思旧勋而赐之路,复命而致之君,君不敢逆王命而复赐之,使三官书之。吾子为司徒,实书名。夫子为司马,与工正书服。孟孙为司空,以书勋。今死而弗以,是弃君命也。书在公府而弗以,是废三官也。若命服,生弗敢服,死又不以,将焉用之?"

季孙同意以路车随葬。

> 坎之比:坎有险,求小得。　　　——《易经》

不日,季孙谋划废除中军,以削弱公室。竖牛为逢迎季孙,说:"夫子固欲去之。"

来年,前537年,正月,鲁国废除中军。在施氏家谋议,在臧氏家决定。当初设置中军时,三分公室之师,三桓各管其一。废除中军时,四分公室,季氏取二,孟氏、叔孙氏各一。

季孙带来策书使杜洩向叔孙穆子的灵柩报告,说:"子固欲毁中军,既毁之矣,故告。"

杜洩说:"夫子唯不欲毁也,故盟诸僖闳,诅诸五父之衢。"说着,接过策书扔在地上,率手下哭灵。

> 坎之师:坎不盈,祇既平,无咎。 ——《易经》

仲壬闻丧,自齐返鲁,季孙要立其继叔孙氏。南遗说:"叔孙氏厚则季氏薄。彼实家乱,子勿与知,不亦可乎?"

南遗使国人助竖牛在大库之庭攻仲壬,司宫射之,仲壬中目而死。竖牛取鲁东境叔孙氏三十邑送给南遗。

叔仲昭子对季孙说:"带受命于子叔孙,曰'葬鲜者自西门'。"鲜者,此指非正常死亡者。

季孙命杜洩自西门出殡。

杜洩说:"卿丧自朝,鲁礼也。吾子为国政,未改礼,而又易之。群臣惧死,不敢从也。"鲁卿出殡,走生前朝觐之正路。

杜洩葬毕穆子,未回家即出走。

> 遁,亨,小利贞。 ——《易经》

叔孙诺即位,召集家众,说:"竖牛祸叔孙氏,使乱大节,杀嫡立庶,又割其邑,将以赦罪,罪莫大焉。必速杀之。"

竖牛恐惧,奔齐。孟丙、仲壬之子杀竖牛于塞关之外,投其首于宁风之棘上。

仲尼说:"叔孙昭子之不酬竖牛,难能也。周任有言曰:'为政者不赏私劳,不罚私怨。'《诗》云:'有觉德行,四国顺之。'"

> 家人之渐:闲有家,悔亡。 ——《易经》

第一百一十七回 晋叔侯辨礼别仪 越大夫会楚伐吴

前537年春,鲁昭公如晋,自郊劳至赠贿,无一失礼。

晋平公对女叔齐说:"鲁侯不亦善于礼乎?"

叔侯说:"鲁侯焉知礼?"

晋平问:"何为?自郊劳至于赠贿,礼无违者,何故不知?"

司马侯说:"是仪也,不可谓礼。礼,所以守其国,行其政令,无失其民者也。今政令在家,不能取也。有子家羁,弗能用也。奸大国之盟,陵虐小国。利人之难,不知其私。公室四分,民食于他。思莫在公,不图其终。为国君,难将及身,不恤其所。礼之本末,将于此乎在,而屑屑焉习仪以亟。言善于礼,不亦远乎?"子家羁:庄公玄孙,公孙归父子家之孙。

君子说:"叔侯于是乎知礼。"

礼之于正国家也,如权衡之于轻重也,如绳墨之于曲直也。故人无礼不生,事无礼不成,国家无礼不宁。

——《荀子》

夏,莒牟夷以牟娄、防及兹三地奔鲁。莒人告于晋。

晋平公要扣留鲁昭公,范献子说:"不可。人朝而执之,诱也。讨不以师,而诱以成之,惰也。为盟主而犯此二者,无乃不可乎?请归之,间而以师讨焉。"

晋平使鲁昭归。七月,昭公回至国。莒人伐鲁,却不设防。戊辰日,叔弓趁莒师未列阵发起攻击,在蚡泉击败莒师。

这年冬,秦景公去世,秦哀公继位。秦后子在晋五年而返秦。

前536年夏,鲁季孙宿如晋,拜晋未追究鲁国受莒邑。

晋平公享季孙,所陈笾豆多于规定之数。

季武子退出,使行人转述说:"小国之事大国也,苟免于讨,不敢求贶。得贶不过三献。今豆有加,下臣弗堪,无乃戾也。"

韩宣子说:"寡君以为欢也。"

季武子说:"寡君犹未敢,况下臣,君之隶也,敢闻加贶?"

武子坚请撤除加笾,然后接受享礼。晋人认为其知礼,加重馈赠之币。

> 节之巽:安节,亨。　　　　　　——《易经》

前542年冬,吴君夷末使屈狐庸聘于晋,增进两国交流。

赵文子问狐庸:"延州来季子其果立乎?巢陨诸樊,阍戕戴吴,天似启之,何如?"戴吴,即馀祭。六年前,诸樊被楚人杀于巢,两年前,馀祭被阍所杀。赵文子说似乎天想尽早传位于季子。

狐庸说:"不立。是二君之命也,非启季子也。若天所启,其在今嗣君乎。甚德而度,德不失民,度不失事,民亲而事有序,其天所启也。有吴国者,必此君之子孙实终之。季子,守节者也。虽有国,不立。"

> 大德不官,大道不器,大信不约,大时不齐。
> ——《礼记》之《学记》

前537年十月,楚灵率诸侯及东夷伐吴,报上年冬吴占领棘、栎、麻。参与者有:蔡侯、陈侯、许男、顿子、沈子、徐人、越人。

薳射率繁扬之师会楚灵于夏汭。

越大夫常寿过率师会楚灵于琐。

得知吴师出动,薳启疆率师追击,猝不及防,被吴人击败于鹊岸。楚灵乘驿车赶至罗汭。

> 震之噬嗑:震索索,视矍矍,征凶。震不于其躬,于

其邻,无咎。
　　　　　　　　　　　　　　　　——《易经》

吴子使其弟蹶①由犒劳楚师,楚人执之,将以其衅鼓。

楚灵使人问蹶由:"汝卜来吉乎?"

蹶由说:"吉。寡君闻君将治兵于敝邑,卜之以守龟,曰:'余亟使人犒师,请行以观君怒之疾徐,而为之备,尚克知之。'龟兆告吉,曰:'克可知也。'君若欢焉,好迎使臣,滋敝邑休殆,而忘其死,亡无日矣。今君奋焉,震电盛怒,虐执使臣,将以衅鼓,则吴知所备矣。敝邑虽羸,若早修缮,其可以息师。难易有备,可谓吉矣。且吴社稷是卜,岂为一人?使臣获衅军鼓,而敝邑知备,以御不虞,其为吉孰大焉?国之守龟,其何事不卜?一臧一否,其谁能常之?城濮之兆,其报在邲。今此行也,其庸有报志?"

楚灵乃不杀蹶由。

　　困之坎:来徐徐,困于金车,吝,有终。
　　　　　　　　　　　　　　　　——《易经》

楚师自罗汭渡河,沈尹赤与楚灵会合,驻师莱山。薳射率繁扬之师先入南怀,楚师随后。至汝清,吴国已有防备,楚师不得入。楚灵阅兵于坻②箕之山。

因吴国早有防备,楚人此次出兵无功而返,只带回吴蹶由。楚灵惧吴人偷袭,使沈尹射待命于巢,薳启疆待命于雩娄。

　　屯之既济:即鹿无虞,惟入于林中,君子几不如舍,
　　往吝。　　　　　　　　　　　　——《易经》

前536年六月,楚公子弃疾如晋,回报韩子送亲。过郑,郑罕虎、公孙侨、游吉跟随郑简公劳于栎,弃疾辞谢不敢劳郑伯来见。

---

①蹶 guì　②坻 chí

郑人坚持,弃疾才见郑伯。弃疾见郑简公如见楚君同样恭敬,并以己之乘马八匹为私见礼物。见子皮如见己国上卿同样谨慎,送马六匹。见子产,送马四匹。见子大叔,送马二匹。

弃疾对手下割草放牧打柴者下禁令:不许进入农田,不许砍伐树木,不许采摘果蔬,不许拆毁民居,不许强行索取。立下誓言说:"有犯命者,君子废,小人降。"

他们所居宾馆不受糟蹋,主人不觉烦扰。往来皆如此。郑三卿皆知其将为楚君。

家人之既济:有孚,威如,终吉。 ——《易经》

当初,韩宣子适楚,楚子未使人迎接。楚公子弃疾到达晋境,晋平公也想不使人迎接。

叔向说:"楚僻我衷,若何效僻?《诗》曰:'尔之教矣,民胥效矣。'从我而已,焉用效人之僻?《书》曰:'圣作则。'无宁以善人为则,而则人之僻乎?匹夫为善,民犹则之,况国君乎?"

晋平公听叔向之言有理,使人迎楚公子。

大有之乾:厥孚交如,威如,吉。 ——《易经》

司马侯去世后,叔向见到司马侯之子,抚之而泣,说:"自此其父之死,吾蔑与比而事君矣。昔者,此其父始之,我终之;我始之,夫子终之,无不可。"

籍偃在一旁,说:"君子有比乎?"

叔向说:"君子比而不别。比德以赞事,比也。引党以封己,利己而忘君,别也。"

孔子曰:"君子矜而不争,群而不党。"

——《论语》

(笔者释:叔向的"比而不别",义同孔子所言"群而不党"。"矜而不争,群而不党"。矜:直。《说文》:"矜,矛柄也。"转借为"直"。君子就事论事,而不争善、不争功;相处共事,而不结党营私。不同时期、不同诸侯国,有类似的表达,但用词、词意有别。前文赵盾曾说"事君者比而不党。夫周以举义,比也;举以其私,党也。"后文晋大夫说"择善而从之曰比",在晋国,"比"是正面的。)

第一百一十八回　子产救世铸刑鼎　公孙安民论魄魂

前538年九月,郑子产用丘赋,以丘为单位收赋。国人非议,说:"其父死于路,已为虿尾,以令于国,国将若之何?"

子宽转告子产。

子产说:"何害?苟利社稷,死生由之。且吾闻为善者不改其度,故能有济也。民不可逞,度不可改。《诗》曰:'礼义不愆,何恤于人言。'吾不迁矣。"

浑罕说:"国氏其先亡乎?君子作法于薄,其敝犹贪。作法于贪,敝将若之何?姬在列者,蔡及曹、滕,其先亡乎?受逼而无礼。郑先卫亡,受逼而无法。政不循法,而制于心。民各有心,何上之有?"浑罕,即子宽。

> 我无事而民自富,我无为而民自化,我好静而民自正,我欲不欲而民自朴。　　　　——《老子》

前537年春,郑罕虎如齐,迎娶子尾之女。晏子急忙见罕虎,陈桓子问其故,晏子说:"能用善人,民之主也。"

> 孔子曰:"见善如不及,见不善如探汤。"
> 　　　　——《论语》

前536年三月,郑国铸刑法于鼎。

晋叔向使人送书信给子产,说:"始吾有望于子,今则已矣。昔先王议事以制,不为刑法,惧民之有争心也。犹不可禁御,是故闲之以义,纠之以政,行之以礼,守之以信,奉之以仁,制为禄位,以劝其从,严断刑罚,以威其淫。惧其未也,故诲之以忠,耸之以行,教之以务,使之以和,临之以敬,莅之以强,断之以刚。犹求圣哲之上,明察之官,忠信之长,慈惠之师,民于是乎可任使也,而不生祸乱。

"民知有刑,则不忌于上,并有争心,以征于书,而侥幸以成之,弗可为矣。夏有乱政,而作《禹刑》。商有乱政,而作《汤刑》。周有乱政,而作《九刑》。三刑之兴,皆叔世也。

"今吾子相郑国,作封洫,立谤政,制叁刑,铸刑书,将以靖民,不亦难乎?

"《诗》曰:'仪式刑文王之德,日靖四方。'又曰:'仪刑文王,万邦作孚。'如是,何刑之有?民知争端矣,将弃礼而征于书。锥刀之末,将尽争之。乱狱滋丰,贿赂并行,终子之世,郑其败乎?肸闻之:'国将亡,必多制。'其此之谓乎?"

> 天下多忌讳,而民弥叛;民多利器,而邦滋昏;人多智,而奇物滋起;法物滋彰,盗贼多有。 ——《老子》

子产回信给叔向,说:"若吾子之言,侨不才,不能及子孙,吾以救世也。既不承命,敢忘大惠?"

晋士文伯说:"火星见,郑其火乎?火星未出而作火,以铸刑器,藏争辟焉。火而象之,不火何为?"

六月丙戌日,郑有天火。

> 有状混成,先天地生。寂穆、独立、不改,可以为天下母。未知其名,字之曰道,吾强为之名曰大。大曰逝,逝曰远,远曰反。天大、地大、道大、王亦大。国中有四大焉,王居一焉。人法地,地法天,天法道,道法自然。 ——《老子》

来年,前535年,夏,子产聘于晋。

晋侯有疾，韩宣子迎客，私对子产说："寡君寝疾，于今三月矣，并祷群望，有加而无减。今梦黄熊入于寝门，其何厉鬼也？"

子产说："以君之明，子为大政，其何厉之有？昔尧放鲧于羽山，其神化为黄熊，以入于羽渊，实为夏郊，三代祀之。晋为盟主，其或者未之祀也乎？"

韩宣子祭鲧，晋侯之疾好转。晋侯赐子产莒之二方鼎。

鹤鸣于九皋，声闻于天。鱼在于渚，或潜在渊。乐彼之园，爰有树檀，其下维榖。它山之石，可以攻玉。

——《诗经》之《小雅·鹤鸣》

子产为丰施归还州田给韩宣子，说："曰君以夫公孙段为能任其事，而赐之州田，今无禄早逝，不获久享君德。其子弗敢有，不敢以闻于君，私致诸子。"丰施：子丰之孙，公孙段伯石之子。

韩宣子推辞。

子产说："古人有言曰：'其父析薪，其子弗克负荷。'施将惧不能任其先人之禄，其况能任大国之赐？纵吾子为政而可，后之人若逢有疆埸之言，敝邑获戾，而丰氏受其大讨。吾子取州，是免敝邑于戾，而建置丰氏也。敢以为请。"

韩宣子受州田，转告晋平公。平公以州县给韩宣子。韩宣子因当初的话，对拥有州县感到不安，而与乐大心换原县。

豫之小过：盱豫，悔；迟，有悔。　　——《易经》

郑人被伯有的鬼魂惊扰，有人说"伯有至矣"，众人遂皆奔逃，慌不择路。铸刑书之年的二月，有人梦见伯有穿甲走在路上，说："壬子，余将杀带也。明年壬寅，余又将杀段也。"带，指驷带，驷带

---

①盱 xū

曾助子皙杀伯有。段：公孙段。

壬子日，驷带果然去世。国人日益恐惧。此年正月壬寅日，公孙段去世，国人愈加惊恐不安。次月，子产立子孔之子公孙洩及伯有之子良止为大夫，承其家族祭祀，以安国人，此事得以平息。

子大叔问其故，子产说："鬼有所归，乃不为厉，吾为之归也。"

大叔问："公孙洩何为？"子大叔之意，子孔未为厉。

子产说："悦民也。为身无义而图悦，民必惑，故从政有所反之，以取悦民也。不悦，民不信。不信，民不从也。"

伯有作乱而死，不应立其后。但若不立，则民惊恐不安；若立，显得是因妖鬼而立，民众又会困惑。故子产同时立子孔之后，以此表明是为无后的公子、公孙立后，而取悦民心。

> 君子以莅众，用晦而明。　　——《易传》

子产在晋，赵景子问及此事，说："伯有犹能为鬼乎？"赵景子：赵武之子赵成。

子产说："能。人生始化曰魄，既生魄，阳曰魂。用物精多，则魂魄强。是以有精爽，至于神明。匹夫匹妇强死，其魂魄犹能凭依于人，以为淫厉。况良霄，我先君穆公之胄，子良之孙，子耳之子，敝邑之卿，从政三世矣。郑虽无腆，抑谚曰'尔小国'，而三世执其政柄，其用物也宏矣，其取精也多矣。其族又大，所凭厚矣。而强死，能为鬼，不亦宜乎？"

子产之意：人一出生即有形体，这叫魄，附着于魄的阳气为魂，即人的精神之气。权高势大财物多者，其魂魄皆强。魂魄强的人死后就能成为精爽，甚至神明。但若是强死，则可能成为厉鬼。强死指非久病而死，也非老死，而是在体能很强时非正常死亡。魄字后起，表霸字的本义，指阴历月初看到的月，有形影而无光，故也指与人的精神之气相对的形体。

魂气归于天，形魄归于地。

——《礼记》之《郊特牲》

马师公孙鉏与子皮同为罕族，是公子喜子罕之子，公孙舍之子展之弟，罕虎子皮的叔叔。罕族之人饮酒无度，导致马师氏与子皮氏相恶。年初，公孙鉏之子罕朔杀子皮弟罕魋，而后奔晋。

韩宣子问子产如何安排罕朔。

子产说："君之羁臣，苟得容以逃死，何位之敢择？卿违，从大夫之位，罪人以其罪降，古之制也。朔于敝邑，亚大夫也，其官，马师也。获戾而逃，唯执政所置之。得免其死，为惠大矣，又敢求位？"

宣子认为子产敏慧，使罕朔位列下大夫，只降了一级。

无若殷王受之迷乱，酗于酒德哉。　——《尚书》

第一百一十九回　齐景请晋伐北燕　鲁昭赴楚贺章华

齐子尾心患闾丘婴,欲杀之,使其率师伐鲁阳州。鲁人问齐何故用师。

前542年五月,子尾杀闾丘婴以取悦鲁师。工偻洒、渻①灶、孔虺、贾寅奔莒。子尾又逐群公子。

前539年八月,齐景公田猎于莒,卢蒲嫳求见,哭泣请求说:"余发如此种种,余奚能为?"言己衰老,不能再为害,欲以求归。

景公说:"诺,吾告二子。"

景公回朝后,转告子尾和子雅。子尾想同意,子雅不许,说:"彼其发短而心甚长,其或寝处我矣。"

九月,子雅放逐卢蒲嫳于北燕。

十月,公孙灶去世。大夫司马灶见晏子,说:"又丧子雅矣。"

晏子说:"惜也!子旗不免,殆哉!姜族弱矣,而妫将始昌。二惠竞爽,犹可,又弱一个焉,姜其危哉。"二惠:子雅和子尾。

　　睽,小事吉。　　　　　　　　　　——《易经》

北燕简公多嬖宠,想去大夫而立其宠人。

前539年冬,诸大夫合谋杀简公外嬖。燕简公惧而奔齐。

前536年十一月,齐景公如晋,请伐北燕。士鞅迎之于黄河。晋侯许齐侯之请。

十二月,齐景公率师伐北燕,将纳北燕简公。

晏子说:"不入。燕有君矣,民不贰。吾君好贿,左右谄谀,作大事不以信,未尝可也。"

---

①渻 shěng

前535年正月,燕人贿齐景公,齐侯受贿,请与北燕讲和。

癸巳日,齐侯驻师于燕地虢。燕人来和谈,说:"敝邑知罪,敢不听命?先君之敝器,请以谢罪。"

齐公孙晳说:"受服而退,俟衅而动,可也。"

二月戊午日,齐、燕在濡水结盟。燕人嫁燕姬于齐侯,赂以瑶瓮、玉椟①、玉爵。齐人放弃初衷,班师回国。

五年后,北燕唐地人愿接受北燕伯,齐高偃送北燕伯至唐。

孔子曰:"吾未见刚者。"或对曰:"申枨。"子曰:"枨②也欲,焉得刚?" ——《论语》

前536年九月,徐大夫仪楚聘于楚,楚灵扣留仪楚,仪楚逃归。

楚人惧徐叛,使薳洩率师伐徐。吴人救徐。

楚令尹子荡率师伐吴,自豫章出兵,驻师于楚东境乾谿,自此出击攻入吴境。

吴人在房钟击败楚师,擒获宫厩尹弃疾。

子荡归罪于薳洩而杀之。

冬,鲁叔弓如楚聘,且吊败。

四牡彭③彭,王事傍傍。嘉我未老,鲜我方将。旅力方刚,经营四方。 ——《诗经》之《小雅·北山》

楚灵为令尹时,以楚君所用旌旗田猎。芋尹无宇斩断旌旗的流苏,说:"一国两君,其谁堪之?"

楚灵即位后,建章华之宫,接纳逃亡者充实其宫。无宇的看门人有罪逃入宫内,无宇要进宫追捕。

———————

①椟 dú ②枨 chéng ③彭 bāng

管理宫殿的有司不许无宇进入,说:"执人于公宫,其罪大矣。"执无宇见楚灵。

楚灵正要饮酒,无宇说:"天子经略天下,诸侯封疆有定,古之制也。封略之内,何非君土?食土生之物,谁非君臣?故《诗》曰:'普天之下,莫非王土。率土之滨,莫非王臣。'天有十日,人有十等,下所以事上,上所以供神也。故王臣公,公臣大夫,大夫臣士,士臣皂,皂臣舆,舆臣隶,隶臣僚,僚臣仆,仆臣台。马有圉,牛有牧,以待百事。

"今有司曰:'汝胡执人于公宫?'将焉执之?周文王之法曰'有亡,大搜',所以得天下也。吾先君文公,作《仆区》之法,曰'盗所隐器,与盗同罪',所以启疆北至汝水也。若从有司,是无所执逃臣也。逃而舍之,是无陪台也。君事无乃阙乎?昔武王数纣之罪,以告诸侯曰:'纣为天下逋逃主,萃渊薮。'故夫皆致死讨纣焉。君始求诸侯而效纣,无乃不可乎?若以二文之法取之,盗有所在矣。"

楚灵说:"取尔臣以往,盗有宠,未可得也。"

> 子贡曰:"纣之不善,不如是之甚也。是以君子恶居下流,天下之恶皆归焉。" ——《论语》

前535年春,楚灵费时在章华所建宫殿竣工,名章华台。楚灵要与诸侯庆贺章华台落成。

太宰蒍启疆说:"臣能得鲁侯。"

蒍启疆适鲁,致辞说:"昔先君成公,命我先大夫婴齐曰:'吾不忘先君之好,将使衡父照临楚国,镇抚其社稷,以辑宁尔民。'婴齐受命于蜀,奉承以来,弗敢失陨,而致之于宗祧。往日我先君共公,引领北望,日月以冀。传序相授,于今四君矣。嘉惠未至,唯襄公之辱临我丧。孤与其二三臣,悼心失图,社稷之不暇,况能怀思君德?今君若步玉趾,辱见寡君,宠灵楚国,以信蜀之役,致君之嘉惠,是寡君既受贶矣,何蜀之敢望?其先君鬼神,实嘉赖之,岂唯寡君?君若不来,使臣请问行期,寡君将承质币而见于蜀,以请先君之贶。"

薳启疆所言是五十四年前的事,鲁成公二年冬,楚师入鲁,驻师于蜀,鲁与楚讲和,使衡父为质于楚,公衡半路逃回。蜀之盟,楚共在位,历楚康、郏敖,至楚灵,为四君。

薳启疆先说鲁国人质未至,背蜀之盟,使鲁国自觉理亏,再施以威胁:若鲁君不往楚国,将要问楚师伐鲁日期。

三月,鲁昭公即将前往楚国,梦襄公为之祭路神。

梓慎说:"君不果行。襄公之适楚也,梦周公祭路而行。今襄公祭路,君其不行。"

子服惠伯说:"行。先君未尝适楚,故周公祭以导之。襄公适楚矣,而祭以导。君不行,何之?"

鲁昭公如楚,过郑,郑简公在师之梁城门慰劳昭公。孟僖子陪同鲁昭公,不知相应的仪式。至楚,不知如何答谢郊劳。孟僖子:孟孝伯仲孙羯之子。

楚灵在章华台享鲁昭公,使长须者相礼,享毕,以名为大屈之宝弓送予鲁昭公。既而,楚灵悔。薳启疆得知,见鲁昭,并贺之。

鲁昭公问:"何贺?"

薳启疆说:"齐与晋、越,欲此久矣。寡君无適与也,而传诸君。君其备御三邻,慎守宝矣,敢不贺乎?"

鲁昭公恐惧,把宝弓还给楚灵。

> 无总于货宝,生生自庸。式敷民德,永肩一心。
> ——《尚书》

楚灵与伍举登台,说:"台美夫!"

伍举说:"臣闻国君宠贤以为美,安民以为乐,听德以为聪,致远以为明。不闻其以土木之崇高、彤镂为美,以金石匏竹之昌大、嚚庶为乐;不闻其以观大、视侈、淫色以为明,以察音之清浊为聪。

"先君庄公为鲍居之台,高不过望国氛,大不过容宴豆,木不妨守备,用不烦官府,民不废时务,官不易朝常。问谁宴焉,则宋公、郑伯;问谁相礼,则华元、驷騑;问谁赞事,则陈侯、蔡侯、许男、顿子,其大夫侍之。先君以是除乱克敌,而无恶于诸侯。

"今君为此台也,国民疲焉,财用尽焉,年谷败焉,百官烦焉,举国治之,数年乃成。愿得诸侯与始升焉,诸侯皆拒,无有至者。而后使太宰启疆请于鲁侯,惧之以蜀之役,而仅得以来。使富闲美少赞焉,而使长须之士相焉,臣不知其美也。

"夫美也者,上下、内外、小大、远近皆无害焉,故曰美。若于目观则美,缩于财用则匮,是聚民利以自封而瘠民也,胡美之为?夫君国者,将民之与处;民实瘠矣,君安得肥?且夫私欲弘侈,则德义鲜少;德义不行,则迩者骚离,而远者拒违。天子之贵也,唯其以公侯为官正,而以伯子男为师旅。其有美名也,唯其施令德于远近,而小大安之也。若敛民利以成其私欲,使民耗焉忘其安乐,而有远心,其为恶也甚矣,安用目观?

"故先王之为台榭也,榭不过讲军实,台不过望氛祥。故榭度于大卒之居,台度于临观之高。其所不夺穑地,其为不匮财用,其事不烦官业,其日不废时务。瘠硗^①之地,于是乎为之;城守之余,于是乎用之;官僚之暇,于是乎临之;四时之隙,于是乎成之。故《周诗》曰:'经始灵台,经之营之。庶民攻之,不日成之。经始勿亟,庶民子来。王在灵囿,麀鹿攸伏。'夫为台榭,将以教民利也,不知其以匮之也。若君谓此台美而为之正,楚其殆矣。"

不作无益害有益,功乃成;不贵异物贱用物,民乃足。
——《尚书》

---

①硗 qiāo

因前次晋叔侯未使鲁国尽归杞田,前535年夏,晋人又使鲁国归杞田。季孙要把原属杞的成邑归杞。成邑现归孟孙,孟僖子赴楚未归,谢息是孟氏家臣,在家看守。季孙与谢息商议,谢息不同意。

谢息说:"人有言曰:'虽有挈①瓶之知,守不假器,礼也。'夫子从君,而守臣丧邑,虽吾子亦有猜焉。"谢息之意:虽浅薄之人也知道为人看守器物不可借于他人。现我主随君出行,我在家看守却丢了城邑,连季孙您也会怀疑我不忠。

季孙说:"君之在楚,于晋罪也;又不听晋,鲁罪重矣。晋师必至。吾无以待之,不如与之,间晋而取诸杞。吾与子桃,成返,谁敢有之?是得二成也。鲁无忧,而孟孙益邑,子何病焉?"

谢息以桃地无山而推辞,季孙又给孟氏莱、柞二山,谢息乃自成迁孟氏族人至桃。晋人为杞取成邑。

九月,鲁昭公至自楚。孟僖子为不知礼仪而不满,乃讲习礼仪,凡知礼者,僖子皆从之学。

> 孔子曰:"生而知之者,上也;学而知之者,次也;困而学之,又其次也;困而不学,民斯为下矣。"
> ——《论语》

(笔者释:有困惑还不肯学,这样的人是最不明智的。)

---

①挈 qiè

第一百二十回 梦笸显兆建卫灵 石头出言戒晋平

前535年,四月甲辰日,朔,日食。

晋平公问士文伯:"谁将当日食?"

文伯说:"鲁、卫恶之,卫大鲁小。"

晋平问:"何故?"

文伯说:"去卫地,如鲁地。于是有灾,鲁实受之。其大咎,其卫君乎?鲁将上卿。"

晋平说:"《诗》所谓'彼日而食,于何不臧'者,何也?"

文伯说:"不善政之谓也。国无政,不用善,则自取谪于日月之灾,故政不可不慎也。务三而已,一曰择人,二曰因民,三曰从时。"

> 子张曰:"何谓惠而不费?"孔子曰:"因民之所利而利之,斯不亦惠而不费乎?" ——《论语》

八月戊辰日,卫侯姬恶去世,谥襄,史称卫襄公。

晋大夫对范献子说:"卫事晋为睦,晋不礼焉,庇其贼人,而取其地,故诸侯贰。《诗》曰:'鹡鸰在原,兄弟急难。'又曰:'死丧之威,兄弟孔怀。'兄弟之不睦,于是乎不吊,况远人,谁敢归之?今又不礼于卫之嗣,卫必叛我,是绝诸侯也。"贼人,指孙林父。

范献子转告韩宣子。韩宣子认为言之有理,使范献子如卫吊,并归还戚田。

卫大夫齐恶告丧于周天子,并请赐命。

周景王使成简公如卫吊,并追命卫襄公,说:"叔父陟恪,在我先王之左右,以佐事上帝。余岂敢忘高圉、亚圉?"高圉、亚圉:周人先祖。

卫襄夫人姜氏无子，宠妃婤①姶②生孟絷。孔成子梦康叔对自己说："立元，余使羁之孙圉与史苟相之。"史朝也梦康叔对自己说："余将命尔子苟，与孔烝鉏之曾孙圉相元。"羁：孔成子之子孔羁；史苟：史朝之子。孔烝鉏，即孔成子。

史朝见孔成子，告所梦，二人之梦相合。晋韩宣子开始执政而聘于诸侯之年，婤姶又生一子，取名元。婤姶长子孟絷有足疾，能行走但不利索。

孔成子以《周易》筮卦，说："元尚享卫国，主其社稷。"遇《屯》。

孔成子又筮，改换筮问之辞，说："余尚立絷，尚克嘉之。"遇《屯》之《比》。

孔成子给史朝看。史朝说："元亨，又何疑焉？"

孔成子说："'元'，非长之谓乎？"

《屯》，卦辞为："元亨，利贞，勿用有攸往。利建侯。"《屯》之《比》，卦辞为："磐桓，利居贞，利建侯。"

孔成子第一次筮卦问立次子元的结果，卦辞里有"元亨"，故史朝说不必疑惑，而孔成子疑惑卦辞里的"元"是否指"长"，若是"长亨"，就该立长子孟絷。

史朝说："康叔名之，可谓长矣。孟，非其人也，将不列于宗，不可谓长。且其辞曰'利建侯'。嗣吉，何建？建非嗣也。二卦皆云，子其建之。康叔命之，二卦告之。筮袭于梦，武王所用也，弗从何为？弱足者居，侯主社稷，临祭祀，奉民人，事鬼神，从会朝，又焉得居？各以所利，不亦可乎？"

于是，孔成子、史朝立公子元，史称卫灵公。

> 二人同心，其利断金。　　　　——《易传》

单献公弃用亲属，而重用羁旅之人。十月辛酉日，襄、顷之族

---

①婤 zhōu　②姶 è

杀献公而立其弟单成公。单献公：单靖公之子，单顷公之孙，单襄公曾孙。

十一月癸未日，鲁季孙宿去世，谥号武。

晋平公问伯瑕："吾所问日食，从矣，可常乎？"伯瑕：士文伯。

伯瑕说："不可。六物不同，民心不壹，事序不类，官职不则，同始异终，胡可常也？《诗》曰：'或燕燕居息，或憔悴事国。'其异终也如是。"

晋平问："何谓六物？"

伯瑕说："岁、时、日、月、星、辰，是谓也。"

晋平说："多语寡人辰，而莫同。何谓辰？"

伯瑕说："日月之会，是谓辰，故以配日。"

　　道，可道也，非恒道也。名，可名也，非恒名也。无名，万物之始也；有名，万物之母也。故恒无欲也，以观其妙；恒有欲也，以观其所噭。　　——《老子》

前534年春，晋人传言，魏邑榆里有石头说话，传至晋朝廷。

晋平公问师旷："石何故言？"

师旷说："石不能言，或凭焉。不然，民听误也。抑臣又闻之，曰：'作事不时，怨谤动于民，则有非言之物而言。'今宫室崇侈，民力凋尽，怨谤并作，莫保其生。石言，不亦宜乎？"

晋平公正大建宫殿于虒祁，故师旷如此说。

叔向说："子野之言，君子哉。君子之言，信而有征，故怨远于其身。小人之言，僭而无征，故怨咎及之。《诗》曰：'哀哉不能言，匪舌是出，唯躬是瘁。哿①矣能言，巧言如流，俾躬处休。'其是之谓乎？是宫也成，诸侯必叛，君必有咎，夫子知之矣。"子野，师旷字。

---

①哿 gě

夏,鲁叔弓如晋,贺虒祁宫落成。郑游吉相郑简公如晋,也贺虒祁宫落成。

晋史赵见子大叔,说:"甚哉,其相蒙也!可吊也,而又贺之。"子大叔说:"若何吊也?其非唯我贺,将天下实贺。"

泰,小往大来,吉,亨。　　　　　——《易经》

前533年夏,晋荀盈如齐迎亲,返回时,六月,在戏阳去世。停棺于绛都,未葬。晋平公饮酒奏乐。

膳宰屠蒯快步进入,请助君斟酒,晋平允许。

屠蒯斟乐工师旷,说:"汝为君耳,将司聪也。辰在子、卯,谓之疾日。君撤宴乐,学人舍业,为疾故也。君之卿佐,是谓股肱。股肱或亏,何痛如之?汝弗闻而乐,是不聪也。"

辰在子、卯:商纣死于甲子日,夏桀死于乙卯日,故甲子、乙卯为忌日。股肱或亏,指荀盈去世。

又斟外邑宠臣嬖叔,说:"汝为君目,将司明也。服以表礼,礼以行事,事有其物,物有其容。今君之容,非其物也,而汝不见,是不明也。"

最后,屠蒯自斟自饮,说:"味以行气,气以实志,志以定言,言以出令。臣实司味,二御失官,而君弗命,臣之罪也。"

屠蒯说完,晋平令撤酒撤乐。平公原要废知氏而立外宠为卿,故对荀盈去世不加理会,现因屠蒯之言而改变做法。

八月,晋平公使荀盈之子荀跞佐下军。

无德不贵,无能不官,无功不赏,无罪不罚。

——《荀子》

前532年正月,有客星出现在婺①女宿。

---

①婺 wù

郑裨灶对子产说:"七月戊子,晋君将死。今兹岁星在颛顼之虚,姜氏、任氏实守其地。居其维首,而有妖星焉,告邑姜也。邑姜,晋之妣也。天以七纪。戊子,逢公以登,星斯于是乎出。吾是以讥之。"

姜氏,指齐国。任氏,指薛国。邑姜,齐太公之女,晋始祖唐叔之母。天以七纪:二十八宿分列四方,各七宿。逢公,商朝时居齐地的诸侯,于戊子日去世,也有客星出现。

七月戊子日,晋侯姬彪去世,谥平,史称晋平公。

郑伯如晋,及黄河,晋人辞谢。郑伯返回,游吉如晋吊。

九月,鲁叔孙婼、齐国弱、宋华定、卫北宫喜、郑罕虎、许人、曹人、莒人、邾人、薛人、杞人、小邾人如晋,葬晋平公。

郑子皮出行前,要带觌见新君之财礼。

子产说:"丧焉用币?用币必百辆,百辆必千人。千人至,将不速返。不返,必尽用之。几番千人而国不亡?"

子皮坚持带财礼。葬毕晋平公,诸侯之大夫要求见新君。

鲁叔孙昭子说:"非礼也。"众人不听。

太子使叔向辞谢,说:"大夫之事毕矣,而又命孤。孤斩焉在缞绖之中。其以嘉服见,则丧礼未毕。其以丧服见,是重受吊也。大夫将若之何?"

诸侯之大夫皆无辞以对。

郑子皮用尽所带财礼。回国后,子皮说:"非知之实难,将在行之。夫子知之矣,我则不足。《书》曰:'欲败度,纵败礼。'我之谓矣。夫子知度与礼矣,我实纵欲而不能自克也。"夫子,指子产。

> 知不知,尚矣。不知不知,病矣。是以圣人之不病,以其病病,是以不病。　　——《老子》

第一百二十一回　兄弟阋墙陈国灭　栾高削姜齐陈大

陈哀公元妃郑姬,生悼太子偃师,二妃生公子留,下妃生公子胜。二妃受宠,故公子留有宠于陈哀公,陈哀公把公子留托付给自己两个弟弟司徒招与公子过。

陈哀公生废疾。前534年三月甲申日,公子招、公子过杀太子偃师,而立公子留。四月辛亥日,陈哀公忧愤自缢。大夫干徵师赴告于楚,并告已立新君。

陈公子胜如楚诉公子招与公子过杀太子,楚人杀干徵师。公子留奔郑。公子招归罪于公子过而杀之。

九月,楚公子弃疾率师奉悼太子偃师之子孙吴围陈,宋大夫戴恶率师会楚师。十一月壬午日,楚灭陈,设陈县。

楚灵使穿封戌为陈县尹,说:"城麇之役,不谄。"

穿封戌陪楚灵饮酒,楚灵问:"城麇之役,汝知寡人之及此,汝其避寡人乎?"

穿封戌说:"若知君之及此,臣必致死礼,以息楚国。"

　　国必自伐,而后人伐之。　　——《孟子》

晋平公问史赵:"陈其遂亡乎?"

史赵说:"未也。"

平公问:"何故?"

史赵说:"陈,颛顼之族也。岁在鹑火,颛顼卒灭,陈将如之。今在析木之津,犹将复用。且陈氏得政于齐,而后陈卒亡。自幕至于瞽瞍,无违命。舜重之以明德,置德于遂,遂世守之。及胡公不淫,故周赐之姓,使祀虞帝。臣闻盛德必百世祀,虞之世数未百世也。继守将在齐,其兆既存矣。"

鹑火、析木：星宿名。颛顼、幕：虞舜的先祖。瞽瞍：舜父。遂、胡公：虞舜的后代。

来年，前533年，春，楚灵前往陈地安抚民众，鲁叔弓、宋华亥、郑游吉、卫赵黡会楚灵于陈。

二月庚申日，楚公子弃疾迁许至夷，即原城父，取州来淮北之田补许，伍举授田于许男。然丹迁城父原居民至陈，以濮水以西的夷地补陈。迁方城外之人至原许地。

四月，陈地发生天火。

郑裨灶说："五年，陈将复封。封五十二年而遂亡。"

子产问其故，裨灶说："陈，水属也。火，水妃也，而楚所治也。今火星出而火陈，逐楚而建陈也。妃以五成，故曰五年。岁五及鹑火，而后陈卒亡，楚克有之，天之道也，故曰五十二年。"

返也者，道之动也。弱也者，道之用也。天下之物生于有，生于无。道生一，一生二，二生三，三生万物。

——《老子》

（笔者释：竹简本并无"道生一"及其后的内容，当为后人的注解补充。如果说"道生二，二生三，三生万物"，跟原句相比，如何？道就是一，道生有、无。前句说"天下之物生于有，生于无"，而万物之生离不开道，即"道生之"，故道、有、无为三。）

前534年，七月甲戌日，齐子尾去世。子旗要治理子尾家室，丁丑日，杀子尾家宰梁婴。

八月庚戌日，子旗逐子尾的三位大夫子成、子工、子车，三人皆奔鲁。子旗为子尾之子子良立家宰。子成：齐顷之子公子固；子工：子成之弟公子铸；子车：齐顷之孙公孙捷。

子良的家臣说："孺子长矣，而相吾室，欲兼我也。"

子良听家臣如此说,就听任家臣发放兵甲,将攻子旗。陈桓子与子尾家关系亲密,也发放兵甲,将助子良。有人报告子旗,子旗不信。又有数人来报,子旗前往子良家探听究竟。又有数人告于道,子旗乃改道如陈氏。陈桓子即将率众出发,闻子旗来,回室内换掉戎服,出迎子旗。

子旗问陈桓子有何受命,陈桓子说:"闻彊氏授甲将攻子,子闻诸?"子良:高氏,名彊。

子旗说:"弗闻。"

陈桓子说:"子何不亦授甲?无宇请从。"无宇,陈桓子名。

子旗说:"子胡然?彼孺子也,吾诲之,犹惧其不济,吾又宠秩之。其若先人何?子何不告之?《周书》曰:'惠不惠,茂不茂。'康叔所以行弘大也。"引文出自《尚书·康诰》,意为:施惠于不惠者,劝勉不自勉者。

陈桓子稽颡说:"顷、灵福子,吾犹有望。"

陈桓子劝说子良,高、栾二家和好如初。

> 同人之乾:同人于宗,吝。　　　　——《易经》

齐惠所出栾氏、高氏皆嗜酒,信内多怨,强于陈、鲍而恶之。

前532年夏,有人报告陈氏、鲍氏:"子旗、子良将攻陈、鲍。"

陈桓子授甲,前往鲍氏家,遇子良醉酒驰骋,遂见鲍文子,鲍氏也已授甲。使人探看子旗、子良,二人皆将饮酒。

陈桓子说:"彼言虽不信,闻我授甲,则必逐我。及其饮酒也,先伐诸?"陈、鲍二家关系正密,遂同伐栾氏、高氏。

子良说:"先得公,陈、鲍焉往?"

齐景公不放其入宫,栾、高遂伐宫门虎门。

晏平仲穿朝服立于虎门之外,四族皆召之,他不入任一方。

①颡 sǎng

晏子手下问:"助陈、鲍乎?"

晏子说:"何善焉?"

问:"助栾、高乎?"

晏子说:"庸愈乎?"

问:"然则,归乎?"

晏子说:"君遭伐,焉归?"

景公召,晏子进入公宫。

齐景公占卜使大夫王黑以齐侯之旗率众助阵,吉。王黑请将君旗砍短三尺使用,以示不敢与君同。

五月庚辰日,在稷门交战,栾、高战败,接着,又败于庄街。国人追击,又在鹿门击败栾、高。栾施、高彊奔鲁。

离之贲:突如其来如,焚如,死如,弃如。

——《易经》

冬,叔孙昭子自晋回鲁,大夫皆来见。高彊见过立即退出。

昭子对诸大夫说:"为人子,不可不慎也哉。昔庆封亡,子尾多受邑而稍致诸君,君以为忠而甚宠之。将死,疾于公宫,辇①而归,吾亲推之。其子不能任,是以在此。忠为令德,其子弗能任,罪犹及之,奈何不慎也。丧夫人之力,弃德旷宗,以及其身,不亦害乎?《诗》曰:'不自我先,不自我后。'其是之谓乎?"

孔子曰:"不患无位,患所以立。不患莫己知,求为可知也。"

——《论语》

陈、鲍瓜分栾、高家产。

晏子对陈桓子说:"必致诸公。让,德之主也,让之谓懿德。

---

①辇 niǎn

凡有血气,皆有争心,故利不可强,思义为愈。义,利之本也,蕴利生孽。姑使无蕴乎?可以滋长。"

陈桓子把分得的栾、高家产皆交给齐景公,请在莒邑养老。

十年前,子尾逐群公子,这时,陈桓子召回群公子。召子山,私下备办幄①幕、器用、从者的衣屦,把棘地还给子山。对子商也如此,也归还其食邑。对子周也同样,子周无邑,而予之夫于邑。召回两年前被子旗所逐的子成、子工、公孙捷,并益其俸禄。凡公子、公孙中无禄者,陈桓子皆分之以己邑。国中贫困孤寡者,陈桓子私济以粮,说:"《诗》云'陈锡载周',能施也,桓公是以霸。"

齐景公给陈桓子莒之旁邑,桓子辞谢不受。齐景之母穆孟姬为之请高唐,陈氏由此始大。

> 江海所以为百谷王,以其能为百谷下,是以能为百谷王。圣人之在民前也,以身后之;其在民上也,以言下之。其在民上也,民弗厚也;其在民前也,民弗害也。天下乐进而弗厌。以其不争也,故天下莫能与之争。
>
> ——《老子》

---

① 幄 wò

第一百二十二回　拔本塞源晋伐周　衣寒食饥费归鲁

前533年春,周甘邑大夫襄与晋阎县大夫嘉争阎田。晋梁丙、张趯率阴戎人伐周颍邑。阴戎,即陆浑之戎。

周景王使詹桓伯如晋责问,说:"我自夏以后稷之功,魏、骀、芮、岐、毕,吾西土也。及武王克商,蒲姑、商奄,吾东土也;巴、濮、楚、邓,吾南土也;肃慎、燕、亳,吾北土也。吾何迩封之有?文、武、成、康之建母弟,以蕃屏周,亦其废坠是救,岂如弁髦①,而用以弃之?先王放梼杌于四裔,以御螭魅,故允姓之奸,居于瓜州。

"伯父惠公归自秦,而诱以来,使逼我诸姬,入我郊甸,则戎焉取之。戎有中国,谁之咎也?后稷封殖天下,今戎制之,不亦难乎?伯父图之。我在伯父,犹衣服之有冠冕,木水之有本源,民人之有谋主也。伯父若裂冠毁冕,拔本塞源,专弃谋主,虽戎狄,其何有余一人?"

弁髦,未成年时所用,举行冠礼后便弃之不用。允姓,阴戎之祖。伯父惠公,即晋惠公。

>　日月告凶,不用其行。四国无政,不用其良。彼月而食,则维其常。此日而食,于何不臧。
>　烨②烨震电,不宁不令。百川沸腾,山冢崒③崩。高岸为谷,深谷为陵。哀今之人,胡憯④莫惩。
>　　　——《诗经》之《小雅·十月之交》

叔向对韩宣子说:"文之伯也,岂能改制?佐戴天子,而加之

---

①髦 máo　②烨 yè　③崒 zú　④憯 cǎn

以恭。自文以来,世有衰德,而暴灭宗周,以宣示其侈,诸侯之贰,不亦宜乎?且王辞直,子其图之。"

韩宣子认同叔向之言。周王有姻丧,晋侯使赵成如周吊,送随葬物品,并送还阎田,归还颍俘。周景王也使宾滑执甘大夫襄取悦晋国,晋人以礼相待,使其返周。

投我以桃,报之以李。
——《诗经》之《大雅·抑》

前530年秋,周大夫原伯绞因虐其众臣,其臣成群结队出逃。十月壬申日,朔,原地众人逐绞而立其弟公子跪寻,绞奔郊。

甘简公无子,立其弟过继位,为甘悼公。甘悼公要除甘成公、甘景公之族。成、景之族赂刘定公之子刘献公。

丙申日,杀甘悼公,而立甘成公之孙鳅,为甘平公。

丁酉日,甘平公杀甘悼公同党七人:庾皮之子过、瑕辛、宫嬖绰、王孙没、刘州鸠、阴忌、老阳子。庾皮是献太子之傅。

由老阳子知周都有老氏。很有可能,老阳子即孔子向其问道的老聃族人。此年,孔子二十一岁,尚未入王都问道。

无忿疾于顽,无求备于一夫。必有忍,其乃有济;有容,德乃大。
——《尚书》

前535年十一月癸未日,鲁季武子季孙宿去世。

前534年秋,鲁大蒐于红,革车千乘,东自边境根牟,西至宋、卫边境。

前533年冬,鲁国筑郎囿。季平子欲其速成,叔孙昭子说:"《诗》曰:'经始勿亟,庶民子来。'焉用速成?其以剽民也。无囿犹可,无民其可乎?"季平子:季孙意如,季武子之孙。

子夏为莒父宰,问政。孔子曰:"无欲速,无见小利。欲速,则不达;见小利,则大事不成。"

——《论语》

前532年七月,鲁季孙意如、叔弓、仲孙貜①率师伐莒,攻取郠②邑。在亳社献俘,首次用人祭。仲孙貜:孟僖子。

臧武仲在齐,得知此事,说:"周公其不飨鲁祭乎?周公飨义,鲁无义。《诗》曰:'德音孔昭,视民不佻。'佻之谓甚矣,而人同于畜用之,将谁福哉?"

前531年夏,五月甲申日,鲁昭公之母齐归去世,鲁国大蒐于比蒲,非礼。仲孙貜会邾庄公,盟于祲③祥,修好,合礼。

九月,葬齐归,鲁昭公无哀戚之容。

晋送葬者回国后告知史官赵,史赵说:"必为鲁郊。"

侍者问:"何故?"

史赵说:"归生也,不思亲,祖不归也。"

叔向说:"鲁公室其卑乎?君有大丧,国不废蒐。有三年之丧,而无一日之戚。国不恤丧,不忌君也。君无戚容,不顾亲也。国不忌君,君不顾亲,能无卑乎?殆其失国。"

林放问礼之本。孔子曰:"大哉问!礼,与其奢也,宁俭。丧,与其易也,宁戚。" ——《论语》

前530年夏,鲁昭公如晋。

季平子为政后,对季氏费邑宰南蒯不礼待。南蒯:南遗之子。

南蒯对子仲说:"吾出季氏,而归其室于公。子更其位。我以费为公臣。"子仲:公子慭。

---

①貜 jué ②郠 gěng ③祲 jìn

公子慭许诺。南蒯告知叔仲穆子,并说明缘由。叔仲穆子:叔仲带之子叔仲小。

季平子之父是季悼子季孙纥,季武子去世不久,季悼子也去世。其时,叔孙昭子已再命为卿。两年前,季平子伐莒得胜,以功受三命,叔孙昭子也加至三命。

叔仲小想使季孙与叔孙相怨,对季平子说叔孙昭子:"三命,逾父兄,非礼也。"

季平子说:"然。"要叔孙昭子自请降命。

叔孙昭子说:"叔孙氏有家祸,杀嫡立庶,故婼也及此。若因祸以毙之,则闻命矣。若不废君命,则固有位矣。"

叔孙昭子上朝,命官吏说:"婼将与季氏讼,书辞无颇。"

季平子不敢对讼,归咎于叔仲小。于是,叔仲小、南蒯、公子慭合谋赶走季氏。

公子慭告知鲁昭公,接着,跟随昭公前往晋国。两年前伐莒取郠,莒人诉于晋,晋因有平公之丧而未处理,故晋昭公拒见鲁昭公。

鲁昭公到达黄河而返,使公子慭如晋聘。公子慭在晋,南蒯惧事不成,而以费邑叛鲁投齐。

十月,子仲自晋返,至卫,知国内已乱,遂丢下副手先行回国。及郊,知费邑叛,遂奔齐。

> 解之归妹:无咎。　　　　　　——《易经》

南蒯将叛,其乡人中有人已知其谋,此人经过南蒯时故意叹息,并说:"恤恤乎,湫①乎,攸乎。深思而浅谋,迩身而远志,家臣而君图,有人矣哉。"

---

①湫 qiū

南蒯将从己邑前往费邑,请乡人饮酒。有乡人唱歌:"我有圃,生之杞乎。从我者,子乎?去我者,鄙乎?倍其邻者,耻乎?已乎已乎,非吾党之士乎。"

南蒯筮卦,遇《坤》之《比》,辞为:"黄裳元吉。"自以为是大吉之卦。出示给子服惠伯看,问:"即欲有事,何如?"

> 将叛者其辞惭,中心疑者其辞枝,吉人之辞寡,躁人之辞多,诬善之人其辞游,失其守者其辞屈。
>
> ——《易传》

惠伯说:"吾尝学此矣,忠信之事则可,不然必败。外强内温,忠也;和以率贞,信也,故曰'黄裳元吉'。黄,中之色也;裳,下之饰也;元,善之长也。中不忠,不得其色;下不恭,不得其饰;事不善,不得其极。

"外内倡和为忠,率事以信为恭,供养三德为善,非此三者,弗当此卦。且夫《易》,不可以占险。将何事也?且可饰乎?中美能黄,上美为元,下美则裳,此叁皆成,可筮。犹有阙也,筮虽吉,未也。"

"外强内温,忠也;和以率贞,信也。"杜预认为:比卦,外卦坎水,内卦坤土。《坎》险,故强;《坤》顺,故温。强而能温,所以为忠。水和,而土安正,和、正,信之本也。

黄是中色,而"中"与"忠"对应,若不忠,则不得中,不得中,则"黄"不可得。裳是下装,与人臣相应,为人臣而不恭,就是下不得其饰,则"裳"不足信。元是善之大者,若事不善,则不能对应"元"。如此,"黄裳元吉"的前三皆被否定,说明南蒯所问之事肯定不吉。

接着,又以忠、恭、善说明,若事不合此三者,不可当此好卦。杜预认为"三德"指《尚书·洪范》里的正直、刚克、柔克。正直,即能正己使直;刚克,即刚能立事;柔克,即和柔能治事。刚不至于强,柔不至于弱。

曾子曰:"吾日三省吾身:为人谋而不忠乎?与朋友交而不信乎?传不习乎?"　　——《论语》

季平子要使叔孙昭子逐叔仲小,叔仲小不敢入朝。叔孙昭子令官吏使叔仲小在朝廷等待处理政事,说:"吾不为怨府。"

来年,前529年,春,叔弓率师围费,未攻克,败于费。季平子怒,下令遇见费人即抓作因俘。

大夫冶区夫说:"非也。若见费人,寒者衣之,饥者食之,为之令主,而供其乏困。费来如归,南氏亡矣。民将叛之,谁与居邑?若惮之以威,惧之以怒,民疾而叛,为之聚也。若诸侯皆然,费人无归,不亲南氏,将焉入矣?"

季平子听从劝告,依言而行,费人背叛南氏。

孔子曰:"民之于仁也,甚于水火。水火,吾见蹈而死者矣,未见蹈仁而死者也。"　　——《论语》

(笔者释:民众需要仁,甚于需要水火。有人死于水火,未见有人行仁而死,为何执政者不行仁呢?)

南蒯将叛时,与费人盟。南蒯手下司徒老祁和虑癸二人伪生病,使人请示南蒯,说:"臣愿受盟而疾兴,若以君灵而得不死,请待间而盟。"南蒯许诺。

其后,二人趁费人欲叛南蒯,请与费人盟。众人来结盟,二人趁机劫南蒯,说:"群臣不忘其君,畏子以及今,三年听命矣。子若弗图,费人不忍其君,将不能畏子矣。子何所不逞欲?请送子。"

孔子曰:"道不同,不相为谋。"　　——《论语》

南蒯请给五天期限,然后奔齐。南蒯陪侍齐景公饮酒。

齐景问:"叛夫?"

南蒯说:"臣欲张公室也。"

齐大夫子韩晳说:"家臣而欲张公室,罪莫大焉。"

前528年春,司徒老祁、虑癸以费邑归鲁。齐景公为向鲁国示好,使鲍文子如鲁还归费邑。

解之恒:负且乘,致寇至,贞吝。　　——《易经》

第一百二十三回　楚灵公诱骗灭蔡　右尹革摩厉以须

前531年二月，周景王问苌弘："今兹诸侯，何实吉？何实凶？"

苌弘说："蔡凶。此蔡侯般弑其君之岁也，岁在豕韦，弗过此矣。楚将有之，然壅也。岁及大梁，蔡复，楚凶，天之道也。"

蔡灵侯姬般弑其君，至此十二年。豕韦、大梁：星宿名。

这时，楚灵在申，召蔡灵侯相见，蔡灵侯将往。

蔡大夫说："楚君贪而无信，唯蔡于憾，今币重而言甘，诱我也，不如无往。"

蔡灵侯说不可。三月丙申日，楚灵埋伏好甲士宴飨蔡侯，劝蔡侯饮酒。蔡侯酒醉，楚人执蔡侯。

四月丁巳日，楚人杀蔡灵侯，并杀蔡灵侯手下七十人。楚公子弃疾率师围蔡。

> 不知诸侯之谋者，不能豫交。　——《孙子兵法》

晋韩宣子问叔向："楚其克乎？"

叔向说："克哉。蔡侯获罪于其君，而不能德其民，天将假手于楚以毙之，何故不克？然肸闻之，不信以幸，不可再也。楚君奉孙吴以讨于陈，曰'将定尔国'。陈人听命，而遂县之。今又诱蔡而杀其君，以围其国，虽幸而克，必受其咎，弗能久矣。桀克有缗，以丧其国，纣克东夷，而陨其身。楚小位下，而亟暴甚于二王，能无咎乎？天之假助不善，非祚之也，厚其凶恶，而降之罚也。且譬之如天，其有五材，而将用之，力尽而敝之，是以无拯，不可没而振。"

> 天地不仁,以万物为刍狗。　　——《老子》

楚师在蔡,晋荀吴对韩起说:"不能救陈,又不能救蔡,物以无亲,晋之不能,亦可知也已。为盟主,而不恤亡国,将焉用之?"

秋,晋韩起、鲁季孙意如、齐国弱、宋华亥、卫北宫佗、郑罕虎、曹人、杞人会于厥慭,谋救蔡。

郑子皮出发前,子产说:"行不远,不能救蔡也。蔡小而不顺,楚大而不德,天将弃蔡以壅楚,盈而罚之,蔡必亡矣。且丧君而能守者,鲜矣。三年,楚君其有咎乎?美、恶,周必复,楚君恶将周矣。"

岁星绕行一周十二年,时人认为,善事、恶事,皆有报应,以岁星绕行一周为期。楚灵在位已十年。

晋人使大夫狐父如楚为蔡请,楚人不许。

单成公会韩宣子于戚,视下,言徐。

叔向说:"单子其将死乎?朝有著定,会有表记,衣有襘①,带有结。会朝之言,必闻于表、著之位,所以昭事序也。视不过结、襘之中,所以道容貌也。言以命之,容貌以明之,失则有阙。今单子为王官伯,而命事于会,视不登带,言不过步,貌不道容,而言不昭矣。不道,不共;不昭,不从。无守身之气矣。"

十一月,楚灵灭蔡,用蔡灵侯太子祭祀冈山。

申无宇劝谏楚灵,说:"不祥。五牲不相为用,况用诸侯乎?君必悔之。"楚灵不听。

> 以道莅天下,其鬼不神。非其鬼不神,其神不伤人。非其神不伤人,圣人亦弗伤人。　　——《老子》

楚灵暴虐,白县尹子张屡谏。楚灵厌烦,问史老:"吾欲已子

---

① 襘 guì

张之谏,若何?"

史老说:"用之实难,已之易矣。若谏,君则曰:'余左执鬼中,右执殇宫,凡百箴谏,吾尽闻之矣,宁闻他言。'"

子张又谏,楚灵复述史老之言。

子张说:"昔殷武丁能耸其德,至于神明,以入于河,自河徂亳,于是乎三年,默以思道。卿士患之,曰:'王言以出令也,若不言,是无所禀令也。'武丁于是作书,曰:'以余正四方,余恐德之不类,兹故不言。'如是而又使以象梦旁求四方之贤,得傅说以来,升以为公,而使朝夕规谏,曰:'若金,用汝作砺。若津水,用汝作舟。若天旱,用汝作霖雨。启乃心,沃朕心。若药不瞑眩,厥疾不瘳①。若跣不视地,厥足用伤。'若武丁之神明也,其圣之睿广也,其智之不疚也,犹自谓未乂②,故三年默以思道。既得道,犹不敢专制,使以象旁求圣人。既得以为辅,又恐其荒失遗忘,故使朝夕规诲箴谏,曰:'必交修余,无余弃也?'今君或者未及武丁,而恶规谏者,不亦难乎?

"齐桓、晋文,皆非嗣也,还轸诸侯,不敢淫逸,心类德音,以德有国。近臣谏,远臣谤,舆人诵,以自诰也。是以其入也,四封不备一同,而至于有畿田,以属诸侯,至于今为令君。桓、文皆然,君不度忧于二令君,而欲自逸也,无乃不可乎?《周诗》有之曰:'弗躬弗亲,庶民弗信。'臣惧民之不信君也,故不敢不言。不然,何急其以言取罪也。"

楚灵无奈,说:"子复语,不穀虽不能用,吾愿置之于耳。"

子张说:"赖君用之也,故言。不然,巴浦之犀、氂③、兕、象,其可尽乎,其又以规为瑱④也?"言毕,快步退出,回家,闭门不出。

非知之艰,行之惟艰。　　　　——《尚书》

---

①瘳 chōu　②乂 yì　③氂 máo　④瑱 tiàn

十二月,单成公去世。

楚灵城陈、蔡、不羹,使公子弃疾为蔡公。

楚灵问申无宇:"弃疾在蔡,何如?"

申无宇说:"择子莫如父,择臣莫如君。郑庄公城栎,而置子元焉,使昭公不立。齐桓公城穀,而置管仲焉,至于今赖之。臣闻五大不在边,五细不在庭。亲不在外,羁不在内。今弃疾在外,郑丹在内。君其稍戒。"郑丹即郑子革,为楚右尹。

楚灵说:"国有大城,何如?"

申无宇说:"郑京、栎实杀曼伯,宋萧、亳实杀子游,齐渠丘实杀无知,卫蒲、戚实出献公。若由是观之,则害于国。末大必折,尾大不掉,君所知也。"

> 颠沛之揭,枝叶未有害,本实先拨。殷鉴不远,在夏后之世。　　　——《诗经》之《大雅·荡》

有人向楚灵诬陷成得臣之孙成虎,成虎已知此事,因有宠于楚灵而未出走。前530年夏,楚灵以成虎是若敖氏之余而杀之。

冬,楚灵狩猎于州来,驻师颍尾,使五大夫荡侯、潘子、司马督、嚣尹午、陵尹喜率师围徐以威吴。楚灵驻师乾谿为后援。

> 渐之观:鸿渐于陆,夫征不复,妇孕不育,凶。利御寇。　　　——《易经》

漫天大雪,楚灵头戴皮冠,身穿秦制羽绒衣,外披翠鸟羽披风,脚穿豹皮靴,执鞭而出,大夫析父跟随。

右尹子革傍晚来见。楚灵脱去皮冠、披风,放下皮鞭,对子革说:"昔我先君熊绎,与吕伋①、王孙牟、燮父、禽父,并事康王,四国

---

① 伋 jí

皆有分,我独无有。今吾使人于周,求鼎以为分,王其与我乎?"

熊绎:楚始封君。吕伋:齐太公之子丁公。王孙牟:卫康叔之子。燮父:晋唐叔之子。禽父:周公旦之子。

子革说:"与君哉。昔我先君熊绎,僻在荆山,筚路蓝缕,以处草莽。跋涉山林,以事天子。唯是桃弧、棘矢,以共御王事。齐,王舅也。晋及鲁、卫,王母弟也。楚是以无分,而彼皆有。今周与四国,皆服事君,将唯命是从,岂其爱鼎?"

楚灵说:"昔我皇祖伯父昆吾,旧许是宅。今郑人贪赖其田,而不我与。我若求之,其与我乎?"昆吾是楚祖季连之兄。

子革答:"与君哉!周不爱鼎,郑敢爱田?"

楚灵又说:"昔诸侯远我,而畏晋,今我大城陈、蔡、不羹,赋皆千乘,子与有劳焉。诸侯其畏我乎?"

子革答:"畏君哉!是四国者,专足畏也,又加之以楚,敢不畏君哉?"四国,指陈、蔡、不羹,不羹有新旧二地。

工尹路走出请示楚灵,说:"君命剥圭以饰斧柄,敢请命。"楚灵入内。

析父对子革说:"吾子,楚国之望也。今与君言如响,国其若之何?"

子革说:"摩厉以须,君出,吾刃将斩矣。"

大壮,利贞。　　　　　　　　——《易经》

楚灵返回后继续与子革交谈。左史倚相快步走过。

楚灵说:"是良史也,子善视之。是能读《三坟》《五典》《八索》《九丘》。"

传说《三坟》是伏羲、神农、黄帝之书,《五典》是少昊、颛顼、高辛、唐尧、虞舜之书,《八索》是八卦之说,《九丘》是九州之志。当时已很少有人能读懂。

子革说:"臣尝问焉。昔穆王欲肆其心,周行天下,将皆必有车辙马迹焉。祭公谋父作《祈招》之诗,以止王心。王是以获没于祇宫。臣问其诗,而不知也。若问远焉,其焉能知之?"

楚灵问:"子能乎?"

子革说:"能。其诗曰:'祈招之愔愔,式昭德音。思我王度,式如玉,式如金。形民之力,而无醉饱之心。'"

诗意为:祈招说话发自心,彰明我王德和音。思度我王,润如玉,坚如金,量民之力,无有醉饱心。

楚灵向子革作揖入内,馈不食,寝不寐,如此数日。然而,终不能自制,而不免于难。

仲尼读史至此,说:"古也有志:'克己复礼,仁也。'信善哉!楚灵公若能如是,岂其辱于乾谿?"

颜渊问仁。孔子曰:"克己复礼为仁。一日克己复礼,天下归仁焉。为仁由己,而由人乎哉?"颜渊曰:"请问其目。"子曰:"非礼勿视,非礼勿听,非礼勿言,非礼勿动。"颜渊曰:"回虽不敏,请事斯语矣。"

——《论语》

第一百二十四回　晋昭灭肥会诸侯　子产争贡哭子皮

前530年,三月壬申日,郑简公去世。郑定公继位。要为出殡清道,殡道经游氏祖庙,须拆庙。

子大叔使拆庙者手执工具立于庙旁,而不动手,说:"子产过汝,而问何故不毁,乃曰:'不忍庙也。诺,将毁矣。'"

徒人按吩咐而行,子产使出殡路线避开游氏祖庙。

司墓家有房屋当道,若拆毁,早晨即可葬简公;若不拆,出殡路线绕道远,至中午才得下葬。

子大叔请拆毁,说:"无若诸侯之宾何?"

子产说:"诸侯之宾,能来会吾丧,岂惮日中?无损于宾,而民不害,何故不为?"遂不拆毁司墓家的房屋。

六月,葬郑简公,直至中午才下葬。

君子说:"子产于是乎知礼。礼,无毁人以自成也。"

> 礼以顺人心为本。　　　　　　——《荀子》

夏,齐景公、卫灵公、郑定公同时如晋朝新君。晋昭公宴享诸侯,子产相郑定公,辞享礼,请服丧期满后听命。晋人同意。晋昭与齐景宴饮,中行穆子荀吴相。投壶,晋昭先投。

穆子说:"有酒如淮,有肉如坻①。寡君中此,为诸侯师。"淮,水名。坻是晋国山名。晋昭中壶。

齐景举矢,说:"有酒如渑②,有肉如陵。寡人中此,与君代兴。"渑,齐国水名。齐景也投中。

伯瑕对穆子说:"子失辞。吾固师诸侯矣,壶何为焉?岂以中

---

①坻 chí　②渑 shéng

俊也?齐君弱吾君,归弗来矣。"

穆子说:"吾军帅强御,卒乘竞劝,今犹古也,齐将何事?"

齐公孙傁快步上前,对齐景说:"日旰①,君劳,可以出矣。"说着,与齐景出。

履虎尾,不咥人,亨。　　　　　——《易经》

秋,晋荀吴假托会齐师,借道于白狄的鲜虞国,趁机进入肥国都城昔阳。八月壬午日,荀吴灭肥,俘获肥君绵皋而班师。

冬,晋伐鲜虞。

革之夬:巳日乃革之,征吉,无咎。　——《易经》

诸侯贺晋虒祁宫落成,返回后皆有叛心。因鲁国占取莒地郠之故,晋人要借机率诸侯讨鲁。

叔向说:"诸侯不可以不示威。"叔向知晋德薄,不能以德聚诸侯,只得以武威诸侯。于是,晋人召诸侯聚会,并知会吴国。

前529年七月,晋昭公将与吴君夷末在良地会见。因水道不通,吴君辞谢,晋昭返回。

丙寅日,晋治兵于邾国南境,甲车四千乘,叔向之弟羊舌鲋代理司马,接着,合诸侯于郑地平丘。参与者有刘献公、晋昭公、鲁昭公、齐景公、宋元公、卫灵公、郑定公、曹武公、莒著丘公、邾庄公、滕悼公、薛伯、杞平公、小邾穆公。

子产、子大叔相郑定公赴会。子产以九张幄幕出行。子大叔以四十,既而悔之,每住宿必减,至会址,幄幕同子产之数。

晋师驻于卫地,叔鲋想求货于卫,故意放纵刍荛者。

卫人使大夫屠伯送给叔向羹与一箧②锦,说:"诸侯事晋,未敢携贰,况卫在君之宇下,而敢有异志?刍荛者异于他日,敢请之。"

---

①旰 gàn　②箧 qiè

叔向受羹返锦，说："晋有羊舌鲋者，渎货无厌，亦将及矣。为此事也，子若以君命赐之，其已。"

屠伯按叔向之意，见叔鲋，以卫君之命赠贿，未离开，羊舌鲋即下令禁止刍荛者骚扰卫国。

孔子曰："善不积不足以成名，恶不积不足以灭身。小人以小善为无益而弗为也，以小恶为无伤而弗去也，故恶积而不可掩，罪大而不可解。" ——《易传》

晋人要寻盟，齐人不同意。

晋昭公使叔向告知刘献公，说："抑齐人不盟，若之何？"

刘献公说："盟以致信。君苟有信，诸侯不贰，何患焉？告之以文辞，督之以武师，虽齐不许，君庸多矣。天子之老，请率王赋，'元戎十乘，以先启行'，迟速唯君。""天子之老"指天子之卿大夫。

叔向对齐人说："诸侯求盟，已在此矣。今君弗利，寡君以为请。"

齐人说："诸侯讨贰，则有寻盟。若皆用命，何盟之寻？"

叔向说："国家之败，有事而无业，事则不经。有业而无礼，经则不序。有礼而无威，序则不共。有威而不昭，共则不明。不明弃共，百事不终，所由倾覆也。是故明王之制，使诸侯岁聘以志业，间朝以讲礼，再朝而会以示威，再会而盟以显昭明。志业于好，讲礼于等，示威于众，昭明于神。自古以来，未之或失也。存亡之道，恒由是兴。晋礼主盟，惧有不治，奉承盟牺，而布诸君，求终事也。君曰：'余必废之，何盟之有？'唯君图之，寡君闻命矣。"

齐人恐惧，说："小国言之，大国制之，敢不听从？既闻命矣，敬共以往，迟速唯君。"

叔向对晋侯说："诸侯有间矣，不可以不示众。"

八月辛未日，治兵，建旌而不设旆。壬申日，设旆。诸侯皆敬畏。按当时军法，战则设旆。

> 我出我车,于彼郊矣。设此旐矣,建彼旄矣。彼旟旐斯,胡不旆旆? ——《诗经》之《小雅·出车》

邾人、莒人诉于晋,说:"鲁朝夕伐我,几亡矣。我之不贡,鲁故之以。"

晋昭公因此不见鲁昭公,使叔向推辞,说:"诸侯将以甲戌盟,寡君知不得事君矣,请君无勤。"

子服惠伯说:"君信蛮夷之诉,以绝兄弟之国,弃周公之后,亦唯君。寡君闻命矣。"蛮夷指邾、莒。

叔向说:"寡君有甲车四千乘在,虽以无道行之,必可畏也。况其率道,其何敌之有?牛虽瘠,偾于豚上,其畏不死?南蒯、子仲之忧,其庸可弃乎?若奉晋之众,用诸侯之师,因邾、莒、杞、鄫之怒,以讨鲁罪,间其二忧,何求而弗克?"

鲁人恐惧,只得听命,不参与结盟。

> 曲则全,枉则正,洼则盈,敝则新,少则得,多则惑。
> ——《老子》

癸酉日,晋人使诸侯之大夫听命于临时朝廷,通告结盟日期,令诸侯于甲戌日中午到达结盟处。结盟处是经过整理并加高的坛。退朝后,子产命外仆速至结盟处张幕,子大叔阻止,使外仆待次日。傍晚,子产知仍未张幕,使外仆从速前往。结盟处尽是他国帷幕,已无空地可用。

甲戌日,子产为位次先后、贡赋之数而争论,说:"昔天子班贡,轻重以列,列尊贡重,周之制也。卑而贡重者,甸服也。郑,伯男也,而使从公侯之贡,惧弗给也,敢以为请。诸侯靖兵,好以为事。行理之命,无月不至,贡之无制,小国有阙,所以得罪也。诸侯修盟,存小国也。贡献无极,亡可待也。存亡之制,将在今矣。"

子产自日中争至黄昏,晋人终于允许减轻郑国之贡。

讼之未济：讼，元吉。　　　　　　——《易经》

盟毕，子大叔责备子产，说："诸侯若讨，其可轻乎？"

子产说："晋政多门，贰偷之不暇，何暇讨？国不竞亦陵，何国之为？"

鲁昭公未参与结盟。晋人拘季孙意如，以幕蒙蔽，使狄人看守。狄人随晋人而来。鲁大夫司铎射怀里藏锦，手捧饮水壶，匍匐前往关押季孙处，被看守者发现并阻止。他把锦给看守，得以进入。

坎之困：樽酒，簋贰，用缶，纳约自牖，终无咎。

——《易经》

盟会结束，晋人带季平子回国，子服惠伯跟随。

鲜虞人得知晋师悉数在盟会，而不警戒边境，也不修装备。晋人自盟会返回，至著雍，知鲜虞无备。荀吴率上军自著雍出发，突袭鲜虞，到达中人邑，驱冲车攻击鲜虞，大获而归。

子产在回国途中得知子皮去世，一路痛哭往回赶，说："吾已，无为为善矣，唯夫子知我。"

仲尼说："子产于是行也，足以为国基矣。《诗》曰：'乐只君子，邦家之基。'子产，君子之求乐者也。"又说："合诸侯，议贡事，礼也。"

有冯有翼，有孝有德，以引以翼。恺悌君子，四方为则。

颙颙卬卬，如圭如璋，令闻令望。恺悌君子，四方为纲。

——《诗经》之《大雅·卷阿》

第一百二十五回　楚平即位复陈蔡　吴人败楚灭州来

楚灵为令尹时，杀大司马蒍掩而取其家室。即位后，又夺蒍掩同族蒍居之田。迁许而以其大夫许围为质。

蔡洧有宠于楚灵，而楚灵灭蔡时，蔡洧之父死于楚人之手。楚灵前往乾谿，而使蔡洧参与留守都城。

九年前，申地会盟时，越大夫常寿过受辱，并一直被拘于楚。

楚灵夺鬭韦龟的中犨邑，又夺鬭韦龟之子鬭成然之邑而使其任郊尹，管理郊区大夫。鬭韦龟是令尹子文的玄孙。蔓成然事奉现为蔡公的公子弃疾。蔓成然，即鬭成然，食邑蔓。

蒍氏之族及蒍居、许围、蔡洧、蔓成然，因皆未受楚灵礼待，趁其在外，他们依靠所有丧职之族，诱导越大夫常寿过作乱，围固城，攻克息舟，然后筑城居住其中。

当年观起被楚康车裂，其子观从在蔡，事蔡声子之子朝吴。观从分析时势，对朝吴说："今不封蔡，蔡不封矣。我请试之。"观从遂假借蔡公弃疾之命召子干于晋、召子晳于郑。

前529年四月，子干、子晳到达楚郊，观从方告之以实情，强与之盟，袭蔡。蔡公弃疾正要用餐，得知有袭，立即逃走。观从使子干扮作弃疾用餐，结盟，挖坑用牲，加盟书，然后，使子干快速离开。

观从则在蔡宣扬说："蔡公召二子，将纳之，与之盟而遣之矣，将师而从之。"二子，即子干和子晳。蔡人聚集，要抓观从。

观从辩解说："失贼成军，而杀余，何益？"贼：子干和子晳。

蔡人闻听二子已逃，蔡公已成军，不能逃罪，乃释观从。

朝吴说："二三子若能死亡，则如违之，以待所济。若求安定，则如与之，以济所欲。且违上，何适而可？"上，指蔡公弃疾。

蔡人不愿为楚灵而死,遂选择不违抗蔡公,皆说:"与之。"
于是,蔡人奉蔡公,召二公子,盟于邓,许诺事成复陈、蔡。

> 革,已日乃孚。元亨,利贞,悔亡。 ——《易经》

公子比、公子黑肱、公子弃疾、蔓成然、蔡朝吴率陈、蔡、不羹、许、叶之师,依靠蒍居、许围、蔡洧、蔓成然四族之众,向楚都进发。至楚郊,陈人、蔡人要建壁垒,以向后人明示功绩。

公子弃疾说:"欲速。且役病矣,请藩而已。"

陈人、蔡人筑藩篱为标记。弃疾使须务牟和史猈①先入,依靠正仆人杀楚灵太子禄和公子罢敌。立公子比为君,公子黑肱为令尹,驻师鱼陂。公子弃疾为司马,先清除公宫。

观从前往乾谿楚灵军中,告知师众叛乱之情,鼓动士卒离开楚灵,并说:"先归复所,后者劓。"

楚灵得知反情,率师返回。到达訾梁,军队溃散。

楚灵听说群公子被杀,自车上摔倒车下,侍者扶起后,楚灵问:"人之爱其子也,亦如余乎?"

侍者说:"甚焉。小人老而无子,知挤于沟壑矣。"

楚灵说:"余杀人子多矣,能无及此乎?"

> 子贡问曰:"有一言而可以终身行之者乎?"孔子曰:"其'恕'乎!己所不欲,勿施于人。" ——《论语》

右尹子革说:"请待于郊,以听国人。"

楚灵说:"众怒不可犯也。"

子革又说:"若入于大都,而乞师于诸侯。"

楚灵说:"皆叛矣。"

---

① 猈

子革说:"若亡于诸侯,以听大国之图君也。"

楚灵说:"大福不再,只取辱焉。"

然丹自行返回。楚灵顺汉水往下游走,前往别都鄢城。

芊尹无宇之子申亥说:"吾父再奸君命,君弗诛,惠孰大焉?君不可忍,惠不可弃,吾其从君。"

申亥寻找楚灵,遇之于棘邑巷门,载其回家。

五月癸亥日,楚灵熊虔自缢于芊尹申亥氏家。申亥葬楚灵。隔年,芊尹申亥把楚灵之柩所在报告楚平,楚国改葬楚灵。

> 夬之乾:无号,终有凶。　　　　　　——《易经》

当初,公子围占卜问:"余尚得天下。"不吉。他扔掉龟,诟①天而呼,说:"是区区者而不余畀,余必自取之。"民患楚灵无厌,故从乱如归。

楚共无嫡子,有宠子五人,难以决定立谁。于是,遍祭境内山川,祈祷说:"请神择于五人者,使主社稷。"

以璧示群神,说:"当璧而拜者,神所立也,谁敢违之?"

楚共与巴姬密埋璧于祖庙之庭,使五人斋戒,以长幼顺序入拜。楚康跨过璧,楚灵之肘压在璧上,子干、子皙均距璧很远。楚平尚幼,人抱他进入,两次拜,均压在璧纽上。

鬭韦龟知之,故使其子成然事弃疾。楚灵自立后,鬭韦龟说:"弃礼违命,楚其危哉。"命,指神灵之意。

> 取天下也,恒无事,及其有事也,不足以取天下。
>
> ——《老子》

子干自晋返楚后,韩宣子问叔向:"子干其济乎?"

叔向说:"难。"

---

①诟 gòu

韩宣子说:"同恶相求,如市贾焉,何难?"

叔向说:"无与同好,谁与同恶?取国有五难:有宠而无人,一也;有人而无主,二也;有主而无谋,三也;有谋而无民,四也;有民而无德,五也。

"子干在晋十三年矣,晋、楚之从,不闻达者,可谓无人。族尽亲叛,可谓无主。无衅而动,可谓无谋。为羁终世,可谓无民。亡无爱征,可谓无德。楚子虐而不忌,楚人君子干,涉五难以弑旧君,谁能济之?

"有楚国者,其弃疾乎?君陈、蔡,城外属焉。苟慝不作,盗贼伏隐,私欲不违民事,民无怨心。先神命之,国民信之,芈姓有乱,必季实立,楚之常也。获神,一也;有民,二也;令德,三也;宠贵,四也;居常,五也。有五利以去五难,谁能害之?

"子干之官,则右尹也;数其贵宠,则庶子也;以神所命,则又远之。其贵,亡矣;其宠,弃矣;民无怀焉,国无与焉,将何以立?"

宣子说:"齐桓、晋文,不亦是乎?"

叔向说:"齐桓,卫姬之子也,有宠于僖。有鲍叔牙、宾须无、隰朋以为辅佐,有莒、卫以为外主,有国、高以为内主。从善如流,下善齐肃,不藏贿,不从欲,施舍不倦,求善不厌,是以有国,不亦宜乎?我先君文公,狐季姬之子也,有宠于献。好学而不贰,生十七年,有士五人。有先大夫子馀、子犯以为腹心,有魏犨、贾佗以为股肱,有齐、宋、秦、楚以为外主,有栾、郤、狐、先以为内主。亡十九年,守志弥笃。惠、怀弃民,民从而与之。献无异亲,民无异望,天方相晋,将何以代文?此二君者,异于子干。楚共有宠子,国有内主。无施于民,无援于外,离晋无人送,归楚无人迎,何以冀国?"

革之随:征凶,贞厉,革言三就,有孚。

——《易经》

观从对子干说:"不杀弃疾,虽得国,犹受祸也。"

子干说:"余不忍也。"

观从说:"人将忍子,吾不忍俟也。"观从遂离开子干。

都中夜夜有人惊呼:"君入矣!"

五月乙卯夜,弃疾使人满城奔走大呼:"君至矣!"众人大惊。

弃疾又使蔓成然奔走报告子干、子皙,说:"君至矣!国人杀君之司马,君将来矣!君若早自图也,可以无辱。众怒如水火焉,不可为谋。"司马指弃疾。又有人高呼着跑来说:"众至矣!"子干、子皙不想死于乱众之手,皆自杀。

丙辰日,弃疾即位,改名为熊居,为楚平。

> 鼎之姤:鼎黄耳、金铉,利贞。　　——《易经》

楚平复封陈、蔡。使蔓成然为令尹。葬子干于訾,称为訾敖。杀一囚,穿楚灵之衣,放入汉水漂流,待楚人发现后打捞尸体,安葬"楚灵",楚人得以安定。

楚伐徐之师因国内动乱,自徐国撤退,被吴人在豫章击败。吴人擒楚五帅。

> 小过之旅:弗遇过之,飞鸟离之,凶,是谓灾眚。
>
> ——《易经》

楚平使陈悼太子之子吴回陈,为陈惠公。使蔡隐太子之子庐回蔡,为蔡平公。楚灭蔡时,楚灵迁许、胡、沈、道、房、申于楚,楚平也皆迁之回原地,使各复其国。

楚平施舍宽民,赦罪举职。召观从,对观从说:"唯尔所欲。"

观从说:"臣之先,佐开卜。"楚平使其为卜尹。

楚平使枝如子躬如郑聘,且归还犫、栎之田。聘礼结束,子躬未归还二地。

郑人说:"闻诸道路,将命寡君以犫、栎,敢请命。"

枝如子躬说:"臣未闻命。"

回国复命,平公问攀、栎之事。子躬降服回答,说:"臣过失命,未之致也。"

楚平执其手,说:"子毋勤。姑归,不穀有事,其告子也。"

十月,吴灭州来。楚令尹子旗请伐吴。子旗,蔓成然字。

楚平不许,说:"吾未抚民人,未事鬼神,未修守备,未定国家,而用民力,败不可悔。州来在吴,犹在楚也。子姑待之。"

革之同人:君子豹变,小人革面。征凶,居贞吉。

——《易经》

第一百二十六回　鲁惠伯请晋释主　晋籍谈数典忘祖

前529年冬,鲁昭公自盟会回国后,又前往晋国。

荀吴对韩宣子说:"诸侯相朝,讲旧好也。执其卿而朝其君,有不好焉,不如辞之。"使士景伯到黄河辞谢鲁昭公。士景伯:士文伯之子士弥牟。

季孙意如仍在晋,子服惠伯私与中行穆子说:"鲁事晋,何以不如夷之小国?鲁,兄弟也,土地犹大,所命能具。若为夷弃之,使事齐、楚,其何差于晋?亲亲、与大,赏共、罚否,所以为盟主也。子其图之。谚曰:'臣一主二。'吾岂无大国?"

中行穆子转告韩宣子,并说:"楚灭陈、蔡,不能救,而为夷执亲,将焉用之?"

子服惠伯又见韩宣子,说:"夫盟,信之要也。晋为盟主,是主信也。若盟而弃鲁侯,信抑阙矣。昔栾氏之乱,齐人间晋之祸,伐取朝歌。我先君襄公不敢宁处,使叔孙豹悉帅敝赋,踦跂①毕行,无有处人,以从军吏,次于雍渝,与邯郸胜击齐之左,掎②止晏莱焉,齐师退而后敢还。非以求远也,以鲁之密迩于齐,而又小国也;齐朝驾则夕及于鲁国,不敢惮其患,而与晋共其忧,亦曰:'庶几有益于鲁国乎!'今信蛮、夷而弃之,夫诸侯之勉于君者,将安劝矣?若弃鲁而苟固诸侯,群臣敢惮戮乎?诸侯之事晋者,鲁为勉矣。若以蛮、夷之故弃之,其无乃得蛮、夷而失诸侯之信乎?子计其利者,小国共命。"

晋人释归季孙。

子服惠伯说:"寡君未知其罪,合诸侯而执其老。若犹有罪,

---

①踦跂 qī qí　②掎 jǐ

死于晋命可也。若曰无罪,而惠免之,诸侯不闻,是逃命也,何免之为?请从君惠于会。"

韩宣子感到棘手,问叔向:"子能归季孙乎?"

噬嗑之颐:噬乾肺①,得金矢,利艰贞,吉。

——《易经》

叔向说:"不能。鲋也能。"
宣子使叔鱼劝说季孙。
叔鱼见季孙,对季孙说:"昔鲋也得罪于晋君,自归于鲁君。微武子之赐,不至于今。虽获归骨于晋,犹子则肉之,敢不尽情?归子而不归,鲋也闻诸吏,将为子除馆于西河,其若之何?"当初晋栾氏之乱,羊舌氏受牵连,叔鱼奔鲁。武子:季平子祖父。

叔鱼说着,流下泪来。季平子惧,先行返鲁。惠伯在晋等待晋人遣送之礼。

孔子曰:"性相近也,习相远也。"　——《论语》

前528年冬,晋邢侯与雍子争鄐田,久无结果。邢侯是巫臣之子,晋国给巫臣邢。雍子也来自楚,晋予之鄐,两地边界相邻。

士官士景伯出使楚国,叔鱼代理士官,韩宣子令其审理积案。此案过在雍子,雍子自知有过,而嫁女于叔鱼,叔鱼遂断邢侯有罪。邢侯怒,杀叔鱼与雍子于朝。

小过之豫:弗过防之,从或戕之,凶。

——《易经》

韩宣子问叔向如何定罪。

---

① 肺 zǐ

叔向说:"三人同罪,施罪于生,戮死,可也。雍子自知其罪,而赂以买直,鲋也鬻狱,刑侯专杀,其罪一也。己恶而掠美为昏,贪以败官为墨,杀人不忌为贼。《夏书》曰:'昏、墨、贼,杀。'皋陶之刑也。请从之。"

晋人处决邢侯,暴雍子和叔鱼之尸于集市。

钦哉,钦哉,惟刑之恤哉！　　　——《尚书》
刑期于无刑。　　　　　　　　　——《尚书》
孔子曰:"听讼,吾犹人也。必也使无讼乎。"
　　　　　　　　　　　　　　　——《论语》
无情者不得尽其辞,大畏民志,此谓知本。
　　　　　　　　　　　——《礼记》之《大学》

仲尼说:"叔向,古之遗直也。治国制刑,不隐于亲,三数叔鱼之恶,不为末减。曰义也夫,可谓直矣。平丘之会,数其贿也,以宽卫国,晋不为暴。归鲁季孙,称其诈也,以宽鲁国,晋不为虐。邢侯之狱,言其贪也,以正刑书,晋不为颇。三言而除三恶,加三利,杀亲益荣,犹义也夫！"

孔子曰:"见贤思齐焉,见不贤而内自省也。"
　　　　　　　　　　　　　　　——《论语》

前527年六月乙丑日,周景王太子姬寿去世。八月戊寅日,姬寿之母王穆后崩。

秋,晋荀吴率师伐鲜虞,围鼓。鼓人要以城投晋,穆子不许。

其左右说:"师徒不勤,而可以获城,何故不为?"

穆子说:"吾闻诸叔向曰:'好恶不过,民知所归,事无不济。'或以吾城叛,吾所甚恶也。人以城来,吾独何好焉?赏所甚恶,若所好何?若其弗赏,是失信也,何以庇民?力能则进,否则退,量力而行。吾不可以欲城而近奸,所丧滋多。"

遂使鼓人杀叛者而修城守备。围城三个月,又有鼓人请降。

荀吴使鼓人来见,见鼓人后,说:"犹有食色,姑修尔城。"

军吏说:"获城而弗取,勤民而顿兵,何以事君?"

穆子荀吴说:"吾以此事君也。获一邑而教民怠,将焉用邑?邑以贾怠,不如依旧。贾怠无终,弃旧不祥。鼓人能事其君,我亦能事吾君。率义不爽,好恶不愆,城可获而民知义所,有死命而无二心,不亦可乎?"

不日,鼓人告以食竭力尽,晋人乃占取鼓邑,不杀一人,带鼓子鸢鞮①回晋。

> 故善战者之胜也,无智名,无勇功,故其战胜不忒。不忒者,其所措必胜,胜已败者也。——《孙子兵法》

十二月,晋荀跞如周参加穆后葬礼,籍谈为副使。葬毕,改换丧服,景王与文伯宴饮,所用酒樽为鲁国所贡。文伯,即荀跞。

景王说:"伯氏,诸侯皆有以镇抚王室,晋独无有,何也?"

文伯向籍谈作揖,示意其回答。

籍谈说:"诸侯之封也,皆受明器于王室,以镇抚其社稷,故能荐彝器于王。晋居深山,戎狄之与邻,而远于王室。王灵不及,拜戎不暇,其何以献器?"

景王说:"叔氏,尔忘诸乎?叔父唐叔,成王之母弟也,其反无分乎?密须之鼓,与其大路,文所以大蒐也。阙巩之甲,武所以克商也。唐叔受之,以处参虚,匡有戎狄。其后,襄之二路,斧钺,秬鬯,彤弓,虎贲,文公受之,以有南阳之田,抚征东夏,非分而何?夫有勋而不废,有绩而载,奉之以土田,抚之以彝器,旌之以车服,明之以文章,子孙不忘,所谓福也。福祚之不登叔父,焉在?且昔

---

①鸢鞮 yuān dī

尔高祖孙伯黡,司晋之典籍,以为大政,故曰籍氏。及辛有之二子董至晋,于是乎有董史。汝,司典之后也,何故忘之?"

籍谈,字叔,故景王称其叔氏。辛有:周平王史官。

籍谈无言以对。

客出,景王对左右说:"籍父其无后乎? 数典而忘其祖。"

孔子曰:"默而识之,学而不厌,诲人不倦,何有于我哉?"　　　　　　　　　　　　——《论语》

籍谈回国,以景王所说告知叔向。

叔向说:"王其不终乎? 吾闻之:'所乐必卒焉。'今王乐忧,若卒以忧,不可谓终。王一岁而有三年之丧二焉,于是乎以丧宾宴,又求彝器,乐忧甚矣,且非礼也。彝器之来,嘉功之由,非由丧也。三年之丧,虽贵遂服,礼也。王虽弗遂,宴乐以早,亦非礼也。礼,王之大经也。一动而失二礼,无大经矣。言以考典,典以志经,忘经而多言举典,将焉用之?"

道恒无名,朴虽微,天地弗敢臣。侯王如能守之,万物将自宾。天地相合也,以逾甘露,民莫之命而自均焉。始制有名,名亦既有,夫亦将知止,知止所以不殆。譬道之在天下也,犹小谷之与江海。　　——《老子》

第一百二十七回　韩子闻诗观郑志　晋顷设计灭陆浑

前526年三月,晋韩起聘于郑,郑定公举行享礼迎接。

子产告诫诸大夫:"苟有位于朝,无有不恭恪。"

享礼之日,子孔之孙孔张迟到,无法走到自己的位置,而立于宾客间。执掌位列之官阻止,他退到宾客后面,又受到阻止,他退到悬挂乐器之处。客人窃笑。

享礼结束,郑大夫富子向子产进言,说:"夫大国之人,不可不慎也,几为之笑而不陵我?我皆有礼,夫犹鄙我。国而无礼,何以求荣?孔张失位,吾子之耻也。"

子产发怒,说:"发命之不衷,出令之不信,刑之颇类,狱之纵乱,会朝之不敬,使命之不听,取陵于大国,疲民而无功,罪及而弗知,侨之耻也。孔张,君之昆孙,子孔之后也,执政之嗣也,为嗣大夫,承命以使,周于诸侯,国人所尊,诸侯所知。立于朝而祀于家,有禄于国,有赋于军,丧祭有职,受脤、归脤,其祭在庙,已有著位,在位数世,世守其业,而忘其所,侨焉得耻之?僻邪之人,而皆及执政,是先王无刑罚也。子宁以他规我。"

> 子张问政。孔子曰:"居之无倦,行之以忠。"
> ——《论语》

韩宣子有只玉环,与之配对的一只在郑国商人手中。韩宣子要向郑定公请此玉环,子产不同意,说:"非官府之守器也,寡君不知。"

子大叔、子羽对子产说:"韩子亦无几求,晋国亦未可以贰。晋国、韩子,不可薄也。若属有谗人交构其间,鬼神而助之,以兴其凶怒,悔之何及?吾子何爱于一环,其以取憎于大国也,何不求而与之?"

子产说:"吾非薄晋而有二心,将终事之,是以弗与,忠信故也。侨闻,君子非无贿之难,立而无令名之患。侨闻,为国非不能事大、字小之难,无礼以定其位之患。夫大国之人,令于小国,而皆获其求,将何以给之?一共一否,为罪滋大。大国之求,无礼以斥之,何厌之有?吾且为鄙邑,则失位矣。若韩子奉命以使,而求玉焉,贪淫甚矣,独非罪乎?出一玉以起二罪,吾又失位,韩子成贪,将焉用之?且吾以玉贾罪,不亦锐乎?"

韩子向商人购买玉环,已成交,商人说:"必告君大夫。"

韩起请示子产,说:"日前,起请夫环,执政弗义,弗敢复也。今买诸商人,商人曰,必以闻,敢以为请。"

子产说:"昔我先君桓公与商人皆出自周,比肩耕耘,以整治此地,斩之蓬、蒿、藜、藋①,而共处之。世有盟誓,以相信也,曰:'尔无我叛,我无强贾,毋或匄夺。尔有利市宝贿,我勿与知。'恃此质誓,故能相保,以至于今。今吾子以好来辱,而谓敝邑强夺商人,是教敝邑背盟誓也,毋乃不可乎?吾子得玉而失诸侯,必不为也。若大国令,而供无法,郑,鄙邑也,亦弗为也。侨若献玉,不知所成,敢私布之。"

韩子遂放弃玉环,说:"起不敏,敢求玉以徼二罪?敢辞之。"二罪,指晋失诸侯、郑为边邑。

信言不美,美言不信;知者不博,博者不知;善者不多,多者不善。圣人无积,既以为人,己愈有;既以予人矣,己愈多。
——《老子》

四月,郑六卿在郊外为韩宣子饯行。

---

①藋 diào

宣子说:"二三君子请皆赋,起亦以知郑志。"

子皮之子婴齐赋《郑风》之《野有蔓草》:"野有蔓草,零露溥兮。有美一人,清扬婉兮。邂逅相遇,适我愿兮。"

宣子说:"孺子善哉,吾有望矣。"

子产赋《郑风》之《羔裘》:"羔裘如濡,洵直且侯。彼其之子,舍命不渝。"

宣子说:"起不堪也。"

子大叔赋《郑风》之《褰裳》:"子惠思我,褰裳涉溱。子不我思,岂无他人。"

韩起说:"起在此,敢勤子至于他人乎?"

子大叔拜谢。

宣子说:"善哉,子之言此。不有是事,其能终乎?"

子游赋《郑风》之《风雨》:"风雨凄凄,鸡鸣喈喈。既见君子,云胡不夷。"子游,驷带之子驷偃。

子旗赋《郑风》之《有女同车》:"有女同车,颜如舜华。将翱将翔,佩玉琼琚。彼美孟姜,洵美且都。"子旗,公孙段之子丰施。

子柳赋《郑风》之《萚①兮》:"萚兮萚兮,风其吹汝。叔兮伯兮,倡予和汝。"子柳,印段之子印癸。

宣子听完赋诗,欣喜地说:"郑其庶乎。二三君子以君命贶起,赋不出郑志,皆昵燕好也。二三君子,数世之主也,可以无惧矣。"

宣子送给六卿马匹,并赋《周颂》之《我将》:"我将我享,维羊维牛,维天其佑之。仪式刑文王之典,日靖四方。伊嘏文王,既佑飨之。我其夙夜,畏天之威,于时保之。"主要取义"我其夙夜,畏天之威"。

子产拜谢,使五卿皆拜,说:"吾子靖乱,敢不拜德?"

---

①萚 tuò

宣子又以玉和马私见子产,说:"子命起舍夫玉,是赐我玉而免吾死也,敢不藉手以拜?"

君子赠人以言,庶人赠人以财。 ——《荀子》

前526年九月,因旱灾,鲁国举行雩祭求雨。

郑国也大旱,使屠击、祝款、竖柎①祭桑山。三人砍伐山上之木,天仍不下雨。

子产说:"有事于山,蓺②山林也,而斩其木,其罪大矣。"遂撤其官,收其邑。

旱既大甚,则不可推。兢兢业业,如霆如雷。周余黎民,靡有孑遗。昊天上帝,则不我遗。胡不相畏?先祖于摧。

旱既大甚,则不可沮。赫赫炎炎,云我无所。大命近止,靡瞻靡顾。群公先正,则不我助。父母先祖,胡宁忍予?

——《诗经》之《大雅·云汉》

上年冬鲁昭公至晋,晋人又因鲁伐莒止留之。直至该年夏,鲁昭公才得以回国。子服昭伯随行。昭伯:子服惠伯之子子服回。

回国后,子服昭伯对季平子说:"晋之公室,其将遂卑矣。君幼弱,六卿强而奢傲,将因是成习,习以为常,能无卑乎?"

季平子说:"尔幼,恶识国?"

八月己亥日,晋侯夷去世,谥昭,史称晋昭公。太子去疾继位,为晋顷公。

---

①柎 fū ②蓺 yì

十月,鲁季平子如晋葬晋昭公,见晋之情形,说:"子服回之言犹信,子服氏有子哉!"

以近知远,以一知万,以微知明。　　——《荀子》

前525年秋,晋顷公使屠蒯如周,请许晋祭洛水与三涂山。

苌弘对刘子说:"客容猛,非祭也,其伐戎乎?陆浑氏甚睦于楚,必是故也。君其备之。"天子之公卿,与诸侯相当,互称"君"。

周人做好准备,以配合晋师。

九月丁卯日,晋荀吴率师自棘津渡河,使祭史先用牲祭洛水。陆浑人不知有晋师,晋人自洛水向陆浑进发。

庚午日,晋人灭陆浑,责其贰于楚。陆浑子奔楚,其众逃往周地甘鹿。周人俘获大批戎俘。

韩宣子梦晋文公携荀吴而授之陆浑,故使荀吴率师。班师后,献俘于文宫。

出其所不趋,趋其所不意。　　——《孙子兵法》

第一百二十八回　郯子云鸟论官名　彗星孛辰火四国

前525年春,小邾穆公朝于鲁,鲁昭公与之宴饮。

季平子赋《小雅》之《采菽》:"采菽采菽,筐之筥之。君子来朝,何赐予之?虽无予之,路车乘马。"

小邾穆公赋《小雅》之《菁菁者莪》:"菁菁者莪,在彼中阿。既见君子,乐且有仪。"

叔孙昭子见其答诗合宜,说:"不有贤人治国,其能久乎?"

六月甲戌日,朔,日食。祝史请祭祀所用玉帛。

叔孙昭子说:"日有食之,天子不举盛馔①,伐鼓于社。诸侯用币于社,伐鼓于朝。礼也。"

季平子阻止,说:"止也。唯正月朔,阴气未作,日有食之,于是乎有伐鼓用币,礼也。其余则否。"

太史说:"在此月也。日过春分而未夏至,日、月、星三辰有灾,于是乎百官降服,君不举,避正寝,食移时,乐奏鼓,祝用币,史用辞。故《夏书》曰:'辰不集于房,瞽奏鼓,啬夫驰,庶人走。'此月朔之谓也。当夏四月,是谓孟夏。"周朝六月,为夏历四月。

季平子不听。

叔孙昭子退出后说:"夫子将有异志,不君君矣。"时人认为,日食,是有臣侵君之象,奏鼓用币等救日食,是助君抑臣。

> 内省而不穷于道,临难而不失其德。大寒既至,霜雪既降,吾是以知松柏之茂也。　　——《庄子》

---

①馔 zhuàn

这年秋,郯国君来鲁朝见,鲁昭公与之宴饮。

叔孙昭子问郯子:"少皞氏以鸟名官,何故也?"

郯子说:"吾祖也,我知之。昔者,黄帝氏以云记事,故为云师而云名;炎帝氏以火记事,故为火师而火名;共工氏以水记事,故为水师而水名;太皞氏以龙记事,故为龙师而龙名。我高祖少皞挚之立也,凤鸟适至,故以鸟记事,为鸟师而鸟名。

"凤鸟氏,主历正也;玄鸟氏,司分者也,春分来,秋分去;伯赵氏,司至者也,夏至鸣,冬至止;青鸟氏,司启者也,立春鸣,立夏止;丹鸟氏,司闭者也,立秋来,立冬去。祝鸠氏,司徒也;鴡①鸠氏,司马也;鸤②鸠氏,司空也;爽鸠氏,司寇也;鹘③鸠氏,司事也。五鸠,鸠民者也。五雉,为五工正,利器用,正度量,安民者也。九扈,为九农正,护民无淫者也。自颛顼以来,不能纪远,乃纪于近,为民师而命以民事,则不能故也。"

仲尼此时二十六岁,得知郯子言论,来见郯子,请教学习。既而对人说:"吾闻之:'天子失官,学在四夷',犹信。"

孔子曰:"天下同归而殊途,一致而百虑。"

——《易传》

前525年冬,"有星孛于大辰",有彗星出现在大辰星之西,光芒东达天汉。

鲁大夫申须说:"彗所以除旧布新也。天道恒以象类告示人,今彗星遮蔽火星,火星出,必布灾焉。诸侯其有火灾乎?"

梓慎说:"往年吾见之,是其微也,火星出,而现。今兹火星出,而彰,必火星入,而伏。其居火星也久矣,其与不然乎?火星出,于夏为三月,于商为四月,于周为五月。夏数得天正。

---

①鴡 jū　②鸤 shī　③鹘 gǔ

"若火作,其四国当之,在宋、卫、陈、郑乎?宋,大辰之虚也;陈,大皞之虚也;郑,祝融之虚也,皆火房也。星孛及汉,汉,水祥也。卫,颛顼之虚也,故为帝丘,其星为大水,水,火之牡也。其于丙子或壬午作乎?水火所以合也。若火入而伏,必以壬午,不过其现之月。"

郑裨灶对子产说:"宋、卫、陈、郑将同日火,若我用瓘斝玉瓒祭祀,郑必不火。"子产不同意。

> 圣人法天贵真,不拘于俗。　　——《庄子》

前524年,二月乙卯日,周毛得杀毛伯过,而自代其位。

苌弘说:"毛得必亡,此昆吾稔之日也,侈故之以。而毛得以济侈于王都,不亡何待?"昆吾是夏朝诸侯,积恶满盈,死于乙卯日。毛得于同日为恶,苌弘认为其必无善果。

三月,曹伯姬须去世,谥平。

五月,火星在黄昏时出现。丙子日,风起。

鲁梓慎说:"是谓融风,火之始也。七日,其火作乎?"

戊寅日,风力变强。

壬午日,风力甚强。宋、卫、陈、郑皆起火。

鲁梓慎登上大庭氏之库眺望,说:"宋、卫、陈、郑也。"

数日,四国皆来鲁报告火灾。

郑裨灶说:"不用吾言,郑又将火。"

郑人请依裨灶所言祭祀,子产不同意。

子大叔说:"宝,以保民也。若有火,国几亡。可以救亡,子何爱焉?"

子产说:"天道远,人道迩,非所及也,何以知之?灶焉知天道?是亦多言矣,岂不或信?"

郑国未用瓘斝玉瓒祭祀,也未再起火。

哀公曰:"敢问君子何贵乎天道也?"孔子对曰:"贵其不已。如日月东西相从而不已也,是天道也;不闭其久,是天道也;无为而物成,是天道也;已成而明,是天道也。"　　　　　　——《礼记》之《哀公问》

火灾前,郑里析对子产说:"将有大祥,民震动,国几亡。吾身泯焉,弗良及也。国迁,其可乎?"

子产说:"虽可,吾不足以定迁矣。"

火情发生时,里析已死,未葬,子产使三十个舆人迁其柩。

火势开始蔓延,子产在东门辞谢正来郑国聘问的晋国公子、公孙。使司寇送走新来的宾客,禁止旧客离馆。

使子宽、子上巡视所有祭祀庙宇,直至祖庙。使公孙登迁徙大龟。使祝史把宗庙里放庙主灵位的石匣全部迁入周厉王庙,并祷告先君。

使府人、库人各戒所辖区域。使商成公通知管理旧宫之官,转移旧宫人,安置于火势不及之地。

司马、司寇亲临火灾现场,清理防火道,扑灭燃火。城下之人,列队登城防备奸盗。

次日,使各郊县司寇管理好所征役人。郊人助祝史在城北清理地面设祭坛,向水神玄冥、火神回禄祭祷,请神助佑灭火,在四周城邑祈求不再生火灾。登记被火灾烧毁之家,免除其赋税,发给建筑用材。哭号三日,关闭集市。使行人告于诸侯。

宋、卫所为皆如郑。陈国不救火,许国不吊灾。

君子因此而知陈、许将先亡。

孔子谓子产:"有君子之道四焉:其行己也恭,其事上也敬,其养民也惠,其使民也义。"　　——《论语》

秋,葬曹平公。鲁国参加曹伯葬礼者见到周大夫原伯鲁,与之交谈,原伯显出不悦学。鲁大夫回国后告知闵子马。

闵子说:"周其乱乎?夫必多有是说,而后及其大人。大人患失而惑,又曰:'可以无学,无学不害。'不害而不学,则苟而可。于是乎,下陵上替,能无乱乎?夫学,植也,不学将落,原氏其亡乎?"

学者日益,为道者日损。损之又损,以至亡为也,亡为而亡不为。绝学亡忧。　　　　——《老子》

(笔者释:《庄子·大宗师》中"堕肢体,黜聪明,离形去知,同于大通",意即"损""绝学",而不是把肢体、大脑、眼耳毁掉。《庄子·祛箧》:"人含其明,则天下不铄矣;人含其聪,则天下不累矣;人含其知,则天下不惑矣;人含其德,则天下不僻矣。""含"即"损",就是不张扬聪明智慧道德,不以此要求他人。《孔子家语·六本》:"学者损其自多,以虚受人,故能成其满博哉。……自贤者,天下之善言不得闻于耳矣。"《老子》:"知其雄,守其雌……"《庄子·山木》:"既雕既琢,复归于朴。"《荀子·宥坐》:"聪明圣知,守之以愚;功被天下,守之以让;勇力抚世,守之以怯;富有四海,守之以谦。此所谓挹而损之之道也。"为道者能谦虚、自损,学到的东西化为自己的内在,人与环境合而为一,便能随环境的变化解决问题。而宋襄公、赵括、马谡之流就是食而不化。春秋时期就有不悦学之人误解了绝学之意。)

七月,子产因火灾之故,大造社庙,向四方神灵祈祷,救治火灾造成的影响,合礼。接着,挑选甲兵,准备检阅,为此,要各家清理场地。

子大叔的家庙在道南,寝室在道北,其庭院窄小,过期三日,仍未清除。子大叔使役夫排列在道南家庙之北,对他们说:"子产过汝而命速除,乃毁于尔向。"

子产上朝过此,见仍未清除而发火,役人向南毁庙。子产到达路口,使随从返回,叫役人停止毁庙,对役人说:"毁于北方。"

当初,火灾发生时,子产发放武器使士卒登城守卫。

子大叔说:"晋无乃讨乎?"先拒绝晋公子、公孙,接着又登城防守,似有防备晋人之嫌。

子产说:"吾闻之,小国忘守则危,况有灾乎?国之不可小,有备故也。"

事后,晋国边吏来责郑国,说:"郑国有灾,晋君、大夫不敢宁居,卜筮走望,不爱牲玉。郑之有灾,寡君之忧也。今执事猛然授兵登陴①,将以谁罪?边人恐惧,不敢不告。"

子产说:"若吾子之言,敝邑之灾,君之忧也。敝邑失政,天降之灾,又惧谗慝之间谋之,以启贪人,荐为敝邑不利,以重君之忧。幸而不亡,犹可解也。不幸而亡,君虽忧之,亦无及也。郑有他邻,唯望在晋。既事晋矣,其敢有二心?"

> 治人事天,莫若啬。夫唯啬,是以早备,早备是谓重积德。重积德则无不克;无不克,则莫知其恒。莫知其恒,可以有国。有国之母,可以长久。是谓深根固柢②,长生久见之道也。
> ——《老子》

---

①陴 pí　②柢 dǐ

第一百二十九回　楚平公北置太子　伍子胥东耕吴鄙

前528年夏，楚平使然丹在宗丘挑选西境之兵，且抚其民。助贫，振穷；长孤幼，养老疾，收介特；救灾患，宥孤寡；赦罪戾，诘奸慝，举淹滞；礼新，叙旧；禄勋，合亲；任良，物官。

使屈罢在召陵挑选东境之兵，也如西境所为。

结好四邻，息民五年，而后用师，合礼。

楚令尹子旗自认有德于楚平，行为不加节制，与养氏勾结，贪求无厌。楚平心患之。九月甲午日，楚平杀鬭成然，灭养氏之族。使鬭成然之子鬭辛居于郧，以示不忘旧勋。

　　豫之震：鸣豫，凶。　　　　　　——《易经》

蔡朝吴助楚平有功，楚平使之处蔡，费无极恐其有宠，而想除掉朝吴。

费无极对朝吴说："君唯信子，故处子于蔡。子亦长矣，而在下位，辱。必求之，吾助子请。"

又对在朝吴之上的蔡人说："寡君唯信吴，故处诸蔡。二三子莫之如也，而在其上，不亦难乎？弗图，必及于难。"

前527年夏，蔡人逐朝吴，朝吴奔郑。

楚平发怒，说："余唯信吴，故置诸蔡。且微吴，吾不及此。汝何故去之？"

无极说："臣岂不欲吴？然而，前知其为人之异也。吴在蔡，蔡必速飞。去吴，所以剪其翼也。"

　　大壮之归妹：小人用壮，君子用罔，贞厉。羝羊触藩，羸其角。　　　　　　　　　　　——《易经》

前526年春,楚平得知蛮氏内乱以及蛮子无信,使然丹诱戎蛮子嘉而杀之,取蛮氏之国。既而又立其子祭祖先,合礼。

前525年冬,吴伐楚。令尹阳匄为迎战占卜,不吉。

司马子鱼说:"我得上流,何故不吉。且楚故,司马令龟,我请改卜。"

子鱼问卜,说:"鲂也,以其属死之,楚师继之,尚大克之。"吉。公子鲂,字子鱼。

吴楚战于长岸,子鱼先战死,楚师随之追击吴人,大败吴师,获吴人所乘馀皇舟,使随国人与后至者看守。看守者把舟拖上岸,在其四周挖深沟,直挖到泉水涌出,留了一条道,为防吴人进入,在道上铺满炭火,列阵待命。

吴诸樊之子公子光对其手下众人说:"丧先王之乘舟,岂唯光之罪?众亦有焉。请藉众力取之,以救死罪。"众人许诺。

公子光从师中找了三位长须者,貌似楚人,使其潜至舟侧,对三人说:"我呼馀皇,则答。"

吴师夜间靠近舟边,公子光三呼馀皇,潜伏者交替回应。楚人循声杀之。吴人大败楚人,夺取馀皇舟回国。

> 善守者,藏于九地之下;善攻者,动于九天之上,故能自保而全胜也。
> ——《孙子兵法》

前524年冬,楚左尹子胜对楚平说:"许于郑,仇敌也,而居楚地,以不礼于郑。晋、郑方睦,郑若伐许,而晋助之,楚丧地矣。君何不迁许?许不专于楚。郑方有令政。许曰'余旧国也',郑曰'余俘邑也'。叶在楚国,方城外之蔽也。土不可轻,国不可小,许不可俘,仇不可启。君其图之。"

楚平见其言之有理,使子胜迁许国至析,即旧白羽。

前523年春,楚工尹赤迁阴地戎人至下阴,令尹子瑕城郏。

鲁叔孙昭子说:"楚不在诸侯矣,其仅自完也,以持其世而已。"

楚平早先出使蔡国,蔡鄡①阳封人之女私奔他,生太子建。楚平即位后,使伍举之子伍奢为太子师,费无极为少师。太子不喜欢费无极,无极便设计谗害太子。

费无极对楚平说:"建可室矣。"

楚平为太子聘娶秦女,费无极参与行聘。返回后,对楚平言秦女之美,劝楚平娶秦女。

这年正月,秦嬴嫁到楚国,楚平自娶为夫人。

蒹葭②苍苍,白露为霜。所谓伊人,在水一方,溯洄从之,道阻且长。溯游从之,宛在水中央。

蒹葭萋萋,白露未晞。所谓伊人,在水之湄。溯洄从之,道阻且跻。溯游从之,宛在水中坻。

——《诗经》之《秦风·蒹葭》

夏,许悼公生疟疾。五月戊辰日,太子止不请医而自己用药,许悼公服药后去世。太子止奔晋。

君子说:"尽心力以事君,舍药物,可也。"为人子尽心侍奉父母,用药是医者之事,身为太子不该擅自用药,故《春秋》记载"许世子止弑其君买"。

震之丰:震苏苏,震行,无眚。 ——《易经》

夏,楚平出动舟师伐南方濮夷。

费无极对楚平说:"晋之伯也,迩于诸夏,而楚僻陋,故弗能与争。若大城城父而置太子焉,以通北方,君收南方,是得天下也。"

楚平听了高兴,使太子建北居城父。

---

①鄡 jú ②蒹葭 jiān jiā

鼎之未济：鼎耳革，其行塞，雉膏不食。方雨亏悔，终吉。　　　　　　　　　　　　——《易经》

冬，楚人城州来。

沈尹戌说："楚人必败。昔吴灭州来，子旗请伐之。君曰：'吾未抚吾民。'今亦如之，而城州来以挑吴，能无败乎？"

侍者说："君施舍不倦，息民五年，可谓抚之矣。"

沈尹戌说："吾闻抚民者，节用于内，而树德于外，民乐其性，而无寇仇。今宫室无量，民人日骇，劳疲死转，忘寝与食，非抚之也。"

十四年前被楚灵所俘吴蹶由仍在楚，令尹子瑕对楚平说："彼何罪？谚所谓'室于怒，市于色'者，楚之谓矣。舍前之忿可也。"

楚人释蹶由归吴。

复之临：休复，吉。　　　　　　　　——《易经》

前522春，费无极对楚平说："建与伍奢将以方城之外叛。自以为犹宋、郑也，齐、晋又交辅之，将以害楚，其事集矣。"

楚平听信无极，责问伍奢。

伍奢说："君一过多矣，何信于谗？"

楚平执伍奢，使城父司马奋扬杀太子。奋扬未到达城父，先使人知会太子出逃。

三月，楚太子建奔宋。

黾勉从事，不敢告劳。无罪无辜，谗口嚣嚣。
　　　　　　　　——《诗经》之《小雅·十月之交》

楚平召奋扬，奋扬使城父大夫捆押自己，送至朝廷。

楚平说："言出于余口，入于尔耳，谁告建也？"

奋扬说："臣告之。君命臣曰：'事建如事余。'臣不佞，不能苟贰。奉初命以旋,不忍后命,故遣之。既而悔之,亦无及已。"

楚平说:"尔敢来,何也?"

奋扬说:"使而失命,召而不来,是再奸也。逃无所入。"

楚平说:"归。"楚平使奋扬如从前一样处理政务。

> 需之既济:需于沙,小有言,终吉。 ——《易经》

费无极又对楚平说:"奢之子材,若在吴,必危楚国,何不以免其父召之?彼仁,必来。不然,将为患。"

楚平使人召伍奢之子,对他们说:"来,吾免尔父。"

伍奢有二子,长子伍尚,为棠邑大夫,次子伍员。兄弟二人皆心知肚明,服从召命必死无疑,伍员建议同奔吴。

伍尚说:"尔适吴,我将归死。吾知不逮,我能死,尔能报。闻免父之命,不可以莫之奔也;亲戚为戮,不可以莫之报也。奔死免父,孝也;度功而行,仁也;择任而往,知也;知死不避,勇也。父不可弃,名不可废,尔其勉之。从吾言为愈。"

伍尚回到都城,伍奢知伍员未归,说:"楚君、大夫其旰食乎。"

楚平杀伍奢、伍尚。

> 大过之姤:过涉灭顶,凶,无咎。 ——《易经》

吴君夷末于五年前去世,夷末之子僚继位。

伍员来到吴国,向吴君僚进言伐楚之利。

吴公子光说:"是宗为戮,而欲复其仇,不可从也。"

伍员心中说:"彼将有他志。余姑为之求士,而鄙以待之。"

伍员向公子光推荐勇士鱄设诸,自己在郊外以耕种为生。

> 坤之豫:括囊,无咎,无誉。 ——《易经》

第一百三十回　仲尼哭子产之逝　晏子答齐景之问

前523年,郑驷偃去世。驷偃娶晋大夫之女为妻,生驷丝,尚弱。其族人立驷偃弟驷乞。子产憎驷乞之为人,且认为不顺,既不认可,也不制止。驷氏惧。不久,驷丝告知其舅。

冬,晋人以币如郑,问立驷乞之故。驷氏惧,驷乞欲出逃,子产不发遣。驷氏请用龟占,子产不许,诸大夫谋议答复晋人。

子产不待谋而对客人说:"郑国不天,寡君之二三臣,丧疫夭昏,今又丧我先大夫偃。其子幼弱,其一二父兄惧坠宗主,私族于谋而立长亲。寡君与其二三老曰:'抑天实剥乱是,吾何知焉?'谚曰:'无过乱门。'民有乱兵,犹惮过之,而况敢知天之所乱?今大夫将问其故,抑寡君实不敢知,其谁实知之?平丘之会,君寻旧盟,曰:'无或失职。'若寡君之二三臣,其即世者,晋大夫而专制其位,是晋之县鄙也,何国之为?"

郑人辞谢晋人礼物,回报使者。晋人放弃追问。

> 泰之明夷:包荒,用冯河,不遐遗,朋亡,得尚于中行。
>
> ——《易经》

未久,郑国发大水,龙斗于城门之外洧水之渊。国人请祭水神。

子产不许,说:"我斗,龙不我见也。龙斗,我独何见焉?渊,则彼其室也,禳①之何为?吾无求于龙,龙亦无求于我。"

郑人放弃祭祀。

---

①禳 ráng

前522年,子产得病,对子大叔说:"我死,子必为政。唯有德者能以宽服民,其次莫如猛。夫火烈,民望而畏之,故鲜死焉。水懦弱,民狎而玩之,则多死焉。故宽难。"

冬,子产病数月后辞世。

仲尼听说子产去世,出涕说:"古之遗爱也。"

积土成山,风雨兴焉;积水成渊,蛟龙生焉。积善成德,而神明自得,圣心备焉。　　——《荀子》

子大叔为政,不忍猛而宽,沿用子产之政。结果,郑国多盗,常在萑苻①之泽抢劫。

子大叔后悔,说:"吾早从夫子之言,不及此。"

于是,遣徒兵攻萑苻之盗,尽杀捕获之盗,盗情得以控制。

仲尼说:"善哉!政宽则民慢,慢则纠之以猛。猛则民残,残则施之以宽。宽以济猛,猛以济宽,政是以和。《诗》曰:'民亦劳止,汔可小康。惠此中国,以绥四方。'施之以宽也。'毋从诡随,以谨无良。式遏寇虐,惨不畏明。'纠之以猛也。'柔远能迩,以定我王。'平之以和也。又曰:'不竞不絿,不刚不柔。布政优优,百禄是遒。'和之至也。"

有子曰:"礼之用,和为贵。先王之道,斯为美,小大由之,有所不行。知和而和,不以礼节之,亦不可行也。"　　——《论语》

前526年春,齐景公率师伐徐。二月丙申日,齐师到达徐地蒲隧。徐与齐讲和。徐子及郯人、莒人会齐侯,在蒲隧结盟,以甲父之鼎贿齐景。

---

①萑苻 huán fú

叔孙昭子说:"诸侯之无伯,害哉。齐君之无道也,兴师而伐远方,会之,有成而还,莫之亢也。无伯也夫。《诗》曰:'宗周既灭,靡所止戾。正大夫离居,莫知我肄。'其是之谓乎?"

齐景公先生疥,又得疟疾,整整一年,仍不见好,诸侯国问候病情者多停留在齐。

前522年冬,齐景公的二宠臣梁丘据和裔欵对齐侯说:"吾事鬼神丰,于先君有加矣。今君疾病,为诸侯忧,是祝、史之罪也。诸侯不知,其谓我不敬。君何不诛于祝固、史嚚以辞宾?"

> 孔子曰:"人之过也,各于其党。观过,斯知仁矣。"
>
> ——《论语》

齐景认为二人说得好,转告晏子。

晏子说:"往日宋之盟,屈建问范会之德于赵武。赵武曰:'夫子之家事治,言于晋国,竭情无私;其祝、史祭祀,陈信不愧;其家事无猜,其祝、史不祈。'建以语康公,康公曰:'神、人无怨,宜夫子之光辅五君以为诸侯主也。'"

齐景说:"据与欵谓寡人能事鬼神,故欲诛于祝、史。子称是语,何故?"

晏子答:"若有德之君,外内不废,上下无怨,动无违事,其祝、史荐信,无愧心矣。是以鬼神用飨,国受其福,祝、史与焉。其所以蕃祉老寿者,为信君使也,其言忠信于鬼神。

"其适遇淫君,外内颇邪,上下怨疾,动作僻违,纵欲厌私。高台深池,撞钟舞女,斩刈民力,输掠其聚,以成其违,不恤后人。暴虐淫纵,肆行非度,无所还忌,不思谤怨,不惮鬼神,神怒民痛,无悛于心。

"其祝、史荐信,是言罪也。其盖失数美,是矫诬也。进退无辞,则虚以求媚。是以鬼神不飨其国以祸之,祝、史与焉。所以夭昏孤疾者,为暴君使也。其言僭嫚于鬼神。"

齐景问:"然则,若之何?"

晏子说:"诛祝、史,不可为也。山林之木,衡鹿守之;泽之萑蒲,舟鲛守之;薮之薪蒸,虞候守之;海之盐蜃,祈望守之。君专其利。

"县鄙之人,入从其役,近都之官,复征其货;承嗣大夫,强易其贿。施政无法,征敛无度;宫室日更,淫乐不违。内宠之妾,肆夺于市;外宠之臣,僭令于鄙。私欲养求,不给则罪。

"民人苦病,夫妇皆诅。祝有益也,诅亦有损。聊、摄以东,姑、尢①以西,其为人也多矣。虽其善祝,岂能胜亿兆人之诅?君若欲诛于祝、史,修德而后可。"聊、摄:齐西境;姑、尢:齐东境。

齐景听罢,使有司宽政,毁关,解禁,薄敛,免债。

天地节而四时成。节以制度,不伤财,不害民。

——《易传》

十二月,齐景田猎于沛,以弓招虞人,虞人不应招。齐侯使人执之。虞人说:"昔我先君之田也,旃以招大夫,弓以招士,皮冠以招虞人。臣不见皮冠,故不敢进。"齐景释虞人。

仲尼说:"守道不如守官。"君令当执行是常道,而具体职责有规制。

田猎返回,晏子在遄台陪侍,梁丘据驱车而来。

齐景说:"唯据与我和夫。"

晏子说:"据亦同也,焉得为和?"

景公问:"和与同异乎?"

晏子说:"异。和如羹焉,水、火、醯②、醢、盐、梅,以烹鱼、肉,

---

①尢 wāng ②醯 xī

炊之以薪，宰夫和之，齐之以味，济其不及，以泄其过。君子食之，以平其心。

"君臣亦然。君所谓可而有否焉，臣献其否，以成其可。君所谓否而有可焉，臣献其可，以去其否，是以政平而不干，民无争心。故《诗》曰：'亦有和羹，既戒既平。鬷嘏无言，时靡有争。'先王之济五味、和五声也，以平其心，成其政也。

"声亦如味，一气，二体，三类，四物，五声，六律，七音，八风，九歌，以相成也。清浊、大小、短长、疾徐、哀乐、刚柔、迟速、高下、出入、周疏，以相济也。君子听之，以平其心。心平，德和，故《诗》曰：'德音不瑕。'

"今据不然。君所谓可，据亦曰可；君所谓否，据亦曰否。若以水济水，谁能食之？若琴瑟之专壹，谁能听之？同之不可也如是。"

孔子曰："君子和而不同，小人同而不和。"

——《论语》

杜预注：二体，为文、武。三类，为风、雅、颂。四物，为四方之物。五声，为宫、商、角①、徵②、羽。六律，代指十二律，有阳声六律，为黄钟、大蔟③、姑洗④、蕤⑤宾、夷则、无射⑥；阴声六吕，为大吕、夹钟、仲吕、林钟、南吕、应钟。七音，为宫、商、角、徵、羽、变宫、变徵。八风，为八方之风。九歌，指九功之德，皆可歌。

五声大概类似五种调式。七音类似简谱七音：1、2、3、4、5、6、7。曾侯乙墓出土的编钟就是有变宫、变徵的七音。十二律相当于现在音乐中用于定音的十二平均律。十二律传至明朝，朱载堉用给2开12次方的算法计算出十二平均

---

①角 jué　②徵 zhǐ　③蔟 còu　④姑洗 gū xiǎn　⑤蕤 ruí　⑥无射 wú yì

律,传至西方而被西方音乐界所用。

景公饮酒开心,说:"古而无死,其乐若何?"

晏子说:"古而无死,则古之乐也,君何得焉?昔爽鸠氏始居此地,季萴①因之,有逢伯陵因之,蒲姑氏因之,而后太公因之。古若无死,爽鸠氏之乐,非君所愿也。"

爽鸠氏:少皞氏的司寇。季萴:虞夏时诸侯。逢伯陵:商朝诸侯,姜姓。蒲姑氏:殷商诸侯,取代逢伯陵者。

孔子曰:"晏平仲善与人交,久而敬之。"

——《论语》

---

① 萴 cè

第一百三十一回　郑庄公尽归郧俘　卫灵公越在草莽

当初,宋寺人柳有宠于宋平公,太子佐厌恶柳。

前536年夏,华合比对太子说:"我杀之。"

寺人柳听说后,在城北挖坑、杀牲、埋入自制的盟书。然后,报告宋平公,说:"合比将纳亡人之族,既盟于北郭矣。"

宋平公使人查看,果然有盟书。华合比之弟华亥想取代华合比任右师,与寺人柳勾结,为之作证,说:"闻之久矣。"

宋平公逐华合比,合比奔卫。平公使华亥任右师。

华亥见左师,左师向戌说:"汝夫也,必亡!汝丧尔宗室,于人何有?人亦于汝何有?《诗》曰:'宗子维城,毋俾城坏,毋独斯畏。'汝其畏哉!"

前532年十二月甲子日,宋平公去世,太子佐继位,为宋元公。寺人柳用炭火温热元公之位,待元公将至则撤去炭火。及葬平公,柳已有宠于宋元公。

> 子张问崇德、辨惑。孔子曰:"主忠信,徙义,崇德也。爱之欲其生,恶之欲其死,既欲其生,又欲其死,是惑也。'诚不以富,亦祇以异'。" ——《论语》

前530年夏,宋华定聘于鲁,为新君通好。

鲁昭公宴享华定,为之赋《蓼萧》:"蓼彼萧斯,零露湑兮。既见君子,我心写兮。燕笑语兮,是以有誉处兮。"

华定不知其意,也不答赋。

叔孙昭子说:"必亡。宴语之不怀,宠光之不宣,令德之不知,同福之不受,将何以在?"

小过之谦:无咎,弗过遇之;往厉,必戒,勿用,永贞。
——《易经》

前524年六月,郠子出城巡视稻田。邾人趁机袭郠,郠人关闭城门。邾人羊罗斩闭门者首级,邾人入城,尽俘郠人返回。

郠子说:"余无归矣。"追随家人老少至于邾。邾庄公返郠夫人,而留其女。

郠夫人是宋向戌之女,其兄向宁请宋元公伐邾。

来年,前523年,二月,宋元公伐邾,围虫邑。三月,攻取虫邑,邾人乃尽数释归郠俘。

夏,五月,邾人、郳人、徐人会宋元公。乙亥日,盟于虫邑。

常棣之华,鄂不①韡韡。凡今之人,莫如兄弟。
死丧之威,兄弟孔怀。原隰裒矣,兄弟求矣。
——《诗经》之《小雅·常棣》

卫灵公之兄公孟絷轻慢齐豹,夺其司寇之官与食邑鄄,有事则归其官与邑,无事时又夺回。齐豹:齐恶之子。

公孟又厌恶北宫喜、褚师圃,要去掉二人。公子朝与卫襄夫人宣姜私通,心里惧怕,也想作乱。故齐豹、北宫喜、褚师圃、公子朝合谋作乱。

当初,齐豹荐宗鲁于公孟,公孟使宗鲁为骖乘。将作乱,齐豹对宗鲁说:"公孟之不善,子所知也。勿与乘,吾将杀之。"

宗鲁说:"吾由子事公孟,子借吾名焉,故孟不吾远也。虽其不善,吾亦知之,抑以利故,不能去,是吾过也。今闻难而逃,是僭子也。子行事乎,吾将死之,以周事子,而归死于公孟,其可也。"

---

① 不 fū

前 522 年六月丙辰日,卫灵在平寿,公孟至城门外祭祀。齐豹族人张帷于门外,埋伏甲士。使祝蛙藏戈于柴车以挡城门,又使一乘随公孟出城。使华齐御公孟,宗鲁为骖乘。

到达曲门中,齐氏用戈击公孟,宗鲁以背遮挡而断肱,戈击中公孟之肩,二人皆被杀。

  剥之蒙:剥床以辨,蔑贞,凶。 ——《易经》

卫灵闻乱,即刻上车,驱车自侧门阅门入都城,庆比御灵公,公南楚为骖乘,使华寅乘副车。到达公宫,鸿骝①魋也上车,四人共乘,卫灵装载宝器出城。褚师子申在马路口遇灵公,也随灵公出逃。

过齐氏家,灵公使华寅肉袒,执华盖挡箭。齐氏射灵公,中南楚之背。灵公逃出。华寅关闭郭门,越墙而出,跟随灵公。灵公逃至死鸟邑。析朱鉏夜里自城墙排水洞而出,徒步跟从灵公。

  复,亨,出入无疾,朋来无咎,反复其道,七日来复,利有攸往。 ——《易经》

齐景公使公孙青如卫聘。刚出境,得知卫乱,公孙青使人回国请示。公孙青:齐顷之孙,字子石。

齐景公说:"犹在境内,则卫君也。"

公孙青乃继续前行,跟从至死鸟,请行聘。

卫灵公使人辞谢,说:"亡人不佞,失守社稷,越在草莽,吾子无所辱君命。"

公孙青说:"寡君命下臣于朝,曰比下执事,臣不敢贰。"

主人说:"君若惠顾先君之好,照临敝邑,镇抚其社稷,则有宗

---

① 骝 liú

桃在。"

公孙青不再要求行聘。卫灵公坚持要见公孙青,因未行聘,不宜以使者身份作为宾客相见,公孙青以良马作为见面礼见卫灵公。卫灵公因其尊重自己,而以此马驾车。

来宾要参加巡夜,主人辞谢,说:"亡人之忧,不可以及吾子。草莽之中,不足以辱从者。敢辞。"

来宾说:"寡君之下臣,君之牧圉也。若不获扞外役,是不有寡君也。臣惧不免于戾,请以除死。"

公孙青亲执木铎,整夜与卫国守夜者设火燎防守。

> 夜如何其?夜未央,庭燎之光。君子至止,鸾声将将。
> ——《诗经》之《小雅·庭燎》

齐豹家宰渠子召北宫喜。北宫喜之宰未告知北宫喜,而杀渠子,接着,伐齐氏,灭之。

丁巳日,晦,卫灵公返回,与北宫喜盟于彭水之上。

七月戊午日,朔,卫灵公与国人盟。

八月辛亥日,公子朝、褚师圃、子玉霄、子高鲂出奔晋。

闰月戊辰,卫人杀宣姜。其后,卫灵公赐北宫喜谥贞子,赐析朱鉏谥成子,以齐氏墓地予之。

> 无妄之同人:无妄之灾,或系之牛,行人之得,邑人之灾。
> ——《易经》

卫灵公使人向齐国告宁,且说公孙青有礼。

齐景公将饮酒,遍赐大夫,说:"二三子之教也。"

苑何忌推辞,说:"与于青之赏,必及于其罚。在《康诰》曰:'父子兄弟,罪不相及。'况在群臣?臣岂敢贪君赐以干先王?"

孔子弟子琴张得知宗鲁死,要前往吊唁。

仲尼说:"宗鲁,齐豹之盗,而孟絷之贼,汝何吊焉?君子不食奸,不受乱,不为利疚于邪,不以邪待人,不盖不义,不犯非礼。"

孔子曰:"笃信好学,守死善道。危邦不入,乱邦不居。天下有道则见,无道则隐。邦有道,贫且贱焉,耻也。邦无道,富且贵焉,耻也。"　　　　——《论语》

第一百三十二回　吴楚师援助华氏　晋联盟救守宋公

前522年,周王朝二月己丑日,日南至,是夏历冬至日。

鲁梓慎登台望气,说:"今兹宋有乱,国几亡,三年而后弭。蔡有大丧。"

叔孙昭子说:"然则戴、桓也,汰侈无礼已甚,乱所在也。"

宋元公无信又多私宠,厌恶华氏、向氏。

华定、华亥要先下手,与向宁谋议,说:"亡愈于死,先诸?"

谋议既定,华亥伪生病,以诱群公子。公子探问,皆被扣留。

六月丙申日,华氏杀公子寅、公子御戎、公子朱、公子固、公孙援、公孙丁,拘向胜、向行于库,八人皆宋元公同党。

宋元公不知群公子被杀,如华氏请放人,华氏不许,并劫宋元公。

癸卯日,元公以太子栾及其母弟辰、公子地为质。宋元公也取华亥之子无戚、向宁之子罗、华定之子启为质,与华氏盟。

宋元同党公子城、公孙忌、乐舍、司马彊、向宜、向郑、楚建、郳甲出奔郑,其徒众与华氏战于鬼阎。公子城:宋平之子。乐舍:乐喜之孙。向宜、向郑:向戌之子。楚建:楚逃亡太子。郳甲:小邾穆公之子。公子城被华氏打败,前往晋国。

华亥与其妻必盟洗后,事奉所质公子用餐,然后自己用餐。宋元公与夫人每日必至华氏,待公子食毕才返回。华亥感到很为难,要放回公子。

向宁说:"唯不信,故质其子。若又归之,死无日矣。"

宋元公请大司马华费遂攻华氏。

华费遂担心华亥杀太子,说:"臣不敢爱死,无乃求去忧而滋长乎?臣是以惧,敢不听命?"

宋元公说:"子死亡有命,余不忍其耻。"

十月,宋元公杀华、向人质而攻华、向。

向宁要杀太子,华亥说:"干君而出,又杀其子,其谁纳我?且归之有庸。"

华亥使其庶兄少司寇华牼①送回三位公子,说:"子之齿长矣,不能事人,以三公子为质,必免。"

华牼送公子入公宫,将自公门出走。

宋元公急见之,执其手说:"余知尔无罪也,入,复而所。"

戊辰日,华亥、向宁、华定出奔陈,华费遂之子华登出奔吴。

孔子曰:"人而无信,不知其可也。大车无輗②,小车无軏③,其何以行之哉?"   ——《论语》

大司马华费遂有三子:华貙④、华多僚、华登。华登出奔,华貙为少司马,华多僚为宋元公御士。多僚憎华貙。

前521年五月,多僚向元公诬陷华貙,说:"貙将纳亡人。"屡言之。

宋元说:"司马以吾故,亡其良子。死亡有命,吾不可以再亡之。"

华多僚说:"君若爱司马,则如亡。死如可逃,何远之有?"

元公惧,使侍人召大司马之侍人宜僚饮酒,使之告知大司马将逐华貙。

大司马叹息说:"必多僚也。吾有逸子,而弗能杀,吾又不死。抑君有命,可若何?"

华费遂无奈,而与宋元公谋逐华貙,将使其至孟诸田猎,届时遣其离宋。宋元公请华貙饮酒,并厚酬之,包括从者。大司马也如此。

---

①牼 kēng ②輗 ní ③軏 yuè ④貙 chū

华貙手下张匄说:"必有故。"使华貙召大司马侍人宜僚,架剑于其颈讯问,宜僚尽情以告。张匄要杀多僚。

华貙说:"司马老矣,登之谓甚,吾又重之,不如亡也。"

五月丙申日,华貙预备见过大司马后出走,遇多僚正为大司马驾车上朝。张匄不胜其怒,遂与华貙、臼任、郑翩杀多僚,劫大司马而叛,召逃亡者返国。

壬寅日,华、向返宋。乐大心、丰愆、华牼在横地抵御。华氏居卢门,以南里叛。

六月庚午日,宋人城旧埔及桑林之门,以备防守。

十月,华登带来吴师救援华氏。齐大夫乌枝鸣戍守宋国。

宋厨邑大夫濮说:"《军志》有之:'先人有夺人之心,后人有待其衰。'何不及其劳且未定也伐诸?若入而固,则华氏众矣,悔无及也。"宋元公听从。

> 凡先处战地而待敌者佚,后处战地而趋战者劳。故善战者,致人而不致于人。——《孙子兵法》

丙寅日,齐师、宋师败吴师于鸿口,获其二帅公子苦雓①、偃州员。华登率吴师残余打败宋师。宋元公要出亡。

厨大夫濮说:"吾小人,可藉死,而不能送亡,君请待之。"

濮巡行全师,说:"扬徽者,公徒也。"众人随之挥舞旗帜。

宋元公自杨门看见,下至师中巡视,说:"国亡君死,二三子之耻也,岂专孤之罪也?"

齐乌枝鸣说:"用少莫如齐致死,齐致死莫如去备。彼多兵矣,请皆用剑。"

宋元公使师众去长兵器,而用剑,华氏败北,宋人、齐人继续追击。厨濮用衣服包裹人头,高举着边跑边喊:"得华登矣!"

---

①雓 qín

华氏所取新里邑被宋人夺回。新里人翟偻新,脱甲回归宋公。华妵①居于公里,也脱甲回归宋公。

以正治邦,以奇用兵,以无事取天下。——《老子》

十一月癸未日,公子城率晋师返宋。曹大夫翰胡会合晋荀吴、齐苑何忌、卫公子朝救援宋公。公子朝先前出奔,后返卫。

丙戌日,晋联军与华氏战于宋郊赭丘。

华氏党郑翩要列鹳阵,其御要列鹅阵。宋公一边,子禄御公子城,庄堇为车右。华氏一边,干犨御吕封人华豹,张匄为车右。二车相遇,公子城退。

华豹大喊:"城也!"

公子城怒,回车迎战,将注箭,华豹已拉满弓。

公子城说:"平公之灵,尚辅相余。"宋平公:公子城之父。

华豹之箭自子禄与子城间穿过。公子城注箭,华豹又满弓。

公子城说:"不更射,鄙!"

华豹取下箭。公子城射,华豹中箭而亡。

张匄自车边抽出二丈长的殳跳下车,公子城射中其股。张匄匍匐向前,以殳击公子城之车,折车轸。子城又射一箭,张匄死。

干犨请公子城射自己一箭,子城说:"余言汝于君。"

干犨说:"不死伍乘,军之大刑也。干刑而从子,君焉用之?子速诸。"公子城一箭毙干犨。

华氏大败,被围南里。华亥搏膺而呼,见华貙说:"吾为栾氏矣。"

华貙说:"子无我恐,不幸而后亡。"

华貙使华登如楚乞师,率车十五乘、徒七十人,突围而出送华登。二人在睢水边用餐,然后,华貙哭着送走华登,又突入南里。

---

①妵 tǒu

明夷之泰：明夷，夷于左股，用拯马壮，吉。

——《易经》

楚薳越率师将迎华氏。

太宰犯对楚平说："诸侯唯宋事其君，今又争国，释君而臣是助，无乃不可乎？"

楚平说："尔告我也后，既许之矣。"

前520年春，楚薳越自军中使人对宋元公说："寡君闻君有不令之臣为君忧，无宁以为宗羞？寡君请受而戮之。"

宋元公使人答复，说："孤不佞，不能媚于父兄，以为君忧，拜命之辱。抑君臣日战，君曰'余必臣是助'，亦唯命。人有言曰：'唯乱门之无过。'君若惠保敝邑，无亢不衷，以奖乱人，孤之望也。唯君图之。"

楚人感到为难。戍宋的诸侯之大夫谋议说："若华氏知困而致死，楚耻无功而疾战，非吾利也。不如出之，以为楚功，其亦无能为也已。救宋而除其害，又何求？"

诸侯之大夫请宋元公使华氏出走，再三坚持，宋公同意。

己巳日，宋华亥、向宁、华定、华貙、华登、皇奄伤、省臧、士平自南里出奔楚。

宋元公使公孙忌为大司马，边卬为大司徒，乐祁为司城，仲幾为左师，乐大心为右师，乐輓①为大司寇，以靖国人。

> 乱生不夷，靡国不泯。民靡有黎，具祸以烬。於乎有哀，国步斯频。　——《诗经》之《大雅·桑柔》

---

①輓 wǎn

第一百三十三回　蔡太子懈位失国　莒老妪结绳报仇

前522年十一月辛卯日,蔡侯姬卢去世,谥平。

来年,前521年,三月,葬蔡平公。蔡太子姬朱未站在太子之位,而站在庶兄弟位下。

鲁国送葬大夫返回后,见叔孙昭子。昭子问蔡国的情况,大夫告之太子失位之事。

昭子叹息说:"蔡其亡乎?若不亡,是君也必不终。《诗》曰:'不懈于位,民之攸塈。'今蔡侯始即位,而适卑,身将从之。"

　　君子以正位凝命。　　　　　——《易传》

楚费无极得蔡平公之弟姬东国之贿,对蔡人说:"朱不用命于楚,君将立东国。若不先从君欲,楚必围蔡。"

蔡人恐惧,遂逐姬朱而立东国。

冬,蔡侯姬朱出奔楚,诉于楚。

　　渐之家人:鸿渐于干,小子厉,有言,无咎。
　　　　　　　　　　　　　　　——《易经》

楚平要讨蔡。费无极说:"平侯与楚有盟,故封。其子有二心,故废之。灵公杀隐太子,其子与君同恶,德君必甚。又使立之,不亦可乎?且废置在君,蔡无他矣。"

前519年六月,蔡侯姬东国死于楚,谥悼。蔡人立其弟申,史称蔡昭侯。

　　姤之讼:臀无肤,其行趑趄,厉,无大咎。
　　　　　　　　　　　　　　　——《易经》

莒犁比公生公子去疾和公子展舆,先立展舆为太子,后废展舆。莒犁比公又暴虐,国人担心。

前542年十一月,展舆依靠国人攻莒子,弑其君父密州,自立为君。公子去疾是齐女所生,遂奔齐。

前541年三月,鲁季平子伐莒,取郓。莒人控诉至盟会。

展舆为君,削减群公子俸禄。群公子往齐国召公子去疾。

前541年秋,齐公子鉏纳去疾,史称莒著丘公。

展舆是吴女所生,遂奔吴。展舆支持者务娄、瞀①胡及公子灭明以大厖②与常仪靡二邑投齐。

君子说:"莒展之不立,弃人也夫!人可弃乎?《诗》曰:'无竞维人。'善矣。"

  孔子曰:"知及之,仁不能守之,虽得之,必失之。知及之,仁能守之,不庄以莅之,则民不敬。知及之,仁能守之,庄以莅之,动之不以礼,未善也。" ——《论语》

鲁人趁莒内乱,使叔弓率师整理郓田疆界。

前538年九月,鄫人叛莒而投鲁,因莒著丘公即位后不安抚鄫人。鲁国取得莒之鄫邑。

前537年夏,莒牟夷以牟娄及防、兹三邑奔鲁。七月,莒人伐鲁,却不设防。戊辰日,叔弓趁莒师未列阵发起攻击,在蚡泉击败莒师。

前532年七月,鲁师伐莒,攻取郠邑。

前528年,秋,八月,莒著丘公去疾去世,其子莒郊公无哀戚,莒人因此不满,要立著丘公之弟庚舆。

莒大夫蒲馀侯兹夫厌恶公子意恢,而与公子庚舆相好。莒郊

---

①瞀 mào　②厖 máng

公厌恶公子铎而与公子意恢相好。

公子铎便投靠蒲馀侯,与之谋划,说:"尔杀意恢,我出君而纳庚舆。"蒲馀侯许诺。

冬,十二月,蒲馀侯兹夫杀公子意恢,莒郊公出奔齐。

屯之节:屯如邅①如,乘马班如,匪寇婚媾。女子贞不字,十年乃字。　　　　——《易经》

公子铎如齐迎庚舆,齐隰党、公子鉏送庚舆,得莒所赂之田。庚舆即位,史称莒共公。

莒共公即位不久,便放弃事齐。

前523年秋,齐高发率师伐莒,莒共公逃奔纪鄣邑。高发使陈孙书伐纪鄣。孙书:陈无宇之子,字子占。

莒国有位妇人,其夫早年被莒子所杀,妇人成寡妇,寄居纪鄣。老妇人用纺线结成绳,估计够城墙高度,而藏起来。

及齐师至,老妪②趁夜悄悄上城墙,自城上垂下绳,沿绳下至城外。齐人发现了老妪,交给子占。子占使齐师援绳登城,登上六十人,绳断。齐师击鼓呐喊,城上的人也呐喊。

莒共公从睡梦中惊醒,自西门出逃。

七月丙子日,齐师进入纪鄣。

鸟穷则啄,兽穷则攫,人穷则诈。自古及今,未有穷其下而能无危者也。　　　　——《荀子》

前520年,二月甲子日,齐大夫北郭启率师伐莒。

莒子庚舆将迎战,大夫苑羊牧之进谏说:"齐帅贱,其求不多,不如下之。大国不可怒也。"

---

①邅 zhān　②妪 yù

莒共公不听,败齐师于寿馀。齐景公因败于莒而怒,率师伐莒。莒共公请和。齐司马灶如莒莅盟,莒共公如齐莅盟,在齐城门稷门之外立盟。莒人因此对莒共公十分不满。

莒子庚舆暴虐且好剑,每铸剑,必以人试,国人因此怨恨。

前519年秋,莒子又要叛齐。莒大夫乌存率国人逐之。庚舆将出走,听说乌存手执长殳立于道左,惧其杀己,不敢过。

苑羊牧之说:"君过之。乌存以力闻可矣,何必以弑君成名?"莒庚舆出奔鲁。齐人纳莒郊公。

> 子张问于孔子曰:"何如斯可以从政矣?"
>
> 子曰:"尊五美,屏四恶,斯可以从政矣。"
>
> 子张曰:"何谓五美?"
>
> 子曰:"君子惠而不费,劳而不怨,欲而不贪,泰而不骄,威而不猛。"
>
> 子张曰:"何谓惠而不费?"
>
> 子曰:"因民之所利而利之,斯不亦惠而不费乎?择可劳而劳之,又谁怨?欲仁而得仁,又焉贪?君子无众寡,无小大,无敢慢,斯不亦泰而不骄乎?君子正其衣冠,尊其瞻视,俨①然人望而畏之,斯不亦威而不猛乎?"
>
> 子张曰:"何谓四恶?"
>
> 子曰:"不教而杀谓之虐;不戒视成谓之暴;慢令致期谓之贼;犹之与人也,出纳之吝,谓之有司"。
>
> ——《论语》

---

①俨 yǎn

第一百三十四回　周景王铸无射钟　单穆公立周悼王

前524年,周景王二十一年,景王要铸大钱。

单穆公曰:"不可。古者,天灾降戾,于是乎量资币,权轻重,以振救民。民患轻,则为作重币以行之,于是乎有母权子而行,民皆得焉。若不堪重,则多作轻而行之,亦不废重,于是乎有子权母而行,小大利之。

"今王废轻而作重,民失其资,能无匮乎?若匮,王用将有所乏,乏则将厚取于民。民不给,将有远志,是离民也。且夫备有未至而设之,有至而后救之,是不相入也。可先而不备,谓之怠;可后而先之,谓之召灾。

"周固羸国也,天未厌祸焉,而又离民以佐灾,无乃不可乎?将民之与处而离之,将灾是备御而召之,则何以经国?国无经,何以出令?令之不从,上之患也,故圣人树德于民以除之。

"《夏书》有之曰:'关石和钧,王府则有。'《诗》亦有之曰:'瞻彼旱麓,榛楛济济。恺悌君子,干禄恺悌。'夫旱麓之榛楛殖,故君子得以易乐干禄焉。若夫山林匮竭,林麓散亡,薮泽肆既,民力凋尽,田畴荒芜,资用乏匮,君子将险哀之不暇,而何易乐之有焉?

"且绝民用以实王府,犹塞川源而为潢池也,其竭也无日矣。若民离而财匮,灾至而备亡,王其若之何?吾周官之于灾备也,其所怠弃者多矣,而又夺之资,以益其灾,是去其藏而蔽其人也。王其图之。"

周景王不听,而铸大钱。

颐之益:拂经,居贞吉,不可涉大川。

——《易经》

前522年,景王想铸无射钟,问钟律于乐官州鸠。

州鸠说:"律所以立均出度也。古之神瞽考中声而量之以制,度律均钟,百官轨仪,纪之以三,平之以六,成于十二,天之道也。夫六,中之色也,故名之曰黄钟,所以宣养六气、九德也。由是第之:二曰太蔟,所以金奏赞阳出滞也;三曰姑洗,所以修洁百物,考神纳宾也;四曰蕤宾,所以安靖神人,献酬交酢①也;五曰夷则,所以咏歌九则,平民无贰也;六曰无射,所以宣布哲人之令德,示民轨仪也。为之六间,以扬沉伏而黜散越也。元间大吕,助宣物也;二间夹钟,出四隙之细也;三间仲吕,宣中气也;四间林钟,和展百事,俾莫不任肃纯恪也;五间南吕,赞阳秀也;六间应钟,均利器用,俾应复也。

"律吕不易,无奸物也。细钧有钟无镈,昭其大也。大钧有镈无钟,甚大无镈,鸣其细也。大昭小鸣,和之道也。和平则久,久固则纯,纯明则终,终复则乐,所以成政也,故先王贵之。"

景王又问:"七律者何?"

州鸠回答:"昔武王伐殷,岁在鹑火,月在天驷,日在析木之津,辰在斗柄,星在玄枵②。星与日辰之位皆在北维,颛顼之所建也,帝喾受之。我姬氏出自玄枵,及析木者,有建星及牵牛焉,则我皇妣大姜之侄、伯陵之后逄③公之所凭神也。岁之所在,则我有周之分野也。月之所在,辰马农祥也,我太祖后稷之所经纬也。王欲合是五位三所而用之,自鹑及驷七列也,南北之揆七同也。凡人神以数合之,以声昭之,数合声和,然后可同也。故以七同其数,而以律和其声,于是乎有七律。

"王以二月癸亥夜陈,未毕而雨。以夷则之上宫毕,当辰。辰在戌上,故长夷则之上宫,名之曰羽,所以藩屏民则也。王以黄钟之下宫,布戎于牧之野,故谓之厉,所以厉六师也。以太蔟之下

①酢 zuò ②枵 xiāo ③逄 páng

宫,布令于商,昭显文德,底纣之多罪,故谓之宣,所以宣三王之德也。返及嬴内①,以无射之上宫,布宪施舍于百姓,故谓之嬴乱,所以优柔容民也。"嬴内:地名,或为妫汭。乱:治。

礼以道其志,乐以和其声,政以一其行,刑以防其奸。礼乐刑政,其极一也,所以同民心而出治道也。

——《礼记》之《乐记》

单穆公听说景王将铸无射钟,并铸大林钟,对景王说:"不可。作重币以绝民资,又铸大钟以鲜其继。若积聚既丧,又鲜其继,生何以殖?且夫钟不过以动声,若无射有林,耳弗及也。夫钟声以为耳也,耳所不及,非钟声也。犹目所不见,不可以为目也。

"夫目之察度也,不过步武尺寸之间;其察色也,不过墨丈寻常之间。耳之察和也,在清浊之间;其察清浊也,不过一人之所胜。

"是故先王之制钟也,大不出钧,重不过石。律、度、量、衡,于是乎生,小大器用于是乎出,故圣人慎之。

"今王作钟也,听之弗及,比之不度,钟声不可以知和,制度不可以出节,无益于乐,而鲜民财,将焉用之?

"夫乐不过以听耳,而美不过以观目。若听乐而震,观美而眩,患莫甚焉。夫耳目,心之枢机也,故必听和而视正。听和则聪,视正则明。聪则言听,明则德昭。听言昭德,则能思虑纯固。以言德于民,民歆而德之,则归心焉。上得民心,以殖义方,是以作无不济,求无不获,然则能乐。

"夫耳纳和声,而口出美言,以为宪令,而布诸民,正之以度量,民以心力,从之不倦,成事不贰,乐之至也。口纳味而耳纳声,

---

①嬴内 guī ruì

声味生气。气在口为言,在目为明。言以信名,明以时动。名以成政,动以殖生。政成生殖,乐之至也。

"若视听不和,而有震眩,则味入不精,不精则气佚,气佚则不和。于是乎有狂悖之言,有眩惑之明,有转易之名,有过慝之度。出令不信,刑政放纷,动不顺时,民无据依,不知所力,各有离心。上失其民,作则不济,求则不获,其何以能乐?三年之中,而有离民之器二焉,国其危哉。"

先王之制礼乐也,非以极口腹耳目之欲也,将以教民平好恶,而返人道之正也。 ——《礼记》之《乐记》

景王不听单穆公之谏,又问州鸠。

州鸠说:"臣之守官弗及也。臣闻之,琴瑟尚宫,钟尚羽,石尚角,匏竹利制,大不逾宫,细不过羽。夫宫,音之主也,第以及羽。圣人保乐而爱财,财以备器,乐以殖财,故乐器重者从细,轻者从大。是以金尚羽,石尚角,瓦丝尚宫,匏竹尚议,革木一声。

"夫政象乐,乐从和,和从平。声以和乐,律以平声。金石以动之,丝竹以行之,诗以道之,歌以咏之,匏以宣之,瓦以赞之,革木以节之。物得其常曰乐极,极之所集曰声,声应相保曰和,细大不逾曰平。

"如是,而铸之金,磨之石,系之丝木,越之匏竹,节之鼓而行之,以遂八风。于是乎,气无滞阴,亦无散阳,阴阳序次,风雨时至,嘉生繁祉,人民和利,物备而乐成,上下不疲,故曰乐正。

"今细过其主妨于正,用物过度妨于财,正害财匮妨于乐。细抑、大陵,不容于耳,非和也。听声越远,非平也。妨正匮财,声不和平,非宗官之所司也。

"夫有和平之声,则有蕃殖之财。于是乎,道之以中德,咏之以中音。德音不愆,以合神人,神是以宁,民是以听。若夫匮财用、疲民力,以逞淫心,听之不和,比之不度,无益于教,而离民怒神,非臣之所闻也。"

礼节民心,乐和民声,政以行之,刑以防之。礼乐刑政,四达而不悖,则王道备矣。

——《礼记》之《乐记》

景王不听,坚持铸大钟。
来年,前521年,大钟铸成,乐工报告钟声和谐。
景王对州鸠说:"钟果和矣。"
州鸠说:"未可知也。"
景王问:"何故?"
州鸠说:"上作器,民备乐之,则为和。今财亡民疲,莫不怨恨,臣不知其和也。且民所群好,鲜其不济也。其所群恶,鲜其不废也。故谚曰:'众心成城,众口铄金。'今三年之中,而害民之金再兴焉,惧一之废也。"
景王生气,说:"尔老耄矣!何知!"
州鸠对人说:"王其以心疾死乎?夫乐,天子之职也;夫音,乐之舆也;而钟,音之器也。天子省风以作乐,器以钟之,舆以行之。小者不窕,大者不摦①,则和于物。物和则嘉成。故和声入于耳而藏于心,心安则乐。窕则不咸,摦则不容,心是以感,感实生疾。今钟摦矣,王心弗堪,其能久乎?"

乐者,乐也。君子乐得其道,小人乐得其欲。以道制欲,则乐而不乱;以欲忘道,则惑而不乐。

——《礼记》之《乐记》

周景王的嫡世子姬寿早逝,庶长子王子朝及其傅宾起有宠于

---

①摦 huà

景王。景王对宾起说,要立子朝为世子。

刘献公庶子刘狄,字伯蚡,伯蚡事单穆公,厌恶宾起为人,想杀宾起。又厌恶王子朝之言,认为其言违礼,要逐子朝,意欲立位居其次的王子猛。

景王杀了王子猛之傅下门子。宾起至郊外,见雄鸡自断其尾羽,问其故。

侍者说:"自惮其为牺也。"

宾起听后,急忙返回,告知景王,且说:"鸡其惮为人用乎,人异于是。牺者,实用于人,人牺实难,己牺何害?"

景王未回应。

前520年,周景王二十五年,四月,景王田猎于北山,使公卿皆跟从,预备在田猎时杀单穆公、刘献公。

景王突发心疾,乙丑日,崩于荣锜氏家。

戊辰日,刘献公刘挚去世,无嫡子,单穆公立刘蚡。

五月庚辰日,刘蚡见王子猛。单、刘攻宾起,杀之。然后,在单氏家与群王子结盟,立王子猛,史称周悼王。

　　子贡曰:"夫子之文章,可得而闻也。夫子之言性与天道,不可得而闻也。" ——《论语》

第一百三十五回　邾庄公状告鲁国　孟懿子师事仲尼

前521年夏,晋士鞅如鲁聘,叔孙为政。季孙要使晋人对鲁国为政者不满,而使有司以齐鲍国送归费邑之礼待士鞅。

士鞅怒,说:"鲍国之位下,其国小,而使鞅从其牢礼,是卑敝邑也。将复诸寡君!"

鲁人惧,加四牢,以十一牢行礼。

七月壬午日,朔,日食。

鲁昭公问梓慎:"是何物也,祸福何为?"

梓慎说:"二至、二分,日有食之,不为灾。日月之行也,分,同道也;至,相过也。其他月则为灾,阳不克也,故常为水。"

> 天地养万物,圣人养贤以及万民。　——《易传》

叔辄哭日食。昭子说:"子叔将死,非所哭也。"

八月乙亥日,叔辄去世。叔辄,叔弓之子。

冬,鲁昭公如晋,至黄河。晋将伐鲜虞,故辞昭公,昭公返。当初,晋人攻取鼓国,获鼓子,举行献俘仪式后,释鼓子。这时,鼓子叛晋,而投归鲜虞。

前520年,六月,晋荀吴巡行东阳,使师众伪装成籴者,袋中藏兵甲,在昔阳之门外休息,偷袭鼓国,灭鼓。以鼓子鸢鞮归,使涉佗戍守鼓地。

> 三军之众,可使必受敌而无败者,奇正是也;兵之所加,如以碬①投卵者,虚实是也。　——《孙子兵法》

---

①碬 xiá

六月丁巳日,王室提前葬景王。鲁叔鞅前往周都参加葬礼。叔鞅:叔辄弟。

叔鞅返回后,言及王室之乱。

闵马父说:"子朝必不克,其所与者,天所废也。"

剥,不利有攸往。　　　　　　　　——《易经》

邾人城翼,返回时,将取道离姑,此一路线必先过鲁国武城。将过武城,公孙鉏说:"鲁将御我。"要自武城返,顺山往南。

徐鉏、丘弱、茅地说:"道下,遇雨,将不出,是不得归也。"邾人仍往离姑行进。

在邾人必经之路,鲁武城人埋伏在前方,预先砍断后方的树木,而不使其倒下。邾师经过后,武城人推倒树木挡住后路,前后夹攻,大败邾师,俘获徐鉏、丘弱、茅地。

小过之丰:飞鸟以凶。　　　　　　——《易经》

邾人诉于晋,晋人来鲁国责问。

前519年正月,鲁叔孙诺如晋。癸丑日,叔鞅去世。

晋人拘叔孙。拘禁使者不合礼。

晋人使叔孙婼与邾大夫对讼。

叔孙婼说:"列国之卿,当小国之君,固周制也。邾又夷也。寡君之命介子服回在,请使当之。不敢废周制故也。"

晋人放弃对讼。

韩宣子使邾人聚其众,将以叔孙婼交予邾人。叔孙诺得知,去掉随从和兵器,独自来至晋廷。

士弥牟对韩宣子说:"子弗良图,而以叔孙与其仇,叔孙必死之。鲁亡叔孙,必亡邾。邾君亡国,将焉归? 子虽悔之,何及? 所谓盟主,讨违命也。若皆相执,焉用盟主?"士弥牟:士景伯。

韩宣子放弃原计划,而使叔孙和子服回各居一馆。士伯听二人分别申辩,向韩宣子汇报,然后,拘禁二人。

士伯驾车送叔孙前往关押处,只许叔孙带四位随从。他们先经过邾人所居宾馆,使邾人看到晋国对鲁人的处置,再来到看管的官吏处。晋人打发邾子回国。

士伯对叔孙说:"以匄茇之难,从者之病,将馆子于别都。"

叔孙婼晨起就站着等待动身,直至次日早晨,晋人送其至箕邑。送子服昭伯于他邑。

范献子求贿于叔孙婼,假托请其冠。叔孙佯装不知其意,问清范献子之冠的尺寸,做了两顶冠给献子,说:"尽矣。"

噬嗑之离:噬腊肉,遇毒,小吝,无咎。——《易经》

鲁国因叔孙被扣留,使申丰带财货如晋,意欲疏通关系。叔孙婼使手下人找到申丰,转述叔孙之意,说:"见我,吾告汝所行货。"

申丰来见叔孙,叔孙婼不许他出门送礼行贿。

叔孙所居之馆,虽一日,也必修墙屋,离开时如始至一样。

相在尔室,尚不愧于屋漏。

——《诗经》之《大雅·抑》

冬,鲁昭公为叔孙婼前往晋国,到达黄河,生病而返。

来年,前518年,二月,晋士弥牟来到箕邑迎叔孙。叔孙婼不知其来意,使家臣梁其踁①藏于门后,说:"余左顾而欨②,乃杀之。右顾而笑,乃止。"

叔孙见士伯,士伯说:"寡君以为盟主之故,是以久留子。不腆敝邑之礼,将致诸从者。使弥牟逆吾子。"

---

①踁 jìng ②欨 kài

叔孙婼受礼而归。

需之夬：需于血，出自穴。　　　　——《易经》

二月丙戌日，鲁孟僖子仲孙貜去世。

十三年前，孟僖子前往祲祥与郳庄公会盟。泉丘人之女梦以帷覆孟氏之庙，遂私奔孟僖子，其女邻随行。二人盟于清丘之社，说："有子，无相弃也。"僖子使二人居于薳氏。自祲祥返，僖子宿于薳氏。泉丘女生孟懿子和南宫敬叔，女伴无子，过继敬叔。孟懿子，名何忌。南宫敬叔，名说。

当初，孟僖子相昭公如楚，不能相礼，回国后乃习礼。

临终前，孟僖子召集大夫，说："礼，人之干也。无礼，无以立。吾闻将有达者，曰孔丘，圣人之后也，而灭于宋。其祖弗父何，以有宋而授厉公。及正考父，佐戴、武、宣，三命兹益恭。故其鼎铭云：'一命而偻①，再命而伛②，三命而俯。循墙而走，亦莫余敢侮。饘③于是，鬻于是，以糊余口。'其恭也如是。臧孙纥有言曰：'圣人有明德者，若不当世，其后必有达人。'今其将在孔丘乎？我若获没，必属说与何忌于夫子，使事之，而学礼焉，以定其位。"

陈亢问于伯鱼曰："子亦有异闻乎？"对曰："未也。尝独立，鲤趋而过庭。曰：'学《诗》乎？'对曰：'未也。''不学《诗》，无以言。'鲤退而学《诗》。他日，又独立，鲤趋而过庭。曰：'学《礼》乎？'对曰：'未也。''不学《礼》，无以立。'鲤退而学《礼》。闻斯二者。"陈亢退而喜曰："问一得三：闻《诗》，闻《礼》，又闻君子之远其子也。"

——《论语》

---

①偻 lǚ　②伛 yǔ　③饘 zhān

孟懿子、南宫敬叔遵父遗嘱,师事仲尼。

仲尼说:"能补过者,君子也。《诗》曰:'君子是则是效。'孟僖子可则效已矣。"

孔丘先祖弗父何是宋前湣公长子,让位于其弟宋厉公,弗父何曾孙叫正考父,辅佐宋戴公、武公、宣公三代国君,极其恭敬。正考父之子孔父嘉佐宋穆公、殇公,被华督所杀,孔父子孙奔鲁。

据传,孟氏兄弟师事仲尼后,孔子曾前往京师问道于老聃。

> 谦谦君子,卑以自牧也。　　　　　　——《易传》

前518年,夏,五月乙未日,朔,日食。

梓慎说:"将水。"

叔孙昭子说:"旱也。日过分而阳犹不克,克必甚,能无旱乎?阳不克莫,将积聚也。"

秋,八月,鲁国干旱,举行雩祭。

> 天地以顺动,故日月不过,而四时不忒。圣人以顺动,则刑罚清而民服。　　　　　　——《易传》

第一百三十六回　周敬王避居狄泉　王子朝号称西王

前520年,六月,景王丧礼结束后,王子朝依靠旧官、百工之丧职者,与灵王、景王的王子、王孙及族人作乱。率郊、要、饯三邑甲士,逐刘蚡。

壬戌日,刘蚡奔扬邑。单穆公如庄宫迎周悼王至自己家。王子还夜里强行接周悼王回庄宫。

癸亥日,单旗出逃。单穆公,名旗。

王子还与召庄公谋议,说:"不杀单旗,不捷。与之重盟,必来。背盟而克者多矣。"

樊顷子说:"非言也,必不克。"

王子还奉周悼王追单穆公,到达领邑,悼王、子还、单子、刘蚡举行盛大的结盟仪式,然后,悼王与王子还返回京师。

刘蚡回到刘邑,单穆公知王子还之计,并不返回,继续逃亡。

乙丑日,单穆公逃至平畤,群王子追之,单子杀还、姑、发、弱、鬷、延、定、稠等八位王子。王子朝逃奔京地。

丙寅日,单子伐京,京人逃往山里。刘子进入王城。

辛未日,巩简公在京败于子朝。

乙亥日,甘平公也被子朝打败。

单子要告急于晋。

七月,戊寅日,单子、刘子奉悼王如平畤,又往圃车,居于皇。刘子又回刘邑。单子使王子处守卫王城,与百工盟于平王庙。

辛卯日,子朝同党鄩①肸伐皇地,大败,鄩肸被俘。

八月,辛酉日,司徒丑率王师与子朝战,在前城溃败,百工叛。

---

①鄩 xún

己巳日，百工伐单氏之宫，败于单氏。

庚午日，单氏反伐百工。

辛未日，伐百工居住地东圉。

十月，丁巳日，晋籍谈、荀跞率陆浑戎及焦、瑕、温、原四邑之师，纳悼王于王城。

庚申日，单子、刘蚠所率王师在京郊被子朝党打败，陆浑戎被子朝同前城人在社地打败。

十一月，乙酉日，周悼王姬猛去世。

已丑日，单子等立王子匄，史称周敬王，暂居子旅氏家。

> 日居月诸，胡迭而微？心之忧矣，如匪浣衣。静言思之，不能奋飞。　　——《诗经》之《邶风·柏舟》

十二月，庚戌日，晋籍谈、荀跞、贾辛、司马督分别率师驻扎在阴、侯氏、谿泉、社地。王师驻扎在氾、解、任人三地。

闰十二月，癸酉日，朔，日食。晋大夫箕遗、乐徵、右行诡率师渡河，攻取前城，驻师其东南。王师驻扎京楚。

辛丑日，王师、晋师攻子朝所在京邑，毁西南城墙。

来年，前519年，春，正月，壬寅日，朔，周师、晋师围郊邑。

癸卯日，郊、鄩溃败。

丁未日，晋师在平阴，王师在泽邑。周敬王使人转告晋师局势已得到控制。

庚戌日，晋师返还。

> 我出我车，于彼牧矣。自天子所，谓我来矣。召彼仆夫，谓之载矣。王事多难，维其棘矣。
> ——《诗经》之《小雅·出车》

四月乙酉日，单子攻占子朝驻地訾邑，刘子攻占墙邑、直邑。

六月壬午日,王子朝自京地逃往尹氏邑。

癸未日,尹文公尹圉诱杀刘氏党徒刘佗。

丙戌日,单子从阪道、刘子从尹道伐尹邑。单子先至,被尹人击败,刘子见单子已败,只得返还。

己丑日,子朝党召伯奂、南宫极带领成周人戍守尹邑。

庚寅日,单子、刘子、樊齐奉周敬王至刘氏邑。

甲午日,王子朝进入王城,驻扎在东城左巷。

七月,周敬王居于狄泉。

> 小畜,亨,密云不雨,自我西郊。　　——《易经》

戊申日,周大夫鄩罗迎王子朝入庄宫,尹氏立王子朝。尹辛在周邑唐击败刘氏师。

丙辰日,又在鄩地击败刘氏。

甲子日,尹辛攻取周邑西闱。

丙寅日,攻蒯,蒯人溃散。

八月,乙未日,鲁国地震。

丁酉日,周都地震,南宫极死于地震。

苌弘对刘文公说:"君其勉之!先君之力可济也。周之亡也,其三川震。今西王之大臣亦震,天弃之矣。东王必大克。"刘文公,即刘蚡。先君,指刘文公之父刘献公。

狄泉在王城东,故苌弘称王子朝为西王,称周敬王为东王。

> 夫大人者,与天地合其德,与日月合其明,与四时合其序,与鬼神合其吉凶,先天而天弗违,后天而奉天时。天且弗违,而况于人乎?况于鬼神乎?
> ——《易传》

来年,前518年,正月,辛丑日,召简公、南宫极之子南宫嚚以甘桓公见王子朝。

刘子对苌弘说:"甘氏又往矣。"

苌弘说:"何害？同德度义。《太誓》曰:'纣有亿兆夷人,亦有离德。余有乱臣十人,同心同德。'此周所以兴也。君其务德,无患无人。"

戊午日,王子朝攻入邬邑。

三月庚戌日,晋顷公使士景伯往周都了解子朝、敬王曲直。士景伯立于王城北门乾祭询问王城众人,知众人倾向敬王。晋人乃与王子朝断绝来往,不纳其使者。

六月壬申日,子朝之师攻敬王的瑕、杏,二邑皆溃败。

郑定公如晋,子大叔相,见范献子。

范献子问:"若王室何？"

子大叔说:"老夫其国家不能恤,敢及王室？抑人亦有言曰:'蟸①不恤其纬,而忧宗周之陨,为将及焉。'今王室实蠢蠢焉,吾小国惧矣。然大国之忧也,吾侪何知焉？吾子其早图之。《诗》曰:'瓶之罄矣,惟罍之耻。'王室之不宁,晋之耻也。"

　　遵彼汝坟,伐其条枚。未见君子,惄如调饥。

　　鲂鱼赪②尾,王室如燬。虽则如燬,父母孔迩。

　　　　　　　　——《诗经》之《周南·汝坟》

范献子恐惧,与韩宣子商议安王室。乃约定盟国,来年相会。

十月,癸酉日,王子朝用成周之宝珪祭河神。

甲戌日,摆渡人在河边捡得此宝珪。

敬王的大夫阴不佞率温人向南进攻王子朝,拘捕得玉者,夺取宝玉,将卖掉时,宝珪变成石头。及至王室安定后,阴不佞献之

①蟸 lí　②赪 chēng

于敬王,敬王赐之东訾邑。

前517年夏,晋赵鞅、鲁叔诣①、宋乐大心、卫北宫喜、郑游吉、曹人、邾人、滕人、薛人、小邾人会于黄父,谋安王室。叔诣:叔鞅之子。赵鞅:赵成之子,谥号简,史称赵简子。

赵简子令诸侯之大夫向周王输粮、备戍者,说:"明年将纳王。"

宋乐大心说:"我不输粟,我于周为客,若之何使客?"

晋士伯说:"自践土以来,宋何役之不会,而何盟之不同? 曰'同恤王室',子焉得避之? 子奉君命,以会大事,而宋背盟,无乃不可乎?"

乐大心不敢对答,受牒而退。

士伯对赵简子说:"宋右师必亡。奉君命以使,而欲背盟以干盟主,无不祥大焉。"

沔彼流水,朝宗于海。鴥彼飞隼,载飞载止。嗟我兄弟,邦人诸友。莫肯念乱,谁无父母?

——《诗经》之《小雅·沔水》

---

①诣 yì

第一百三十七回　叔孙诺聘问宋公　鲁公子谋逐季氏

前517年春,鲁叔孙婼聘于宋,桐门右师乐大心见之。交谈中,右师贬低宋大夫,诋毁司城氏。司城氏是乐氏大宗。

叔孙昭子对身边人说:"右师其亡乎?君子贵其身,而后能及人,是以有礼。今夫子卑其大夫而贱其宗,是贱其身也,能有礼乎?无礼,必亡。"

宋元公宴享叔孙昭子,赋《新宫》。

昭子赋《车辖》:"间关车之辖兮,思娈季女逝兮。匪饥匪渴,德音来括。虽无好友,式燕且喜。"这是淑女配君子之诗,昭子将为季孙迎亲。

次日,宴饮甚欢。宋元公使昭子坐于自己右边,交谈时相泣。

乐祁佐宴,宴毕,对人说:"今兹君与叔孙,其皆死乎?吾闻之:'哀乐,而乐哀,皆丧心也。'心之精爽,是谓魂魄。魂魄去之,何以能久?"

叔孙昭子同时为季平子迎娶宋元公之女。季氏族人季公若之同母姊为小邾夫人,生女嫁为宋元夫人。宋元夫人之女将嫁于季平子。季公若随昭子来宋,教其外甥女宋元夫人勿遣嫁,言鲁国将逐季平子。宋元夫人告知元公,元公转告乐祁。

乐祁说:"与之。如是,鲁君必出。政在季氏三世矣,鲁君丧政四公矣。无民而能逞其志者,未之有也,国君是以镇抚其民。《诗》曰:'人之云亡,心之忧矣。'鲁君失民矣,焉得逞其志?靖以待命犹可,动必忧。"

鲁国之政掌握在季氏已历三世:季文子、季武子、季平子,而鲁君失政自宣公、成公、襄公至昭公,已历四公。

乾之夬:亢龙有悔。　　　　　　　——《易经》

孔子曰:"贵而无位,高而无民,贤人在下位而无辅,是以动而有悔也。"　　　　　　　——《易传》

夏,鸲鹆①来到鲁国筑巢,此鸟以前未曾出现在鲁国,鲁人以为异事,史官记录"有鸲鹆来巢"。鸲鹆,俗名八哥。

鲁大夫师己说:"异哉!吾闻文、成之世,童谣有之,曰:'鸲鹆之,公出辱之。鸲鹆之羽,公在外野,往馈之马。鸲鹆跦②跦,公在乾侯,征褰与襦。鸲鹆之巢,远哉遥遥。稠父丧劳,宋父以骄。鸲鹆鸲鹆,往歌来哭。'童谣有是,今鸲鹆来巢,其将及乎?"文、成之世,指鲁文、鲁宣、鲁成时期。

秋,七月,鲁国干旱,上辛日,雩祭。旱情甚重,季辛日,又雩祭。上辛、季辛:上、下旬的辛日。

季公若有兄季公鸟,季公鸟娶妻于齐鲍文子,生子甲。公鸟死后,季公若与公思展及公鸟之臣申夜姑管理公鸟家室。公鸟遗孀季姒与饔③人檀私通,惧被发现,而使其侍女鞭己,给公鸟之妹秦遄之妻看伤口,说:"公若欲使余,余不可,而抶④余。"秦遄之妻转告季平子之弟公之。

季姒又向季平子之弟公甫诉说:"展与夜姑将要余。"

公之、公甫转告季孙。平子拘公思展于卞而执夜姑,将杀之。公若泣而哀之,将为之请,说:"杀是,是杀余也。"

季平子嘱小臣勿使公若进入,至日中,公若不得请。有司来受命,公之使有司速杀夜姑。故公若怨平子。

艮之蛊:艮其腓,不拯其随,其心不快。　——《易经》

季氏、郈氏斗鸡。季氏为鸡头披甲,郈氏为鸡爪做铜距。季

---

①鸲鹆 qú yù　②跦 zhū　③饔 yōng　④抶 chì

平子发怒,侵占郈氏之地,且责备郈氏。故郈昭伯怨季平子。

臧为之子臧昭伯有从弟臧会。当初,臧昭伯待于晋,臧会窃其宝龟偻句,以信或僭分别占卜,僭得吉。臧氏家老将如晋看望昭伯,臧会请代替前往。昭伯问及家事,臧会一一回答,问及内子与母弟叔孙,臧会则默不作声。再三问,仍不答。臧昭伯返回至鲁郊,臧会迎接。昭伯问家事,臧会又如初。昭伯到家前,先居外观察,并不见内子与母弟有不对。昭伯抓来臧会要惩罚,臧会逃至郈。郈邑大夫鲂假使臧会为贾正,管理货物,常送账簿至季氏家。臧氏使五人以戈盾伏于桐汝之间。臧会走出季氏家,臧氏伏者追赶他,臧会转身跑回季氏家,臧氏人在季氏中门之外抓住臧会。

季平子发怒,说:"何故以兵入吾门?"遂拘臧氏家老。

因此,季氏与臧氏相恶。

及至臧昭伯跟随昭公出行,季平子立臧会继臧氏。臧会说:"偻句不余欺也。"

> 孔子曰:"不义而富且贵,于我如浮云。"——《论语》

故季公若、郈昭伯、臧昭伯皆与季平子有怨。

鲁昭公将在襄公庙举行禘祭,表演万舞者只有二人,其余熟习万舞之众皆在季氏家。

臧孙说:"此之谓不能庸先君之庙。"

诸大夫因此怨平子。

《论语》有之:

孔子谓季氏:"八佾舞于庭,是可忍也,孰不可忍也?"

孔子曰:"礼云礼云,玉帛云乎哉?乐云乐云,钟鼓云乎哉?"

孔子曰:"禘,自既灌而往者,吾不欲观之矣。"

三家者以《雍》彻。孔子曰:"'相维辟公,天子穆穆',奚取于三家之堂?"

有来雍雍,至止肃肃。相维辟公,天子穆穆。於荐广牡,相予肆祀。假哉皇考,绥予孝子。
　　　　　　　　——《诗经》之《周颂·雍》

　　公若献弓于鲁昭公之子公为,一起出外射箭,谋议除掉季氏。公为告知二弟公果和公贲。公果、公贲使侍人僚柤转告昭公。

　　昭公将就寝,听僚柤之言,拿起戈要打他,僚柤逃走。昭公说:"执之!"却不下令。

　　僚柤惧而不出,数月不见,昭公也不怒。公果、公贲又使僚柤对昭公说,昭公用戈恐吓他,他就逃走。不久,二人又使僚柤向昭公说,昭公说:"非小人之所及也。"

　　公果向昭公转述去除季孙之意,昭公告知臧孙,臧孙认为难成。昭公又告知郈孙,郈孙认为可行,怂恿昭公行动。

　　荏染柔木,君子树之。往来行言,心焉数之。蛇蛇①硕言,出自口矣。巧言如簧,颜之厚矣。
　　　　　　　　——《诗经》之《小雅·巧言》

　　昭公又告知子家懿伯,懿伯说:"谗人以君侥幸,事若不克,君受其名,不可为也。舍民数世,以求克事,不可必也。且政在彼焉,其难图也。"子家懿伯:子家羁,又叫子家子。

　　昭公叫懿伯退,懿伯推辞说:"臣与闻命矣,言若泄,臣不获死。"乃居于公宫。

　　维此良人,弗求弗迪。维彼忍心,是顾是复。民之贪乱,宁为荼毒。　　——《诗经》之《大雅·桑柔》

---

①蛇蛇 yí yí

第一百三十八回　鲁昭公逊位居齐　王子朝奉典入楚

前517年，鲁昭公二十五年，九月，叔孙昭子在阚①邑，昭公住在长府。戊戌日，昭公伐季氏，杀季公之于门，攻入季氏家。

季平子登台请求，说："君不察臣之罪，使有司讨臣以干戈，臣请待于沂上以察罪。"昭公不许。

平子请囚于费，昭公不许。平子请以五乘逃亡，昭公仍不许。

子家子说："君其许之！政自之出久矣，隐民多取食焉，为之徒者众矣。日入慝作，弗可知也。众怒不可蓄也，蓄而弗治，将蕴。蕴蓄，民将生心。生心，同求将合。君必悔之。"

昭公不听子家之言。

郈孙说："必杀之。"

昭公使郈孙如孟氏迎孟懿子。

叔孙氏之司马鬷戾问叔孙之众："若之何？"众人不作声。

鬷戾说："我，家臣也，不敢知国。凡有季氏与无，于我孰利？"

众人皆说："无季氏，是无叔孙氏也。"

鬷戾说："然则救诸！"

鬷戾率叔孙氏之众前往援助季氏，毁西北角，进入季氏宅。昭公之徒解甲蹲着游戏，叔孙之众赶走他们，

孟氏使郈孙登上家中西北高台，瞭望季氏宅。郈孙望见叔孙氏之旌，告知孟氏。孟氏执郈昭伯，杀之于南门之西。然后，孟氏之众攻昭公之徒。

子家子说："诸臣伪劫君者，而负罪以出，君止。意如之事君也，不敢不改。"

---

①阚 kàn

昭公说:"余不忍也。"与臧孙至先君墓地谋划,与先君辞行,然后出行。

己亥日,鲁昭公出鲁境,逊位于齐,居于齐地边境阳州。

姤之巽:包无鱼,起凶。　　　　——《易经》

齐景公将唁鲁昭于平阴,昭公不敢使齐侯远劳,先待于野井。

齐景公说:"寡人之罪也。使有司待于平阴,为近故也。"

齐侯说:"自莒疆以西,请致千社,以待君命。寡人将率敝赋以从执事,唯命是听。君之忧,寡人之忧也。"

齐景公要将莒境以西的齐地二万五千户送给鲁昭公,待昭公伐季氏,齐将出师援助。鲁昭公很高兴。

子家子对昭公说:"天禄不再。天若胙君,不过周公,以鲁足矣。失鲁,而以千社为臣,谁与之立?且齐君无信,不如早至晋。"

昭公不从子家羁之言。

困,亨,贞,大人吉,无咎。有言不信。——《易经》

臧昭伯率从者将结盟,盟书写:"戮力壹心,好恶同之。明罪之有无,缱绻①从公,无通外内。"以公命给子家子看。

子家羁说:"如此,吾不可以盟。羁也不佞,不能与二三子同心,而以为皆有罪。或欲通外内,且欲去君。二三子好亡而恶定,焉可同也?陷君于难,罪孰大焉?通外内而去君,君将速入,弗通何为?而何守焉?"

盟书之意:留在国内者有罪,而随昭公出行者无罪,并且,出行者不要与国内之人沟通。

子家子意:留者与行者皆有罪,留者逐君,行者陷君。若与留者相通、行者离开君,而能使君尽快回国,为何不沟通?并指出这

---

①缱绻 qiǎn quǎn

些人存心不想使国君安定,自己怎么可能与之同?去:离开。

子家子不参与结盟。

夬之大壮:苋陆夬夬,中行,无咎。 ——《易经》

叔孙昭子自阚回到国都,见季平子。

季平子稽颡,说:"子若我何?"

昭子说:"人谁不死?子以逐君成名,子孙不忘,不亦伤乎?将若子何?"

季平子说:"苟使意如得改事君,所谓生死而肉骨也。"

于是,叔孙昭子前往齐地见昭公,与昭公谋划。子家子命手下不许任何人进入,凡来公馆者皆执之。

鲁昭公与叔孙昭子在帷幕里说话,昭子说:"将安众而纳公。"

跟随昭公者不愿昭公回国,预备杀昭子,在昭子欲经之道设埋伏。左师展告知昭公,昭公使昭子取道铸地回国。

昭子回国后,却发现季平子主意已变,因此感到郁闷。

十月辛酉日,昭子斋于寝,使祝宗祈死。戊辰日,昭子去世。

左师展将与昭公乘马回国,昭公之徒众执左师展。

震之随:震往来厉,亿无丧,有事。 ——《易经》

前517年十月壬申日,尹文公自巩渡洛水,焚敬王邑东訾,未攻克。

来年,前516年,四月,单子如晋告急。

五月,戊午日,刘氏师败子朝王城之师于尸氏。

戊辰日,子朝的王城师与敬王的刘氏师在施谷交战,刘师惨败。

七月,己巳日,刘子奉敬王逃离刘邑。

庚午日,敬王居于渠地。王城人焚烧刘邑。

丙子日,敬王居于褚①氏家。

丁丑日,敬王逃至萑谷。

庚辰日,敬王进入胥靡。

辛巳日,敬王居于滑邑。

晋知跞、赵鞅率师纳敬王,使女宽把守阙塞。

十月,丙申日,敬王自滑地起师。

辛丑日,王师到达郊邑,又进驻尸邑。

十一月,辛酉日,晋师攻克巩邑。召伯盈见此,转而逐子朝。

王子朝与召氏之族、毛伯得、尹氏固、南宫嚚奉周之典籍奔楚。

> 旅,小亨,旅,贞吉。　　　　　　——《易经》

召伯至尸邑迎敬王,与刘子、单子盟。遂守圉泽,驻军堤上。

癸酉日,周敬王进入成周。

甲戌日,盟于襄宫。晋师使大夫般率属下戍守成周,然后班师。

十二月癸未日,敬王进入庄宫。

> 洌彼下泉,浸彼苞稂。忾我寤叹,念彼周京。
> 洌彼下泉,浸彼苞萧。忾我寤叹,念彼京周。
> 洌彼下泉,浸彼苞蓍。忾我寤叹,念彼京师。
> 芃芃黍苗,阴雨膏之。四国有王,郇伯劳之。
> 　　　　　　——《诗经》之《曹风·下泉》

王子朝使人告于诸侯,说:"昔武王克殷,成王靖四方,康王息民,并建母弟,以蕃屏周。亦曰:'吾无专享文、武之功,且为后人之迷败倾覆,而溺入于难,则振救之。'至于夷王,王愆于厥身,诸

---

①褚 chǔ

侯莫不并走其望,以祈王身。

"至于厉王,王心戾虐,万民弗忍,居王于彘。诸侯释位,以间王政。宣王有志,而后效官。至于幽王,天不吊周,王昏不若,用愆厥位。携王奸命,诸侯替之,而建王嗣,用迁郏鄏。则是兄弟之能用力于王室也。

"至于惠王,天不靖周,生颓祸心,施于叔带,惠、襄避难,越去王都。则有晋、郑,咸黜不端,以绥定王家。则是兄弟之能率先王之命也。

"在定王六年,秦人降妖,曰:'周其有髭①王,亦克能修其职。诸侯服享,二世共职。王室其有间王位,诸侯不图,而受其乱灾。'至于灵王,生而有髭。王甚神圣,无恶于诸侯。灵王、景王,克终其世。

"今王室乱,单旗、刘狄,剥乱天下,壹行不若。谓:'先王何常之有?唯余心所命,其谁敢讨之?'帅群不吊之人,以行乱于王室。侵欲无厌,规求无度,贯渎鬼神,慢弃刑法,倍奸齐盟,傲很威仪,矫诬先王。晋为不道,是摄是赞,思肆其罔极。

"兹不穀震荡播越,窜在荆蛮,未有攸底。若我一二兄弟甥舅,奖顺天法,无助狡猾,以从先王之命,毋速天罚,赦图不穀,则所愿也。敢尽布其腹心,及先王之经,而诸侯实深图之。

"昔先王之命曰:'王后无嫡,则择立长。年钧以德,德钧以卜。'王不立爱,公卿无私,古之制也。穆后及太子寿早夭即世,单、刘赞私立少,以间先王,亦唯伯仲叔季图之。"

鲁闵马父听闻子朝之辞,说:"文辞以行礼也。子朝干景之命,远晋之大,以专其志,无礼甚矣,文辞何为?"

天地之间,其犹橐籥②与?虚而不屈,动而愈出。

——《老子》

---

①髭 zī ②橐籥 tuó yuè

王子朝看重典籍,让史官携带大量王室典籍随行,老聃大概也是随行史官之一,随王子朝来到楚国。

《庄子》里多处提到老聃,《天道》:"孔子西藏书于周室,子路谋曰:'由闻周之徵藏史有老聃者,免而归居,夫子欲藏书,则试往因焉。'孔子曰:'善。'往见老聃……"又《天运》:"孔子行年五十有一而不闻道,乃南之沛见老聃。"《养生主》:"老聃死,秦失吊之,三号而出。"

《庄子》里的内容很多是借名人杜撰的,但其中可能包含有真实信息:如,老聃是周王室史官,而后来到南方居住,并老死于南方。

至于"孔子行年五十有一……乃南之沛见老聃",其中孔子的年龄值得怀疑,孔子五十一岁时在鲁国为官,不可随意出境与人私会。但在孔子为官前,或罢官后,是很有可能南见老聃的。

据传,孟氏兄弟师事仲尼后,孔子曾前往京师问道于老聃。《论语》记孔子说:"述而不作,信而好古,窃比于我老彭。"老为氏,当是老阳子族人,很可能,聃为名,彭为字。

> 势大象,天下往。往而不害,安平大。乐与饵,过客止。故道之出言也,淡呵,其无味也;视之,不足见也;听之,不足闻也;用之,不可既也。　——《老子》

(笔者释:能因循大象之势者,可以走遍天下。)

第一百三十九回　宋元公为鲁奔走　齐景公叹室难久

前517年,十一月,宋元公将为鲁昭公之事如晋。梦太子栾即位于庙,自己与平公朝服相之。

早晨,宋元公召见六卿,说:"寡人不佞,不能事父兄,以为二三子忧,寡人之罪也。若以群子之灵,获保首领以没,唯是棺木所以垫骸者,请无及先君。"

仲幾说:"君若以社稷之故,私降昵宴,群臣弗敢知。若夫宋国之法,死生之度,先君有命矣。群臣以死守之,弗敢失坠。臣之失职,常刑不赦。臣不忍其死,君命衹辱。"

宋元公出发,未出宋境,己亥日,在曲棘去世。太子栾继位,为宋景公。

> 睽之履:悔亡。厥宗噬肤,往何咎?　——《易经》

十二月庚辰日,齐景公围鲁郓邑,想攻取后使鲁昭公居住。

来年,前516年,春,正月庚申日,齐景公攻取郓。三月,鲁昭公自齐地返鲁,处于郓。

夏,齐景公将纳鲁昭公,命齐人不得受鲁执政之贿。

季氏家臣申丰与女贾将两匹锦卷紧束好,藏在衣服里带至齐师,找到梁丘据的家臣高齮,对他说:"能货子犹,使为高氏后,粟五千庾。"子犹:梁丘据字。庾:十八斗。

高齮拿锦给子犹看,子犹想要这些锦。

高齮说:"鲁人买之,百匹为计,以道之不通,先入币财。"

子犹受季氏锦,对齐景公说:"群臣不尽力于鲁君者,非不能事君也。然据有异焉。宋元公为鲁君如晋,卒于曲棘;叔孙昭子求纳其君,无疾而死。不知天之弃鲁耶,抑鲁君有罪于鬼神,故及此也?君若待于棘,使群臣从鲁君以卜焉。若可,师有济也,君而继之,兹无敌矣。若其无成,君无辱焉。"

齐景公不再前行,使公子鉏率师跟随鲁昭公,将攻鲁国成邑。

孔子曰:"群居终日,言不及义,好行小慧,难矣哉!"
——《论语》

成邑大夫公孙朝对季平子说:"有都,以卫国也,请我受师。"季平子应许公孙朝对付齐师。

公孙朝请交质给季平子,季平子不要,说:"信汝,足矣。"

公孙朝对齐师说:"孟氏,鲁之敝室也。用成已甚,弗能忍也,请息肩于齐。"成邑是孟氏之邑。

齐师围成邑,而对成邑人不加戒备。齐师在淄水饮马,成邑人伐之,公孙朝对齐人解释说:"将以服众。"

成邑做好防备,公孙朝对齐人说成人不肯降,自己"不胜众"。

鲁师与齐师在炊鼻交战。齐国的子渊捷追击鲁泄声子,射泄声子,箭入车軛,穿过车辕,射中楯①脊,箭头入楯三寸。声子射子渊捷之马,正中马颈上的皮带,鞍断,马扑地。子渊捷换乘,鲁国人以为是叔孙氏的司马鬷戾而助之。

子车说:"齐人也。"子车,即子渊捷。

鲁国人要攻子车,子车射击,一箭击毙鲁人。

其御者要子车继续射击,说:"又之。"

子车说:"众,可惧之也,而不可怒也。"

齐子囊带与泄声子相遇,子囊带大声骂声子。

声子说:"军无私怒,报乃私也,将抗子。"

---

①楯 dùn

子囊带仍大声骂他,声子也回骂,二人不交手。

季氏家臣冉竖射齐陈武子,中其手,陈武子失弓而骂。陈武子,字子彊,陈无宇之子。

冉竖告知季平子,说:"有君子,白皙,须眉黑密,甚口。"

季平子说:"必子彊也,无乃抗诸?"

冉竖说:"谓之君子,何敢抗之?"

鲁林雍羞为颜鸣车右,下车作战,颜鸣的车继续行进。齐苑何忌取林雍之耳,苑子之御说:"视下!"苑子又击倒林雍,砍其足。

林雍单腿跳着走,搭乘他车返回。颜鸣几次驰入齐师寻找林雍,大呼:"林雍!乘!"

齐师无果而返。

秋,鲁昭公与齐侯、莒子、邾子、杞伯在鄟陵结盟,谋纳昭公。盟会后,鲁昭公返回郓。

> 维南有箕,不可以簸扬。维北有斗,不可以挹酒浆。维南有箕,载翕其舌。维北有斗,西柄之揭。
>
> ——《诗经》之《小雅·大东》

这年冬,十二月,齐国上空出现彗星,齐景使人祭祀禳灾。

晏子说:"无益也,只取诬焉。天道不謟①,不贰其命,若之何禳之?且天之有彗也,以除秽也。君无秽德,又何禳焉?若德之秽,禳之何损?《诗》曰:'惟此文王,小心翼翼。昭事上帝,聿怀多福。厥德不回,以受方国。'君无违德,方国将至,何患于彗?《诗》曰:'我无所监,夏后及商。用乱之故,民卒流亡。'若德邪乱,民将流亡,祝史之为,无能补也。"

齐景公放弃祭祀。

---

①謟 tāo

道恒无为也,侯王能守之,万物将自化。化而欲作,将贞之以无名之朴,夫亦将知足。知足以静,万物将自定。
——《老子》

齐景与晏子坐于路寝,景公感叹说:"美哉室,其谁有此乎?"

晏子问:"敢问,何谓也?"

景公说:"吾以为在德。"

晏子说:"如君之言,其陈氏乎?陈氏虽无大德,而有施于民。豆、区、釜、钟之数,其取之公也薄,其施之民也厚。公厚敛焉,陈氏厚施焉,民归之矣。《诗》曰:'虽无德与汝,式歌且舞。'陈氏之施,民歌舞之矣。后世若少惰,陈氏而不亡,则国,其国也已。"

景公说:"善哉,是可若何?"

晏子说:"唯礼可以已之。在礼,家施不及国,民不迁,农不移,工贾不变,士不滥,官不滔,大夫不收公利。"

景公说:"善哉,我不能矣。吾今而后知礼之可以为国也。"

晏子说:"礼之可以为国也久矣,与天地并。君善、臣恭,父慈、子孝,兄爱、弟敬,夫和、妻柔,姑慈、妇听,礼也。君善而不违礼,臣恭而不贰;父慈而教,子孝而箴;兄爱而友,弟敬而顺;夫和而义,妻柔而正;姑慈而从,妇听而婉:礼之善物也。"姑、妇,即婆、媳。

景公说:"善哉,寡人今而后闻此礼之上也。"

晏子说:"先王所禀于天地,以为其民也,是以,先王上之。"

孔子曰:"予欲无言。"子贡曰:"子如不言,则小子何述焉?"子曰:"天何言哉?四时行焉,百物生焉。天何言哉?"
——《论语》

《尚书·洪范》云:"惟辟作福,惟辟作威,惟辟玉食。臣无有作福、作威、玉食。臣之有作福、作威、玉食,其害于而家,凶于而国。"晏子所述正与此段意同。

《尚书》是记录上古君王言论之书,为孔子自诸侯及王室典籍选编而成。武王克殷后,拜访商纣叔父箕子,《洪范》为箕子所论治天下之法。"辟"即王,"作威"指使用刑罚,"作福"指嘉奖。唯有君王才可以使用刑罚,他人不可用私刑,唯有君王才可以嘉奖民众,唯有君王才可以助民饮食。"玉食"并非指美食,而是指在饮食方面帮助民众。

《诗经》之《大雅·云汉》:"天降丧乱,饥馑荐臻。靡神不举,靡爱斯牲。圭璧既卒,宁莫我听?"饥荒时祈神,需用玉圭玉璧。

《国语·鲁语》有鲁国大饥,臧文仲如齐告籴,到邻国借粮,要带玉。

《国语·楚语》孙圉论国之宝:"圉闻国之宝六而已:明王圣人能制议百物,以辅相国家,则宝之;玉足以庇荫嘉谷,使无水旱之灾,则宝之……"玉是粮食之宝,位列国宝第二位。

故"玉食"讲的是玉跟食的关系,这是君王要把握好的要事之一。因为食是民生的根基,影响到民心的向背。马基雅维利也对君主说"把布施恩惠的事情留给自己掌管"。

《论语》为政篇里,孔子说:"君子周而不比,小人比而不周。""周"相当于曹刿所说"遍";"比"是小范围的互相照顾,相当于晏子说"家施不及国"。孔子告诫弟子:为官者应该恩惠周遍,普通人不必遍施恩惠,否则,有拉拢人心谋逆之嫌。这是制度使然。

《论语》颜渊篇里,齐景公问政于孔子,孔子说:"君君,臣臣,父父,子子。"也是同样的意思。

周文王对殷商诸侯施恩惠,到周武王便取代了商朝。齐国的陈氏,通过施惠国人,势力已成,齐侯对此无能为力,只能空叹息。

> 原思为之宰,与之粟九百,辞。孔子曰:"毋!以与尔邻里乡党乎!"
> ——《论语》

第一百四十回　楚夫人开城投吴　吴姬僚伐楚失位

前519年七月，吴人伐州来，楚薳越率师与顿、胡、沈、蔡、陈、许之师救州来。吴人在钟离抵挡楚联军。楚令尹子瑕有疾，随师出行，这时在军中去世，楚师士气低落。

吴公子光说："诸侯从于楚者众，而皆小国也。畏楚而不获已，是以来。吾闻之曰：'作事威克其爱，虽小，必济。'胡、沈之君幼而狂，陈大夫壮而顽，顿与许、蔡疾楚政。楚令尹死，其师萎。帅贱，多宠，政令不壹。七国同役而不同心，帅贱而不能整，无大威命，楚可败也。若分师先以犯胡、沈与陈，必先奔。三国败，诸侯之师乃摇心矣。诸侯乖乱，楚必大奔。请先者去备、薄威，后者敦陈整旅。"

吴君姬僚用公子光之计。戊辰日，晦，吴师与楚联军在楚地鸡父交战。吴子以三千罪人为先，攻胡、沈与陈，吴师分为三军在罪人之后，中军随吴君，公子光率右军，公子掩馀率左军。

吴罪卒无军容、无阵型，胡、沈、陈三国士卒争先恐后擒吴卒。吴罪人或奔或止，三国之师大乱。吴师三面夹攻，胡、沈、陈之师大败。吴人俘获胡君、沈君及陈大夫，释放胡、沈之俘。

胡人、沈人被释，奔至许、蔡、顿师，大喊："吾君死矣！"

吴师高喊着追随其后，许、蔡、顿之师慌忙奔逃。楚师尚未列阵，见盟军大败，也争相奔逃。

善战者，见敌之所长，则知其所短；见敌之所不足，则知其所有余。见胜如见日月，其错胜也，如以水胜火。
　　　　　　　　　　　　——《孙膑兵法》

楚平娶了秦女,废了太子建,送太子建之母回郧邑居住。建母召来吴人开城接应。

十月甲申日,吴太子进入郧邑,取楚夫人与其宝器返吴。楚司马薳越率师追赶,未追及,要自杀。

众人说:"请遂伐吴以徼之。"

薳越说:"再败君师,死且有罪。亡君夫人,不可以莫之死也。"乃自缢于薳澨。

困之大过:困于石,据于蒺藜。入于其宫,不见其妻,凶。　　　　　　　　　　——《易经》

子常接任令尹,因惧吴而城郢。子常:子囊之孙囊瓦。

沈尹戌说:"子常必亡郢。苟不能卫,城无益也。古者,天子守在四夷;天子卑,守在诸侯。诸侯守在四邻;诸侯卑,守在四境。慎其四境,结其四援,民安其野,三时之务成功。民无内忧,而又无外惧,国焉用城?

"今吴是惧,而城于郢,守已小矣。卑之不获,能无亡乎?昔梁伯沟其公宫而民溃,民弃其上,不亡,何待?

"夫正其疆埸,修其土田,险其边垒,亲其民人,明其伍候,信其邻国,慎其官守,守其交礼,不僭不贪,不懦不强,完其守备,以待不虞,又何畏矣?

"《诗》曰:'无念尔祖,聿修厥德。'无亦监乎若敖、蚡冒至于武、文? 土不过同,慎其四境,犹不城郢。今土数圻,而郢是城,不亦难乎?"方百里为同,方千里为圻。

观之涣:窥观,利女贞。　　　　　　　　——《易经》

前518年冬,楚平作舟师巡行吴楚边境,想偷袭吴国。

沈尹戌说:"此行也,楚必亡邑。不抚民而劳之,吴不动而召之,吴从楚,而疆场无备,邑能无亡乎?"

越大夫胥犴①在豫章水滨慰劳楚平,越公子仓送乘舟给楚平。公子仓与越大夫寿梦率师跟从楚平,直至圉阳,越人别楚人而还。

吴人悄悄跟随楚师而楚人不觉,楚边境守军不设防,吴人灭楚巢邑和钟离,杀守邑大夫,俘二邑之民返回。

沈尹戌说:"亡郢之始,于此在矣。君一动而亡二姓之帅,几如是而不及郢?《诗》曰:'谁生厉阶,至今为梗?'其君之谓乎?"

无妄之随:无妄行,有眚,无攸利。 ——《易经》

前517年,十二月,楚平使薳射城州屈,使茄②人回此地。又城丘皇,迁訾人于此。使熊相禖③郭巢,使季然郭卷。"郭巢""郭卷"之"郭"为动词,与"城丘皇"之"城"同样用法。

郑子大叔闻听此事,说:"楚君将死矣。使民不安其土,民必忧。忧将及君,弗能久矣。"

前516年,九月庚申日,楚子熊居去世,谥平。

令尹子常要立楚平的庶长子子西为君,说:"太子壬幼弱,其母非嫡也,太子建实聘之。子西长而好善,立长则顺,建善则治。君顺、国治,可不务乎?"

子西发怒说:"是乱国而恶君也。国有外援,不可渎也。君有嫡嗣,不可乱也。败亲,速仇;乱嗣,不祥,我受其名。赂吾以天下,吾滋不从也,楚国何为? 必杀令尹!"

子常恐惧,乃立太子熊壬,为楚昭公。

君子以俭德避难,不可荣以禄。 ——《易传》

前515年春,吴子姬僚趁楚丧而伐楚,使公子掩馀、公子烛庸率师围潜邑。使延州来季子聘于中原各国,以观诸侯强弱。

---

①犴 àn ②茄 jiā ③禖 méi

楚莠尹然、工尹麇率师救潜。左司马沈尹戌率国都里无徭役的士君子以及为君养马之官增援,与吴师在穷地相遇,令尹子常率舟师到达沙汭返还。左尹郤宛、工尹寿率师到达潜邑。吴师被围,无法撤退。

吴公子光说:"此,时也,弗可失也。"

对鱄设诸说:"上国有言曰:'不索,何获?'我,君嗣也,吾欲求之。事若克,季子虽至,不吾废也。"季子,即季札。

鱄设诸说:"君可弑也。母老、子弱,是无若我何?"

公子光说:"我,尔身也。"

四月,公子光伏甲士于地下室,而宴飨吴子。姬僚使甲士遍布于道两侧,自宫门直至公子光家门。大门、台阶、内室门、座席边,皆吴子至亲,两边站立持剑的士卒。献馐者在门外改服,膝行而入,二持剑者左右夹持,剑及献馐者肌肤,送馐至姬僚面前。

公子光伪装足疾,进入地下室。鱄设诸置短剑于鱼腹中进献,至姬僚面前,抽剑刺僚。左右持剑者剑刺鱄设诸胸膛,姬僚仍被鱄设诸杀死。

> 既济之家人:濡其首,厉。　　　　——《易经》

公子光自立为吴君,史称阖闾。阖闾以鱄设诸之子为卿。

季札返国后,说:"苟先君无废祀,民人无废主,社稷有奉,国家无倾,乃吾君也。吾谁敢怨?哀死事生,以待天命。非我生乱,立者从之,先人之道也。"

季子至姬僚墓复命哭泣,然后等待新君之命。

公子掩馀自师中奔徐,公子烛庸奔钟吾。

楚师知吴有乱而回师。

> 至虚,恒也;守中,笃也。万物方作,居以待复。天道员员,各复其根。　　　　——《老子》

楚左尹郤宛直而和,以直事君,同僚以和,楚人喜之。鄢将师为右领,与费无极党而恨郤宛。令尹子常贪财又信谗。

费无极欲害郤宛,对子常说:"子恶欲饮子酒。"子恶:郤宛。

又对郤宛说:"令尹欲饮酒于子氏。"

郤宛说:"我,贱人也,不足以辱令尹。令尹将必来辱,为惠已甚。吾无以酬之,若何?"

费无极说:"令尹好甲兵,子出之,吾择焉。"

费无极选取五副皮甲、兵器,对郤宛说:"置诸门,令尹至,必观之,而从以酬之。"

请客之日,郤宛陈列兵甲于门左侧,以帷幕遮盖。

费无极对令尹说:"吾几祸子。子恶将为子不利,甲在门矣。子必无往。且此役也,可以得志于吴,子恶取赂焉而还,又误群帅,使退其师,曰'乘乱不祥'。吴乘我丧,我乘其乱,不亦可乎?"

令尹使人察看郤氏家,果有兵甲,便不前往,召来鄢将师,告之此情。鄢将师退出,遂令攻郤氏,且命烧宅。郤宛自杀。

> 需之节:需于泥,致寇至。　　——《易经》

楚人不愿烧郤宛宅,鄢将师下令说:"不爇①郤氏,与之同罪。"

楚人或取一把茅,或抓一把秆儿,投之于地,未烧郤氏宅。

鄢将师假借令尹之命使人烧郤氏宅,尽灭郤氏族党,杀中厩尹阳令终与其弟完及佗,以及大夫晋陈及其子弟。

晋陈族人在国都高呼:"鄢氏、费氏自以为君,专祸楚国,弱寡公室,蒙君与令尹以自利也。令尹尽信之矣,国将如何?"

令尹听了很不自在。

> 孔子曰:"上好礼,则民易使也。"　　——《论语》

---

① 爇 ruò

郤宛遭难,楚人议论不止,参与国祭者无不指责令尹子常。

沈尹戌对子常说:"夫左尹与中厩尹,莫知其罪,而子杀之,以兴谤怨,至于今不已。戌也惑之。仁者杀人以掩谤,犹弗为也。今吾子杀人以兴谤,而弗图,不亦异乎?

"夫无极,楚之谗人也,民莫不知。去朝吴,出蔡侯朱,丧太子建,杀连尹奢,屏君之耳目,使不聪、不明。不然,平公之温惠恭俭,有过成、庄,无不及焉,所以不获诸侯,近无极也。

"今又杀三不辜,以兴大谤,几及子矣。子而不图,将焉用之?夫鄢将师矫子之命,以灭三族。三族,国之良也,在位无怨。

"吴新有君,疆场日骇,楚国若有大事,子其危哉!智者除谗以自安也,今子爱谗以自危也,甚矣,其惑也!"

子常说:"是瓦之罪,敢不良图?"瓦,子常名。

前515年,九月己未日,楚令尹子常杀费无极与鄢将师,尽灭其族,以取悦国人,怨言得以平息。

天网恢恢,疏而不失。　　　　　　　——《老子》

第一百四十一回　晋祁盈一意孤行　魏舒臣一食三叹

前517年夏,诸侯会盟时,郑子大叔见赵简子,简子问揖让周旋之礼。

子大叔说:"是仪也,非礼也。"

简子问:"敢问何谓礼?"

子大叔说:"吉也闻诸先大夫子产,曰:'夫礼,天之经也,地之义也,民之行也。'天地之经,而民实则之。则天之明,因地之性,生其六气,用其五行。气为五味,发为五色,章为五声。淫则昏乱,民失其性。

"是故,制礼以奉之:为六畜、五牲、三牺,以奉五味;为九文、六采、五章,以奉五色;为九歌、八风、七音、六律,以奉五声;为君臣、上下,以则地义;为夫妇、外内,以经二物;为父子、兄弟、姑姊、甥舅、婚媾、姻亚,以象天明;为政事、庸力、行务,以从四时;为刑罚、威狱,使民畏忌,以类其震曜杀戮;为温慈、惠和,以效天之生殖长育。"

　　孔子曰:"人能弘道,非道弘人。"　　——《论语》

(笔者释:人能因循道,非道顺应人。《尚书》里有几个"弘"均为顺奉、顺承、遵循之意。《康诰》:"弘于天,若德裕乃身,不废在王命。""汝惟小子,乃服惟弘王应保殷民。"意为顺于天、顺承王道。《洛诰》:"越乃光烈考武王弘朕恭。"孔安国注:"大使我恭奉其道。"《君陈》:"尔惟弘周公丕训,无依势作威。"即遵循周公之训。《顾命》:"用敬保元子钊,弘济于艰难。"即顺利渡过艰难。)

子大叔继续说:"民有好、恶、喜、怒、哀、乐,生于六气,是故审则宜类,以制六志。哀有哭泣,乐有歌舞,喜有施舍,怒有战斗,喜生于好,怒生于恶。是故审行信令,祸福赏罚,以制死生。生,好物也;死,恶物也。好物,乐也;恶物,哀也。哀乐不失,乃能协于天地之性,是以长久。"

简子说:"甚哉,礼之大也!"

子大叔说:"礼,上下之纪、天地之经纬也,民之所以生也,是以先王尚之。故人之能自曲直以赴礼者,谓之成人。大,不亦宜乎?"

简子说:"鞅也,请终身守此言也。"

前514年四月丙戌日,郑伯姬虿去世,谥定。太子虿继位,史称郑献公。

喜怒哀乐之未发,谓之中;发而皆中节,谓之和。中也者,天下之大本也;和也者,天下之达道也。

——《礼记》之《中庸》

(笔者释:"中"是天地自然之本性,人不可能没有喜怒哀乐,如果人的情绪以"中"为导向,符合人之自然本性,就是"和",就是达道。"中庸"即"中"之用,即人所做的一切要符合天地自然之本性,符合人的本性。中庸不是折中,不是做老好人。人的行为难以符合天地之性,故孔子说:"中庸之为德也,其至矣乎!民鲜久矣。")

晋祁盈二家臣祁胜与邬臧换妻,祁盈要囚禁二人,咨询司马叔游。祁盈是祁午之子,祁奚之孙。叔游是叔侯之子。

叔游说:"《郑书》有之:'恶直丑正,实蕃有徒。'无道立矣,子惧不免。《诗》曰:'民之多辟,无自立辟。'姑已,若何?"

祁盈说:"祁氏私有讨,国何有焉?"

前514年,夏,祁盈遂囚祁胜与邬臧。祁胜使人贿荀跞,荀跞为之请晋顷公,晋顷公使人执祁盈。

祁盈之臣说:"钧将皆死,宁使吾君闻胜与臧之死也以为快。"乃杀祁胜和邬臧。"吾君"即吾主。

六月,晋侯杀祁盈及叔向之子杨食我,灭祁氏和羊舌氏。杨食我与祁盈亲近,因助乱而遭祸。

> 孔子曰:"吾尝终日不食,终夜不寝,以思,无益,不如学也。"
> ——《论语》

秋,晋韩宣子去世,魏献子执政。

魏舒分祁氏之田为七县:邬、祁、平陵、梗阳、涂水、马首、孟。分羊舌氏之田为三县:铜鞮、平阳、杨氏。使司马弥牟为邬大夫,贾辛为祁大夫,司马乌为平陵大夫,魏舒之子魏戊为梗阳大夫,知盈之子知徐吾为涂水大夫,韩起之孙韩固为马首大夫,孟丙为孟县大夫,乐霄为铜鞮大夫,赵朝为平阳大夫,僚安为杨氏大夫。说贾辛、司马乌安定周王室有功,故举荐。认为知徐吾、赵朝、韩固、魏戊四人作为馀子而不失职,能守业。其余四人司马弥牟、孟丙、乐霄、僚安,皆先往县上任职,然后才拜见魏献子,示因贤而举,非私举。

> 孔子曰:"有国家者,贵人而贱禄,则民兴让;尚技而贱车,则民兴艺。"
> ——《礼记》之《坊记》

(笔者注:贱禄、贱车,指不吝惜奖赏。)

魏献子对成鱄说:"吾与戊也县,人其以我为党乎?"

成鱄回答说:"何也?戊之为人也,远不忘君,近不逼同,居利思义,在约思纯,有守心而无淫行。虽与之县,不亦可乎。昔武王克商,光有天下。其兄弟之国者十有五人,姬姓之国者四十人,皆举亲也。夫举无他,唯善所在,亲疏一也。

"《诗》曰:'唯此文王,帝度其心。莫其德音,其德克明。克明克类,克长克君。王此大国,克顺克比。比于文王,其德靡悔。既受帝祉,施于孙子。'

"心能制义曰度,德正应和曰莫,照临四方曰明,勤施无私曰类,教诲不倦曰长,赏庆刑威曰君,慈和遍服曰顺,择善而从之曰比,经纬天地曰文。此九德不愆,作事无悔,故袭天禄,子孙赖之。主之举也,近文德矣,所及其远哉。"

官不及私昵,惟其能;爵罔及恶德,惟其贤。虑善以动,动惟厥时。　　　　　　——《尚书》

贾辛将至祁县上任,来拜见魏献子。

魏子说:"辛,来。昔叔向适郑,鬷蔑貌丑,欲观叔向,从使之收器者而往,立于堂下,一言而善。叔向将饮酒,闻之,曰:'必鬷明也。'下,执其手以上,曰:'昔贾大夫貌丑,娶妻而美,三年不言不笑。御妻以如皋,射雉,获之,其妻始笑而言。贾大夫曰:"才之不可以已。我不能射,汝遂不言不笑夫。"今子少不扬,子若无言,吾几失子矣。言不可以已也如是。'遂如故知。今汝有力于王室,吾是以举汝。行乎,敬之哉,毋堕乃力。"

仲尼闻魏子之举,认为义,说:"近不失亲,远不失举,可谓义矣。"又闻魏子举贾辛之由,认为忠,说:"《诗》曰:'永言配命,自求多福。'忠也。魏子之举也义,其命也忠,其长有后于晋国乎!"

子夏曰:"贤贤易色;事父母,能竭其力;事君,能致其身;与朋友交,言而有信。虽曰未学,吾必谓之学矣。"　　　　　　　　　　　　——《论语》

冬,梗阳有人诉讼,魏戊不能判断,上报案情于献子。诉讼大宗一方贿以女乐,魏献子想收下。

魏戊对献子手下二大夫阎没、女宽说:"主以不贿闻于诸侯,若受梗阳人,贿莫甚焉。吾子必谏!"二人皆许诺。

魏子退朝回家,二人在魏氏庭中等待。魏子请二人进餐。席间,二人三次叹息。用餐毕,魏子与二人交谈。

魏子说:"吾闻诸伯叔,谚曰:'唯食忘忧。'吾子置食之间三叹,何也?"

二人同声说:"或赐二小人酒,不夕食。馈之始至,恐其不足,是以叹。中置,自咎曰:'岂将军食之,而有不足?'是以再叹。及馈之毕,愿以小人之腹为君子之心,适足而已。"魏舒为中军帅,将中军,故称其将军,即将军者、将军之帅。

魏献子明白二人之意,随即辞退梗阳人之赂。

　　明德慎罚,不敢侮鳏寡。　　——《尚书》
　　国无常强,无常弱。奉法者强则国强,奉法者弱则国弱。　　——《韩非子》

第一百四十二回　鲁昭公改立太子　晋史墨细说龙史

前515年春,鲁昭公自郓如齐,旋即,又回至郓。

秋,晋士鞅、宋乐祁、卫北宫喜、曹人、邾人、滕人会于扈,令成守成周,并谋纳鲁昭公。

宋、卫认为鲁昭公回国对二国有利,坚请纳昭公。

晋范献子得鲁季孙之赂,对宋司城子梁与卫北宫贞子说:"季孙未知其罪,而君伐之。请囚、请亡,于是乎不获。君又弗克,而自出也。夫岂无备而能出君乎?季氏之复,天救之也。休公徒之怒,而启叔孙氏之心。不然,岂其伐人而脱甲执冰以游?叔孙氏惧祸之滥,而自同于季氏,天之道也。

"鲁君守齐,三年而无成。季氏甚得其民,淮夷与之,有十年之备,有齐、楚之援,有天之赞,有民之助,有坚守之心,有列国之权,而弗敢宣也,事君如在国。故鞅以为难。二子皆图国者也,而欲纳鲁君,鞅之愿也,请从二子以围鲁。无成,死之。"

宋司城子梁与卫北宫喜闻言而惧,皆辞谢。又辞退各小国之请,而以难办答复鲁昭公。司城子梁:乐祁。

孟懿子、季氏家臣阳虎伐郓,要夺回昭公。昭公徒众发动郓人迎战。

子家子说:"天命不慆久矣。使君亡者,必此众也。天既祸之,而自福也,不亦难乎?犹有鬼神,此必败也。乌呼,为无望也夫,其死于此乎?"

昭公使子家子如晋,公徒在郓邑附近且知被打败。

　　蒙之未济:困蒙,吝。　　　　　　——《易经》

冬,昭公如齐,齐景公请用飨礼。

子家子说:"朝夕立于其朝,又何飨焉？其饮酒也。"乃不举行飨礼,齐景与鲁昭饮酒。景公使宰臣向昭公献酒,请昭公自安,而先离席。这是君待臣之礼。

齐景公说:"请使重见。"重是齐侯夫人,子仲之女。子仲,即十五年前奔齐的公子憖。

子家子相昭公退出,以避见齐侯夫人。

坤之复:履霜,坚冰至。　　　　　　——《易经》

十二月,晋籍秦送诸侯戍周之众至成周,鲁人以有国难推辞。籍秦:籍谈之子。

前514年,春,鲁昭公如晋,至晋边境,昭公要直接入晋疆至乾侯。

子家子说:"有求于人,而即其安,人孰矜之？其造于境。"

昭公不听,来至乾侯,才使人请晋人来迎。

晋人说:"天祸鲁国,君淹恤在外。君亦不使一个辱在寡人,而即安于甥舅,其亦使逆君？"甥舅,指齐国。

晋人使鲁昭公返至晋边境,然后使人迎接。

前513年,春,鲁昭公自晋乾侯回至郓。齐景公使高张来问候,称昭公为"主君"。"主""主公""主君"是对大夫的尊称。

子家子说:"齐卑君矣,君只辱焉。"

鲁昭公又前往乾侯。

季平子每年买马,并备好从者衣屦,送给昭公。昭公执送马者,卖掉马,季平子乃不再送马。

旅之艮:旅于处,得其资斧,我心不快。

——《易经》

卫灵公有一匹驾车的好马叫启服,使人送给鲁昭公,马掉进沟堑而死,昭公要为此马做棺埋葬。

子家子说:"从者病矣,请以食之。"昭公乃放弃做棺,而用旧车帏裹马掩埋。

昭公赐公衍羔裘,使之献饰有龙纹之玉给齐景公。公衍并献羔裘,齐景公很高兴,送阳穀邑给公衍。

当初,公衍、公为出生前,二人之母同时移居产房。公衍先出生,公为之母说:"相与偕出,请相与偕告。"隔三日,公为出生,其母先向昭公报告,于是,公为成了公衍之兄。

鲁昭公私下喜欢阳穀邑,又想起这些年的流落,说:"务人为此祸也。且后生而为兄,其诬也久矣。"务人,即公为,其与季公若谋逐季氏而至昭公出居。

昭公乃废黜公为,而以公衍为太子。

樊迟从游于舞雩之下,曰:"敢问崇德、修慝、辨惑。"孔子曰:"善哉问!先事后得,非崇德与?攻其恶,无攻人之恶,非修慝与?一朝之忿,忘其身,以及其亲,非惑与?"
　　　　　　　　　　　　　　——《论语》

前513年,秋,龙出现在晋国绛都郊外的天空。

魏献子问太史蔡墨:"吾闻之,虫莫智于龙,以其不生得也。谓之智,信乎?"

蔡墨说:"人实不智,非龙实智。古者畜龙,故国有豢龙氏,有御龙氏。"

魏献子说:"是二氏者,吾亦闻之,而不知其故,是何谓也?"

蔡墨说:"昔有飂①叔安,有裔子曰董父,实甚好龙,能求其嗜欲以饲豢之,龙多归之。乃顺畜龙,以服事帝舜。帝赐之姓曰董,氏曰豢龙,封诸鬷川,鬷夷氏,其后也。故帝舜氏世有畜龙。

"及有夏孔甲,顺于有帝,帝赐之乘龙,河、汉各二,各有雌雄,

---

①飂 liáo

孔甲不能饲,而未获豢龙氏。陶唐氏既衰,其后有刘累,学顺龙于豢龙氏,以事孔甲,能饲养之。夏后嘉之,赐氏曰御龙,以代豕韦之后。龙一雌死,暗醢以献于夏后。夏后飨之,既而使求龙,刘累惧而迁于鲁县,范氏,其后也。"

魏献子问:"今何故无之?"

蔡墨说:"夫物,物有其官,官修其方,朝夕思之。一日失职,则死及之,失官不食禄。官安其业,其物乃至。若泯弃之,物乃止伏,滞塞不育。

"故有五行之官,是谓五官,实列受氏姓,封为上公,祀为贵神。社稷五祀,是尊是奉。木正曰句芒,火正曰祝融,金正曰蓐收,水正曰玄冥,土正曰后土。

"龙,水物也,水官弃矣,故龙不生得。不然,《周易》有之,在《乾》之《姤》,曰'潜龙勿用';其《同人》曰'见龙在田';其《大有》曰'飞龙在天';其《夬》曰'亢龙有悔';其《坤》曰'见群龙无首,吉';《坤》之《剥》曰'龙战于野'。若不朝夕见,谁能物之?"

魏献子又问:"社稷五祀,谁氏之五官也?"

蔡墨说:"少皞氏有四叔,曰重、曰该、曰修、曰熙,实能金、木及水。使重为句芒,该为蓐收,修及熙为玄冥,世不失职,遂济穷桑,此其三祀也。颛顼氏有子曰黎,为祝融;共工氏有子曰句龙,为后土,此其二祀也。后土为社。稷,田正也。有烈山氏之子曰柱,为稷,自夏以上祀之。周弃亦为稷,自商以来祀之。"

> 孔子曰:"我非生而知之者,好古,敏以求之者也。"
> ——《论语》

冬,晋赵鞅、中行荀吴之子荀寅率师攻占陆浑的汝滨,城汝滨,借此在晋国征得一鼓铁,用以铸刑鼎,铸范宣子所订刑法。

仲尼说:"晋其亡乎?失其度矣。夫晋国将守唐叔之所受法度,以经纬其民,卿大夫以序守之。民是以能尊其贵,贵是以能守其业。贵贱不愆,所谓度也。文公是以作执秩之官,为被庐之法,以为盟主。今弃是度也,而为刑鼎,民在鼎矣,何以尊贵?贵何业之守?贵贱无序,何以为国?且夫宣子之刑,夷之蒐也,晋国之乱制也,若之何以为法?"

蔡墨说:"范氏、中行氏其亡乎?中行寅为下卿,而干上令,擅作刑器,以为国法,是法奸也。又加范氏焉,易之,亡也。其及赵氏,赵孟与焉。然不得已,若德,可以免。"

孔子曰:"道之以政,齐之以刑,民免而无耻。道之以德,齐之以礼,有耻且格。" ——《论语》

孔子可能南游不仅到过楚国,也到过陈国。

仲尼在陈,有隼坠于陈侯之庭而死,楛矢贯其身,石制箭镞①,其长一尺又八寸。陈惠公使人以隼至仲尼之馆问故。

仲尼说:"隼之来也远矣!此肃慎氏之矢也。昔武王克商,通道于九夷、百蛮,使各以其方贿来贡,使无忘职业。于是,肃慎氏贡楛矢、石砮②,其长尺有咫。先王欲昭其令德之致远也,以示后人,使永监焉,故铭其栝③曰'肃慎氏之贡矢',以分大姬,配虞胡公而封诸陈。古者,分同姓以珍玉,展亲也;分异姓以远方之职贡,使无忘服也。故分陈以肃慎氏之贡。君若使有司求诸故府,其可得也。"

陈惠公使人在保存故物之府库寻找,金椟里有矢,果如仲尼所言,石箭,在箭、羽之间有"肃慎氏之贡矢"。肃慎氏:北方民族。

孔子曰:"盖有不知而作之者,我无是也。多闻,择其善者而从之,多见而识之,知之次也。"——《论语》

---

①镞 zú ②砮 nǔ ③栝 kuò

第一百四十三回　晋定公谋纳鲁侯　吴阖闾水淹徐国

前512年，六月庚辰日，晋侯去疾离世，谥顷。八月，葬晋顷公。太子姬午继位，为晋定公。

郑游吉如晋吊，待至八月，参加送葬。

魏献子使士景伯质问游吉，说："悼公之丧，子西吊，子蟜送葬。今吾子无贰，何故？"

游吉说："诸侯所以归晋君，礼也。礼也者，小事大、大字小之谓。事大在共其时命，字小在恤其所无。以敝邑居大国之间，共其职贡，与其备御不虞之患，岂忘共命？先王之制：诸侯之丧，士吊，大夫送葬；唯嘉好、聘享、三军之事，于是乎使卿。

"晋之丧事，敝邑之间，先君有所助执挽矣。若其不间，虽士、大夫有所不获数矣。大国之惠，亦庆其加，而不讨其乏，明致其情，取备而已，以为礼也。灵王之丧，我先君简公在楚，我先大夫印段实往，敝邑之少卿也。王吏不讨，恤所无也。

"今大夫曰：'汝何不从旧？'旧有丰有省，不知所从。从其丰，则寡君幼弱，是以不共。从其省，则吉在此矣。唯大夫图之。"

晋人无言以对。

> 大邦以下小邦，则取小邦。小邦以下大邦，则取于大邦。故或下以取，或下而取。故大邦者，不过欲兼畜人；小邦者，不过欲入事人。夫皆得其欲，大者宜为下。
> 　　　　　　　　　　——《老子》

前511年，正月，鲁昭公仍居晋乾侯，因其既不见容于国内，又不见容于国外。

晋定公即位后,要率师纳鲁昭公。

范献子说:"若召季孙而不来,则信不臣矣,然后伐之,若何?"

晋人召季孙。范献子使人私对季孙说:"子必来,我受其无咎。"

季孙意如与晋荀跞在適①历相会。

荀跞说:"寡君使跞谓吾子:'何故出君?有君不事,周有常刑。'子其图之。"

季孙戴布冠、穿麻衣、赤脚走向前,匍匐在地,回答说:"事君,臣之所不得也,敢逃刑命?君若以臣为有罪,请囚于费,以待君之察也,亦唯君。若以先臣之故,不绝季氏,而赐之死。若弗杀弗亡,君之惠也,死且不朽。若得从君而归,则固臣之愿也。敢有异心?"

四月,季孙跟随知伯来到乾侯。知伯:荀跞。

子家子对昭公说:"君与之归。一惭之不忍,而终身惭乎?"

昭公说:"诺。"

众从者对昭公说:"在一言矣,君必逐之。"

荀跞以晋侯之命唁昭公,并说:"寡君使跞以君命讨于意如,意如不敢逃死,君其入也。"

鲁昭公说:"君惠顾先君之好,施及亡人,将使归粪除宗祧以事君,则不能见夫②人。己所能见夫人者,有如河。"

荀跞掩耳而走,说:"寡君其罪之恐,敢与知鲁国之难,臣请复于寡君。"

荀跞退出后对季孙说:"君怒未息,子姑归祭。"

子家子对昭公说:"君以一乘入于鲁师,季孙必与君归。"

鲁昭公要依从子家之言,众从者胁迫昭公,昭公不得归。

---

①適 dí ②夫 fú

知进而不知退,知存而不知亡,知得而不知丧。其唯圣人乎?知进退存亡,而不失其正者,其唯圣人乎?

——《易传》

前512年,秋,吴阖闾使徐人执公子掩馀,使钟吾人执公子烛庸,二位公子奔楚。楚昭使监马尹大心迎吴公子,封给二人养邑,又使莠尹然、左司马沈尹戌城养,并分割城父与胡地之田给二人,预备以二人对付吴国。

子西劝谏说:"吴光新得国,而亲其民,视民如子,辛苦同之,将用之也。若好吴边疆,使柔服焉,犹惧其至。吾又强其仇,以重怒之,无乃不可乎?吴,周之胄裔也,而弃在海滨,不与姬通,今而始大,比于诸华,光又甚文,将自同于先王。不知天将以为虐乎?使剪丧吴国而封大异姓乎?其抑亦将卒以祚吴乎?其终不远矣。我何不姑安吾鬼神,而宁吾族姓,以待其归?将焉用自辛劳焉?"先王,指太王、王季。

楚昭不听。

吴阖闾见楚国如此安置二位公子,转而怨恨徐国和钟吾国。

冬,十二月,吴子攻取钟吾,抓获钟吾子。接着,伐徐,未攻克,吴人筑堤堵住山上的水,引入徐国。

己卯日,吴人水灭徐国。徐子嬴章禹断发,携夫人,迎吴子。吴子唁而送之,使其近臣跟从,徐子与其近臣奔楚。

楚沈尹戌率师救徐,未及赶上,遂城夷邑,安置徐子章禹。

滔滔江汉,南国之纪。尽瘁以仕,宁莫我有?

匪鹑匪鸢,翰飞戾天。匪鳣①匪鲔②,潜逃于渊。

——《诗经》之《小雅·四月》

---

①鳣 zhān ②鲔 wěi

吴阖闾问伍员:"初尔言伐楚,余知其可也,而恐其使余往也,又恶人之有余之功也。今余将自有之矣。伐楚,何如?"

伍员说:"楚执政众而乖,莫适任患。若为三师以扰焉,一师至,彼必皆出。彼出则归,彼归则出,楚必敝于道。数扰以疲之,多方以误之。既疲而后以三军继之,必大克之。"

阖闾听从伍员之计,楚人自此疲于奔命。

前511年秋,吴人侵楚,伐夷,侵潜、六。楚沈尹戌率师救潜,吴师撤还。楚师迁潜人于南冈,然后撤军。

吴师围弦。楚左司马沈尹戌、右司马稽率师救弦,到达豫章,吴军撤还。

冬,十二月辛亥日,朔,日食。此夜,晋赵简子梦一童子裸身歌舞。早晨,请史墨占梦,说:"吾梦如是,今而日食,何也?"

史墨说:"六年及此月也,吴其入郢乎?终亦弗克。入郢,必以庚辰,日月在辰尾。庚午之日,日始有谪。火胜金,故弗克。"

前510年夏,吴伐越,吴国首次向诸侯报告正式用兵于越。

史墨说:"不及四十年,越其有吴乎?越得岁,而吴伐之,必受其凶。"

兵者,不祥之器也,不得已而用之,铦^①袭为上。弗美也,美之,是乐杀人。夫乐杀,不可以得志于天下。

——《老子》

(笔者释:铦袭,就是以锐师突袭,如桓公十一年,楚师夜袭陨;又如襄公二十五年,郑师夜入陈。不得已需要用兵时,锐师突袭可以快速控制局面,双方伤亡都小。)

---

①铦 xiān

前 508 年夏,楚属国桐国叛楚。吴子使舒鸠氏诱楚人,对舒鸠氏说:"以师临我,我伐桐,为我使之无忌。"

秋,楚令尹囊瓦伐吴,驻师豫章。囊瓦:子常。

吴人在豫章布置舟师,佯装将伐桐,而潜师至巢。

冬,十月,吴师在豫章袭击楚师,楚师无备,被打败。接着,吴师围巢,克巢,抓获楚守巢大夫子繁。

用而示之不用,近而示之远,远而示之近。

——《孙子兵法》

第一百四十四回　周敬王请城成周　魏献子田猎大陆

前515年十二月,诸侯戍周。

前513年,三月己卯日,京师杀子朝党羽召伯盈、尹氏固及原伯鲁之子。三年前,尹固随王子朝奔楚,中途,自己返回京师。到达京郊,遇一妇人,妇人责备他,说:"处,则劝人为祸;行,则数日而返。是夫也,其过三岁乎?"

五月庚寅日,子朝同党王子赵车进入周地鄢①邑叛敬王,阴不佞率师击败赵车。

　　涣之坎:涣其血,去逖出,无咎。　　——《易经》

前510年,八月,周敬王使富辛与石张如晋,请城成周。

周天子说:"天降祸于周,俾我兄弟并有乱心,以为伯父忧。我一二亲昵甥舅,不遑启处,于今十年,勤戍五年。余一人无日忘之,闵闵焉如农夫之望岁,惧以待时。伯父若肆大惠,复二文之业,驰周室之忧,徼文、武之福,以固盟主,宣昭令名,则余一人有大愿矣。昔成王合诸侯,城成周,以为东都,崇文德焉。今我欲徼福假灵于成王,修成周之城,俾戍人无勤,诸侯用宁,蛮贼远屏,晋之力也。其委诸伯父,使伯父实重图之。俾我一人无征怨于百姓,而伯父有荣施,先王庸之。""二文",指晋文侯、晋文公。

范献子士鞅对魏献子魏舒说:"与其戍周,不如城之。天子实云,虽有后事,晋勿与知可也。从王命以纾诸侯,晋国无忧,是之不务,而又焉从事?"

魏献子说:"善。"

---

① 鄢 liǎn

晋侯使伯音应答周人,说:"天子有命,敢不奉承,以奔告于诸侯?迟速差次,于是焉在。"伯音:韩起之孙韩不信,又叫韩简子。

蹇之井:王臣蹇蹇,匪躬之故。　　——《易经》

十一月,晋魏舒、韩不信来到京师,在狄泉会合盟国大夫:鲁仲孙何忌、齐高张、宋仲幾、卫世叔申、郑国参、曹人、莒人、薛人、杞人、小邾人,寻盟,并下令城成周。国参:子产之子。

魏舒南面而立,代天子发号施令。

卫大夫彪傒说:"魏子必有大咎。干位以令大事,非其任也。《诗》曰:'敬天之怒,不敢戏豫。敬天之渝,不敢驰驱。'况敢干位以作大事乎?"

己丑日,晋士弥牟规划成周城墙工程,测算长度,计量高度,估算厚薄;估算沟渠深度,考察取土之处、远近所宜;测算工期长短,计算所需人工,计算所需财用及食用;向诸侯国颁布工程所需各国人数,各当完成工程地段,记录下来交给各国大夫,最后向刘子汇总。晋韩简子监工,监督工程执行情况。

乃慰乃止,乃左乃右,乃疆乃理,乃宣乃亩。自西徂东,周爰执事。

乃召司空,乃召司徒,俾立室家。其绳则直,缩版以载,作庙翼翼。

捄①之陾②陾,度之薨薨。筑之登登,削屡冯③冯。百堵皆兴,鼛④鼓弗胜。

乃立皋门,皋门有伉。乃立应门,应门将⑤将。乃立冢土,戎丑攸行。

——《诗经》之《大雅·绵》

---

①捄 jū　②陾 réng　③冯 píng　④鼛 gāo　⑤将 qiāng

卫彪傒听说城成周是刘文公与苌弘之意,见单穆公,说:"苌、刘其不殁乎?周诗有之,曰:'天之所支,不可坏也。其所坏,亦不可支也。'昔武王克殷,而作此诗也,以为饫歌,名之曰《支》,以遗后之人,使永监焉。夫礼之立成者为饫,昭明大节而已,少典与焉。是以为之日惕,其欲教民戒也。然则夫《支》之所道者,必尽知天地之为也,不然,不足以遗后之人。"饫:议决军政大事之礼,站立行礼。举行饫礼时所歌为饫歌。

彪傒接着说:"今苌、刘欲支天之所坏,不亦难乎?自幽王而天夺之明,使迷乱弃德,而即慆淫,以亡其百姓,其坏之也久矣。而又将补之,殆不可矣。水火之所犯,犹不可救,而况天乎?

"谚曰:'从善如登,从恶如崩。'昔孔甲乱夏,四世而陨。玄王勤商,十有四世而兴。帝甲乱之,七世而陨。后稷勤周,十有五世而兴。幽王乱之,十有四世矣,守府之谓多,胡可兴也?夫周,高山、广川、大薮也,故能生是良材,而幽王荡以为魅陵、粪土、沟渎,其有俊乎?"

单子问:"其咎孰多?"

彪傒说:"苌弘必速及,将天以道补者也。夫天道导可而省否,苌叔反是,以诳刘子,必有三殃:违天,一也;反道,二也;诳人,三也。周若无咎,苌叔必为戮,虽晋魏子亦将及焉。若得天福,其当身乎?若刘氏,则必子孙实有祸。夫子而弃常法,以从其私欲,用巧变以崇天灾,勤百姓以为己名,其殃大矣。"

兑之夬:来兑,凶。　　　　　　　　——《易经》

前509年,正月辛巳日,晋魏舒在狄泉会合诸侯之大夫,将城成周。魏献子下达任务,把具体工作交给韩简子和周大夫原寿过,而前往大陆田猎。放火驱赶猎物时,魏舒被火烧,返回途中,在甯地去世。按周制,卿用柏木外棺,因魏舒未复命而私自田猎,范献子取消其柏木外棺。

五色使人目盲，五音使人耳聋，五味使人口爽，驰骋田猎使人心发狂，难得之货使人行妨。

　　　　　　　　　　　　——《老子》

　　鲁孟懿子率众城成周，庚寅日，设板填土筑墙。

　　宋仲幾不肯接受任务，说："滕、薛、郳，吾役也。"

　　薛宰说："宋为无道，绝我小国于周，以我适楚，故我常从宋。晋文公为践土之盟，曰：'凡我同盟，各复旧职。'若从践土，若从宋，亦唯命。"

　　仲幾说："践土固然从宋。"

　　薛宰说："薛之皇祖奚仲，居薛，以为夏车正。奚仲迁于邳，仲虺居薛，以为汤左相。若复旧职，将承王官，何故以役诸侯？"

　　仲幾说："三代各异物，薛焉得有旧？为宋役，亦其职也。"

　　士弥牟对仲幾说："晋之从政者新，子姑受功。归，吾视诸故府。"

　　仲幾说："纵子忘之，山川鬼神其忘诸乎？"

　　士伯怒，对韩简子说："薛征于人，宋征于鬼，宋罪大矣。且己无辞而抑我以神，诬我也。启宠纳侮，其此之谓矣。必以仲幾为戮！"

　　晋人带仲幾回晋国。三月，又送至京师。

　　筑城三旬完工，然后，遣返诸侯戍守之师。

　　齐高张后至，未参与城成周。

　　晋女叔宽说："周苌弘、齐高张皆将不免于祸。苌叔违天，高子违人。天之所坏，不可支也。众之所为，不可奸也。"

　　时止则止，时行则行，动静不失其时，其道光明。

　　　　　　　　　　　　——《易传》

　　不知孔子何时到过齐国，大概在鲁昭公时期。

《论语》有之:

齐景公问政于孔子。孔子对曰:"君君,臣臣,父父,子子。"公曰:"善哉。信如君不君,臣不臣,父不父,子不子,虽有粟,吾得而食诸?"

齐景公待孔子,曰:"若季氏,则吾不能;以季、孟之间待之。"曰:"吾老矣,不能用也。"孔子行。

季氏使闵子骞为费宰。闵子骞曰:"善为我辞焉!如有复我者,则吾必在汶上矣。"

阳货欲见孔子,孔子不见,归孔子豚。孔子时其亡也,而往拜之。遇诸涂。谓孔子曰:"来!予与尔言。"曰:"怀其宝而迷其邦,可谓仁乎?"曰:"不可。""好从事而亟失时,可谓知乎?"曰:"不可。""日月逝矣,岁不我与。"孔子曰:"诺。吾将仕矣。"

阳货即季氏家宰阳虎。孔子不喜欢阳货,也不想见到他,但二人却在途中相遇。孔子不想与之多言,更不想与之争辩,只想尽快摆脱,便对阳货的教训假装唯唯诺诺。

孔子曰:"可与言而不与之言,失人;不可与言而与之言,失言。知者不失人,亦不失言。" ——《论语》

第一百四十五回　季孙氏择立鲁公　楚孙圉论说国宝

前510年十二月,鲁昭公得病,遍赐随行大夫,大夫皆不接受。昭公赐子家子一双琥,一只环,一块璧,以及轻服,子家子接受。诸大夫也接受君赐。

己未日,鲁侯姬裯在晋国的乾侯去世。

子家子归还昭公所赐物品于掌管府库者,说:"吾不敢逆君命也。"诸大夫也交还受赐物品。

> 温温恭人,如集于木。惴惴小心,如临于谷。战战兢兢,如履薄冰。　　——《诗经》之《小雅·小宛》

晋赵简子问史墨:"季氏出其君,而民服焉,诸侯与之。君死于外,而莫之或罪也。"

史墨说:"物生有两,有三,有五,有陪贰。故天有三辰,地有五行,体有左右,各有妃耦。王有公,诸侯有卿,皆有贰也。天生季氏,以贰鲁侯,为日久矣。民之服焉,不亦宜乎?鲁君世从其失,季氏世修其勤,民忘君矣。虽死于外,其谁矜之?社稷无常奉,君臣无常位,自古以然。故《诗》曰:'高岸为谷,深谷为陵。'三后之姓,于今为庶,主所知也。在《易》卦,雷乘乾,曰《大壮》,天之道也。

"昔成季友,桓之季也,文姜之爱子也,始震而卜,卜人谒之,曰:'生有嘉闻,其名曰友,为公室辅。'及生,如卜人之言,有文在其手曰'友',遂以名之。既而有大功于鲁,受费以为上卿。至于文子、武子,世增其业,不废旧绩。鲁文公薨,而东门遂杀嫡立庶,鲁君于是乎失国,政在季氏,于此君也,四公矣。民不知君,何以得国?是以,为君慎器与名,不可以借人。""三后",指虞、夏、商。

鱼不可脱于渊,邦之利器,不可以示人。

——《老子》

前509年夏,叔孙成子将往乾侯迎鲁昭公灵柩。叔孙成子:叔孙诺之子,名不敢。

季孙对成子说:"子家子数言于我,未尝不中吾志也,吾欲与之从政。子必止之,且听命焉。"

叔孙如乾侯,子家子不想见叔孙,改变哭丧时间。

叔孙请见子家子,子家子推辞,说:"羁未得见,而从君以出。君不命而薨,羁不敢见。"

叔孙使人对他说:"公衍、公为实使群臣不得事君。若公子宋主社稷,则群臣之愿也。凡从君出而可以入者,将唯子是听。子家氏未有后,季孙愿与子从政。此皆季孙之愿也,使不敢以告。"公子宋:鲁襄公之子,鲁昭公兄弟。

子家子说:"若立君,则有卿士、大夫与守龟在,羁弗敢知。若从君者,则貌而出者,入可也;寇而出者,行可也。若羁也,则君知其出也,而未知其入也,羁将逃也。""貌而出",指以义从公出。"寇而出",指与季氏有仇而出。

昭公灵柩到达坏隤,季孙使公子宋先入国都,跟随昭公者自坏隤出奔。

六月癸亥日,昭公灵柩回宫。

戊辰日,公子宋即位,史称鲁定公。

巽之蛊:贞吉,悔亡,无不利,无初有终。先庚三日,后庚三日,吉。　　　　　　　　　——《易经》

季孙使役人前往鲁群公墓地,要在昭公墓地边挖沟,使之与历代鲁公墓分开。

大夫荣驾鹅说:"生不能事,死又离之,以自彰也。纵子忍之,后必或耻之。"

季孙停止挖沟,对荣驾鹅说:"吾欲为君谥,使子孙知之。"

荣驾鹅说:"生弗能事,死又恶之,以自伸也。将焉用之?"

季孙放弃给鲁公稠用恶谥,而用昭。

七月癸巳日,葬昭公于墓道南。直至孔子任司寇,在昭公墓外挖沟,使昭公墓与群先公墓合在一起。

> 从命而利君谓之顺,从命而不利君谓之谄;逆命而利君谓之忠,逆命而不利君谓之篡。　　——《荀子》

楚昭问观射父:"《周书》所谓重、黎实使天地不通者,何也?若无然,民将能登天乎?"

观射父说:"非此之谓也。古者民神不杂。民之精爽不携贰者,而又能齐肃衷正,其智能上下比义,其圣能光远宣朗,其明能光照之,其聪能听彻之。如是则明神降之,在男曰觋①,在女曰巫。是使制神之处位次主,而为之牲器时服,而后使先圣之后之有光烈,而能知山川之号、高祖之主、宗庙之事、昭穆之世、齐敬之勤、礼节之宜、威仪之则、容貌之崇、忠信之质、禋洁之服,而敬恭明神者,以为之祝。

"使名姓之后,能知四时之生、牺牲之物、玉帛之类、采服之仪、彝器之量、次主之度、屏摄之位、坛场之所、上下之神、氏姓之出,而心率旧典者为之宗。于是乎有天地神民类物之官,是谓五官,各司其序,不相乱也。民是以能有忠信,神是以能有明德。民神异业,敬而不渎,故神降之嘉生,民以物享,祸灾不至,求用不匮。

"及少嗥之衰也,九黎乱德,民神杂糅,不可方物。人各作享,家为巫史,无有要质。民匮于祀,而不知其福。烝享无度,民神同位。民渎齐盟,无有严威。神狎民则,不洁其为。嘉生不降,无物

---

① 觋 xí

以享。祸灾荐臻,莫尽其气。

"颛顼受之,乃命南正重司天以属神,命火正黎司地以属民,使复旧常,无相侵渎,是谓绝地天通。

"其后,三苗复九黎之德,尧复育重、黎之后,不忘旧者,使复典之,以至于夏、商,故重、黎氏世叙天地,而别其分主者也。其在周,程伯休父,其后也,当宣王时,失其官守,而为司马氏。宠神其祖,以取威于民,曰:'重实上天,黎实下地。'遭世之乱,而莫之能御也。不然,夫天地成而不变,何比之有?"

卫公孙朝问于子贡曰:"仲尼焉学?"子贡曰:"文、武之道,未坠于地,在人。贤者识其大者,不贤者识其小者。莫不有文武之道焉。夫子焉不学?而亦何常师之有?"
——《论语》

子期祀楚平,献祭肉于楚昭。

楚昭问观射父:"祀不可以已乎?"

观射父说:"祀所以昭孝息民、抚国家、定百姓也,不可以已。古者先王日祭、月享、时类、岁祀。诸侯舍日,卿、大夫舍月,士、庶人舍时。天子遍祀群神品物,诸侯祀天地、三辰及其土之山川,卿、大夫祀其礼,士、庶人不过其祖。

"上所以教民虔也,下所以昭事上也。天子禘郊之事,必自射其牲,王后必自舂其粢;诸侯宗庙之事,必自射牛、刲羊、击豕,夫人必自舂其盛。况其下之人,其谁敢不战战兢兢,以事百神?天子亲舂禘郊之盛,王后亲缫①其服,自公以下至于庶人,其谁敢不齐肃恭敬致力于神?民所以摄固者也,若之何其舍之也?"

曾子曰:"慎终追远,民德归厚矣。" ——《论语》

---

①缫 sāo

曾子有疾,召门弟子,曰:"启予足,启予手。《诗》云:'战战兢兢,如临深渊,如履薄冰。'而今而后,吾知免夫。小子!"　　　　　　　——《论语》

(笔者释:慎终,指谨慎考虑自己的人生终点,就会遵纪守法。追远,指追思善良的先祖。"曾子有疾"章句即慎终的结果。)

楚公孙圉如晋聘,晋定公飨客,赵简子鸣玉以相,问公孙圉:"楚之白珩犹在乎?"

公孙圉说:"然。"

赵简子问:"其为宝也,几何矣?"

公孙圉说:"未尝为宝。楚之所宝者,曰观射父,能作训辞,以行事于诸侯,使无以寡君为口实。又有左史倚相,能道训典,以叙百物,以朝夕献善败于寡君,使寡君无忘先君之业;又能上下悦于鬼神,顺道其欲恶,使神无有怨痛于楚国。又有薮,曰云连徒洲,金木竹箭之所生也。龟、珠、角、齿、皮、革、羽、毛,所以备赋,以戒不虞者也。所以共币帛,以宾享于诸侯者也。若诸侯之好币具,而导之以训辞,有不虞之备,而皇神相之,寡君其可以免罪于诸侯,而国民保焉。此楚国之宝也。若夫白珩,先君之玩也,何宝之焉?

"圉闻国之宝,六而已:明王圣人能制议百物,以辅相国家,则宝之;玉足以庇荫嘉谷,使无水旱之灾,则宝之;龟足以宪臧否,则宝之;珠足以御火灾,则宝之;金足以御兵乱,则宝之;山林薮泽足以备财用,则宝之。若夫哗嚣之美,楚虽蛮夷,不能宝也。"

犬马非其土性不畜,珍禽奇兽不育于国,不宝远物,则远人格;所宝惟贤,则迩人安。　　——《尚书》

第一百四十六回　蔡昭侯玉裘招祸　卫祝佗盟会争长

前507年,楚大夫鬭且见令尹子常,子常问如何蓄货聚马。

鬭且回家后对其弟说:"楚其亡乎？不然,令尹其不免乎？吾见令尹,令尹问蓄聚积实,如饿豺狼焉,殆必亡者也。夫古者,聚货不妨民衣食之利,聚马不害民之财用,国之马足以行军,公之马足以称赋,不是过也。公货足以宾献,家货足以共用,不是过也。夫货、马过则阙于民,民多阙则有离叛之心,将何以封矣？

"昔鬭子文三舍令尹,无一日之积,恤民之故也。成公闻子文之朝不及夕也,于是乎,每朝设脯一束、糗一筐,以馈子文。至于今秩之。成公每申子文之禄,必逃,君止而后复。人谓子文曰:'人生求富,而子逃之,何也？'对曰:'夫从政者,以庇民也。民多旷者,而我取富焉,是勤民以自封也,死无日矣。我逃死,非逃富也。'故庄公之世,灭若敖氏,唯子文之后在,至于今处郧,为楚良臣。非是先恤民而后己之富乎？

"今子常,先大夫之后也,而相楚君,无令名于四方。民之羸馁,日已甚矣。四境盈垒,道殣相望,盗贼司目,民无所依。是之不恤,而蓄聚不厌,其速怨于民多矣。积货滋多,蓄怨滋厚,不亡何待？

"夫民心之愠也,若防大川焉,溃而所犯必大矣。子常其能贤于成、灵乎？成不礼于穆,愿食熊蹯,不获而死。灵不顾于民,一国弃之,如遗迹焉。子常为政,而无礼、不顾,甚于成、灵,其独何力以待之？"

孔子曰:"丘闻之:'君者,舟也;庶人者,水也。水则载舟,水则覆舟。'君以此思危,则危将焉而不至矣。"

——《荀子》

三年前,蔡昭侯做了两件佩玉与裘衣,带至楚国,献一佩一裘于楚昭公。楚昭着裘衣玉佩享蔡昭侯。蔡昭侯着另一套受享。子常要蔡昭侯的一套,蔡侯不予,子常扣留蔡昭侯至今。

唐成公如楚,有两匹骏马名肃爽,子常要此骏马,唐成公不给,被子常扣留,也已三年。

前507年冬,唐人谋议,请使人替换原从者,获得许可。替换者请原从者饮酒,灌醉从者,偷出马献给子常。子常随即放归唐侯。

偷马者自拘于司败,说:"君以弄马之故,隐君身,弃国家。群臣请助夫人以偿马,必如之。"

唐侯说:"寡人之过也,二三子无辱。"参与者皆受赏。

蔡人得知此事,坚请蔡昭侯献玉裘给子常。子常得宝物,上朝时,见蔡侯之臣,命有司说:"蔡君之久也,官不共也。明日,礼不毕,将死。"

蔡侯返国,至汉水,沉玉于水中,发誓说:"余所有济汉而南者,有若大川!"

蔡侯如晋,以其子公子元及其大夫之子为质,请出师伐楚。

> 诸侯之宝三:土地,人民,政事。宝珠玉者,殃必及身。
> ——《孟子》

前506年,二月癸巳日,陈惠公妫吴去世。其子妫柳继位,为陈怀公。

三月,刘文公合诸侯于召陵,谋伐楚,参会者有:晋侯、鲁侯、宋公、蔡侯、卫侯、陈子、郑伯、许男、曹伯、莒子、邾子、顿子、胡子、滕子、薛伯、杞伯、小邾子、齐国夏。陈是侯爵,因新君居丧而称"子"。

晋荀寅求货于蔡侯,未得,对范献子说:"国家方危,诸侯方贰,将以袭敌,不亦难乎?水潦方降,疾疟方起,中山不服,弃盟取怨,无损于楚,而失中山,不如辞蔡侯。吾自方城以来,楚未可以得志,只取勤焉。"

晋人辞蔡昭侯之请。

会前,晋人向郑人借羽旄,次日,晋人使地位低者以羽旄饰车参会,以羞辱郑人。

诸侯因此知晋人轻诸侯,晋国自此失诸侯。

> 井,改邑不改井,无丧无得。往来井井,汔至,亦未繘①井,羸其瓶,凶。
> ——《易经》

参会前,卫大夫子行敬子对卫灵公说:"会同难,啧有烦言,莫之治也。其使祝佗从。"

卫灵公说:"善。"使子鱼同往。子鱼,祝佗字。

子鱼推辞,说:"臣展四体,以率旧职,犹惧不给而烦刑书。若又共二,徼大罪也。且夫祝,社稷之常隶也。社稷不动,祝不出境,官之制也。君以军行,袚社衅鼓,祝奉以从,于是乎出境。若嘉好之事,君行师从,卿行旅从,臣无事焉。"

卫灵公说:"行也。"

> 随之无妄:拘系之,乃从,维之,王用亨于西山。
> ——《易经》

到达皋鼬,卫人听说蔡将长于卫。

卫灵公使祝佗私问苌弘:"闻诸道路,不知信否。若闻蔡将先卫,信乎?"

苌弘说:"信。蔡叔,康叔之兄也,先卫,不亦可乎?"

子鱼说:"以先王观之,则尚德也。昔武王克商,成王定之,选

---

① 繘 jú

建明德，以藩屏周。故周公相王室，以尹天下，于周为睦。分鲁公以大路、大旂、夏后氏之璜、封父之繁弱，殷民六族：条氏、徐氏、萧氏、索氏、长勺氏、尾勺氏，使帅其宗氏，辑其分族，将其类丑，以法则周公，用即命于周。是使之职事于鲁，以昭周公之明德。分之土田倍敦，祝、宗、卜、史，备物、典策，官司、彝器，因商奄之民，命以《伯禽》，而封于少皞之虚。

"分康叔以大路、少帛、綪茷①、旃旌、大吕，殷民七族：陶氏、施氏、繁氏、锜氏、樊氏、饥氏、终葵氏，封畛②土略，自武父以南，及圃田之北境，取于有阎之土，以共王职。取于相土之东都，以会王之东蒐。聃季授土，陶叔授民，命以《康诰》，而封于殷虚。皆启以商政，疆以周索。

"分唐叔以大路、密须之鼓、阙巩、姑洗，怀姓九宗，职官五正。命以《唐诰》，而封于夏虚，启以夏政，疆以戎索。

"三者皆叔也，而有令德，故昭之以分物。不然，文、武、成、康之伯犹多，而不获是分也，唯不尚年也。

"管、蔡启商，离间王室。王于是乎杀管叔，而放蔡叔，以车七乘，徒七十人。其子蔡仲，改行率德，周公举之，以为己卿士。见诸王，而命之以蔡，其命书云：'王曰：胡！无若尔考之违王命也。'

"若之何其使蔡先卫也？武王之母弟八人，周公为太宰，康叔为司寇，聃季为司空，五叔无官，岂尚年哉？

"曹，文之昭也；晋，武之穆也。曹为伯甸，非尚年也。今将尚之，是反先王也。晋文公为践土之盟，卫成公不在，夷叔，其母弟也，犹先蔡。其载书云：'王若曰：晋重、鲁申、卫武、蔡甲午、郑捷、齐潘、宋王臣、莒期'，藏在周府，可覆视也。吾子欲复文、武之略，而不正其德，将如之何？"

苌弘见祝佗持之有故，言之成理，转告刘子。刘子与范献子

---

①綪茷 qiàn pèi　②畛 zhěn

谋议。结盟时,卫侯长蔡侯。

孔子曰:"不有祝鮀之佞,而有宋朝之美,难乎免于今之世矣。" ——《论语》

自召陵返,郑子大叔在途中去世。

晋赵简子为之临丧,甚哀,说:"黄父之会,夫子语我九言,曰:'无始乱,无怙富,无恃宠,无违同,无敖礼,无骄能,无复怒,无谋非德,无犯非义。'"

孔子曰:"譬如为山,未成一篑,止,吾止也。譬如平地,虽覆一篑,进,吾往也。" ——《论语》

第一百四十七回　阖闾伐楚入郢都　申胥绝食请秦兵

沈人未参与召陵之会,晋人使蔡人伐沈。

前506年,四月庚辰日,蔡公孙姓率师灭沈,俘沈子嘉,杀之。

五月,会于召陵之诸侯盟于皋鼬。

秋,楚为沈之故,围蔡。伍员为吴行人谋伐楚。

九年前,楚杀郤宛时,郤宛支持者伯氏族人逃亡在外,伯州犁之孙嚭①为吴太宰,也谋伐楚。自楚昭即位以来,楚国无一年不受吴师侵扰。

蔡侯因此依附吴国,以其子公子乾与其大夫之子为质于吴。

　　睽之噬嗑:遇主于巷,无咎。　　　　——《易经》

冬,蔡昭侯、吴阖闾、唐成侯伐楚。吴师乘舟沿淮水向西到达蔡国,舍舟登岸,在豫章与楚师夹汉水对峙。

楚左司马沈尹戌对令尹子常说:"子沿汉而与之上下,我悉方城外以毁其舟,还塞大隧、直辕、冥阨。子济汉而伐之,我自后击之,必大败之。"

谋议既定,沈尹戌遂率师出发。

　　小畜之需:既雨既处,尚德载。妇贞厉,月几望,君子征凶。　　　　　　　　　　——《易经》

武城黑对子常说:"吴用木也,我用革也,不可久也。不如速战。"

---

①嚭 pǐ

史皇对子常说:"楚人恶子,而好司马,若司马毁吴舟于淮,塞城口而入,是独克吴也。子必速战,不然,不免。"

子常听从二人,不待司马,遂济汉而陈,自小别山至大别山。三次交战,子常方知不能胜吴,要出奔。

史皇说:"安求其事,难而逃之,将何所入?子必死之,初罪必尽脱。"

十一月庚午日,吴、楚陈阵于柏举。

早晨,吴阖闾之弟夫概对阖闾说:"楚瓦不仁,其臣莫有死志。先伐之,其卒必奔,而后大师继之,必克。"瓦:子常名。

阖闾不许。

夫概说:"所谓'臣义而行,不待命'者,其此之谓也。今日我死,楚可入也。"

夫概率属下五千人攻子常之卒。子常之卒奔逃,楚师大乱,吴师大败楚师。子常奔郑,史皇以子常之车战死。

> 将者不可以无德,无德则无力,无力则三军之利不得。故德者,兵之手也。　　　　——《孙膑兵法》

吴师追击楚师,直至清发,楚师将渡水,吴师要出击。

夫概说:"困兽犹斗,况人乎?若知不免而致死,必败我。若使先济者知免,后者慕之,蔑有斗心矣。半济而后可击也。"

阖闾从其谋,又击败楚师。到达对岸的楚师逃出一程,正要进食,吴师追至,楚人奔。吴人食楚师之食,继续追赶,又败楚师于雍澨。吴楚交战五次,吴师到达楚都郢。

> 故用兵之法,高陵勿向,背丘勿逆,佯北勿从,锐卒勿攻,饵兵勿食,归师勿遏,围师必阙,穷寇勿迫。
> 　　　　——《孙子兵法》

己卯日,楚昭带其妹季芈畀我逃出郢都,渡过郢西的睢水向西。季:排行;芈:姓;畀我:名。鍼尹固与楚昭同舟,楚昭使人点燃火把系于象尾,驱象奔入吴师,搅乱吴师阵营。

庚辰日,吴师入郢,按班次分宫室。阖闾之子山分处令尹子常家,夫概要攻子山,子山惧而离开,夫概入住子常家。

> 习习谷风,以阴以雨。黾勉同心,不宜有怒。
>
> ——《诗经》之《邶风·谷风》

楚左司马沈尹戌行至息,得知楚师已败,遂回师,在雍澨击败吴人,自己身受重伤。

早先,沈尹戌曾在阖闾手下做事,故耻为吴人擒,问其臣:"谁能免吾首?"

吴句卑说:"臣贱,可乎?"

司马戌说:"我实失子,可哉。"

司马戌又与吴师交战三次,均受伤,乃对吴句卑说:"吾不可用也已。"

司马戌自杀。句卑展开衣裳,斩司马首级包裹好,又藏好司马之躯,然后,携带司马首级逃走。

> 殷其雷,在南山之阳。何斯违斯?莫敢或遑。振振君子,归哉归哉!
>
> 殷其雷,在南山之侧。何斯违斯?莫敢遑息。振振君子,归哉归哉!
>
> 殷其雷,在南山之下。何斯违斯?莫或遑处。振振君子,归哉归哉!
>
> ——《诗经》之《召南·殷其雷》

楚昭渡过睢水,向南渡过江水,一直逃入云梦泽。楚昭就寝时,有盗来攻,用戈击楚昭。公孙由于以背挡戈,中肩昏厥。

楚昭奔郧,大夫钟建背负季芈跟从。由于渐渐苏醒,随后跟上。

当初,楚平杀蔓成然,其子鬭辛现为郧尹,鬭辛之弟鬭怀要杀楚昭,说:"平公杀吾父,我杀其子,不亦可乎?"

鬭辛说:"君讨臣,谁敢仇之?君命,天也,若死天命,将谁仇?《诗》曰:'柔亦不茹,刚亦不吐。不侮矜寡,不畏强御。'唯仁者能之。违强陵弱,非勇也;乘人之约,非仁也;灭宗废祀,非孝也;动无令名,非知也。必犯是,余将杀汝。"

鬭辛与其弟鬭巢护卫楚昭奔随。

> 临之复:咸临,吉,无不利。　　　　——《易经》

吴人紧追不舍,追至随,对随人说:"周之子孙在汉川者,楚实尽之。天诱其衷,致罚于楚,而君又匿之。周室何罪?君若顾报周室,施及寡人,以奖天衷,君之惠也。汉阳之田,君实有之。"

楚昭在随宫之北,吴人在其南。子期貌似楚昭,叫楚昭逃走,而自己扮成楚昭,对随国人说:"以我与之,君必免。"子期:楚平之子公子结,楚昭庶兄。

随人为交出子期占卜,不吉。于是,拒绝吴人,说:"以随之僻小,而密迩于楚,楚实存之,世有盟誓,至于今未改。若难而弃之,何以事君?执事之患,不唯一人。若安楚境,敢不听命?"

吴人乃退。

随大夫鑐[①]金曾在子期手下做事,其与随人约定不交出子期。楚昭使其进见,鑐金推辞,说:"不敢以约为利。"

楚昭割子期胸前血,与随人结盟。

---

①鑐 lú

子贡曰:"如有博施于民而能济众,何如? 可谓仁乎?"孔子曰:"何事于仁! 必也圣乎? 尧舜其犹病诸! 夫仁者,己欲立而立人,己欲达而达人。能近取譬,可谓仁之方也已。"
——《论语》

伍员与申包胥相友,伍员逃亡时对申包胥说:"我必复楚国。"复,指报复。

申包胥说:"勉之。子能复之,我必能兴之。"

楚昭避在随,申包胥如秦乞师救楚,对秦人说:"吴为封豕、长蛇,以荐食上国,虐始于楚。寡君失守社稷,越在草莽,使下臣告急,曰:'夷德无厌,若邻于君,疆场之患也。逮吴之未定,君其取分焉。若楚之遂亡,君之土也。若以君灵抚之,世以事君。'"

秦哀公使人答复说:"寡人闻命矣。子姑就馆,将图而告。"

申包胥说:"寡君越在草莽,未获所伏。下臣何敢即安?"

申包胥依靠庭墙,站立而哭,日夜不绝声,滴水不沾七日。

秦哀公被其感动,同意出兵,为之赋《无衣》。

申包胥九顿首,而后坐。秦子蒲、子虎率五百乘战车救楚。

岂曰无衣? 与子同袍。王于兴师,修我戈矛。与子同仇!
岂曰无衣? 与子同泽。王于兴师,修我矛戟。与子偕作!
岂曰无衣? 与子同裳。王于兴师,修我甲兵。与子偕行!
——《诗经》之《秦风·无衣》

第一百四十八回　楚昭公迁都定国　周大夫平乱安王

吴子使人召陈怀公。陈怀公召集国人征求意见,说:"欲与楚者右,欲与吴者左。陈人从田,田东者左,田西者右,无田从党。"

逢滑不左不右,正对怀公,走上前,说:"臣闻:'国之兴也以福,其亡也以祸。'今吴未有福,楚未有祸。楚未可弃,吴未可从。而晋,盟主也,若以晋辞吴,若何?"

怀公说:"国胜君亡,非祸而何?"

逢滑说:"国之有是,多矣,何必不复? 小国犹复,况大国乎? 臣闻:'国之兴也,视民如伤,是其福也。其亡也,以民为土芥,是其祸也。'楚虽无德,亦不艾杀其民。吴日敝于兵,暴骨如莽,而未见德焉。天其或者正训楚也。祸之适吴,其何日之有?"

陈怀公从其言,而未从吴。

> 颐之剥:舍尔灵龟,观我朵颐,凶。　　——《易经》

前505年夏,鲁国输粟于蔡,周急救困。

越人趁吴师在楚,入侵吴国。

六月,申包胥带领秦师回至楚,楚人收拾残兵决心反击。

秦子蒲说:"吾未知吴道。"使楚人先与吴人交战,自己率师自稷与楚师会合,大败吴夫概于沂。吴人在柏举俘获楚薳射,薳射之子聚集败卒跟从子西,在军祥击败吴师。

秋,七月,楚子期、秦子蒲灭唐。

九月,吴夫概回国,自立为君。

> 否之遯:包羞。　　——《易经》

吴师在雍澨击败楚师,秦师又击败吴师。吴师驻师于麇,楚子期要放火烧麇。

子西说:"父兄亲暴骨焉,不能收,又焚之,不可。"

子期说:"国亡矣!死者若有知也,何以歆旧祀,岂惮焚之?"

楚师焚烧麇城,吴师逃出城,与楚师交战,败于楚师,吴师撤退。楚师追至公婿之谿,两军又交战,吴师大败。

吴阖闾引兵回国,击败夫概,夫概奔楚,其后代为堂谿氏。

> 凡火攻有五:一曰火人,二曰火积,三曰火辎,四曰火库,五曰火队。火发于内,则早应之于外。
>
> ——《孙子兵法》

十月,楚昭返回郢都。

当初,鬭辛听闻吴人争宫,说:"吾闻之:'不让,则不和;不和,不可以远征。'吴争于楚,必有乱。有乱,则必归,焉能定楚?"

楚昭奔随时,要渡成臼河,大夫蓝尹亹渡其家属过河,而不载楚昭。楚昭说:"载余!"

蓝尹亹说:"自先君莫坠其国,当君之世而亡之,君之过也。"

局势安定后,蓝尹亹求见楚昭,楚昭欲执之。

子西说:"请听其辞,夫其有故。"

楚昭使人问之:"成臼之役,尔弃不穀,今尔敢来,何也?"

蓝尹亹说:"昔瓦唯长旧怨,以败于柏举,故君及此。今又效之,无乃不可乎?臣避于成臼,以儆君也,庶悛而更乎?今之敢见,观君之德也,曰:庶忆惧而鉴前恶乎?君若不鉴而长之,君实有国而不爱,臣何有于死?死在司败矣,惟君图之。"

子西说:"子常唯思旧怨以败,君何效焉?"

楚昭说:"善。使复其所,吾以志前过。"

> 家人之同人:富家,大吉。　　　　——《易经》

楚昭赏鬥辛、公孙由于、公孙圉、钟建、鬥巢、申包胥、公孙贾、宋木、鬥怀。

子西说:"请舍怀也。"

楚昭说:"大德灭小怨,道也。"

申包胥说:"吾为君也,非为身也。君既定矣,又何求?且吾尤子旗,其又为诸?"包胥逃赏。子旗,即斗辛之父斗成然。

楚昭要嫁季芈畀我,季芈说:"所以为女子,远丈夫也。钟建负我矣。"楚昭遂嫁季芈于钟建,使钟建为乐尹,主管音乐。

> 渐,女归吉,利贞。　　　　　　　——《易经》

叶公诸梁是沈尹戌之子,诸梁之弟后臧与其母被吴人俘获。楚国安定后,后臧逃回楚国,弃母于吴。叶公始终不正视之。

楚昭在随时,子西设楚君车服,在脾洩立国,以聚集安顿逃难者。得知楚昭所在,遂带领众人前往跟随。

楚昭使公孙由于城麇,城毕复命。子西问城墙高厚,由于不知。

子西说:"不能,如辞。城不知高厚小大,何知?"

公孙由于说:"固辞不能,子使余也。人各有能、有不能。君遇盗于云中,余受其戈,其所犹在。"

由于袒背,说:"此,余所能也。脾洩之事,余亦弗能也。"

> 居上克明,为下克忠,与人不求备,检身若不及,以至于有万邦,兹惟艰哉。　　　　——《尚书》

前504年四月己丑日,吴太子终累击败楚舟师,俘获楚帅潘子臣、小惟子及大夫等七人。楚人大惊,惧怕亡国。子期所率陆师又败于繁扬。

令尹子西欣喜地说:"乃今可为矣。"

于是,楚国迁都于鄀,改革政事,安定国人。

益之无妄:中行,告公从,利用为依迁国。

——《易经》

前508年四月辛酉日,周巩氏之群子弟贼杀简公。因巩简公弃其子弟,而好用远人。

前506年三月,刘文公会合诸侯于召陵。七月,刘文公去世。

前505年春,周人趁楚乱,杀王子朝于楚。

旅之离:旅琐琐,斯其所取灾。 ——《易经》

周儋翩率王子朝党徒,说服郑人,将作乱于周。郑人伐王都周边的冯、滑、胥靡、负黍、狐人、阙外。晋人使鲁伐郑。

前504年,二月,鲁定公侵郑,取匡。

六月,晋大夫阎没率师戍周,且城胥靡。

十二月,为避儋翩之乱,周敬王离开京师,处于姑莸。

无妄之否:无妄,往吉。 ——《易经》

前503年,二月,周儋翩进入仪栗叛王。

四月,单武公、刘桓公败儋翩党羽尹氏于穷谷。单武公:单穆公之子。刘桓公:刘文公之子。

十一月戊午日,单子、刘子前往姑莸庆氏迎天王,晋籍秦护送敬王。己巳日,敬王入王城,居于公族党氏,而后,朝于庄宫。

前502年,二月己丑日,单子伐榖城,刘子伐仪栗。辛卯日,单子伐简城,刘子伐盂。周王室终获安定。

涣之蒙:涣汗其大号,涣,王居,无咎。

——《易经》

孔子的两位弟子冉有、季路为鲁国季氏家臣,二人告知孔子,说季氏将伐颛臾,《论语》有之:

季氏将伐颛臾。冉有、季路见于孔子,曰:"季氏将有事于颛臾。"

孔子曰:"求!无乃尔是过与?夫颛臾,昔者先王以为东蒙主,且在邦域之中矣,是社稷之臣也。何以伐为?"

冉有曰:"夫子欲之,吾二臣者皆不欲也。"

孔子曰:"求!周任有言曰:'陈力就列,不能者止。'危而不持,颠而不扶,则将焉用彼相矣?且尔言过矣。虎兕出于柙,龟玉毁于椟中,是谁之过与?"

冉有曰:"今夫颛臾,固而近于费。今不取,后世必为子孙忧。"

孔子曰:"求!君子疾夫舍曰'欲之',而必为之辞。丘也闻,有国有家者,不患寡而患不均,不患贫而患不安。盖均无贫,和无寡,安无倾。夫如是,故远人不服,则修文德以来之。既来之,则安之。今由与求也,相夫子,远人不服,而不能来也;邦分崩离析,而不能守也;而谋动干戈于邦内。吾恐季孙之忧,不在颛臾,而在萧墙之内也。"

又《论语》孔子曰:"上好礼,则民莫敢不敬。上好义,则民莫敢不服。上好信,则民莫敢不用情。夫如是,则四方之民襁负其子而至矣。"

笔者释:"均"并非平均,而是均衡,并非平分财富,而是政策平衡。《昭公二十年》:"政平而不干。"《诗》之《皇皇者华》:"我马维驹,六辔既均。"六根缰绳位置不同,如果驾车时,每一根缰绳用力相等,车子还能走好吗?车子行进时,地况改变、加速、减速、左转、右转……都要随时调整每一根缰绳的用力,恰到好处,才能使车子平稳前进。治国政策均衡,各个阶层的人都能获益,国家、民众会贫乏吗?故说"均无贫"。"寡"指人口少,各阶层都能获益,社会就安定和谐,远方的人就会背着孩子来居住,故说"和无寡"。楚灵王不断掠夺土地和人口,令尹子常患财少,结果如何?故说为政者不必患寡、患贫,而要用心于为政均衡、使民众生活安定。

  颐,贞吉。观颐,自求口实。 ——《易经》

第一百四十九回　鲁师过卫伐郑土　家宰发令劫鲁侯

前505年六月,鲁季孙意如巡视东野,返还未至国都,丙申日,在房地去世,谥平,史称季平子。

季氏家宰阳虎要用国君佩戴的璠①随葬,管理财物的家臣仲梁怀不肯给,说:"改步改玉。"鲁昭公在外时,季平子代行君事,佩君玉。鲁定公即位后,季平子恢复臣位,佩玉恢复,随葬之玉也应恢复。

阳虎要逐仲梁怀,告知季氏费邑宰公山不狃。

公山不狃说:"彼为君也,子何怨焉?""君"即"主君"。

葬毕季平子,平子之子季桓子季孙斯巡行东野,到达费邑。子洩在费郊迎接慰劳,季桓子敬之。子洩慰劳仲梁怀,仲梁怀对之不敬。子洩:公山不狃字。

子洩怒,对阳虎说:"子行之乎?"行:使动词。

七月壬子日,叔孙不敢去世,谥成,史称叔孙成子。

九月乙亥日,阳虎囚季桓子及季孙堂弟公父文伯,逐仲梁怀。

十月丁亥日,阳虎杀季氏族人公何貌。己丑日,阳虎与季桓子在稷门之内盟誓。庚寅日,阳虎与季氏众人举行大规模诅咒,逐公父文伯及秦遄,二人皆奔齐。

前504年二月,鲁定公率师侵郑,过卫国,不借道;返还时,阳虎使季氏、孟氏自卫都南门入城,自东门出,驻师卫都东门之外豚泽。

卫灵公发怒,使弥子瑕追击鲁师。

---

① 璠 fán

公叔文子已告老在家,乘辇来见卫灵公,说:"尤人而效之,非礼也。昭公之难,君将以文之舒鼎、成之昭兆、定之鞶鉴,苟可以纳之,择用一焉;公子与二三臣之子,诸侯苟忧之,将以为之质。此群臣之所闻也。今将以小忿蒙旧德,无乃不可乎?大姒之子,唯周公、康叔为相睦也。而效小人以弃之,不亦诬乎?天将多阳虎之罪以毙之,君姑待之,若何?"

卫灵公放弃追击鲁师。

  子在川上,曰:"逝者如斯夫,不舍昼夜。"
——《论语》

夏,季桓子如晋献郑俘。阳虎强使孟懿子同往,专程献礼物给晋侯夫人。问候君夫人是大夫之事,阳虎要辱三桓,以媚晋人。

晋人兼享二人,犹如二人同为献俘而来,一为主宾,一为副手。

孟懿子立于房外,对范献子说:"阳虎若不能居鲁,而息肩于晋,所不以为中军司马者,有如先君!"

范献子说:"寡君有官,将使其人。鞅何知焉?"

范献子对赵简子说:"鲁人患阳虎矣,孟孙知其衅,以为必适晋,故强为之请,以取入焉。"

秋,阳虎又与鲁定公及三桓在周社结盟,与国人在亳社结盟,在五父之衢诅咒。

  豫之萃:贞疾,恒不死。 ——《易经》

冬,鲁人因伐郑而惧被攻击,城中城。季桓子、孟懿子率师围郓。

前503年二月,齐人归还鲁地郓和阳关,阳虎居此执掌国政。

《论语》有之:

孔子曰:"禄之去公室五世矣,政逮于大夫四世矣,故夫三桓之子孙微矣。"

孔子曰:"天下有道,则礼乐征伐自天子出;天下无道,则礼乐征伐自诸侯出。自诸侯出,盖十世希不失矣;自大夫出,五世希不失矣;陪臣执国命,三世希不失矣。天下有道,则政不在大夫。天下有道,则庶人不议。"

笔者释:孔子所谓"天下有道,则庶人不议",指若天下有道,则圣人以百姓之心为心,统治者的一切决策都符合民心,故民众无异议。而当时人人议政,实因政治未达道。

孟氏使阳肤为士师,问于曾子。曾子曰:"上失其道,民散久矣。如得其情,则哀矜而勿喜!"

——《论语》

秋,齐叛晋,国夏率师伐鲁西境。阳虎御季桓子,孟氏家臣公敛处父御孟懿子,将夜袭齐师。齐人得知,堕毁军营,埋伏等候鲁师。

公敛处父对阳虎说:"虎,不图祸,尔必死!"

季氏家臣苫[①]夷说:"虎,陷二子于难,不待有司,余必杀汝!"

阳虎听二人如此说而惧怕,乃回师。鲁师未败。

前502年正月,鲁定公侵齐,攻阳州城门。士卒坐成队列,说:"颜高之弓六钧。"众人争相传看。

阳州人趁机出城攻鲁人。颜高夺人弱弓,齐籍丘人子䥶击之,颜高与另一人俱被击倒。颜高倒地后射子䥶,中其颊,子䥶死。

鲁颜息射人中其眉,说:"我无勇,吾志其目也。"

鲁师撤退,冉猛伪伤足而走在前。其兄冉会高呼:"猛也!殿!"想使鲁国人以为冉猛走在最后。

---

① 苫 shān

> 乱生于治,怯生于勇,弱生于强。——《孙子兵法》

二月,鲁定公又侵齐,攻廪丘外城。齐人焚烧鲁之冲车,有人浸湿衣服灭了火,冲车冲毁了城墙。主人出击,鲁师奔逃。

阳虎伪装未见冉猛,说:"猛在此,必败。"

冉猛乃追逐廪丘人,后顾无人跟随,伪装掉下车。

阳虎说:"尽客气也。"

苫夷生子,将待事而取名,阳州之役有获,乃名之曰阳州。

夏,齐国夏、高张伐鲁西境。

晋士鞅、赵鞅、荀寅救鲁。鲁定公会晋师于瓦。士鞅执羔羊为礼物,赵鞅、荀盈皆执雁。鲁国自此以执羔羊为贵。

齐师得知晋师前来而撤回,晋师也返还。

七月戊辰日,陈怀公妫柳去世。其子妫越继位,为陈闵公。

九月,季孙斯、仲孙何忌率师侵卫,是晋国的要求。

> 视卒如婴儿,故可与之赴深溪;视卒如爱子,故可与之俱死。——《孙子兵法》

季桓子之弟季寤、季公鉏曾孙公鉏极、季氏费邑宰公山不狃,三人皆不得志于季氏;叔孙氏庶子叔孙辄无宠于叔孙氏;叔仲带之孙叔仲志不得志于鲁。故五人依傍阳虎。阳虎欲去三桓,以季寤替季氏,以叔孙辄替叔孙氏,自己替孟氏。

十月,阳虎为找机会下手,决定改换闵公、僖公顺序,并将为顺祀先公举行祈祷。辛卯日,将在僖公庙禘祭。壬辰日,阳虎将在蒲圃宴享季氏而杀之。因而令都车"癸巳至",预备在杀季氏的次日攻三桓。都:有祖庙之邑。

成邑宰公敛处父问孟孙:"季氏戒都车,何故?"

孟孙说:"吾弗闻。"

处父说:"然则乱也,必及于子,先备诸。"与孟孙约定以壬辰日为期。

壬辰日,阳虎前驱,林楚御季桓子,虞人持铍、盾于两侧,阳虎之弟阳越殿后,前往蒲圃。

季桓子突然对林楚说:"尔先皆季氏之良也,尔以是继之。"

林楚说:"臣闻命后。阳虎为政,鲁国服焉。违之,征死。死无益于主。"

桓子说:"何后之有?尔能以我适孟氏乎?"

林楚说:"不敢爱死,惧不免主。"

桓子说:"往也!"

孟氏选了三百强壮围人,在门外为孟氏庶子公期建房。建房实为聚众的借口。

阳虎一行到达路口,林楚叱马奔驰,往孟氏家疾驰而去。阳越射林楚,未中。林楚御季桓子进入孟氏家,建房者立即关闭大门。有人自门缝射阳越,阳越中箭而死。

阳虎劫鲁定公与武叔以伐孟氏。武叔:叔孙不敢之子叔孙州仇。

震之豫:震来虩虩,后笑言哑哑,吉。——《易经》

公敛处父率成邑之众,自东北门入城,与阳氏战于南门之内,未胜。又在城内棘下交战,阳氏败。阳虎脱下皮甲来到公宫,取宝玉、大弓而出,在五父之衢小寝,使从者备食。

随从说:"追其将至。"

阳虎说:"鲁人闻余出,喜于征死,何暇追余?"

随从说:"嘻!速驾!公敛阳在。"公敛阳:公敛处父。

公敛阳请追阳虎,孟孙不许。公敛阳要杀季桓子以强孟氏,孟孙恐惧而送桓子回季氏。季寤在季氏祖庙对神主逐一祭酒后出奔。阳虎进入讙、阳关而叛鲁。

766

阳虎出逃后,公山不狃等人在费邑叛鲁,召孔子,孔子与弟子调侃说要前往费邑。

孔子曰:"富与贵,是人之所欲也,不以其道得之,不处也。贫与贱,是人之所恶也,不以其道得之,不去也。君子去仁,恶乎成名?君子无终食之间违仁,造次必于是,颠沛必于是。" ——《论语》

前501年夏,阳虎归还宝玉、大弓。

六月,鲁人伐阳关。阳虎使人焚烧阳关城门莱门,鲁师受惊,阳虎突围而出,奔齐,请师于齐以伐鲁,说:"三加,必取之。"

齐景公将答应,鲍文子劝谏,说:"臣尝为隶于施氏矣,鲁未可取也。上下犹和,众庶犹睦,能事大国,而无天灾。若之何取之?阳虎欲勤齐师也,齐师疲,大臣必多死亡,已于是乎奋其诈谋。夫阳虎有宠于季氏,而将杀季孙,以不利鲁国,而求容焉。亲富不亲仁,君焉用之?君富于季氏,而大于鲁国,兹阳虎所欲倾覆也。鲁免其疾,而君又收之,无乃害乎?"鲍文子,即鲍国。

齐景公囚阳虎,将送往东境。阳虎伪言正欲往东,齐人乃因之于西境。阳虎遍借邑人之车,刻损车轴,以麻裹轴而还车。然后,阳虎藏在装衣物的车中逃走。齐人发现后追上抓回他,囚之于齐都。阳虎又藏在装衣物的车中逃出,奔晋,投靠赵氏。

仲尼说:"赵氏其世有乱乎?"

孔子曰:"同声相应,同气相求。水流湿,火就燥,云从龙,风从虎,圣人作而万物睹。本乎天者亲上,本乎地者亲下,则各从其类也。" ——《易传》

第一百五十回　晋执宋卿战齐卫　郑杀邓析用竹刑

前504年八月,宋乐祁对宋景公说:"诸侯唯我事晋,今使不往,晋其憾矣。"

乐祁告知其家宰陈寅,陈寅说:"必使子往。"

隔日,宋景公对乐祁说:"唯寡人悦子之言,子必往。"

陈寅对乐祁说:"子立后而行,吾室亦不亡,唯君亦以我为知难而行也。"

乐祁带其子乐溷见宋景公,然后出发。乐溷:字子明。

晋赵简子迎乐祁,在绵上请乐祁饮酒,乐祁献六十只杨木楯给赵简子。

陈寅说:"昔吾主范氏,今子主赵氏,又有纳焉。以杨楯贾祸,弗可为也已。然子死晋国,子孙必得志于宋。"

范献子对晋定公说:"以君命越疆而使,未致使而私饮酒,不敬二君,不可不讨也。"

晋人执乐祁。

前502年二月,赵鞅对晋定公说:"诸侯,唯宋事晋,好迎其使,犹惧不至。今又执之,是绝诸侯也。"

晋国将释归乐祁。

士鞅说:"三年止之,无故而归之,宋必叛晋。"

士鞅私对乐祁说:"寡君惧不得事宋君,是以止子。子姑使溷代子。"

乐祁告知陈寅,陈寅说:"宋将叛晋,是弃溷也,不如待之。"

未久,晋人释乐祁。行至晋东南太行山,乐祁去世。

士鞅说:"宋必叛,不如止其尸以求成焉。"

晋人留乐祁之尸于州。

> 姤之大过：姤其角，吝；无咎。　　——《易经》

前501年春，宋景公使右师乐大心如晋结盟，且迎乐祁之尸。乐大心伪有疾而推辞。

乐大心是乐溷族父，子明请其出迎父丧，说："吾犹缞绖，而子击钟，何也？"

右师说："丧不在此故也。"既而对人说："已缞绖而生子，余何故舍钟？"

子明闻言而怒，对宋景公说："右师将不利戴氏，不肯适晋，将作乱也。不然，无疾。"

宋国乃逐桐门右师。乐大心居桐门，故称桐门右师。

宋景公使向巢如晋结盟，且迎子梁之尸。向巢：向戌曾孙。

> 井之升：井冽，寒泉，食。　　——《易经》

前504年，正月癸亥日，郑人趁楚人自顾不暇，出师许国。游吉之子游速率师灭许，俘获许男斯。

前503年秋，齐景公、郑献公盟于咸，邀卫侯参会。

卫灵公要叛晋而与齐郑结盟，诸大夫认为不可。卫灵公使北宫结如齐，另使人私对齐景公说："执结以侵我。"

齐景公执北宫结，卫人向齐请和，于是，齐、卫盟于琐。

前502年夏，晋师救鲁返回，过卫，将与卫灵公盟于鄟泽。

赵简子问："群臣谁敢盟卫君者？"臣与君盟，是违礼的。因卫背晋而与齐盟，赵鞅要辱卫君。

晋大夫涉佗、成何说："我能盟之。"

卫人要晋人执牛耳。结盟时要杀牲取血、制作盟书、读盟书、歃血，埋牲与盟书入坑中。莅盟位卑方大夫执牛耳，位尊方大夫主刀，盟书则由强势方制作。晋大夫与卫侯结盟，晋大夫位卑。

成何说："卫，吾温、原也，焉得视诸侯？"

将歃血,晋大夫与卫侯争先,涉佗推卫侯之手,牲血流及卫灵之腕,卫侯发怒。

王孙贾快步走来,说:"盟以信礼也。有如卫君,其敢不唯礼是事,而受此盟也。"歃血之礼,先尊后卑。

萃之否:赍①咨涕洟②,无咎。 ——《易经》

卫灵公要叛晋,而担心诸大夫不同意。王孙贾使卫灵公居于郊外。诸大夫前往问缘故。

卫灵公告之以受晋人羞辱之事,并说:"寡人辱社稷,其改卜嗣,寡人从焉。"

大夫说:"是卫之祸,岂君之过也?"

卫灵公说:"又有患焉。谓寡人'必以尔子与大夫之子为质。'"

大夫说:"苟有益也,公子则往,群臣之子,敢不皆负羁绁以从?"

人质将行,王孙贾说:"苟卫国有难,工商未尝不有患,使皆行而后可。"

卫灵公告知大夫,于是,工商之家也派出人质。

出行之日将至,卫灵公朝见国人,使王孙贾问众人,说:"若卫叛晋,晋五伐我,病何如矣?"

众人皆说:"五伐我,犹可以能战。"

王孙贾说:"然则如叛之,病而后质焉,何迟之有?"

众人同意,卫国遂叛晋。晋人请改盟,卫人不许。

孔子言卫灵公之无道也,季康子曰:"夫如是,奚而不丧?"孔子曰:"仲叔圉治宾客,祝鮀治宗庙,王孙贾治军旅。夫如是,奚其丧?" ——《论语》

---

①赍 jī ②洟 tì

秋，晋士鞅会周卿士成桓公，侵郑，围虫牢，报郑国侵周地。接着，晋师侵卫。

前501年秋，因晋侵卫，齐景公伐晋夷仪。

敝无存之父要为之娶亲，无存推辞，让与其弟，说："此役也，不死，返，必娶于高、国。"

攻城时，敝无存率先登上城墙，进入城内，要打开城门，被夷仪人杀在滴水檐下。

东郭书抢先登城，犁弥紧随其后，说："子上而左，我上而右，使登者尽上，而后下。"

东郭书登上向左，犁弥先下。战毕，东郭书与犁弥一起休息。

犁弥说："我先登。"

东郭书收拾皮甲，说："昔者之难，今又难焉。"

犁弥怕东郭书攻击，笑说："吾从子，如骖随服。"

齐景公对夷仪人说："得敝无存者，以五家免。"指赏五家，免劳役。

有人找到敝无存之尸。齐景公在小敛、大敛时为死者三次穿衣，予之犀轩与高盖随葬，使人先送其尸回国。齐景公率全师哭吊，并亲自推车三圈。

齐景公赏犁弥，犁弥推辞，说："有先登者，臣从之，暂巾而狸裘。"

齐景公使之看东郭书，犁弥说："乃夫子也，吾贶子。"

齐景公赏东郭书，东郭书推辞，说："彼，宾旅也。"

齐景公赏犁弥。

> 晋之噬嗑：晋如、摧如，贞吉，罔孚，裕，无咎。
>
> ——《易经》

卫灵公将前往五氏援助齐师，必经中牟。晋国有千乘战车在中牟。卫人占卜，龟甲被烤焦，卜人说兆不成，不可以行事。

771

卫灵公说:"可也。卫车当其半,寡人当其半,敌矣。"

卫师乃过中牟。

中牟人欲攻卫师,卫褚师圃逃亡在此,对中牟人说:"卫虽小,其君在焉,未可胜也。齐师克城而骄,其帅又贱,遇,必败之。不如击齐。"

晋师遂伐齐师,败之,缴获齐战车五百乘,置于邯郸。

齐景公以西境临卫之禚①、媚、杏三地答谢卫国。

> 晋之未济:晋如,愁如,贞吉。受兹介福,于其王母。
> ——《易经》

前500年夏,晋赵鞅率师围卫,以报失去夷仪。上年,卫灵公在五氏攻邯郸大夫邯郸午,攻破城西北并在此守卫,城中人夜间溃散。此时,晋围卫,邯郸午带领徒众七十人攻卫西门。

卫人开门与之交战,邯郸午进门内杀卫人,说:"请报寒氏之役。"寒氏:即五氏。

涉佗说:"夫子则勇矣,然我往,必不敢启门。"

涉佗也率七十名士卒,早晨走至城门,在左右两侧站定,如植木一般。至中午,卫人不开门,涉佗才率卒返回。

役后,晋人追究卫国背叛之因,有人说:"由涉佗、成何。"

于是,晋人执涉佗以求和于卫,卫人不许,晋人遂杀涉佗。成何奔燕。

君子说:"此之谓弃礼,必不钧。《诗》曰:'人而无礼,胡不遄死。'涉佗亦遄矣哉。"

> 子夏曰:"君子敬而无失,与人恭而有礼,四海之内皆兄弟也。"
> ——《论语》

---

①禚 zhuó

前497年春,齐景公、卫灵公驻师于垂葭,即郹氏,使师众伐晋,预备渡过黄河。诸大夫皆说:"不可。"

齐大夫邴意兹说:"可。锐师伐河内,传必数日而后及绛。绛不三月,不能出河,则我既济水矣。"

于是,齐卫之师伐晋河内。齐景公没收大夫们的轩车,独使邴意兹乘轩车,以示嘉奖。

齐景公要与卫灵公同乘,与之宴饮,预备好乘广,上载兵甲。使人报告,说:"晋师至矣!"

齐景公说:"比君之驾也,寡人请摄。"乃披甲与卫灵公一起登上乘广,驱车前行。

及至有人报告,说"无晋师",齐景才停车。

> 见胜不过众人之所知,非善之善者也;战胜而天下曰善,非善之善者也。故举秋毫不为多力,见日月不为明目,闻雷霆不为聪耳。　　——《孙子兵法》

郑子大叔去世后,驷歂为政。驷歂:驷乞之子,字子然。

前501年春,驷歂杀邓析,而用邓析所作《竹刑》。

君子说:"子然于是不忠。苟有可以加于国家者,弃其邪可也。《静女》之三章,取彤管焉。《竿旄》'何以告之',取其忠也。故用其道,不弃其人。《诗》云:'蔽芾甘棠,勿翦勿伐,召伯所茇。'思其人犹爱其树,况用其道而不恤其人乎?子然无以劝能矣。"

四月戊申日,郑献公姬趸去世。太子姬胜继位,史称郑声公。

> 静女其姝,俟我于城隅。爱而不见,搔首踟蹰。
> 静女其娈,贻我彤管。彤管有炜,说怿汝美。
> 自牧归荑,洵美且异。匪汝之为美,美人之贻。
> 　　——《诗经》之《邶风·静女》

第一百五十一回　孔仲尼智争失土　鲁定公堕毁三都

前500年,鲁定公十年,春,鲁与齐讲和。

夏,鲁定公与齐景公会于夹谷,孔丘相。

犁弥对齐景公说:"孔丘知礼而无勇,若使莱人以兵劫鲁侯,必得志焉。"

齐景公从其谋。莱人手持兵器在两君前舞蹈。

孔丘见状,护卫鲁定公退出,对随来的士卒下令:"士!兵之!两君合好,而裔夷之俘以兵乱之,非齐君所以命诸侯也。裔不谋夏,夷不乱华,俘不干盟,兵不逼好。于神为不祥,于德为愆义,于人为失礼,君必不然。"

齐景公忙令莱人退出。

将举行盟誓,齐人在盟书里加盟辞,说:"齐师出境,而不以甲车三百乘从我者,有如此盟。"

孔丘使兹无还作揖对答:"而不返我汶阳之田,吾以共命者,亦如之。"

齐景公将宴享鲁定公,孔丘对梁丘据说:"齐、鲁之故,吾子何不闻焉?事既成矣,而又享之,是勤执事也。且牺、象不出门,嘉乐不野合。飨而既具,是弃礼也。若其不具,用秕稗也。用秕稗,君辱;弃礼,名恶。子何不图之?夫享,所以昭德也。不昭,不如其已也。"

孔丘知齐人有诈,而以礼拒绝。乃未行享礼。定公安全返回。

未久,齐人归还鲁郓、讙、龟阴三处汶阳之田。

　　孔子曰:"有德者必有言,有言者不必有德。仁者

必有勇，勇者不必有仁。" ——《论语》

叔孙成子生前要立武叔为继承人，其族人公若藐固谏，说："不可。"成子立武叔后去世。

叔孙家臣公南使人暗杀公若藐，未遂。公南为马正，使公若为郈邑宰。武叔地位巩固后，使郈邑马正侯犯杀公若，马正犯难。

武叔圉人说："吾以剑过朝，公若必曰：'谁之剑也？'吾称子以告，必观之。吾伪陋，而授之末，则可杀也。"武叔使之照办。

圉人带剑过朝，剑指公若，公若说："尔欲吴王我乎？"

圉人杀公若。侯犯以郈叛，武叔、孟懿子围郈，未攻克。

秋，武叔、懿子与齐师再次围郈，仍未攻克。

既济之蹇：曳其轮，濡其尾，无咎。 ——《易经》

叔孙对掌管郈邑工匠的工师驷赤说："郈非唯叔孙氏之忧，社稷之患也。将若之何？"

驷赤说："臣之业，在《扬水》卒章之四言矣。"《扬之水》在《诗》之《唐风》，其末章为："扬之水，白石粼粼。我闻有命，不敢以告人。"驷赤意在"我闻有命"。

叔孙稽首。

驷赤对侯犯说："居齐、鲁之际，而无事，必不可矣。子何不求事于齐以临民？不然，将叛。"

侯犯听从，请归顺齐国。

齐使至，驷赤与郈人在邑中扬言说："侯犯将以郈易于齐，齐人将迁郈民。"众人恐惧不安。

驷赤对侯犯说："众言异矣。子不如易于齐，与其死也，犹是郈也，而得纾焉，何必此？齐人欲以此逼鲁，必倍予子地。且何不多舍甲于子之门，以备不虞？"

侯犯说:"诺。"遂放置很多皮甲于门。

侯犯向齐国请他邑交换,齐有司来郈邑观察。齐人将至,驷赤使人四处奔走大呼:"齐师至矣!"

郈邑人大为惊骇,纷纷穿上侯犯门边的皮甲,包围侯犯家。驷赤伪装要射击郈人。

侯犯制止,说:"谋免我。"侯犯请出走,得到允许。

驷赤先行前往宿地,侯犯殿后。每出一门,郈邑人随之闭门。及至郭门,郈人拦住他,说:"子以叔孙氏之甲出,有司若诛之,群臣惧死。"

驷赤说:"叔孙氏之甲有物,吾未敢以出。"物,指标志。

侯犯对驷赤说:"子止而与之数。"

驷赤留下,接纳鲁人入城。侯犯奔齐,齐人送还郈邑户籍。

冬,武叔聘于齐,谢齐人送还郈邑。

齐侯享武叔,说:"子叔孙,若使郈在君之他境,寡人何知焉?属与敝邑际,故敢助君忧之。"

武叔说:"非寡君之望也。所以事君,封疆社稷是以。敢以家隶勤君之执事?夫不令之臣,天下之所恶也。君岂以为寡君赐?"

> 定公问:"君使臣,臣事君,如之何?"孔子对曰:"君使臣以礼,臣事君以忠。"　　——《论语》

前499年冬,鲁与郑讲和,叔还如郑莅盟。鲁国始叛晋。叔还:叔弓曾孙,叔诣之侄。

前498年,孔子弟子仲由为季氏宰,鲁国将堕三都。三都,是三桓各自大邑:季氏费邑,叔孙氏郈邑,孟氏成邑。

夏,叔孙州仇率师毁郈邑城墙。州仇,武叔名。

季氏将堕费,公山不狃、叔孙辄率费人袭击鲁都。鲁定公与季孙、叔孙、孟孙进入季氏之宫,登上武子之台。费人进攻季氏,箭射至鲁定公身旁。

仲尼命申句须、乐颀下台反击费人,费人败北。国都人追击费人,在姑蔑打败费人。公山不狃、叔孙辄奔齐。季孙斯、仲孙何忌率师堕毁费邑城墙。

《论语》有之:

子路使子羔为费宰。孔子曰:"贼夫人之子!"子路曰:"有民人焉,有社稷焉,何必读书,然后为学?"子曰:"是故恶夫佞者!"

子使漆雕开仕,对曰:"吾斯之未能信。"子悦。

> 学者非必为仕,而仕者必如学。　　——《荀子》

将毁成邑城墙。公敛处父对孟孙说:"堕成,齐人必至于北门。且成,孟氏之保障也。无成,是无孟氏也。子伪不知,我将不堕。"

冬,十二月,鲁定公率师围成邑,未攻克。

> 噬嗑之无妄:噬乾肉,得黄金,贞厉,无咎。
>
> ——《易经》

鲁定公问颜渊:"东野子之善驭乎?"

颜渊答:"善则善矣,虽然,其马将失。"

定公不悦,对左右说:"君子固谗人乎?"

隔三日,马官来告,说:"东野毕之马失。两骖裂靷,两服入厩。"

定公越席而起,说:"趋驾召颜渊!"

颜渊至,定公说:"前日寡人问吾子,吾子曰:'东野毕之驭,善则善矣,虽然,其马将失。'不识吾子何以知之?"

颜渊答:"臣以政知之。昔舜巧于使民,而造父巧于使马。舜不穷其民,造父不穷其马,是以舜无失民,造父无失马。今东野毕之驭,上车执辔,衔体正矣;步骤驰骋,朝礼毕矣;历险致远,马力尽矣。然犹求马不已,是以知之也。"

定公问:"善,可得少进乎?"

颜渊答:"臣闻之:'鸟穷则啄,兽穷则攫,人穷则诈。'自古及今,未有穷其下而能无危者也。"

节,亨。苦节,不可贞。　　　　　——《易经》

前495年正月,邾隐公朝于鲁。子贡观礼。邾子执玉高,其容仰;鲁定公受玉卑,其容俯。子贡:孔子弟子,卫人,名赐。

子贡说:"以礼观之,二君者,皆有死亡焉。夫礼,死生存亡之体也,将左右周旋,进退俯仰,于是乎取之。朝、祀、丧、戎,于是乎观之。今正月相朝,而皆不度,心已亡矣。嘉事不体,何以能久?高仰,骄也;卑俯,替也。骄近乱,替近疾。君为主,其先亡乎?"

五月壬申日,鲁定公辞世。定公之子蒋继位,为鲁哀公。

仲尼说:"赐不幸言而中,是使赐多言者也。"

大成若缺,其用不弊;大盈若盅,其用不穷。大巧若拙,大诚若诎①,大直若屈。　　——《老子》

(笔者注:竹简《老子》中,"大诚若诎"之"诚"与"大成若缺"之"成"相同。笔者认为这应该是个假借字,可能省略了某个偏旁,姑且定为"诚"。)

《论语》有之:

定公问:"君使臣,臣事君,如之何?"孔子对曰:"君使臣以礼,臣事君以忠。"

定公问:"一言而可以兴邦,有诸?"孔子对曰:"言不可以若是

---

① 诎 qū

其几也。人之言曰:'为君难,为臣不易。'如知为君之难也,不几乎一言而兴邦乎?"

曰:"一言而丧邦,有诸?"孔子对曰:"言不可以若是其几也。人之言曰:'予无乐乎为君,唯其言而莫予违也。'如其善而莫之违也,不亦善乎? 如不善而莫之违也,不几乎一言而丧邦乎?"

后非民罔使;民非后罔事。无自广以狭人,匹夫匹妇,不获自尽,民主罔与成厥功。 ——《尚书》

第一百五十二回　知韩魏伐范中行　卫灵公逐太子党

三年前,晋围卫,卫割让五百户给赵鞅,赵鞅置之邯郸。

前497年夏,赵鞅对邯郸大夫赵午说:"归我卫贡五百家,吾舍诸晋阳。"邯郸午许诺。

回到邯郸,赵午告知父兄,父兄皆说:"不可。卫是以亲邯郸,而置诸晋阳,绝卫之道也。不如侵齐而谋之。"

邯郸午从父兄之谋。于是,邯郸人侵齐,齐人攻邯郸,邯郸人以保护五百户卫人为由,迁之于晋阳。

赵鞅见邯郸午办事缓慢而发怒,召邯郸午,囚之于晋阳。邯郸午的家臣涉宾要见邯郸午,赵孟使其脱剑而入,涉宾不同意。

赵鞅使人对邯郸人说:"吾私有讨于午也,二三子唯所欲立。"

赵鞅杀邯郸午。

赵鞅是赵衰的五世孙:赵衰(赵成子)—赵盾(赵宣子)—赵朔(赵庄子)—赵武(赵文子)—赵成(赵景子)—赵鞅(赵简子)。

赵午是赵衰之兄赵夙的五世孙:赵夙—赵夙子—赵穿—赵旃—赵胜—赵午。午别封邯郸,故称邯郸午。

邯郸午之子赵稷、家臣涉宾率邯郸人以邯郸叛赵氏。

> 宥过无大,刑故无小;罪疑惟轻,功疑惟重;与其杀不辜,宁失不经;好生之德,洽于民心。　——《尚书》

六月,上军司马籍秦围邯郸。

邯郸午是荀寅的外甥;荀寅之子娶范吉射之女,荀与范是姻亲而相好。因此,荀、范未参与围邯郸,而要作乱攻赵氏。范吉射:士鞅之子士吉射。

赵孟家臣董安于得知此消息,告知赵孟,问:"先备诸?"

赵孟说:"晋国有命,始祸者死,为后可也。"
董安于说:"与其害于民,宁我独死,请以我脱。"
赵孟不同意。

七月,范氏、中行氏伐赵氏,赵鞅奔晋阳。晋人围晋阳。

> 损之颐:利贞,征凶,弗损,益之。　　——《易经》

范氏侧室之子范皋夷,无宠于范吉射,想在范氏族内为乱。梁婴父有宠于荀砾,荀砾想使之为卿。韩不信与荀寅相恶,魏曼多与范吉射相恶。魏曼多:魏舒之孙。故荀砾、韩不信、魏曼多、范皋夷、梁婴父五人谋划,将逐范吉射而以范皋夷替代,逐荀寅而以梁婴父替代。

荀跞对晋定公说:"君命大臣,始祸者死,载书在河。今三臣始祸,而独逐鞅,刑已不钧矣。请皆逐之。"

十一月,荀跞、韩不信、魏曼多奉晋定公伐范氏、中行氏,未攻克。

> 蹇之渐:往蹇,来硕,吉,利见大人。　——《易经》

荀寅是中行氏,荀跞是知氏,皆为荀息六世孙,自荀息之孙荀林父与荀首兄弟始分为中行氏和知氏。

中行氏:中行桓子(荀林父)—中行宣子(荀庚)—中行献子(荀偃)—中行穆子(荀吴)—中行文子(荀寅)。

知氏:知庄子(荀首)—知武子(荀罃、知罃)—知朔—知盈(荀盈)—知文子(荀跞、知伯)。

韩氏:出自曲沃桓叔之子韩万,后有韩简,是韩万之子或孙,韩简后经二或三代至韩厥:韩献子(韩厥)—韩宣子(韩起)—韩须—韩简子(韩不信)。

魏氏:魏万(毕万)—魏武子(魏犨)—魏庄子(魏绛)—魏献子(魏舒)—魏襄子(魏曼多)。

范氏：范武子（士会、随会、士季、随季、随武子）—范文子（士燮）—范宣子（士匄、范匄）—范献子（士鞅、范鞅）—范昭子（士吉射、范吉射）。士会是士芳之孙。

范吉射、中行文子荀寅要攻晋定公。

高彊说："三折肱知为良医。唯伐君为不可，民弗与也。我以伐君在此矣。三家未睦，可尽克也。克之，君将谁与？若先伐君，是使睦也。"高彊：自齐奔鲁，后至晋。

二人不听，遂攻晋定公。国人助公，二氏战败。知、韩、魏三家追击范、中行。丁未日，荀寅、范吉射奔朝歌。

> 见其可欲也，则必前后虑其可恶也者；见其可利也，则必前后虑其可害也者。　　　——《荀子》

韩、魏为赵鞅向晋定公说情。十二月辛未日，赵鞅回至绛都，在公宫结盟。

梁婴父厌恶董安于，对荀跞说："不杀安于，使终为政于赵氏，赵氏必得晋国。何不以其先发难也，讨于赵氏？"

前496年春，荀跞使人对赵孟说："范、中行氏虽信为乱，安于则发之，是安于与谋乱也。晋国有命，始祸者死。二子既伏其罪矣，敢以告。"

赵鞅不甘心，安于说："我死而晋国宁，赵氏定，将焉用生？人谁不死，吾死莫矣。"安于乃自缢。

赵孟陈其尸于集市，通告知氏，说："主命戮罪人，安于既伏其罪矣，敢以告。"

知伯与赵孟结盟，赵氏得以安定，在赵氏宗庙祭祀安于。

> 丰之震：丰其沛，日中见沫，折其右肱，无咎。
>
> ——《易经》

夏,晋人围朝歌。

鲁定公与齐景公、卫灵公在脾、上梁之间的牵地相会,谋救范氏、中行氏。二氏党羽晋大夫析成鲋、小王桃甲率狄人袭晋,在绛中交战,未胜而返。析成鲋奔周,小王桃甲进入朝歌。

秋,为范氏之故,齐侯、宋公会于洮。

冬,十二月,晋人败范氏、中行氏之师于潞,抓获籍秦、高彊。又败郑师及范氏之师于百泉。

前494年夏,四月,齐景公、卫灵公围晋五鹿,以救邯郸。

秋,齐景、卫灵会于晋乾侯,谋救范氏。齐师、卫孔圉、鲜虞人伐晋,攻取棘蒲。鲁人未经鲁哀公允许,也参与此役。

冬,十一月,赵鞅伐范氏、中行氏所在朝歌。

> 有狐绥绥,在彼淇梁。心之忧矣,之子无裳。
> 有狐绥绥,在彼淇厉。心之忧矣,之子无带。
> 有狐绥绥,在彼淇侧。心之忧矣,之子无服。
> ——《诗经》之《卫风·有狐》

前498年夏,卫公孟彄伐曹,攻克郊。返还时,使滑罗殿后。未出曹境,滑罗不退至最后。公孟彄:孟絷之子。

其御者说:"殿而在列,其为无勇乎?"

滑罗知曹人不敢追击,并想向曹人示弱,说:"与其素厉,宁为无勇。"

> 能而示之不能。 ——《孙子兵法》

早先,卫公叔文子上朝时请在家宴享卫灵公,退朝后,告知史鳅。

史鳅说:"子必祸矣。子富而君贪,罪其及子乎?"

文子说:"然。吾不先告子,是吾罪也。君既许我矣,其若之何?"

史鲻说:"无害。子臣,可以免。富而能臣,必免于难,上下同之。戌也骄,其亡乎?富而不骄者鲜,吾唯子之见。骄而不亡者,未之有也。戌必与焉。"戌:文子之子公叔戌。

及文子去世,卫灵公厌恶公叔戌,因其富而骄。公叔戌又要除掉卫灵夫人之党,夫人对灵公说:"戌将为乱。"

前496年,春,卫灵公逐公叔戌及其党羽,公叔戌奔鲁,其同党赵阳奔宋。夏,另一同党北宫结奔鲁。赵阳:赵黡之子。

身贵而愈恭,家富而愈俭,胜敌而愈戒。

——《荀子》

秋,齐景公、宋景公为救范氏而会于曹地洮,卫太子蒯聩来此献盂邑于齐侯。

卫灵夫人南子是宋国人,宋公子朝是其旧好,卫灵公曾为夫人召子朝相见。

蒯聩过宋野,郊野人看见他,故意唱歌:"既定尔娄猪,盍归吾艾豭。"

太子听了很羞愧,对其家臣戏阳速说:"从我而朝少君。少君见我,我顾,乃杀之。"

戏阳速说:"诺。"

二人朝见灵公夫人。夫人见太子,太子三次示意戏阳速,戏阳速仍不动手。

夫人见太子神色不对,啼哭逃走,大声呼喊:"蒯聩将杀余。"

卫灵公拉着夫人登上高台。太子奔宋,其党羽皆被逐出卫国,公孟彄奔郑,又自郑奔齐。

太子对人说:"戏阳速祸余。"

戏阳速对人说:"太子则祸余。太子无道,使余杀其母。余不许,将戕于余;若杀夫人,将以余脱。余是故许而弗为,以纾余死。

谚曰'民保于信',吾以信义也。"

蛊之艮：干母之蛊,不可贞。　　　　——《易经》

太子蒯聩出亡后,卫灵公郊游,公子郢驾车。公子郢:卫灵庶子,字子南。

卫灵公说："余无太子,将立汝。"子南不应答。

隔日,卫灵公又如此说。

子南说："郢不足以辱社稷,君其改图。君夫人在堂,三揖在下。君命只辱。"三揖,指卿、大夫、士。

前493年,四月丙子日,卫灵公姬元去世,在位四十三年。

灵公夫人说："命公子郢为太子,君命也。"

子南说："郢异于他子。且君没于吾手,若有之,郢必闻之。且亡人之子辄在。"

渐之蹇：鸿渐于陆,其羽可用为仪,吉。

——《易经》

卫人立亡太子蒯聩之子公孙辄,史称卫出公。

六月乙酉日,晋赵鞅纳卫逃亡太子于卫地戚,未到达,天已黑,迷了路。

阳虎说："右河而南,必至焉。"

至城外,使太子穿奔丧服,另八人穿丧服,伪装成自卫都迎太子者,告知看门人,哭着进入戚邑,遂居于此。

临之泰：甘临,无攸利。既忧之,无咎。

——《易经》

第一百五十三回　晋赵鞅转战王侯　鲁孔丘周游列国

前493年八月,齐人输粮给范氏,郑罕达、驷弘押运,范吉射前往迎接。赵鞅拦截郑师,在戚地附近相遇。

阳虎说:"吾车少,以兵车之斾,与罕、驷兵车先陈。罕、驷自后随而从之,彼见吾貌,必有惧心。于是乎会之,必大败之。"

赵鞅用其谋。卜战,龟焦。

乐丁说:"《诗》曰:'爰始爰谋,爰契我龟。'谋协,以故兆询,可也。"

赵鞅起誓说:"范氏、中行氏,反易天明,斩艾百姓,欲擅晋国而灭其君。寡君恃郑而保焉。今郑为不道,弃君助臣,二三子顺天明,从君命,经德义,除诟耻,在此行也。克敌者,上大夫受县,下大夫受郡,士田十万,庶人、工、商遂仕,人臣、隶、圉免为奴。志父无罪,君实图之。若其有罪,绞缢以戮,桐棺三寸,不设属辟,素车朴马,无入于兆,下卿之罚也。"志父,赵鞅名。

甲戌日,即将交战,邮良御赵鞅,卫太子为车右。登上铁丘,望见郑师众多,卫太子惊惧而跌下车。

邮良递绥带给太子,拉太子上车,说:"妇人也。"

赵简子巡视队列,对众人说:"毕万,匹夫也,七战皆获,有马百乘,死于牖下。群子勉之,死不在寇。"

繁羽为温大夫赵罗驾车,宋勇为车右。赵罗无勇,趴在车里。

军吏询问,繁羽说:"疟作而伏。"

卫太子祈祷,说:"曾孙蒯聩,敢昭告皇祖文王、烈祖康叔、文祖襄公:郑胜乱从,晋午在难,不能治乱,使鞅讨之。蒯聩不敢自佚,备持矛焉。敢告无绝筋,无折骨,无面伤,以集大事,无作三祖羞。大命不敢请,佩玉不敢爱。"郑胜:郑声公。晋午:晋定公。

郑人击中赵鞅之肩,赵鞅倒向车中,郑人获其蠭①旗,要擒赵鞅。卫太子用戈击郑人,救了赵鞅。郑师败北,俘获赵罗。

必生,可虏也。　　　　　　——《孙子兵法》

卫太子再次进攻,大败郑师,获齐粟千车。

赵孟大喜,说:"可矣!"

傅傁说:"虽克郑,犹有知氏在,忧未艾也。"

早先,周人给范氏田,范氏之臣公孙龙前往收税。赵氏族人抓获公孙龙献给赵鞅,赵氏之吏请杀公孙龙。赵鞅说:"为其主也,何罪?"未杀公孙龙,并还给其田税。

此次铁丘之战,公孙龙带领五百人宵攻郑师,在罕达幕下夺得蠭旗,献给赵鞅,说:"请报主德。"

兑之随:孚兑,吉,悔亡。　　　　　——《易经》

晋师追击郑师,罕达、驷弘、公孙林殿后,射击晋师,晋军前列多死。

赵孟说:"国无小。"

战毕,赵鞅说:"吾伏弢②呕血,鼓音不衰,今日,我上也。"

卫太子说:"吾救主于车,退敌于下,我,右之上也。"

邮良说:"我两靷③将绝,吾能止之,我,御之上也。"说着,驾起马,放上细木,两侧革带皆断。

前492年春,齐国夏、卫石曼姑率师围戚,戚求救于中山国。

周之刘氏与晋范氏世代为婚姻。因苌弘事刘氏,故周王室支持范氏。

六月,赵鞅讨伐王室。

癸卯日,周人杀苌弘,以取悦晋人。

---

①蠭 fēng　②弢 tāo　③靷 yǐn

兑,亨,利贞。 ——《易经》

十月,赵鞅围朝歌,驻师城南。荀寅攻北城之围,使徒众自北门外攻击赵氏作为接应,自己突围而出。癸丑日,荀寅奔邯郸。

十一月,赵鞅因厌恶范氏,而杀范氏族人范皋夷。

前491年,七月,齐陈乞、弦施、卫甯跪救范氏。庚午日,围晋五鹿。九月,赵鞅围邯郸。

十一月,邯郸降。荀寅奔鲜虞,赵稷奔晋临邑。

十二月,齐弦施迎赵稷,毁临邑。齐国夏伐晋,攻取邢、任、栾、鄗①、逆畤、阴人、盂、壶口等八邑。接着,会合鲜虞人,纳荀寅于晋柏人邑。

前490年春,晋师围柏人邑,荀寅、范吉射奔齐。

早先,范氏之臣王生厌恶张柳朔,而后,举张柳朔为柏人宰。

范吉射说:"夫非尔仇乎?"

王生说:"私仇不及公,好不废过,恶不去善,义之经也。臣敢违之?"

及范氏逃出柏人邑,张柳朔对其子说:"尔从主,勉之!我将止死,王生授我矣。吾不可以僭之。"遂战死于柏人。

孔子曰:"君子不以言举人,不以人废言。"
——《论语》

夏,因卫人助范氏,故赵鞅伐卫,围中牟。

前489年春,晋赵鞅率师伐鲜虞,治范氏之乱。

前488年春,因卫人不服,晋魏曼多率师侵卫。

天下有道,却走马以粪;天下无道,戎马生于郊。
——《老子》

---

① 鄗 hào

前493年二月，鲁季孙斯、叔孙州仇、仲孙何忌率师伐邾，将伐绞。邾人爱绞，遂以漷东之田及沂西之田贿鲁而受盟。癸巳日，叔孙州仇、仲孙何忌与邾隐公盟于邾地句绎。

前492年，四月甲午日，鲁国地震。

五月辛卯日，司铎官邸发生火灾。火焰越过宫墙，进入公宫，桓公庙、僖公庙皆着火。

救火者皆喊："顾府！"府库是储藏财货之处。

南宫敬叔赶到，命负责周书典籍之官抢出国君看的御书，待命宫中，不得丢失，说："庀①汝，而不在，死。"庀意具备，即要保管好。

子服景伯赶到，命宰人抢出礼书以待命，说："命不共，有常刑。"

管马的校人备好乘马，管车的巾车给车辖上好油脂。百官官备，府库慎守，官人肃备。浸湿帷幕，覆于火势前方建筑。蒙茸公屋，自太庙始，外内以序，助所不给。有不用命，则有常刑，无赦。

公父文伯赶到，命校人驾好鲁公乘车。

季桓子赶到，为鲁公驾车至象魏门之外。命救火者：伤人则止，财可为也。命收藏好典章《象魏》，说："旧章不可亡也。"

富父槐赶到，说："无备而官办者，犹拾沈也。"于是，下令清除火势下风的易燃物，环公宫开辟隔火道。

孔子在陈，得知鲁宫有火，说："其桓、僖乎？"

　　厩焚。孔子退朝，曰："伤人乎？"不问马。

——《论语》

前492年秋，鲁季桓子得病，命其臣正常："无死。南孺子之子，男也，则以告公而立之。女也，则肥也可。"南孺子：季桓子之

---

①庀 pǐ

妻,正怀有身孕。

季桓子去世后,季肥继季氏位,史称季康子。葬毕季桓子,康子在朝。

南氏生男婴。正常驾车载婴儿上朝,报告说:"夫子有遗言,命其圉臣曰:'南氏生男,则以告于君与大夫而立之。'今生矣,男也,敢告。"

正常留下婴儿,奔卫。季康子请退位。鲁哀公使大夫共刘探视婴儿,婴儿已断气。于是,下令追查凶手,召正常,正常不肯返鲁。

晋之剥:晋如鼫①鼠,贞厉。　　　　——《易经》

孔子在鲁国从政,齐人担心鲁国成为齐国的劲敌。

梁丘据对齐景公:"去仲尼犹吹毛耳。君何不迎之以重禄高位,遗鲁君女乐以骄荣其意。其君新乐之,必怠于政,仲尼必谏,谏必轻绝于鲁。"

景公说:"善。"

景公乃令梁丘据以十六位女乐人送至鲁国。鲁侯与三桓沉湎于女乐,多日不上朝,孔子遂离开鲁国。

《论语》有之:

齐人归女乐,季桓子受之,三日不朝,孔子行。

君子以慎辨物居方。　　　　——《易传》

按《论语》所记,可知孔子大概到过或途经过哪些诸侯国,而游历各国的顺序难以确定。

孔子到过卫国,一路上,子贡、子路等人假设卫君用孔子,孔子将如何做。结果,发现卫灵公昏庸,事事听从夫人南子。王孙

---

①鼫 shí

贾与孔子问答。孔子出于礼节,应南子之召,见南子,子路以为孔子要走夫人路线,而跟孔子生气。其后,卫灵公向孔子请教阵列之事,孔子遂离开卫国。

《论语》有之:

子适卫,冉有仆。子曰:"庶矣哉!"冉有曰:"既庶矣,又何加焉?"曰:"富之。"曰:"既富矣,又何加焉?"曰:"教之。"

子路曰:"卫君待子而为政,子将奚先?"子曰:"必也正名乎?"子路曰:"有是哉,子之迂也!奚其正?"子曰:"野哉,由也!君子于其所不知,盖阙如也。名不正,则言不顺;言不顺,则事不成;事不成,则礼乐不兴;礼乐不兴,则刑罚不中;刑罚不中,则民无所措手足。故君子名之必可言也,言之必可行也。君子于其言,无所苟而已矣。"

王孙贾问曰:"与其媚于奥,宁媚于灶,何谓也?"子曰:"不然。获罪于天,无所祷也。"

子见南子,子路不说。夫子矢之曰:"予所否者,天厌之!天厌之!"

冉有曰:"夫子为卫君乎?"子贡曰:"诺。吾将问之。"入,曰:"伯夷、叔齐何人也?"曰:"古之贤人也。"曰:"怨乎?"曰:"求仁而得仁,又何怨?"出,曰:"夫子不为也。"

卫灵公问陈于孔子。孔子对曰:"俎豆之事,则尝闻之矣;军旅之事,未之学也。"明日遂行。

> 孔子曰:"唯仁者能好人,能恶人。" ——《论语》

孔子一行经过某国边境仪地,封人求见孔子,对孔子弟子说"天将以夫子为木铎"。经过宋国,被宋司马桓魋围困,到过陈国。季桓子去世后,孔子时常表示想回国。前往楚国时,在陈蔡之间被困。

《论语》有之:

仪封人请见，曰："君子之至于斯也，吾未尝不得见也。"从者见之。出曰："二三子何患于丧乎？天下之无道也久矣，天将以夫子为木铎。"

子曰："天生德于予，桓魋其如予何？"

子在陈，曰："归与！归与！吾党之小子狂简，斐然成章，不知所以裁之。"

在陈绝粮，从者病，莫能兴。子路愠见曰："君子亦有穷乎？"子曰："君子固穷，小人穷斯滥矣。"

子曰："从我于陈、蔡者，皆不及门也。"

孔子曰："不仁者，不可以久处约，不可以长处乐。仁者安仁，知者利仁。" ——《论语》

在楚国，孔子被接舆等人嘲笑，有叶公问政。途中找不到渡口……

《论语》有之：

楚狂接舆歌而过孔子曰："凤兮凤兮！何德之衰？往者不可谏，来者犹可追。已而！已而！今之从政者殆而！"孔子下，欲与之言。趋而避之，不得与之言。

叶公问政。子曰："近者说，远者来。"

叶公语孔子曰："吾党有直躬者，其父攘羊，而子证之。"孔子曰："吾党之直者异于是：父为子隐，子为父隐，直在其中矣。"

叶公问孔子于子路，子路不对。子曰："汝奚不曰：其为人也，发愤忘食，乐以忘忧，不知老之将至云尔。"

长沮、桀溺耦而耕，孔子过之，使子路问津焉。长沮曰："夫执舆者为谁？"子路曰："为孔丘。"曰："是鲁孔丘与？"曰："是也。"曰："是知津矣。"问于桀溺。桀溺曰："子为谁？"曰："为仲由"。曰："是鲁孔丘之徒与？"对曰："然。"曰："滔滔者天下皆是也，而谁以易之？且而与其从避人之士也，岂若从避世之士哉？"耰①而不辍②。子路行以告。夫子怃然曰："鸟兽不可与同群，吾非斯人之徒与而谁与？天下有道，丘不与易也。"

孔子曰："刚、毅、木、讷近仁。"　　——《论语》

卫灵公去世后，孔子又前往卫国。途经郑国，因早些年鲁伐郑取匡，故匡地人围困孔子一行……

《论语》有之：

子畏于匡，曰："文王既没，文不在兹乎？天之将丧斯文也，后死者不得与于斯文也。天之未丧斯文也，匡人其如予何？"

子畏于匡，颜渊后。子曰："吾以汝为死矣。"曰："子在，回何敢死？"

孔子曰："知之者不如好之者，好之者不如乐之者。"　　——《论语》

---

①耰 yōu　②辍 chuò

第一百五十四回　吴夫差拒谏盟越　楚昭公灭胡救陈

前505年夏,趁吴师在楚,越师入侵吴国。

前496年春,顿子牂要事晋,背楚而绝陈好。二月辛巳日,楚公子结、陈公孙佗人率师灭顿,俘获顿子牂。

夏,吴伐越。越子勾践率师反击,两军在檇①李对阵。

勾践见吴师严整而感不安,决定先扰乱吴师阵脚,使敢死队两次冲击吴师,吴师仍不为所动。越人又使罪人排成三行,架剑于颈,致辞说:"二君有治,臣奸旗鼓,不敏于君之行前,不敢逃刑,敢归死。"说完,同时自刭②。

吴国师众惊得目瞪口呆,越子勾践趁机发起攻击,吴师大败。越大夫灵姑浮用戈击阖闾,割掉其大脚趾,取其一只鞋。

阖闾下令撤退,离开檇李七里,到达陉③地,阖闾去世。其子夫差继位。

夫差使人立于庭中,每逢夫差出入,必说:"夫差!尔忘越人之杀尔父乎?"

夫差则答:"唯,不敢忘!"

吴夫差忍辱三年,前494年春,吴师在夫椒一举打败越军,报了檇李之仇。接着,进入越国。

　　节之临:甘节,吉,往有尚。　　——《易经》

越子率披甲持盾者五千人,在会稽山坚守,同时,使大夫种通过吴太宰嚭求和,吴子夫差将答应。

伍员说:"不可。臣闻之:'树德莫如滋,去疾莫如尽。'昔有过

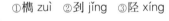

浇杀斟灌以伐斟鄩,灭夏后相。后缗方娠,逃出自窦,归于有仍,生少康焉,为仍牧正。少康仇浇,能戒之。浇使其臣椒求之,少康奔有虞,为之庖正,以除其害。虞思于是妻之以二姚,而邑诸纶。有田一成,有众一旅,能布其德,而兆其谋,以收夏众,抚其官职。使女艾谍浇,使季杼诱豷,遂灭过、戈,复禹之绩。祀夏配天,不失旧物。

"今吴不如过,而越大于少康,或将丰之,不亦难乎?勾践能亲而务施,施不失人,亲不弃劳。与我同壤,而世为仇雠,于是乎克而弗取,将又存之,违天而长寇仇,后虽悔之,不可食已。姬之衰也,日可俟也。介在蛮夷,而长寇仇,以是求伯,必不行矣。"

夫差不听伍员之言。

伍员退出后对人说:"越十年生聚,而十年教训,二十年之外,吴其为沼乎?"

三月,越与吴讲和。

　　咸之萃:咸其股,执其随,往吝。　　——《易经》

前494年八月,吴侵陈,以报旧怨。

吴师在陈,楚大夫皆惧,说:"阖闾惟能用其民,以败我于柏举。今闻其嗣又甚焉,将若之何?"

子西说:"二三子恤不相睦,无患吴矣。昔阖闾食不二味,居不重席,室不崇坛,器不彤镂,宫室不观,舟车不饰,衣服财用,择不取费。在国,天有灾疠,亲巡孤寡,而供其乏困。在军,熟食者分,而后敢食。其所尝者,卒乘与焉。勤恤其民,而与之劳逸,是以民不疲劳,死知不旷。吾先大夫子常易之,所以败我也。

"今闻夫差,次有台榭陂池焉,宿有妃嫱嫔御焉。一日之行,所欲必成,玩好必从。珍异是聚,观乐是务,视民如仇,而用之日新。夫先自败也已,安能败我?"

子张曰:"执德不弘,信道不笃,焉能为有?焉能为亡?"
——《论语》

(笔者释:说自己遵道守德,却不遵循道德去做事,这样的人,究竟有没有道德呢?)

吴师入楚之时,胡子俘获近胡的楚人。楚国安定后,胡子豹又不事楚,说:"存亡有命,事楚何为?多取费焉。"

前495年,二月辛丑日,楚昭公灭胡,俘获胡子豹。

前494年春,楚昭公、陈侯、随侯、许男围蔡,报复早些年蔡师入侵楚柏举。

楚联军在距蔡一里处筑堡垒,宽一丈,高倍宽,九昼夜完成,如子西所料。蔡人男女分列出降,楚昭公令蔡人迁至江、汝之间。楚联军离开后,蔡人又投靠吴国,请迁至吴。很快,蔡侯又后悔,因而未迁。

前493年冬,吴洩庸如蔡纳聘礼,而悄悄使吴师入蔡。吴师悉数进入后,蔡人方知。蔡昭侯告知大夫,杀公子驷取悦吴人,然后,哭而迁墓。十一月,蔡人东迁至州来。

前491年春,蔡昭侯前往吴国,诸大夫担心又要迁徙,跟随公孙翩逐昭侯而射之,昭侯逃入民家而死。公孙翩张开两矢守门,众人不敢进。

文之锴后至,说:"如墙而进,多而杀二人。"自己张弓走在前,公孙翩射之,中其肘。文之锴射杀公孙翩,接着,逐公孙辰,杀公孙姓、公孙盱。

孔子曰:"南人有言曰:'人而无恒,不可以作巫医。'善夫。"
——《论语》

前491年夏,楚人攻占夷虎,又谋划向北扩张。左司马眅、申公寿馀、叶公诸梁聚集原蔡地居民于负函,聚集方城外之众于缯关,对众人说:"吴将溯江入郢,将奔命焉。"约以一夕为期,楚人转而偷袭蛮人之地梁与霍。

楚大夫单浮馀围蛮氏,蛮氏溃散,蛮子赤奔晋地阴。司马眅发动丰邑人、析邑人与狄戎人,逼近上洛。左师驻军菟和,右师驻军仓野,使人对守卫阴地的晋大夫士蔑说:"晋、楚有盟,好恶同之。若将不废,寡君之愿也。不然,将通于少习以听命。"

少习山有武关,楚人威胁晋人若不从己,将伐晋。

士蔑请示赵孟。赵孟说:"晋国未宁,安能恶于楚?必速与之。"

士蔑聚集九州戎人,假意说将分田给蛮子并为之筑城,并将为此占卜。蛮子来听取占卜结果,晋人将其抓获,并执其五位大夫,交给楚师。楚司马假意为蛮子筑邑立宗,引诱其散民,尽数俘获蛮民带回楚国。

> 能使敌人自至者,利之也。　　——《孙子兵法》

前489年春,吴人再次伐陈。

楚昭说:"吾先君与陈有盟,不可以不救。"楚国出师救陈,驻师城父。

秋,七月,楚昭在城父,将救陈。为此占卜:卜战,不吉;卜退,不吉。

楚昭说:"然则死也。再败楚师,不如死。弃盟逃仇,亦不如死。死,一也,其死仇乎。"

楚昭命其兄弟继位,先命公子申,子西不答应;又命公子结,子期也不答应;又命公子启,子闾推辞五次而后答应。公子申:子西。公子结:子期。公子启:子闾。

> 离之噬嗑:日昃之离,不鼓缶而歌,则大耋之嗟,凶。　　——《易经》

即将交战,楚昭得病。庚寅日,楚昭攻吴师于大冥,战毕,卒于城父。

子闾退师,说:"君舍其子而让群臣,敢忘君乎?从君之命,顺也;立君之子,亦顺也。二顺不可失也。"

子闾与子西、子期谋划,潜师闭涂,迎楚昭妾越女之子公子章,立为楚君,然后回师。

就在当年早些时,楚地上空有云,如一群赤色鸟夹太阳飞行,如此三日。楚昭使人请教周太史。

周太史,当为随王子朝南来之周史官。

周太史说:"其当君身乎?若禜之,可移于令尹、司马。"

楚昭公说:"除腹心之疾,而置诸股肱,何益?不穀不有大过,天其夭诸?有罪受罚,又焉移之?"乃未举行禳祭。

中孚之损:有孚挛如,无咎。　　——《易经》

早先,楚昭生病,占卜结果说黄河神作祟。楚昭不肯祭祀,大夫请在郊外祭祀。

楚昭说:"三代命祀,祭不越望。江、汉、雎、漳,楚之望也。祸福之至,不是过也。不穀虽不德,河非所获罪也。"遂不祭。

孔子说:"楚昭知大道矣。其不失国也,宜哉。《夏书》曰:'惟彼陶唐,帅彼天常,有此冀方。今失其行,乱其纪纲,乃灭而亡。'又曰:'允出兹在兹。'由己率常,可矣。"

孔子曰:"非其鬼而祭之,谄也。见义不为,无勇也。"　　——《论语》

按《史记》,孔子在楚时,楚昭公将以七百里地封孔子。

令尹子西说:"王之使使诸侯有如子贡者乎?"

楚昭说:"无有。"

子西说:"王之辅相有如颜回者乎?"

楚昭说:"无有。"

子西说:"王之将率有如子路者乎?"

楚昭说:"无有。"

子西说:"王之官尹有如宰予者乎?"

楚昭说:"无有。"

子西说:"且楚之祖封于周,号为子男五十里。今孔丘述三五之法,明周召之业,王若用之,则楚安得世世堂堂方数千里乎?夫文王在丰,武王在镐,百里之君卒王天下。今孔丘得据土壤,贤弟子为佐,非楚之福也。"

楚昭乃不封孔子。

《论语》有之:

或问子产,子曰:"惠人也。"问子西,曰:"彼哉!彼哉!"问管仲,曰:"人也。夺伯氏骈邑三百,饭疏食,没齿无怨言。"

孔子曰:"君子进德修业。忠信所以进德也。修辞立其诚,所以居业也。知至至之,可与言几也。知终终之,可与存义也。是故居上位而不骄,在下位而不忧,故乾乾因其时而惕,虽危无咎矣。"　　——《易传》

第一百五十五回　齐陈乞改立国君　鲁哀公俘获邾子

前490年九月癸酉日,齐景公杵臼去世。

齐景夫人燕姬之子未成年而夭,庶子中鬻姒之子荼最受宠,诸大夫担心立荼为太子,常对齐景公说:"君之齿长矣,未有太子,若之何?"

景公搪塞说:"二三子间于忧虞,则有疾疢。亦姑谋乐,何忧于无君?"

景公病后,使国夏、高张立荼为太子,而置群公子于齐东境莱。

景公死后,群公子纷纷逃亡,公子嘉、公子驹、公子黔奔卫,公子鉏、公子阳生奔鲁。

莱人歌唱:"景公死乎不与埋,三军之事乎不与谋。师乎师乎,何党之乎?"

> 孔子曰:"君子之事上也,进思尽忠,退思补过,将顺其美,匡救其恶,故上下能相亲也。"　——《孝经》

齐陈乞伪事高张、国夏,每上朝必与之同乘,跟从高、国时,必谈起诸大夫,说:"彼皆骄傲,将弃子之命。皆曰:'高、国得君,必逼我,何不去诸?'固将谋子,子早图之。图之,莫如尽灭之。懦,事之下也。"

来至朝庭,则对二人说:"彼,虎狼也,见我在子之侧,杀我无日矣。请就之位。"

又对诸大夫说:"二子者祸矣!恃得君而欲谋二三子,曰:'国之多难,贵宠之由,尽去之而后君定。'既成谋矣,何不及其未作也,先诸?作而后悔,亦无及也。"

诸大夫听从陈乞。

前489年六月戊辰日,陈乞、鲍牧及诸大夫带兵甲入公宫。高张得知,与国夏乘车如公宫,与诸大夫战于庄街,败。国人追击,国夏、高张、晏圉、弦施奔鲁。晏圉:晏婴之子。

八月,齐邴意兹奔鲁。

> 人心险于山川,难于知天。　　——《庄子》

陈僖子使人如鲁召公子阳生。陈僖子:陈乞。

阳生驾车至鲁南郭见公子鉏,说:"曾献马于季孙,不入于上乘,故又献此,请与子乘之。"

二人驾车出莱门,阳生告知公子鉏实情。阳生家臣阚止得知此事,预先待于郊外,要与阳生同行。

阳生对阚止说:"事未可知,返,与壬也处。"壬:阳生之子。

阳生又告诫阚止一番,遂返齐,趁夜色,到达齐都,国人皆知之。陈乞又使阳生跟随馈送食物者进入公宫。

十月丁卯日,陈僖子立阳生,史称齐悼公。

> 需之小畜:入于穴,有不速之客三人来,敬之,终吉。　　——《易经》

齐悼公即将与诸大夫结盟,鲍牧醉酒来到。鲍牧家臣管车之官鲍点问:"此谁之命也?"

陈乞说:"受命于鲍子。"陈乞见鲍牧醉着,遂栽诬鲍子说:"子之命也。"

鲍子说:"汝忘君之为孺子牛而折其齿乎?而背之也。"孺子,指荼。

齐悼公稽首,说:"吾子奉义而行者也。若我可,不必亡一大夫。若我不可,不必亡一公子。义则进,否则退,敢不唯子是从?

废兴无以乱,则所愿也。"

鲍子说:"谁非君之子。"乃接受盟约。

陈乞使景公妾胡姬带安孺子荼居于赖,把孺子荼之母鬻姒送往别地。杀王甲,拘江说,囚王豹于句窦之丘,此三人是安孺子荼的支持者。

齐悼公使大夫朱毛对陈乞说:"微子则不及此。然君异于器,不可以二。器二不匮,君二多难,敢布诸大夫。"

陈僖子不答而泣,说:"君皆不信群臣乎?以齐国之困,困又有忧。少君不可以访,是以求长君,庶亦能容群臣乎?不然,夫孺子何罪?"

朱毛复命,齐悼公为自己失言而后悔。

朱毛说:"君大事访于陈子,而图其小,可也。"

齐悼公使朱毛迁孺子至骀,尚未到达,而杀孺子于野外帐幕里,葬于殳冒淳。

其后,有人向齐悼诬陷照顾孺子的胡姬,说:"安孺子之党也。"齐悼公杀胡姬。

乱之初生,僭始既涵。乱之又生,君子信谗。

——《诗经》之《小雅·巧言》

前488年夏,鲁哀公会吴人于鄫。吴人要求鲁国进献百牢,即牛、羊、猪各百头,用于宴飨。

子服景伯说:"先王未之有也。"

吴人说:"宋百牢我,鲁不可以后宋。且鲁牢晋大夫过十,吴王百牢,不亦可乎?"吴自称王。

子服景伯说:"晋范鞅贪而弃礼,以大国惧敝邑,故敝邑十一牢之。君若以礼命于诸侯,则有数矣。若亦弃礼,则有淫者矣。周之王也,制礼,上物不过十二,以为天之大数也。今弃周礼,而曰必百牢,亦唯执事。"

吴人不听。

子服景伯说:"吴将亡矣,弃天而背本。不与,必弃害于我。"

鲁国乃进献百牢给吴人。

吴太宰嚭召季康子,康子使子贡辞谢。

太宰嚭说:"国君长途跋涉,而大夫不出门,此何礼也?"

子贡答:"岂以为礼?畏大国也。大国不以礼命于诸侯,苟不以礼,岂可量也?寡君既共命焉,其老岂敢弃其国?大伯端委以治周礼,仲雍嗣之,断发文身,裸以为饰,岂礼也哉?有由然也。"

自鄫返,鲁人认为吴国无所作为了。

> 天时、地利、人和,三者不得,虽胜有殃。
> ——《孙膑兵法》

季康子要伐邾,宴飨大夫谋议此事。

子服景伯说:"小所以事大,信也;大所以保小,仁也。背大国,不信;伐小国,不仁。民保于城,城保于德。失二德者,危,将焉保?"

孟孙问:"二三子以为何如?何贤而逆之?"孟孙赞同景伯。

诸大夫回答:"禹合诸侯于涂山,执玉帛者万国。今其存者,无数十焉。唯大不字小,小不事大也。知必危,何故不言?鲁德如邾,而以众加之,可乎。"诸大夫顺从季孙。

宴会不欢而散。

秋,鲁哀公伐邾。鲁师到达邾外城门,邾子仍在宫中击钟奏乐,大夫劝谏,邾隐公不听。

茅成子请告急于吴,邾隐公不许,说:"鲁击柝①闻于邾,吴,二千里,不三月不至,何及于我?且国内岂不足?"

茅成子以茅邑叛君。

---

①柝 tuò

八月己酉日,鲁师进入邾都,处邾公宫。邾隐公逃至绎山。

鲁师白天劫掠,邾民众在绎山防守。鲁师晚上劫掠,抓获邾隐公和绎人,带回鲁国,在亳社举行献俘仪式,然后,使邾隐公和绎人居于负瑕。负瑕为邾国故都绎,被鲁人攻占,改称负瑕。

乾之履:君子终日乾乾,夕惕若,厉无咎。

——《易经》

邾茅成子以束帛乘韦,自行前往吴国求救,对夫差说:"鲁弱晋而远吴,冯恃其众,而背君之盟,鄙君之执事,以陵我小国。邾非敢自爱也,惧君威之不立。君威之不立,小国之忧也。若夏盟于鄫,秋而背之,成求而无违,四方诸侯,其何以事君?且鲁赋八百乘,君之贰也。邾赋六百乘,君之私也。以私奉贰,唯君图之。"

夫差听完,决定伐鲁。

未济之鼎:未济,征凶,利涉大川。 ——《易经》

第一百五十六回　宋景公灭曹伯阳　鲁有若与救国团

宋公子地是宋景公庶弟,公子地宠蘧富猎,分家财为十一份,给富猎五份。公子地有白马四匹。宋景公宠向魋,向魋要白马,景公私取公子地之白马,染马尾和鬣①成朱色而给向魋。

公子地发怒,使其徒抶向魋,夺回马。向魋恐惧,将出走。宋景公闭门而泣,双目尽肿。

宋景母弟公子辰对公子地说:"子分室以与猎也,而独卑魋,亦有颇焉。子为君礼,不过出境,君必止子。"

公子地奔陈,宋景公未阻止。公子辰为公子地请,景公不听。

公子辰说:"是我迋吾兄也。吾以国人出,君谁与处?"

前500年冬,宋公子辰及二卿仲佗、石彄出奔陈。

来年,前499年,春,宋公子辰及仲佗、石彄、公子地自陈入萧邑叛宋。

秋,乐大心自曹入萧邑,成为宋国大患,因宋景宠向魋之故。

　　蛊之鼎:裕父之蛊,往见吝。　　——《易经》

前495年夏,郑罕达率师伐宋,败宋师于老丘。齐景、卫灵驻师渠蒢,谋救宋。

前490年冬,郑人杀驷秦。驷秦富而侈,为下大夫,却常在其庭陈设卿的车服。郑人厌恶其人而杀之。

国参说:"《诗》曰:'不懈于位,民之攸墍。'不守其位,而能久者鲜矣。《商颂》曰:'不僭不滥,不敢怠皇,命以多福。'"

---

①鬣 liè

> 君子以非礼弗履。　　　　　——《易传》

前488年,春,因郑叛晋,宋皇瑗率师侵郑。

秋,宋人围曹。

早先,曹国有人梦众君子立于社宫,谋划亡曹,曹始祖曹叔振铎请待公孙彊,众人应许。天明,梦者在曹国访问,无人叫公孙彊。梦者告诫其子,说:"我死,尔闻公孙彊为政,必去之。"

曹伯阳即位,好猎飞禽。曹边境人公孙彊好猎飞禽,获白雁,献给曹伯阳,并向曹伯阳陈述猎飞禽之技,曹伯阳因此喜欢他。公孙彊又向曹伯阳谈及政事,曹伯听了更喜欢,对其宠信有加,使之为司城,执掌政事。梦者之子乃离开曹国。

公孙彊向曹伯谈称霸,曹伯心喜,从其言,乃背晋而奸宋。

故宋人围曹,晋人不救。

郑桓子思说:"宋人有曹,郑之患也,不可以不救。"

冬,郑师侵宋以救曹。宋师撤退后,曹公孙彊筑五邑于郊:黍丘、揖丘、大城、钟、邘。

前487年春,宋景公再次伐曹,将返,使褚师子肥殿后。曹人辱骂子肥,宋殿后之师停止不行,宋师停止行进,等待殿师。

宋景公得知停止之故,发怒,命全军返曹。宋人遂灭曹,俘获曹伯阳及司城彊,带回宋国,向祖庙献俘后,杀之。

> 孔子曰:"恶紫之夺朱也,恶郑声之乱雅乐也,恶利口之覆邦家者。"　　　　　——《论语》

前487年春,吴子因邾人之请,将伐鲁。吴人为伐鲁而询问叔孙辄。先前,鲁国毁三都时,公山不狃、叔孙辄奔齐,之后,二人至吴。

叔孙辄说:"鲁有名而无实,伐之,必得志焉。"

叔孙辄退出后告知公山不狃。公山不狃,字子洩。

子洩说:"非礼也。君子亡,不适仇国。未臣而有伐之,奔命焉,死之可也。所托也则隐。且夫人之行也,不以所恶废乡。今子以小恶而欲覆宗国,不亦难乎?若使子率,子必辞,君将使我。"子洩之意:未为敌国之臣,敌国若伐祖国,则奔告祖国,死之也可。若已臣敌国,敌国为攻祖国来问,则应为祖国隐瞒。

叔孙辄感到愧悔。

吴子询问子洩,子洩说:"鲁虽无与立,必有与毙。诸侯将救之,未可以得志焉。晋与齐、楚辅之,是四仇也。夫鲁,齐、晋之唇,唇亡齿寒,君所知也。不救何为?"

三月,吴伐鲁,子洩带路,故意走险道,取道武城。

兑之履:引兑。　　　　　　　　——《易经》

早先,武城有人种吴境之田,拘浸泡菅草的鄀人,说:"何故使吾水浊?"

及吴师至,此鄀人为吴人带路,吴师攻克武城。

吴大夫王犯曾任武城宰,鲁人澹台子羽之父与之交好,鲁国人为此担心。澹台子羽:氏澹台,字子羽,名灭明。

《论语》有之:

子游为武城宰。子曰:"汝得人焉耳乎?"曰:"有澹台灭明者,行不由径,非公事,未尝至于偃之室也。"

子之武城,闻弦歌之声。夫子莞尔而笑,曰:"割鸡焉用牛刀?"子游对曰:"昔者,偃也闻诸夫子曰:'君子学道则爱人,小人学道则易使也。'"子曰:"二三子!偃之言是也。前言戏之耳。"

君子以明庶政,无敢折狱。　　　　　——《易传》

孟懿子问子服景伯:"若之何?"

景伯说:"吴师来,斯与之战,何患焉?且召之而至,又何求焉?"

吴师攻克东阳,继续前进,在五梧宿营,次日,在蚕室宿营。

鲁人公宾庚、公甲叔子与析朱鉏同乘,与吴师战于夷,战死,吴人获叔子与析朱鉏之尸,献于吴子。

吴子说:"此同车同生死,鲁必能使人,国未可望也。"

吴师继续推进,次日,宿营于庚宗,遂驻扎于泗上。

鲁大夫微虎要趁夜偷袭吴子住处,私下聚集七百名部下于庭院挑选,各上跳三次,最终选出三百人,孔子弟子有若也在其中。

革之咸:巩用黄牛之革。　　　　　——《易经》

三百人出发,到达稷门内。

有人对季孙说:"不足以害吴,而多杀国士,不如已也。"

季孙乃使人阻止。

吴子夫差得知鲁人之谋,一夜三迁,不敢安睡。次日,吴人请和,两国将盟。

子服景伯说:"楚人围宋,易子而食,析骸而炊,犹无城下之盟。我未及亏,而有城下之盟,是弃国也。吴轻而远,不能久,将归矣,请少待之。"

季孙不听。

景伯负载盟书,前往莱门,与吴人盟。鲁人请使子服何为质于吴,吴人同意。鲁人又请以吴公子姑曹为质于鲁,吴人不同意,便放弃鲁人为质。吴人撤师回国。子服何,即子服景伯。

嘒彼小星,三五在东。肃肃宵征,夙夜在公。

嘒彼小星,维参①与昴②。肃肃宵征,抱衾与裯。

——《诗经》之《召南·小星》

---

①参 shēn　②昴 mǎo

当初,晋悼公之子慭出居于卫,使其女驾车田猎。大叔懿子留之饮酒,后聘娶慭之女,生大叔悼子,即大叔疾。大叔懿子:大叔文子仪之孙。

大叔疾娶宋子朝之女为妻,而爱妻妹。子朝出奔后,卫执政孔文子使大叔疾休妻而娶己女。大叔疾使侍人诱前妻之妹,安置于犁,为之建室,如二妻。孔文子得知后发怒,要攻大叔疾,为此访仲尼。

仲尼说:"胡簋之事,则尝学之矣。甲兵之事,未之闻也。"

孔文子刚离开,仲尼命弟子驾车,说:"鸟则择木,木岂能择鸟?"

孔文子急忙阻止,说:"圉岂敢度其私,访卫国之难也。"圉:孔文子名。

孔文子放弃攻大叔疾,接回己女。

《论语》有之:

子贡问曰:"孔文子何以谓之文也?"子曰:"敏而好学,不耻下问,是以谓之文也。"

孔子温而厉,威而不猛,恭而安。　　——《论语》

仲尼想留下,适逢鲁国人携礼物召其回国,孔子乃与弟子回到鲁国。返鲁后,鲁哀公、季孙、孟孙等人向孔子问政,孔子整理了选录的《雅》《颂》篇章。《论语》有之:

哀公问曰:"何为则民服?"孔子对曰:"举直措诸枉,则民服。举枉措诸直,则民不服。"

季康子问政于孔子,孔子对曰:"政者,正也。子帅以正,孰敢不正?"

季康子问:"使民敬、忠以劝,如之何?"子曰:"临之以庄,则敬;孝慈,则忠;举善而教不能,则劝。"

季康子问:"仲由可使从政也与?"子曰:"由也果,于从政乎何有?"曰:"赐也可使从政也与?"曰:"赐也达,于从政乎何有?"曰:"求也可使从政也与?"曰:"求也艺,于从政乎何有?"

季康子患盗,问于孔子。孔子对曰:"苟子之不欲,虽赏之不窃。"

季康子问政于孔子,曰:"如杀无道,以就有道,何如?"孔子对曰:"子为政,焉用杀?子欲善而民善矣。君子之德风,小人之德草。草上之风,必偃。"

孟武伯问孝。子曰:"父母唯其疾之忧。"

孟武伯问:"子路仁乎?"子曰:"不知也。"又问。子曰:"由也,千乘之国,可使治其赋也,不知其仁也。""求也何如?"子曰:"求也,千室之邑,百乘之家,可使为之宰也,不知其仁也。""赤也何如?"子曰:"赤也,束带立于朝,可使与宾客言也,不知其仁也。"

子曰:"吾自卫反鲁,然后《乐》正,《雅》《颂》各得其所。"

孔子曰:"君子安其身而后动,易其心而后语,定其交而后求。君子修此三者,故全也。危以动,则民不与也;惧以语,则民不应也;无交而求,则民不与也;莫之与,则伤之者至矣。"　　　　　　——《易传》

(笔者注:其,指民。)

第一百五十七回　吴人沟邗通江淮　冉有率众御齐师

齐悼公在鲁时,季康子嫁妹于悼公。悼公返齐后,季鲂侯与季姬私通。悼公即位后使人迎季姬,季姬告知康子实情,鲁人不敢送季姬至齐。齐悼公发怒。

前487年夏,五月,齐鲍牧率师伐鲁,攻取讙及阐。

齐悼公使人如吴请师,将伐鲁。鲁人担心吴国因邾国之故,而与齐国联手,便释归邾隐公。

邾隐公回国后仍无道,吴子使太宰嚭讨伐,囚之于楼台,四周围以荆棘。使诸大夫奉立邾太子革执政。

> 坎之涣:系用徽纆,置于丛棘,三岁不得,凶。
> ——《易经》

秋,鲁人同意送季姬入齐,齐鲁讲和。

九月,臧宾如如齐莅盟,齐闾丘明来鲁国莅盟,并迎季姬。季姬又受齐悼公宠爱。臧宾如:臧会之子。

齐鲍牧对群公子说:"使汝有马千乘乎?"国君才可以有千乘之马,鲍牧本不想立悼公,以此引诱公子。

公子们告知齐悼公。

齐悼公对鲍子说:"或潛子,子姑居于潞以察之。若有之,则分室以行。若无之,则返子之所。"

悼公使鲍牧以三分之一家财出行。行至半道,使之以二乘行进。到达潞地,鲍牧被杀。

因季姬受宠,十二月,齐人归还鲁讙、阐二地。

> 随之革：系丈夫，失小子，随有求，得，利居贞。
>
> ——《易经》

郑罕达宠臣许瑕求邑，罕达无邑可给，许瑕请取邑于外，获许。故郑师围宋雍丘。宋皇瑗率师围郑师，每日迁师筑垒，垒形成包围，郑师在包围圈里大哭。罕达救许瑕，宋师大败罕达。

前486年二月甲戌日，宋师在雍丘全歼郑师，令不杀有能者，以郏张与郑罗回宋。

夏，为报郑侵雍丘，宋景公率师伐郑。

秋，晋赵鞅卜救郑，遇水适火之兆，赵孟问史官赵、墨、龟。

史龟说："是谓沈阳，可以兴兵。利以伐姜，不利子商。伐齐则可，敌宋不吉。"

史墨说："盈，水名也。子，水位也。名位敌，不可干也。炎帝为火师，姜姓，其后也。水胜火，伐姜则可。"

史赵说："是谓如川之满，不可游也。郑方有罪，不可救也。救郑则不吉，不知其他。"

阳虎以《周易》筮卦，遇《泰》之《需》，说："宋方吉，不可与战也。微子启，帝乙之元子也。宋、郑，甥舅也。祉，禄也。若帝乙之元子归妹，而有吉禄，我安得吉焉？"

《泰》之《需》卦辞："帝乙归妹，以祉，元吉。"帝乙是商纣王帝辛之父，也是宋始祖微子启之父。微子启是帝乙长子，辛是帝乙少子。帝乙嫁妹于周文王。郑是周文王之后，宋是帝乙之后，两国是甥舅关系。

赵鞅乃放弃救郑，预备按三史所言伐齐。

> 晋之否：悔亡，失得勿恤，往，吉，无不利。
>
> ——《易经》

秋，吴人修筑邗城，开邗沟，北经射阳湖，直至淮河，沟通长江、淮河。

因齐鲁讲和,齐悼使公孟绰如吴取消出师之请。

吴子说:"昔岁寡人闻命,今又革之,不知所从,将进,受命于君。"

冬,吴子夫差使人如鲁报告出师伐齐。

前485年春,邾隐公自吴奔鲁,又奔齐,因其母是齐人。

鲁哀会合吴子、邾子、郯子伐齐南境,驻师于齐地鄎。齐人杀悼公以取悦吴人,赴告于吴师。吴子在军门之外哭了三日。吴大夫徐承率舟师,将自海道入齐,在海边被齐人击败,吴师返还。

孔子曰:"言出乎身,加乎民;行发乎迩,见乎远。言行,君子之枢机。枢机之发,荣辱之主也。言行,君子之所以动天地也,可不慎乎!"　　　　——《易传》

夏,赵鞅率师伐齐,大夫请问卜。

赵孟说:"吾卜于此起兵,事不再令,卜不袭吉。行也。"

晋人伐齐,攻取犁及辕,毁高唐之郭,侵至赖,然后班师。

蒙,亨。匪我求童蒙,童蒙求我。初筮告,再、三,渎,渎则不告。利贞。　　　　——《易经》

秋,吴子又使人如鲁报告出师。

伍子胥进谏,对夫差说:"昔天以越赐吴,而王弗受。夫天命有反,今越王勾践恐惧而改其谋,舍其愆令,轻其征赋,施民所善,去民所恶,身自约也,裕其众庶,其民殷众,以多甲兵。越之在吴,犹人之有腹心之疾也。夫越王之不忘败吴,于其心也惕然,服士以伺吾间。今王非越是图,而齐、鲁以为忧。夫齐、鲁譬诸疾,疥癣也,岂能涉江、淮而与我争此地哉?将必越实有吴土。

"王其何不亦鉴于人,无鉴于水。昔楚灵王不君,其臣箴谏以不入。乃筑台于章华之上,阙为石郭,陂汉,以象帝舜。疲弊楚国,以间陈、蔡。不修方城之内,逾诸夏而图东国,三岁于沮、汾以服吴、越,其民不忍饥劳之殃,三军叛王于乾谿。王亲独行,屏营徬偟于山林之中,匍匐将入于棘闱,棘闱不纳,乃入芋尹申亥氏焉。王缢,申亥负王以归,而土埋之其室。此志也,岂遽①忘于诸侯之耳乎?

"今王既变鲧、禹之功,而高高下下,以疲民于姑苏。天夺吾食,都鄙荐饥。今王将违天而伐齐。夫吴民离矣,体有所倾,譬如群兽然,一个负矢,将百群皆奔,王其无方收也。越人必来袭我,王虽悔之,其犹有及乎?"当时,楚、吴、越皆自称王。

夫差不听。

是是、非非谓之知,非是、是非谓之愚。

——《荀子》

陈叛楚即吴。前485年冬,楚子期率师伐陈。吴子使延州来季子救陈。

吴季子对楚子期说:"二君不务德,而力争诸侯,民何罪焉?我请退,以为子名,务德而安民。"乃撤师回国。

前484年夏,陈辕颇出奔郑。早先,辕颇为司徒,为国君嫁女而收赋,有余,为自己作钟鼎之大器。故国人逐之。

途中,辕颇饥渴,其族辕咺进稻醴、粱糗、腶脯。

辕颇欣喜地说:"何其给也?"

辕咺说:"器成而备。"

辕颇说:"何不吾谏?"

辕咺说:"惧先行。"

---

① 遽 jù

>　　慎厥终，惟其始。　　　　　　　——《尚书》

因上年鄎之师，前484年春，齐国书、高无㔻率师伐鲁，直至清。

鲁季孙对其家宰冉求说："齐师在清，必鲁故也。若之何？"冉求：孔子弟子冉有。

冉求说："一子守，二子从公御诸边境。"

季孙说："不能使二子。"

冉求说："御于封疆之间。"

季孙告知叔孙、孟孙，二子不同意。

冉求说："若不可，则君无出。一子率师，背城而战。不属者，非鲁人也。鲁之群室，众于齐之兵车。一室敌车，优矣。子何患焉？二子之不欲战也宜，政在季氏。当子之身，齐人伐鲁而不能战，子之耻也。大不列于诸侯矣。"

季孙使冉求从己至公朝，待于党氏之沟。叔孙武叔招呼冉求，问其对出战的看法。

冉求说："君子有远虑，小人何知？"

孟懿子坚持问，冉求说："小人虑材而言，量力而共者也。"

武叔说："是谓我不成丈夫也。"退朝后乃检阅车乘。

孟懿子之子孟孺子洩率右师，颜羽驾车，邴洩为车右。冉求率左师，管周父驾车，樊迟为车右。樊迟：孔子弟子，名须。

>　　丰之大壮：丰其蔀，日中见斗。往得疑疾，有孚发若，吉。
>　　　　　　　　　　　　　　　——《易经》

季孙说："须也弱。"

冉求说："能用命焉。"

季氏甲士七千，冉有以三百武城人为己私属，使老幼守卫宫室。冉有驻师雩门之外。隔五日,右师来会合。

公叔务人见老幼守城者,流泪说:"徭役烦,赋税重,上不能谋,士不能死,何以治民?吾既言之矣,敢不勉乎?"公叔务人:鲁昭之子公为。

鲁师与齐师战于鲁郊,齐师自稷曲进攻,鲁师不敢逾沟迎战。

樊迟说:"非不能也,不信子也。请三申而逾之。"

冉求三申号令后,自己的车率先越过沟壕,左师之众紧随其后,攻入齐师。

> 令素行以教其民,则民服;令不素行以教其民,则民不服。令素行者,与众相得也。 ——《孙子兵法》

鲁右师奔逃,齐师追击,齐大夫陈瑾、陈庄追过泗水。

林不狃的同伍说:"走乎?"

不狃说:"谁不如?"

同伍又问:"然则止乎?"

不狃说:"恶贤?"

他们不跑,也不抵御齐师,慢步而走,被齐人杀死。

孟之侧为右师殿后,快进城门时抽箭策马,说:"马不进也。"

《论语》有之:

子曰:"孟之反不伐,奔而殿,将入门,策其马,曰:'非敢后也,马不进也。'"

> 孔子曰:"君子耻其言而过其行。" ——《论语》

冉求命左师用矛战齐师,砍齐甲士首级八十,齐人不能成师。

晚间,谍人报告说:"齐人遁。"

冉有再三请追击,季孙不许。

孟孺子对人说:"我不如颜羽,而贤于邴洩。子羽锐敏,我不欲战而能默。洩曰：'驱之。'"

公为与其爱僮汪锜同乘，皆战死，皆殡。

孔子说："能执干戈以卫社稷，可无殇也。"当时，未成年人死后不殡，而用比殡简单的丧礼，叫殇。

冉有用矛与齐师战，故能攻入齐师。孔子说："义也。"

　　子钓而不纲，弋不射宿。　　　　——《论语》

第一百五十八回　子贡担当鲁国器　吴晋争主黄池会

前484年夏,为郊战之故,鲁哀公会合吴子伐齐。

五月,攻克齐博邑,壬申日,到达嬴邑。吴中军跟随吴子,胥门巢将上军,公子姑曹将下军,展如将右军。

齐国书将中军,高无㔻将上军,宗楼将下军。

陈乞对其弟陈书说:"尔死,我必得志。"

宗楼与闾丘明以死相勉。桑掩胥御国书,车右公孙夏劝勉二人,说:"二子必死。"

将战,公孙夏命中军士卒唱送葬歌《虞殡》,以示死战之心。陈逆命其徒众备好含玉。

公孙挥命其徒:"人备八尺绳,吴发短。"当时,杀敌后斩首,以头发相结,吴人发短,不便相结,需用绳。

东郭书说:"三战必死,于此三矣。"使人送琴给弦多,并转告说:"吾不复见子矣。"弦多,即五年前奔鲁的弦施。

陈书说:"此行也,吾闻鼓而已,不闻金矣。"

甲戌日,在艾陵交战,吴展如击败齐高子所率上军。齐国书中军击败吴胥门巢上军,吴子率中军助巢,大败齐师,国书战死。吴人获国书、公孙夏、闾丘明、陈书、东郭书尸首,获革车八百乘,甲士首级三千,献给鲁哀公。

鲁哀公使太史固送还齐国书首级,置之于新箧,以黑与浅红二色相间的丝绸为垫,以绸带包扎。置书信于其上,说:"天若不识不衷,何以使下国胜?"

　　坤之剥:龙战于野,其血玄黄。　　——《易经》

818

战前,吴子召叔孙州仇,问:"尔事何也?"
叔孙回答:"从司马。"
吴子赐之甲、剑、铍,说:"奉尔君事,敬无废命。"
叔孙不知如何应答,子贡回答:"州仇奉甲从君而拜。"

> 孔子曰:"君子病无能焉,不病人之不己知也。"
> ——《论语》

吴将伐齐,越子勾践率众臣朝吴,夫差和吴大夫皆得馈赠。吴人皆喜。唯伍子胥恐惧,说:"是豢吴也夫!"

子胥谏夫差,说:"越在我,心腹之疾也。壤地同,而有欲于我。夫其柔服,求济其欲也,不如早从事焉。得志于齐,犹获石田也,无所用之。越不为沼,吴其泯矣。使医除疾,而曰'必留病根'者,未之有也。《盘庚之诰》曰:'其有颠越不共,则劓殄无遗育,无俾易种于兹邑。'是商所以兴也。今君易之,将以求大,不亦难乎?"

夫差不听,而使子胥使于齐。伍员托其子于鲍氏,后为王孙氏。

夫差自艾陵之战返吴,得知此事,使人赐子胥属镂剑。

伍员自杀前说:"树吾墓槚,槚可材也,吴其亡乎? 三年,其始弱矣。盈必毁,天之道也。"

> 泛彼柏舟,亦泛其流。耿耿不寐,如有隐忧。微我无酒,以遨以游。 ——《诗经》之《邶风·柏舟》

秋,鲁季孙命修守备,说:"小胜大,祸也。齐至无日矣。"
冬,季孙要实行田赋,使冉有咨询仲尼。
仲尼说:"丘不识也。"再三发问,也不回答。
冉有说:"子为国老,待子而行,若之何子之不言也?"

仲尼仍不回答。然后,私对冉有说:"求,来。汝不闻乎?先王制土,籍田以力,而砥其远迩;赋里以入,而量其有无;任力以夫,而议其老幼。于是乎有鳏、寡、孤、疾,有军旅之出则征之,无则已。其岁,收田一井,出稯①禾、秉刍、缶米,不是过也,先王以为足。

"君子之行也,度于礼,施取其厚,事举其中,敛从其薄。如是,则丘亦足矣。若不度于礼,而贪冒无厌,则虽以田赋,将又不足。且子季孙若欲行而法,则周公之典在;若欲犯法,则苟而赋,又何访焉?"丘:丘赋。

季孙不听。前483年正月,鲁国实行田赋。

《论语》有之:

季氏富于周公,而求也为之聚敛而附益之。子曰:"非吾徒也。小子鸣鼓而攻之,可也。"

哀公问于有若曰:"年饥,用不足,如之何?"有若对曰:"盍彻乎?"曰:"二,吾犹不足,如之何其彻也?"对曰:"百姓足,君孰与不足? 百姓不足,君孰与足?"

> 下贫则上贫,下富则上富。　　　　——《荀子》

孔子过泰山侧,有妇人哭于墓者甚哀,夫子扶车细听。使子路问之:"子之哭也,一似重有忧者。"

妇人说:"然,昔者吾舅死于虎,吾夫又死焉,今吾子又死焉。"

孔子问:"何为不去也?"

妇人说:"无苛政。"

孔子对弟子说:"小子识之,苛政猛于虎也。"

人之饥也,以其取食税之多也,是以饥。百姓之不

---

①稯 zōng

治也,以其上有以为也,是以不治。民之轻死也,以其求生之厚也,是以轻死。　　　　　——《老子》

（笔者注：其,皆指管理者。）

前483年夏,鲁哀公与吴子会于吴地橐皋。吴子使太宰嚭请寻盟,鲁哀公不愿寻盟,使子贡应答。

子贡对吴太宰说:"盟,所以周信也,故心以制之,玉帛以奉之,言以结之,明神以要之。寡君以为苟有盟焉,弗可改也已。若犹可改,日盟何益？今吾子曰:'必寻盟。'若可寻也,亦可寒也。"

乃不寻盟。

子贡问曰:"赐也何如？"孔子曰:"汝,器也。"曰:"何器也？"曰:"瑚琏也。"　　　　　——《论语》

吴人征卫人参会。卫人曾杀吴行人,故而惧吴,与行人子羽谋。

子羽说:"吴方无道,无乃辱吾君,不如止也。"

子木说:"吴方无道,国无道,必弃疾于人。吴虽无道,犹足以患卫。往也。长木之毙,无不击也。国狗之狂,无不噬也。而况大国乎？"

秋,卫出公会吴夫差于郧。鲁哀公与卫侯、宋皇瑗悄悄结盟,而不与吴盟。吴人在卫出公馆外围藩篱。

鲁子服景伯对子贡说:"夫诸侯之会,事既毕矣,侯伯致礼,地主归饩,以相辞也。今吴不行礼于卫,而藩其君舍以难之,子何不见太宰？"

子贡请带束锦前往吴营,装作并非为卫侯而来,谈话时提及卫国,太宰嚭说:"寡君愿事卫君,卫君之来也缓,寡君惧,故将止之。"

子贡说:"卫君之来,必谋于其众。其众或欲或否,是以缓来。

其欲来者,子之党也。其不欲来者,子之仇也。若执卫君,是堕党而崇仇也,夫堕子者得其志矣。且合诸侯而执卫君,谁敢不惧?堕党崇仇,而惧诸侯,或者难以霸乎?"

太宰嚭认为子贡之言在理,吴人释放卫侯。

卫出公回国后,学说吴语。公孙弥牟尚幼,说:"君必不免,其死于夷乎?执焉,而又悦其言,从之固矣。"

> 天矜于民,民之所欲,天必从之。　　——《尚书》

冬,十二月,蝗灾,季孙为此询问仲尼。

仲尼说:"丘闻之,火伏而后蛰者毕。今火犹西流,司历过也。"

周朝十二月为夏历十月,大火星隐没,昆虫蛰伏。此前该置闰月,而周朝司历未置闰月,致使周朝十二月相当于夏历九月,大火星尚在西天,昆虫未蛰。

> 孔子曰:"莫我知也夫!"子贡曰:"何为其莫知子也?"子曰:"不怨天,不尤人,下学而上达。知我者其天乎!"　　——《论语》

前482年夏,周单平公、晋定公、鲁哀公、吴夫差会于黄池。

六月丙子日,越子勾践伐吴,兵分二路。畴无馀、讴阳自南向北推进,率先进入吴郊。吴太子友、公子地、公孙弥庸、寿於姚在泓上观看越师。

弥庸见姑蔑人之旗,说:"吾父之旗也。不可以见仇而弗杀也。"

太子说:"战而不克,将亡国。请待之。"

弥庸不听,聚集徒众五千人出战,公子地助弥庸。

乙酉日,与越军交战,弥庸俘获越畴无馀,公子地俘获讴阳。

丙戌日,越子勾践率师赶到,吴公子地守卫城池。两军再次交战,越军大败吴师。擒获太子友、公孙弥庸、寿於姚。

丁亥日,越人攻入吴都。

> 用兵之法,十则围之,五则攻之,倍则分之,敌则能战之,少则能逃之,不若则能避之。故小敌之坚,大敌之擒也。
> ——《孙子兵法》

吴人前往黄池告败,夫差不愿诸侯知情,亲杀报信者七人。

七月辛丑日,晋、鲁、吴结盟,吴、晋争先。

吴人说:"于周室,我为长。"

晋人说:"于姬姓,我为伯。"

赵鞅招呼司马寅,说:"日旰矣,大事未成,二臣之罪也。建鼓整列,二臣死之,长幼必可知也。"二臣:赵鞅、司马寅。

司马寅说:"请姑视之。"

司马寅找借口观察吴子,返回说:"肉食者无墨色。今吴子有墨,国胜乎?太子死乎?将毒,不可与战。主其许之先,无以待危。"胜:为敌所胜。

于是,吴人先于晋人歃血。

> 唯君子为能通天下之志。　　　　——《易传》

吴子要带鲁哀公见晋定公,子服景伯对吴使者说:"王合诸侯,则伯率侯牧以见于王。伯合诸侯,则侯率子男以见于伯。自王以下,朝聘玉帛不同。故敝邑之职贡于吴,有丰于晋,无不及焉,以吴为伯也。今诸侯会,而君将以寡君见晋君,则晋成为伯矣,敝邑将改职贡。鲁赋于吴八百乘。若为子男,则将半邾以属于吴,而如邾以事晋。且执事以伯召诸侯,而以侯终之,何利之有焉?"

吴人乃放弃,既而后悔,要囚景伯。

景伯说:"何也立后于鲁矣。将以二乘与六人从,迟速唯命。"

吴人带景伯返吴。

> 大壮之泰:贞吉,悔亡。藩决不羸,壮于大舆之輹。
> ——《易经》

到达户牖,景伯对太宰嚭说:"鲁将以十月上辛,有事于上帝先王,季辛而毕。何世有职焉,自襄以来,未之改也。若不会,祝宗将曰:'吴实然。'且谓鲁不共,而执其贱者七人,何损焉?"

太宰嚭对吴夫差说:"无损于鲁,而只为恶名,不如归之。"

吴人乃释归景伯。

吴师归途缺粮,申叔仪乞粮于鲁公孙有山氏,说:"佩玉垂兮,余无所系之。旨酒一盛兮,余与褐之父睨①之。"

公孙有山说:"粱则无矣,粗则有之。若登首山以呼曰:'庚癸乎!'则诺。"

> 孔子曰:"君子周急,不继富。"　　——《论语》

吴师过宋,吴子要伐宋以杀宋男子,而囚其妇女。太宰嚭说:"可胜也,而弗能居也。"吴师放弃伐宋。

冬,吴与越讲和。

> 孔子曰:"苟志于仁矣,无恶也。"　　——《论语》

---

① 睨 nì

第一百五十九回　鲁颜渊不贰其过　齐简公噬脐何及

孔子之子伯鱼早逝,孔子最得意的弟子颜渊也先孔子去世,孔子非常悲痛。《论语》有之:

哀公问:"弟子孰为好学?"孔子对曰:"有颜回者好学,不迁怒,不贰过。不幸短命死矣。今也则亡,未闻好学者也。"

季康子问:"弟子孰为好学?"孔子对曰:"有颜回者好学,不幸短命死矣。今也则亡。"

子曰:"吾与回言终日,不违如愚。退而省其私,亦足以发。回也不愚。"

子谓子贡曰:"汝与回也孰愈?"对曰:"赐也何敢望回?回也闻一以知十,赐也闻一以知二。"子曰:"弗如也,吾与汝弗如也。"

子曰:"回也,其心三月不违仁,其余则日月至焉而已矣。"

子曰:"贤哉,回也!一箪食,一瓢饮,在陋巷,人不堪其忧,回也不改其乐。贤哉,回也!"

子谓颜渊,曰:"惜乎!吾见其进也,未见其止也。"

颜渊喟然叹曰:"仰之弥高,钻之弥坚。瞻之在前,忽焉在后。夫子循循然善诱人,博我以文,约我以礼。欲罢不能,既竭吾才,如有所立,卓尔,虽欲从之,末由也矣。"

子曰:"语之而不惰者,其回也与!"

子曰:"回也,非助我者也,于吾言无所不悦。"

颜渊死。子曰:"噫!天丧予!天丧予!"

颜渊死,颜路请子之车以为之椁。子曰:"才不才,亦各言其子也。鲤也死,有棺而无椁。吾不徒行以为之椁。以吾从大夫之后,不可徒行也。"

颜渊死,子哭之恸。从者曰:"子恸矣!"曰:"有恸乎?非夫人之为恸而谁为?"

颜渊死,门人欲厚葬之。子曰:"不可。"门人厚葬之。子曰:"回也视予犹父也,予不得视犹子也。非我也,夫二三子也!"

孔子曰:"颜氏之子,其殆庶几乎? 有不善未尝不知,知之未尝复行也。" ——《易传》

前484年冬,卫大叔疾出奔宋,投奔向魋,献以美珠,向魋给大叔疾城鉏邑。宋景公得知后,跟向魋要美珠,向魋不给,得罪了宋公,二人关系恶化。

宋郑之间有空地,叫弥作、顷丘、玉畅、嵒①、戈、锡。当初,子产与宋人讲和,说:"勿有是。"双方均不占有此地。而后,宋平、宋元之族自萧奔郑,郑人为之城嵒、戈、锡。

前483年九月,宋向巢伐郑,攻取锡,杀宋元之孙,接着,围嵒。

十二月,郑罕达率师救嵒。丙申日,郑师围宋师。

前482年春,宋向魋救宋师。郑罕达使人通告全师,说:"得桓魋者有赏。"向魋逃回,郑师灭宋师于嵒,俘获宋大夫成讙、郜延。重新废弃六邑。桓魋,即向魋。

夫霸王之兵,伐大国,则其众不得聚;威加于敌,则其交不得合。 ——《孙子兵法》

前481年夏,宋景公使其母骤请宴飨桓魋,要趁机讨伐。未及实施,桓魋先谋算景公,请以鞍邑换薄邑。

宋景公说:"不可。薄,宗邑也。"

宋景给鞍增加七个邑。桓魋假意感谢景公,请宴享景公,约定时间在中午。桓魋的私家甲士尽数前往。

---

① 嵒 yán

景公得知，对司马皇野说："余长魋也，今将祸余，请即救。"

司马子仲说："有臣不顺，神之所恶也，而况人乎？敢不承命？不得左师不可，请以君命召之。"子仲：皇野字。

左师每进餐必击钟。闻钟声，景公说："夫子将食。"

向巢餐毕，又奏乐。景公说："可矣。"左师向巢：向魋兄。

皇野以乘车前往，对左师说："迹人来告曰：'逢泽有介麇焉。'公曰：'虽魋未来，得左师，吾与之田，若何？'君惮告子。野曰：'尝试焉。'君欲速，故以乘车逆子。"

向巢与皇野同乘如公宫，景公说明缘故，左师拜，不能起。

司马皇野说："君与之约言。"

景公说："所难子者，上有天，下有先君。"

向巢说："魋之不共，宋之祸也，敢不唯命是听。"

司马皇野请符节，令其徒众攻桓魋。司马的父兄与故臣与桓魋无怨者说"不可。"其新臣说："从吾君之命。"

于是，司马率众前往。桓魋之弟子顾急驰报告桓魋。

桓魋要攻公宫，其弟子车阻止，说："不能事君，而又伐国，民不与也，只取死焉。"向魋遂入曹地叛宋。

六月，景公使左师向巢伐曹，不能胜。向巢恐惧，想得国内大夫为人质，以使自己可以返回都城，不得。向巢也进入曹地，要取曹地人为质。

向魋说："不可。既不能事君，又得罪于民，将若之何？"

曹地民众叛向巢和向魋，向魋奔卫，向巢奔鲁。

景公使人止向巢，说："寡人与子有言矣，不可以绝向氏之祀。"

向巢辞谢说："臣之罪大，尽灭桓氏可也。若以先臣之故，而使有后，君之惠也。若臣，则不可以入矣。"

有天道，有人道。无为而尊者，天道也；有为而累者，人道也。主者，天道也；臣者，人道也。　　——《庄子》

桓魋弟司马牛向宋景公交还封邑与珪,前往齐国。

向魋在卫地,公文氏攻击他,向其索要夏后氏之璜,桓魋给其他玉,而后奔齐,陈恒使之为次卿。

司马牛不愿与桓魋同处一国,又交还齐国的封邑,前往吴国。吴人厌恶他,司马牛便返回宋国。晋赵鞅召之,齐陈恒也召之。途中,司马牛死于鲁郭门之外,鲁人阬①氏葬之于丘舆。

司马牛是孔子弟子,常为自己有不善之兄而忧,不认其为己兄。《论语》有之:

司马牛忧曰:"人皆有兄弟,我独亡。"子夏曰:"商闻之矣:死生有命,富贵在天。君子敬而无失,与人恭而有礼,四海之内皆兄弟也。君子何患乎无兄弟也?"

司马牛问君子。子曰:"君子不忧不惧。"曰:"不忧不惧,斯谓之君子已乎?"子曰:"内省不疚,夫何忧何惧?"

司马牛问仁。子曰:"仁者,其言也讱。"曰:"其言也讱,斯谓之仁已乎?"子曰:"为之难,言之得无讱乎?"

> 穷不失义,达不离道。穷则独善其身,达则兼善天下。
> ——《孟子》

前485年,齐人杀悼公后,立其子壬,史称齐简公。齐简公在鲁时,阚止得宠。简公即位后,使阚止为政。陈恒担心,在朝骤顾阚止。

诸御鞅对简公说:"陈、阚不可并也,君其择焉。"

简公不听。

阚止晚间入朝,遇陈氏族人陈逆杀人,遂执之入朝。

陈氏族人使陈逆装病,因而获许送入洗头的米汁。陈氏又备酒肉,飨守囚者,趁看守酒醉而杀之,陈逆逃出。

---

①阬 kēng

子我惧陈氏害己,而与陈氏众人在陈氏宗主家结盟。子我:阚止字。

当初,陈豹要做子我之臣,使公孙引荐。公孙家有丧事,而未告知子我。丧事过后,公孙对子我说:"有陈豹者,长而上偻,望视,事君子必得志,欲为子臣。吾惮其为人也,故缓以告。"

子我说:"何害,是其在我也。"

子我使陈豹为己臣。隔日,子我与陈豹谈论政事,欣赏其言论,宠信陈豹,对他说:"我尽逐陈氏,而立汝,若何?"

陈豹说:"我远于陈氏矣。且其违者,不过数人,何尽逐焉?"

屯之复:屯其膏,小,贞吉;大,贞凶。 ——《易经》

陈豹以子我之言告知陈氏。

陈逆对陈恒说:"彼得君,弗先,必祸子。"陈恒藏陈逆于公宫。

前481年五月壬申日,陈恒兄弟八人乘四辆车进入公宫。子我在帷幕里,出门迎接。陈氏兄弟进入后,立即闭门,子我不得进入。简公侍人抵御,陈逆杀侍人。

齐简公与妇人在檀台饮酒,陈恒迁简公至寝宫。简公执戈,要攻击陈氏兄弟。

太史子馀说:"非不利也,将除害也。"

陈恒见简公发怒,出宫待于库中。得知简公仍发怒,将出奔,说:"何所无君?"

陈逆抽出剑,说:"疑,事之贼也。谁非陈宗?子出,所不杀子者,有如陈宗!"陈恒见状,放弃出奔。

兑之困:和兑,吉。   ——《易经》

子我返家召集徒众,前往攻公宫的小门与大门,皆不胜,乃出奔。陈氏追赶,子我在弇中迷路,来到陈氏邑丰丘。

丰丘人执子我,告知陈恒,杀子我于郭关。陈恒将杀子我之臣大陆子方,陈逆为之请而获免。子方以公命取车于道,及耏,众人知被骗,便夺回车,逐其向东。出雍门,陈豹给他车。

子方不受,说:"逆为余请,豹与余车,余有私焉。事子我而有私于其仇,何以见鲁、卫之士?"子方奔卫。

庚辰日,陈恒执齐简公,置于舒州。简公说:"吾早从鞅之言,不及此。"

六月甲午日,陈恒弑其君于舒州,立简公弟骜,为齐平公。

巽之井:巽在床下,丧其资斧,贞凶。——《易经》

鲁孔丘斋戒三日,再三请鲁哀公伐齐。
哀公说:"鲁为齐弱久矣,子之伐之,将若之何?"
孔丘答:"陈恒弑其君,民之不与者半。以鲁之众,加齐之半,可克也。"
哀公说:"子告季孙。"
孔子辞谢。退出后对人说:"吾以从大夫之后也,故不敢不言。"

《论语》有之:
陈成子弑简公。孔子沐浴而朝,告于哀公曰:"陈恒弑其君,请讨之。"公曰:"告夫三子。"孔子曰:"以吾从大夫之后,不敢不告也。君曰'告夫三子'者。"之三子告,不可。孔子曰:"以吾从大夫之后,不敢不告也。"

小过,亨,利贞。可小事,不可大事。飞鸟遗之音,不宜上,宜下。大吉。　　　　　　——《易经》

第一百六十回　子路愚勇卫出奔　仲尼辞世鲁哀诔

前481年春,鲁国人在西部大野泽狩猎,叔孙氏之车子鉏商获麟,以为是不祥之物,赐予虞人。

仲尼前往观看,说:"麟也。"取麟。鲁史官记"西狩获麟"。

小邾大夫射以句绎奔鲁,说:"使季路约我,吾无盟矣。"

鲁人使子路与之约言,子路推辞。

季康子使冉有对子路说:"千乘之国,不信其盟,而信子之言,子何辱焉?"子路:孔子弟子,名由。

子路说:"鲁有事于小邾,不敢问故,死其城下可也。彼不臣而济其言,是义之也。由弗能。"子路认为臣带邑奔他国是不守臣道,与之约言等于认同其行为,故不愿与之约言。

> 富贵不能淫,贫贱不能移,威武不能屈,此之谓大丈夫。　　　　　　　　　　　——《孟子》

不久,孔子生病,季康子馈药,子路遭诳言。《论语》有之:

子疾病,子路请祷。子曰:"有诸?"子路对曰:"有之。《诔》曰:'祷尔于上下神祇。'"子曰:"丘之祷久矣。"(笔者释:孔子意指未做过违神之事。)

子疾病,子路使门人为臣。病间,曰:"久矣哉,由之行诈也!无臣而为有臣。吾谁欺?欺天乎?且予与其死于臣之手也,无宁死于二三子之手乎!且予纵不得大葬,予死于道路乎?"

康子馈药,拜而受之。曰:"丘未达,不敢尝。"

公伯寮愬子路于季孙。子服景伯以告,曰:"夫子固有惑志,于公伯寮,吾力犹能肆诸市朝。"子曰:"道之将行也与,命也。道之将废也与,命也。公伯寮其如命何?"

与人善言,暖于布帛;伤人之言,深于矛戟。

——《荀子》

早先,孟孺子洩要在成邑养马,成邑宰公孙宿不同意,说:"孟孙为成之贫,不圉马焉。"孟孺子怒,袭击成邑,未能攻入。成邑人来办事,遭孟孺子鞭打。

秋,八月辛丑日,仲孙何忌去世,谥懿,史称孟懿子。成邑宰来奔丧,孟孺子不许入。成邑宰袒衣、免冠,哭于大路,请听命供使,孟孺子不许。公孙宿惧怕,不敢回到成邑。

前480年春,成邑叛鲁投齐。孟武伯伐成,未攻克,遂城成邑附近的输邑。孟武伯:孟孺子。

孔子曰:"君子易事而难悦也。悦之不以道,不悦也;及其使人也,器之。小人难事而易悦也。悦之虽不以道,悦也;及其使人也,求备焉。" ——《论语》

秋,齐陈瓘①如楚,过卫,仲由见陈瓘,对他说:"天或者以陈氏为斧斤,既斫丧公室,而他人有之,不可知也。其使终飨之,亦不可知也。若善鲁以待时,不亦可乎?何必恶焉?"仲由,即子路,在鲁国遭谗言,来到卫国。

陈瓘说:"然,吾受命矣,子使告我弟。"陈瓘:陈恒兄。

冬,齐、鲁讲和。子服景伯如齐,子贡为副手,见成邑宰公孙宿,说:"人皆臣人,而有背人之心。况齐人虽为子役,其有不贰乎?子,周公之孙也,多飨大利,犹思不义。利不可得,而丧宗国,将焉用之?"公孙宿,为鲁公之孙,故说周公之孙。

公孙宿说:"善哉!吾不早闻命。"

---

①瓘 guàn

玉不琢，不成器；人不学，不知道。

——《礼记》之《学记》

陈成子来宾馆见客人，说："寡君使恒告曰，寡君愿事君如事卫君。"陈恒之意齐卫相好，而鲁不与齐好。

景伯作揖示意子贡应答。

子贡说："寡君之愿也。昔晋人伐卫，齐为卫故，伐晋冠氏，丧车五百，因予卫地，自济以西，禚、媚、杏以南，书社五百。吴人加敝邑以乱，齐因其病，取讙与阐，寡君是以寒心。若得视卫君之事君也，则固所愿也。"

陈恒无言以对，归还成邑。公孙宿带其兵甲进入齐地嬴居住。

噬嗑，亨，利用狱。　　　　　　　——《易经》

卫孔圉娶太子蒯聩姊为妻，生孔悝。孔氏仆人浑良夫身高貌美，孔文子去世后，浑良夫与主母私通。太子在戚，孔姬使浑良夫看望太子。孔文子，即孔圉。

太子对浑良夫说："苟使我入获国，服冕乘轩，三死无与。"二人盟誓。浑良夫返回，请孔姬助太子。

前480年冬，闰月，浑良夫与太子进入国都，息于孔氏外圃。黄昏，浑良夫与太子蒙衣乘车，寺人罗驾车，进入孔氏家。孔氏家宰栾宁询问，他们谎称是姻亲家的侍妾。

太子来到伯姬处。食毕，孔伯姬执戈在前，太子与五人穿皮甲，抬豕跟从。把孔悝逼到墙角，迫使其盟誓，又劫之登上高台。

栾宁正要饮酒，烤肉未熟，听说变乱，使人告知子路。

大夫召获驾车，边走边喝酒吃肉，奉卫出公辄奔鲁。

夬,扬于王庭,孚号,有厉,告自邑,不利即戎,利有攸往。　　　　　　　　——《易经》

子路将入城,遇子羔正出城,对子路说:"门已闭矣。"子羔:孔子弟子,名柴。

子路说:"吾姑至焉。"

子羔说:"政弗及,不践其难。"

子路说:"食焉,不避其难。"

子羔离开卫国。子路入城,来到孔氏门前。公孙敢守门,对子路说:"无入为也。"

子路说:"是公孙也。求利焉而逃其难,由不然,利其禄,必救其患。"

有使者出门,子路趁机进入,来到台下,说:"太子焉用孔悝?虽杀之,必或继之。"并说:"太子无勇,若燔台,半,必舍孔叔。"

太子听了恐惧,使石乞、盂黡下台斗子路。二人以戈击子路,击断其缨。

子路说:"君子死,冠不免。"结缨而死。

咸之大过:咸其脢,凶。居吉。　　　　——《易经》

孔子听说卫乱,悲伤地说:"柴也其来,由也死矣。"

孔子深知子路性格,多次提醒子路:过分好勇,将没有好结果。《论语》有之:

子路问:"闻斯行诸?"子曰:"有父兄在,如之何其闻斯行之?"冉有问:"闻斯行诸?"子曰:"闻斯行之。"公西华曰:"由也问闻斯行诸,子曰'有父兄在'。求也问闻斯行诸,子曰'闻斯行之'。赤也惑,敢问。"子曰:"求也退,故进之。由也兼人,故退之。"

子曰:"道不行,乘桴浮于海。从我者,其由与?"子路闻之喜。子曰:"由也好勇过我,无所取材。"

闵子侍侧,訚訚①如也;子路,行行②如也;冉有、子贡,侃侃③如也,子乐。"若由也,不得其死然。"

子路曰:"君子尚勇乎?"子曰:"君子义以为上。君子有勇而无义为乱,小人有勇而无义为盗。"

子曰:"由之瑟,奚为于丘之门?"门人不敬子路。子曰:"由也升堂矣,未入于室也。"

子谓颜渊,曰:"用之则行,舍之则藏,惟我与尔有是夫!"子路曰:"子行三军,则谁与?"子曰:"暴虎冯河,死而无悔者,吾不与也。必也临事而惧,好谋而成者也。"

　　刚健而不陷,其义不困穷矣。　　——《易传》

孔悝立太子蒯聩,史称卫庄公,又称后卫庄公,以区别于前卫庄公。

前479年春,卫庄公使鄢武子报告周王,说:"蒯聩得罪于君父君母,逋窜于晋。晋以王室之故,不弃兄弟,置诸河上。天诱其衷,获嗣守封焉。使下臣肸敢告执事。"肸:鄢武子名。

周敬王使单平公答复:"肸以嘉命来告余一人。往谓叔父,余嘉乃成世,复尔禄次。敬之哉!方天之休,弗敬弗休,悔其可追?"

　　仁者必敬人。敬人有道,贤者则贵而敬之,不肖者则畏而敬之;贤者则亲而敬之,不肖者则疏而敬之。
　　　　　　　　　　　　——《荀子》

夏,四月己丑日,鲁孔丘辞世。

鲁哀公吊谏,说:"旻天不吊,不慭遗一老。俾屏余一人以在位,茕④茕余在疚。呜呼哀哉!尼父,无自律。"

---

①訚訚 yín yín　②行行 hàng hàng　③侃侃 kǎn kǎn　④茕 qióng

子贡说:"君其不没于鲁乎?夫子之言曰:'礼失则昏,名失则愆。'失志为昏,失所为愆。生不能用,死而诔之,非礼也。称'一人',非名也。君两失之。"天子自称"余一人",诸侯不可如此自称。

孔子曰:"周监于二代,郁郁乎文哉!吾从周。"
——《论语》

仲尼去世后,遭人诋毁。《论语》有之:

叔孙武叔语大夫于朝,曰:"子贡贤于仲尼。"子服景伯以告子贡。子贡曰:"譬之宫墙,赐之墙也及肩,窥见室家之好。夫子之墙数仞,不得其门而入,不见宗庙之美、百官之富。得其门者或寡矣。夫子之云,不亦宜乎!"

叔孙武叔毁仲尼。子贡曰:"无以为也!仲尼,不可毁也。他人之贤者,丘陵也,犹可逾也;仲尼,日月也,无得而逾焉。人虽欲自绝,其何伤于日月乎?多见其不知量也。"

陈子禽谓子贡曰:"子为恭也,仲尼岂贤于子乎?"子贡曰:"君子一言以为知,一言以为不知,言不可不慎也。夫子之不可及也,犹天之不可阶而升也。夫子之得邦家者,所谓立之斯立,道之斯行,绥之斯来,动之斯和。其生也荣,其死也哀。如之何其可及也?"

《孟子》有之:

孔子曰:"知我者,其惟《春秋》乎?罪我者,其惟《春秋》乎?"

夫尚贤者,政之本也。　　　　——《墨子》
俭节则昌,淫佚则亡。　　　　——《墨子》

兵者,国之大事,死生之地,存亡之道,不可不察也。　　　　　　　　　　——《孙子兵法》

知兵之将,生民之司命,国家安危之主也。
　　　　　　　　　　——《孙子兵法》

为之于其未有也,治之于其未乱。——《老子》

知足不辱,知止不殆,可以长久。——《老子》

民为贵,社稷次之,君为轻。——《孟子》

恻隐之心,仁也;羞恶之心,义也;恭敬之心,礼也;是非之心,智也。仁义礼智非由外铄我也,我固有之也。　　　　　　　　　　——《孟子》

天地与我并生,而万物与我为一。——《庄子》

其嗜欲深者,其天机浅。——《庄子》

天行有常,不为尧存,不为桀亡。应之以治则吉,应之以乱则凶。　　　　　　　　——《荀子》

国将兴,必贵师而重傅;国将衰,必贱师而轻傅。
　　　　　　　　　　——《荀子》

国无常强,无常弱。奉法者强则国强,奉法者弱则国弱。　　　　　　　　——《韩非子》

使民以力得富,以事致贵,以过受罪,以功致赏。
　　　　　　　　　　——《韩非子》

仓廪实则知礼节,衣食足则知荣辱。
　　　　　　　　　　——《管子》

政之所兴在顺民心,政之所废在逆民心。
　　　　　　　　　　——《管子》

尾 声

公元前 478 年,陈灭于楚。

公元前 473 年,吴灭于越。

公元前 403 年,晋被韩、赵、魏三家所分。

公元前 379 年,陈氏代姜齐。

公元前 375 年,郑灭于韩。

公元前 306 年,越灭于楚。

公元前 286 年,宋灭于田齐。

公元前 255 年,鲁灭于楚。

公元前 249 年,周灭于秦。

公元前 230 年,韩灭于秦。

公元前 225 年,魏灭于秦。

公元前 223 年,楚灭于秦。

公元前 222 年,燕灭于秦。

公元前 222 年,赵灭于秦。

公元前 221 年,田齐灭于秦。

公元前 209 年,卫灭于秦。

公元前 206 年,秦灭于六国。

唐代杜牧说:"灭六国者,六国也,非秦也。族秦者,秦也,非天下也。"秦得天下,而旋即失去,正应了孔子所说:"知及之,仁不能守之,虽得之,必失之。"

主要参考文献

[1]《十三经注疏》整理委员会.十三经注疏[M].北京:北京大学出版社,1999.

[2] 李梦生.中国古代名著全本译注丛书:左传译注[M].上海:上海古籍出版社,2016.

[3] 陈桐生,中华经典名著全本全注全译丛书:国语[M].北京:中华书局,2013.

[4] 杨伯峻.春秋左传注(修订本)[M].北京:中华书局,1990.

[5] 杨伯峻.论语译注[M].北京:中华书局,1980.

[6] 朱熹.《十大古典哲学名著》丛书:四书[M].顾美华,标点.上海:上海古籍出版社,1995.

[7] 曹操,等.《十大古典哲学名著》丛书:孙子[M].袁啸波,标校.上海:上海古籍出版社,1995.

[8] 司马迁.简体字本前四史:史记[M].北京:中华书局,2005.

[9] 尹振环.楚简老子辨析:楚简与帛书《老子》的比较研究[M].北京:中华书局,2001.

[10] 高明.帛书老子校注[M].北京:中华书局,1996.

[11] 濮茅左.楚竹书《周易》研究:兼述先秦两汉出土与传世易学文献资料[M].上海:上海古籍出版社,2006.

[12] 荆门市博物馆.郭店楚墓竹简[M].北京:文物出版社,1998.

[13] 张觉.中华古典名著译注丛书:荀子译注[M].上海:上海古籍出版社,1995.

[14] 国学基本丛书:礼记(上、下)[M].钱玄,钱兴奇,徐克谦,等注译.长沙:岳麓书社,2001.

[15] 刘乾先,韩建立,张国昉,等.二十二子详注全译:韩非子译注[M].哈尔滨:黑龙江人民出版社,2003.
[16] 《汉语大词典》编辑委员会.汉语大词典[M].北京:汉语大词典出版社,1997.
[17] 阮元.十三经注疏附校勘记[M].北京:中华书局,1980.

作品名称： 春秋演绎

作品类型：文字作品

作者： 徐济芬

著作权人：徐济芬

作品完成日期：2006 年 12 月　　 日

作品登记日期2007　年 05 月 22 日

根据国家版权局制定的《作品自愿登记试行办法》，我局对上述作品予以登记，作品登记号为：

作登字 10N -2007 -A -7015 号 特发此证。

江苏省版权局（章）

2007　年05　月22　日

№ 0001525

作品名称： 《论语》探源

作品类型：文字作品

作者： 徐济芬

著作权人：徐济芬

作品完成日期2005　年08 月　　 日

作品登记日期2006　年10 月08 日

根据国家版权局制定的《作品自愿登记试行办法》，我局对上述作品予以登记，作品登记号为：

作登字 10N -2006 -A -6033 号 特发此证。

江苏省版权局（章）

2006　年0　08 日

№ 0001469